国家出版基金项目
NATIONAL PUBLICATION FOUNDATION

國家出版基金項目

教育部哲學社會科學研究重大課題攻關項目

「十一五」國家重點圖書出版規劃項目・重大工程出版規劃

國家社會科學基金重大項目

北京大學「九八五工程」重點項目

儒藏

精華編二五七册下

集部

儒藏

精華編

北京大學《儒藏》編纂與研究中心

《儒藏》精華編第二五七册

集　部

下册

涇野先生文集卷之十七

巡按直隸等處監察御史　門人徐紳編刻
巡按直隸等處監察御史　門人吴遵編刻

記四

學易窩記

荆溪子築學易窩成，問記焉。涇野子曰：「易，手也；易，足也。」「既謂之手，又謂之足何？」曰：「不手則僂，不足則跛，能持而行，易在斯乎。」「何以不言心？」曰：「持亦心也，行亦心也。何持無心？何行無心？」「則何以言學之？」曰：「凡天地皆物，凡物皆身。身而不物則僻，物而不身則馳，身物咸通曰易。是故孔子之翼，周公之爻也；周公之爻，文王之卦也；文王之卦，伏羲之畫也。伏羲之畫，仰觀天文，俯察地理，遠取諸物，以近取諸身也。」「然則孔子五十而始學《易》，衡四十而學《易》，不可乎？」曰：「有聖人之學，有賢人之學，有學者之學。聖人之學，究其極也。賢人之學，思其誠也。學者之學，求諸始也。荆溪子心明而習正，能即身以見物，其庶乎！其庶乎！」

遊燕子磯記

己丑之歲，二月丙辰，虛齋王子崇邀弘

齋陸伯載及予同遊於燕子磯，❶蓋講之去秋，而今始踐之者也。是日晨興，予獨先往。北出觀音門，即傍山西行，其路磯礧偪仄，輿馬皆難，乃令吏扶持，迤邐而步。登弘濟寺，階磴十數層，病足艱進，一皂前挽衣袂，一皂後擁推之，兩吏攙掖而後上。出寺而西，則觀音巖也，怪石礌垂，蒼黛參差，上接雲霄，而大江自龍江關西南來，直過其下，俯按女墻睇之，頗可驚駭。僧曰：「此其下，基皆石甃，僧衆朝夕行，猶垣途爾。」予嘆曰：「果然。苟有基，雖臨深淵亦無妨也！昔列子言『當呂梁之上，履危石，足二分垂在外而不怖』者，尚未似僧言穩爾。」乃從僧上觀音閣。閣亦傍巖下，就江唇築基，基上交豎九柱皆丹，柱上棚棧構閣，閣三面皆闌干，憑之瞰江，若在樓船頂立也。是時晴見萬里，日映碧流，江豚吹浪，上下逐波，西望定山，細如蛾眉，東指瓜步，小如丘垤，他山皆閃閃冥冥，如落鴈蹲鵠，不可辯矣。

昔予在解州，嘗遊龍門，酌底柱，登流丹亭，汲河烹茶，以吊禹墳。至此乃勃然興懷：將天下奇觀尚有過斯二者乎？夫河，北方之經也，夫江，南國之紀也，而龍門、底柱以及兹巖，不可不謂之能觀瀾矣。已而曰：「彼禹之親窮其源流者，又不知何如也。」閣之東厓上有石刻詩，❷乃白巖喬公篆書，覽畢方欲和之而虛齋至，未久而弘齋亦至，乃解袍帶，復同升閣上，流覽嘆賞，久而後下。虛齋欲列椅懸巖下，對江而酌，予頗難之，弘齋曰：「此何妨？昔予至天台、鴈蕩，天柱一峰，突兀崒嵂，四面如削，其高不

❶「於」，萬曆本無。
❷「厓」，萬曆本作「巖」。

啻數百丈，亦嘗茶酒其下。」予聞之，又飄然志在天柱峰頭矣，嘆曰：「安得素心人共晨夕於此，以終身邪！」虛齋曰：「近亦厭俗累爾。」予曰：「此又非物來順應之意。夫政則亦有然者矣，惟當求諸己，不當疑諸人。我無滲漏，他何足較？」弘齋曰：「大抵置得喪窮通於外物，而後無不自得也。」予曰：「然今之爲政者，徒知征民，而不知民之所以征，徒知杜請謁，而不知請謁之所以杜。是故寬行於催科之始者，仁也，嚴立於請求之先者，信也。」是時虛齋方有少參典糧之行，故及之。

已而虛齋又列席於觀音堂，予曰：「此非唐虞也？」二君因論及禹，以至聖不可知之神。予曰：「則何以能神？」弘齋曰：「物至無不知則神。」虛齋曰：「精義入神。」予曰：「『精義』乃入神之路，非所以盡神也。若『無所不知』，亦自神之用而言爾。必也其至誠乎？惟至誠，則能公且明。明而不公非神也，公而不明非神也。是故雖妖孽，或有善焉；雖禎祥，或有不善焉，故至誠如神也。」是時酒肴既行，僧茶再至，而予和白巖公詩亦成。卒爵，欲往燕子磯，虛齋乃招二篙師來，泛舟而往。舟中猶傳杯，不三爵而至觀音港，解舟登壽亭侯廟。先至水雲亭，其扁爲予友景前溪所書，精采如神存。乃面江小坐，與觀音巖看江又不同矣。遂上謁壽亭侯，其祠左簃有大觀亭，亦前溪書。至此看江，日隱斷雲，煙霧霏微，蒼茫無際，與水雲亭又不同矣。遂攀松捫蘿以上燕子磯，磯皆巉石疊起，水圍三面，其石罅猶見江轉磯底，此可以高覽八極無礙也。乃弘齋欲坐於磯盡頭，予力挽之，而後坐中磯。道士曰：「五七年前，江衝磯前，故磯下水深，不可尋丈。自立關廟後，水頗遠磯而去，今南徙磯東數百家矣。」然斯言也，特欲靈雲長而實不知雲長也。二君皆補和前詩，虛齋又命行酌，然酒鑪中火寂，三召之而不至。頃一介來曰：「有尊官三人者，已遣人至此掃庭除、治器具，夜即來也，可先去。」是時已暮，弘齋便欲拂衣回宿觀音巖，予與虛齋皆不可，虛齋曰：「此或其道士誤遣此介爾。」召道士而數之，道士屈，予遂作《登燕子磯》詩以發笑。火至酒熱，傳杯興酣，北望泰山，東瞰蒼海，❶灝氣縈迴，靈光掩映，蓋又不知此身之在天地間也。

抵暮而下，則虛齋又命列豆籩、旅肴核於水雲亭矣，予曰：「此又非唐虞也？」蓋平日與二君交遊，常曰唐虞時，言人之短不爲刺，言己之長不爲誇，故禹或「曰吁」而皋陶不怒，皋陶或自「曰都」而禹不嫌。後世口雖溢美，心實隱情，在外有餘，在內不足，學廢政弊，皆此出也。故飾情之辭，過禮之費，彼此有見，稱「唐虞規」。遂命僮子撤其繁品，三人兩几，一燈長江。已而盪櫓槳、❷呼欸乃、泊舟投磯者，皆次第而來。虛齋曰：「舟中之人至此，亦可謂得所止矣！」予曰：「然恐懼憂患、❸好樂忿懥，於是時皆免乎？」二君乃補和予磯上詩，而予方懷前溪水雲之書，欲題而未竟也。乃皆入道院就寢，夜中鳴雨大作，❹頗擾夢寐。

晨興詩完，書卷于倚磯亭中。垂畢，有報太常西唐牛公、毅菴黃公自祭天妃廟放舟來矣。二公聞予三人者在，乃即枉顧於

❶「瞰」，萬曆本作「聯」。
❷「槳」，原作「漿」，據萬曆本改。
❸「患」，萬曆本作「思」。
❹「鳴」，重刻本作「風」。

倚磯亭，揖罷，乃遂邀往大觀亭，云有設也。予三人者送至水雲亭暫憩，二公請延上座，固辭。西唐曰：「此繁文不可有。」予曰：「此文卻不可無爾。」遂酌二公，而後赴大觀亭之宴，因述昨暮道士之事，爲一大笑云。予問：「自西來新亭，何處爲的？」西唐曰：「據盧循傳，其派在江西南，❶而後東入於海，似今馴象門外爲是。」予曰：「志稱勞勞，亭亦近是，此或然也。」於是西唐或舉海上諸寇自尉佗以至孫恩，或舉太行諸賢如岳飛、劉因、京房、束皙、許魯齋之輩，而不以爲誇也；毅菴或言曲江、何真、開嶺保障之功，或舉昌黎、元城、東坡避地之美，而不以爲謙也。

於戲！自聖祖開國以來，混車書於六合，兼江河于一統，故予得與諸公登斯亭也，言徵今古，氣吐風雲，人秦越而志合，地南北而道同，雖約之於半年，乃遇之於不期，情本玄通，義則神授，笑語無擇，酧酢不算，則予常稱唐虞之風者，不在斯行乎！當是時也，霧雨飛冥，魚龍上下，長江與天同色，燕磯與岱埒高，果心曠而神怡，真忘形而無我。遂歌《伐木》之篇，載詠山徑之曲，而不知其聲之魯也。歌亂，虛齋、弘齋皆賡之不已，以贊投壺而散。然獨予酩酊殊甚，輿過佛國寺而後醒。

遊靈谷記

三月之暮，五山潘子約諸僚同遊于靈谷，予以足疾不能遠馬，❷賃輿先往。蓋靈

❶「派」，原作「敗」，據萬曆本改。

❷「馬」，萬曆本作「馭」，重刻本作「行」。

谷之松，亘四五里，周幾十餘里，東至木公山以爲界，森鬱茂密，不可數計，而縱橫絡繹，雜列間植，微瓴甋甓路，則不得其門而入矣，實予心所躭樂而酷嗜者。往年同南橋李子日午而始往，不久即返，未盡其奇，於心恒不忘。故五山約，亦不俟聯鑣而獨先也。至第一禪林門即下輿，步徙里餘，就蔭佇立，四面睇望，虬枝蛟枝，如麻如蔔，然體幹瘦細，多不可棟，間有三二合抱連圍者，則又爲群木壓挽匝擠，不能直挺。予嘆玩焉，而反步徙其下，瑶草仙卉，碧紫爛熳，或並藤蘿，纏繆縈蓋。問諸吏皂不知，但曰野花，則又嘆曰：「彼抱美含芳于幽獨而不名者，其殆此乎！」比至方丈門，見洪武十八年至二十九年高祖七勑，備言栽種松竹果子之由，禁止薅取松枝牧馬打草之事，乃然後知此寺風景所造甚遠，而今日公退遊覽，猶蒙其蔭也。再進至青林堂，見簷前懸榜「高祖親制山居詩」十二篇賜覺義清濬者，益悉靈谷幽勝，乃知此寺非偶然也！

及登堂，而覺義可浩出拜曰：「公忘往日竹澗之遊，乃久不至邪？」予曰：「一年一度到山中耳。」未幾，五山及雙山秦子、在軒胡子、雍里顧子、郭山況子皆至，南橋以目疾不至，乃爲團聯坐，蓋以況子孫予及五山也。予曰：「山遊，猶執古禮？」在軒曰：「此郭山之盛德。」乃遂舉達磨面壁之事，學亦良苦。予曰：「是蓋入定之功。然使其心有所定，雖終日入市朝，猶寂寂爾；使其心無所定，雖終年面墻壁，猶擾擾耳。」雙山曰：「聞有寳志公像，安在？」雍里曰：「殿後。」予曰：「亦常見其像矣，清臞殊甚。」在軒、雙山曰：「果亦出塵。」郭山若曰：「況居廣居者乎！」而未盡言也，五山遂舉其鄉寒山、拾得及豐干和尚昇天入巖之事以難衆。予曰：「太虛、人物，實一體也。太虛之氣不得不聚而爲人物，人物之氣不得不散而爲太虛。若曰『仙佛白日昇天』，彼太虛茫茫，何所安著？安得不謂之散而無邪？但世之忠臣義士、聖人大賢，其所養者既固，則其歿也氣未遽散，有時焄蒿悽愴，猶露精采，人皆神之。雖鍊精葆氣之士，其道雖殊，然而死亦不驟解散，❶或依草附木、托親倚故，時一見焉，好事者益張大而奇異之，固有今説。然其氣未有久而不散者，今夫吕嵓、鍾離，何以不數見邪？」雍里遂證以遊魂爲變之事。或曰：「堯舜只他幾千年，其心至今在者何？」曰：「此卻是真神也。若欲堯舜復生而見其形，不可得矣。」「何以曰『羹墻見堯』也？」曰：「譬如人子將祭先人，其夜夢見父母依舊行坐、依舊説話，又或入室而聞嘆息之聲。是時父母已不存，然而夢中白日猶能見者，蓋神交也。夫心之誠，即神也；子之神，即父母之神也。若欲見他人父母，雖用意作夢亦不可得。是故天子有天下，故能夢帝賚良弼，若士庶人，自無此。」又曰：「鬼神亦甚顯，即看天地便見，看日月便見，看吾身便見。」在軒曰：「程子何以曰『若道無時，安能信得及；若道有時，賢卻向某討』？」予曰：「此又非天地日月之鬼神，乃世人所常云云者也。」於是諸君頗有然與之意，而予遂曰：「不知文帝前席賈生時，曾論至此否？」

已而五山又舉海門牛渚潭産龍無數，傍石厓近水處皆龍窟，或出没焉，或卵育

❶「死」，重刻本作「氣」。

焉，❶舟過其下，亦不傷人。他日黃龍初起，有楊氏者射之，中其一目，黃龍遂將楊氏舟挾置山巔。然至今楊氏亦無害，其餘數十舟，當時反皆覆没，不知何也。予曰：「龍德而正中者也，豈有所擇乎？」曰：「若是，則數十舟之覆，不幾遷怒邪？」曰：「龍精于目，而不見乎石，其被眇也，未免奮怒震騰，風雷雲雨並作，數十舟者適當其處，故覆。楊氏舟或近岸傍山，故不及。若龍有意，則楊氏舟不止此矣。但楊氏射龍，自是不可，此物能興雲雨以生人，而乃害之，是將受學於支離也，亦異於周氏之斬蛟矣。」五山又曰：「龍見珠，則始成龍。」予曰：「龍始生，角翼未具，既久，有角而爲虯，有翼而爲應。九陽之氣既完而有珠，乃始能變化升騰耳。故語曰『掘驪龍之珠，猶爲道以明著』，爲致曲之驗也。」雙山、雍里曰：「龍自有珠爲是。」

然是時已過午，遂出遊大佛殿，又其後登禪堂，崇峻弘廠，爽人心目，而寶公石像正當其下，爲吴道子所畫，果非塵世形態，旁鐫自著《十二時歌》。予謂諸君曰：「天地且以十二時分晝夜，此歌雖『向晦宴息者亦忘』，予恐其并『日出而作者亦非』矣。」又北觀寶公塑像，在浮屠塔下，旁有長梯，壁立不可上，乃已。遂出東觀八功德水之九曲，曲上一松奇古，或云高祖掛衣處。其前群礎散布，半掩苔蕪，欲求其故不得。召浩，浩以足瘡辭不至，則遣一僧來，問松不知，問礎不知，問壁間畫亦不知，曰如此則曰如此，曰非是則曰非是，予笑謂五山曰：「此亦子鄉之寒、拾邪？」又曰：「如此却是

❶「卵」，原作「卯」，據萬曆本改。

真僧爾。」遂至無梁殿，殿皆瓴甋，作三券，洞不以木爲梁。只此一殿，費可萬金。其規制又多自齊梁時來，國朝雖或補葺，然必不加也。五山見木主書諸尊者名氏，猶以問僧，僧亦以不知對，遂皆笑而出。乃上西廊，觀吴道子所畫《折蘆渡江》及《鳥巢》、《佛印》三教畫壁。雙山曰：「此三畫猶可，此則不可。」「此則」者，謂三教壁也。予曰：「雖『猶可』者，亦皆僧欲輕帝王、小公卿而實未能忘之本相也。」

乃還登青林堂，詰浩請之何以不來，浩頗辭屈。五山乃又行酌且飯。酌未半，有滿親住持者來參，持學士顧公詩以觀，蓋顧公九和依僧語作二偈爾。觀畢，滿親請茶，許之。時日已大西，遂行。而浩乃送至琵琶街，自鼓掌，請聽琵琶聲，口兼呼，諸從者亦鼓掌，予曰：「月泉足又不瘖，手又能琵琶矣。」浩亦大笑，然實未有聞也。因問此殿前何以有此聲，浩曰：「空谷作聲爾。」曰：「此殿以上凡四五層，其上者何以無此聲？」浩不對。在軒、雙山皆曰：「山谷之聲，太近亦無，太遠亦無。虚實之間，遠近之中，乃又夾以長廊，俯以崇臺，此感彼應，氣使然爾。」遂西至竹澗，有閉關僧鑿板竇以通飲食，竇上懸「棲雲處」三字，予曰：「此室中亦有雲邪？」浩曰：「雲則無處無之。」曰：「若果棲雲，不必用此板隔限矣。」五山遂屢以偈語詰浩，浩不能對，以他語應，遂出。時滿親以邀茶至，見壁上懸二尊官詩，浩與滿親猶指矜云云。曰：「僧但不到家，到家便見其家中所有無爾！」遂還。予先至朝陽門，俟諸君而後别。

五山名潁，字叔愚，寧海人。雙山名儀，字相之，臨桂人。南橋名清，字介卿，龍陽人。在軒名廷禄，字原學，雲南人。雍里名夢圭，字武祥，崑山人。郭山名維垣，字翰臣，高安人。予則名柟，字仲木，號涇野，高陵人。

遊高座記

五山子既有靈谷之遊，予欲南遊高座寺，未有期也。乃四月五日，予適有斗酒隻鷄，欲邀諸僚於部選官廳，而予方查吏册未畢，畢則諸僚多歸，尚獲邀五山、❶在軒二君以共酌，已又移酌於省中竹塢，已又移酌於雙松二枳之前，蓋皆前此未到之地，清幽無塵，鳥鶴時來，真市朝中之山林爾。既而曰：「予欲數日邀諸君於高座，登雨花臺，以看江也。」頃之，有友餽鮮魚者，暢然曰：「此其促高座爲來日乎？夫古有肥貯、❷肥牡，以速伐木遷喬之友，予有白鵝、鮮魚，顧獨不可邪？」遂發請。

明日公退，南橋先至，予始至。未幾，五山、在軒、郭山至。未幾，雍里、雙山至。是日，南橋初得二月中邸報，於是談王道，頌聖學，或論人材之進退，或言政事之因革，辯而不激，直而不劇，身在高座之上，而心如遊司廳之中。蓋諸君勤政體國，遊觀未忘所事如此。饌既，乃北入永寧寺，上木末亭。亭在聚寶山巔，長松巨杉皆在其下，然不可一蹴上，猶令吏皂夾扶，三四憩而後至。每憩必依松靠栗，或蹲或跱，又或迂徑躐石，乃能再步。登亭四望，草樹殿閣，參差晻映，蒼翠無際，絶可圖畫，乃嘆曰：「身

❶「尚獲」，萬曆本作「止復」。

❷「貯」，《詩經・小雅・伐木》作「羜」。

果在木末乎！然微此山有基，豈能至哉？」乃重有感於務本云。亭中三爵以解倦，而僧出淹菹近酸，❶頗有野趣。啜茶，茶不及山下茶遠甚，蓋水難也。遂還至高座，乃飯。予嘆曰：「江南自有此奇以供遊玩，是以往時雖名賢碩彦，亦沉溺其中。其君亦或開宴於松陵岡，或舍身於同泰寺，偏安江左，不復知有中原，山水誤人，人誤山水邪？若江北，雖有高山穹林，人多勤苦其中，不知登眺，亦且不暇。」郭山曰：「江西亦然，然尚有樸意。」既而曰：「即日雖遊覽登眺，興豈盡在是乎？」

已，雙山遠出，先去。五山、在軒、南橋入座於方丈深處。雍里乃復言及「六代盤遊如彼，而今六合混一，且有玆遊，固不勝於往時邪？鮑、謝諸賢，不足道矣」，予曰：「時之治亂，亦係文之高下。異時，靈運以傲，休文以冶，鮑、江以怨，吴、孔以怒，莊、融以碎，陵、信以誕，劉孝綽兄弟以淫，湘東王兄弟以繁，眺淺而捷，總詭而虚。故六朝危亡，易於反掌，諸賢當任其咎矣。諸賢者，一時之耳目也，然至唐而始少變，猶未盡復焉。」雍里曰：「唐之元結，意頗高雅，文亦脱俗。」曰：「次山者，甘泉先生之所好也，往在京時，至更舊字元明爲次泉，以比元子。如《寱記》、《丐論》，以及『五規』、『二惡』，雖謂之明道亦可也，當其造詣高遠，不在昌黎之下。而磨厓之頌，漫郎諸詩，李杜豈能及乎？」雍里、郭山皆以爲然。予曰：「斯遊也，❷亦不可無詩以紀。」於是雍里已有吟意，乃復入尋三君於方丈深處，

❶「菹」，萬曆本作「道」，重刻本作「薺」。
❷「遊」，重刻本作「然」。

然亦劇談，恨又未聞爾。

遂同詣雨花臺，臺已爲遊人所據，塵囂不可登，悵望而歸。步過安穩寺，五山曰：「此寺必佳。」乃又往。入先門，❶見雙栢細縷懸下如垂柳，初皆不識也，僧曰：「娑羅栢爾。」是寺僧皆衣藍，言貌亦異，而遊人絶蹤。乃引至後山，其巓比雨花臺更高數丈、寬五七倍，隔松杉看江若練帶，淼淼晶晶，從西南來。五山喜曰：「吾固意有此奇景爾。」遂藉草列坐，共爲眺覽，笑曰：「雨花臺之阻，恨瘳矣！」遂還。

遊省中南竹塢記

省中竹塢者，太宰廂房前之竹林也。直梃森茂，其籜厚數寸，然莖如甌盃，稀疎處可容几椅，而葉則蒙密如雲如蓋，不見天日，當夏無暑，往年與江郎周子常飲歌其下。他日以告在軒胡子，胡子遂嬰心焉，於四月九日欲召諸僚同酌是也。乃先邀至其司後堂，人爲一席，予曰：「過矣。」所上酒肴皆雲南法，甚清雅潔素，有雞鮓，用萵笋諸新蔬雜作之，曾未食也。乃嘆曰：「丈夫生而有事於四方，今吾輩豈必身至雲南之地哉！覩其人，食其食，雖滇海、昆明，既在目前矣！」

已而五山問郭山以華林事，郭山曰：「此其地久已平定。」予曰：「是非吾鄉劉用齊公所輯寧之處邪？」郭山曰：「然。今其處已塑劉公像而祀之矣。」諸君因問用齊之詳，予與郭山同言：「此人爲瑞州守，被華林賊擄去，住賊窠三日，聲色不動，賊皆焚

❶「先」，重刻本作「山」。

香羅拜，又擡送至郡者也。然常令曲沃，每罰人以棗菜，令僧道收暴藏之，偶歲荒，出以濟饑。而又匹馬雙皂，遍行村落，勸富給貧，曲沃人戴如親父母。今雖尚書致仕，若遇清明前後，或之塋莊，其鄉人雖蓽門圭竇，召無不往。有時醉後，村人折野花插公帽邊，擡以遊樂，公亦不拒。是人蓋嘗師事介菴李錦。」在軒曰：「李錦者何？」曰：「舉人，直躬慕古，非其力不食。嘗廬墓，所食多粦麥仁伴豌豆，❶煮以爲饔餐，人餽之，一不受。介菴同時有雍公，尤剛介，嘗以爲吴縣令，有同年友以事至吴。舊規每作衣物值百金以贈，至雍公則斷之，曰：『吾於朋友何厚？吾於赤子何薄？』後巡撫大同，因杖李參將不法，被科道劾爲民去。」諸君皆嘆素所未聞，思至其里焉。

於是五山因大同遂言及甘肅各邊遠近，予曰：「是邊去西安頗遠。此處至西安，正與各邊至西安等爾。」在軒言：「哈密之事，聞尚未定。」南橋曰：「牙蘭者魁也。」予曰：「已不在矣。」曰：「昨見會試策，猶以爲問。」曰：「此或言其後爾，彼在弘治時，已爲阿黑麻之謀。雖然，吐魯番固仗牙蘭，然其所以致哈密再失城印者，則成化、弘治間諸公失處爾。是以牙蘭能離間威劫赤斤、罕東、阿端、曲先諸衛，而弩温答力以及罕慎、陝巴者，由此其被虜也。然而因時斟酌、隨義柔能者，則正可慮爾。」

是時飯畢，在軒遂邀至南竹塢，列一席於竹間，乃言：「往者竹林七賢豈亦若此乎？」五山言：「竹林今何處？」在軒曰：「當在太行、衞輝之間。」予與雍里曰：「多

❶「豌」，原作「筦」，據續刻本改。

在江南。」在軒曰：「近太行者爲是。蓋七賢在惠、懷之時尚未渡江，在軒言是。」五山曰：「曾見《竹林七賢圖》。」予曰：「予嘗題此圖矣，云『在前無魏，在後無晉。在國無君，在家無親。在宫無政，在鄉無俗』。圖之者，不知彰善邪，抑以播惡邪？」五山曰：「此説是也！」已而雙松之席既列，又移酌焉。適有大鳥飛過，五山又談及《鴇羽》之詩，辯名物，論風雅，議比興，皆歸於性情之正。而後别。

遊雞鳴山記

雞鳴山爲南都之勝，久懷遊覽，改官南曹三閲年矣，未能以償此願也。予僚郭山況翰臣於四月十二日公退之暇，邀諸僚同造焉。予策馬以赴，而五山已先至，乃登憑虚閣以眺，浩然嘆曰：「我高祖開創之遠略，規制之深意，於是乎在目前矣！故增都城於東南而建宫闕，面方山也；取「四方山河」意。立太學於西北而營堂齋，倚雞鳴也；取「晨興勤苦」意。陵寢在東，因鍾阜也；倉庾在西，邇長江也；演武於内外教場，無處而非警惕也；祀功於上下山巖，無時而忘勳勞也。後臣當何如，以保此志邪？」於是五山爲予指點龍之起伏，極言風水之盛。既而曰：「但外城甚遠，居人稀疏，防保頗難。」曰：「此亦可謂遠慮。明時方以忠信爲干櫓，禮樂爲城隍，且聖祖意甚廣大，若非遷都北平，此地至今即儀鳳、麒麟之外，皆其比如櫛矣。」

已而雙山、南橋至，已而在軒至。乃又起，憑欄問商陸，辯王瓜。既坐，南橋顧諸號舍言：「往時孝慈皇后之崩，高祖使人察諸監生之妻無哭泣者，遂斷績麻之賜。」予與五山曰：「此真父母與子一體之心，其當日恩德可想，宜其能肇造乾坤於後日也。」酒行，食有桃仁，在軒曰：「此桃杏皆曰『仁』，其意甚美。」郭山曰：「取生意爾。」五山曰：「瓜亦曰仁，麻亦曰仁，皆此意。」予曰：「黍稷稻穀卻皆曰『子』，槐枳卻皆曰『實』。蓋惟誠則仁，惟仁則能生育而爲子，其義一也。此古人所謂『糟粕煨燼無非教』者，先聖名物豈偶然哉！」已而在軒顧憑虛閣曰：「今有此論，此閣卻不虛爾。」曰：「微此，吾輩又安能有所憑而言邪？」五山曰：「此閣異時絲竹歌舞之聲，日不絕響，吾在監齋時，猶恒聞之，今日卻漸好矣。」曰：「官僚若有公暇小適，可借此談學論政，觀覽景象，以暢襟懷。縱監中後進聞之，亦知矜式。若流連劇戲，如六代淫遊，真可鄙爾！雖以雷次宗之開館，齊子良會文學之士，以抄經史於此，亦非不美，然資浮靡而工藻麗，則又何益？」諸君皆以爲然。已而雍里至，是時先坐者皆有酒，而雍里獨醒，予曰：「吾六人者，當各陪雍里一爵。」雍里執不肯，皆再請之。雍里曰：「某固當有後至之罰，但量淺爾。」予曰：「雍里之言，婉而不迫如此。」乃已。

爵再行，遂北上浮屠塔，然病足難登，乃令吏皂牽挽擁擡，止到第二層，兩股蘇蘇不能舉。在軒、雍里獨至其巔已，在軒亦來，六人到坐塔中，傳杯三巡以解勞。在軒曰：「程子所云『相輪』即是此。」予曰：「今與諸君已坐酌其中矣。」又曰：「雍里久而不下，將貪詩逃酒邪？」雙山曰：「此四字下得甚當！」予曰：「予數人者，皆四海九州之士，一時會晤於此，得以論心觀物，豈易得哉？所願盡去世調，一意太真爾。」諸君又深以爲然。已而雍里亦下巔來，予問曰：「不有所詠，必有所得。」雍里曰：「其上所見，與在下一般，但鷹隼之飛，湖山之勝，益親切爾。」予曰：「子可謂極高明乎！」既而下塔旁立，指塔曰，適到某層某層，雍里曰：「在塔中不知其高，自下而望，乃如此太高邪！」曰：「高處皆自此起。」

五山遂招遊於塔後竹林。至則林中茁筍如盂如盃，五山命一僧看守，無令從者傷折，且曰：「此以慰其心爾。」在軒曰：「此林中又雜以一果樹更好。」予曰：「在軒每有奇見。」又曰：「古今人不相及，今日竹林之遊，昔賢恐未有此。於戲！雖酩酊之中，不出準繩之外，乃真遊爾！」已而僧折筍送茶果，分外清遠。❶茶畢，五山言有僧秀林者善琴，可往一聽。至則秀林鎖門出，賣藥長安市去矣。予乃戲寫一絶。於是五山又促行者追召秀林。未久秀林果至，焚香坐，操《顔回》一曲。五山謂予曰：「可反前詩矣。」予又戲寫一絶。乃知凡遇不遇，皆未可定也。遂還，至憑虚閣以飯。飯已，命吏取卓上肴果分散僧衆及從人，蓋不知其爲郭山設也。時予已醉甚，微聞五山曰：「此意甚好。」然瞠目而視，見南橋獨醒，曰：「南橋當陪酌！」南橋以手指目曰：「目疾。」雍里謂：「南橋猶繫心於目也。」予遂爲短賦而自吟之。於是郭山曰：「他日之宴，未有若此歡晤之甚者。豈其地宜有今日邪？」予曰：「程子不云：『此地不知前此曾有人到此説此話否？』」遂皆出閣揖散，馬過十廟，時月已盡光華矣，照至其家。然

❶「遠」，萬曆本作「趣」。

是日倦醒，❶兼病再日，而後能興。

遊白鶴道院記

四月十二日雞鳴山醉歸，步過西華門，雙山秦子曰：「十五日，當請遊梅花水。」云是日有堂上行，不坐部，可以出遊也。南都故事，司屬出遊多因堂上行，而諸堂上或送客，或他往，司屬乃得借一日之暇以遊覽。然自予爲吏部司屬已年半矣，雖堂上他出，諸僚皆不出，而予以多病，亦未獲一遊。雙山以近日有靈谷、雞鳴諸遊也，遂有是請於目下。乃十五日有堂上不果行，改十七日，雙山亦又改至十七日。然是晨大雨，去梅花水實難，雙山欲移遊附近道院，云：「有故鄉蓮酒，已開尊矣。」予曰：「天雨，又開此酒，即附近道院不減梅花水也。且豈惟堂上行有改移，雖天亦使此水有改移矣。」於是開宴於協律郎朱氏之白鶴堂。

比予至，而五山、南橋已至竹亭矣，未幾，郭山至。然朱氏舊有崇樓，乃同登臨焉，見道士居屋，如櫛瓦參差，如魚鱗上下，而煙火之密，不減於都衢。良久，有報在軒至，乃下梯，同雙山迎之白鶴堂。雙山便行獻酬之禮，予曰：「前此俱未有此。」雙山曰：「舊多在城内飲，今在城外飲。」予曰：「合内外之道也。」坐定，饌有新笋，亦新自臨桂來，其味極清，問之，雙山曰：「此毛竹笋，他處無，惟廣西有，其心實也。」予曰：「心實，故味美。」五山又言：「浙中亦有實心竹，可作鹽笋，又可爲箭笴。」予曰：「惟心實，故能直。」蓋美二君言也。頃之有暴

❶「然」，萬曆本無。

雨過，既霽而雍里至，予曰：「方雨，正慮雍里難行。」雍里曰：「適至城門避雨爾。」予曰：「今與先到室中者同矣。」雙山又移尊竹亭，是時予已醺然，而雙山勸酌不已，雍里曰：「子無以雞鳴爲戒。」予聞之甚喜，蓋雞鳴之遊，予實酩酊不知，而雍里以是見規，於是深以爲感，以後得少節飲。然而雙山勸酌尤不已，既至出亭，又令每人引白。予視五山、南橋、在軒皆不欲飲，乃言曰：「予忝從交遊之後，凡一飲會，或行視山川，吟覽風景，不專於酒乃爲雅。」

於是遂出觀醴泉亭，是泉蓋文廟禱高祖之疾，感格天地而湧出者也。有穹碑在泉上，莊誦未半，有二白羊跳舞不已，或登龜趺之間，或上泉口之石，或近身弄衣，或侵尊啣果，恍惚有虞庭獸舞、周詩肱升之意，在軒以爲真徜徉，雍里以爲真常羊，而五山、雙山、南橋、郭山皆喜極，有與物相通之意。予曰：「今可謂得羊矣！古之挾策、博塞者，❶安得不失此邪？」已而五山欲觀南天門，乃策馬而南，見一江自溧陽來，至南天門前，西流入大江，而天門對方山，負紫金，跨青龍，挾定山，真天府也。西過犧牲所而還至地壇，北方雲起，在軒曰：「雨已下鍾山矣。」未訖，大雨如注，沾濕衣冠，予曰：「今日可謂『步過天門帶雨歸』，雖梅花水安能易此！」四月十八日記。

遊牛首山記

牛首爲金陵鎮山，每登城中高處，輒見山之雙角如牛狀。往時僚友陳魯南數言其

❶「塞」，原作「蹇」，據續刻本改。

勝，且言獻花巖尤奇，示所撰志。抵南且年半，未能一至。四月十九日，雍里顧子有牛首之邀，明日，南橋李子有獻花巖之邀，予喜謂同僚曰：「二美恐難並得。或風雨炎暑之阻，亦不可知。」他人聞之，亦爲予慮，恐夏且半暑已盛，不能遂也。

及期，予先出門，過承恩寺，憩僧白雲方丈。白雲即出諸公卿詩卷，兼以己作，己作中有「心未了」之句。予問曰：「僧今年幾何？」曰：「八十五矣。」曰：「年已如此，何事未了？」曰：「自覺尚有未了處爾。」已而雍里至，予問壁間懸賦何人作，僧曰：「僧自作爾。」頃又言：「某太監者已亡，可惜寶玉家貲盡爲他人所有。」予謂雍里曰：「此僧未了者，名利心爾！」既又曰：「僧先住梅花水，是時無水，住十日祝佛，水即出，且洪大懸流，有群鳥來翔。自爲鄭太監所邀至此，向時水聞亦減少。」曰：「白雲來此幾時矣？」曰：「二三十年。」曰：「亦有前異乎？」曰：「無。」曰：「住梅花水十日且有水出鳥翔之異，二三十年於此乃無一異，何邪？」曰：「僧悔至此爾。」曰：「然則爾心未了者，雖謂之此可也！」

已而五山、雙山、在軒、郭山皆至，既飯乃行。雍里以其輿易予輿，予辭不得，曰：「古道也！」乘之先往，乃至牛首之背，嘆曰：「俗言高祖怪杖此山獨不北拱，此或誤傳乎？蓋天地間萬山環列而江河四繞，其中則堪輿也，此牛負而戴之，首宜其南向爾。」再行里餘，山益陡峻，輿夫力罷。予與五山下輿，令吏扶持步徙，少息輿夫，因訪識櫸、樸二木于五山。然輿夫遂長往不待，雙足刺刺脱脱，不能舉武，使呼輿夫，輿夫始候乘，因曰：「以佚道使民，雖上山亦易也。」

比至弘覺寺，即古佛窟寺也。偕行有嘗先至者自下而指之曰：「某爲文殊洞，某爲兜率巖，某爲捨身巖。」予視之，高幾千丈，壁立峻絶，決不可登，舊傳高一千二百尺，周四十七里者，豈盡然邪？在軒曰：「尋當至是爾。」比入禪林先門，過天王殿，石磴百層，如甃壁然，予又恨足攢眉，懼不能登，於是令兩皂擁擡、一吏引袂而後上。有長杉數十章，并古松夾植堂涂，幹插霄漢，葉蔽雲日，而竹梧楓梓，亦附植錯列，可棟可梁，可宮可廟，陸可車輿，水可舟楫，文可琹瑟，武可弧矢，嘆曰：「美材盡在於是，乃見於佛氏之域耶！」過金剛殿，階蹬亦峻嶒陡絶，其右有虎跑泉，僧云：「草衣文殊講授之時，有龍女送水，雙虎跑地，而得此泉，味甚甘洌。」然此或僧神其水而以名也。

上大雄寶殿，其月臺有銀杏一株，曾被火焚，其身復生枝幹，而身畔燒痕猶存，然可五六人圍，葉散布蔭蔽墀砌。雙山曰：「此樹當時止燬其幹，其根未傷，故有此。《詩》曰：『顛沛之揭，枝葉未有害，本實先撥。』」已而雍里遂舉酌於銀杏之旁，而在軒獨登文殊洞、兜率巖，自山巔松杪，青巾白衫揮扇而下，衆共瞻之。至席，遂談巖洞之幽勝，而五山、雙山、郭山皆有意興，飄然起觀塔影去矣。在軒舉舊有二友，見美色途中群行，一友閉目而過，一友正目而過，正目者曰：「此亦人子也，見之當視如己之家人親戚，亦何妨。」予曰：「此閉目者亦未爲不是。」雍里曰：「古止説『非禮勿視』爾。」予曰：「昔予弟栖年少時，隨予在太學，嘗出行，不拾遺黄金環，後馬谿田以告監丞陳陝州先生，先生謂諸舉人曰：『栖事亦佳，更不如拾而懸票于衢，令遺者得之尤好。』予曰：『陳公之言，用也；予弟之事，本也。』則無異於在軒之二友矣。」於是雙山談及塔影，予曰：「此不怪。閉門有孔，視之則有，不然則無。」頃視之果然。蓋塔尖自門孔中透入，故有倒影爾。於是同諸君上石蹬，瞰辟支像。出，憑石欄遠眺，見萬山之間麥牟已黄，稻畦方青，予曰：「此果江南之樂土也。」在軒曰：『有山可薪，有隰可田』，果然！」

遂西至文殊洞，懸石礌垂不可入，而五山、雙山邀予坐其中，摩文殊之肩曰：「爾安知吾輩至此邪？」又令從者移去洞口香几，遠眺江山畢見。出洞，予足已跛矣。雙山、五山又邀往兜率閣、捨身巖，予不能去，雙山曰：「爲其名不可邪？」曰：「其實不能爾。」二君躍然往，遂登其巔去矣。而在軒、雍里、郭山亦自他岫去。予遂引一僧以還。其雞藤、山虎之細，樫葉、栗花之微，皆自是識也。至碧雲堂上，前屏遂書一律。既而諸君方還，雍里乃洗酌碧雲堂上，而五山、在軒各言所見之勝，在軒曰：「兜率之上是何物？」五山曰：「予手浣佛脚之水，身臨昭明之池。」予嘆曰：「二君所見雖有不同，然大略皆已到山頂上矣，視予全未往者，可奈何？」是時佛前麥燈一掛，五山曰：「適北來途中，見收麥甚喜。窮民足充口矣。」郭山曰：「見男婦勤苦場作，❶又用碾衮甚可愛，❷此江西所無。」曰：「此則江北盡然。爾適見此，不覺興鄉思也。」在軒曰：「可移去卓燭，獨觀麥燈好。」去燭而麥燈頗暗，五

❶「婦」，萬曆本作「女」。
❷「衮」，萬曆本作「磙」。

山曰：「當再添一撚。」在軒曰：「恐傷籠，反不可。」諸君皆曰：「可謂能防患矣。」予曰：「每添一撚，則增一明，雖三五撚可，雖百十撚可。若手巧，自不妨籠，但籠周柱條則當減耳，程子所謂減一條、少一條暗也。」諸君大笑，以爲然。是時五山興極高，遂同雙山分榻於辟支洞西，而在軒亦宿萬山拱秀方丈。

晨興，雍里、郭山因言及爲學之事，予曰：「竊謂自古道統之傳，無過『好問』、『好察』、『捨己從人』乎？蓋此非克己者不能也。」遂同二君往問三君宿處。先過在軒，而五山、雙山適亦下巖來。憑軒南眺，見群山羅列，如揖如踞，皆在目前，而青雲紫霧，或流山腰，或冒峰頂。在軒、雙山又恨此障，予曰：「此本山谿所能，且其粧點變化，精神具在，正可細覽。若赤日特照，則焦土頑石並見，又何觀邪？」五山亦曰然。既茶而出，欲往視五山、雙山宿處，二君曰：「既斂衾枕，其處亦非吾所有矣。」乃自下瞻望良久。而南橋自城中五更起至矣，蓋日昨爲太夫人忌辰也。雍里復邀至碧雲方丈共飯。五山又欲予同觀佛脚泉、昭明池，然予足不能行矣，止遂西觀龍池，白石爲坎，深方數尺，水清見底，冬夏不竭，其旁皆石崖壁立，高數十丈，穹窿幽險，五山曰：「此正龍起處！」是行也，微陰，有涼颸，雨夜中作，遂霽。

遊獻花巖記

南橋催赴獻花巖，予與五山獨先出禪林、翠微以往，遇陡絶，則又下輿小步。五山乃出夜中所爲詩三篇以觀，有慈民之心焉，有復古之志焉，雖上輿猶諷誦之不已。比過長庚池，則又下輿，並觀池水。乃遂至獻花巖洞，洞當巖下三尺，石蟯爲深室，内有懶融僧像。洞東石穴爲門，出門則獻花巖亭也，而白巖諸公皆有題，白巖題則自篆者也。坐定，僧德達送茶，而雙山、南橋、在軒、雍里、郭山皆來。北望牛首，婉如圖畫，懸掛目前。已而入寺登殿，僧衆皆擊鍾磬，誦彌陀，魚貫而迓。遂上觀音閣，看牛首益真切。南橋乃令設一几環坐，❶取酒解勞。旁有紙帳石床，一僧宿處於是者十餘年矣，或嘆其難，予曰：「此正可憐！使果有所得，猶不枉一生，不然祇同一禽鳥耳。昨見牛首禪堂諸僧亦類是，何異土穴中獾鼠邪？可惜誤用力於是而終無知也！」郭山以爲然。已而德達又引上翠微亭，予與在軒各坐一磯，五山、雙山及南橋、郭山遂上山巔，攀松倚峰而立，自予坐處望之，又如在平地望山上人也。及南橋又取壺榼至，諸君亦少降，周環各坐一磯，傳觀五山三詩而後下。德達遂獻茶於小星槎，流觀莆、汀諸公留題。有一僧在東室閉關已半年矣，言貌如焯灼熊，予曰：「此僧若能爲學，何所不可！」惜惜出，❷赴南橋之席於官廳。南橋談及武宗南狩之事，予遂言涂水寇公應變救人之政，諸君皆以爲賢。南橋又言陸司成之事，予又述何栢齋往日講書，并與虎谷王先生論馬陵格致之説，諸君皆欣羡，以爲未嘗聞也。

是時日已近未，諸君先返，以赴來日坐部。予以倦病，不獲同歸，送諸君將下山，

❶「一」，重刻本作「衆」。
❷「惜惜」，萬曆本無。

還卧官廳榻上。未成寐，而在軒又送酒饌來，予不能禮使者，於榻上作謝帖去。旦日向晨始能興，然猶惛眩無精采。有僧元太虚者，年七十五矣，謂予曰：「近有一僧道山者，北京白塔寺僧，善説佛經，兼通三教，可召來爲公解悶。」於是德達即往呼之。然予方欲便，使僕持杖防虎，適山後去，比還而道山已在門候。因問：「山所説經，是鳩摩羅什時譯邪？」山遂自周昭王、漢明帝，佛之出没沿革，以及姚萇、興父子崇尚之詳，歷歷道之不遺。予曰：「僧亦用此多識乎？」山驚笑。予曰：「不防有識而後可去識爾。」山曰：「佛有『五蘊』、『六根』、『六塵』、『八患』、『五十一箇心法』、『八十八使』、『九十一思惑』，識亦不可無。」曰：「苟有識，雖千萬心、億兆根塵患惑皆有也。若是，則何以能入定？」山曰：「但不視外物，返觀内照，久静則得之。」予曰：「此恐未然。夫人已睡著，而心或在千里之外、五欲之中者有矣，安能内照？」山曰：「雖夢中，亦要捉得住此心可。」曰：「此功當在未夢之前可爾。既夢安能捉？既捉安能夢？」山又笑。

又問：「牛首見文殊、辟支二像，何時僧也？」山曰：「文殊脩行於五臺，只今亦常放光。山住五臺時，近五臺數百里内，時有五彩雲物張布，或自露其身。」曰：「爾當時何不手執其衣而問之：光何以止在五臺？又何以止露身於五臺？此花巖處何不露身？」山曰：「亦有對面認不得者。」曰：「你試放一光，吾觀之。」山亦大笑不對，謂元太虚曰：「公知家中話，又能破識矣。」「辟支者何？」曰：「『辟支』有二義：一曰圓覺，一曰獨覺。夫『佛』者，覺也，是又一乘法也。」予曰：「佛固是覺，不知覺欲何爲？」曰：「欲明此性爾。」「明此性欲何爲？」曰：「人當臨終之時，皇皇張張，手忙脚亂。此時若能捉得住，此性便不隨氣飄散，有所安泊矣。」曰：「安泊在何處？」曰：「佛有五乘：有天乘，有人乘，有聲聞乘，有圓覺乘，有菩薩乘。見性者皆謂之乘矣，❶雖投胎奪舍皆可也。」曰：「臨終之時，不用捉拏，順其所之，以還太虛如何？」曰：「可惜此性爾。」曰：「然則佛教真私爾！夫人人皆有此性，與太虛同體，若明得盡時，則人人各得其性，生死隨氣與太虛流轉，不消把持，不用著力，方是正理，方是手段。若如佛言，既去人倫，又奪人舍，遂比父母，懽如夫妻，淫詖已甚，又安有性邪？其狹小亦甚矣！」

山曰：「佛界甚大，此中國止爲東震旦世界，❷蓋有三千大千世界，有億萬對日月，有億兆箇天地，故龜茲之西、滓泥之東無窮極也。故曰『芥子以納須彌』爾。」曰：「爾山却未悟邪？此正其狹小處爾！且山除東震旦界，❸再曾到幾箇世界邪？」山笑謂元太虛曰：「公是家中語。」曰：「予未讀佛書，此但以我所見難汝爾。然山亦聰明，不知初從何師？」曰：「山少受學於泰楚山，故有今覺。」曰：「楚山，吾亦曾會，善臨王羲之字，嘗出以示予，又對予談及建文、永樂間事，此人恐非佛學。」山謂元太虛曰：「公又破吾師矣。」

曰：「覺亦不難，雖六祖菩提樹之悟亦

❶「謂」，萬曆本作「超」，重刻本無。
❷「旦」，原作「且」，據萬曆本改。
❸「旦」，原作「世」，據萬曆本改。

不難，但持行則非易爾。」山曰：「山至此已數年，亦數爲各寺所請，講《法華》、《花嚴》、❶《楞嚴》、《金剛》諸經久矣，然言不輒悞者亦少，安得謂覺易乎？」曰：「爾所説者經爾，曷不與之説心？彼心明，自有戒行，不愧於佛。雖非中道，亦是脩善。昔寶志公説法『天爲雨花』，雖是譬喻，然亦可見當時僧衆，亦專篤法戒矣。」山曰：「説心，正是不落筌蹄。然山亦嘗就眼説眼、就耳説耳矣。」曰：「爾當就心説眼、就心説耳可。爾道《花嚴》有四法界，然以予觀之，只有一耳。」山曰：「一在何處？」曰：「纔討一，便不是一。」又曰：「山亦好箇資質，可讀儒書，儒道本大！」山曰：「淵魚各有性，雖釣不上船。」予曰：「爾蓋陷溺之深者，未可以言辯也！」遂下巖回。復過憩白雲方丈，又自謂其舊日功德以索詩，予曰：「有是功德而爲鄭監守墳，惜哉！」作一詩與之而歸。歸後翼日祁暑，❷又翼日大雨不能晴，乃知獲遊山林，❸亦有天數焉。初予恐，及他人爲予慮者，皆過矣。

遊敬亭記

五月五日，五山有敬亭之邀，而郭山頃亦折簡來，云同五山子作端陽節飲也，至則吏已設席敬亭中西面矣。夫「敬亭」者，部後堂之題名亭也，先正以「敬」題扁，垂示常儆云。於是五山、雙山及予議曰：「此地堂上先生雖不常至，然頗有西面之嫌。」雙山

❶「花」，重刻本作「華」，下同。
❷「祁」，原作「郎」，據萬曆本改。
❸「獲」，萬曆本作「遨」。

曰：「看山而坐最妙。」予曰：「雙山高識雅調如此。」❶仕軒曰：「更開窗扇，則山光雲影，盡浮杯酌中矣。」於是改席北面，郭山仍爲團聯坐。是日雍里假，南橋有清涼之行矣。剥粽，酒數巡，郭山將上所饌，以考功司前有蓮池也，乃移置部選官廳以就蓮。至則緑荷滿地，而一蓮獨綻，紅粉映日，真如拭洗，乃同諸君繞池熟玩，羡賞久之。在軒曰：「真花中君子也，昔爲廉溪所愛者有以哉！」已乃赴郭山之設，設有菖歜、雄黄，從俗節也。酒三舉，然其廳暑甚，不能坐，遂移席於竹塢。已又移席於雙松二枳之間，❷往日所見之筍，已數丈高矣。乃傳杯石池邊上，抵暮而後散。

明日，雙山曰：「昨日之遊，其相談也：『君』，自堯、舜、禹、湯，以及啓、太甲、周、漢、唐、宋以來，立嫡立賢，禪繼之義；『賢』，自伊尹、周公、管仲、晏嬰、公孫僑、平、勃、丙、魏、賈誼、汲黯、黄憲、孔明、郭泰、尹焞，以及建文末年方、王、齊、黄之故；『經』，自《木瓜》、《式微》、《載馳》、《泉水》、《栢舟》、《關雎》、《抑》戒、《定之方中》，「石門」、「于越」、「于稷」、「葵丘」、「首止」、「于虢」、「于申」、❸「使札來聘」、「於越入吴」之旨；『事』，自庶富教化、禮樂制度、因革損益、先後緩急之宜，無不劇談而詳評。視他日之遊，其論頗精，而義更美，猶可爲一續記，以附《獻花巖》之後也。」予曰：「往者諸遊，多因山緣水，借草牽花，或以足跡所至而發，或因眺覽所及而成，故雖有辯博之

❶ 「雅」，原作「邪」，據續刻本改。
❷ 「二」，續刻本作「三」。
❸ 「于」，原作「子」，據續刻本改。

語，亦皆行事之實。興出於感觸，義本乎性情，猶可記以不忘交遊之雅，於後自考也。❶乃敬亭之遊，其論雖多，反涉於空言，其行則寡，卒歸于無益，可勿籍。」既而曰：「吾誤，吾誤，雙山之言是也。前此之遊，雖有不虐之戲謔，終陷光景之流連。豈若敬亭者，目視扁而警惕，心喻義而斂肅，既主一而不馳，乃直内而無他。《易》曰『敬以終始』，其在斯乎！苟存其跡而不没，實質之道而無詭，固當記之終篇，以增益於諸遊。」於是諸君子曰：「今日以往，雖常以敬亭爲盤紳可也。」既乃緝自遊燕子磯詩，各因題類編，而以得詩先後爲次，凡八九十篇云。

仰止亭記

仰止亭者，青陽祝尹之所構也。正德末年，陽明王公與其徒講學九華山中，一時青衿之士如雲滃霧集，而「致良知」之説，「以行爲知」之論，由此其發也，其徒守之如父母之命、蓍龜之告而不敢易焉。然亦有得者焉，亦有不得者焉。故天下之士，是陽明之學者半，不是陽明之學者亦半。

它日，弘齋陸子伯載、東郭鄒子謙之，固蚤從陽明遊者也，數以難予，予曰：「予敢以陽明之學爲是乎？予敢以陽明之學爲不是乎？」二子曰：「如子之言，不幾於持兩端乎？」曰：「不然。昔者先正以一言一字發人，而况陽明之學，痛世俗詞章之繁，病仕途勢利之争，乃窮本究源，因近及遠，而曰『行即知也』、『知本良也』，亦何嘗不是乎？但人品不同，受病亦異，好肉者

❶「自」，續刻本作「日」。

不可與言禁酒也，好弈者不可與言禁財也，故夫子訒牛之譟言，色商之直義，達師之務外，懼由之好勇，故德無不成，材無不達。如人之病瘡，有在手者，有在足者，有在肩背者，有在面目者，皆足以滯一身之氣而壅百骸之腫，所病去，則全體無不安矣，故受藥亦易，而起其病亦不難。故有知而後能行，未有不知而能行者也，猶目見而後足能走，未有不見而能走者也。若曰見守齊舉、知行並進，此惟聖人能之。故陽明之學，中人以上雖或可及，中人以下皆茫無所歸，故《論語》不道也，亦曷嘗盡是乎？雖然，自夫俗儒而言，忘其良知而又不知以行之爲急也，其弊至於戕民而病國，則陽明之學又豈可少乎哉！」

去年陽明已逝矣，其徒江若曾輩思之不置，祝尹曰：「某初欲建仰止亭於九華山，今陽明雖不在，豈可以生死而易其心哉！」若曾遂以伯載問記於予。然則尹真賢達，而若曾亦可謂真得陽明之學者矣，斯其賢亦不易得也。它日振陽明之學於九華山，其在斯人乎！

潮州府海陽縣重脩儒學記

海陽，潮州府之附郭邑，以在南海北干，曰海陽縣，潮每至是，即古潮陽也。其學舊附府學西偏，有知縣陳垣者，遷置府治之西製錦坊，宋理宗紹定間，知州孫叔謹、知縣張煥皆嘗增築重脩，而端宗景炎三年，兵燹盡矣。國朝永樂、宣德、正統間，參政鄭皐、御史丁寧、知府王源諸人雖嘗繼修，以拓前元舊規，然隘者莫能廣也，庳者莫能崇也，缺者莫能補也，陷者莫能平也。地既因於僻陋，士遂習以惰偷。教諭常熟陳君察積監察御史，陞大理少卿，以薦讓高賢，謫典是學。暨至，而潮守王公袍志同作人，謀協義舉，夫然後廣隘崇庳，補缺平陷，棟桷咸明，宇序皆飾。既落成，陳君乃因使問記，且曰：「何以使海陽士子爲仁人，爲義士，爲忠臣，爲孝子？」

予曰：「嗟乎！地有甸荒之異，心無不同。人有山海之殊，理無不一。昔者昌黎韓公退之謫潮陽也，當其時人不知書，士未向學，文公乃延請進士趙德，尊爲學師，以教士子，自是潮陽文物彬彬，比於上國，後至有宋，許申、林巽、盧侗諸賢皆繼取高科，先後相望，多海陽産也。夫韓公直以其文教潮陽爾，其效驗猶如此，況陳君以行教海陽者乎！是故教之以仁，主敬而克己，海陽無不仁人矣；教之以義，賤貨而輕財，海陽無不義士矣；教之以忠，憂國而愛君，海陽無不忠臣矣；教之以孝，繼志而述事，海陽無不孝子矣。《傳》曰：『其所令，反其所好，而民不從。』陳君見賢必舉，舉賢必先，可不謂仁乎！舉進士二十五年，未嘗有私客，不聞有利舉，可不謂義乎？年且白首，一志公家，方物出謀，社稷思安，可不謂忠乎！與其弟司業君寰協德養親，屢棲泉石，不求競進，❶家無長物，父母咸悦，可不謂孝乎！則仁義忠孝，陳君之所好者也，海陽士式化者深矣，又何憂其不然哉？余又願君毫忽之間、隱微之際，無非四德之著以爲教，即劉允之仁、張夔之義、馬發之忠、李關之孝，當於君起海陽之後，接踵摩肩而出矣。然則宮廟之修，豈細事哉！於

❶「競」，原作「兢」，據續刻本改。

戲，海陽士子其體吾陳君之志乎！」

是役也，屋計文廟七楹，廡東西各十楹，戟門五楹，明倫堂五楹，講堂五楹，齋號舍二三十楹。金計初用三十斤，貿地廟實缺陷者用六斤，益用二斤，終用二十斤。官計惠州同知蕭君世科、潮通府張君繼芳、陳君碩、韶州通府唐君侃，而君與王太守則終始之者也。

是役也經始嘉靖七年某月日，記于八年六月望日云。

五溪書屋記

五溪者，池州青陽縣九華山之五溪也，一曰龍溪，二曰池溪，三曰漂溪，❶四曰雙溪，五曰澗溪，出山五谷，合爲一流，妙當山央，宛若地腓。九峰羅綻乎芙蓉，六泉旁湧乎金壁，於是南引群翠，北入大江。世傳江南之山莫秀於九華，九華之勝莫過於五溪，蓋結吴楚之美，而鍾江湖之英者也。

嘉靖乙酉，青陽生江學曾、施宗道來南都受學於吾，甘泉先生暇或談及九華，先生飄然有往居之意，二生對曰：「願築書院，鵠立以候也。」越明年，柯喬者亦及門受業，勃興共構之心。又明年，邑尹德興祝增北覲而還，亦翻然欲助舉之。二生乃遍選九華之妙，獲茲五溪之邃，諏日程工，召匠計木。其地舊有小菴，後帶淫祠，祝尹即日廢撤，用廣厥基。宗道曰：「經營出於民力，於義則弗堪。創建舉於公家，其事則難久。」乃身出貲金以董其務，而祝尹捐俸以贊其成。中建講道堂五楹，東西皆在廂屋，

❶「漂」，《江南通志》卷十六作「溧」。

堂後建心期亭三檼，諸君以先生之未至也，又作望甘泉臺，時登眺以候焉，皆謂之「五溪書屋」云。工始己丑之仲夏，落成是年之初秋。未幾，甘泉先生自南少宰被命徵入爲少宗伯。二生及潮州周孚先、貴溪呂懷、宜興周衝、懷寧尹唐送先生至淮安，或至彭城。先生猶拳拳不忘九華也，使道通、堯臣居五溪，限之以三年，有詩以遺；使克道、汝德遊九華，望之以九秋，有詩以送。諸君歸，皆示予。而施、江二君星言先往，裒是地之秀俊以候也。因以問記。

嗟乎！九華者，古九子山也，今茲之名，則唐李白之所改也。白與高霽、韋權興嘗訪道江漢，❶憩于夏侯迴之堂，開簷岸幘，坐眺松雪，以茲山舊云「九子」，按圖徵名，無所依據，太史公南遊，略而不書，事絶古老之口，復闕名賢之紀，雖靈仙往復，而賦詠罕聞，於是始改爲「九華」，有聯句云。然其詩或嘆標日壁霞之景，或羨玉樹羽人之況。吾甘泉先生之遺尹、周也，其詩則曰：「人人有真源，自酌乃自得。」送周、呂也，其詩則曰：「神物貴變化，九仞安可停？」彼李白之訪道，曾至此乎？夫先生常患人之徒知而不能行也，則著「知行並進」之説，又嘗患人之徒養心而忘所有事也，則著「心事合一」之説，❷而以隨處體認天理發之。諸君之於九華築居者，其以是爲居，而無忘乎寢興；遺行者，其以是爲行，而無忘於動履；送之遊觀者，以是遊觀，而無忘於登覽。察之隱微之際，驗之於飲食男女、人倫

❶ 「興」，《全唐詩》卷七百八十八《改九子山爲九華山聯句》作「輿」。

❷ 「合」，原作「各」，據續刻本改。

事物之間，久嘗見「五溪同出一源，九華生於一本」也。

夫揚州有甘泉行窩，葛澗所作也，予嘗記之，以是爲説矣。金陵有新泉精舍，史際所作也，予嘗記之，以是爲説矣。九華先有仰止亭，祝尹爲陽明王先生所作也，予亦嘗記之，以是爲説矣，今又於五溪書屋云。蓋柟爲甘泉先生禮闈所取士，受教最久且深，故敢發先生之旨以告諸君，顧從事乎力行，而不文飾於外也。不然，則行窩也，精舍也，書屋也，適足爲先生多，而予之記爲贅辭！

重修平陽府臨汾縣文廟記

臨汾縣文廟在縣治西偏崇道坊，本元李參罕帖木兒之祠，國朝洪武十一年建學於兹，易扁爲大成殿。然格制既乖，復不當陽，不厭士衆心。宣德以來，縣尹相繼葺其浮略，無能改作。嘉靖丙戌，任丘人袁尹淮請諸太守開州王公溱、巡按武城張公録，審方辯位，依式樹規，殿材半構，工役方興，已發狀請記于予。而袁適陞泗州去，厥功未考。嘉靖戊子，膚施人董君珊繼袁治汾，覩厥墜緒，心用弗寧。會巡按三原穆公相令郡邑修飾廟署，惇作文教，董是以獲請申揚前業，而新守磁州葛公覃亦視績加飾。於是殿堂、龕室、户牖、廊廡、門墻、臺序，咸次第舉。諸生請諸學諭辛君珍列狀發使，濟江問記。

柟惟兹役，雖崇先聖，實爲後學。後學學先聖之道，不可他求。蓋道雖大，進之則有漸；理雖深，造之則有端。昔者先師以易道之未明也，譬之出入之門，❶以開示後

---

❶ 「之」，續刻本作「諸」。

學，故斯門也，其闔闢則謂之乾坤，一闔一闢，往來不窮則謂之變通，見形則謂之象器，制用則謂之法，利用則謂之神。諸士子之於斯也，行乎其序，則必盈科而後進；覩乎其墻，則何數仞之難窺；瞻乎其門，則奮獲入之或寡；循視廊廡，則嘆後賢亦可登；窺乎户牖，則知納約之可明。登陟殿堂，則思仲子路之「已升」，而顓孫子張之「難與並爲仁」者非也；優入龕室，則思衞武公之「相在」，而澹臺滅明之「不至室」者是也。借物而遠取，即身而近求，凡絃誦歌舞之時，皆藏修遊息之地，然後聖道無往不可學，而此身無時離道矣。昔者予之爲袁記也，以損高益卑、補偏祛俗爲説，蓋即「時措之中」以言也，恐諸士子疑或難焉，兹又自「墻序門臺」以告之，將入道者有途乎！且夫董君者，質直好義，有古循吏風，其身示爾諸士子者已多。得吾言而不棄，益奮往前修，希蹤鄉哲，雖古放勳之堂室，亦可循循然望以升入矣！

董君字邦奇，舉嘉靖丙戌進士。

鏡閣記

鏡閣者，西巖先生崑山顧公孔昭之所構也。公第舍之南有園數畝，其父侍御君嘗壘山鑿池，雜植花竹，奉娱厥親。至公乃於池上甃基構閣，日静坐其中，觀察物理，超然有得，嘆曰：「昔朱子於方塘半畝，得『天光雲影』之邃，知『源頭活水』之妙，潛今亦可謂親見之矣！」遂名其所居曰「静觀草堂」，題其閣曰「鏡閣」云。

初，公既舉進士，選爲庶吉士，授監察御史，凡所論列，多干權倖，直聲震中外。

乃又深思王化之本，纂進治要之書，孝廟褒嘉，大臣咸偉，薦督畿内學政，燕趙志士彬彬向進。及遭宦瑾肆姦，怒其持正，沮出守蜀之馬湖，未至而罷。瑾既敗誅，臺諫屢薦，竟格時例不起。夫公爲御史十年而得馬湖，去馬湖二十年而竟老於家，然則「静觀」之趣，「鏡閣」之見，其真有所得乎！

夫天鏡於所生，地鏡於所出，人鏡於所儕。故河海滙，雖沫斗咸爛；日月懸，雖彈丸畢照；萬物列，雖美惡得失不能蓋。故天行健，振海河而不洩；❶地行順，帶日月而不墜；人行誠，備萬物而不遺。是故君子於鏡，以明誠也。今夫西施持鏡則喜，自慶其妍也，嫫母持鏡則怒，自慚其醜也。妍醜不在於鏡，喜怒遂興於己，然而非鏡則無所於知也。則夫西巖公求照於無物之地者，其道邃乎！且公有叔詹公，予嘗僚於翰林，公有子封部君，予又僚於吏曹，蓋皆久資之以爲照者，則孰非公之爲鏡哉？乃復欲不自是，謂予亦公之鏡中物也，問記焉，則孰不爲公之鏡哉？於戲！公可謂真有斯鏡閣矣。閣建在嘉靖年月日，廣三楹，崇若干尺。

長洲縣名宦祠記

長洲名宦祠在縣學堂塗之東，祠屋三楹，南面，其門有樓，西面，中祀唐宋以來諸治長洲者之賢師尹，乃今學諭武林孫君景時之所考定，與鄉賢祠對立者也。夫民寡雍睦，由士缺禮讓；學無風教，由古昔之未

❶「海河」，續刻本作「河海」。

表章也。是故削堵視楨，❶端影正形，君子之道，象賢爲大。夫自有長洲以來，爲縣者不啻數百輩，❷然於唐止得三人焉，於宋止得九人焉，於我明止得四人焉，其亦選之嚴乎？將亦材之難乎？

夫臨民以仁爲本，爲仁以誠爲至。仁而不誠，人猶感之；誠而以仁，民罔不懷。蓋仁則必廉，其惠將無不厚矣；誠則必公，其明將無不照矣。今夫岑仲翔敏而文，談戩詩而遠，蕭叔慎莊而威，鞠顔叔嚴，王元之雅，劉禹昌簡，王彦成方，常希古信，陳長卿惠，項德潤廉，龔深父忠而憤，宋楚材正而篤。明周岐鳳、董子威、金貴之亦皆材行表著於時，竊恐於仁誠之道，或亦未滿也。然近者數百年，遠殆千歲，其名尚焕然封域存，其神尚洋洋乎祠廟中不殁，而況仁誠之咸備者乎！是故方來君子，或政於邑，或教於庠，其自十有六公而上求之乎！

南京户部分司題名記

南京户部分司在鳳陽府治之東，度支鳳陽留守以及懷遠、長淮、洪塘諸衛所官軍金穀殆數十萬，其徵受於河北、江南者凡十有八九郡，往時以各衛官或他僚釐也，然武弁不免冒濫，官吏或至侵漁，乃宣德中，欽依差南京户部主事或員外郎一人監臨焉。自是以來，駸駸乎且百人矣，而南陽王公鴻儒，嘉魚李公承勛，皆由此其興也。於是前主事徽州葉君份志欲搜往題名，岳池湯君紹恩已伐石壽州未樹也，乃吾三原秦君鎬

❶「削」，原作「則」，據續刻本改。
❷「輩」，原作「章」，據續刻本改。

嗣二君以有爲，懼前哲之無聞，走使問記，以明勸戒。

夫計資俵銀、驗口出穀，雖一隸首可也，何至勞茲小司徒哉？夫衆無不濟之謂「惠」，出有先後之謂「序」，當其可之謂「時」，衡量皆實之謂「信」，行伍窮困皆獲其欲，下無掊尅之謂「法」。茲五者，非君子不能也，故以煩小司徒焉。是故能乎此者，則士無怨讟而頌聲作，是謂善於其職也；不能乎此者，則士有凍餒而衆心離，是謂不良於其職也。然則題名之記，豈非以徵實哉！且鳳陽乃高皇帝龍飛之地，初欲定鼎於茲，故郊社、宮闕制猶南京，而淳皇帝之陵寢在焉，諸衛環護以綱維四海萬邦者此也。諸君繼緒以往，其所以綏士卒而圖根本者，當必不以度支爲細務矣。

新修白鹿洞記

玉溪王公公濟守南康，修白鹿洞成，其僚咸寧馬正甫爲問記。予曰：「洞自唐貞元以來數百年矣，奚待玉溪子而後修？記自宋東萊吕氏以來數十首矣，奚待柟而後記？」是時其僚會稽謝近之方在南京，曰：「夫洞也，李賓客豢鹿隱居，本以是名也。繼作者，亭閣臺榭，樓館橋圃，日新月盛，以資遊覽，其洞則固蕪然没矣。❶玉溪子春祭諸賢，齋宿於斯，夢中得洞於明倫堂後，曉鑿土山，深爲邃窟，甃以貞石，匡廬風物，胥此焉裒，而後白鹿之洞存。夫記也，當東萊爲晦翁朱子撰述之時，賢哲輻輳，蔡沈、黄

❶「固」，萬曆本無。

幹、李燔、張洽皆儒林之美也。粵至於今，老師交承，青衿絡繹，不啻萬輩，然求如往日倡明正學、有裨治道者，又何寡乎！若記出，而後白鹿之規復。」

予嘆曰：「果然！種樹者務本，不務剪綵以爲花；立德者務行，不務空談以爲高。夫白鹿書院之有洞，猶吾儒之有六經也，有事白鹿者，不修其洞而惟遊覽諸奇之攻，則何異於學者馳鶩於訓詁辭章，而忘其經之正哉？夫訓詁辭章盛則經障，經障則行漓，行漓則政弊而俗偷。賢士大夫之至於斯也，乃猶携壺榼，勞供頓，❶臨山釣水，徜徉於亭閣臺榭以爲樂，或又傲視人世，自稱高致，則吾不知也。且聞其地有田數千畝，有屋數百間，費此田屋以業遊覽之徒，今之君子之爲計亦左矣，宜乎百姓以爲地蠹。是洞修，而諸遊覽之所可廢。是記作，而諸不在講明經術、躬行道義如朱子舊規者可勿入。」

玉溪子名溱，開州人，舉進士今二十年矣。嘗爲御史，能振綱紀。又嘗守平陽，予爲屬吏，親見其政類龔遂、黄霸，而守政秉直又過之。兹洞之修，朱氏之學其將復興乎！是故立師貴行不貴文，選徒貴嚴不貴多，師徒之進學貴誠不貴虚，使玉溪子而能再興朱子之道，雖久於南康亦可也。若止以修洞名，則洞也猶夫亭閣臺榭也。洞高丈有二尺，深視其高又四尺。工考於嘉靖庚寅之春。

村前彭氏二堂記

廬陵彭進士用遷所居之地曰「村前」，

❶「頓」，萬曆本作「具」。

其族人蓋百衆也。嘗作二堂焉，當族屋之中。其一曰「祀先堂」，以祀漢大司空長平侯宣至宋處士仁德公以下凡數十主。其一則「復古堂」，初名「集賓」，元末兵燹，與祀先堂俱廢，後雖漸復祀先，然仁德四孫分四小宗，各爲一祠，而集賓之毁，久未克建，成化中有給事公序者，協族鳩材，重建集賓，扁曰「復古」。祀先之祠，亦未克合，正德中，復古堂火，延四祠，益府審理詔、濟南同知誥雖嘗有志修復，而未就也。用遷乃同殫心，收族輯衆，合四爲一宇，鼎復古於再新，萃不齊之主，置簿正之田，烝嘗既稱，燕會亦舉，義倉儲捐輸之稻，睦族用生息之餘，益彬彬乎君子之家矣。他日以告於予而問記焉。

曰：「士之有家，猶王侯之有國也，賓、祭固其大者耳。是故不祀其先者，是無後者也；不敬其賓者，是無主者也。故君子篤於尊祖敬宗，以教子孫；厚於禮賓酬客，以教長幼。昔者夫子謂仲弓曰：『出門如見大賓，使民如承大祭。』夫仲弓無南面之居，而於『使民』、『出門』之間，且如賓祭之敬，而況吾用遷舉進士，將有官守，爾乃合九族之人、爲二堂之事哉！然夫子於祭則受福，而古之聖人比寅賓於出日，則夫用遷身行其道而率是族人者，固不止於粢盛之腆、樽俎之豐而已。」於是用遷曰：「喬之斯歸也，敢以敬告於吾有彭氏！」祀先堂修在某年月日，復古堂修在某年月日。

白石書院記

白石書院者，有宋白石先生上饒劉公體元之所遺，八世孫今太學生旦所復建也。旦曰：「白石初從太學生周郁習舉子業，不以爲足。已而聞勉齋黄直卿講道閩中，即執贄走謁，得居敬窮理之要。舉太學、進士，授寧國府教授。以父喪，棄官不出，築精舍於里之白石，肆力於學，晝所作爲，夜必書以自警，少有未慊，不能寢寐。一時學者多從之遊。其子泉山自謙能世其學，師事姚翰林承旨，歷官編脩，綽有聲名，於是廣精舍爲書院，祀文公朱子并黄文肅公，仍分田以膳學徒。其嗣子山村朝任緝熙其業，田林增拓，不虞饘橐。厥事升聞，賜額曰『白石』。後遭兵燹，堂宇頽廢，百餘年來莫能興復，於旦心有憂焉。近提學徐公一鳴雖嘗訪行脩舉，然事屬公作，隨興隨寢。旦曰：『崇師重道，不必徐公。繼志述事，豈賴他人。』於是謀之諸父諸叔以及昆弟，咸出貲力，共新故址。於其後乃作崇道堂以棲神，前作明經堂以講學，堂之東西作數十室，以藏祭器，以聚學徒，其先門仍扁曰『白石書院』。於旦心庶幾少安。則涇野子何以語旦乎？」曰：「希周以是紹泉山則有餘，以是紹白石則不足。白石時止一精舍，而其道克明於是；泉山時大建書院，而其學未必如白石之妙也。是故崇道者不在玄静危坐以爲高，體之而後崇；明經者不啻講説辯析以爲明，行之而後著。雖然，非明經不足以崇道，非行經不足以體道也。明而行之，其在希周斯往乎？」

體元名養浩，自謙名光，朝任名埜。書院復建落成，在嘉靖八年某月日。

涇野先生文集卷之十八

南京禮部右侍郎致仕前國子祭酒
翰林修撰兼經筵講官
同修國史高陵吕柟撰
巡按直隸等處監察御史門人建德
徐紳海寧吴遵彭澤陶欽皋編刻

記五

錢氏重建祠堂記

無錫磚橋錢氏，有宋吴越忠懿王之後也，蓋數百年於兹矣，子孫率能纘修禮遺，世登其休。今太學生樉者，猶篤先祀，畢力繼述，乃於嘉靖戊子之春，當正寢東闢地建奉祀，居神龕，以祀高曾祖考四代之主，其朔望新歲，序祭享皆如朱氏《家禮》，以教後之子弟。樉之曾祖梅堂公遷自新安，已能肇建祠屋。至於貞菴，滋宏厥志，置祀田。味泉之世，族屬繁衍，家燬於火，乃興重屋，以修祀事，長沙吴文定公記焉。其後復使長子增拓前址，再爲鼎置，華亭錢太史公記焉。若乃規制宏敞，文章彪焕，蓋至樉而始大備云。

嗟乎！自叔季以來，風流寢下，人不念始，率重於婚姻而薄於祖先，腆於燕會而疎於祭享，甚至名登仕版，主尚未立，官至卿士，祠或未建，閭閻細民，何足異乎？乃錢氏能世敦其禮，益光大之，不亦賢邪！雖然，孔子謂能明禘嘗之義者，治國如視掌，則能明祠堂之道者，治家不亦易乎！

是故祖之於孫也，享順不享逆；考之於子也，享孝不享違；兄之於弟也，享悌不享慢。考弟與順行於身，而祖宗父兄享於上，然則榞之所以篤錢氏之祜於無窮者，榱桷之麗，粢盛之豐，又其所後乎！

梅堂諱某字某，貞菴諱某字某，味泉諱某字某，數世皆輸穀受有義官。祠堂落成在某月日。

木齋處士胡君暨配汪氏壽藏記

休寧人木齋處士胡君汝季三者，❶今年六十有九矣，其配汪氏，生七十歲，矍鑠不老。處士爲人慷慨剛正，見義必爲，雖未籍學，然事親、殯葬，與禮不爽，又作永思亭以追慕焉，其克恭二兄，怡怡如也。又嘗開塘灌田，波及鄰里，殆千餘畝，霞阜之野，齊口歸仁。他日出穀賑飢，有司授以冠帶，弃而不著。生四男子：大用、大周、大同、大器。大器爲蕪湖生員，遣從予遊，勉之曰：「讀書須爲好人，富貴皆外物。」其三子者早令業商，已皆有成立。君遂盡以其家付之理，不問也，惟日覽書史、閱耕耨耳。其配，汪公鋭之長女也，柔順孝慈而賓祭勤儉，巷無居婦，鄉人或稱爲女中丈夫云。有地黄栢鋪，則其所置也。他日，處士閲其山自婺源發脉，行百餘里至千秋嶺，斷而復起，層巒疊嶂，綿亘又三四里，至黄栢而聚可結穴，其右輔以一山，有水雙溪匯於其前爲深潭，潭畔有洲，竹木森茂相映，又其前有石山如几案拱揖，與來山皆相應也。處士於是呼諸子曰：「此可作壽藏矣！」乃具瓴甋，召

❶「三」，據卷十九《胡氏族譜記》，胡氏名思三。

工人，開穴而離，以考其事。

嗟乎！昔公叔文子與蘧伯玉登瑕丘以爲樂，而伯玉請前，夫彌牟雖非伯玉之中道，然而視浮生如過客，以塵世爲逆旅，比之戚戚於貧賤，津津於富貴，惑心於導養之術，溺志於還丹之訣者，不既有間乎？嗟乎！若處士，古之所謂達人高士者非歟？且其四子業各趨成，足以光處士於無窮，而處士暨配悦樂康强，雖數百歲何艾哉！

壽藏作在嘉靖八年某月，工訖於九年某月某日。

重修二忠祠記

二忠者，漢關雲長、張益德也，❶劉先主玄德與之結義桃園，❷起兵討賊，興復漢室，志雖未成，義則已立，曰「二忠」云。其祠則解人義官王君某捐地以建，其孫登州府經歷守春捐貲重修者也。然雲長，解之長平里人，志殲二賊，威振華夏，其殁，天下後世皆以爲神，室祀而屋祝，解人事之尤謹。予判解時嘗編次其行事曰《義勇集》，已傳行矣，惟益德雖號萬人敵，然如破魏將張郃以安巴西，❸功在益州，多神於蜀，解人合祀，或者疑焉。曰：「益德，雲長之友也，蓋皆切磋琢磨以求成乎忠者也，固不可以地之遠邇、名之大小别。是故微益德，雲長之道或不能若是之大；微雲長，益德之勇或不能若是之顯且久。王氏合而祀之，其有見乎此，不可以勸不義而戒不忠邪？」周皆磚

❶「益德」，原作「懿德」，據續刻本、《三國志》卷三十六《張飛傳》改。下「益德」同。

❷「園」，原作「源」，據續刻本改。

❸「郃」，原作「郤」，據續刻本改。

甃，有坊在其前，石爲柱，費皆經府所自出。有子曰太學生光祖，嘗師予於解梁書院，以修明周、程、張、朱之學，比予改官南京，又泛黄河，涉大江，事予於鷲嶺峰東所，其歸也，以是請曰：「此吾父祖之志也，則不可以莫之存耳。」

祠落成在嘉靖四年之夏。

定遠知縣劉侯去思碑記

定遠民有九十四歲者張源，撰其去任知縣劉君德輝政蹟一編凡十有三略，率縣中父老數百人，達於署篆主簿熊慶演，求立去思碑。熊曰：「慶演有少年時友呂涇野子者，樂道人善，盍往問之。」於是生員沈愚、耆民孔銘争走以來。予以多病辭，遣還。數月又來，曰：「劉令去任久也，未嘗以是邀民；熊簿他縣官也，不能以是速民。出於草莽之志，求報鸞鳳之政，如之何其拒我士民也？且夫治是縣者，宋有包孝肅，元有安承事，自是以來，寂寥不繼。碑如不作，不掩人之美乎？」

按《流民略》曰：「承荒役之後，民半逃移，乃給票免差，勸令親鄰收恤，或賑糧助牛。未及三年，流民孫演諸人復業，計口殆至五千。」《拯疲略》曰：「目擊時難，雞犬不存，每爲流涕，乃罷除濫徵冗費及諸里甲科害，經歲隸不下鄉，而又春秋行省，勸貸移傭。其後牛羊蔽野，鳳、臨諸縣多來就食。」《息盜略》曰：「本縣界於江淮之間，鹽徒、盜賊時行流劫，乃立保長、甲長，分領村鎮，互爲應救，擊鑼爲號，差功行賞，如有被盜之家，責償保甲。行及朞年，夜無吠犬。」《屯田略》曰：「飛熊、英武及留守七衛屯田，坐落本縣，然軍民雜處，衙署隔別，訟輒經年，乃待之如一，無所低昂，分斷田産，惟秉至公，悍卒豪民，罔不懾服。」《化暴略》曰：「禁斷土豪、喇唬，不得侵奪細民，包攬差税，陷誤良善。或誨諭以榜，或覺察以方，或懲戒以蹟，未久潛孚革面，變爲平民。」《止訟略》曰：「凡諸詞訟，止仰告人拘提，到即剖決，輕重咸允，犴無繫囚。」《塘堤略》曰：「當農隙時，設塘堤長，鼓率使水人衆，脩理塘堤至三百有五座，其難耕窪處，又作私塘數面，灌溉咸足，因致富庶。」《蝗略》曰：「嘉靖七年，蝗飛蔽天，乃禱祀遣捕，備極誠懇，蝗入他境。」《馬略》曰：「差俵大馬，多負京債，痛革其弊，民用不擾。」《里略》曰：「革除大小直日，年省里費一二千金，里用一人支候，餘務農業。」《抄户略》曰：「禁除里老、群醫，不得一二季下鄉抄户。并斷時奉舊習、飛錢走税，爲村落苦。」《門略》曰：「日輪陰陽生一，司典門簿，雖豪宦公謁，亦必注籍，私囑請託不容。」《吏略》曰：「設立考牌，給付各吏，升堂抱比，若有稽遲，計件痛懲，事無廢閣。」涇野子曰：「後世郡邑，民庶未獲安養者，惟爲長吏者狃於畏豪右，通姦讒，重賄賂，行請謁，肥身家，殘窮獨，虐貧賤故爾。今觀劉德輝得定遠民心者，惟改是爾。嗚呼！諸略豈惟定遠一邑可行哉，雖四方令用之亦可也！豈惟定遠一時可思哉，雖百年遠思之亦可也！」

德輝名熇，直隸完縣人，起家嘉靖辛巳進士，今陞户部主事。慶演，山東博興人，本鳳陽縣主簿，以賢能調署定遠篆。相成其事者，爲新令吾省渭南賀君應璧甫。

一樂堂記

一樂堂者，前處州太守石峰張君爲舉人盧汝立勳題也。汝立，縉雲人，居東鄉竹川，其南百步建斯堂焉，前即汝立舉人坊也。汝立之父梅軒君生七十有七歲，母應氏生七十有九歲，皆且八十也，矍鑠日健不老。生汝立兄弟六人，孫男子十有五人。汝立曰：「勳無樂乎爲舉人，惟是父母俱存，兄弟無故，則以爲真樂耳。將孟子所謂『一樂』者，亶其然乎。」則此一樂堂者，實汝立之志，石峰因以扁之耳。

他日汝立有事於南都，問予曰：「則何以教勳奉此堂哉？」涇野子曰：「是不可以他求也，汝立苟於二樂、三樂之皆具也，然後知此一樂之無窮矣。汝立不見他人之爲父子兄弟者乎？雖父母年且耄耋，或至忤犯；兄弟雖數十人也，不免因氣以鬩墻，臨財而忿争。夫何故？初不能格致以明善，遂不能誠正以修身，仰有所愧，俯有所怍，故於其親亦有物我，安在能知其一樂也？昔者荀淑有子八人，世號八龍；陳太丘之二子，其德等高，時人以『難爲兄弟』美之。當是時，淑、寔年老皆在，而兄弟皆無恙也，其會聚之頃，至感動天象，照耀帝里。於荀、陳之家，樂而後可知也。汝立敦朴學古，不同流俗，見義勇爲，無所回曲。梅軒君稟賦疎淡，性喜吟詠，老鮮外慕，應夫人又以勤儉佐之，凡汝立之所有者，不可謂無所自也。汝立苟充其所有，真得乎一樂，馴致於三樂之地，則其所謂一樂者，豈惟可與荀、陳二氏者之兄弟比方哉？雖孟子言『王天下不與存焉』，亦在是乎！」

堂建在嘉靖四年月日，凡三檼。梅軒君名懋，字時勉，梅軒其號也，其子曰燭、耀、熉、煉、杰者則勳之兄也，皆同居。而梅軒之弟桷號栢軒者，年亦七十有五，四子，其次子點者亦舉人。君子於此，亦可考盧氏之和氣云。

重修環谷書院記

環谷書院者，以環谷先生汪德輔而名也，其地在祁門縣東一里許，衣秀墩、蒼鶴之山，爲祁門最勝處，本漢裨將梅鋗故址，❶後爲巫覡竊據，前郡守留君志淑始釐正之，創建環谷書院，後燬於火，庠士汪禔輩嘗請修復，未行也。庚寅，莆田陳君光華以己丑進士來尹祁門，適提學章君、丘君先後命復舊貫，陳遂捐俸倡衆，鳩工度材，竭力經營。中構堂三檼，以祀環谷先生。右構一堂，爲名宦祠。其左則立文會堂及膳堂，以資諸生講肄。堂前則甃石臺，環以闌干。堂西鑿方池焉，翼亭其上。號舍、庖廩，罔不畢舉。且訖工，縣簿東陽盧君默以其兄煦與予同年也，使庠士謝用、葉金偕其子太學生堯夫問記。

按環先生，晦翁門人，世傳第四人也，生甫六歲，能通《孝經》、《論語》、《孟子》，稍長，其父東山處士即以所聞於雙峰饒氏之學以授之。故先生既舉泰定中鄉試，遂棄前業，奮往正學。嘗師事浮梁吴可堂、延陵吴朝陽二先生，而鄭師山、汪巢深實與交遊，後以經學教授宣、歙間，其吴國英、汪天應諸賢皆出其門。高皇帝平定天下，聞先

❶「裨」，原作「埤」，據續刻本改。

生名，於洪武二年遣行人聘至京師，同學士潛溪宋公修定《元史》。書成，特旨一班俱留禄仕，先生力辭不受，賜金幣遣歸而終。所著《易》、《詩》、《春秋》、四書有《音考》、《纂疏》等注，《禮》有《補遺》、《類要》，《綱目》有《凡例》、《考異》。其平日語學者曰：「聖賢之學，以躬行踐履、操存省察爲先，文章特其餘事。」則先生之所著述者，亦非專事於言語文字間也，興復書院，不亦宜乎！遊業其中之士，固當考先生之行，上遡晦翁傳道之舊，以淑諸身而及於人可也。若但騖心於言語文字之間，則雖遍註六經群史，障道滋甚，豈忠事先生者乎？

書院落成在嘉靖辛卯秋九月。相成其工及董役之人列碑陰。

重修靈應觀記

靈應觀在南京都城内西南隅烏龍潭山左，其右瞰石頭城虎踞關，地據江山之勝者也，中祀宋勅封英濟武烈廣利王王公諱蓋之神。蓋舊有弭災捍患、驅魔行雨之功，國朝宣德間，南京守備太監羅公始建祠於此焉。於是禱除妖狐，則雷電立作；雩祭暵旱，則霖雨輒至；火起而祝，應口以滅；舟行而風，隨感以息；江北蝗蝻生發，一乞筆判皆絶；凡都城之人，有禱響應。乃正統二年，羅公奏聞，并請名額，英宗皇帝欽錫爲「靈應觀」云，仍准朝天宮道士俞用謙主祠事焉。歷歲既久，殿宇傾頹，嘉靖八年春，觀之住持孫用明募緣重修。當是時，南京守備太監王公堂、少監夏公綬捐貲監造，創建三清大殿，凡樓閣、像設、門廡、庖庫，罔不重加儼飾。落成既久矣，未記也，至是，夏公乃以南京守備太監李公之簡書問記。

竊惟神人惟一理，感應無二道，未能事人者，必不能以事神，感神未誠，必不能以有應也。古之忠臣烈士、義夫信人，生不能有爲於時，死與風雲雷雨相爲朋侶，因人感召而至者，如關雲長及靈官，往往是也，祠觀之修，於理亦宜。或曰：「既神矣，除妖有所，不能覃及於九山，降雨有方，不能徧行於四海者，則何居？」曰：「道有大小，則效有遐邇。靈有廣狹，則應有淺深。是故龍馬負圖於河，應仰觀俯察者之精也；靈龜獻書於洛，應隨山導水者之心也。仲尼未見周公，志在行道，乃覩其貌於夢寐之間；伯有不同良霄，意在定鄭，乃已其厲於立後之際。天地無心，能命萬物之化生；聖人無我，能速天下之和平。故仁人握饗帝之機，順孫操格祖之權，靈應之道，斯其爲至乎！凡事神者，尚其觀省哉！」

工落成某年月日。贊修之人列於碑陰。

重修義勇武安王廟記

予嘗兩至燕子磯，❶謁王之祠廟於磯巔，其廟兩面，向江而開，盡收江山之勝，蓋自隋唐以來有之。乃嘆曰：「王之靈其妥於此乎！」同行者曰：「大王四海之内家祀而屋祝，乃獨妥於此何也？」曰：「王之生

❶ 「磯」，原作「璣」，據重刻本改。

也，志欲恢復漢室，出吴以誅魏，❶用成一統之業，乃爲吴陸遜、吕蒙陰行譎詐，斃王於當陽長阪，吴謂可以萬年江左以圖神器也，豈意不數載，孫皓面縛歸魏。至晉、唐纔百餘年也，王已祠乎其地，凡吴之士女老稚，病則禱痊，陰則禱濟，危則禱安，旱則禱雨，兵則禱平，水火則禱息，絶口不稱權、遜輩，惟王之尊焉，則王生雖不能取吴，死已有其地而血食之矣。初，吴之請婚，王嘗駡以貉子而絶之，❷今其人果安在哉？故曰『王之靈其妥於此乎』。於戲！勢利在人，有時而歇；天理在人，無日而泯。此豈惟見王之志常存，而人心之不死又可見也。予判解時，嘗敘刻王集，其略曰：當漢末世，劉先主以帝世之胄，志復漢室，分義攸宜。諸葛孔明讀書隆中，諳曉邪正，亦必待三顧而後起，則亦君子之常。惟王家在解梁，身爲布衣，爾乃見超乎億人之上，趍乎數千里之外，擇主而事，挾義而興，使先主恢復之志首決者，皆王之力。則夫資禀之高，學問之正，睠兹叔季，鮮其儔匹。配義與道，此真其勇乎！孔明因論馬超，推王在黥、彭之上，目爲絶倫，豈曰無見？夫人而直，雖死猶生；人而不直，雖生猶死。人而仁，雖屈實榮；人而不仁，雖伸實辱。王可當孔孟所論直仁者乎！王嘗曰『日在天之上，心在人之内』，後欲觀王之心者，惟當觀天上之日耳，則王之靈固已通天地、貫古今，『其妥於此』又不足言矣。」同行者曰：「然。」是時道士陳永淳與其徒鄭德臣隨侍而聞之，拜而曰：「王之廟久建而未修，武宗南巡之

❶「出」，重刻本作「兼」。
❷「貉」，萬曆本作「犬」。

日嘗至於斯，耻其隘陋，憫其傾圮，於是南京守備太監黄公倡諸中貴，捐貲修闢，今始焕然宏闊軒朗，卒爲棲神之所矣。❶碑已礱而記未勒。時同行者則前監察御史開州王公溱也，即爲之轉請，遂録其言以付之。在嘉靖辛卯之中秋日。

志勤堂記

歙之潭渡人望雲子黄君廷祉，於其家思誠堂之西建志勤堂，以勖二子沂、沭學，且以遡其先唐芮公之休也。沂，儒士，能文賦，隱處其中，沭隨望雲子籍於揚州學，學於鷲峰東所，遂偕沂謁予曰：「家君建斯堂，意深遠甚，乃沂則行而未成，沭則業而未立，則何教諸？」涇野子曰：「二生知斯『志』乎？ 凡以求夫道也。二生知斯『勤』乎？ 凡以據夫德也。夫志於道而以惡衣惡食爲耻，雖孔子不與議；勤於德而終日乾乾矣，夕或不惕若，雖周公不敢保其無咎也。故能立斯志矣，則日入高明，於道有未及者，吾未之見也；能致斯勤矣，則日就堅定，於德有未得者，吾未之見也。昔者伊尹以君不堯舜、一夫不獲爲耻，故其志超千古而獨高。曾子隨事精察，三省之功，日未嘗忘，卒得一貫之傳，故其勤邁諸子而獨盛。夫周公、孔子、伊尹、曾參，皆古大聖賢也，其言其行皆不外乎此，二生之於志勤也，能如是乎，抑未能如是乎？ 欲爲是乎，抑不欲爲是乎？ 如欲爲是也，雖未能遽至於是，則有能之之日矣；如不欲爲是也，則其所謂志與勤者，又豈予之所能知哉？ 世固

❶「卒」，續刻本作「足」。

有以登巍科、躋顯官、徒耀閭里而震庶人以爲志者矣；世固有以工文辭、專記誦、徒邀浮名而背真性以爲勤者矣，是豈二生之所欲爲哉？是故周公、孔子之言，伊尹、曾參之行，二生固當有終日不食、終夜不寢者矣。」於是二生曰：「家君雖建斯堂，得涇野子之教，斯知所從事乎！《詩》云『夙興夜寐，無忝爾所生』，敢不敏旃！」

堂凡三楹，左右皆有廂房。落成在嘉靖某年月日。

南京錦衣衛重修記

南京錦衣衛，設當通政之南，東面。爲鎮撫司者二，爲中前後左右水軍、屯田、馴象諸千户所者十七，皆在衛堂之前，南北以對列。爲局者一，爲鑾輿、擎蓋、扇手、旌節、幡幢、班劍、斧鉞、戈戟、弓矢、馴馬司者五十，皆設於其所。其爲堂廳廂房屋也，四百有五十。爲庫以貯鑾駕者一，在東長安門之東，北面，其屋亦六十有五。此皆洪武初之額建者也，歷年逖遠，傾圮相尋。正德元年，指揮房公汝玉奏准修理，動用蘆州官錢，開端充飾，未克盡考，乃房公陞任去。正德七年間，指揮丁公世膺爲其僚李公克成專托，以終前業，復動官貲，畢力竭作。乃簡千户閻真等爲之程工鼓力，群室具興，增至七百，已落成矣。嘉靖十年復行葺補，輪奂咸新，鞏可悠久，乃偕知府易君士美問記。

柟竊惟錦衣之設，其設名雖與留守、神策諸衛同，其體統實與五府等埒，蓋即漢執金吾之職也。故將軍、力士、校尉，皆禁人也，於是衛隸；直駕、侍衛、巡城，皆貴任也，於是衛司；捕姦鞫囚、巡視牧馬、驗裝快舡、會同巡江、存恤新軍、審録監決、考選軍政，皆重事也，於是衛參。故番麥有所，紅花有廠，屯糧有額，草場有籍，蘆州有縣。故鋼板以蓄威，金牌以懸寵，銅魚以寄信，麟衣以耀榮。雖至上直之卒，或得給銅錢於甲庫，關熟米於禁門，蓋實天子之親軍，❶而兵權之重任也。牙署既敝，法得申修。雖然，營繕有三忌焉：委不得人則資姦蠹，使不以時則捐人力，用不以法則耗公帑。惟公敦厚寬信，自秉公廉，蓋嘗奏准襲替回衛千百户矣，年方二十即獲管事，凡衛之官軍，罔弗敬服。故以委人則群材效能，以率作則衆力用敏，以調處則寸朽不棄。故先後兩役，事不告煩，卒不告勞，人不告議，而工考矣。昔衛文公營宫室於楚丘，能得其道，至致騋牝之多，强於政治。然則公當國家全盛之時，而申修近署如此，公雖以建上將之旗，而禦鉅鎮之險有餘也。《詩》云："洒掃庭内，惟民之章。"夫庭内一洒掃，細事耳，且爲民之章表，而況於爲此大役哉！則公之超拜而勝理大務，可知矣，因記以告諸後。

公名福，直隸揚州人。

三近齋記

三近齋者，古菴毛君式之之齋扁也。古菴病世之學者言道雖遠而實昧，行道雖遠而實異，任道雖遠而實弱，又或以知爲行而無三者之分也，乃作三近齋以自警，曰："憲將由此以入德而造道乎！"他日，其徒舉人唐音速予記。

❶「蓋實」，續刻本作「實蓋」。

予曰：「非知無以明道，知之不能而不好學，終於不知而已。故纔好學，則理窮而愚破，性開而心盡，道之不明者鮮矣。世有以好學爲行者，是弗視地而傷跣也。非仁無以體道，仁之不能而不力行，終於不仁而已。故纔力行，則私忘而理順，邪閑而誠存，道之不行者鮮矣。世有以力行爲知者，是已登岸而又覓舟也。乃若好學之或倦，則暫明而又昏，力行之不繼，則雖得而必失，此皆志之不勇，不耻不若人也。是故『三近』舉而達德可入，達德入而達道可至。」

「今夫舜何人也？古之大聖人也，然猶好問焉，好察焉，自耕稼陶漁以至爲帝，好取善焉，故曰『舜其大知也與』。人不如舜而不好學，豈非自愚者哉！今夫顏淵何人也？古之大賢人也，然猶善不伐焉，勞不施焉，雖簞瓢陋巷，樂不改焉，故曰顏淵『其心三月不違仁』。人不如顏淵而不力行，豈非自賊者哉！古菴贈徐養齋之序有曰：『近世君子偏志頓悟，立論奇高，力詆朱子，以居敬爲綴，以致知爲支離，專心棄事之説，遂瀾倒於天下。』觀是言也，雖舜之知亦可望以入，人曰『不好學』，吾不信也。古菴復鄒東郭之書有曰：『資禀高者，蚤年卓立，其次必積累。憲三十以後，思三十前事而悔，四十、五十亦莫不然。今至六十，悔益切而心漸平，勉求寡過，然亦晚矣。』觀是言也，雖顏淵之仁亦可望以入，人曰『非力行』，吾不信也。然則三近齋者，實古菴入德造道之室，以視數仞之堂，畫棟雕墻之屋，真土木之妖耳。他日當見古菴之於道，不止『三近』而已也。」

齋凡四楹，落成在嘉靖某年月日。古

菴，常州武進人，其起家正德辛未進士，仕爲禮科左給事中，旋自棄去，歸隱於山云。

南京工部重修太廟成欽受勑書記

初，南京工部等衙門右侍郎等官何公瑭等，會題「修理事宜，太廟爲先」。及山陰何公詔來履尚書任，尤謂急務，❶會同内外守備等官復請於上，首舉斯役。方越一年，工用告成，乃偕諸臣奏言曰：❷「兹舉也，臣等雖協謀供事，❸爾乃人心競勸，早獲成工，實皇上孝誠之所感，聖祖神靈之所佑也。」於是聖上稱其盡心督理，節省財力，勞績可嘉，特降勑褒獎，以酬其勞，用稱孝思之誠。南都諸公卿舉首嘆曰：「聖上奉先之孝，何公爲臣之忠，皆可覩矣！」他日其僚右侍郎張公羽偕其屬謂尚寶司卿呂柟曰：「此誠明時之盛典也。尚寶，故史氏，宜爲敘述，將加諸石以告夫後。」

柟聞之，君子之營宗廟有「五至」焉，一曰至敬足以孚神，二曰至儉足以節財，三曰至惠足以慈民，四曰至勤足以致期，五曰至公足以範後。昔魯未修御廪而嘗，《春秋》譏其不敬，乃公初任，惟兹爲正，易檼布筵，罔不定嘉，嘗從諸公卿并觀，恍若天府，可謂「至敬足以孚神」矣。初，部司會計工科，❹用銀五萬有奇，及工之成，萬有一千而已，比於正德間修寢殿之費計省十七，可謂「至儉足以節財」矣。其爲用也，取九千金於蘆課班匠，取二千金於缺官柴薪，取鐵粟

❶「謂」，萬曆本作「請」。
❷「偕」，重刻本作「率」。
❸「雖」，萬曆本作「惟」。
❹「科」，萬曆本作「料」。

松木及杉楠雜木於清江、寶舡二塢及瓦屑壩諸局，取磚灰於琉璃諸窯，取原買過修宫大木以借用，取銅絲、金箔、硃漆、蓆篾、油麻、諸顏料於庫市，皆不一派於下而傷乎民，可謂「至惠足以慈民」矣。　正德之工，經五年而後考，今之落成者，正殿九楹，二廡三楹，并櫺星諸門、神廚庫及宰牲諸亭、晾牲諸房且百餘楹，或更新，或飾舊，其工十倍於昔也，乃日率其屬陳謨、勞來督課，不遑暇食，始於嘉靖庚寅二月，瀕辛卯五月而畢，無偈日焉，可謂「至勤足以致期」矣。　昔趙充國屯田湟中，比其歸也，有浩星賜者勸其勿告兵事利害於上，恐嫌矜滿，充國曰：「吾老矣，若計小嫌不言，恐後無人言者，非國之福。」兹也勒石以告後，其爲國家用財慮者甚遠，可謂「至公足以範後」矣。　夫具兹五至，足徵一忠，建兹一忠，豈不足稱聖孝之誠哉！　且公自爲郎官、知府，以至巡撫，司寇，皆加意窮民，存心節財，行將入爲宰衡，當益上輔聖主繼述之本，臻位育之化，彌災眚而綏華夷，所謂明郊社禘嘗之義，治國如視掌者，又可覩矣，蓋不啻於修其祖廟已邪！

容菴記

辛卯之秋，徽府學生程爵赴應天鄉試不第，將歸見其父容菴君。其友胡大器、曹廷欽因請作《容菴記》。　則問之曰：「何以爲之『容菴』也？」兩生曰：「容菴先生事父母，生盡其禮，死盡其哀，此其大者勿敘也，惟是尊賢禮士，好善能施予，襟度宏闊不可測，古所謂『汪汪千頃波』者雖不敢比，當其器識，亦殆庶幾乎。　是故以『容』名菴，蓋以著其志云。」則又問之曰：「兩生亦嘗學斯容乎？當其能容也，如舜之容象，禹之容有苗，孔子之容桓魋，孟氏之容臧倉，如天之無不覆，如地之無不載，不亦可乎！當其不能容也，管叔而讒周公，張耳而毒陳餘，公孫弘之逐仲舒，林甫之間九齡，安石之黜君實，若苗之有莠，若粟之有粃，❶不亦不可乎！」兩生曰：「然則所謂『不容何病，不容然後見君子』者，非歟？」曰：「在外者不可必也，在我者不可小也。❷」「然則何以學容？」曰：「同人於野。」「然則何以學去不容？」曰：「無我。二三子皆徽之美士也，爵又在容菴庭訓之下，宜皆從事於斯乎。不然，是爲容菴者止容一家人耳，安謂其以廣爲名，世大爲字哉？」

容菴凡三楹，建在嘉靖某年月日。

江陰縣新建啓聖祠碑記

江陰學生黃慥持其師教諭熊氏清、訓導汪氏栗、趙氏儲之狀，偕禮幣謁予曰：「縣啓聖祠命下之時，❸先尹體乾適陞進去。今尹仁輔來繼厥職，初，謂茲役誼不可逭，乃正月布令，爰興丕作，邑中義民凡十數輩樂趨，召工未逮匝月，❹祠用告成。敢請信言，勒諸他山之石。」

曰：「憶昔有知常謂宣聖暨顔、曾、思、孟肇明斯文，垂憲萬世，山谷之僻，齠齔之兒，咸知誦習，究其本源，如叔梁、點、路，種

❶「粃」，萬曆本作「秕」。
❷「小」，重刻本作「少」。
❸「縣啓聖祠命下」，續刻本作「建啓聖神命下」。
❹「逮」，原作「建」，據續刻本改。

靈孕秀，篤生聖哲。閱秩祀典，廢或不載，即我夫子、回、參諸賢，其能恝然忍諸？又回、參、伋、軻配食夫子，父反卑屈，❶列位廂廡，子如有靈，坐寢震驚。今際明主推聖賢心，下議禮臣，別建啓聖祠，當文廟東偏，内祀叔梁啓聖公，配以參、回、伋、軻之父，下逮程、朱諸儒，其父亦與享焉，然後聖賢之心於是爲快，真大典也。且兹役之舉，上可以使爲父者能教厥子，知所以慈，下可以使爲子者克事其父，知所以孝，關切人倫，轉移風化，非淺淺故也。仁輔乃能知爲急務，克先圖之，揆諸斯道，其殆庶幾乎！狀又言仁輔爲邑，能興學校，理冤枉，抑豪强，毁淫祠，禁妖巫，弭江寇，諸政聿新，宜兹營建，知所本歟！」

祠中爲啓聖廟，翼以二廡。其中爲唐陳，甃以瓴甋。其前爲門塾，絢以丹漆。始今年二月十六日，終三月三日，未二十日而完足可考，悦以使民也。仁輔姓李氏，名元陽，雲南太和人，舉嘉靖丙戌進士，擢翰林庶吉士，其篤志正學，蓋嘗聞諸通政馬氏伯循云。是役也，諸董工及捐貲助役之義民皆列碑陰，亦爲從事各工者勸。

榮養堂記

榮養堂者，太學生吴人馬子遇爲其父遺安翁之所構也。翁自四十以前喪其夫人某氏，再不配，今且八旬，矍鑠如强壯時。無玷義問，宣昭歷聞於上。於是巡按東君以羔羊養，郡守徐君以薪米月養，秦安胡君具奏聖天子准照八品官例，以優免

❶「反」，原作「友」，據續刻本改。

人丁終歲養。吴人咸以爲榮，太學君故有是構焉。

他日，翁孫進士承學過鷲峰東所以告予，予謂之曰：「是外榮也。」「何以謂之内榮？」曰：「在太學君以《西銘》爲内榮，在進士以《下武》爲内榮。」「何謂也？」曰：「《西銘》言孝子之事親，如仁人之事天，太學君誠如是也，則是以『仁』爲養而不以羔羊，且使遺安翁爲仁人之父也，不亦榮乎？經曰『仁則榮』，蓋謂此耳。昔周之亶父、季歷能積德累仁，至武王而能纘之，詩人至作《下武》之篇，稱其『昭兹來許，繩其祖武。於萬斯年，受天之祜』，進士誦詩而有得焉，則他日以繩武孝之道而輔聖主，可使四方皆來賀，而其佐也，亦於萬斯年矣，則其養遺安翁也，又豈啻月與終歲已哉？斯是之榮不又大乎！」對曰：「承學敢不勉力，以告於吾父，以致悦於吾祖乎！」

堂凡三檼，其基盈畝，在居第西偏，前襟銕鉼，後倚修竹里，左通卧龍街，右聯鳳凰鄉，南臨長河，與旌表褒義坊對，亦吴中之勝地也。落成在嘉靖某年月日。

耕雲堂記

耕雲者，泰和人壽官周君充賢之别號，太學生英德庸泓之父也。君三歲失怙，母氏鞠育，長肖自立，思光前修，敏於田畝，純其藝黍稷，雖賈英德，尤耽是業，遂以耕雲自號，且扁其堂焉，力本不衰。壽登八十，茂膺冠服之榮，好德考終，江、廣咸稱之。初，君先世諱羨者，於宋仕爲僕射，其所居千秋里有陸地焉，方三十里，每遇愆陽，率爲曠野。僕射乃築槎灘一陂，半截江流，開圳灌田三十六支，兩九都悉治，其利獲田膏腴三十萬畝，後圮於暴水，田皆蕩析。僕射四世爰生仲和，嘗爲英州刺史，官至銀青光禄大夫，致政歸高，目愴前廢，別築碉石一陂，洩殺水患，捐田百畝，以贍陂用，遺令世選一人掌之。六百餘年，於今爲烈，周氏世食其澤。篤茲耕讀綿衍，家聲不墜，故君號「耕雲」者，上以昭祖德，下以垂嗣緒也。

庸泓曰：「英德，古英州也，先君以銀青遊宦之邦，身復客賈，不忍遽忘，令庸泓髫補英德學生。方赴南雍，先君捐館，輿櫬還葬，痛切肌骨，每瞻茲堂，深愧繼述！」涇野子曰：「庸泓無一於痛也。汝先君以『耕雲』扁堂，其欲庸泓耕道以肯構乎？夫耕雲之澤，及於鄉黨鄰里；耕道之澤，及於四海九州。」「然則道亦可耕乎？」曰：「古不云『聚之以仁，種之以義，耨之以學，播之以樂』，凡以爲耕道也。是故心耕爲上，力耕爲下。力耕則莨莠除而嘉穀茂矣，心耕則私欲退而天理深矣。故曰：仁在於熟耳。」對曰：「庸泓敢不奉置斯言於堂右，以篤志爲耒耜乎！」

堂成在某年月日。

南京户部新建浦子口草場記

江北浦子口，城舊有應天、橫海、龍虎、武德四衞，各有倉以給官軍月米，其馬三百疋之草豆，則渡江關支於南京諸倉場，水陸脚費十耗其七，有司輸納，亦稱未便。於是巡馬千户何金呈於分司，監督主事張旍呈於本部，尚書鳳山秦公、侍郎新山顧公偕當司郎中王君鋭等，奏准改馬豆於江北諸倉收放，上納及遇缺乏糴買，皆監督委官掌理，價從科道校定時估，其堆草之場，則就武德衛廢棄倉基，更爲築建。監督劉君憲親勘其地，委四衛指揮趙欽諸人估計厥費，聿興斯役。未及數月，功用告成，郎中湯君紹恩偕其僚問記。

予嘆曰：「美哉斯役也，可以觀平天下之道乎！」或曰：「以一草之微而知平天下，亦不難邪？」曰：「八卦，天地間之大業也，昔人於一梅兔能見之。斯道，古今之大路也，昔人於一門户能見之。夫此草場之改建也，其用言足以知取善之智焉，其弛力足以知恤民之仁焉，其節財足以知方物之義焉，其因利足以知便下之權焉，其畜威足以知保障險阨之略焉。處一草而五善具，雖平天下之道，又豈能外於此乎？予嘗慨夫後世爲天下者，非果於自用，則狃於自私，非薄民於繁難，則困民於因循，如草場之法行，於平天下也又何有乎？夫秦、顧二公已有相天下之責，而諸君子又皆積政以俟大行者也，當其今日之所爲，與其他日之所建，『足食』、『足兵』、『民罔不信』，以爲國家延億萬年之休者，固自有在，蓋不啻處一草場已也。」

是役也，官廳及門凡七楹，坊牌一座，秤蓬凡二座，守鋪凡四座，堆草方基凡二座，圍墻、間墻百四十有八丈。金用三百六十有奇，皆取諸應天府修倉之儲。工用三千有奇，皆取諸三倉餘。砌路至街渠百五十丈有奇，磚石半取諸拆剩壞廒。其帶管草場則於横海、應天二倉内選用一倉官攢焉。場在應天倉之北，東面，後倚高崗，右鄰横海。倉舊基爲地二十五畝九釐，及撥補留守中衛坍江地一畝七分，共地二十六畝有奇，場用十有一畝七分，餘皆附層於場。其左近城，則隔出空地以防水火。若産萑葦諸物，遞年取賣，以備修倉之用。

是役也，工起是年四月十一日，至秋八月落成。

静脩書屋記

襄陽劉孟禽從予遊於鷲峰東所，聞予説《論語》，輒辯難不置，不以忤予爲難，而以窮予爲信，故每有説，予必以孟禽爲可知，而孟禽既退，以予説爲必可行也。他日又作《請益》數十條以問予，予俱答之，以孟禽爲可問，而孟禽亦以予所答者爲必可得也。然《請益》之條雖多《論語》疑義，其一條曰：「鸞於仲冬二十一日，期當聽講，以陰雨晦冥，静坐閉户，頓覺此心虚明，凡有觀覽，便自省悟，似於道理有會合處，若可上達。竊謂『一日無欲，可作一日聖人。一月無欲，可作一月聖人。終身無欲，可作終身聖人』，不知是否？」予答曰：「有志之言也。但恐入市朝時或有欲，則與閉户静坐時又不同矣。故聖人無入而不無欲，一静坐不可便了也。子如視金革百萬之衆、甲科烜赫之榮、文繡峻雕之美、貨財充積之盛、艱難拂亂之際、耄耋昏倦之日，皆如此號房之静坐也，人雖曰子之非聖人也，吾不信矣。」

孟禽且歸，乃又問曰：「昔者，吾父嘗築一室，名曰槐衢書屋，命鸞會友講學其中，積十年而鸞獲舉於湖廣，於學似頗有聞，皆槐衢静脩之故也。鸞遂捐坊牌餘金，易隙地於襄城東南，誅茅爲盧，扁曰『静脩書屋』，追憶先人，以圖後進。敢請一記，以昭前休。」予嘆曰：「美哉，孟禽之舉！前静坐有得之言，其亦本於此乎？昔者諸葛孔明之隱襄陽隆中也，嘗曰『才須學』，曰『學須静也。非學無以成其才，非静無以成其學』，及其既相先主，遂用開誠布公之道，以建恢復漢室之功。然則静脩書屋，將孟禽亦聞孔明之風，而思興起者乎？且孟禽號房静坐之志，又不啻以孔明自處已也，斯歸也，勿忘前言，勿廢先緒，以聖人爲必可學而至，斯不負静脩之意耳。」「然則静脩亦可爲聖人乎？」曰：「聖人之道，惟仁爲大，夫子曰『仁者静』，意正謂此。且『聖人定之以中正仁義而主静』，亦汝鄉周茂叔之言也，孟禽果能有得於斯，則仲宣之樓、習家之池，不暇念及矣。」

書屋凡若干楹，落成在嘉靖某年月日。

嘉樂堂記

嘉樂堂者，錦衣徐東園子之所搆，冢宰白巖喬公之所題也。則何以言「嘉樂」？《易》曰「亨者，嘉之會也，君子嘉會足以合禮」，故曰「嘉」。《禮》曰「樂者，樂也，君子樂得其道」，故曰「樂」。故嘉而不樂，則其嘉必不恒，猶夫不嘉也；樂而不嘉，則其樂必不真，猶夫不樂也；既嘉且樂，君子於此以定禮而觀道也。夫東園子者，中山武寧王之裔孫也，累葉勳戚，亦云貴爾；錦衣席餘蔭，綏厚禄，亦云富爾。乃富貴雙遺，驕泰並忘，既篤循墻，亦嚴茹素，孝隆萱草，睦洽宗黨，恤鄉禮士，咸崇其雅，皆可謂幾於禮矣，乃猶自視欿然，每懷靡及。夫東園子持是心而不已也，豈有不底於嘉者乎？於是日臻暇豫，歲履優游，既鮮憂懼，亦寡局促，興至則詩，賓至則觴，宜乎其樂之若此也！

或曰：「古之言嘉者多驗於人，其論樂多以貧而見，故『嘉客』、『嘉賓』著於《白駒》、《鹿鳴之什》，帶索而歌，乞食而詠，則榮啓期、陶淵明之輩，今表於東園子堂，不亦左乎？」曰：「嘉在交會之間，初無賓主之别。樂在心體之安，豈有貧富之分。使東園子以富貴而樂也，誠難與論嘉；如其不以富貴而樂也，又何必與榮、陶等而後然哉？ 雖然，『樂』不足以進東園子，所可以進於古之人，邁無忌而超薛文者，惟在於『嘉』耳。《隨》之九五曰：『孚於嘉，吉。』言嘉之道，必有諸己而能孚焉，斯爲可樂而吉也，吾固知東園子顧諟兹扁，一有不嘉，即不快於心，必其念之所興、身之所接盡於嘉乎，乃然後泰然樂以無窮也。」

堂成於某年月日，在高皇帝賜第之左，南面，凡若干楹。近大司馬浚川王公亦有記，論嘉樂之義，尤稱詳。

李氏家廟記

李氏家廟者，大司徒石樓先生李公之所建也。公既歸田，爰卜居第之東南，相其陰陽，絜其廣狹，樹基捄垣，建兹廟焉，奉安高、曾、祖、禰四代神主。其位以中爲上，左右次列，遵時制也。春秋享祀，節令參謁，悉依朱氏《家禮》，守舊典也。於是沁水人慕其美，起而從之者數十家。他日公發使渡江以問記。

吕柟曰：「夫道以禮爲大，夫禮以孝爲先。故草野之人，等父母於何算；都邑之士，惟豐禰之是知。若乃既尊其祖，又敬其宗，非學士大夫，其孰能之？則公家廟之建，豈非卜子夏之所取乎？故程子推孔門之義，祭始祖於冬至、祭先祖於立春者，有由然也。」或曰：「古諸侯五廟，大夫三廟，適士一廟，臣不踰君，禮之大分。如取程子始先之祭，則朱子非歟？」曰：「古諸侯多天子繼別之支子，故不得犯天子以祭始祖，大夫多諸侯繼禰之支子，故不得犯諸侯以祭先祖，周道然也。漢、唐以來則無是矣。庶人纂十代之譜，列士考百世之傳，祖之祭既無人代，禮之實可以義起。然則公之家廟，雖推以祭始祖亦可也。雖然，『忠信，禮之本也；義理，禮之文也。無本不立，無文不行』，故未能事人者，不能以事神；能明郊社之義者，斯足以治國也。公初爲御史，已馳直言之風，厥後累官臬司都憲，積登司徒，政在多方，功在國家，皆李氏之先欣豫於地下者也。《書》所謂『黍稷非馨，明德惟馨』，其謂此歟！乃又建此祠廟，訓於宗戚，式是鄉黨，宜其沁人從化，不令而行乎！然則李氏子孫及沁中敦理之士，無徒襲其文，不求其本也。」

廟屋凡四楹，東西有翼室，其前也，重門序起，對石樓山。落成在某年月日。

南京户部重建銀庫記

南京户部銀庫，在本部後堂之東南，北面，當玉音樓之南，凡天下之穀金、布金、税金、絹金、鹽鈔金、户口金、贓罰金，皆委輸焉，數盈百萬，以需軍國之費，蓋天子之外府也。異時金發應天庫收，後以法理不便，奏建於兹，然木屋崇墉，不受風日，歲朽月蠹，支持實難。於是部尚書鳳山秦公、侍郎新山顧公，以當司勘呈，奏准重建，仍即舊址，一用甃石，發圈以作。横長五丈九尺，其深丈有八尺，周壁皆石爲脚，瓴甋積甃至嵿，高丈有三尺，身厚四尺，門鐵衣之，高七尺有奇，虚其中者十有四丈有奇也。門左右有鐵牖以受明。庫内又爲小庫者八，❶皆用圈作，以别十有三司之金，一曰浙江，二曰湖廣，三曰江西，四曰陝西，五曰山東、山西，六曰福建、廣東，七曰廣西、雲南，八曰四川、河南，而貴州不與。庫北建廳三楹，南面，有事收放者莅焉。庫南作小舍六楹，北面，則戍庫也。周垣十有八丈有奇，高二丈。先門在庫門之北，一楹，外鍵。既落成，司大夫以二公命問記。

予嘆曰：「美哉斯役，可謂知重泉布之地矣！」或曰：「長府改作，閔騫抑之；大盈之建，史氏譏焉。銀庫之美，何也？」曰：「家有美玉，韞匵以藏，賈獲數金，什襲之而不以誨盜焉，何者？以其可救一家人之命耳。况乎爲國之儲者，生民之休戚、國計之盈縮、邊餉之充乏、主上之問有無皆繫焉，如之何其不重以固乎！且斯金也，皆農夫之脂膏，機女之汗血，既多取之，可輕視之邪？故予謂斯役傳久不壞，一勞永佚，有爲國之忠焉；作事不苟，動有取法，有守職之信焉；臨財克惜，費出不濫，有體民之仁焉。三美咸具，雖移以爲天下居賢材亦可也。」

是役也，初具議者，郎中鄭淮、湯紹恩，主事許瑄。選委督建，卒成厥績者，郎中楊本源、張素。督同匠作，體勘估計工料，兼事脩理者，工部郎中劉讓璵。移文經費者，

❶「爲」，續刻本作「有」。

郎中周祖堯。是役也，先脩鹽引庫，徙貯庫金，隨脩架閣庫，以護文卷，通計用金九百有奇，料則取之工部脩理之餘木，役則取之工部脩倉之餘丁。

是役也，始於嘉靖十一年八月十五日，落成十一月二十六日。

嚴氏家廟記

嚴氏家廟者，大宗伯介溪嚴公之所建也。嚴氏，分宜望族，世居介溪，至公子姓繁碩，爰遷東堂，密邇學宫。尋以堂南有山鈐岡，蒼翠壁立，爲邑巨瞻，乃作鈐山堂。既而曰：「《禮》：『將營宫室，宗廟爲先。』今雖卜築新居，廟豈可後乎？」乃樹基定礎，作廟五楹，在鈐山堂左，南面，鏝堊黝櫨，㝔窔咸明，内安五龕當北墉下，皆南面，以祀始祖及高、曾、祖、考神主，中以爲尊，左右次列。先門在其南，扁曰「嚴氏家廟」云。公嘗言：「朱氏禮，祀止四世，蓋承封建之舊。程氏禮，祀及五代，則實孫子之情。」故建兹五龕，致尊祖敬宗之意，極敦本崇始之誠，乃遂作《祭式》，春秋有事焉。寢後建崇屋一座，以貯宸翰賜書，曰「御書樓」，層宋疊樆，刻桼丹閎，屹然與鈐山埒平，足爲宗廟依據，子孫瞻拜廟下者，可以觀孝與忠矣。

夫禮廢既久，人率厚於自養，薄於奉先，雖學士大夫之家，多同都邑草野之人。公斯之舉，敦薄俗而起頽風，足作一邑禮先矣。況公位居正卿，典司邦禮，輔天子以禮教萬民者也。公斯之舉，四方爰發，足作天下禮先矣。《禮》曰：「義理，禮之文也；忠信，禮之本也。無本不立，無文不行。」公嘗言始祖諱某者，厚德不耀，畜祥衍慶，施及平菴，取進士，爲御史，舉劾方正，風采茂著，累官副使、布政，辯冤賑窮，活人甚多。越至於今，葉歷四代，三世咸贈，皆有積行。大發於公，博雅清脩，功在朝廷，行將入相，以道佐人主而康濟天下者也。則所謂「禮之本」者，公又殆兼之，不徒以其文耳，此雖以傳後世亦可也。

廟落成在某年月日。

羅江洗氏祠堂記

羅江洗氏祠堂者，南大理卿羅江洗公之所建也。洗氏在秦漢間散處嶺南，甚繁衆。至佛山之鶴園，族屬滋盛。元季有諱緯者，則公之曾祖也，乃自鶴園就業於鷺洲之羅江，其與佛山皆南海縣西淋都地也。明正統乙巳，黄寇亂平，乃割西淋之半暨東涌、馬寧三都，建順德縣治於大良，而鷺洲隸焉，於是羅江洗氏遂爲順德人。故公建兹祠堂，推其諱緯者之父爲高祖，凡四代，遵《禮》「繼别爲宗」之義，其洗氏大宗則佛山人祀之，羅江之祠不援也。

祠在大理居第之東，搆堂三楹，中立四龕，皆髹漆塗，奉安四代神主。自堂至寢，作捲棚以入。龕東置一鉅匱，以藏遺裳衣書物，西亦鉅匱一，祭器受焉。堂前數武爲重門，重門之南爲先門，麗牲碑在中庭。周祠皆崇墉，幾三十丈有奇。寢東作齋室三楹，有離垣，其中隙地雜植果卉，以供時羞。設祭田焉，因世以撥，各計見産，十取其一，約足供祀而已，若有贏餘，儲俟葺祠，示後人以儉，皆公所自裁定也。昔者卜子夏受學於孔門，其傳以文學爲名，其文學以禮爲先，然其言謂大夫學士獨異於草野都邑之人者，爲能尊祖敬宗也。公斯之舉，當非卜子夏之志乎！且公嘗言：「高祖，創家之本也；曾祖，始遷之主也。烈考禄不逮養，痛失之前也；慈妣乞養以終，僅得之後也。故自勦歷以來，確守清慎，顓持憲度。」則可謂孝思真切、舊事忠信者矣。行將晉位正卿，以道經濟天下，凡其教於家者，又以教之於國，則卜子所謂「禮後乎」者，公又殆兼之，不啻具此祠之文耳。

祠經始嘉靖甲申八月，落成於十二月乙酉。

王氏祭田記

王氏祭田者，鄉進士金壇王貞立標之所置也。貞立之父静菴先生存日，開治墳壠殆五十畝，手植松竹，遺業後人，又於壠畔置田三百支授四子。及貞立之三兄亡也，其田幾入於他姓，貞立聞之痛曰：「先骸未寒，而附壠之土頓亡，則將及松竹乎！則將及丘墓乎！吾父九原之下，其謂標何！」乃漸以其價還之。已而曰：「田既歸，而標獨居有，亦非所以對先人也。」乃出其田四十畝，額爲祭田，釐以四支，歲較水旱之中，程其租課，以授家人子孫，定以四分之一用供祭饗，其三贍其不給。遞相爲主，週而復始，百世以守。諸凡輸將徭賦，則取鬻松竹，三年斧斤一入。其當年糧稅，則四支子孫均辦。且曰：「吾父疇昔嘗夢祭先，昂首仰視，見標在上，覺而語曰：『標其尸此祀事乎！』況吾先世，在宋則伯敦之孝壽宣昭於岳陽，明興則思恭之知禮見稱於金沙。衍鍾吾父，孝友因心，好學忘飡，教諭江湘，生徒咸化，乃若釋僕媍之竊金，息戚黨之積訟，尤爲鄉人美談。仲兄栻克成厥志，起家進士，知汶上，未究所藴，賫志淪亡。今獨餘標，而諸子姪尚未能立，有愧前作祭田之設。不識可以興其志乎？」

涇野子曰：「善哉貞立，祭田之舉，可以觀孝慈矣！夫世之孝子，多隆於生存，親既死亡而猶篤，可謂知所繼述，斯其孝之純者也。世之愛其所親者，未必謀其後也，乃若贖其廢業而畀之，憐其貧乏而恤之，傷其離析而合之，慮其愚惰不知自長也，乃式諸居桐以誨之，斯其爲慈不亦厚哉！古所謂施於有政者，將無以庶幾乎！夫貞立自少以明道、希文自期待，比從予講曾氏之學，當其志，固欲事君如事父，處國如處家，惠此四方之煢獨如子姪者也，宜其立敬愛於己，以爲學問本源，殆將自此懋積以及其餘也。然則王氏子姪，可不知所慎守而充大之哉？」

遊盧龍山記

嘉靖壬辰九月六日，葉子大暨黄日思、楊叔用、周宗道、倪維熙過鷲峰東所曰：「涇野子僻居於此，久未遠出，今登高節且至，盍爲盧龍遊，以續浴沂舞雩之風乎？」期九日往。時方小疾，辭，諸友曰：「當十一二日乎？」曰：「雖十四五，豈不可乘月以行哉？」約已，七日天大雨，八日雨，九日又大雨，十日至十二日雨雖不甚，皆未止，十三日霽。諸友曰：「涇野子之智，殆又非臧武仲乎！」乃申前約，遂於十四日至山，開宴於東道院老子堂中。

維熙曰：「傳謂夫子稱老子猶龍，又謂問禮於老聃，果然否？」曰：「『猶龍』之説，恐其徒之溢言。問禮之事，今固存於《曾子問》篇矣。由其徒之説，必欲尊彼而抑此，其辭誇；由吾儒之言也，必欲虚己而問人，其辭平。孔、老公私之别，於其徒亦可見乎！」已而子大言：「《莊》《列》書亦多識見，有筆力。」曰：「斯其人資質亦高邁，學孔氏之道而不能，乃馳騁己意，綦捏人名，虚設事踪，漫爲支誕之辭，思與孔氏並傳，蓋其原皆出於老氏。於是世之資質敏達而跌蕩者，多流溺於其中而不覺，❶當其弊足以惑世而誣民。『猶龍』之説，其殆斯輩之爲乎！昔程正叔不讀《莊》《列》書，蓋有以也！」

是時酒行數斝，殽俎錯陳，有水陸之珍焉，予詰之曰：「往與諸友講顔子簞瓢之樂，此宴之設，得無不相信耶？」子大曰：「若顔子之宴夫子，亦必備物以致敬乎。」曰：「如顔子必備物而後爲敬夫子，焉取於『屢空』？而少西氏者，宜非夫子之所説矣。」酒半，躡石磴以上山，諸友先往俟予。予以二僕攙扶而升，路峻險甚，至翠微已三憩。叔用待予，予嘆曰：「登山之難如此乎！」叔用曰：「爲學如登山，果然。」曰：「叔用於登山亦見學乎？然不可畏其難而遽已。」遂竭才以上，突至其巔。巔磨盤平，即閲江樓舊址也，縱目西望，方山、青龍東峙，牛首、花巖南拱，其西定山迤邐綿亘，黄巖裹江而東，直抵瓜步，皆可見也。内則鍾山崒嵂，建極而起，萬松森蔚，祖陵攸棲，而長江、群峰四面旋繞，真天造地設乎！下見艨衝巨艘，往來絡繹，指北而超，❷足可觀一統之盛，而吾輩學爲輔君以保治者，誠不

❶「流」，重刻本作「沉」。
❷「超」，萬曆本作「趨」。

可忽也！初，皇祖欲建閲江樓於此，惜其費財，垂建而止，乃嘆臣下無一人來諫。夫此樓若建，費亦不多，乃皇祖猶有此言，若見後世無益之作，不知當何如也。然則臣子或遇執藝之職者，可但已乎？於是諸友皆以爲然。已而子大曰：「此山如許之高，既登，而天猶如此高也。」曰：「子大何相信之速乎？豈非因予説顔子事，便欲『仰之彌高』邪？斯其志，可與學天矣！」

時旁有藤蘿附松而生，至綢繆松身，蒙蔽其頂，且著花焉。日思乍不識也，怪而問焉。步用曰：「此樹本松也，被他物纏繞，遂并己身亦不能辯，不知何時得脱灑也。」曰：「昔横渠謂『人被流俗習染，如直木爲藤蘿牽扯，解支蔓，自可尋向上去』者，其殆叔用之言乎！」時有數鳶且飛且鳴，旋繞空中，適當坐上，徘徊久不去。宗道曰：「今日可謂見鳶飛魚躍、察於上下矣。」子大曰：「鳶亦有識矣。古人謂『六馬仰秣』，豈虚語哉？」叔用曰：「將此鳶亦知道乎？」曰：「鳶非知道者也，知鳶飛者道也。」予遂有「日月雙鳶度，乾坤一水流」之句。

須臾晚煙四起，皓月東升，遂偕諸友乘月而歸，如前約！於是叔用次第其事，予覽而正之，作《遊盧龍山記》。

明旌表張節婦李氏碑記

嘉靖甲午春，予以公務路經山西，時大理少卿南川張公得告還石州，予遇於太安驛。公拜而曰：「先伯夏邑丞爲先兄璞娶於有李氏義官文之女也，❶蚤從姆訓，克具

❶「於」，續刻本作「婦」。

四德，及歸先兄，允執婦道。正德丁卯，先兄病卒，李方二十五歲，哀痛深至，感動鄰里，篤念叔琇幼穉未立，而二孤德教、德化俱且孩提，舅姑在堂，彷徨無依爾，乃矢死靡他，一志孝慈，謹樸無華，躬行勞瘁。上事舅姑，洞洞屬屬，凡羞殽饌，敦牟巵匜，滫瀡甘滑，❶罔不精嘉，少有不具，輒毀簪珥，以補其乏。後遭疾病，專事湯藥，毋貳爾心，比至喪葬，哀毀斂殯，蔑爽於禮，雖經生學子，不過如是。琇方始學，訓遺慇懃，一衣一食，必先於二孤，及娶馮嬙，處如兄弟。厥後琇、馮相繼病歿，涕泣襄葬，不慮居財。友於姊妹，咸得其情，少有窘缺，惆恤必至，諸姊子女，率來依歸，與嫁與婚，不至失所。博及族戚，喪病咸托。賢聲丕著，合郡褒嘉，不但曰節而已。嘉靖辛卯，州守李君欲備以聞，未幾遷去。繼守王君轉達守巡胡公、陳公，巡按王公覈實再勘，貞節無貶，遂聞於朝，准錫貲建坊，重加優恤，實壬辰九月十五日也。其子學生德化懷母節行，寢食未忘，爰琢貞石，思勒恩典，展轉籌惟，顓乞執事，以流永久。

予嘆曰：「艱哉，張李之節乎！遐哉，德化之志乎！非有張李之節，德化何所於成？非有德化之志，張李何所於傳？母以節爲慈，子以志爲孝，子母二人，與道同歸，予於張門見之矣！雖然，此猶在李者也，德化其遠法鄒人孟子輿不可乎？當子輿之幼也，其母仇氏食則教之以信，居則教之以遷，於是子輿幼無所失，長有所成，談仁義之道，變縱横之世，尊之者至與孔、曾齊名，至今千萬世，學者師承不磨。德化所

❶「瀡」，原作「髓」，據續刻本改。

自樹立者，若能企及子輿焉，則所以傳李節者，雖石固有時而泐也。」

明誠精舍記

明誠精舍者，太學生解人王克孝光祖之所建也。初，嘉靖三年秋，予自翰林謫判解州，克孝同諸士子從予遊於冰玉堂，當是時，克孝年弱冠即穎拔出群，器識超邁。及予建解梁書院，克孝則同丘孟學日夜侍予於禮和堂，當其篤志迅往，與孟常争先焉。六年，予改官南曹，克孝有懷於予，又負笈渡江，侍予於鷲峰東所，一日出《學思録》數卷以觀，多記予嘗言細行，或克孝有問、予偶答之語，予初不知，而克孝私録者也。微克孝至江南，雖予亦不知克孝矣。以後克孝與休寧胡孺道大器同齋寢處，强志精思，數至夜分，躬行實踐，蔑視榮利，又能佐予作《史約》藁。凡南都之貴官顯人，未嘗一謁其門，雖奇山名水，天下以爲勝概者，未嘗少遊覽焉。若非其中有所重於此者，豈能至是乎？

居洽年，克孝以父經府君老，思歸省，且曰：「光祖抵家，必建一精舍，上奉先師夫子，及顔、孟至馬、薛七八賢，修道其傍。其何以爲精舍之扁乎？」予曰：「《中庸》論進道，惟以知行爲事；論知行，惟以明誠爲功；論明誠，有爲己、知幾之資質者爲本。蓋爲己者『文』、『温』、『理』，入誠之資也；知幾者『遠近』、『風自』，入明之資也；人無此資，則必不能謹獨，以入明誠之域矣。故程子曰『便儇狡利去道遠』。而吾行天下，閲人多矣，克孝可謂有是資質者矣。斯精舍也，當以『明誠』爲題乎。」

克孝既去之明年，予以公務北行，聞克孝卒矣。他日路至真定而西取道，乃過哭克孝之墓。經府君乃邀予至其家，見明誠精舍，謁先師諸賢之祠，規模峻整，堂宇幽邃，宛然如與予所談者，其銘座驚壁，一言一字，多出於予。抆淚不能觀，嘆曰：「克孝相信一至於此乎！予雖能言，不如克孝之能行也！」經府君曰：「此兒自立此精舍，學每至鷄啼而後寢。我呼之曰：『他人之爲學者，計取科第，爲人所知。光祖既棄舉業，何勞空自苦如此？當誰知之？』對曰：『爹爹，豈有爲學之士要使人知乎？』」經府君泣下，予亦泣下，侍坐者十餘生皆環泣下。予嘆曰：「此明誠精舍不徒立也！」予再至江南，經府君使人來曰：「兒光祖爲此精舍，厥心良苦，先生何記之，慰其心於九泉？」予遂次第其事而歸之。時嘉靖十三年冬也。

克孝所著，有《學思録》七卷，并《女戒》、《牧民》篇。

新建篤志書院記

汝寧郡城之北，汝水自天息山西來，過隍堧而東。其北干有淫祠焉，宫殿巍峨，瓴甋枚實，奥區當陽，祭非其鬼。太守漆濱廖子德潛蒞汝之閲月往視焉，乃謂汝人曰：「名邦善地，而此祠淆雜，何以教吾汝乎？且夫漆雕開者，汝産也，當夫子將仕之時，即有『未信』之對、『篤志』之説，千百載下，學士大夫誦仰焉。改祠斯賢，豈獨爲汝人師表哉！」遂建篤志書院，以漆雕氏名也，創豎雄方，南臨汝上，碧波騰輝，通都咸仰。其北爲先門三楹，又其北爲儀門一楹，左右皆有角門。儀門之北爲聚奎堂五楹，其南東西皆有齋，齋六楹。貯書閣在聚奎堂之北，閣之下立漆雕氏主。其東有屋三楹，西面，其西亦如之，東面，居學師焉。環樹栢柳，殆至千章。乃選汝郡屬學名生敬業其中，資給廩餼，太守時臨課焉。今及大比，汝郡之舉者，十九出書院云。太守走幣以問記。

涇野子曰：「邇予之過汝也，漆濱子開宴於聚奎堂，予參拜漆雕氏而後即席，謂漆濱曰：『此祠惟一主。若程伯淳嘗宦於汝，周茂叔亦産於汝，豈不可取以配祀漆雕氏乎？』答曰：『昔先正微顯而闡幽，且夫祀不可以莫之專也。故二氏之在汝，衆所知也；漆雕氏之在汝，衆所未知也。多賢以爲祀，其誠易散也；一賢以爲主，其心易一也。故獨主漆雕氏乎。』予爲之嘆曰：『斯亦可以觀漆濱子之篤志矣！』予素不識漆濱，每於邸報中見其爲御史時之論事也，切而不泛，確而不浮，其奏每入必行而不寢，良以其志之篤耳。及自任汝，汰減財力，民受實惠，崇重文行，士敦實學，其殆書院之謂夫！汝之士子，必於篤志焉求可也。昔夫子之論道也，以志學爲始，以篤志爲先。宰予、冉求皆聖門之高賢也，宰予惰其志而晝寢，夫子比諸朽木，冉求廢其志而自畫，夫子攻以鳴鼓，之二氏者，於漆雕氏何如哉？志果有見於斯，雖自漆雕氏以至顏氏不改其樂者，亦是志耳。嗟乎！汝之士子，毋以漆雕子爲少，毋以漆濱子爲簡。」

新建王官書院記

王官谷在蒲州臨晉縣之南六七十里，

其谷逶迤深廣，入其中，四山盤結壁立，如人院落。其東有瀑布，自巘岫懸下，曲流出谷，至於故市，以溉山陰諸田，名曰貽溪，蓋唐司空表聖辭朱梁之詔，選兹勝地隱居之所也。予謫判解州時，嘗參表聖祠，過三詔亭，讀《休休傳》，問了了菴，登天柱峰，宿石雲洞，坐釣貽溪，欣然忘反，遂有詩曰：「此心已與兹山約，日過東巖不肯歸。」已而有僧自艮峰煮茗來送，西谿一鶴衣道人以豆粥二盂，佐以秋蕨繼至，云此仙姑泉飯也。予諾而嘆曰：「表聖不在，乃使此流享其勝乎！」有記一首，留付白雲洞中書生。

今年甲午，予再過此谷，不覺且十年矣，乃臨晉焦尹毁寺拆觀，請諸提學曹公改爲王官書院，且請予作牌坊，并題表聖祠扁，而又以書院記請。予爲之嘆曰：「壯哉，焦尹之志乎！美哉，曹公之意乎！」夫虞鄉，當在此谷之西數里，皆大舜陶漁耕稼之故地也，當時風動四方，此地乃其張本。至周質成讓田，亦在此山之陽。唐室既衰，朱梁僭逆，表聖舊臣猶抱孤忠，唾示朱梁，不啻犬彘，❶借笏朝參，本心乃見，將無尚有慕古之風乎！書院既作，不徒爲資遊覽登眺之所，其必選敦行孝弟、博習經史、務本崇實之人，延請爲師，以立院主，使之開設科條，以待四方俊秀，徐以勸導鄉里凡民，或舉行鄉約，勤於業作，秀崇禮讓，比方風動之世，以助宣皇化，斯爲良舉。苟惟居記誦辭章之徒，以較科第之利，其進多謀家，無益於國；退多謀身，有損於鄉。改此書院，視前寺觀有何如哉？其作興之人，反不有辱於表聖乎？况敢望有虞時之人物

❶「犬」，續刻本作「狗」。

哉？斯舉也，其小責存臨晉縣尹，❶其大責在提學先生。

書院落成在嘉靖十三年某月某日，其堂齋亭閣列碑陰。

宿州吏目仇君時濟去思碑記

涇野子公退坐廳上，有布衣氊帽、龐眉白鬚之老排闥而入，跪於廳下，頓首曰：「小人宿州衣巾生員趙恩也。宿州二十年前，有潞安人仇君楫字時濟者，以太學生爲吏目於宿州，涖任以來，奉禮守法，事皆有程，廉以持身，恭以敬長，信以居僚，惠以慈民。嘗督兑糧，斛概稱平。嘗捕寇攘，選用膽略，巨賊咸獲，道路無虞，至今賴之。又能興學禮士，敦崇詩書，州俗休美。後以父喪去任，不復仕進，宿州無老稚遠近，無弗思仇君者。近聞其家立《家範》，起《鄉約》，化行潞安，皆仇君所創。宿人聞其風，亦爲是舉，而恩僭爲鄉約正，則仇君者，不惟生能濟乎宿，死猶能風乎宿也。於是宿人相與立六丈之亭，磨數尺之石，以表去思。聞明公素號不没人善，故敢不通以介，不副以幣，口乞數語，以著吾宿人報德之誠云。」

涇野子矙然曰：「是雄山鎮仇時濟也！予十年前嘗過雄山矣，詳觀《家範》，愧於未能歷覽《鄉約》，行於解州。夫時濟之從弟凡四人焉：時茂貴而不驕，時淳厚而不華，時表信而有守，時閑處士也，博學篤行，嘗從予遊於江南。夫時濟之同鄉凡數百人焉，老者慈而善誨，幼者遜而勤業。木工如張提，尺寸不取，禮生如秦倫，素食

❶ 「存」，續刻本作「在」。

終喪，説皆時濟啓之也。乃汝宿人又有此請，然後知時濟出有所爲，處有所化，真可謂潞安之鄉賢、宿州之名宦矣，予安能没而不書哉！惟是汝宿人毋徒慕其人，而不行其善也。」

明贈資善大夫南京工部尚書舫齋李公新阡記

舫齋李公維正者，唐西平王晟之裔孫也，後籍蕪湖，至公兄弟並顯齊名。公以副都御史巡撫遼陽時，忤於權宦劉瑾，遂致仕去，及瑾既誅，詔復起用，巡撫順天。三年考績，陞兵部右侍郎，尋與時倖江彬、朱寧輩齟齬，復引疾致仕去。聖上御極，首詔天下群臣守正被害者，殁得加贈。公之子舉人原道具故請於撫按，撫按覈實，得旨加贈資善大夫、南京工部尚書，錫誥命焉，實嘉靖癸未閏四月二十三日也。

初，公再引疾時，歲丙子春，圖卜塋域，躬往相地，得其兆於龍山廠，手畫地形，以示原道。是年五月公告終，於是原道同墓人廖旺往視前兆，四勢空闊，風氣不聚，頗與手畫矛盾不協，乃移相於龍山之東艾蒿山之下，龍虎交映，隱顯相承，的有發脉源委，謀及卜筮，龜著咸從。爾乃再倍地直，券易胡諒，以爲定域。比將窆掘壙，深坎未半，中當古冢，甓甃四墻，石蓋其上，文字磨滅，不辯時世。乃復移上數寸，急瘞古冢，槨外灰槅，近與相接。未幾，朝廷寵賜祭葬，遂鳩工搆屋，以爲饗堂，樹石神道，徵文翰苑，用章舊烈。

初，公天授穎異，與兄維善同登甲科，及歷事户、刑二曹，理財讞獄，上官咸高。

轉藩臬，閩、兖、秦、晉，所至有聲，猶重民隱。比位中丞，讜直滋著，權姦孽倖，罔不含心，然今安在哉？而公謄誥螭碑，開阡艾山，過者誦德，休問載路，乃然後知君子之道，久而後益章也。原道席公之慶，隱圖繼述，篤兹顯揚，使公未究之藴重布明時，公其永晏乎哉！

阡開在某年月日。

涇野先生文集卷之十九

巡按直隸等處監察御史門人徐紳編刻
巡按直隸等處監察御史門人吴遵編刻

記 六

重修南京詹事府右春坊記

南京詹事府在翰林院之南，西面，内設府堂暨左右春坊堂，蓋舊制也。自文廟北都之後，宫寮裁設，惟存主簿一員，於是府第積廢，鞠爲茂草。嘉靖十年，主簿卞來，周爰相視，則嘆曰：「南都，根本之地；詹府，首善之所，四方觀望係焉。荒頽若此，何以表儀？即遇大祀，齋宿亦無於所，❶豈爲靖恭？且群署咸明，府獨若此，與無人同。即今右春坊存屋五間，甓瓦雖敝，棟宇猶完。左春坊存屋五間，其瓦半謝，材亦可補。移左合右，少滋他料，即可成章。」遂禀諸司空石湖何公、中梁張公，發金四十有餘，且使營繕司副郎劉君公重來董斯役，而簿自捐柴薪三名。乃立先門，乃祠后土，乃建右春坊，在先門内之北，前堂五楹，西面，其後堂亦五楹，即右春坊之舊也。左右皆有廂屋，屋皆三楹。新舊完毁，起頽興廢，南都改觀焉。

予嘗一至其地，見藝樹成列，分溝有向，則嘆曰：「簿治官事，亦若家事乎！《詩》云：『洒掃庭内，維民之章。』夫庭内一

❶「於」，續刻本作「其」。

洒掃，且爲民之章表，況於已廢之址，復立庭堂者哉？ 斯其人得非公爾忘私者乎？ 昔《春秋》譏毁泉臺，見先人之業不可廢也；《魯頌》稱泮水之遊，示後人以文不可忽也。 夫簿亦有得於經者乎！」雖然，微何、張二公篤於正作，簿亦無以成其志焉，法得并書，以爲見義勇爲者勸。

是役也，經始嘉靖壬辰三月二十八日，落成冬十一月庚申日南至。

世敬堂記

世敬堂者何？ 南京吏部驗封主事慈谿趙君元質之堂扁也。 堂之扁「世敬」者何？ 元質嘗讀師尚父《丹書》曰「敬者萬世」之義，遂取以名其堂焉。 則何以取於「世敬」也？ 元質曰：「文華家世，自宋魏王廷美之後，數傳至少傅公遷，卜居於慈谿，終宋世宦弗替。 逮元有寶峰先生偕者，❶潛心理學，倡道東南，遊其門者，多有顯名。 再傳至國朝諱哼者，❷以明經召爲杭州司訓，與同邑王尚書公來、陳祭酒公敬宗友善，邑中稱『三人傑』焉。 杭州之子增即祭酒壻也，與弟坤俱篤志好學，坤進士，而增以老隱，生子廣宗亦業儒不第，教其二弟皆成立，而仲繼宗亦舉進士云。 廣宗生子諱孟，封主事，即文華父也，仰承祖訓，績學著名，累舉不第，恬澹自若，常教文華兄弟務身心學，以纘寶峰之緒。 蓋寶峰之學，先於主敬，靜見道體，又能因時變通，無所偏室，雖未嘗沾一命、典一邑，然而郡縣守令

❶「逮」，原作「建」，據續刻本改。
❷「哼」，續刻本作「淳」。

多執弟子禮，受成法爲良吏。蓋趙氏自杭州以來，皆纘戎寶峰，而『敬』承之者也。惟文華孤闇寡聞，進寸退尺，故堂扁『世敬』，固將昭前人之明德，實以旦夕起居、省愆黜過，奉以周旋，無忘寶峰之道也。」

涇野子曰：「嗟乎，元質之尚志矣！夫敬者，德之聚也，故孔子以敬身爲大，而文王於『敬止』則『緝熙』焉，皆《丹書》之旨也。元質以是扁堂而用諸身焉，豈惟可昭前人之德乎？且元質才明而志美，學博而行篤，一與人交，輒見底裏，人有善，雖弱不淩，人有非，雖勢不護。若又能從事於敬，當其學之成也，雖以脩己之敬安人、安百姓也，不可乎！寶峰隱於前元而未顯，元質用於聖世而大行，此雖於寶峰之道焕乎增光，亦有餘也。」

新建和州儒學記

和州學正鉛山張子乾澤偕王光謨、撒鏞、葉泓三生渡江來曰：「和州儒學，舊在州治東南，然地形湫隘，學宫偏側，光岳之靈未結，賢材之生惟難，邇年以來，屢當大比，士鮮登科。惟兹百福寺在城中央，高朗峻拔，凡歷陽、八公之麗，鷄籠、龍鬬之祥，陰陵、鳳凰之邃，皆抱聚於斯，而梁、峴、桑、梅，又皆拱峙其前，襟帶烏江長流，以爲一州之勝者也。爾乃邪正倒置，百年於兹。往時黄提學、沈知州、薛同知皆嘗疊興慨嘆，莫能遷改。兹者隴西王君朝用以監察御史謫判於和，思人才爲首務，惟學宫之先圖，乃訪諸州守澤州孟君雷、同知桂林鄭君琬，協謀僉同，請於巡撫都御史彰德馬公、提學御史餘姚聞人君、巡按御史陳君，咸重此舉，齊口褒嘉，鄭君且捐俸金四十。王君遂并所得，毁淫祠，革濫恩，清官房，鬻隙地，諸金八百，盡委督役陰陽官李鉞、盧勳諸人，即百福寺撤其佛像，葺理學宫，式示厥程。乃建先師殿，五楹南面，兩廡二十楹。其南爲戟門，戟門之左爲名宦祠，右爲鄉賢祠，皆南面。又其南爲櫺星門，櫺星門之南爲市河，引其水作泮池，成德、達材二坊在池北，東西對。櫺星之東爲儒學，其北爲道義門。道義門之北折而西爲明倫堂，在先聖殿之北，南面。堂北爲敬一亭。其自道義門而入，爲崇正書舍，中建啓聖祠，南面，祠北爲會講堂。經始嘉靖甲午五月，落成於十一月，敢請文記，以示和之來學。」

涇野子曰：「是役也，以扶正而抑邪，君子之於斯可以教，士子遊於斯可以學，文物中興，四州快覩，作之誠是也。然開學之舉，雖官師之盛心，而力學之志，諸士子不可恃其地以爲然也。昔者予嘗遊秦晉之間，訪商周之蹟，見伊尹、傅説所起之處，皆莘野、巖築之陋，而磻溪之迂僻，則太公之所自發也。諸士子苟惟道是志、惟德是據、惟仁是依、惟藝是游，漸摩相觀之久，積累造詣之深，將賢聖可望以出，❶何有於科第者哉？夫然，則張籍、何蕃、張孝祥兄弟皆不足多，而王子行甫暨諸君振作之功，亦不愧往日游酢、范純仁矣。」

是役也，同知南海周君世雄暨鄉大夫知府朱君錦、❷府判陶君膺、李君春，皆嘗捐貲以助，而州同嘉興施元、四明周琮，吏目

❶「賢聖」，續刻本作「聖賢」。
❷「雄」，續刻本作「雍」。

恒山周克禋，亦皆贊其成，乾澤暨訓導陳瑞、劉伯璋均爲勤事云。

汪氏樂壽堂記

樂壽堂者，徽州太守雙石鄭君子成爲荆山處士汪君克安題也，其書則宗伯甘泉湛子之筆也。君天授沉静，雅好讀書，兼善筆札，亦閑詩律。髫年失父，備嘗險阻，事母江氏，養則致敬，歿則致思，而三弟之處，亦皆怡怡孔休，里人稱孝友焉。乃若勢午事龐，交變於前，君談笑禦之，不動聲色，其圖機應變，咸中會通。性耽山水，不事貨殖。諂容媚態，不設身體。行年六十，未嘗皺眉。他有俚語村詬，百犯不校。戚黨鄉人，咸服其量，比諸河海，於是與接者皆感其包容，而興其恭敬。遂聞諸太守雙石鄭君，太守曰：「吾郡中有是人哉！夫其貨利不嗜，孝友兼植，静定自取，當非學於仁乎？夫其怡怡於家，休休於仁，❶面無皺眉，心無校刻，當非學於智乎？夫學智，則可以周流無滯，其樂可知矣！學仁，則可以静而有常，其壽可知矣！」遂題「樂壽堂」以歸君。君拜受曰：「仁未盡仁智之學，顧獲太守公樂壽之教。仁敢不努力，比諸弦韋，且以訓諸子遠，使亦從事於斯焉！」他日遠謁甘泉湛子，湛子遂作大書以爲扁。他日遠又謁予於太常南所以問記。予曰：「獲是樂壽者，荆山君處鄉之行。衍是樂壽於後世，以壽荆山君於無窮者，則惟明志在天下國家之學也。」

太守之題，在嘉靖丁亥二月，湛子書在

❶「仁」，續刻本作「人」。

今年乙未七月，予記在九月一日。

孝友堂記

孝友堂者，胡處士大用之所構也。處士傷足以問弟疾，冒雪以持母輿，其誠心至意，已爲鄉黨稱重。迺復遣其弟大器學於柳灣精舍，他日大器失一女奴而不較，則大加賞進，於是大器奮然向道，益恭其兄，莫之能禦也。所旅蕪湖，里人皆誦説焉。大用乃搆堂，扁曰「孝友」，日與兄弟勖帥以往。未幾，大用卒，既二年，其諸弟果皆成立，有行義著聞。而大周至來鷲峰，聽講《中庸》者數日，暇謂大器曰：「吾兄弟粗有聞見以獲寸進者，皆長兄之教也。然而其志則不可没也，曷問言涇野子以記其實？」曰：「美哉，胡氏之兄弟也！大用一人倡之，大器一人繼之，而諸兄弟皆趨於義焉，誰謂其家不可教乎？更望大器益力於學，益篤於道，他日而效用，推此孝友，上以施之君，下以施之民，中以及諸僚友，于以行斯道於天下，以與古程、張、司馬諸賢比隆可也。不然，則亦鄉黨稱孝、宗族稱弟者而已耳，亦奚貴於斯堂哉？」

佘氏義田記

程進士惟義曰：「廉有姻戚佘文義者，字邦直，號梅莊，歙之巖鎮人也。少貧且困，克勤業作，絶棄華靡，一事敦樸。未逮强壯，輒起厥家，豪於徽歙，至有義舉，雖費樂爲。佘氏頗蕃衍，有窘餒不能自食者，邦直乃爲捐貲，置義田百畝以贍養，田皆膏腴，畝金二十。又爲立窖藏，選建賢直，典司出納，❶人月給穀有額，惸獨疾苦者倍其給，童穉則半之，瀕冬，則以粟易布絮給號寒者。壯不能婚者爲之娶，病其無居也，爲搆義屋數十楹以居之。又爲棺槨、衣衾，以救不克葬者，而義塚於是乎亦興。蓋將波及於鄉人矣，此又不盡取於義田，而以他助者也。」

涇野子曰：「賢哉，邦直之行，惟義之姻乎！夫爲家以義不以利，則九族睦而家道昌；爲國以義不以利，則庶明勵而世道盛。夫惟義行且試春官、登巍科，其以佘子之行於家者而行之於國，與佘子並鳴於徽中，不可乎？」乃爲之記其事，亦因以告諸惟義。

白鶴山三思記

白鶴山者，楊邦彦應詔葬其祖父母及母處也。三思者，邦彦思其母暨其祖母與其祖者也。三親生於建安，葬於建安，則何以三思乎？邦彦曰：「余母劉氏，宋大儒屏山先生之後，自適吾父，恪執婦道。嘗隨吾父奉祖之廣，偶遘熱疾，百醫不起，路遥火化，裹歸骸骨。當是時，應詔方九歲耳，年雖蒙稚，抱屍號哭，斷食數日，殆如瘨癡。今生三十五矣，每瞻鶴山，猶蹈廣州，驚魂四飛，此詔之所思者一也。當吾母之亡也，詔如喪心顛殞，窮無所歸，祖母鄒氏撫摩鞠育，百計娛詔，病視詔藥，飢哺詔食，寒問詔衣，母亡尚有視息者，賴有祖母耳。迺吾祖再任香山，祖母亦亡。當是時，詔年十四矣，頗能治經作義，曉解順恭。兹瞻鶴隴，幻若香山，此詔之所思者二也。吾祖古菴

❶「典」，原作「曲」，據續刻本改。

君，文行早著，屢舉不第，入貢京師，司訓廣州，迪士孔端、黃佐諸人皆出其門，未久憂去。其後香山之教，得士尤多，提學虞公屢口褒嘉，至有『晦庵邦人』之贊。其督誨乎詔，速冀成立，無少休暇。嘗探詔志，❶對曰：『志欲求道。』祖時微哂，責以固守。比其遘疾，綰付鎖鑰，畀此家務。當其時詔年十八，執鑰號痛，祖亦流涕。今也學未大明，德未獲立，每拜鶴山，悼痛靡禁。此詔之所思者三也。」

涇野子曰：「傷哉，邦彥之懷乎！夫生死者天道之常，忠孝者人道之經，子之思三親也，無徒焦勞於念慮，當日淬勵於躬行。且爾三渡南海，兩越梅嶺，舁柩露宿，躡履屬虎口，不辭其苦，乃因爾祖之誨，輒撰《八閩》之賦，追慕晦翁，以見厥志。子其勿忘初心，師晦翁以遡孔、顏，卓然自立，詳審沉潛，處則敦族化鄉，仕則致君澤民，道行於當日，名揚於後世，則三親者雖没猶存也，不亦愈於徒思乎？況楊氏出鳳陽之裔諱福者，永樂初以靖難功，歷陞建寧都指揮使，征交阯黎季犁，死於陣，朝廷旌焉，世襲指揮使。福生鐸，鐸生海，以平汀、漳功，亦歷陞福州都指揮使。夫福州、建寧奮其義勇，位至都閫，以裕後嗣如此，而邦彥又可不思光其前哉？」對曰：「應詔自爲學生時，常慕先生，故既舉後，自北而南，以從先生遊，惟欲聞此道之要，以爲吾母暨吾祖父母者孝耳。今乃以『卓立沉潛』見訓，詔有不從事於此者，是忘吾母暨吾祖父母也！」未幾，余改官北行，邦彥買舟渡江，送之六合，遂書以記之，在嘉靖十四年九月二十

❶「探」，續刻本作「問」。

五日。

耐齋記

耐齋者何？石州二守鍾君主毅之別號也。齋何以「耐」名也？主毅君自游鄉校，耿介剛毅，不屈外物。暨任福建都斷，克慎庶獄，清白自持，嘗奉檄督部官料上入京師，毫髮無取。其守閩安夏鎮，痛革時弊，私鹽禁貨，罔敢有犯，時有「閩海風清」之譽。及二守石州，糾集民兵，把隘據險，以遏寇虜，岢嵐重塞，賴以寧謐。他日催理邊儲，不畏權勢，亦可裨於國用。爾乃年未六旬，高蹈山林，泊然世故，晚節益堅。夫世有四耐焉：耐欲者，則不屈於物；耐劇者，則不擾於事；耐撓者，則不折於勢；耐窮者，則不貪於位。然則主毅君之以「耐」名齋者，固有見於斯乎？主毅君之子貴嘗從予游，爲問耐齋之記，予謂：「『四耐』雖在主毅君，師道當動心忍性，無所不耐，以底於道，爲耐齋光永，不可耶？」

齋扁某年月日，記在嘉靖十四年九月二十八日儀真公署。

慶源堂記

慶源堂者，少司馬峨峰先生潘公之所建也。堂在婺源北鄉桃溪之西明道上坊，中爲廳堂，側列寢室，山環溪繞，市囂絕遠矣。則何以「慶源」名乎？斯工也，始嘉靖癸巳五月，落成於秋九月，方落成之日，而聖天子推恩海內，公以三品京堂，得「誥贈三代，并廕其一子」者之典至焉，制詞有曰「積有慶源，發於再世」，故取以名云。則何以獨取於「慶源」也？斯基也，乃先潘初購以爲遷居之所，以其鄰於荷恩、保安二寺，嫌爲一空地棄，族英僉業而納税焉。厥後官假爲存留倉，且書之籍册，曰「官占民地」也。弘治間，倉徙於縣治内，基仍爲空地棄，比嘉靖龍飛，崇正黜邪，僧人樂於歸化，二寺俱廢，荷恩併入學宫，保安改爲書院，而前地始可居矣。於是白於撫按，行之府縣，稽契籍，覈於衆庶，皆曰「此潘氏舊物也」，乃得復還，給爲世業，公始克承先志而搆堂焉，故所以「慶源」云耳。他日公具以告，涇野子曰：「斯堂也，可以觀君恩之厚焉，可以觀臣忠之篤焉，可以觀祖慈之遠焉，可以觀順孫之孝焉。夫忠也、慈也、孝也三者，人德之大者也，潘氏兼而有之，然後可以感天地，格鬼神，速君恩也。則凡爲公之子孫者，居斯堂也，千萬年世守其道，不可乎？」故予嘗讀《斯干》之詩，雖王侯之冑，亦在於孝弟云。

六合尹何君去思碑記

予在南都時，聞前御史田君德温巡下江，而何君道充方令六合，嘗斷流囚，田君三駁而道充三執不改，田君不以爲倨。比三過六合，道充適公差他出，不及一迎，田君覽政蹟，亦不以爲簡，予固嘉田君之高，而恒思見道充行政之詳也。比予改官北雍，道過六合，六合之父老僕隸無不誦道充之賢，至有嘆息咨嗟於輿馬之傍者，乃然後益信道充之循良，而驚田君之高一至此乎！他日，六合之人思道充不置，專太學生袁悌具書列狀以問碑。

涇野子曰：「予何可拒六合人之志而

没吾道充之績哉！且吾嘗聞前武選張君元明之言道充矣，謂六合古棠邑也，密邇畿甸，南北道衝，民棘於供賦，飢饉薦臻，憊弗能支。及道充爲令，迺以身率民，首正風俗，闢浮屠，懲暴扶善，禁奇衺之物，驅淫蕩之徒，民相告弗犯干憲，邑以大治。爾乃清脩苦節，涖事嚴明，尤見義敢爲，不畏强禦。有貴戚與豪民訟，久而不決，當道委官，率莫能平，道充往廉即得。溧陽民有人命，逮訶拷訊，械死相繼，事竟不白，御史下君，遂得平允，訟者咸服，爲主以祀，京兆黄公稱其『清』、『慎』與『勤』，一字不少。戊子營修驛館，君意不欲妄費，忽大木數十，浮至龍津止焉。野鹿入於治内，馴擾不去。庭柯二雀，一生八雛，晨夕飛匝庭除，如所畜養。又有二鴿，自天而下，沐浴盆池，毛羽粲澤，不類凡族。邑人驚爲『四異』，爲詩以歌。予乃然後知田君之取道充者，蓋有見於此也。道充今爲名御史，又能以六合之政而按郡守令，則其所得乎民心者，不啻一六合也。道充他日位進公卿，勳著内外，銘太常而勒鼎彝者，皆自此碑始之也。」

道充名宏，號純菴，❶廣東順德縣人。

重修武定鎮城記

武定，古齊無棣地，即周賜太公履「北至無棣」者也。國初因元，仍稱棣州，永樂初改樂安州，宣德初以平漢庶人之亂，始改武定州矣，然猶未有兵備之設也。乃流賊飈起於正德之中，❷猖獗山東，蹂躪南北直

❶「純」，續刻本作「鈍」。
❷「飈」，續刻本作「猝」。

隸，於是許忠節公由之以樂陵令禦賊有功，陞山東按察僉憲，兵備於斯，遂爲建鎮之始，而武定北拱京畿，東衛齊魯，西南以控趙、魏、徐、兖諸地，兼以襟濟汶而帶運河，遂爲重鎮矣。第其城池屢經修葺，未克鞏固。先，僉憲覃懷王君明叔雖嘗請議，未果遷去。至是，僉憲三衢王君在叔繼爲兵備，蒞政之日，圖厥先務，莫急於此，且曰：「往者霸上盜起，北趨青、淮，南必由此。於時附近郡邑濱及陽信、海豐、樂陵、霑化、德平、商河、齊東、青城，諸州縣人士咸奔赴鎮城，避寇求全。夫今聖明在上，天下太平，萬無往事，然或水旱相仍，饑寒嘯聚，則北地豈可旦夕帖席者哉？❶」遂奮然集議，申請撫按，偕允而行。爾乃程役動衆，計費課工，軍民咸樂趨事，未期年而成。

於是濱州彭知州師有以公委閱視城池，告於武定州唐知州侃曰：「武定爲濱州腹心，今城池既固，濱州亦可無憂，豈特武定蒙其庇哉！」乃咸喜牧守之有具，偕爲請記，且曰：「是役也，王公發金，易灰於章丘、鄒平，易薪於海豐、霑化、陽信、商河，建造瓴甋窑二十於東城之厓。金用本道贓罰米紙等物，完計三十有九鎰。役用所屬團操民兵，更番赴工，董役之官用其嚴選廉幹屬吏。城四門，皆有層樓，腰用樓之臺十有一，敵臺百有九，崇七百有五十仞，袤二千有五百尋，池隍皆深濬，殆及泉。於是四方至者瞻望巍峨，屹不可犯，内有教養斯民禮樂諸士，外可以潛銷奸宄之萌，❷雖宋崇寧中牛尚書之建甃，不過是也。」

❶「北」，續刻本作「此」。
❷「宄」，原作「究」，據續刻本改。

予聞之嘆曰：「美哉，王君之举也！夫《春秋》雖譏魯侯之『夏城郎』，然備豫不虞，則善之大者也，故莒渠丘公不脩城池，湫且惡陋，至使楚人浹辰克其三都，君子則甚非焉。夫武定，京師之藩蔽，山東之喉咽，城之良是也。且王君嘗著《大人説》矣，蓋以天地萬物爲一體，而復赤子之初心者也。當其志，固欲爲天子城九州而來四夷，豈特城一武定哉？宜其在給舍，凡所諫議，本於大體，在兵備，政教修明，軍民敬服，舉措得宜，役費有經，建此大業乎！吾固知自兹以往，不獨以一城自足矣。二州守之懋於循良，亦可占也。」

君名璣，衢州西安人，起家嘉靖己丑進士。濱州嘗從予遊於鷲峰東所，同武定皆江南高士，宜其立。工始嘉靖乙未八月，告成於丙申五月。

全椒縣重修文廟儒學記

全椒學沈教諭良渡江來南都，曰：「全椒，古譙地，今滁之屬邑也。其文廟、學宮在邑治之南，某河之陰。正德壬申冬，督學御史黃君病其湫隘，嘗命潘尹悰遷於某河之北，於時規制草創，弗加於舊。庚辰孫尹瓚，己丑吴尹音，俱嘗增葺，猶未改觀，尋率頹圮。乃乙未秋，陳誨謫令兹土，慨然興復，撤毁淫祠，兼鬻官棄地，得百金，言諸巡按蘇君、督學聞人君，咸以爲宜。於是計庸量期，庀工搜良，首事文廟，殿廡咸考，神廚祠庫，亦並建列，堂齋倉庾，其新孔嘉，開廣射圃，袤盈八丈，其延三倍於袤，名雖修葺，實踰創建，視昔大不侔矣！」涇野子曰：「學不作，君之責；教不立，師之責。學作教立，而德不進、業不脩者，士子之責。今諸士子之所進脩者，非孔顔、思孟之所授者邪！ 昔孔子教顔子者，以文與禮，文之不博，禮不可得而約矣；子思授孟子者，以仁與義，一有不至，利必爲身害矣。 然其言雖殊途，其旨則同歸，故君子以仁義、文禮爲德業，而忠信、立誠，則其所進脩乎是者也。但士多患於懷居，而道每喪於自是，故決江河於聞見者，上智之人；事緝熙於日月者，希聖之徒。 士而知此，則固有不違寢食，思躬行之不逮，虚心師友，耻一朝之未聞者矣。 故大學之道，以致知爲先，而力行繼之。 不見全椒之先正乎？ 宋張垍選置舍人院，❶執辭不屈，且上疏言國之治亂，由儒之興廢，及參知政事，知無不言，太宗嘗賜詩以昭其忠也；王彦成孝義著於鄉黨，而徽宗亦加顯褒之。 二子者，雖不足概以孔孟之道，然而名垂數百載不磨，亦其躬行之有效也，諸士其棘於進脩，以求孔孟之所授受者乎！ 全椒有戚秀夫者，樂於講學，篤於進脩，於諸士子爲先覺，其以是告之，可否也？」

工始於某年月日，落成於某年月日。

九江同知黄性之去思記

雲南大理黄子性之爲九江同知，未洽三年，進陞南京左軍經府。 越明年，九江耆老數人謁予太常南所，爲黄性之跪請去思碑，予諾之，而未有以應也。 未幾，予改任

❶「垍」，疑當作「洎」。「置」，《宋史》卷四百八十六作「直」。

太國矣。❶去年冬，予轉官南禮部，九江人又數輩謁予於寅清堂，跪申前請。予曰：「往已諾汝，固不可食言。且性之之貳九江，又無太守之專，汝等何思之切而求之數乎？」對曰：「吾黄父母官，亦嘗署九江篆矣，不食九江一杯水，不用九江一片紙。」予曰：「居九江地，不用其水，饔餐奚具？爲九江官，不用其紙，文移焉行？」對曰：「府衙有井，額辦有紙，不擾諸民間，是以言不用也。」予嘆曰：「果若汝言，則性之真九江之父母矣！」

夫世之爲守令者，豈無長才大略？然在其位，民或畏如虎狼，惟恐旦夕之不去也；違其任，民或恨如仇讐，惟恐他日之復來也。夫何故？凡以剥民之財，而餒其肌膚耳。乃然後知古之留犢懸魚者，雖非中道，爲貪夫疵，其矯激其畏天命、悲人窮之心，殆亦聖人之徒也。故予每見鰥寡孤獨之苦，而恒切守令之憂。然則黄性之知解州事矣，後予兩過解州，解州士民言性之與九江人略等，則性之之治九江可知矣，則九江人所言當不誣也。

性之名敏才，起家雲南某科舉人。

陝州新開泮池記

陝州兩生陶進、王鈞，奉其師錢學正舉暨三司訓啓來曰：「州學建於召公祠之東南，而州於古爲列侯，其學即泮宮也。然自開建以來，未有泮池，諸守相繼，莫之能興。今太守隴州閻侯蒞政二年，篤念斯文，見弘農衞後棄有隙地當廟學之南，若疏鑿爲沼，

❶「國」，萬曆本作「學」。

導引城北活水流注其中，瀠洄廟學，於以萃納山川之秀，昭回雲漢之光，固其所乎。會管河憲副張君巡歷駐節，侯偕師生奏記憲副，憲副行香學宮，呼諭掌印指揮呂繼隆諸官，其諸官皆謂贊修文教，義所甘心。侯乃鳩工開造，周築垣墉，遂成鉅池，嘉惠陝學，樂育英才。且侯公正廉恕，撫愛郡民，種甘棠以仰師君奭，栽瑞蓮以求匹寇老，故泮之作，至侯始勃然而與也。」涇野子曰：「諸友不聞漢皇甫規乎？蓋嘗爲陝州太守矣，仁聲大著，徵拜内階，爲漢直臣。侯固隴西宦族，早受其父司馬公庭訓，兄弟孝友，文盛關右。其居去規不遠，侯固爲今之皇甫規乎！昔魯侯之泮池，端大本以克明其德，卒之不但文教之興，雖淑問獻馘，收功淮夷，亦自是也。然則侯豈但取比於規而已邪？若乃北登底柱而挹大河之氣，南覩莘原而想伊尹之風，采芹池上，行歌黌序，以爲古之聖賢者，則又在爾多士不可徒視此池爲優游之具也。」

侯名俸。贊成其事：同知劉璋、判官張惠、吏目楊世傑，三司訓則柳階、徐秀、陳忠言。池南北計十四步，東西五十步。其成也，在嘉靖十六年七月。

衍慶堂記

衍慶堂者，錫山鄒邦美甫之所搆也。先世文忠公浩以直臣鳴於宋，其弟洞亦有兄氏之風焉而未仕也，乃篤其慶，以遺子孫。至我明有静脩氏者，遂作堂於所居之左，扁曰「承慶」，五六十年矣，其孫尚以厥考智卿遺命，別爲堂於其右，扁曰「紹慶」。智卿諱愚，號拙隱，生四子，而甫其季也。

紹慶後析爲尚之産，❶甫遂於紹慶之南又作堂焉，扁曰「衍慶」，蓋亦智卿之遺意也。

夫堂以「慶」名，固本《易》以「積善」建也。故善則有餘慶，不善則有餘殃。故鄒氏自文忠公兄弟以來，殆千百年矣，其子孫皆蕃庶碩大，彬彬焉，侃侃焉，雄於錫山者，非其善也，而能有如此之慶乎？夫慶，固不外於善，而善在鄒氏者，亦不外乎直也。人之生本直，而况文忠公兄弟以直開有鄒乎！故出而仕者直，則進言必正，守官必廉，奉法必公，處僚必讓，御下必惠，有益於君民，而爲國之慶也；處而隱者直，則治行必端，臨財不苟，脩業必實，居族必睦，處鄉必義，有益於子孫，而爲家之慶也。若徒以「慶」名堂，而善不足以潤是堂焉，非邦美之本心也。凡爾有鄒子孫，其勖諸！

百歲堂記

百歲堂者，藍山司訓鬱林龐崑與其兄崧扁其祖母李氏堂也。李，竹溪處士諱瑄者之配，麗江推官厚之母也，生宣德三年戊申三月三日，迄嘉靖六年丁亥三月三日，實閲百歲，日數甲子蓋千有百餘矣。於是州守李東嘉難老之壽，推憂賚之典，躬賀其家，重華厥扁，凡鬱林鄉大夫士相率詩歌且稱慶焉。藍山既受司訓，道過南都以問記。

涇野子曰：「有是順孫，固宜有是壽母矣。昔者崔山南之曾祖母孫夫人壽亦百歲，口脱兒齒，不能粒食，其婦日升堂以乳之，史傳以爲罕事也。唐至今且千年，乃又

❶「慶」，原作「興」，據萬曆本、重刻本改。

於鬱林龐氏母見之邪，於戲休哉！北流劉澄者，應天之司訓也，與崑爲友，言李初歸竹溪，時值兵燹，李乃黽勉内務，克勤克儉，❶上事舅姑，克盡孝敬，凡諸祭祀，蘋藻爵罍，罔不滌嘉。及處宗族鄉鄰，咸過於厚，而醇慤誠允，人無間言。其訓麗江，皆據義方，不同流俗。故麗江早領鄉薦，賦政平明，竹溪服闋，補推黎平，以李年老，懇乞終養，先李而卒，惟母是念，至托其子，鄉人稱孝。然則李之百歲，豈偶然所致哉！故箕子論敘五福，列『考終命』於『攸好德』之下者，良有以也！雖然，百歲之壽在李者也，衍之而至於數千者，則在崑焉耳。且李有八德：一曰勤，二曰儉，三曰孝，四曰敬，五曰任，六曰睦，七曰慤，八曰允。崑誠能奉此八德，以訓藍山諸士子，使各脩其身，各齊其家，以爲他日出而化民之本，則李之德宜於家者，可傳於四方，著於一時者，可垂於後世，則夫百歲之壽，豈不可以數千歲遠邪！」

重建泰州文廟學宮記

泰州文廟、學宮，自國初開設之後，至正統甲戌巡按御史蔣君誠亦嘗脩飾，經今百年，傾圮日甚，不蔽風雨，或撑支其下，州司懼工役之大也，莫敢遽議鼎脩。嘉靖丁酉十月，巡按御史洪君浚之垣按泰詣學，深爲慨嘆，於是知州朱簦、學正李釗、訓導劉泮率於欽、柯經諸生呈稟獲允，且曰：「崇師修學，憲綱首務。君子用財，視義可否。致孝鬼神，飲食且菲。但管典工役，必在得

❶「克勤克儉」，續刻本作「力勤務儉」。

人耳。」遂委添註同知、前刑部主事朱懷幹監督其事。工將訖，朱乃偕州守貳暨諸學官，遣生員張淳、唐度來問記。

予曰：「君子之崇敬夫子，不徒在文，而尤在乎質也。聞洪君欽差巡按於斯，其鹽法之暇，以育人材、正風俗爲先務，群其俊秀，聯其賢哲，講習六經，時行學考驗，發明先聖人之道，至以『造端乎夫婦』試諸生，下及閭閻，亦編什伍，立以諭長、諭副，淮揚之間，士風思變。則已得崇敬夫子之質，夫子所必悦者矣，宜其修飾廟貌，拓基隆棟，又兼乎此文也。聞朱之監督也，承洪君之意，選取端謹殷實官者，托之分理磚石諸科，各首其公，拆卸舊材，登列印簿，以備節用。原址促狹，禮容亦礙，又開寬四面，各出三尺，周垣階砌，易磚以石。凡金木諸工，咸計日程功、計功程價，其藝業精練者，選立爲首，異其居肆，校閱攸歸，而合抱、寸朽，❶具適於用。其諸提工者，共宿公所，昧爽擂鼓，各作其衆，日暮始休，比其終，纖悉無所苟焉。然則洪君奉爲道之心以教爾諸士子者，深且篤哉！」

「昔者嘗與二三友論夫子之道矣，惟始於夫婦焉。蓋夫子以二《南》示伯魚，而伯魚又以『造端』示子思，父祖子孫，家傳庭訓，惟此真切，其教門人，亦不外此。此而得之，家國天下可從而理矣，往雖堯舜之道、文王之聖，亦皆以『刑于』爲本也。夫洪君英邁忠信，博貫經史，蚤年即求爲夫子之道，思以見之行事者也，今乃舉此以示爾諸士子，則其作廟之意，端在乎此，爾諸士子日所從事者，又豈可他求哉？若所知不從此出，則其心昏惑蒙蔽，一物無所見，欲觀

❶「朽」，續刻本作「材」。

淵魚之察，不可得矣；所行不從此出，則其身窒礙僵仆，一步不可行，欲登太山之高，不可得矣。諸士子其用力於造端焉，杜玄虛之論，爲致曲之學，或與大夫之賢、或鄉之與儕者求爲之友，以資其麗澤之益，其少者求爲之師，以法其模範之正，致謹於言行，不舍乎晝夜，處而藴之爲天德，達而行之爲王道，及其至，雖察乎天地不難也，斯爲不負尊崇先師者之意乎！」

是役也，洪君先後淮領本州及淮安運司贓罰凡若干金，并前葉御史發到光孝廢寺大小若干木。工始嘉靖十六年十二月二十六日，落成次年四月某日。

塋芝記

嘉靖丁酉七月十六日，予自高陵發程南來，次日至臨潼，又次日至藍田。❶因會鄉友，滯於藍田、渭南者十數日，方詣華州，遣次男昀還高陵。比予至南都，昀來書云：「兒渭南還家後即展拜先塋，見祖墓旁有芝一本，昀恐被他人折傷，取而置諸家廟矣。」是年冬，昀赴太學去。今年二月，昀自京師回，遂圖畫前芝寄南都。予嘆曰：「家中知此芝之産乎？去年六月中，予築先塋垣，仰思予祖予考『凡役用人力，禁取在官者』，予承其意，出所積俸金，就土工以從事，縣大夫發來夫丁，皆遣去。垣既成，予嘆曰：『此垣皆君之賜也！』且當是時酷暑旱乾，予祝曰：『安得遇雨一二次，則此垣成矣。』未幾，數日果雨，垣成數十堵，遲十日，土又燥不可築，又遇雨，周垣皆成，予嘆

❶「田」，原作「山」，據續刻本改。

曰：『此垣皆天之賜也！』然則今日之芝，天意未可知，而祖考之心則可推，豈以予不煩公役，以順九原之心者乎？子孫若解祖宗之意而守其規，則芝出爲榮；若違其意而犯之，則芝豈能常福哉？」

芝圖至南都，在今戊戌年三月初四日，因記之以示來世。

世德流光堂記

嘉靖乙未之夏，予講《論語》於太常南所，時建昌王子難來謁。未幾，予改官太學，子難同諸友送至揚州，時子難微恙，予苦勸還南都，然予心猶日惓惓然未愜。至濟寧遇錢貴徐，囑問子難，未報也。丙申，予改今職南來，聞子難病盡痊，且歷事以完歸新城去，予然後心始安也。今年戊戌，予謂子難決舉甲科，乃又未偶，復謁予於禮部私第，與胡孺道同寢食，於是凡予素所論説，一一生因得覽觀校正，予亦獲切磨之益焉。

居數月，子難將還新城，謂予曰：「材五世祖文會軒諱益字受謙，惇厚周慎，中永樂乙酉鄉舉，授霍丘知縣，專務以德化民，既歷再考，霍民數千詣闕保留，於是在霍丘凡十五年，乃陞無爲州同知，蓋時例也，請老於家，九十而卒。高祖進齋諱灝字清宇，孝友肫至，文學博雅，中正統甲子《易》魁，以親貧老就仕學職，初諭雩都，母憂服闋改諭懷安，兩教著績，轉陞河間教授。是時吏部課天下學職最者二人，拔陞提學僉事，其一人已擢授矣，進翁首最，適聞文會軒訃，哀毀成疾，終於河間。曾祖東峰諱鼎字德新，醇謹質實，隱德未仕，三十六卒。顯祖東川諱達字希賢，或賓館臬司，或授徒里塾，學範嚴肅，多所成就。歲貢於京，得任建德訓導，敷教雖淺，士感寔深。祖初未仕，嘗鬻田以償族之債，讓地以息伯叔之爭，凡邑中析田索居，咸來質決，罔弗稱平，其忠厚公直，今尚美談。家君諱禄字汝學，別號一溪，早膺艱窶，奮志績學，中正德癸酉鄉舉，授平和知縣。其縣新設，矩度草創，教化未行，家君懷之以仁，裁之以義，表正以廉，區別以法，蠹壞既修，奸宄亦化，比及考績，雖稱宿盜，亦同詞保留。後以上《正禮養儲》之疏下獄福州，平和之民咸念其貧，跋涉山村，❶千里餽資。粤既罷官，民皆小里一碣、大里一碑，隨地勒文，以志遺愛，聞材至京，每探起居，懷思善政，眷慕無忘。然家居退耕楊溪，絶入城府，蔬食菜羹，不求聞達，❷舊歲遭例舉賢，士夫共薦，府胥寢閣，若罔聞知。夫自文會以至家君，計世已五，歷年餘百，然中間三登鄉舉，一被歲貢，官雖未顯，澤多及人，委祉於材，亦添鄉薦。故材仰思作室之底法，欲扁世德之流光，惟先生是教焉。」

涇野子曰：「子難斯志，固漢韋孟之念豕韋，宋謝靈運之述祖德乎！雖然，程明道亦嘗念先世羽、琳，希振、遹、珣數公矣，然其爲官，或端明學士，或虞部員外，或吏部尚書，或太中大夫，若是顯也，然微明道充養完粹，玉潤春煦，學如顏子焉，則孰知數公爲尚書學士哉？張横渠亦嘗念先世曾祖及祖復考迪數代矣，然其爲官，或爲給事中以贈司空，或爲涪州知州以進殿中丞，若

❶「村」，續刻本作「川」。
❷「聞」，原作「開」，據續刻本改。

是顯也，然微横渠潛思力行，勇果實踐，學近孟子焉，則孰知數代司空中丞哉？是故子難之生固世德之積，若徒歸光於世德，是所求於先人者重，而所以自任者輕也。」「然則爲之奈何？」曰：「子難能爲程、張之學，而不已其功！」

予他日改書其堂之一扁，曰「有光」。世德之堂建在某年月日。

端本堂記

端本堂者，無錫蓉峰子顧公與立自扁其堂者也。堂在顧氏廳屋之後、寢室之前，蓉峰子自少參致政而歸，日嘗偃坐於斯，静而存養，動而省察，外罕交遊，内惟端本，乃走使問記，且資顧諟。

涇野子曰：「蓋嘗學斯端本矣。昔者徂徠之麓有日至後而植松者，其本深入地中，尋端如建標，壓之以杵樹，溉之以雨雪，凡附本者，皆旁衍四馳，遇石入石，遇確過確，牢不可拔，於是不數年，其幹丸丸插霄漢，其枝矗矗礙風日，其葉森森袪雲霧，如駢麈尾，❶其實離離四垂，有偓佺者日食其下，遂善飛行，馬不能及。楊園之道有榮杏且實矣，一富室愛其樹而欲私其實，當暮春乃撅其本，不純而置諸其家，乏培塿，植之不亭，壅之不厚，灌之不深，風東至則西靡，撥其本乎外見，乃三日而花落，五日而實殞，君子以爲疎於務本者也。」或曰：「如子之言，將端本亦有時與方乎？」曰：「然。『雞鳴爲善』一時也，『終日乾乾』一時也，『夕亦惕若』一時也，三時具，其功密矣。

❶「麈」，疑當作「麈」。

『格物致知』，明善之方也；『誠意正心』，力行之方也，二方具，其學真矣。蓉峰子之端本也，誠如徂徠之人，則其出可以教國人，其處可以教子孫，其餘風可以傳來世，所裨於斯道者，多哉！」

堂建於某年月日。❶

高郵州重修文廟記

高郵先師文廟，故在州治之東，重建於天順四年，逮今且百年矣，垣宇日圮，不蔽風雨鳥鼠，且唐陳偪隘，庶草蕃蕪，每值享祀，至者嘆惜。嘉靖乙未秋九月，新城鄧侯子華來守是郡，敷治更化，敦興禮俗，仰瞻師模，廟貌弗稱，即圖更新，無所於處。明年丁酉，諏得郡東時堡鎮元君一祠，愚民奔走，香火浩繁，迺謀諸郡士，議籍其材，撤彼就此，以興明役。首出禄貲，倡集僚儕，莫不歡然捐俸，棘赴義舉。其群工食費，侯時措以給。乃委學司掌上籍，選命耆民掌下籍，程力權工，不爽厥式，其區處之方、錢穀之概，侯總攝焉。廟廡既考，而鄉賢、名宦二祠亦并鼎新。往年予赴太學任，舟過高郵，學正羅士賢率諸生拜問記，予已諾之，迄今落成久矣，復申前請。

予惟夫子之作《春秋》也，城中丘則書「夏」，作南門則書「新」，夷伯廟則書「震」，御廩災則書日，桓公楹桷則書「丹刻」，❷凡以重民力，節民財，崇正祀，黜淫祠，爲其所當爲而已。斯役也，殆有志於師夫子之道者乎！夫「元君」，祀典之所無文者也，毀

❶「堂建」，續刻本作「建堂」。

❷「桷」，原作「桶」，據續刻本改。

其祠而以作先師之廟，豈惟黜邪崇正，并節用愛人亦具之矣。昔子華從遊於鷲峰東所，蓋嘗三講於是焉，今爲州牧侯寺，見諸行事，豈非相信者乎？斯往也，固知益齊其位，益弘其政，益慎其法，不渝作廟之初心矣。諸士子日趨蹌瞻仰於宫墻之間，其所以省察己私、涵養天理，謹身節用以養父母，守正閑邪以明聖學，大爲他日新民之具者，當必不負鄧侯作廟厚望之意矣。

先師廟正殿五楹，南面。東廡十有二楹，西面，西廡亦如之對。櫺星門五楹。戟門之内有池，池上有橋，凡丁祭暨朔望釋菜，并以他事告至、告辭者，皆渡橋。北爲儀位，鄉賢、名宦二祠各若干楹，在廟之左右。是役也，始於嘉靖丙申夏四月二十八日，告成於丁酉春某月某日。鄧侯名誥，起家江西鄉進士。助成其事者，同知曾時中，判官羅岐、黄初，司璜，吏目朱守訥暨學正羅士賢，訓導某某、某某，法得書。

雲章樓記

雲章樓者，今春坊諭德漸山屠君文升居第之樓也。樓凡五楹，在武、漢二溪之間，當湖之上，蓋自漸山之父太保康僖公有是搆也，凡以藏先世所得累朝恩命、勑誥暨錫書者也，然未有額扁也。至漸山自侍讀進諭德，所獲宸章滋多，亦續藏于是焉，乃遂題其樓曰「雲章」云，凡以志聖諭睿翰，上以光祖德，下以式賢子孫也，其志遐哉！昔程子爲宫室，乃别搆一室，以藏先室誥勑，并影真以奉之，雖一二侍僮亦不遺，其所以篤不忘乎孝思者，後世稱仁焉。當漸山意，亦復如是，則其所以求法程子，仰以表忠、俯以洪孝者可知矣。屠氏世傳樓右接朱買臣、陸德輿之故宅，其北則顧野王讀書臺嵬然上存者也，今視此樓，當風斯下矣。

樓搆在某年月日，額扁題在某年月日，問記在嘉靖十六年之三月，以予因公事入京也，越三年之六月，予又以公事入京，始能答之。

黄氏祠堂記

黄氏祠堂者，少司馬雪洲先生儀真黄公之所創建，其子户部照磨襄之所葺理者也。公在官有冰檗之操，剛正之氣，公直之心，無弗達諸政矣，比謝政歸，乃建祠屋，以祀其先世人。户部嘗因繼母夫人之疾，飄然掛冠，東歸儀真，視疾之暇，惟以祠屋爲事，乃問記于予。

涇野子曰：「承先人之業，莫大於繼志。順祖考之心，莫大于述事。聞户部有子數人焉，皆教以雪洲公之道，思公之惡衣也，戒以勿美其服；思公之菲食也，戒以勿豐其味；或出而仕也，則必以其道行于時；或隱而處也，則必以其教行於家，是亦殆爲能繼述先人之志與事者乎！夫敬以合族也，仁以長恩也，孝以彰往也，信以徵來也，厚以振俗也，斯固少司馬未就之意，而委其任于户部者乎！是故覩周旋登降之節而敬生焉，起同宗共祧之思而仁洽焉，考視履之祥而孝昭焉，篤佑啓之則而信孚焉，敦大成裕，物軌以彰而俗厚焉，雖由此以風天下可也，户部將不念之乎！聞諸《禮》云：『春，雨露既濡，君子履之，必有怵惕之心。』『秋，霜露既降，君子履之，必有悽愴之心。』

率是道也，予嘗慨俗敝而嘆知本之難矣。世有父母、王父母之具慶者，弗克祗服厥事，其甘旨遂所不言，而乃席蚩眩侈，雖倣古立廟時食，且豐潔也，吾知崇虚而病實，靡文而喪真，雨露既濡，履之有不怵惕者矣！霜露雖降，履之有不悽愴者矣！故曰：『未能事人，焉能事鬼。』亦户部視之何如也？」

是祠也，搆當居第之左，爲堂三櫺，中設大龕，分爲五室，中祀始祖，高曾祖考左右次列，蓋宗程氏禮，以予所嘗論取者也，其後架以爲藏祭器之所。前豎門樓一櫺，左右二門，由兩廊而進。墀樹以雙松，松外有墻，書屋在其前，其後也有静觀亭，四圍皆植大竹。堂扁則内翰前溪景公之所題也。是祠也，經始嘉靖癸未之秋，落成在某年月日。記凡五年而後成，在己亥五月。

新立龍居集場碑記

登州府經歷王君守春使數生持狀來曰：「解州東北隅二十里，曰龍居莊，東連運城，西通蒲坂，南抵虞、芮，北距猗氏，且環以張格、小沼、買女、長樂諸村，其店市寬廠而民人質實，四方多有來貨馬騾牛羊者，誠可立集以聚之也，但前守未之舉耳。太守解君以來，每事便民，一日出城詢民疾苦，見有肩負交易於他郡者，遂相州境，立爲三集，而龍居爲首。于時同知王及，判官駱永聰，吏目周寀，學正姚克讓，訓導王卿、薛同、張文魁咸在焉，復恐法久弊生，爰立集長以主之。民于此乎便，商于此乎通，誠千百世之利也。守春謂其鄉人曰：『此而無記，非惟太守之善以没，且後之爲守者無所勵矣。』鄉人皆諾而樂爲之。」

涇野子曰：「《易》不云乎：『日中爲市，致天下之民，聚天下之貨，交易而退，各得其所，蓋取諸《噬嗑》。』雖炎帝神農氏，由此其選也。集場便民，豈細事哉！往判解州，亦嘗立集西王，自謂能順民情，豈如今日解君三集並設哉？然則解君察民之瘼，知民之急，通乎土俗，達乎物情，解太守其賢于予哉！所望法立能久，民日有益而無弊耳。」

解太守名情，鄉進士，山東東平州人。登州字居元，龍居里人，予徒入鄉賢祠名光祖者之父，法得書云。

新修滏河橋記

滏河出平陽府曲沃縣東七十里滏山之下，西流而入汾河。近入汾處，適在高縣里中，乃通衢也，北達京師，以至宣大，南接秦蜀。舊有木橋，每歲冬修春卸，費耗民財千萬，若至秋潦泛漲，尤爲居民之害，民多怨咨。有志杲者，里僧也，見義勇爲，民復從便，各施金粟，伐石造甓，斬木村樹，沿河十里，各奏爾能。杲乃旦夕募緣，波及行路，未洽數歲，積財百千，乃告諸兵備僉憲辛子批行知府茅侯，轉仰知縣趙弘委主簿包文昇督工修建。乃作石橋一座，其空有三，橋上起樓十間，以息行者，東南創構廟宇，致祀水神。垂成而茅侯觀焉，謂誼不可無記也，即遣志杲持狀問記。

涇野子曰：「橋梁，國務所急，載諸工典，王政之一事也。夫晉有滏、汾，猶鄭有溱、洧，子產雖惠，不知王政，乃用乘輿而忽橋梁，爲聖賢之學者每譏病焉。齊桓公，諸侯之流也，巖下有貫珠老人解知九九之數，桓公得相夷吾，用九九之數伯齊國，則夫用志杲以成溢橋，可知茅侯之他政矣。侯素志于古人之道，躬行實踐，羞比夷吾、子產者也。斯往也，康濟天下之險，不啻平陽一溢橋而已。志杲輩亦得籍名于不朽乎！」

辛子名珍，陝西耀州人，侯名鏊，鎮江丹徒人，皆舊知于予者。

涇野呂翁之次孫永寶壙磚記

予致仕到家，得見兩孫，甚喜。其長孫師臯永胤，於去年隨其父舉人田會試，今尚未還。其次孫師伊永寶，則次子監生畇娶邑人张耆老公蘭之女金所生者也。永寶生未期年而張金歿，雖路人皆憐其無母也，予撫之于畫，予配李淑人暨其乳母并一二戚媪撫之于夜。今年三月，生二歲又九箇月，將三歲也，然受性頗靈慧，其婉戀于予暨李淑人，雖成童弱冠之孝順者不及也。予每坐，必爲予移置脚凳，脚凳重，力不能舉，目僕者共舉之。又嘗因嬉戲，棍誤撞兄永胤之目，永胤怒，即跪拜掣膝，胤喜。當予將用茶酒，或與僕争奉壺盞。有一僕故稱其耆老之名，恚詈不已。又一僕嘗稱其父之名，則又甚恚詈之，尋即告其父曰：「爹爹，某僕叫你名也。」及痘疹，見李淑人或他出，即掣其手曰：「勿出，看守。」問曰：「看守誰？」對曰：「看守永寶也。」有劉氏老姑者亦同寢，老姑或他出，其語亦然。乳母嘗掇脚以大便，用故紙以揩穢，則止曰：「是字紙也。」疾中每言「歸去」，或言「哥哥」者數聲。既革之子夜，數呼予至，内人以予在前堂外寢，不以告，既旦則四月二日，寶已亂，不能言，辰巳之間殁矣。予深悔瘡曳之時未能救也。及將舉棺，焚所遺衣鞋，見一二錦繡襁褓，則嘆曰：「其誰折寶之壽、損寶之福乎！」予在南都時，嘗寄書于家，兒子輩可只用粗布，不知其言之無益于寶也。

初，予既舉進士，在告後嘗製一紵衣，先侍郎公斥之曰：「汝嘗言『何粹夫著布衣』，今忘之也？」予自是不敢衣重紵者二十年，至五十衣帛時始用重紵，然亦未嘗作裏衣。至六十，同南都九卿冬至節會于禮部，諸老多言寒甚，有錢尚書者言潞紬可作小襖，老人骨寒宜用之，予自是始置一紬襖，今服之四年未易也。予凡于索文之幣、來學之贄，積有紵綺，其用多爲朝祭之服及家廟時祭、母侯淑人之衣饌藥餌所費耳。其有屋數間，田數十畝，皆先侍郎公所置，予不過修飾之耳，縱有一二增益，亦不多也。日夜所深念者，願生一賢孝子孫，勝于財産。不意永寶靈慧，異于群兒，其資容舉縣人皆愛之，乃一痘遽去，將予又有他罪耶？因記于壙磚。或曰：「未成喪兒，多棄於水火，不葬。寶未三歲而葬，且與記，禮歟？」答曰：「不聞夫子之勿殤童汪踦乎？」

重建敬一亭啓聖祠尊經閣記

夫治民莫先於作士，作士莫先於興學，興學莫先於崇道。洪洋趙公之巡撫陝西也，首事廟學，見省城三學聯于一區，規制宏偉，寔先列郡，則羡之曰：「壯哉，斯基也！」既而覩于敬一亭焉，在郡明倫堂之後而甚狹淺，則曰：「非所以尊聖製也。」既而覩于啓聖祠焉，乃在先師廟之後而室甚陋，則又曰：「非所以達聖孝。」既而觀于藏書樓焉，乃在郡明倫堂之前，規制庳隘而收藏疎缺，則又曰：「非所以哀古典也。」遂檄藩司，俱爲改建。適侍御張君棘院事竣，因以謀之，侍御曰：「懿舉也！」遂建敬一亭于碑洞之後，五楹，其前與先師廟相直，蓋極其宏麗矣。乃建啓聖祠于學宫之東，亦五楹，當董子祠前，蓋極其軒廠矣。乃建尊經閣，亦五楹，於郡明倫堂之後，即故藏書樓也，蓋極其巍峨矣。他日，遣學官問記。

致仕侍郎吕柟曰：「君子之治，先其大者而已矣。敬一亭者，體道之要也；啓聖者，發道之源也；經籍者，載道之器也。故君子以道修身，以身用人，以人立政，而民不康者鮮矣。今夫怪誕之辭、佛老之書，於世無補也，然或爲之貝葉牙籤、輪藏朱樓以奉之者矣。今夫淫鬼邪魅、胡僧左道，於人倫無益也，然或爲之金貌檀骨、畫宇雕梁以祀之者矣。今夫馳騖于辯博而不知本，迢逐于崎嶇而忘所歸，於正學有損也，乃或譽其多識，奬其泛覽，以美之者矣。然則洪洋公之爲政，上以宣君德，下以釐民俗，前以明師道，後以詔來學，可不謂先其大者乎？」

是役也，棟梁取之咸陽，琉璃取之耀州，珉石取之富平，役匠取之咸、長兩縣，各給以直也，諸費取之司府贖金。是役也，始于庚子八月，落成于辛丑月日焉。公名廷瑞，字信臣，直隸開州人，起家正德辛巳進士，其德化政績，懋著西土，鎮服外夷，宜有兹舉在泮馘也，今聖皇嘉公殊勳，已陞兵部侍郎兼僉都御史，仍巡撫陝西云。張君名光祖，字德徵，河南潁川衛人，起家嘉靖壬辰進士。今巡按浦君名鋐，字汝器，山東登州人，起家正德丁丑進士。其藩臬諸大夫及府守有事玆土者，法皆得書。

蒲州新建閘河引水衞城記

嘉靖辛丑之秋，北虜自大同入寇山西，勢甚猖獗，聲震豫、雍，平陽以東，殘破不支。時趙君伯一方守蒲郡，作而曰：「斯蒲之爲城也，藩王宫殿不啻數十，公卿里居不啻數百，富民傑士匝廛盈巷，闤闠萬千。保障一失，責在于統！」乃晝夜熟思，周爰咨詢，王公卿士，下至黎庶，罔不延訪。遂定策曰：「若有不虞，閘河引水，周流于隍，數萬甲兵不足懼也。」策定，僉以爲然。既而曰：「役使不均，煢獨抱怨。」乃計地定工，計民定役，計限程日。貧者出力，不遺差占之卒；富者出財，波及優免之家；勤者有勸，勞及督工之人；惰者有懲，刑及頑慢之輩。于是州衆咸作，挽襏齊奮，鼓鼛弗勝，西北建閘，高于河身，西南合河隍，深且將至泉。未及三月，厥功告考。於是蒲大夫方山、龍谷、竹門諸士夫會而言曰：「太守斯功，吾蒲人百世之利也，可無文石以詔後來乎？」乃遣孟生、劉生齎狀以問記。

涇野子曰：「美哉，斯舉也！豈惟蒲人之利，雖關陝以西，亦可賴矣！夫伯一，其有得于仁義之道者乎！夫愛民之心不深，其何以爲仁？使民之力不均，其何以爲義？仁且義，吾于蒲州閘河引水見之矣，禦虜上策，有過于此者乎？狀言『當虜之未至也，伯一君置一吊橋以防患，築堡砦以障內，造軍器以禦敵，設諸械以壯城，捕强寇以息盜，造巨舟以濟危，革市賣以蘇困，儲糧芻以備軍餉，汰積年以杜飛詭，止濫差以遏需索，清獄囚以止寃濫，新學校以勵教化，毀淫祠以正風俗，禁巫媪以别男女，抑强買以戢驕横』。此數者，在他守令言，誠偉績也；在建閘引水言，皆細事耳。予既受請，乃致書伯一曰：『閘河引水，甚善甚難，非吾伯一，不能行也。但恐水行之後，傷及河堧，兩岸田屋，可賫及貧民貧士如何？』然不知伯一處之周詳矣，遂復書深謝。則伯一者，豈非信道之深，見義之勇，吾鄉邦之光？他日進拜上卿，防患四夷，勒名鍾鼎，當于伯一有望乎！」

伯一名統，别號麗山，起家乙未進士。

胡氏族譜記

歲壬寅，胡孺道自休寧來吊予于北泉精舍，乃留東廂以居。一日出所撰《胡氏族譜》展予曰：「吾父木齋翁，嘗嗟始祖朝奉君税幹者，元末自婺源遷居霞阜，生三子，伯曰某，仲曰某，季曰某，以至今十數世來未見譜之作也。弘治中，經歷今陵公雖敘世系，言之無文，恐難以傳遠者耳。乃命大器及賦裒益考訂而成編，目凡有六，其文若干焉。」

涇野子閱而嘆曰：「夫世系明，可與廣恩矣；正宗立，可與明義矣；列傳謹，可與考德矣；宅墓詳，可與永業矣；家乘附，可與足徵矣。此皆木齋翁之意，而大器及賦者述而終之也。于是譜之作也，足以觀其仁焉；于是譜之成也，足以觀其孝焉。仁則能收族，孝則能繼述，能收族、善繼述，則尊祖敬宗之心於學士大夫等矣，當非卜子夏之意乎？雖然，予之所望于孺道者，固不止于此譜也。昔予官南都考功郎中，木齋翁即遣孺道學于柳灣精舍，孺道事予如事木齋翁，朝夕不忍離予也，竊嘗私喜，以爲孺道有所得矣。及戊戌，予將北上還家，孺道曰：『他日大器必至高陵。』當其意，雖顛沛患難有所不避，然而山川之險，跋涉之勞，何足爲孺道艱哉？予亦誼其必至矣。既而孺道果至，在夏五月也。予喜甚曰：『孺道斯行也，予將以爲天降耶，且亦能成得一信字矣！』宋楊中立往潁昌問程明道《易》爻，及其歸也，明道語人曰：『吾道南矣。』夫中立，將樂人也，視休寧爲且近，而予高陵人也，比潁昌爲甚遠，予之道固不敢比擬程子萬一，而孺道篤志好學，輕千里來從予，則已駸駸乎中立矣。若孺道不以此自足，志益堅而功益專，言益謹而行益慎，則仁由是可以溥天地，孝由是可以通鬼神，信由是可以透金石，至于窮神知化之妙，然後爲繼述之善也。此豈但譜胡氏於今而已哉？雖以譜天下之族至於千萬年，亦可也。孺道歸，而與賦其勖諸！賦嘗從予遊，亦可與言者矣。後之胡氏子孫，欲知其顯祖收族之美者，其自木齋翁始乎？」

木齋翁恩榮壽官，名思三，字汝季，別號木齋云。

新建巡茶察院行臺記

徽州火鑽鎮舊設批驗所，與秦州駱駝巷稍子鎮同，後至巡茶劉君俱奉革去，惟火鑽鎮官雖革而印未繳也，嘉靖丁亥猶銓注一大使來，然而于所無衙，于官無事，知虛銜耳。戊戌之秋，應天沈君中甫奉命巡茶陝西，至火鑽鎮，嘆曰：「此地去徽、秦二郡，俱且二百里程，而茶馬由是通焉，豈可以無官守與公署哉？況虜囚一寇，衆踰十萬，近者吉囊、俺答之種最號精强，而哈唻慎亦黠虜也，不時南侵墻堵而來，雖有臨、鞏、秦、平、甘、寧、固、靖諸路之兵，然衆寡不敵，又多軟脆，望塵奔遁，莫敢支持。人徒以爲虜强而我弱也，殊不知禦虜在士，奮士在馬，畜馬在茶，行茶在公署。公署不立，而欲茶之行者鮮矣；茶課不足，而欲馬之畜者鮮矣；馬力不齊，而欲士之奮者鮮矣；軍士不奮，而外欲攘敵以卻虜、内欲安夏以保邦者，未之前聞也。然則火鑽鎮察院行臺之建，是其可少且緩乎？」

君乃先行廣寧、開城七苑，查見在大小兒騍駒馬萬有四千有零，其倒死、拐逃、被盜者，皆備查其數，比之元額，率虧損十一二焉。如是而茶課猶縮、堡塞猶敝，馬之不寢耗以亡者幾希！雖有塞淵之心，其如雲錦之群何哉？爾乃令漢中府歲辦地畝課茶五十四萬，依期起運；重禁茶園店户盜賣欺隱，而中茶商人領引之後，不得輾轉興販，别務生理，久不完銷，以稽國課，雖山西諸處各該原籍，亦必監候家屬。又令洮河、西寧二道督察三茶馬司官吏，于運到茶斤，不得收粗惡者于内庫以易馬，而以甘美之茶給商人。又令守巡兵備參將諸官責各衙門巡捕官即理巡茶，而西戎、吐番、疊溪、松茂以至西寧、嘉峪諸處私販茶徒，不得肆行潛通番人以易其馬。又令各驛遞衙門，于發到擺站瞭哨茶徒拘役及貧病者，各有所處。又甘肅二行太僕寺，及陝西都行二司，嚴視官軍馬匹，不得走失瘡瘵，而樁朋地畝馬價，亦皆及時完徵，并禁官馬不得馱載私物，減其糧料。又令派定空閑牧軍守候茶馬一到，即時俵領，勿得守至旬月，致馬瘦損，至囓柱檻，其各苑亦必相水草之宜，而騰駒遊牝，各得其所，圉長群所，皆不得惰偷閑曠，以廢其業。又令苑馬寺通行各管三路官員，親詣各監苑巡視塞堡，務必高墻深塹，堅實寬厚，保障地方，收斂馬匹，勿至損失。夫漢茶有招馬之資，番人有市馬之樂，監苑有飼馬之實，塞堡有護馬之所，行之數年，雖騋牝千億，亦可覩也，比拘四驪，不啻言矣。徽州王刺史言君存心正大，行事嚴明，合省官民皆敬慕之，宜其錫馬蕃庶，强壯邊圉如此也。

是役也，行臺正廳三檼，東西廂屋共六檼。後廳三檼，東西廂屋亦六檼。二門及先門各三檼。若大使之宅第，則在行臺之西，亦不下一二十檼，器用諸物皆具。是役也，始于嘉靖十六年月日，落成于十七年月日。未幾，君以竣事還朝矣，君去之第二年七月，予因徽人速記，遂述所聞君之美政一二，以告後來。君諱越，字中甫，南京人，起家嘉靖壬辰進士。

陝西貢院重修記

吾陝方伯喻公、尹公暨大參王公使學官張穆持狀兼幣詣予曰：「兹嘉靖庚子大比，侍御潁川張雙溪先生實有監臨之任，先時往觀貢院，謂此乃國家興賢取才之地，不宜敝漏若此，❶且是地屢敝屢修、屢修屢敝，多非爲久遠計者。于是會謀于巡撫都御史洪洋趙公，及春諏日，選委才吏，群役爰作，次第舉新，堂廳門坊，規制倍昔。且奎壁中工適落成，正文明時也。」

❶「漏」，《陝西金石志》卷二十九收《貢院重修記》作「陋」。

涇野子曰：「斯役也，豈惟可掄才于後，實可以作士爲先。❶君子于役，教化攸繫者此也！夫其自春徂秋，歷三時而後完，下如苞竹，❷上如松茂，不猶端士之學，日修月累，内主忠信，外持威重，真積力久，形著明動，成章而後達者乎！若乃修敝屢更，又何異于士也怠惰荒寧，鹵莽滅裂，不積學于平日，一旦延至試期，勦取他人之言，姑應一時之考，以僥倖于一第者耶？聞之曰：『財不費而舍宇新，民未勞而士氣倍。』彼號令頻繁，人日奔走于道路，征誅稠疊，工日瘏瘵于役所，此其罷我鄉民，不忍見聞，又何以作士氣而使之興耶？且自房徂堂，自堂徂樓，自樓徂門、徂坊，朗豁正大，噲噲壯偉，豈啻爲君子攸寧者乎？諸士過而瞻之曰：❸『此吾輩入而應期處也，此吾輩出而用世處也。吾輩之學，其才德洪麗巍峨，能入此處否耶？』故《觀》之九五《象》曰：『觀我生，觀民也。』《象》曰：『下觀而化也。』斯役真懿舉矣，比美《斯干》，不亦可乎？雖然，君子之舉賢才，凡以報國也，固宜崇重貢院之制矣；乃若士子修身以道，待上人之舉者，雖不必貢院之修敝可也。諸士子不聞舜舉臯陶、湯舉伊尹乎？此二賢聖者，皆秦晉近地之産也，又何嘗待固其垣墉、厚其茨棘哉？諸士子若能仰體美意，雖試于垣墉茨棘之中，以爲國制爾然也，而其材之卓茂自爾、出乎其外如臯陶輩，固不可乎？」

是役也，貢院坊在先門之前，其東騰蛟

❶「爲」，《陝西金石志》作「於」。
❷「苞竹」，《陝西金石志》作「竹苞」。
❸「士」下，《陝西金石志》有「子」字。

坊，西面，起鳳坊對，咸改建壯麗。其北三門，高偉亦如三坊也。明遠樓在三門之内，瞭望樓在其四隅，❶至公堂在明遠樓北，南面。又其北爲四所：彌封、謄録、對讀、供給，收掌試卷房凡二，東西對。二房之南有爲國薦賢堂者，北面。又其北爲外簾，臺察、藩臬對居焉，其廳皆扁以「精白一心」，又扁曰「公明」，皆在文衡門之南。門南則聚奎堂，❷舊止三楹，今增爲五楹，崇且廣矣，奎也有不聚乎？又其北爲主考廳，五經房在其左右對。❸

夫雙溪君之巡按西土，激揚有方，賢邪難淆，隄防有道，請託不行，申禀有度，驗詳難誤，❹釋囚必真，姦惡知懼，互訪求實，積弊多革。雖至宗室輔導，以及衛所軍職，亦皆取律行事，凡驛遞雜行、邊腹傳報，皆有註查時刻。❺乃又明冤有要，科場有條，宜于貢院有此懿舉也。雙溪君不日晉拜卿寺，漸轉宰衡，應知其益充是舉而不渝乎！

雙溪名光祖，字德徵，河南潁川衛人，起家嘉靖壬辰進士。喻名茂堅，尹名嗣忠，王名納言。是役也，始於今春二月，落成于秋七月。❻有事兹舉者，❼法皆得書。

許昌新建鄉約所記

嘉靖己亥之夏，予自南都捧表北上，道

❶「隅」，原作「偶」，據《陝西金石志》改。
❷「南」，《陝西通志》、《陝西金石志》作「北」。
❸「對」下，《陝西金石志》有「咸更新焉」。
❹「難」，《陝西金石志》作「不」。
❺「註」，《陝西金石志》作「詳」。
❻「月」下，《陝西金石志》有「望日」二字。
❼「者」下，《陝西金石志》有「大參陳名儒憲副龔名輝陸名冤謝名蘭西安府知府魏名廷萱」二十五字。

出汴梁，許州守運司張幼養方以公差在汴，謁予于行署。予以幼養舊從予遊也，問治許之政，對曰：「良知雖不才，然于先生之道不敢違也。良知履任后，謂論治者當識其體，養民者宜先乎教，乃于州治之東闢地一區，建爲鄉約一所，行令儒學官會同諸生于公堂，同舉治政敦德者一員爲約正，以率約士。閑禮者二員爲約副，以掌約儀。才識公正者一員爲約史，以監約事。鄉閭耆民六行克敦者三十人爲耆老，皆免其雜泛差徭，以見優崇之意。仍舉生員年長、熟于禮儀者八人爲禮生，年少生員十人者肄詩歌焉。每月朔望，赴鄉約所廳，約正副宣聖訓，并示以四禮條式，舉善糾過，又申之告戒，明之憲章。凡入約人家，冠婚喪祭，悉自約所舉行。定爲章程，務主以誠實，持以悠久，庶道德可一，風俗可同矣。」

予又聞幼養之治許也，嚴上丞之禁，明示法例，革狡黠詐贅少寡之弊，痛治尚氣輕生之徒，以詰健訟，雖至給引造册開場賭博、顧養馬匹掛答綽攬之陋習，一皆盡于除絶。及聞鄉約之建，予甚喜曰：「幼養其相信哉！德禮以道之于先，刑政以齊之于後，而又以今律例之切近者，補解鄉約之未備，許民有不入善者鮮矣。且幼養迪廉以持己，致恭以事上，廣惠以慈下，既已端其本，而又修先賢之教，明聖王之法，以化導于許，雖古之黄、寇之治潁川，當亦不過是也。斯往也，吾知其必堅之以敦慤，持之以久遠，雖他日進秩部署，漸轉卿寺，亦由是而不渝也。許人將頌德于碑、尸祝於祠而不已乎！」

是役也，先門三楹，其北爲中門一楹。又其北爲先教堂，南面，五楹，其孝、友、睦、嫺、任、恤六齋在堂東西列。堂之後也，爲講學堂三楹，講學堂之左建祠一所，以祀周、程、朱、張、涑水司馬、藍田吕氏，其陳太丘、黄次公、寇子翼諸賢則祀于其右。又其北爲一亭，以安置高皇帝教民榜文。是役事始戊戌冬十月，落成于己亥秋九月。

暮至渭濱觀網鰱記

清虚子偕三洞道人暮至清渭北干，立於洄渦之上，见鉅鰱焉，有中鮮、細鱗及群蝦從者不下數百千。鉅鰱卧湌四五蝦焉，坐湌細鱗二三焉，起湌一中鮮焉，已而揚鬚鼓鬣而飛逐中鮮、細鱗數十并吞之。有漁翁持方丈絡頭而至，以修竿汕于渦中，遂獲鉅鰱，肥澤新美，不羡黄河之魴、楚江之鱘也。鉅鰱俯首叩地，張口呼友，若求解焉，其情甚哀。漁翁者憐其狀之苦也，復投于渦中。鉅鰱乃將渦中群蝦須臾湌之盡矣，未飽也，又將細鱗盡湌之，未飽也，又盡湌其中鮮焉，已而無所湌也，腹且枵，遂浮于水上，瞠目而望他洄渦，若將趨焉。有舟子摇櫓盪槳而至，見鉅鰱彷徨無依，遂捕之，横剖其腹，生蝦活鮮猶有數千存也。舟子共嘆曰：「甚矣，漁翁之不仁也！使其初也既獲此鰱，不再投之于渦，雖細鱗今可若尺，線蝦今可若寸，以充萬人之食有餘也。今乃以小不忍而殃及群鱗蝦，豈不誤乎！」漁翁聞而笑曰：「予自小學打魚，至今皓首老矣，不及舟子之才也。」清虚子歸坐洞中，聞之嘆曰：「《易》不云乎：『立人之道，曰仁與義。』是故一吏肥，百民瘦，果然哉！君子而未仁于道，尤當汲汲也。」

洄渦在渭橋之東，鰱魚多自濁涇玄甫

藪來，經至高陵縣，南合渭水。

遊白雲洞記

涇野子偕近渠張處士公藺，訪三洞張道人于渭濱，時四月五日已暮，三洞已出，事于南姜里，其徒數人爇燈烹茗，掃二榻於白雲窩中，予與近渠對寢熟寐。既旦早飡，三洞至矣，提酒携魚，喜見顔面，曰：「先生何以至此？」予曰：「君在南姜，何以知吾至此？」答曰：「先生一來，消息不甚大乎！」遂開宴於白雲窩中。予聞三洞壽辰且邇也，稱一巨觥，並賦《白雲》詩一絶自書焉，且曰：「久矣，予之不托於筆石也！」

又明日，巽省有守制縣令拜予於家不遇，追訪至此，出數金以爲贄，既而有他請，予輒拒之，還其金曰：「汝在喪，予不能賻，乃反餽我耶？即此金以賻汝，不可乎？」又曰：「祁暑中勞汝過我，不可使汝空歸，吾贈汝以有命焉：如汝之名已斥焉，非予所得而沃也；如汝之名已漏焉，非予所得而登也。近有兩生者，一親一故，問書於予，以應試於長安，予謂之曰：『汝文如可中，是予之書增其醜也；汝文如不可中，是予之書無所益也。』其後主試者皆不用書，惟糊名以列等，兩生者皆在優列，喜而嘆曰：『信乎涇野子閉書之有定見也，否則幾使人污衊我輩矣！』」縣令色受，似有覺也，遂去。既又飲於他所，有論編糧新重者欲豁訴，一人曰：「訴必有費而後行。」予謂之曰：「從編與從訴，費孰爲良？費少從編可也，費多從訴不可也。」坐客皆從編。乃知事必有理，理明則人易信；言必有義，義到則人易開；事不可以強爲，語不可以費詞。且暮，遂同近渠、三洞南至渭干，以觀涇渭合流，并看打魚之人。還坐場中，作詩十首，侍行者有明玉於燈下備録之。

又明日，有縣幕至，請予還縣，以爲縣人囑。答曰：「此行已爲漁樵人矣，待浴病湯泉而後返。」又明日，有異縣進士業者至，爲其友亦問書，即以告前兩生者誨之，其人亦謝去，是在八日。是日予亦病，閉洞門卧，祇暮而後出也。旦日，周覽新雨，見禾花焉，陡然暢茂也。未幾，絳州陶季良携其徒自北泉精舍步來，予方自渭濱觀網鱣而回，有小記，持示季良共討之。

涇野先生文集卷之二十

南京禮部右侍郎致仕前國子祭酒
翰林修撰兼經筵講官
同修國史高陵呂柟撰
巡按直隸等處監察御史門人建德
徐紳海寧吴遵彭澤陶欽皋編刻

書一

答崔吉士仲鳧書

受書之後，五七日把玩不歇，迺使空希頹靡中，忽得一振警也。懇懇清誨，良中愚病。常自點檢，行不加進，拘之以昏；思不加精，阻之以懦。且當私意横起之時，極力按伏，未幾復起，然卒不能使之起，亦卒不能使之去，即劉質夫所謂「頻復，厲。迷復，凶」耳，是重疾也。來諭姑言「勤苦太多」，薄示其責云耳。若謂「優游涵詠，待其自得，明于理以達諸事」者，此誠切要之言，某所當佩持者也。敬臣來，言吾兄「漸加沉静，勤于誦思」，夫以吾兄平日之疏通，將事可拾芥去也，❶今迺如敬臣云云，是損高益卑，斂華就實。察其所存，當審其所見，諒其所至，當深其所得，❷及觀所謂「動之多過，由静之無養，中間私意，大多浮躁，起滅不定」者，足見邇來心之存焉者多矣。

雖然，養于静以應于動固也，第事之在

❶「將事」，重刻本作「私意」。
❷「深」，重刻本作「探」。

我以至在萬物者，苟不知爲之所當爲而爲之，❶則程子所謂「雖公事，以私意爲者亦私耳」，祇見夫静之不能静，浮躁由是起也。故《大學》之道：「知止而後有定，定而後能静，静而後能安。」《艮》之象曰：「艮其背，不獲其身。行其庭，不見其人。」此説是也。今學者皆曰：「此事遠大，姑從近小而行。」抑不知學有綱領，雖聖人與愚人同；其節目，則各隨人材力所通處用耳。《大學》「知止」之言與《艮》之象，蓋綱領也，此而不同，學必有爲爲之也！如何？如何？不備。

答馬吉士敬臣書

竊嘗自念志大而力小，志大，故每有正助之意；力小，故恒有忽忘之病。正助、不忽忘，猶可也；忘且正助焉，奚啻孟子所謂「非徒無益，而又害之」哉？承諭「勿正，勿忘，勿以爲小而忽之」，此正華佗視病，洞見人五臟，敢不佩服！但謂恐某「勞其精力者過多，養其静虚者過少」，此亦仲鳧意也，於仲鳧書已略辯之，而又以質諸吾子。夫以是裁割某之正與忘之病，固爲親切，若持爲不易之規，恐未可也。且周子謂「静」，程子云「虚」，皆以存理遏欲言之，其用心力大矣！今對心力言之，謂「心力不可過多，静虚不可過少」，則「心力」者，無乃俗儒記誦之苦，「静虚」者，無乃禪静之寂滅乎？若謂寂然不動之静虚，則又聖學已成後之事，不可以「過少」言也。又謂「多視損目，燈火爲甚；多思損神，爲文爲甚」，愛我之篤，處兄弟不過如是。然非禮而視誠損目，果禮

❶「不知爲」，萬曆本作「不知理」。

也，視愈多而愈明，燈火非損目之甚者也；非禮而思誠損神，果禮也，思愈多而愈精，爲文非損神之甚者也。今不論合禮與否而直云云，必將蒙目放心，斯以免其疾乎？其曰「古人爲學，恒求于勤苦精敏之中，而得于脩藏游息之後」者，亦若未當。夫勤苦精敏，未嘗無得，脩藏游息，亦未嘗非求，若謂求皆在彼，得皆在此，是則動爲用功，静爲成效。且其所謂脩且游者，初未嘗非勤苦精敏之爲，又安得列於藏習之科，❶與彼分兩事耶？

以此觀吾子，近日無乃以勤苦爲病，❷習寡言省事之爲者哉？夫惟其以勤勞爲病也，❸是以將有爲也，恒有自難之心，及有爲也，又多自恕之意，如來諭者矣。別離已久，造詣未能親覯，但據手書一二不合鄙意者，喋喋言之，以爲過防之戒，幸吾子賜覽而深察之，勿視以爲文過之佞而不教，所至願也。

與康太史德涵書

往日赴京時，匆匆不能拜別，至今懷恨。仗賴一路平安，十一月二十日抵京。含愧竊禄，足負知己，吾兄心跡明白，近日人多知之，其有今日，祇因言語之肆耳。夫言行一也，古之人未有不謹於言而能美其行者，惟望吾兄非法不言，以成大業，固非若是以要譽干禄也，吾儒之法自當爾耳。官之有無，已知豪傑不以爲意，但負此大

❶「習」，重刻本作「修」。
❷「苦」，原作「若」，據重刻本改。
❸「惟」，重刻本作「爲」。

材，遭時不靖，廢處山林，亦人所甚惜也，況志在斯民者，其自處又將若何而後可乎？承吾兄之教，日就栢齋，與化之效全未，思齊之心常存。若栢齋者，吾兄亦不可不念之也。伯循服已闋矣，可邀致滸西與處數月，當大有益耳。道遠情深，臨紙不勝悵惘。

答馬固安君卿書

别久，懷思何似！承教品題佳詩，然試讀之，雖質矣，失之野，雖近矣，失之淺，蓋求古而又滯于今者矣。大抵此物不作亦可，儒者之業，實不在是，以吾兄之明敏温恭，用力以求之，將無遠不至，視此物真草芥耳。如何？如何？仰承咸虚，不敢效時人漫爾唐突，幸甚，亮之！

再答馬固安書

前書以吾兄虚心下問，輒敢冒犯，得回音，乃知蒭蕘之言，不廢於高明之采，喜慰何可言！伯循累遭喪變，困若極矣，當其履歷，不愧前哲所謂豪傑之士也，執事詢及，喜慰何可言！念吾兄質實温恭，去道甚邇，作縣以來，澹泊自居，躬率百姓，又能守法任義，不屈時貴，友朋有此，寧非世道之慶邪？僕前書觸冒，非偶然矣。惟望益堅此志，勿以外之毁譽、官之陞沉，少動其心、渝其操，爲相知耳。不具。

與穆司業伯潛書

僕每念友朋中如吾子忠信文行，不多

有也，每欲就子共成博大之業，以遂平生之志，而世事乖違，聚散無常，徒切懷想，爲之於悒，奈何！王伯安講學亦精，足得程氏之意，可與寇子數去聚論，不可緩視之也。妻父與僕刷印諸書，又希一催，令早寄來。此心之拳拳者，執事素所知也，不具。

復喬冢宰先生書

到解後，病冗糾纏，未獲省候起居。方懷企仰，忽蒙手教下及，愧感無任。仇時茂曾言執事哭吾虎谷先生高詩，但渠偶誤，未之見貽耳，甚懷想也。若《虎谷先生誌銘》，不足以盡弟子追慕之情，且人微言輕，亦不足以爲虎谷先生之重。若吾執事所撰《神道碑》出，世方知有虎谷先生，而虎谷先生亦含笑地下。此固吾弟子者日夜拳拳所屬望者也，萬惟早成，幸甚。秋暑方劇，伏乞爲道保顧，不宣。

答張侍御仲脩書

書來，足見大才當事之不難也。然一年之事，辦于數日之間，又有餘課，當是時也，此風一倡，恐啓御事者興利之念，此幾當思！豪右之輩，苟不犯法，止可平心處之，寄聲友朋，不免傳播，安知聞者不生展轉媒孽之謀，此計當密！古言興利不如除害，疏導涑水，亦非小業，此舉當審！利苟盡興，害苟盡除，在執事論，亦不足道也，哲人舉措，澤及百世，此志當遠！西來之人，有托爲僕之朋友、親戚、鄉里請謁者，雖真必私，如以德相愛，此輩當絕！往日巡鹽事例，參互考訂，必有可取，定爲準的，使奸不能容，商便、民便、國便，用詔來者，此典當脩！如何？如何？

與韓少參五泉書

得手教，乃知執事且未行，何以遲遲至此也？此去山西甚邇，到彼定省太夫人甚便，家事附令弟亦宜，聞又欲請沙苑回當家，此何説也？僕數日間亦欲北行，所教之言，感激不盡，但過望於我矣，愧汗！此行竊禄讀書則有之，他未敢有定見也。主上初政，而諸言者不肯舉其體要，乃煩冗腐爛，以致厭煩，是以後雖有嘉言，亦不能信也。沙苑之疏，固宜其然矣，天下事之壞，孰非吾輩乎？奈何！奈何！汝明家文字，匆匆不能舉筆，容圖之。所寄樂府及二行，風人之作也，其《世德堂記》太過於文耳，《見懷》之詩體格亦頗弱，然其意則不敢當也，容日補和請教。大復之故，甚可痛，不識其稾作何處也？亦曾圖之否？

復周江陵克述書

別來懷仰何限！往日山居，送李氏二生至江陵，已蒙過惠，乃初亭道長及葉正郎來，又辱荆箋蒲履，并贐金之貺，將無已甚邪！滿聞善政益倍，戎縣吏畏民懷，不可謂不行其所學矣。更望一志煢獨，真如江陵之嚴父慈母，以與古循良者班，則豈非友朋者之至願哉！半山先生歿，可痛！聞高大哥曾具行狀索銘過江陵，今尚未獲，想已葬邪？仁者之後，自然昌熾，而佳兒之存，定亦不偶。僕於三月二日到京復職，家眷俱未携，以舍弟梓歿，老母不欲遽離弟妻，則不忍獨携妻子行耳。冬春間謀欲迎取，然又以山林久居成癖，日夜未嘗忘涇干渭滸也，奈何！

與對山書

別來忽已數月矣，然追憶南山、渭水之遊日，未嘗不入夢寐也。數聞關中麥豆好收，益動人鄉思耳，奈何！賃居僧房，交與甚少，凡有過差，其誰規正？吾兄不可以在家不知，棄而不教也，固知吾兄不作入京書，然如僕者，豈可他人例也？老嫂葬事想已舉，則亦大歇心事也。聞再欲續弦，則前之者安存也？恐不可！恐不可！

與田憲副勤甫書

自癸酉冬別，今且十年矣，懷仰之私，何可盡言！中間人事變更如此，即何大復子乃不能永世，不可痛心者哉！緬惟執事德政及人，友朋之光，欣慰！欣慰！僕於三月二日到京，碌碌館下，無益職業，猶疇昔耳。兼以久居山林，疎迂成癖，而往時盍簪之契，俱散處四方，孤與悵惘，莫可晤適，則又未嘗不念涇干渭滸也。有便教，能不吝言否？

與寇大理子惇書

僕至京，得常與令弟子和相會，每見所作，取科第當不難。所恨德器與吾子少異，頗有富貴樣，不知何也？王伯安講學近精，亦得程氏之意，幸與穆子數去聚論乎！

復寇子惇書

爲別之久，天罰不肖，既失怙恃，終鮮兄弟，處則學未成，出則家無托，零丁孤苦，進退徘徊，世豈有如生者乎？屢蒙手教佳貺，爲感不淺。今歲三月，偶來京師，復職館下，碌碌尸素，豈如明教？然以山林成癖之人而迂愚無補，日未嘗不思涇干渭滸，不知何以教處也？執事德立道行，不愧往日會晤之志，此大丈夫得志，富貴不淫者也，今其可多得者哉！萬惟無自足，於聖學豈曰遥遠乎？

與景伯時書

去歲在山，聞太夫人捐棄榮養，不知吾兄哀痛悲號何似！然已見吾兄宦成德就及麟孫之立，壽考而逝，亦無遺憾矣，吾兄其亦節哀哉！僕自失怙之後，往年舍弟梓亦背我死，即今零丁孤苦，出入無依，奈何！奈何！三月初到京，碌碌尸素，猶往日也，且同年皆去而形影孤單，又有終南之想。若吾兄服闋入館，猶可以解此鬱鬱也。

復秦西澗書

五六日間，曾具書遞之韓五泉，想徹覽矣。面陳事，蓋因即日所講「典三禮」而言，非敢有所矯情也。蒙聖上已容宥矣，可寬慮。入館以來，碌碌尸素，甚愧！有教言，望不惜。聞毀淫祠，此舉卻須斟酌。大抵所急者，除貪暴、安窮獨爲好耳，徐可以釐風俗而新之也。如何？如何？

復孟望之書

别後懷仰，何啻夢寐，乃始知友朋聚易而忽别，難爲情也！得手書，甚慰。聞之九川尊堂康强倍昔，益令人喜不自勝，執事可以一志斯民矣。仲默素弱，而加以文字之勞，故《雍大記》成而其病漸央，奈何！奈何！聞其葬無墓志，豈非執事者之責哉？然則編次遺藁而使之不朽者，端有所望矣。交遊中，亦多欲爲誄爲挽，以傷斯人之苦，然尚未之能舉，當亦不外今年也。

復蕭吉夫憲副書

别久，無任企仰！九川來，得手教并佳貺，何勝慰感！但愚弟以聲聞過情之人，而吾兄誘奬大甚又如此，益令人負愧矣。九川言吾兄材賢邁人遠甚，然則山東彫敝後，正有望於二三同年君子拯救之也。弟碌碌尸素館下，倘不惜教言，亦願心銘而躬佩者也。

復朱士光書

久别，何任懷仰！温公祠碑乃數百年缺典，而吾執事舉之一旦，豈非世道之幸哉？但記托匪人，不足以發揚執事用心之苦耳。緬惟執事言行風采，足紹司馬，而來書乃遜諸鄙士，真可謂謙己誨人矣。記中碑之闊厚尺寸，皆懸度注之，若非其實，妄加增損也，其他舛誤衍遺諸病，統希改正。此金石之文，不可設嫌，凡設嫌，皆不相知者也。聞安民尚有子孫在長安，却不能鐵筆云云者，但以顯安民耳，如何？如何？粹夫等之舉，甚快公論，賢者舉措，自別如此。然所示數紙，讀之甚愧汗。匆匆，不盡所欲言。

答山陰朱守中道長書

去歲得會晤京邸，私以爲疑可質，善可問，學可講，喜幸殊甚。乃日奔馳塵土中，忽忽如醉夢過一年。山東之行，幾欲具一夕之餞，以盡鄙懷，復以場屋事因循，未得一奉别，恨懊殊甚。

來諭云「悠悠」者，此正爲學通病，聞之惕然深省，然此亦不可無所據也。夫學之爲，以知近知寡爲本；學之行，以知遠知多爲幾。故萬里之外，非一目之可見，千鈞之重，非一手之可舉，若使泛爲而濫與，則又昧於近寡之道，而無以爲之本也。是故琢玉之家，不畜磩砆，煉丹之室，不積烈火，何者？火烈則丹飛，玉、磩砆之皆畜，則玉之琢也，必不精矣。故君子之道，或以悠悠而廢，或以悠悠而成，惟視其所主者理欲何如也。❶僕山居時，或思朝曰：「何爲此塊然如株木，❷而無益於世哉？」及朝居時，又思山曰：「何爲此尸然如蹲鴟，而無益於世哉？」然則山居之思非因久静，朝居之思非因久動，各有所自致也。雖然，朝居之過大，山居之過小。過小者，於己有失，於人未妨。過大者，不惟害己，并及其人耳。故君子寧爲株木，不爲蹲鴟，此亦僕之所自知者也。若夫惟仁人爲能愛民，惟義士爲能

❶「主」，重刻本作「生」。
❷「塊」，原作「瑰」，據萬曆本改。

報國，仁莫大於進諸司之賢，義莫急於黜庶司之惡，若以此爲簿書，雖終日從事焉又何妨？山東之政，當無大於此矣。

與宸王二上舍書

凡舉鄉約，必得經明行脩、爲鄉黨士民素所信服者，立爲鄉約正，乃能成此大美。僕夜思之，無如二先生也。其禮生，欲擇從僕遊者生員輩六人，如何？今略依舊規，裁定二條，望二先生斟酌，明當舉行。

與東洲夏于中柬

僕與執事自既第之後，雖未嘗日久同處，然志或孚於夢寐，義相許如兄弟者，今蓋十七八年也。僕今以母病不得已之情，章再上至貴司，執事直視如路人，漠然不一動心與僕覆題，則其餘與僕不相知者，僕又焉敢仰嗚哉！即日三乞本已下科，萬望憐僕懇切無他情，且日爲僕一覆。十七八年知與之厚，尚有過此者乎？僕已卧病，不能出門，又不能再央他人，萬望照憐，幸甚！

與吕九川書

蒙差人齎手教，至京下問，兼貺以盤費，甚感！自揣狂率無狀，深荷聖恩寬厚，得判解州，感激無涯，且與吾兄舊得蒲州相近，去家亦邇。嘗與幼通有詩以識，今再録之，足知吾兄也。凡罪人、逐客，行不宜多見人，吾兄可亦不必相會，如何？蓋吾兄一出，消息甚大。有教誨之言，望備悉書之。昨聞太夫人甚康吉，望吾兄無遠念。

復林平厓書

近養病，事多不准，觀邸報可見。僕老母有疾，三給假亦不獲允，則養病者又可知也。且山東之清戎，專職也，奉睹諸作及文移，儘可謂能行其志。於此益盡其心，益釐其弊，此政亦可以濟緩急而報明時，不勞因疾而自已也。且清戎事多不終其差，乃貴衙門故事之不美者，不意吾執事亦欲踵而行之耶？

復孟都憲書

伏蒙教翰，并高集厚貺，感荷不盡！子乾誌文，所添改誠當也。以鄙見言之，只依在正德年間所作刻之爲得其實，且於措辭亦有意也，如用今所添事，只附書於志石之末亦可，乃然後知子乾之不歿，而并吾當時撰志者之心矣。又，先帝雖有晏遊等事，今已已矣，臣子只可隱諱，非若當上疏時之可言也。此等語，若出子乾友人之筆，可謂薄君而厚友；若出執事之意，則尤不可使聞於他人也。如何？生菲薄卑微不足道，惟是明公勳位道德，世所仰重，而生且又辱教愛，敢狂妄請教。儻鄙言可采，幸再圖之。

復王德徵書

令兄先生將至手教，固知執事懇切求退之意。然出處之道，豈他人之所敢與議？若在平日義理相交者，不得不一言也。夫少參比風憲親民，易舉其職，山西比江西近家，易養其母，則何爲辭之？如僕者，纂脩之外，尺寸無補，而老母家居，且含愧竊禄，不敢遽云西歸。執事名德，世所共仰，又在寬裕之地，乃欲匿其學而不施，棲昭代之巖穴，窮先王之糟粕，此何所難哉！聞令親家亦同鄙意，故敢阻令兄，且迴望執事早赴任也。《詩》、《禮》二說，僕猶舊識也，大抵傳注已頗有支離者，若又與之議論發揮，僕無此精力也，故遷延至今，未能有議，謹附及。

與對山書

令姪世安至，得手教，甚感激。兼知老嫂已葬，令郎已入學，甚慰也。承問近日交遊，甚幸！甚幸！然弟性質遲鈍猶昔，諸名公處皆少親就，而諸名公以弟德薄，亦莫我肯顧也，獨湛先生以座主之舊，穆伯潛以比鄰之新，時或往來耳。此外鄉曲及衙門之公會例舉者，則皆不能免也。有所聞，幸賜教言，他人誰肯及之？又近日髮白志惰，於宦情甚懶，恐來冬不免求一差西歸，以續終南之遊也。

與涂水京兆書

即者遠别，以拘禁不能望塵郊送，今尚怏怏也。兹到南都已久，不知拯飢振窮果有效驗否？夫拯飢如救焚溺，一念少緩，民命即喪。想諸政具停，專志於此也，遲半月十日不聞仁聲，則吾將先謂子爲尸位矣！如何？如何？況洹野兄在彼司成，可行之事皆宜磨切而舉措之也。

與柳泉方伯書

使來，得教翰并歲書之貺，感慰何限！欽佩！欽佩！別簡足見衛道嗜學之盛心，往聖前賢之志亦且晦翁者，諸經之所由明，後學未能即其門庭，豈可肆然議之？然而造道之士，亦當自得所入。故雖以孔子之聖，其徒有篤信不敢違者，有反求諸己而不遽然信者。夫篤信者固爲學夫子，反求諸己者亦未爲背聖人也。今日之俗，其一好和光以同塵，其一好立名以自異，此皆聖門之異端，古人比其害甚於佛老，吾輩不可不深察也。時方春和，地方民果皆樂遂其生否？就此附問。

復寇涂水書

得手教，極知救荒至意，但不知今亦有幾分效驗否？想日夜不遑他務，專志於斯，聰明材略，皆由是出矣。明農之念，可且勿興，如何？家書到已，便附可卿覓人寄回也。伯循兄到京已月餘，因初到感冒，今尚未能朝見，然亦不過三五日出矣。西澗事尚未有結期。往日在京，多蒙教愛，思欲克治鄙吝，尚未能，來書乃又作疎辭，何邪？匆匆，不盡鄙懷。

答熊憲副書

近數得在薊消息，甚喜！甚慰！此地關係不小，而執事敉然戢定，蓋不止一方之功也。近日民窮益甚，而東南盜賊滋蔓，風聲一動，則此地尤宜預加慎備耳。所脩《薊志》得「凡例」，足占其文周而謹，意正而遠，有補名教不淺，蓋良志也，然又必得全籍一觀，乃敢肆然敘耳。其州所具禮幣太過，欲多辭之，恐違吾執事之雅，欲盡受之，又心所不安，今以其半返璧使者，令州中或爲恤窮之用亦可。蓋僕自作文以來，未嘗受此厚禮，惟往年朱士光年兄索文加厚，然亦不至是耳。蓋吾輩舉動必須有義方可，斗膽請教，如何？

與何開州粹夫書甲戌二月

僕於去年十月二十二日進講畢，是時已患腿疼不可履，至十一月得家書，家母病不下榻，兼自料賤疾無終瘳之勢，意圖速歸，乃具本致仕，黜惹諸公一大怒耳，其本立案不行。十二月間，再具本養病，至今年二月初二日，始准西歸。病軀無能奔走道路，惶愧無地，聞執事德政及民，猶足慰也。世俗偷薄，政學不明，百姓無聊，士無趨向，所仰于執事者不淺也。柟卧病終南，日與藥餌爲友，見執事不知在何時。若或苟且狂放，以負明教，自矢亦不敢也。臨紙淒楚，淚下沾衣。在途匆匆，不具。

與裴伯脩書

往者重辱光顧蓬蓽，兼以數日之教，令人銘感何已！因乏便人稽書裁謝，罪過！罪過！仰間復辱手翰，❶益增愧竦。鄙詩

❶「仰」上，重刻本有「頃」字。

之贈，因吾兄風水之論，及述青衿道士騎鶴昇天之事，遂有此作。蓋謂天下事如風水者，雖學者亦當知，但馳心於此，則于脩真理性而上達于天之妙，恐不無舛誤也，詩故云然耳。如葬法一事，只如程子「避五患」之説，可以通行無礙。而朱子《山陵議狀》，其曰擇「水土之淺深，穴道之偏正」，以折荊大聲之非者則可矣；若夫論「土勢之强弱，❶風氣之聚散」，不敢以爲必然。至謂「擇之不精，地之不吉」，「其形神不安，而子孫亦有死亡絶滅之憂」，則又甚怪，而尤不敢以爲必然也。蓋上古之時，葬之中野，❷不封不樹，而孔子始封之。自秦漢以來，始有山陵原廟之禮，而中古迎魂立主之義，遂忽焉不講，乃專于塊壤之上求風水之合，以爲禍福之驗，世其有此理哉？❸雖仲尼而爲此論，吾亦不信，況出於郭璞、淳風之輩，以駭時俗之耳目，而不神于久遠者邪？審若是，彼仲尼以上聖人，又豈愚于郭璞、淳風而自殄其世耶？彼孫逢吉、趙彦逾者，又何足以知之？如不可信，以秦皇言之，其未帝之先，塋不知爲誰所擇以有天下？其既帝之後也，驪山之域亦海内葬師之選，乃二世而亡者何也？恃在愛厚，不敢諜諜。❹倘蒙不鄙，尤希賜教。

復劉元瑞書

屢辱手翰，足荷雅誼。敝省復獲執事

❶「土」，明嘉靖本《朱子文集》卷十五《山陵議狀》作「主」。
❷「中」，重刻本作「山」。
❸「其」，重刻本作「豈」。
❹「諜諜」，重刻本作「喋喋」。

來撫，又何幸也！ 日者雨足，然止可種植菜麥，而西安以北數州縣之流離者，尚爾未復，執事者見熟不見荒，一概起稅，則亦有反以雨爲殃者。 畎畝之士興感而泄于辭賦，不可謂其無也，古志士之感時興歌者，將非皆此類乎！ 滸西之集，皆一時醉狂塗屏抹壁之言，不意康七德允取而刻之，遺笑大方，又何敢以辱高詠也？ 材短德薄，無益于時，止可家食求學，與木石偶耳，來詩云云，類溢美矣。《夏旱》、《喜雨》之作，皆近詩也，録以求教。

答張仲修書

承命查定三晉名賢，奉祀河東書院。按史志，在古有若解州風后、平陽蒼頡，在唐虞有若稷山后稷，在夏有若安邑關龍逄，在商有若夏縣巫賢、❶平陸傅説、首陽伯夷、叔齊，在周有若平遥尹吉甫、介休介之推、❷晉陽羊舌肸、西河卜商，在漢有若介休郭泰、太原王烈、解州關羽，在晉有若晉陽郭琦，在隋有若龍門王通，在唐有若太原狄仁傑、聞喜裴度，在宋有若平陽孫復、夏縣司馬光、介休文彦博，在大明有若河津薛瑄。❸夫自周、漢以來，兹土名賢衆矣，然多有瘢垢：智如士會，奔秦而計撓臾駢；信如荀息，事君而不明嫡庶；友如鄧攸，位高頗媚權貴；忠如霍光，溺妻不正大義；王延之孝，仕于劉聰；柳宗元之文，黨于叔文。他若董狐、祁奚、宮之奇、段干木、周續之、周

❶「賢」，萬曆本作「咸」。
❷「之」，萬曆本作「子」。
❸「薛瑄」下，萬曆本有「諸人」二字。

黨、王續、韓通、趙鼎輩，雖有懿行，不盡純粹，皆不得與諸君子並。

夫後世士論弗正，多崇言卑行，貴名賤實。故馬融訓詁，雖殺李固，猶祀孔廟；尹焞正學，雖賢如朱熹，亦短其致知。以孔、顔之學觀之，後儒失之遠矣，故今定祀，惟取大節，不論言語，俾學者知所趨向。至若伯夷、叔齊、尹吉甫、卜商，雖非茲土之産，然食於斯，卒於斯，葬於斯，魂魄存於斯，又安知後來諸賢非四子之遺教也？且今首陽、西河、平遥，區區小邦，馮此四子，❶與日月争光不朽，論三晉名賢，詎可遺諸？至若君實，夏縣雖祀，入祀書院亦宜，蓋書院統晉省而設，其志博矣，猶天下皆祀孔、顔，曲阜不可無二氏廟也。匆匆考校未的，望吾子博采群史暨諸耆英，去取著定，實風化之大者也！

再答張子書

后稷之祀，初意如吾兄之意。尋謂配天之事，出於我朝，則今甚不敢，出於前代，則今已罷祀矣。若謂「有當時配天之嫌，使後世遂絶祀焉」，如之何其可也？且《思文》之詩，乃周家子孫追述之仁，一代之私情也，雖配天不爲過；書院之祀，乃晉國鄉土仰止之義，萬世之公論也，雖釋菜不爲卑。洪武初，曾以后稷配先農，雖尋罷祀，其初亦不以曾配天而不少變也。今天下鄉賢之祀，皆不請于朝，不列于祀典，非如所謂天地、山川、六宗，歷代帝王截然而不敢犯者也，但出於其土士人私尊之意，義起之

❶「馮」，萬曆本作「逢」。

禮耳，如皆取其賢之小者、去其賢之大者以爲不敢，則又何以爲名教也？ 又如孔子，天下固祀以天子禮樂，而曲士小儒亦得家祭而屋祝之，人不以爲僭也。 故后稷，周先也，周滅不祀已非矣；后稷，晉産也，晉之鄉人亦禁而不敢祀，何哉？ 若是，則稷山之廟、武功之祠，皆可毁矣。 如禮可從，當自后稷至商叔齊爲正位，其餘以代而列左右。 惟吾兄再與三晉禮士議之。

與薛孝夫書

别來懷想何已！ 得書，問及來使，足知及民之政矣，喜慰何限！ 所稱鄉先生者，如得其實，即民之望也，願以身事之而稟度焉，勿學世俗吏作父母官體也。 蓋此等人必不求於官，則爲官者不可不求之耳，此單父宰故事也。 望孝夫甚勿爲古今異宜之説，以渝其舊，其餘惟望因民情而行。 若所謂大異於人者，則正己耳。 於孝夫有一日之長，故又喋喋，知孝夫之必不我違也。

與伯循書

復蒙志文見允，無任哀感！ 不腆之幣，乃復拒卻，惶愧！ 惶愧！ 墓地已從舊兆先父母穴，適當祖穴之南少東，狀略可改也。 家乘中《請封贈先父母事略》，即行實之詳，萬望采入。 葬期決在七月九日辰時，高作蚤賜，得上石爲荷，專令周生敬速。 不孝寡學，兼以荒迷失措，送終禮儀，俱托周、張諸生。 周生進謁，又望一教示也。

與康對山柬

不孝罪惡深重，不自死滅，禍延先父，雖以吾兄良方誠意，竟不能救，乃於五月既望背棄。不孝五內崩裂，爲之奈何！竊惟知先父者，莫如吾兄及谿田兄，志文已托谿田兄，而墓上之石敢求諸左右，諒在所矜憫而不拒也。葬期決在七月九日辰時，惟是不孝寡學昧禮，兼以荒迷無措，臨期非得吾兄一臨，指教扶持，柟何以歸先人於地下邪！

再柬劉蒲城遠夫書

昨具訃疏，實申哀悃，去力所干，亦非得已。伏蒙成措，無任感激！再貺紙米，適增愧竦，兼讀手翰，不勝哽殞！統加賻儀，實非初意，故盡辭之，有孤高憫。盡受之，則昨賻疏爲餂之也。紙米等禮已告靈座，涕泗俱下。其十金仍作稱貸，但償期少寬則可耳，斯亦執事待柟之道也。蒙許送喪，實愚父子之大光幸，敬用泣候。荒迷不次，謹疏。

復厚齋梁閣老書

柟罪逆深重，不自死滅，禍延先父，未由號訴，不勝殞絕。伏蒙尊慈遠頒異香，祇薦靈凡，❶無任哀感！賢書一册，亦并拜領。往年朱給事中寄到書布時，柟正侍先父之疾，未能申謝，厚德稠疊，巖谷生輝。

❶「凡」，疑當作「几」。

竊惟柟腐朽無似，獲藉門下，兼以迂愚狂悖，負教多矣，往年之事，非尊慈調護保安，胡能安全抵家邪？ 方切刻戴，乃復過蒙掛念，賜弔若此，自顧愧悚，何以克堪，風便謹此申謝！ 喪病荒迷，不能具悉，伏惟台照，不宣。 柟謹疏。

謝唐虞佐提學書

竊惟執事憂道之勤，作人之誠，不讓先哲，三秦豪傑，裒然奮興，匪但科目之盛，此其澤我西土者甚大且深，西土人當子孫相繼銘頌也。 側聞執事頗興明農之念，不知何邪？ 夫榮辱不在升沉，美惡不在遲速，執事知之熟矣。 綽綽餘裕，非執事之時乎！

答寇涂水書

服闋後，舊病再作，不能出户者數日矣。 比得吾執事家人寄來手翰并白紬，荷感何已！ 恭審老叔在任榮養，此吾子之至樂也，欣慰！ 欣慰！ 老母亦賴庇粗安，小兒田已進學收增矣。 吕憲副書，昔已祗受，但曾許有挽吊先人辭，久未完約，將政務繁劇不暇及邪？ 往年仲脩兄有書，言浙人論吾子太寬，而諸友亦不盡是其議。 然山林之人，去彼懸絶，其言真僞，蓋不可知，大抵處窮民小過在寬，禁貪污刁詐在嚴耳，如何？ 如何？ 昔者妻兄寄奉紅絨，蓋因元絨有失補之耳。 此其人粉身不足以酹厚德，乃以是瑣瑣掛齒，是使爲人子者無立足之地也，千萬勿介意！

答馬谿田書爲接慈聖皇太后喪

奉讀來諭，且悉大禮顛末，謹聞命矣。即日會長安馬公順、潼關孫天常二先生，亦如來諭。然公順云：「省城中，鄉官聽哀詔而不接，別哭臨於書院而不與，見任同次即同次，雖近山尚書皆在見任後班。」天常則云：「南陽遇公事，而王茂學、柴公照在家，雖二司亦不與遜。」凡此皆朝廷之體，之二說奚居焉？有便，幸示來音。

與李御史元白書

日昨垂奠先考，情義憫惻，近俗所無。雖大君子闡幽崇古之心不能自已，弟不肖子孫，何以蒙德至此！驄駕既興，感泣如雨，口啣首戴，没齒難忘。所誨「繼善」二字，實切不孝之心，即欲置北堂，以資顧諟，非得名筆高作，不足以昭先人、垂後戒也，生死肉骨，諒在所不禁。哀痛中不能具禮，謹差生員周官晉謁下奉瀆。所示諸作，忠而真，博雅而堅定，溢然於言表，瑣瑣體格之乖合，可勿論也。他年亦嘗奉擬數篇，以浼尊草。又，鄉人凡指稱爲柟親識夥計人等有所干謁者，皆詐也，萬望勿聽，附白。

答李南厓書

《觀風》之敘，柟所願作，第以制中，不能速成，且執事方行事於此也，故欲俟服闋耳。執事何至遽責役而火板乎？將非方論讒謗而即懼邪？審若是，心齋坐忘安在哉？只今諛言滔天，蒼生窮苦，仁人之所甚痛也，而執事之作，列民隱而狀邊愁，於世未必無補，即執事去河州，再刻豈能止邪？即不然，有如王扶風之舉者，執事又安能下火票邪？夫君子之處人，欲其免禍而趨吉，若君子之自處，毀譽災祥，付之外可也。❶故子輿知天，不論人之行止；仲尼知命，惟憂道之廢興。不然，雖築静亭於扶桑之東、弱水之西，枏見其益囂囂也。凡此，皆不背於前，不知如何？南厓幽憩，謹撰一敘，斯其意亦可以占鄙意也。

夫君子之志於道也，非學之難，惟友之難；非友之難，惟一志者爲難。君子求之於一鄉，一鄉不得，求之一國；一國不得，求之天下；天下不得，求之古人。苟得一志而友也，上何懼暗於日月，下何懼淺於蒼海。夫執事於枏故不相識，往年未見而相思，今年既見而相契，所謂一志者非歟？況火板之事，有徹臯之勇，當其意，萬里雲霄可一蹴而至也，則又安敢欺於一志者哉？來吏又有袖中之貺，爲執事作文，豈可受乎？

答谿田書

日有所委，謹撰附彼。貴恙何似，應好節宣。所疑前詩，語近朵頤則怨天，否則怨親，仲尼所不道也，如何？《觀風》之敘，重喪之人，誠不可作，比受來諭，乃再力辭，并附高論一二，諒今已匱板矣。不孝惡逆貫天，追憶往昔，親志未畢而逝，憂悔之懷，日夜拊心，無可解去。兼錯謬時出，干犯禮教，百病叢身，日須藥石，睽乖高明，大損舊

❶「之」下，萬曆本有「度」字。

勇，辱累吾親，省躬奚竟！不有督悔，豈曰慈仁？討藥之暇，應多遺教。

奉虎谷先生書

柟罪逆深重，不滅其身，乃禍及吾親，五内潰裂，號訴靡所，殞絶方劇。伏聞尊恙，驚憂滋甚。夫斯道不明，借「中庸」爲説者，既以病國而毒民；其天資稍高者，不事文字聲名，則好奇自異；又或雖從事于道也，言雖富，講雖深，乃復不邇人情。柟皆以以爲異端，浮諸老佛！私論雖汲黯、丙吉之徒，皆在韓愈、吴澄之右，方將仰夫子而正之也，而病勢如此，豈非天哉？方今聖明在上，天下猶可爲，願夫子善理尊恙，令使痊愈。奉對明時，即不能力疾傳經，德化鄉里，以淑後覺，豈曰不可？審若是，哲人賢士不蚤用，必晚用矣。斯亦柟思孝先人，報德尊師，不忘君恩之志也，願以請正焉。喪病荒迷，不罄下懷，伏惟善加調攝節宣，不勝至禱！

復王端溪書

不孝惡極，禍及先考。伏蒙遺令親不遠千里，持札下慰，捧讀再三，情切骨肉，斯道之契，一至于此，哀感何已！竊惟執事志行於時，爲國增重，乃復厚獎來學，愧悚奚堪！所示二文，一崇吾道，一辨異端，世之所不可無者也。弟恨後世異端之害，多出吾輩，僭蓋其細者耳。悲夫！恭審動履，篤志力行，日有所紀，而造詣不詭於孔門。此學不講久矣，乃今於吾子見之，當非一時之慶邪！願益珍重勿替，有教不吝，爲幸非淺，爲幸非淺矣！

答虎谷先生書

即者拜受王沁州寄到手教暨墨本諸詩，足知尊恙大愈，下懷無任慰幸！ 來諭言柟「閉户讀書」，豈有此事？ 柟自甲戌年歸田，❶即侍先父病，不出門者一年有餘。比丁憂來，不與乎士俗交遊之會者又二年有餘，荒惑頹頓，不讀書者蓋四年也。 若來諭，豈道路之誤傳乎？❷ 承問切己工夫及自得處，愛柟猶子之意，愧荷！ 愧荷！ 然憂病交攻，諸念皆廢，又不親師門，過差時出，豈不自更？ 尚爾頻復。 竊謂宣聖「三十而立」，後學雖未必然，若四十、五十止學待立亦可，❸其「不惑」、「知天命」，皆待七八十圖之。❹ 柟年今已四十，❺自揣去立且難也，然則吾師何以教我？「端居上帝臨擊磬」是何心？ 知吾師之不可階而升也，謹奉置北壁，用策隳墮。 第劄云「靜中自覺曰有進」，❻於弟子有疑焉，不知當其動時乃無進邪？ 又不知何者爲「靜中」邪？ 幸指我迷。

壬申之冬，曾携家一過榆次，然榆次無官，幾不能行。 是時夫子亦在大同，故栢井驛有次韻之題，言不能進謁也。 然自是再無榆次行，後期尚可求也。 風聞吾師與寇涂水結姻，此事前有孔氏、南宮氏、公治氏，

❶「田」，萬曆本作「來」。
❷「豈」，萬曆本作「其」。
❸「待」，萬曆本作「得」。
❹「十」下，萬曆本有「年」字。
❺「年」，萬曆本無。
❻「曰」，萬曆本無。

後有程氏、張氏、朱氏、蔡氏，其他賢則未聞也。王給事有江南之行，通書甚稀。「直卿」，不知爲誰氏字。馬伯循行取赴京矣。大行有何粹夫者，柟嘗比諸仲由、子貢，不知曾通問否？此人頗直，言無忌諱，又無世俗浮華詩酒遊蕩之態，故與世寡合，惟柟甚敬重之，以爲真孔門之徒也，不知如何？近著何書？曾得良友及賢弟子否？往日改定《綱目》，曾脱藁未？此書真有錯，大抵事詳而志略，以《通鑑》考之，則又有遺者，皆大節也。如脱藁，幸傳示一二策。及著有他文字，亦乞教示。外志文章，奉寄遠意。❶

答王端溪子德徵書

柟荒惑頽頓，忽越大祥，奈何！悲苦無聊之中，乃獲手教啓迪，且千里遺使，不鄙庸愚。以新著《詩禮管見》二部，披覩汪洋，如捧白璧，慰幸如何！感激如何！不策勵敬應者，非人也。木葉時凋，昔人在望，發憤忘食，展如來諭。然古之君子，得志則無私，不得志則無悶；後之君子，得志則矜持，不得志則放曠。古也任理，今也任氣，是以不同。在地之水海爲大，傍涯而觀，其海愈闊；在天之星斗爲綱，去杓而觀，其星始衆。君子非不欲識衆星也，挹開陽，揺搖光，則四時具之；君子非不欲識百川也，窮尾閭，究天根，則萬派明。匯澤釋《禮》而不考，晦翁註《詩》而自信。不考則非「寧儉」之意，自信則乖「無邪」之言，皆仲

❶「外志文章奉寄遠意」，萬曆本無此八字。

尼之宿憾也，君子又從而疊之，❶不亦過乎？夫《禮》莫大於宜，《詩》不越乎興，故商祝、夏祝，間用于周世，《儀》、《周》二禮者，《小記》之經也，君子猶委諸。故孔子曰：「足，則吾能徵之矣。」又曰：「今用之，吾從周。」豈無意乎？若乃采傳而據經，本人而按世，援志而興言，錯時而立義，假象而匿形，《詩》有「五實」，小序具之。故孔子憂群小之愠，知《栢舟》非婦人之辭也；論苞苴之行，知《木瓜》非男女之詩也。故説《詩》者，以孔孟爲正，何者？其來遠，其道明也。韓嬰奇而冶，鄭玄物而疎，毛萇質，匡衡華，程氏兄弟攜其情，其他未免臆度也。

夫義理可以心權，事實必由口授。生乎數千載之下，而以己意逆料數千載前之事，以爲盡不然也，則吾豈敢。故通今可以議《禮》，窮古可以説《詩》；《禮》本古人之迹，《詩》即今人之情。故其嘗謂《詩》、❷《禮》當因迹以求用，《易》、《春秋》當外言而求意，不然，則雖多奚以爲之？誚買櫝還珠之譏，宜矣。雖然，不觀繁枝，不知一本。以吾子用力之勤、博物之廣若是也，倘反求而自得之，是當登崑崙之顛，看寰宇之内，吕嵓、鍾離皆殤子，焦僥、桂莽真異類矣，又何必羨刀圭入口之詩，陷于溺博而感人之地者哉？❸

夫斯道之明，專賴直友，故夫子敘三益之友，「直」爲首。望吾子時賜藥石，勿復爲溢美辭，乃幸。王虎谷先生、何粹夫皆邇

❶「疊」，萬曆本作「兼」。
❷「其」，萬曆本作「柟」。
❸「于」，重刻本作「爾」。「感」，重刻本作「惑」。

居，亦嘗通問否？此二人者，柟之師友也，小兒資質頑頽，乃蒙良教，豈惟其子當書紳哉？其父亦領教矣。已即令謄置座右，不知將來肯體貼不負盛心否？

與端溪又帖

某既爲書論其義如前矣，再觀所發明，又不止如朱、陳二氏者見也。但重録舊注，便覺繁耳，蓋舊注已板行，不須疊疊也。如何？如何？其鄙見與意不合者，後當分注其下，此義理乃天下萬世之公，吾兄既不私，某又焉敢私之也？徐圖之。別書論聖賢仙事，足見志超乎萬物之表，世復有斯人邪？起畏起敬，然恐「知止有定」者，非若是言邪。如何？如何？

與林幼培幹

嗚呼傷哉！敬訃幼培賢契，乃尊南江先生於四月十三日酉時病不起矣。先病中時，令尊不欲報家知，恐驚幼培闔家大小，病革又欲報，則已晚矣。臨終時，衣衾、棺斂皆吾與令弟及侯畛、❶鞏鎰、張師道輩親看視之，停當牢實，可免慮。欲候幼培來解，念道路阻脩，且令尊臨終時亦云「江湖遐遠，勿來也」，故今棘棘收拾行李，且央管州印者起撥盤費，又巡鹽初大人已准狀從厚矣，目下便差的當吏役獲送回家，不待幼培也。望將以此告三位令叔先生，不及再作書也。有後柬。

❶「畛」，原作「珍」，據本書卷四《挽南江子詩序》、本卷《復應元忠書》改。

與李仲白書

數日前，貴庠李先生來，始知老伯捐館，憂中增憂，爲之奈何！即者王生來，得訃，又悉吾兄辛苦萬狀，此其情，何以堪？恭審改葬舉用艱大，奈何！奈何！然自棺槨外，諸世俗行可且廢也，雖《家禮》中用財不經處，亦且罷之。蓋昔者夫子論於子路、行於子淵者，本不如是，行事不師宣聖，即是自小。便擬遣人進吊，奉候起居，先此謹復，秋深服闋後，尚容柬問也。諸惟節哀，以求慰親于九原者，不宣。

答師巡按汝愚書

往日垂奠先人，至今哀感無已，兹復遠惠羊酒，則又非故人之待居喪者矣。將柟不孝罪大，用此以罰之乎？謹返諸使者。承問及地方事，夫小民窮苦，十室五逃，然無名之誅求，遠站之割剥，不時之攻築，方興未艾，柟地坊中人，日夜驚懼不寧。乃蒙當路者問及，必有以處也，足慰！足慰！憂病中，草率不能具悉鄙懷，萬惟諒之。

奉瀘州高半山先生書

柟自違教之後，罪惡日積，禍及先父，乃於十一年五月十六日棄不孝以卒。哀號悲殞，忽且大祥，奈何！奈何！恭審尊候萬福，眠食康裕，兼屢受詩翰墨扇，益知健碩，無任慰解！無任荷感！惟是憂病疊疊，未晉啓問，死罪死罪！去思碑，衆翕然願立久矣，第不孝尚未過禫，用是稽遲，冬來便圖之也。外具青直紗一疋，奉作夏衫，暑中酌奕江邊用也。絳香一瓣，奉上師母夫人墓前引遠忱。諸惟亮宥，不宣。

答馬敬臣書

得手翰，欣慰何既！往日二書，實未獲也。西渠兄足疾既可，他不足慮矣。柟比因多病，諸事之到，漫不加省，止有園中數樹，與之終日問答，學業之荒，一至此哉！督學公正之聲，播揚遠邇，足爲吾道之光，慶幸何已！《教條》已先得一册於九川，盡善！盡善！比來各處教條，不失之繁冗迂闊，使士子難遵，則失之簡略淺近，使士子易愚，二者均於害道。如此《教條》，雖通行天下可也，所望者必踐斯言耳。即如「士子善惡」一事，乃學政大綱，執事以何法知之親而行之果邪？若得其實，鄉舉里選不善俗而成材也！貴恙既痊，宜一心在此，不可謀歸。於天下得行其志者，惟此官耳，以執事之材得此官，又欲謀去，此吾所不知也。門下士久思讀《教條》而未獲，既得之，則不能奉復矣，然大要不過前所言者。

與康對山書

弟至滸西，受吾兄教愛，固素分耳，不敢言謝，惟是貴處師尹友朋之情益盛往昔，則吾兄之處鄉人者，過不才萬倍，負愧感激！別後雨中至祖菴，四五日不晴，亦與終南賡和數詩，然嘗微詰之矣，並無一言疵議。吾兄但云「每往鄠社，遠路而行耳」，然則吾兄之待之者，不亦過邪？此後願釋前疑，如何？ 大抵此人好高自專，猶未脱山態，若其他言，恐傳者之過也。

冒雨至鄠，次日大晴，得與渼陂兄共遊南山，宿金峰，宴重雲，賦草堂，頗覽秦川之勝，所恨吾兄不與我二人者俱耳。 回想仙遊、樓觀，真爲缺典也。 此未必爲盩厔吏之過，或者天意留此後債乎？ 與渼陂兄約，王子洲明春舉進士，當與吾兄共往賀之，仙遊、樓觀之賞，此或其期邪？《遊湯泉集》，翟尹見之，堅請入梓，不知可否？ 若諸公珠玉，則固所願傳也。 別後如有高作并敘跋之類，亦望下賜。

與秋季醇康德 一德清以忠四子書

河西聯榻之愛，令人懷感何限！ 兼之清誨高唱，錫我百朋，銘之不忘，猶壬申之歲也。 所望諸兄，有懷日仄，率鄉之俊秀，各執一經，請難對山先生耳。 蓋此公一半生知，言出暗合古人，人如麒麟鳳凰，遭逢非偶，莫作等閑看過也。 惟諸兄數不在左右，故先生亦自肆而不屑世務矣。 此言蓋非謂一世發，亦非爲對山佞也。 留意！ 留意！

復盛都憲書

恭聞進位中丞，恨無借寇之力，奈敝省何！ 柟不材，荷蒙豎立坊牌，已切感激，乃復遠賜牌扁，兼降厚禮，光耀寒門，愧悚無任。 二序委之匪材，努力爲之，殊魂筆弱，惟望痛加改教，遺休此土，亦大惠也。 使回，先此奉復。

復南厓李元白書

昨所見教諸作，及今日吏來傳示者，皆直而温，切而詳，得體之作也。但用事或失先後，遣辭或欠簡質耳，如何？ 湖廣真江東南之上流，用人須采忠信廉明，用法須如雷電風雨，用心須如握髮吐哺，方可捍大衝而障多方也。高詩俱美，但僕於格律處爲未滿耳。携去《遊湯泉集》，亦望傳教一二。

復對山書

貴邑志，鉅籍也，而馮尹以敘托我，甚愧！ 奉讀高作，足開茅塞，漢班、馬紀事多類此，近所未見也。記漆水一事，在貴邑東門外流者，目爲豳之漆，出晁氏註，而鄭漁仲所説「自富平入渭」者，本《禹貢》、《寰宇記》及地志而言。蓋此水乃自宜君、耀州、同官界來，經朝邑而入渭，在涇水及富平之北，故漁仲云爾。由是言之，關中有兩漆沮矣，不然，則《詩》「自土漆沮」云者，即《禹貢》漆沮，以在宜君、耀州之界而當豳北，作詩者因記地而識此乎？ 則漆自當從豳北而東流，從渭于涇水之下也。故涇之屬渭在高陵，漆沮從渭在朝邑，經曰「又東會于涇，又東過漆沮」也。然漆沮且自達何矣，❶若然，則「率西水滸」註云「漆沮之側」者，亦誤。蓋「率西水滸」自有他水，何必云漆沮也？ 云漆沮，則漆沮又出岐山之西，直東而行，不得自武功之東而南流入渭，又何「率西」云乎？

❶「何」，疑當作「河」。

宫亭、宅墓，俱在《地里》，恐非一類。又其下及《地里志》文，多有志似註解者，兼詩文並録，更礙觀耳。諸皆愚弟之疑，惟吾兄裁之。序文甚粗惡，尤望痛加改教後，親筆隸書之耳。

答何仲默書

往承寄奠先考，并貺奠章，無任哀感！然已具謝啓矣，未審達否？兹敝土獲大君子之教，遠者周漢之俗，近者張吕之賢，豈曰不興乎？幸甚！幸甚！又蒙手翰高詠，并多多書曆，滋感！滋感！過勞謙虚，借聽於聾，然山林之見，實無增長，所可以瀆高明者，惟在寬嚴適宜，少信下官言，乃士子之福也。詩賦非所以敦士習，尤宜慎旃。側聞先察士行，此王政之大也，若得實，尤妙。諸不具。

答李劍州白夫書

僕德薄材疎，何者先信於執事，乃遣二子不遠數千里借視聽於聾瞽邪？僕何以授二子哉！得輿敏而博，得友敦而慧，皆過庭之已訓者也，僕何以授二子哉？昔朱晦翁自建遣子師事金華吕東萊，此其心豈止非婦人之仁，蓋已廣矣。僕無東萊之範，而執事同朱子之心，甚愧！甚愧！居二子在東園者，東園者，僕舊所讀書處也，在敝城東郭，中有二三良朋及栢竹數株。僕適東林，日輒過之，雖仰慚教誨食飲之時，然於寒暄安否之況，時未嘗不知，執事可免慮哉！抱病以來，百事俱廢，日與樹木問答，得一同志相處，輒喜不倦，況得君子之令嗣與之游衍談説，即未瞻其面，固已見其心矣，其樂可知也。

劍門，四川之吭喉，執事而在，全蜀攸賴。得輿言執事屢欲稱病求退，此不可！此不可！蓋君子與其求一安，不若歷一險，與其便一身，不若便一方也，如何？刻石並皆佳妙，而諸禮又皆稠疊殷縟，受之惶懼。香帶粗紗，聊申遠意，揮存幸甚。

答李白夫書

人再來，得審尊候康吉，暨榮遷臨安大郡，何任欣慰！然尚恨當路者未盡知執事耳，豈道廣久而後顯邪？二子在敝邑，甚愧不能館穀。若得友者，其丹山之騶乎！得輿兼習五經，志言皆可觀，矯揉之，亦不易得之士也！但鄙教有愧寬柔，猶有强者風範，如何？所示諸君子，皆海内名人，吾執事者之高友也，書云亦知賤名，則僕固已神交之矣。何丁迴，嘗有書并《祠堂記》、《樂譜序》奉去求教，想已筆削矣。兹附《劍閣集序》并二子《字説》，仍希通示教也。濂溪巾之寄，誨我者遠矣，豈敢當！豈敢當！然而君子之心，則固未嘗不如此巾也。病冗，不盡所欲言。

復李白夫書

僕北接胡壤，而執事南處越外，不意僕之虚名誤動執事，乃遣二子數千里外來學涇野。此其爲師者，必大有所增益，庶不枉此意之誠懇、此路之勤渠也。然僕範之無本，而教之無法，於得輿之放心，未能一收，而得友之童志，未能盡啓，豈不深負於執事哉？來諭云：執事四拜，謝《廟記》；再拜，謝教二子。《廟記》之拜，某不敢辭矣；爲二子之拜，祇增愧耳！

尊容拜覿，即來瞻其言動，已宛然有道者氣象也，謹題數言，南向再拜，未知能測河海之涯否耶？《鄉射禮略》，亦得大意矣，然古射禮雖大繁難，但其文不可增損，必欲令學者易省，只當別作一體耳。《廟記》添得甚好，遷居之謀亦可，古之人有行之者，邵堯夫自燕遷洛是也，若自祖考棺櫬移載以行，亦可否邪？

再囑：二子到家可防閑，勿再令遠出求師，只守庭訓，自當大成就。大抵年未老成，學未卓立，遠出鮮不被小人誘也。雖有强者之師且不免，若如前諭「寬柔」，當竟何如邪？

與張東谷用昭大參書

宦邸話別後，即得兒子田血疾之訊，旦日不暇奉告而馳還矣，孤負盛設，罪萬！罪萬！他日或從對山子赴此燕也。田疾今少差，北行當在蚤春。西谿草堂興致殊常，古來名人數數有此，則吾東谷夫子豈偶然邪？甚羡！甚羡！《宋史》欲借一閱，即煩楊太守差二力扛送高陵，北行日即奉還，不識可否邪？試一謀之。貴處諸先生暨希轉致一拜也，以正秀才，不及作書。亮察，幸甚！

復内濱公書

李生惟喬已令與馬模同窗矣。承念及

愚父子，恩爱展如骨肉，感刻無任！田疾已痊六七分矣。某日事簿書，果未有頃刻暇耳。昨申請敦勸善良事，萬望再容十餘人。蓋此輩自開設書院鄉約之日，至今已將期年，其始百十餘人，節次遴選揀退，止存六七十人，其中十七八人雖未知學問之正，而敦樸孝友、慈廉謹信、謙睦公直，皆出天性，且其年皆六十上下人，他無巧習，蓋驗之非一日，而稱之非一口，設若詐於爲善，亦足勝於爲惡。況遇大君子敦古崇正，亦千載之奇逢，百世之曠典，事出尊候，人方知化，苟僞報苟舉以污明德，實所不敢。其節婦亦有十餘人，皆三十以下守節，至七八九十百歲無瑕者也，再欲續申，先此奉稟。近所請水患事，乞免本州鹽商脩理禁墻，想亦見容一二也。

復李方伯立卿書

辱惠新書，感感！側聞忽興明農之念，此又何也？以執事之鴻材碩德，何事不能處，何政不能行，乃復效沉疴腐爛之人，不亦過乎？尚再裁之。《居業録》雖多蹈襲，然亦有自得處，其視世之人忘念於此者，又萬萬不同也，如何？

答樊季明書

領手翰佳貺，殊感。北行多在蚤春，若或取道山西，決至鳳岡一求教也。盛价所説近日相訴事，僕雖不詳所以，大抵其責在吾執事。蓋君子出則欲化民，處則欲化家化鄉。鄉不能化，并其家亦有説焉，乃徒諉諸在彼者之咎，則是反以聖賢待彼，而以市井自待也。夫骨肉非寇讐之比，鄉親非胡越之疎，昔者代國問仁人者且不答，而欲問弟姪鄉親之詬，少有知義之心者又肯一苟應乎？竊意此事，或者年老粗人往者挾富威、仗叔勢以横爲，執事既不能禁且縱之矣，今乃欲遏其既熾之焰，而責其三施不報之罪，亦已晚矣。執事不如早自刻責，訓其令器，如繆彤之爲，庶幾無傷於恩，無貶於義。不然，則九十在堂之父，八十在地之母，皆不喜吾季明也。蓋季明窮經致用之人故耳。如何？如何？

復陳憲長禹學書

往者渭南蒙枉顧，兹復遠辱羊酒之貺，且使者云自省城將來，此意良厚，感激不盡，謹拜領訖矣。敝省獲執事掌憲司，尋當見其窮獨受福也。側聞已毀惡祠、正人心，此關風化不小，他政之善，可因是企望矣。再囑：凡有指稱賤姓名、弟姪親族有所干謁者，千萬勿聽。不具。

與王太史渼陂書

春來再欲南問起居，而家人時復有疾，不能遂懷，奈何？側聞諸所拂亂，處之裕如，雖昔賢或亦難也，企慕！企慕！即春亦欲北上，有教言，雖滿紙，賜可也。往在京曾奉和《春興》詩八首，久未呈上請教，録見又紙。而執事高作，檢盡書笥不見，甚愧藏襲之不謹，有暇肯令門人一謄與乎？聞有《見懷》之作，亦望并入。

復盧巡鹽書 初判解州作

某不材，得罪明時，隸官貴治。伏蒙仁人君子誤憫迂愚，曲賜禮貌，自顧卑鄙，誰勝寵榮！乃復遠頒珍貺，厚出手書，懸輝烏府之高，馳照條山之下。拜嘉階末，倏增悚惶，感德心空，何可言說！周邦庶士，皆興下白屋之思；浚郊彼姝，❶實慚對干旄之告。便欲奔走以往，展謝宫墻，又恐進謁之間，遺辱尊候。謹專小吏，齎布下私。倘與其進也，薄垂矜原；庶使其後也，重知激勵。秉筆實爲惴懷，臨辭未治蕪荒。

與王良輔柬

即者薄禮，乃復重之以裂帛，甚愧。所問葬法一事，大抵主程朱之說，則豈能盡協家人之情而祛其疑？主郭蔡之說，則天地之大，山川之厚，風木之深，彼以一術，恐未能窺測也。要之，以安親爲本，而定以人子無求之心，然後倣程氏「五患」之說，而俗中有習郭蔡之學者，亦微問之而考其左驗，不識如何？鄙人於此罔然，承問聊寄愚見，幸與高明再議之。

復王太守柬

屢辱手教，感刻何限！某忝竊屬吏，未脩職業，而吾執事不忘舊與，有懷輒示，令羈宦之中而得遂倚恃之願，感刻何限！竊聞之，人心不同如面，君子論世，盡其在

❶「姝」，原作「妹」，據《詩經・鄘風・干旄》改。

我而已，在彼者不能必也，不知如何？明論在京亦曾一目，頗愛之，今得吾執事校定，當更精審矣。板行，得執事序言，甚幸。昨見《遵道録》後序，使人讀之甚快，非無益之言也。匆匆，不盡下懷。

復王分守書

大題下委匪人，悚仄不勝。奉讀老先生之集，類多大義所關，倫理攸繫，其承前裕後之意，未嘗一念或忘，非曲學晚進騖心枝葉者可比也，足傳無疑，但鄙序有愧於其端耳。領命校正，中間尚有一二魯魚，不能盡箋，臨刻時，可使王學正仔細對過入梓。其注有「不刊」等字者，惟執事斟酌，若甚不忍前言之墜，可別作外集，如何？後面樂府數辭古雅，刻之首簡可也。集雖以出身仕隱爲次第，若類體刻之，亦自不泯其迹矣。緬惟執事爲親之心，篤道之志，世無與比，而老先生之高節鴻學，厚德醇行，亦古人之難也，故不敢草草復命。具此請教，統希裁正。

與楊叔用書

前承差過辱寄聲，兹者又辱差吏遠到解州，兼之手書厚貺，知感不盡。滿聞政成民安，且獲諸上官，涇河渭滸之講，信不忘之矣。更望益追前脩，幸甚。解州地僻事簡，堂尊亦頗相諒，好處有暇補葺舊學耳。小兒田新從陝西至解，然老母尚在家未到此，月若不至，當遣田又歸也。榆次寇都憲先生，不知田歸矣？

復朴菴殿下書

某關西鄙人，仰殿下好善忘勢之風久矣，比謫居解州，拘於官守，未脩參拜，以遂夙懷，方悵悵也。誤蒙以先王遺芳，及書帕、珍羞，貺至山州，登受之頃，愧仄無任。伏惟殿下今之河間、東平，某不材，何以得此厚愛，愧仄無任！謹布感激之私，餘容專人走謝。伏惟睿照，不宣。

答趙隱士復蒙書

往過蒼溪，深辱教愛，多感。然吾執事樸茂古雅，日夜未嘗不在夢寢話談間也。李大有來，得妙作華翰，捧讀之頃，又如覩清風高節於目前，欣慰！欣慰！恭審近有期喪，不知來春可能王官谷一遊否邪？妙作續當奉和。匆匆，不盡欲言。

復雷石子書

自平陸拜别後，南望河山，無任悵惘。得手書，謙虚已甚，而推獎大高，將非大君子樂與人爲善之心、不覺其言之過乎？甚愧！甚感！夫斯學不明，由賢智者騖於玄虚以惑俗，卑鄙者又率狃於習染而莫之振。近謁執事，面則感其言貌之定，退則觀乎政教之端，某久式模，但未敢告，恐近諛耳，乃反得執事兩書過與邪？甚愧！甚感！即聞已點南畿提學，夫南士子當漸篤實光輝之化，而變浮藻之習，不假言也。山南老先生處，想到家否？可遣人一問訊，此予厚友也。

復邃翁書

久聞出將西北，中外倚賴。某戴罪解州，未敢遽問，即蒙手書教藥，真如父師，兼以書絹之貺，登受愧感！伏惟道候，邦之柱石，義在四朝，即出濟國難，便圖夷夏永安。若小臣輕爲去就者，固尊師所不取也。瞻望道座，無任拳拳！

復襄垣殿下書

某素無樂道忘勢之實，而執事好賢忘勢之風，則固久聞而傾仰之矣。即者翰教諭奬太過，感激不盡，乃又貺之佳幣，悚仄奚勝，豈敢受！某卑官末吏，不能有毫髮誠，乃厪執事厚與如此，蓋實中心所弗堪也，謹返諸使，亮恕，幸甚。緬惟執事儒雅爲善，今之河間、東平也，當不見誚矣。林太守宅有收得尊卷，欲某一詩，而太守適不在，容異日具也。諸惟睿照，不宣。

復漁石唐虞佐書

某數年來辱吾執事之教且愛者，不啻河深而丘重。乃蒙差學官齎手書厚貺，遠問解州，窮孤之中，何勝欣幸，感刻！感刻！且又托以《大旨》後語，此書皆窮理盡性之言，固不可以舉業類觀，而某不材，且素未學，乃不敢違命，以數語續貂，甚愧汗耳。惟吾執事斤正後加木，庶不爲此集玷耳。蒙問及小兒，甚感。然此兒自老母到解後，寒家有亡弟家眷無人看望，即令已戲彩堂下矣，人間之樂，無以踰此。蒙

問及《書經破義》，往爲舉業時諸生私録，原有《説要》一册，但不及改謄，謹將原本封附。❶

答玉溪子書

某謹啓：前月王官谷叨陪遊覽，雖蒙執事貶尊延接，然須臾奉别，未能罄領教益。即者路村得侍左右，言學，則知有人，不知有己；言政，則知有民，不知有官；言理，則知出諸心，不知擇諸口，古所謂真其人者乎！方執事樂道空同之詩才也，惟知彼行之嘉；及執事樂聞仇賓之德音也，又惟知此道之美。故雖以大方面之尊，❷乃懇致愧此老之辭，❸海内愛賢好善，出於至誠，尚有如執事者哉！昔孔子以舜問察隱揚爲大智，而宓不齊惟能取友，輒稱爲不器之君子，至與堯舜儕，其達材如端木子貢，一瑚璉器外，無剩許也。玩「脩省主静」之誨，執事將非爲舜、孔之徒歟！

夫《諭俗常言》，本説閭閻、田桑、雞豚之細，而《春寒花遲》之詩，多求望高遠之空談，執事乃皆推諸《周禮》、《毛詩》之後，將非所見者大，於其言之微末者，亦汲引之使前邪！知愧，知感！故尊序猶欲顯出賤姓名，某不敢，重請删隱矣。於戲！以執事在此，而欲挽復唐虞之舊，亦千載一快事。若區區論上官之倨，❹作一氣節士，屑屑泥山林之自好，成一詩文人，斷非執事所

❶「令已戲」至「原本封附」，萬曆本作「今歸田矣」，重刻本作「今歸田矣」。
❷「尊」，萬曆本作「重」。
❸「懇」，重刻本作「深」。
❹「倨」下，萬曆本有「交」字。

許矣。夫政有至要，則身不勞而舉，法有至神，則機不動而行，執事蓋稔於此久矣。❶鄙詩首句，委的不類其餘，❷今改「相」字爲「懷」字、「傾倒」二字爲「晤語」字，未知可否？❸「八誣」之改，及諸雜役之增，甚當。謹損益更换，具有文册，再呈備采。又此《恒言》，乃勸化人語，不比常時文移刊榜頗駭人。不如只作一書，另行數語文移附以此書，降各州縣，令自刊一册，令學中社學、醫學、僧道及里老書甲之首，❹各與一册。或將印下葉數，帖於社學等學，及巡遞等衙壁上，亦可。首序後面，亦議數字，惟執事再酌定。

又答玉溪子書

前承賜到諸公佳作清染，得以飽觀而熟玩，豈惟得私淑於諸公，而於吾執事樂取人善之意，尤真師也。領命俱題四字於卷端，則已抛磚於玉之前矣，又豈敢贅一辭哉？若《空同四卷》得一盡目，尤爲愛教之全矣！《諭俗恒言》，序中增「閭里」二字甚當，但惟此「平陽」句二字，恐不便愚民讀耳；「鄰有長」，换甚好；「不斷苦心瓠」，用《豳風》「八月斷瓠」語，如不明，請一易之。《思政軒記》寫二幅，皆不可意，學八分書者，頗少安穩耳，今俱奉上備采用。《明遠樓分韻》之刻，詩字皆今所罕見者，恐《春寒花遲》之刻不能若是好也，然石已載至解州磨且平，而臨晉縣尹近又爲巡鹽先生委署

❶「稔」，萬曆本作「究」。
❷「委的」，重刻本作「格調」。
❸「知」，萬曆本作「審」。
❹「書」，萬曆本作「排」。

州印，亦此刻易成之一會也。「正禮儀」事甚當，但「逐於車塵馬足之後」一句，頗有傷隘氣象，不知如何？《呂將軍宅上》詩，足見憂時遠意，風人體也。《張太恭人壽序》册端，謹書「爲燕喜壽母」，既有書，不可重有詩也。考貢二生回，又蒙手教，并寄何子粹夫書，多感！

復玉溪子書

蒙手教，兼賜《府志》一部、《恒言》二十本，感刻何限！然林典卿書方到，而典卿逝矣。典卿亦求進向上之士，其没也，又無妻子在傍，此何以歸哉，諒執事者必垂念矣。《空同四卷》展玩之，足占巡河南時之風紀也，但其中柬子亦有不當録者。《禹廟記》文辭甚工，某八九年前亦曾爲夏縣作此記，由今觀之，真俚言耳！卧病涇野時，諸生講經，原有私録，然未有發，方欲質正是非，乃有來命，則益不敢匿其醜矣。今止有《易説翼》在，先奉上，請痛加教示回賜，幸甚！其餘散在諸生者，候收回陸續内上。《恒言》板若再刻，甚好。前鄙字甚不可意，又欲點污《空同四卷》，恐不堪乎！若題跋，則又好發寫己意，恐又如空同子之《遵道録》之爲異也，不題跋之如何？尊詩文集成時，萬望不吝！

復應素菴書

别後屢辱書教，足仞至愛，感刻不足言也。到解，與南江子林典卿相處甚厚，暇中又得一講學敘懷，足可遣日。乃此兄於二月初旬感寒，一病不起，至四月十三日作古矣。當時亦有一二良醫，藥皆不效，真可傷也！衣衿、棺斂，皆生與其門下二三士及乃姪親視之停當，可無慮。欲使乃郎林幹來迎，江湖道遠，且南江子臨終亦云勿來也。今已與收拾盤費，當差州中的當人吏五七輩護送，幹若欲迎數程，可日查問驛遞行也。向所命墓表，續便附上。得《館陶》、《旅興》諸詩，讀之足知近況之高遠，兼知令器之學進也，甚慰！甚慰！

復漁石子書

久失奉候，方切懸懸。即者兩蒙手教，且問賤子田疾，并貺祀餅，感刻何限！太夫人年登七十，何慶如之！壽文念路遠使難，謹草草撰訖，未有所發明，幸改教後用之。爲老伯母作文，義不可受幣，謹返璧使者矣，幸照存。兒田以去年仲冬初至解，未半月即得血疾，屢止屢發。今其勢亦頗可，但尚未能起行，得手教至，涕泣濕牀簀，然不能爲書也。弟久欲假差西歸，候省老母，求與執事一面，而日夜不能離田，奈何！此月二十上下，又不知如何也！南岡唐公文字亦撰訖，附使者矣。匆匆，不盡所欲言。外小書四册，皆近刻也，奉上瀆覽。

啓初大巡書

前者手翰拜領，感刻無任。兹恃愛，謹稟本州印信：臨晉知縣丁某，以本縣正官縣事久廢，欲回縣，則州印次當同知張某掌管，往者盧先生以知州林某在任，故瀕行委張同知管掌司印，只今朝覲在邇，州中諸事須本州官整辨，故丁知縣亦欲回家也，傳聞執事又委他官署印，未知虛的，衆皆以爲必無此事。且某以遷謫之故，二先生寬假窮途，處之閑散，得與解之二三子講習經義，此固某非常之遇，亦二先生不次之待，感刻無任！若是，則州中優閑一官已矣，乃又使張同知亦出，恐不可。且兼管二印，地方亦便。即不然，一府二州中亦有可署分司印者。某已語張同知，未有先生之命，即不敢回耳。某末官下吏，不當與聞大政，然草茅之軀尚未長逝，不得不爲解州謀。惟執事裁之。

致書解梁書院扆王二上舍

諸耆老善人每朔望或七八日到書院，可將《大誥》并《律令》，及《藍田吕氏鄉約》、《日記故事》，近日本府發下《諭俗恒言》，摘其開心明目，關係身家風化，孝如曾參酒肉，伯俞泣杖，弟如田真荊樹，友如管鮑分金，化盜如陳寔、王烈等類，一一俗語講譬，令其歸里轉化鄉村街坊及家人子孫，其年五六十歲以上者令坐聽，三四十以下者立聽。後講之日，令報化過人數及不改過之人，本職量行勸懲。若有不順梗化之人，定依《大誥》、《律令》，申稟上司究治。

復應元忠書

久别，何勝懷仰！邇者林典卿作古，事已奏訃，想達左右。兹輀車且行，某同周學正及典卿二門生鞏鎰、侯軫及三四吏，共乃姪林誥、二家人，檢整行李盤費，俱各秤數封識，裝裹入箱停當，其外又有某手封紅字。若其棺斂事，則前已與二生親看的確，無慮也。幸告乃弟三先生及林幹秀才寬心。其行遲者，以各縣盤費到後耳。向受命奉撰尊祖翁墓表，草草脱藁附上，萬惟斧正，勿設嫌，幸甚。外具紗一疋，將遠敬。秋深，亦欲西歸。各天一方，請教無期，臨紙悵悵！老伯大人想益健裕百福，執事之樂何如也！匆匆，不具。諸惟爲道保重，幸甚。

答玉溪子書

恭聞轉大參，不勝喜慶。不知的在何省？然請教無由矣，奈何！兹專吏持奉紗幣，聊表賀意。辱手教，委撰寫《學記》，不敢方命，謹如式寫，《記》用楷者書之，幸甚。且某，府之屬吏也，義不可領幣然後爲文，即令吏附上，萬望恕罪。二生器識、學力皆可觀，足知門下無虚士矣，然聚講已數日，不能有所益也。林典卿蒙愛，彼此均感，其封到賻儀等物，俱轉附乃姪訖。瀕行，某仍作一書，寄應元忠及乃郎公子也。遊王官詩已刻成，字甚拙，有玷高詩。且臨晉丁尹又差人專爲執事打數十葉。然此碑丁尹甚用心不苟，蓋其平日亦然也。《説翼》，望示教藥，甚幸。《書經説要》、《四書因問》及一二論義已爲二生錯録矣，今具《説序》原本奉上，統希改教，萬萬！大抵此等文字不宜示人，蓋其中有不合舊説者也，改教畢，望將原本俱發回，幸甚。《春秋》，有《説志》，本甚糊塗，未得謄過。其《禮記》原未有耳。《空同卷》具題之，然甚狂妄也。

涇野先生文集卷之二十一

書 二

復内濱子書

近冒風，卧牀數日未起，昨午方少瘥。委定河西鄉賢，恐稽遲明事，乃考訂得百有一十六人，自風后至尹吉甫當爲正位，其餘列左右，其下注圈者意未決，備尊裁，大抵多依《山西通志》及《平陽志》耳。「大烹以享聖賢」，此非有道者之事乎！祭文亦草草撰訖。别具山菜三品，春酒一罌，附上引芹。

又復内濱子書

承慰問并佳貺，登受之頃，感刻無任，容走謝。河東先哲之訂，昨亦病其太多。承教，除有圈者去之外，如郤缺、樊深、閻元明、裴俠、荆可、趙綽、柳儉、裴寂、裴敬彝、薛大鼎、裴遵慶、盧操、狄青、柳開、文彦博、邵雲、王延筠、劉祖謙、李復亨、陳規、李獻甫、賈邦憲、李新、李幹、衞述，同昨有圈者共去四十三人。則自風后至叔齊爲正位矣。幸再斟處之。

與崔司成後渠書

昨吏回，賜手教，感感！聞汲生居喪如禮，喜不能寐，乃知賢者之積慶，果如是哉！於吊之中而有喜者，此也。初公爲其先人墓表，意甚專確懇切，執事許以九月初領，乃今不果聞。又專人拜領，萬萬撥冗揮付，道遠人勤，義不可以尊官忽之也。僕今在河東書院校刊《温公傳家集》且半，但此本當時吏抄字多差訛，而蒲、解十二州皆無畜此書者，仰求原本，一校便返，十一月中刊完，當多增數部也，亦仁義之舉，幸勿訝勿拒也。有收得《姓苑》一書，乞并賜。西渠不知葬否？前寄敬臣書，附去前所見教一段，以辭義深奥，讀數遍不得其旨，不敢答耳。西歸之義，請終教之，無曰「出處事當自知」也。

復内濱書

連日雷雨果迅烈，至堋塌墻堰，而勤吾事執事省德咎躬之心，則豈非此地方所賴哉！聞今夜禁墻以西諸堰亦多衝損，其功甚大，非三五日程、一二州縣人可辦者，又不能不動執事之勞慮也。往日石堰之説，若沈先生至，可悉告以永圖矣。志書遲三二日再謄一册，前藁統返璧二卷。暑中蒙皆揮洒，感刻無任！匆遽，不盡。

又復内濱書

辱差人送至楊醫及録刻佳貺，感荷不盡，容日走謝。恭審楊醫道體嘉勝，殊用慰懷。諸渠堰堋塌，誠爲可慮，然今日急務，惟先修缺口爲第一，其他高築墻堰，可徐圖之，蓋料此後水勢必殺。若決口塞遲，則盡諸河渠之水皆入鹽池，鹽將三二年不能成，縱築高諸堰，亦必至秋暮矣。若是，則五月初旬爲不撈鹽之説者，亦可怪也。不識如何？小兒疾，楊醫言亦漸好，但田自覺尚弱耳。匆遽，不盡欲言。

答内濱書

志書編完，奉覽正。本州於五龍堰決口塞完，用多半日工耳。黄牛堰可保無事，但青龍堰決口二處各長三四丈，蝦蟆堰決口二處亦長二三丈，尚未塞耳。青龍堰在臨晉、解州之間，蝦蟆堰在臨晉縣故市之東，其西虞鄉、王官諸水皆東趨者也。青龍決口，即日本州差官領夫築塞，限明日而完。

答楊達夫書

往辱教愛良多，南北奔馳，久稽裁謝，罪過何可言！兹手教并嘉貺，登受殊切感刻！抵南暑濕中傷，累醫未效，歸心如火，但未遂耳。惟執事道德文章爲時瞻仰，乃過爲推讓，不敢當。所望壹志多士，爲國作人，與諸督學者表式，是所願也。貴同寅初内濱者，僕久受教見，希叱賤名一拜。此公極有道行，想在交遊也。力疾勒狀，不盡。

答王玉溪書

久違道範，時形夢想，偶得手書，如覩顔面。南康之屈，益見直道，不如此，不足爲吾玉溪子也。士君子立身天地之間，上不負於聖主，下不愧於良友耳，他何足道？《平陽志》得之冗迫中，有教言，望勿吝。且其書於西磐公之事無一及，後雖有好文者，亦不知如何也。僕積病，日與藥物爲友，尚未西歸，奈何！奈何！經書石耳重貺，謹登拜嘉。臨楮不勝瞻戀。

答茅邦伯新之書

往在江南，重辱義氣相許可，此情實不能忘。久聞爲牧大邦，此地古先聖賢之舊墟，若一振作鼓舞，當見遺風復興矣。周飢困，治豪横，省力役，平徭賦，重禮教，應知次第舉行也。吾邦魏守，獄無留囚，人無私謁，想所欲聞也，偶漫及之。辱惠書段，附謝。

答楊掌教書

王生來，辱惠簡書，過加褒獎，衰朽腐儒，何克負荷！僕彫虫小技，誤入盻目，傳笑大方，敢云上比歐老乎？執事不日澄清西土，拱候會晤，以償素願耳。僕三畏未能，五品有負，敢知所謂「三乘五藴」耶？王生回，謹此奉復。

復石巖處士書

得手翰，知貴恙尚未能履，心甚慘然。續云「學問之功，終不敢以病而廢」，當其爲志，雖古之名儒大賢亦不過此。君子立身天地間，惟求無負斯道耳，其他皆不足念也。山右自薛公後，僅見石巖一人耳！珍重！珍重！

復月梧喻方伯書

伏惟三后協心，種德西土，波及衰病之

人多矣。乃復釐新貢院,作此髦士,端雖起于撫按,績實懋于薇垣,鄉閭後進,亦皆受賜矣,碑記之委,敢不敬承? 且簡書過奬,禮幣重厚,而又顯教職以來,謙謹浮常,僕也匪才,其何以堪! 謹登受拜嘉,撰次記文一首,謄真具稿,附上改教。倘蒙筆削,範我鄉人,實僕之幸也。臨書不勝悚悚。

復雙溪張侍御書

辱簡書厚禮,出常分之外,登拜益深惶懼。承諭《晦翁文抄》之序,實後學之責,又諸賢及吾友後渠公所筆,安可辭耶? 受禮增愧矣。往有謬《朱子抄釋》一帙,蓋主楊氏《語略》而成書者也,曾以似後渠公,公稍不與時,蓋不知有此《文抄》,而公亦未嘗輕出也。即讀數篇,則公深潛諳練之學、闢邪衛正之意,可謂精深,而于斯道信有功矣,速梓之可也。又僕嘗謂朱子之文浩瀚無涯,抄之近約,良是也,第其常有言曰:「曾氏之傳,獨得其宗。」此尤晦公所深見也,今使學者師曾氏以入孔氏,則朱子之功斯又大矣。即欲爲序,以此意附之,不知可否也? 序俟前所命作者完月終呈藁改教。原書二册,先返璧。坊牌辱掛念,感荷無任,附謝!

答王良輔書

初聞丞宜興報,甚喜。即得柬書、諸詩藁,則又甚愁。喜之者,以清溪積學年久,得一壯縣少尹,可行素志,廉公大著,使江南士民知三晉有此高人,以爲吾道之光焉耳。可愁者,來書云:「汗顔增悲,入地無門。一癡監生，誤傳三塗。」并用及諸語言，舊習疊出，皆如喪心不識字之人，不知何故！末又云：「欲援之撫按翰林。」僕年已過知命矣，豈能從清溪顛倒爲人哉？恐此行爲南人大笑！詩軸亦勿書可也，然亦久不寫詩軸矣。

答大巡張雙溪書

僕衰朽棄才矣，辱大君子過爲獎與。舊坊在會城者也，蒙改建於高朗通衢，名筆懸額矣，乃復于本縣重惠價直，俾自脩一坊。固雖大君子作人勵士之心無已也，第愧匪人，何克負荷！因念本縣人疇昔欲立一經筵坊而未舉，兹承尊意，不敢浪費價銀，便豎此坊于寒閭之右。乃又不知進退，再求名筆揮洒前字于額，騰輝蔽縣，且使吕氏子孫瞻戴于無窮也。

再答雙溪書

昨白僉憲過此，辱多寄聲，感感！且云旌節不久北上，凡我西土士風之頗越、民冤之滯抑，失所仰正矣。各精舍木扁，字匠不嘉，多失其真，因念僕於執事行事取法不暇，敢辱後學之遜乎！斗膽易爲「潁川」二字僭妄，其餘大書數張，珍藏巾笥，以貽後人耳。先正宦蹟二紙，聞洪洋公亦將舉行，若被役使之末，願隨谿田公共盡心也。縣中抄書已完，元經亦查出附抄矣。坊牌于前月十九日已豎柱上樑，感刻無任！《烏臺風教》鄙序，想已塵覽，實不足以副諸士子感德之志也！

復雙溪書

適聞還旌即發，抱疾不能瞻拜，謹遣生員高阡代送，不勝繾綣之至。又昨陳憲長寄到《陝西奏議》一部，内有誤荐匪人之本，生見之不勝驚懼。夫方荐匪人，匪人又作前序，此何以傳遠？萬刊除荐本，使匪人夢寐獲安，幸甚。若不然，除其鄙序亦可。斗膽昌言，采納幸甚。諸惟主持斯文，茂膺殊寵。

答提學章介菴書

往在南都，多辱教愛。頃者西土幸遇正人鴻儒督學于兹，周漢遺士行見淳風再還矣，嘉慶無限！

答浦大巡書

傾仰高風久矣，敝省幸獲按治。行見明公之政，伸冤抑而汰奸猾，澤被西土，波及林野。僕之受賜多矣，乃復遠惠簡書，深爲屈遜，過加獎進，兼之羊幣腆儀，輝賁蓬屋，莊誦登受，實切感刻。霜府嚴肅，未敢具賀，遣人謹布謝悃，恭附來使。

答大司馬楊南澗書

西土幸獲明公總督保障西夏，豈惟全陝士民攸賴，九重亦無西顧之憂矣，欣仰何限！往年旌節過高陵，僕適在書房别業，有失恭候，續聞追送，則已不及矣。方切悔責，乃復辱華翰遠及，莊誦愧感！只此汪度包荒，雖折衝萬里之外可也。若乃時撫恤，明賞罰，以作士氣，在明公所優爲，不俟言矣。

答王大巡湛塘書

兩寄書俱到矣。《説翼》誤辱入梓，披覩驚懼。謫倅盱江後，亦今古之常事，然而崇賢聖之德，練經濟之才，未必非一助也。文集、徽煙，敬已拜嘉。

復洪洋都憲書

辱遣楊教諭持華簡，云移建藏書樓、啓聖祠、敬一亭，命撰一記。顧此大題也，匪人何以勝任！且往命志書事，生于前月二十七日始至谿田公處，請定約于三月六日在竹林祠舉筆。兹奉申命，益深悚慄。兼之厚禮稠疊，愧荷奚勝！又敝縣敬一亭建非其地，望亦垂念。去冬免敝縣霸橋夫役事，蓋真見其邑小路衝民困也。謹此附謝。

答谿田書

兹遣崔、劉兩生謁候門下，質疑數處。且前命草諸考，力今不能，於「經籍」止考得《易》、《書》、《詩》并聖蹟文字，其「帝王」考，止有西漢、隋、唐數帝而已，外「兵防」、「馬政」、「刑法」、「山川」，尚未完藁也。若《春秋》、《儀禮》、《周禮》、《武經》，并「禮樂」、「釋老」、「鹽鐵」類，望吾兄命諸生考定也。又昨竹林祠，欲枉顧寒舍，生近日衰病昏暈，酬酢拜揖，力皆不能，每一對客，倦卧數日而醒，望吾兄憐其不才，暫且停駕，不勝幸甚。此等處心照爲尚，不拘舊跡可也。生目今亦他出矣。即不然，月盡間吾兄獨至一敘，如何？

又答谿田書

來諭到，擬在十七八共到竹林，如何？臨期當再報也。此務恐不可緩，受人之托，當急人之事。昔寇涂水作「敬事而信」文字，其内曰：「應一事，則心在一事。」王伯安以爲極得乎聖人之意，弟至今識之不忘，先生想亦知也。

答陶叔度兄弟書

春秋兩試，雖未獲舉，然觀來書，造詣更高遠矣。孝子事親之道，此其爲大者乎！若栢齋先生所謂「行法俟命」者，將無在此耶！

與渼陂先生書

初擬季春拜謁，請領教益，未幾次孫出痘，入四月而歿，五月中，老母病泄瀉，至今尚未已。數約谿田馬公，當華誕日稱觴拜賀，今又未能及矣。補賀不知在何日，然亦不敢過孟秋也。數年之别，百里之遠，一請教如此之難，奈何！奈何！高生去便，謹此奉布積悃。

答王端溪書

昨諸藁實欲請教，顧溢美過甚，何以克當？竊惟古之友朋，室路雖遠，道義實深，蓋以鄉間之近，不得其人，則使求之河山江海之遥，❶雖至數千百里而不辭，凡以爲斯文之重耳。當其切磋之間、❷箴規之處，情同骨肉，而志斷金石。如兩程之與横渠，晦菴之與南軒，蓋皆殊方異地之人也，觀其遺集，曾見有一言過美者乎？執事自任道以來，頗錯愛乎愚弟，愚弟亦甚重于執事，故敢以此奉復，冀日後常聞過也。高詩甚嘉誦之，令人有出塵之想，但「亦到鳳凰樓」語，則傷偏耳。宜久聞詔起，❸未見抵任，而來諭云「棄官之餘，疏懶多疾」也，將夫子仕止久速，惟係乎時者，乃不然耶？將吾兄欲學陳摶而又過之，不學夫子耶？《陝西總志》尚未完脩，方欲借大儒名筆以增輝于黄河華山也。知重！知重！力疾布悃。

復方伯喻月梧書

清風勁節，海内縉紳具瞻，行且柱石廟廊，康濟天下，柟私淑多矣。邇者乃辱翰簡過獎，莊誦之頃，實爲汗顔。厚禮大過，登受益深愧感。承差至縣，權留數日，祇若嚴命耳，實不敢留也。蓋僕致仕以來，止便閒散，若又有承差日在左右，將僕寢食亦不寧乎！謹方命遣回，附謝。勿使往復，幸甚。

❶「使」，萬曆本作「便」。
❷「磋」，原作「嗟」，據萬曆本改。
❸「宜」，萬曆本作「某」。

答魏少穎書

遠辱遣人將至名曆，父子徧及，并厚禮酒果牲體，皆自省城而來，敬愛真切，雖在喪病中，不敢不受，但雙幣返璧。以郡繁事冗，應接稠多，執事安能一一皆及之也？速達之言，豈所望于執事？不變所守，真鷲峰之舊講也。不然，雖即日張桂，正士論之所恥言耳。不見漢之蕭、曹、丙、魏、龔、黄、卓、魯，同一傳芳，千載無增減也。故君子之政，與其得上人之心，不若得小民之口，與其慎之于初，不若謹之于後。恃在知厚，因以喋喋。

答王國珍書

滁陽人到，得簡書、葛絹之貺，足感雅厚猶昔，不以久近遠邇易其心也，深荷相信之篤矣。執事茂學實德，偶有一蹶，然公道自明，旋即超起，實他日大用之基也。《詩》云：「亹亹文王，令問不已。」又云：「惟此文王，小心翼翼。」當非吾輩之所常師者乎！去秋遭先母之喪，今歲又罹風痹之疾，不盡所欲言，惟情照，幸甚。

與藍田趙尹書

昨雲谷郭道人去便，曾有簡，想入覽矣。去後數日，少穎魏憲副過高陵別我，云鄠人文集曾分送七八本于藍田，想今已完刻矣。恐有差字，望先刷印三二部，舍親家文壽官者尋訪族人去便，可托寄我也。

與王二守書

執事榮陞敝府，敝府之民受福多矣！僕在喪病中，未能稱賀，幸亮之也。近少潁魏憲副過高陵，云鄠人文集俱托執事分刻各州縣府中，有禮房白云者專管記查，而執事代少潁統命，又云今已刻過七八分矣。今專舍姪生員吕疃謁謝。其已刻過板，望先刷印一二部，恐有差訛字校正也。

答張二守幼養書

前過高陵，已辱枉吊，并奠先妣，不勝哀感！兹復辱書帕、茶簍之貺，過厚！過厚！又辱詢及鄠人文集，然于正二月間已爲少潁魏太守取去，言與趙曲嶺同刻也。近少潁陞官後過高陵來別，見印得一二張，果然，則鄠人文集皆少潁散刻各州縣，而未完在家者，止有詩集四五册，謹附來使吴守已。如刻，止可書吾幼養官銜姓名也。詩集再無副本，幸好收之。舍親家張近渠在彼多承厚愛，謹此附謝，并拜曲嶺也。

答齊叔魯書

聞行取報，雖在喪病之中，牀褥之上，喜不能寐。不止爲叔魯久屈一伸也，良以主張斯文，扶持善類，以答聖主求賢之意，用酬明時濟世之策者，當不在此行乎！僕於足下有一日之識，而老病無百年之想，不能不惓惓于吾叔魯也！恒齋之家到，想問及。外封奠幣，望稍帶以付乃郎，幸甚。别具書帕、小扇，將别意。

又帖

鄙集本不欲刻，一恐傳笑他人，一恐遺失原本。春初感疾頗重，而前太守少潁適遣使來取，意頗專急，且云：「雖或他轉，便托齊尹。齊若先有行取，有我在也。」今少潁及叔魯皆去，鄙集恐不能盡全乎？雖有二守王公之托，恐府事煩劇，無暇及此，又聞票散各處，何從而完？意見必借叔魯之重，於二守公處一言，分遣使人催見明白已刻若干、未刻若干，庶使集不失落也。不知以爲如何？

與渼陂先生書

休寧人胡生大器孺道在江南，日仰慕吾兄之道德文章久矣，此來欲爲其父求一傳文，望念路遠心誠，勿拒也。胡生留住月餘以候便，不敢急遽耳。器所持贄見書籍，多器所自帶來者，内有一二鄙作，見希示教也。有詩章、教言，賜一二首，尤器中心所欲而不敢言者耳。喪病中，不及備悉。

復幼養書

傳文力疾撰訖，此傳遠之文也，望改正後用之。茶幣之貺，過矣！文集已爲少潁、曲嶺所刻，可勿再加災于木也。前吴守已帶去詩集數本，中有可忌諱者，望删去勿刻，如獄中詩亦有數首，千萬！千萬！昨者張近渠厚擾兼贐，附謝。

答應元忠書

書來極慰。兹想壹志士風，高趨鄒魯之舊，區區課藝，不足爲兄告也。伯載行，具啓薄儀，當已至矣。兒子田屢承念不忘，刻感何限！令器工夫當益遠大，但定志不隨時變改爲好耳。積病未瘥，尋且求歸，不知獲遂否？有便，尚希教我。

與章汝明書

往者南都會晤，執事正學直道，時與知己嘆羨推重。但恨未久乃又被屈遠去，未獲深請教益，甚爲悵惘。兹者華簡、書帕之貺，足慰遠懷。《學庸口義》，倉卒未能盡讀，然少觀數條，真不背於孔門之學矣，足可傳也。往者與章宣之輩鷲峰講論，渠有私録數條，亦頗暗合於《口義》，尋當録寄請教也。聞馮侍御子仁已過家，想在所加禮，而數聚講此學者也。匆遽，不盡。

復唐應德書

去冬鷲峰别後，每憶孝容及正論，令人時形懷思不已。此道久不講，故流俗偷而善政寡。貴鄉古菴先生極力斯道，襄事後，想日夕相處而振扶之也。

復毛古菴書

執事直躬追古，以成鄉之後進，季札、言游之風，當復見於今日矣！唐應德禀賦英敏而志行端潔，不易之士也，想日夕相講以倡聖學，式瞻下風者，何慰如之！

答戚掌科書

足下引疾高蹈，聞之心甚不樂。聖明在上而賢者隱微，不能不於悒也。便欲往問一別，連日以丁祭不暇，即至六日，又以祈穀諸祭致齊公署，六日如尚未發軔，當追送崇文門外也。所論「道義之門，只在此性存存而已」，德合天地，明合日月，亦不外是。大行不加，窮居不損，又何增減之有？君子斯行，必不以知禮爲幻妄也。匆匆布謝，不盡。

答牛水亭書

別久想望高風，殊切鄙懷。遠辱古書嘉貺，足荷記存，同年兄弟之情，不啻骨肉也。典籍登受極感，但近日於諸公卿見惠幣禮，一切拜辭，則於吾兄者不敢獨領耳。吾兄素知我者，必有以諒我矣。來諭推獎太過，豈敢當，然仰思吾兄責望之心，弟不知何如其用力耳。奉誦高詠，其憂國吊友之誠，溢然言表，忠臣志士之懷，出尋常人見者自不同如此。乃進士公又有家風，吾兄之喜而後可知也。

答尹志夫書

得書，甚知清苦，然比簞瓢陋巷，則又過之矣，此正當堅志熟仁之時。外紙所議良是，宜甚藏之，餘非所急急也。志夫迎養定心，以身率士，亨通自有時耳。

答劉紫巖書

去年仙舟發後，某日夜追拳不及，甚爲悵惘。履任諸冗旁午，久稽裁問，方切瞻企，顧教翰波及，益深愧感！馳傳鹵征，公論咸屈，召起霖雨天下，當在不日。太行之麓，安能濡滯？雖有一二不知者之語，豈足以嬰高懷哉？

再答可泉書

維大參來，辱簡書之貺，甚感！乃又益以紗幣，何也？恭審當民瘼之時，側身勤政，聞言而懼，雖賢者亦不可無直友，信然乎！近問中州百姓漸多生意，然孰非公之仁哉！須慰人便，先此布意。

復寇中丞涂水書

得報，見暘姪高登甲科，喜甚！乃知大君子積慶之厚者，非他人可及，喜甚！喜甚！即救荒事宜觀之，執事之種德西土者甚深，寇氏子孫當萬世榮！兒田過蒙銀米之賵，乃不能一副雅望，夏首之舉，又在躊躕之間，但衰病之人，以得一日之安爲幸耳，出處之論，皆非所急，然而果不易遂也。老母及賤眷南來事且停止，待秋收後道路少安再處耳。饑荒在內，而虜賊在套，此誠西土之危。執事之日夜焦勞，以訪委廉智忠勇之將者，想不暇寢食矣！

答無爲守朱子仁書

閣下鴻材厚德，屈此州郡，然志在慈民，今固芝山一郡之福也，諒不爽素懷矣！問及理郡事，大抵爲民父母，惟「如保赤子」一言用之不盡，但他人率視爲尋常，反用力於外耳。知吾友必不然也。

答鳳陽曹太守書

辱書教并詩帕之貺，登受感荷不盡。來諭有悉作郡之難，然以執事處之，皆不當嬰高懷矣。中官、武弁，何足言挫？其餘，執事但當以主禮自處，以客禮待人，自無此計較耳。子京亦鄉邦之彦，望深爲愛護，偕之大道。若如此相加，亦恐失執事之美。不材衰病無進，慕執事之材德，問形夢寐，甚不願聞此也。語及，不敢不盡。

答彭全夫書

別來殊切懷思。既典名郡，❶應知德政及於煢獨矣，幸慰！幸慰！士君子但能行其所學，有益於時，便於道無愧，不必計位之崇卑、資之大小也。此吾全夫之所優爲者，因以重及之。《鎮城記》草草脱藁，望改正後加石耳。

答馬谿田書

遠人書到，足見吾兄警教不忘之意，甚

❶「典」，萬曆本作「涖」。

感。東郭之學，信如來諭，然其言論雖如此，而行實不詭於古人。但言論流敝，未免使後生廢學，或他處覓耳。近其門下人及王氏門人，及吾湛先生之門人，或來相訪，某只説「學只是『甘貧改過』四字，雖三五翻應對，百十遍發揮，不過如此」，中有一二切實之士，亦未嘗不以予言爲救時之弊也。不知是否？承問及近日相處者，然亦有三二忠信不變、迥邁流俗，其人器當在周、漢之間，徐當以名告也。貴門生止王棟三四謁予，其餘皆未能盡會耳。匆遽力疾，不盡。

答丘汝中書

遠辱寄簡，并貺書布，甚感，存記不忘。所云「貧知府」，此真大丈夫得志、澤加於民之事也，足不負相知矣。世風偷敝原在此，足下學能見此，政能先此，雖古之循良又何讓焉？彼徒以口講爲道者，真不足齒矣！更望堅定不渝，雖他日位晉卿相，亦率由之，寧非斯道之慶乎？匆遽力疾，不盡欲言。

答陳忠甫書

承諭爲甲立嗣事，既非大宗，又非有爵土邦國者比，乙又無餘子，安得奪其子以後之邪？且宗法不行久矣，遽舉之，人情委未安耳。夫甲既不可聽其絶不繼，乙豈可聽其絶不繼乎？若有旁支，昭穆當則可也。舊聞伊川之子嘗後太中，未精考，試再諮諸人。

答朱士南書

遠辱簡書厚幣，具悉篤志斯道之意。大抵此道以仁爲大，且學以禮仁爲先，足下於朝夕臨政接民處最可驗也！果能於一道行之而内無悔，他日佐天下亦在是也。

答朱子仁書

來書云「欲求未發之中」，此固第一學問，然只且於「已發」處著力，久當大熟耳。大抵天下事若不諳練，遽欲中節，將恐陷於助長。世有設爲過高之語者，不可不細論也。如何？如何？

再答子仁書

揚州書到，足想爲民之政，波及他郡。此學者躬行之實，又何「淪落」之有？《史約》獲辱文序，古樸典雅，并諸簡端，增重多矣。但「《春秋》以後，史幾何也」之下至「無史矣」一段，不敢當耳。大抵《史約》初意，謂郡史及温公《資治通鑑》殆數百本，窮鄉好學之士甚至欲讀其書而無財以購，且或購之亦不能誦一遍過也，故《資治通鑑》惟王勝之閲一周，❶他士誦至數册即思睡矣，是以畏其繁也。又謂《史略》及《少微通鑑》或削去大事，存其小節，甚至數年不録，窮鄉好學之士雖或讀之，然制度無考，綱領不

❶「通」，原無，據上文補。

貫，止便一時應舉，是以畏其簡也。前在告日，因將諸史抄其大者，略其言辭，以成一書，便於士子觀覽，非敢有追聖人之舊之意也。惟執事削去此段，仍以鄙意隱栝入於其中可矣。如何？如何？前發來《史約》二册并後二册，統奉存覽，不必擲還也。

答陳子發書

遠辱寄書，過爲謙抑，誤加推讓，既感千里神交之契，復增五十無聞之愧。奈何？奈何？所寄諸作，高古奇特，直趨秦漢時人語，直傑作也。但以鄙意言之，用意刻深，則或滯情於字句之間，其於斯道之正，不免有少累者。如何？大抵朋友高明者從事玄虚，謂文字行業皆粗迹者，此其人已流於大過。若止於辭章上求媲孔孟，則又不無不及之弊也。令兄子明，豪傑之士，一病痰火，遂至不起。寥落南都，失此良友，苦痛！然其後事，皆進賢章宣之與垂涕泣而爲之者，其次華亭曹完性夫、三原王朝伯啓諸人，亦皆在心焉。夫生死固有命焉，而端人正士易簀，而獲諸君子與按款，則亦不可謂不遇也。因便及。

答朱鶴坡子書

義城遞到教音，喜吾兄見采鄙言，古云「狂夫之言，聖人擇焉」，果然！夫士之立天地、通鬼神，雖後來，豈必須此官爵哉？吾兄見及於此，雖愚弟亦奮然思向往矣。承諭台峰兄諸郎克肖事，足慰遠懷。

謝解州諸君子書

遠辱寄至去思碑。竊念柟不材無德，在貴郡無益，乃勞諸君子過爲奬譽，勒之金石，讀之愧汗浹背！但稱許大過，實不敢當，請且勿立，覆而存之，如何？俟一二十年，我學不改，而解人思予或不變，然後豎之未晚也。生非敢有所文飾，萬惟裁察！

答松石中丞書

往別時辱教愛無限，今尚佩服，懷思無已。兹者西土之人飢饉之餘，乃獲執事蒞撫，視如赤子，召和積穀，❶以爲久遠之計，何幸如之，生之庇賴多矣！乃復過縣問及老母，寓書念及遠客，銘感何限！竊念西人皆素信德化者，惟望益戢貪廣仁，使窮巖穴處之子皆沾飽煖，而孤聚荒落之處，亦無雞犬之驚，兹豈不復周漢之俗於執事之時哉！

答黄太常書

承教甚感，鄙意似與吾兄之意亦有合焉。蓋學本簡易明白，若如二先生者説，雖於學者惰於行之弊有功，然終恐於《大學》經文次第未合也。知行之説，自傅説告高宗、皐陶告帝舜，已兩言之矣。如何？

又答黄筠溪書

寺碑有考據，且《爾雅》但言「常」字，取

❶「和」，萬曆本作「利」。

「常任」之義，未審耳。夫周之常伯亦固曰「常」也，何獨取「常任」邪？其顔師古所訓「奉持旌旗」之事，及《漢官儀》所取「社稷常存」之義，亦皆有謂，恐亦不可謂其陋與鑿也。若謂「太祖首重太常之任，後與宗伯分陰陽禮」，此説誠然。且嘗聞之先正云，言貴寺與五府并牙，列在通政司之前，蓋與六部對也，洪武間有丘玄清者甚能其職，太祖真以「丘太卿」呼之而不名，可知矣。其曰「夙夜者，言純乎敬」，此説尤美，第不知何所於敬耳，若便得盡發揚之，尤妙也。

答谿田書

比來病況猶昔，而老母在家，不獲身侍，歸心如火，但尚未能耳，遲秋冬間想獲會晤也。邇聞學者從遊甚衆，得以復起程、張之緒，斯道再明，何樂如之！東郭執守師説牢不可破，近與屢辯之，殆少然諾，恐亦未肯盡從也。

答程君脩書

《二程子抄釋》刻本甚善，豈惟見君脩信道不變之志，而君脩父兄之賢又可知已，諸友既得之，乃皆勸之早讀而夜思，見諸行事，以不忘吾君脩之功也。但若再得十餘部，諸相知者皆波及矣。近四月間，東郭子有考績之行過鷲峰東所，講論將達旦始寢，然其意亦漸覺相合。不意入吾君脩之夢，此豈尋常所能至哉？則君脩近日學之所得，亦可知矣，喜慰何限！

答東溪汪先生書

先生不以柟實無所聞，辱遣令器季瞻遊於鷲峰東所，然季瞻之行業，庭訓已成矣，實無所增益。季瞻且還，又勞腆賜厚幣，遠貺於柟，莊誦登受，殊惶懼！竊惟季瞻賢孝之學，棟梁之器，柟獲與處，方私自幸，乃敢勞先生委懿於柟邪？柟病況猶昔，南望杖屨，操侍無由，風晨月夕，深用瞻戀！

答范伯寧書

側聞伯寧又有期年之戚，然老先生與伯寧抵家而王母仙去，順孫孝子相對而別，則亦不可謂天人之遠也。考滿事以《會典》改用者，止理見任月日乃已。此間寺中諸友皆多向進，第恨久睽伯寧，指逌救過者爲頗少耳，安得不令人憶入夢寐邪？

答松石都憲書

手書再至，甚感拳拳。地方旱災，西人仰執事真如父母，乃又有此舉，何邪？況朝廷倚賴執事，以免西顧之憂，執事若堅執求去，此其爲義，實柟之所未喻也。側聞白渠及三輔諸渠皆已開濬，爲功甚博，升勺之水，皆吾執事之仁也。若使行水去處均獲沾濡，且能遠及，亦陝西四五十年一快事也！

答薛西原君采書

日昨「主静」請教，❶甚祛塵慮。别來百

❶「請」，萬曆本作「清」。

冗交集，雖就事體驗，然終被紛拏之害。答諸公書，僕細讀之，恐浚川公之言亦有是處，但此書尚未謄録，俟外日再寄耳。《約言》甚精，有裨政教良多，然其深邃處，亦未免一涉於禪老。賢哲立言，寧近無遠，寧粗無精，使人人可守而行之，庶不遺害。如何？

答魏子材書

領手書，甚感。教愛不淺。僕自少狂妄，謬希古昔，偶從詞苑，遂沉流俗。凡諸應答詞章，實不得已，然皆非心之所欲也，鑿性蕩情，時復作悔。至于《易解》諸詁，又二十年前得告家居，二三同遊之士因問經義，信口胡説，彼皆私記，積久見之，甚不如意，不免批抹數處，彼因成籍。自今觀之，殊可發笑。不意往年有解州一士携過江東，至徹大君子之目。領教後愧愧無地，欲收毀之，已無及矣。遡厥初心，畔援歆羡，豈曰無之行也，敢不努力痛改，以孤知我？令器質直可愛，足見庭訓之美，兼接吕、高二生，亦復絶俗，大君子之宫墻，不同乎他賢有如是哉！陸伯載近亦來家，想日相晤語也。

答曹都憲先生書

枏不材，忝與令器文淵同年，而又先生長者，種德西土，感人到今。過江來便欲操仗屨，候起居，不意偶中暑濕，經年未瘥，蹉跎延遲，未布心腹。乃塵先生長者不棄樗櫟，記存晚輩，誤遺令孫貺之書教，兼以珍幣，登受莊誦，愧感交集。惟棘乃渥渥之種，問言動語，足占繩武之賢，欣慰何限！弟不材，無能增益耳。力疾草率，謹貢積悃，馳省台候，兼謝。不敏罪詈，諸惟台照，不宣。

答洪侍御浚之書

再得簡書并籍刻，甚感雅誼。禮幣前已辭於本州矣，不宜再受。蓋一事也，而有辭受之異，是使僕忽卑賤而畏尊貴，貽辱於吾執事矣。故來諭不敢聞命，謹返諸使者。

答陸伯載書

屢辱教音，如獲面侍。執事爲道高蹈，更復何言？但衰病之人，猶尚尸素，則何以誨之邪？自執事去後，積懷無所於布，安得移玉燕子磯頭，共話疇昔也。莊渠先生，想日夕晤語，斯道之任，當不在斯乎！

答胡可泉書

辱手教并試録、書帕之貺，登受甚感。南都因有一二秀才相訪者，不過問疾、序客況耳，非有所謂講道之説。但近來從事於不怨尤之學，頗覺尚能耳，不敢不告也。解州有一監生王光祖者，實僕之同志，久不得其信息，不知今造諸如何。❶ 按臨其地，可一問之，取一書寄我，以慰遠望。弟甚思鄉，念親之心與執事同，但未有便耳。

❶「如何」，萬曆本作「何如」。

答曹性夫書

即日得手書，具悉雅誼。所謂「事多掣肘，❶欲寡過未能」者，此正心存後有得之言，將造次顛沛不違者，非是也邪？後世學者於道，非篤心於高玄，必馳志於文藝，如吾性夫之學「遇事著力」者，能幾人乎？欣慰！欣慰！復明敦確，❷其兄復友明快，皆不易得之美質也。此歸，若吾性夫又身率以往，則夫明斯道於東南者，非吾性夫其誰乎！

復招勤卿書

厚禮不受，則情不能已，受之則心實不安。僕與吾勤卿蓋海内道義之交，不在於物也。如有所遺，節之於禮，是君子愛人以德之意也。恃在契厚，故及之。

答樊少南書

遠辱手簡并書墨之貺，多感契厚雅誼。其罷補支、預支之弊，苟當於理，有益於公，不計取怨於人也。所云「公事之餘，惟閉户坐養此心」者，爲學莫大焉。若常從事於斯，雖顔子克己復禮之學，亦不外是。乃又云「更無所事於學」者，則過矣。匆遽中，不盡。

答凌德容翰書

頃者須臾之會，不盡彼此之情，别來殊

❶ 「謂」，萬曆本作「云」，重刻本作「曰」。
❷ 「明」，萬曆本作「用」。

爲懷慕。近得柳士亨帶來書，益荷交厚契誼。來喻所謂「天下曉之」者，過是。大抵君子之志於道，寧求已之未至，而不尤人之未然；寧責行之不敦，而不辨人言之非。持是而不已，雖上達知天之妙，亦可馴至矣。如何？士亨行促，不盡區區，惟足下亮之。

答程惟信書

令兄將至，手簡香帕，多感雅誼。兼在京時愛及小兒，益深契厚。但書中過美，我何以堪？愧愧！春事偶屈一節，惟望同令兄再起二程子之學於今日，以振作徽之俊髦，當不止以文學先也，如何？《明禮》一書，曾向令兄言之，有暇應可作一業須看，如何？

答張汝敷邦教書

疊辱手書，足感雅厚契誼。所問爲學之道，大抵不過《大學》「格致誠正」而已，其格物之功，又其首事。若能即身之所至、事之所接、念慮之所起，輒用心窮究，不使差謬，久則理明，知至、誠身不難矣。如何？

答魏子材書

前年明德到，辱諭「靜覩春意」及「過惟憂民」之事，皆非尋常之見，喜幸得聞至教。邇日亦知循省向往，但寡弱未有所進耳，奈何！有便，望不惜誨言也。匆遽，不盡。

與弘齋書

前書想已入覽。久不聞教言，心甚懸懸。想數會莊渠公，靜中講論，定非塵士所能與聞，萬望念舊有一日之好，無惜誨語也！

與王克孝書

《史約》五代藁，益精於昔。所語文藁、語録，孺道屢言及，皆峻拒矣。年荒極，知西北之苦，無如之何。諸賢位次，神主格式，面講可定。《女訓》之編，❶乃風化之本，甚善。《世語》編至東晉，足慰遠懷。王玉溪公之歿，甚可傷惜，天之不吊善人如此！聞移居書舍，足驗學業。如王難之路近，亦可召聚，使彼亦知大道之美，如何？《二程抄釋》差字，便告刊者，但「釋」字之下「曰」字，乃某自去耳。外《語録》，近頗增多，而克孝前携去者并外篇，今皆抹去十分之三四矣，故雖在克孝處本，亦不可傳人也。今稍《語録序》并周、程書，箋紙見意。

答朱仁夫書❷

昨者疊辱屈降，甚愧疎慢！別來又辱簡書，具悉篤厚雅誼，感荷不盡。且往年頃刻邂逅，而足下輒以長者禮見加，深愧狂妄，❸無所增益，足下乃比於春風之座，骨肉

❶「女訓」上，萬曆本有「童」字。
❷「朱」，萬曆本作「米」。
❸「狂」，萬曆本作「俚」。

之親，過矣！大抵學之蔽，雖其行之不篤，亦以信之不深；雖其信之不深，亦以知之不明。知足下純慤開朗、❶嗜道如欲者，友朋中真鮮其比，誠使向往不已，斯道有不在若人乎！幸即職業中見此，無以爲羈而忽之，如何？使還，匆遽，不盡。

答黄允静書

久別，何勝懷思！往者勇歸，其孝心真可通鬼神，其於道已幾入矣，每遇知己，未嘗不羡慕也！去年又得手書，益感雅厚之意。子積行匆遽中，草草列布，不盡。惟爲道珍脩，益造其極，幸甚！幸甚！

謝邃菴閣老書

某至京雖未久，然受教愛者則甚深，蓋不啻延飲錫幣之厚，而凡語默動静之間開示之者，無所不在也。出京路，抵良鄉，乍違天顔，神魂飛越，兼思相國夙夜在公，憂治好善，益切下懷耳。昨蒙差官賜票，造次附謝，殊不盡。

再答子發書

前書計已入覽。兹陳倉歸，謹附問老先生起居，想就康泰也，而子發孝心之慰可知矣。承養之暇，望擇直諒之友，日相講

❶「知」，萬曆本作「如」。

切，以脩顏曾之學。若漢文唐詩，但令可爲我驅使而已，無得被其陷溺，❶侵於正功，方是造詣也。近章宣之、王貞立皆至，見所持守，有確乎不可拔之意，令人喜幸無限，想子發所欲知也。邇來用何工夫？會何朋友？立何行業？作何文字？有所得，望無吝金玉耳。匆遽，不盡欲言，情照，幸甚。

答胡貞甫書

久別，實爲懷思。遠辱手書，具悉篤厚雅誼，兼以良劑之貺，愛切骨肉，已分其半寄老母矣，令人感刻，言不能盡。《朱子全集》，實爲至寶。緬惟蒞政越年，壹志窮獨，閩人受福已多，願益茂仁義之政，爲古循良不啻也。大抵職專則惠易下流，道定則功自上達，方于事上者，固非所宜，而好從人私者，又不可以艾下也。此間悠悠歲月，殊無長益。辱問及諸友，然宗道已丁外艱回矣，其人大有所進，古所謂「確乎不拔」者，殆庶幾焉。叔用留心二程之學，已見于言動，能發揮。大和敦厚周慎，蒞事不苟，益閑政務。其餘貞甫所未同處者數人，亦皆勵志向往，實慰予心，大抵多慕貞甫之爲端也。匆遽，不盡。

答韓汝器書

即者又辱簡書、絺葛之貺，雅意稠疊，感慰何限！恭審政務益閑，因時隨事，多所陰救，甚慰遠懷。《史約》一向冗奪，未及改定，況能刻乎？匆遽，不盡欲言，情照，

❶「得」，萬曆本、重刻本作「復」。

幸幸。

答范伯寧書

別久，實爲懷思。此間友朋雖有三五人相處，然求如吾伯寧直諒可以聞過者，不可得也。乃遠辱手書真切，嘉貺稠疊，感刻何限！遐想日在庭訓之下，棠棣之間，行業茂盛不已，西歸尚無計，考績又爲新例所止矣！匆遽，不盡。

答程惟時書

使者來，知令弟已襄事，甚慰遠懷，然聞衰慟之狀，苦辛之態，所謂雖鬼神聞之，❶當亦下泣者也。傷慘之餘，乃復念及鄙薄，辱貺書禮并序語録，情義懇切，而辭旨高遠，愧非予之所敢當耳！此道不明，講説過多者害之也，而惟時乃能於力行中見之，則斯學當不再顯乎！考滿，又爲新例所止，枉辱多貺耳。此間章宣之、王貞立復來相聚，舊學果增卓立，甚慰鄙懷。聞部引尚未取，想會晤亦不遠也。

答楊允之書

久別，甚爲懷思。辱專使齎書葛，足荷記憶之雅。且喜雖相別而能相信，慨然以聖賢自砥厲，則行業之日茂可由知已，甚慰。大抵此道在人，如衣裳飲食然，不可使其暫服而或失體，暫飡而或枵腹也。古人所以無終食之間違仁者，良有以也。考滿，

❶「之」，萬曆本作「知」。

事又爲新例所阻，遠勞使者跋涉千里長江，感嘆何限！使還，草草布意，殊不盡懷。

答汪伯重書

遠辱千里遺价，❶齎書墨、紬布之貺，具悉雅厚至意。且覽書益知造詣高遠，非復往日鶩峰中人矣，甚慰！甚慰！但云「終未有洒落處」，將其念尚他有所牽滯者乎？有則自觀其根而斷之，便到「不改其樂」境界也。更上一步，恐亦在此。如何？

答陳子器書

前書計入覽。令兄子明墓銘，望改正後入石。此事吾子器與舉之，可以觀近日之所造矣。事完，望與子發切磋爲曾氏之學，子發高材敏博，毋令止爲一詩文人耳，乃尤見子器之能友也。此間章宣之、王貞立、易伯源、張淳夫諸友，果皆勵志堅定，則子器兄弟不可但已也。見學敬、允弼諸友，亦望以是告之。匆遽，不盡欲言，情照，幸甚。

復柳士亨書

別來懷念同志如吾士亨者，未嘗忘於寢食也。近至南都，得汪時容送到兩書并嘉貺，深感相信之厚。兼知邇來造詣堅定，於斯文真有望也！更冀充廣，以求所謂博厚載物者，當見鳶魚飛躍於目前矣。匆遽，不盡欲言。

❶「遺」，萬曆本作「委」。

答張仲完書

往歲遠辱江邊之送，兼以雅作，甚感。即得來書，足荷相信之厚。至曰「無可息肩之期」者，則有見之言也。❶能乎此，❷雖周公之「終日乾乾」，又何不可學哉？會試想不遠，當一會晤，以敘闊懷矣。

答鄒廷俞書

遠辱記存，多寄曆録，爲感如何！緬惟旌賢剔蠹，流澤西蜀，乃復注意賓興，廣獲俊造，以副上意。賢人君子所至之地，不同於尋常如此。枉詢迂腐，豈有異説？只此虚心好問，雖守之終身，他日以相天下可也，況於一方乎！

答陳虞山書

僕自筮仕時，即知海内之士有好古樂善如吾虞山公者，每切懷仰，時形夢寐，弟未獲躬侍道範而聆德教爲恨耳。邇又辱簡書、銅章之愛，登受殊增愧感。小詩一張，聊補前空，然實請教也。

答張範中槼書

辱華翰佳貺，具悉雅厚契誼。友朋有此，當非斯文之慶邪！所問益身心、切實學、及急務、除病四事，甚善。但除病即急

❶「則」，萬曆本作「真」。
❷「能」上，萬曆本有「足」字。

務，急務即實學，實學即益身心也。第其所謂病者，他人不能知，必自己將度。受患深處，先克治之，其餘皆坦途矣。如何？

答余晦之書

得手書及諸作，足知河東之政，兼以所聞于道路者，喜慰何限！蓋賢人君子所至之處，地方便改觀争光，果然哉！此土本堯、舜、禹、湯之墟，而皐、夔、稷、契、伊尹、傅説之鄉邦也，足下振舉如此，豈惟今之士有益，雖於古人爲之重榮，鄙薄如予者亦獲托名于久遠矣。厚禮太過，何以克堪！諸作皆切實，清新純粹，金石之文，自當如是，莫之能疵。但「以暇開卷爲命薄」，則豈予所望於晦之者哉？舊處不見有此詩賦，覺之甚爲驚訝耳。解梁書院，望亦留心振作，既委虞守主管，可謂得人矣。其西有王官書院，焦尹亦嘗奮志更修，如又其西有河中書院，乃吕九川所建者也。若皆各選耆德碩士以爲院主，如古山長之徒，俾之化導鄉人，誘勸後學，不止專習文字，即虞夏休風可復再覩矣。焦尹亦嘗從予游，蓋志士也，不知可與虞守同委，分効其力否？

答吕九川書

久違懷仰，時形寢食。簡書兩至，皆已拜悉。大抵此出，必須以得軍民之心爲主，而禁止科征，舉拔賢才，乃禦虜之急務也，他可姑緩之矣。同年諸公及同鄉劉公在彼，渠皆有所依歸，君早晚不可不存問也。

答夏方伯年兄書

執事往年於順德途中須臾會時，至今馳仰。緬惟吾兄旬宣大省，足知煢獨之受賜也。即者遠辱手教，并典籍、新書、幣貺，登受益感記存。使還，謹此布謝。

報崔後渠書

前日於宅上夜談，極領教益。其論「四勿」之仁、「好問」之智，甚爲真切，蓋天德、王道，全在於此。鄙見亦嘗至此，但不如是之精切明澈也。所示鄙人之過，尤所敬服，便當改此失，且欲推類以及其餘也，矢不負斯名言矣。昨爲西渠、柳泉各大書數字，欲刻置墓石，已告之王太守矣。西渠塋之東北隅已有一石而未礱，其催促完成在執事也。字在李西牟所，其碑陰欲書題辭數言，并附上請教。若柳泉者，則在執事及乃郎回京自有處也。西渠乃郎，屢招不至，薄意已附於苗世臣秀才矣。風雨阻于淇，草草留此。

再答戚掌科書

得楊生書，足知近日造詣堅定，喜慰何限！所舉孟子數語甚是，但不知自得景象果何如耳。所謂「先功夫而後文藝」者，又恐涉支離矣。前者佳作，欲辨註數處，適有北行進賀之事，於書籍數日已束裝，當再寄也。

答宗伯渭厓霍公書

在京多辱教愛，僕性愚直，凡言語文字之間，信口胡説，而吾執事略不罪責，其汪度如滄海，乃僕尤言「欲有容」，則其無知甚矣！且瀕濟江而無船，吾部司官已先回矣，執事乃獨徘徊躊躕，區處竚立，舟發而後返，則其上以事君之忠，下以處僚友之厚，近時未多見也。行與袁公歎服，感刻不已。

答鄭維東書

維東之高行大材，豈待觀《省行録》而後知乎？然觀此，益爲予心之所感也。❶自古哲人直士率罹讒遭毁，然即録中專提宦族壹節，豈非速釁之壹端邪？士君子在天地間，何必以黜自沮乎？千萬無以此嬰心，逍遥乎無愧怍之天，以求天地鬼神之知。區區俗論，蚊虻視之可也。録宜藏之中笥，以示後人。匆遽，不盡。

答後渠崔公書

屢辱教愛，感德不淺。所云前二三書者皆未到，郭丞申士之書則領之矣。《易象説》恐過於執泥，以「大」指「氣」者固未是，以「明」指「日」者恐亦未然也。「春，王正月」，多是削去前兩箇月，以夏之正月紀起耳。雖有漢以來曆書率是因《春秋》附會以扣算，不敢以爲的也。如何？士子日繁，

❶ 「感」，萬曆本作「惑」。

而才力甚不勝任。有教言，望滿紙賜可也。偶有小詩，附上求教，幸不吝。

與滁州林太守書

彝卿足下：近解州耿、張兩生來，始知其伴任泰者殤死於滁，多辱愛及。泰，義民也，僕至江南十年矣，解州耆民士夫，每年必醵錢津遣任泰渡江問安于我。今次至滁，未渡江而死，傷何如之！泰常依于監生王光祖之家，光祖每有幹，必托泰。泰往來江南十數次，道不拾遺，言必忠信，行不愧獨，難得之士。今不幸至此，能不一諒之乎！且光祖與此耿生，亦令兄之門人也，可知泰矣。萬望與一脚力或騾驢送至汴梁，幸幸！

與謝應午書

在京不獲會悟，曾留小書於侯經歷處矣。即過直隸，聞課士嚴密，拔擢允當，人心悦服，甚慰客懷。但按臨一郡，凡屬州縣正官皆以印隨去，若小縣缺官去處，倉庫、獄囚未免失守，必先責委得人，方可令其離任，不識如何？且於縉紳往來道路者不便也。廣平丘同知，予在解州時嘗從予學，其人涵養醇正，謹信温厚，則固今子游者之滅明也，樂善君子豈不欲聞之乎！廣平接至官回，便草草附懷，皆據近所見，無所出於人者。惟情照，勿訝。

答仇文實書

京師會悟不久，而文實向道慕古之心，即令人懷思不已。得簡書、珍帕之寄，益感雅厚。人回，小書扇領絹將敬，不具。

與石泉都憲書

昨邠州書到，多感多荷！近得本縣送看府帖，云執事准令兩司會議，欲將本縣窄短府館爲僕改建涇野書院，講授生徒，即令吕新管掌。此其過爲推待，作興士類之意，極爲至厚，但此地前因易換官廳地基事，生已令吕新退換，不敢爲業，今復如此，是名不取而實取，即「舍曰欲之，而必爲之辭」者也，固非生之自待，亦豈吾執事暨諸君子愛人以德之意乎？已令吕新具狀本縣告免，千萬停止。且各處書院，近爲言者欲行折毁，而賤號乃敢身自當之，兼令子弟輩掌管，以圖日後之利耶？千萬停止！

又中部劉都憲及其子婭主事佐、郎中仕，鴻臚儼爲京官時，有司撥糧存起，未免有情，其後相繼彫謝，而仕尚在配所未還。聞其家被讐人告發省城，一時監追，實難運辦，若容在本府本縣監追，如何？當其法自有公道，不敢言也。又三原秦參政偉者，亦守正不阿之士，近其乃配夫人之殁，其子貧不能具一槨，亦望分付縣吏一拯助之，令得早與參政合葬，亦義事也。執事素敦道義，今且風化西土，因併及之。

答李端甫書

到郡未久，聲政載路，賢者易於爲邦，固如此乎！　魏子宜已西行矣，所云「其量」一節，果中其病，於端甫恐亦當留念也。　嘉簡過於自智，知賢益懋循良矣。　米酒諸貺，已切感厚，乃又益紗段二幣，過矣！　使還，草草附謝。

與應元素書

疊辱簡書，嘉作，登受莊誦，受益良多。第以南北奔馳，歲無停馬，於吾兄處懷仰雖切而裁問殊疎，罪過，奈何？　惟吾兄政可經濟而學甘簞瓢，乃不偶，爲時輩短所屈，在相知罔不嘆息，想亦不久林石也。

與内濱初公書

春中得報，甚爲驚訝，凡與知己，罔不嘆惜！　蓋直躬而行，既有所忤，勢必至此，知執事必以理命自遣，不介懷也。　河東事，近余晦之又一振作，於執事往日政教之善，又一光也。　數月曾有書附滇中承差，想未至乎？　田宗商回，草草附訊。

再答晦之道長書

前書計入覽，文稿序轉求銀臺林懋易先生，渠以其乃尊亦此號也，又返其禮，執事如欲求費司成他相知者，可寄書來，當問之。　蓋執事與予既有此義，若爲之序，未免稱贊，他人不知者反以爲比周矣。　恭審振舉河東政教，豈惟鄙人之幸，其地方受賜亦多矣。《王官書院記》一首，蓋焦尹所求者，因敬附覽。《塾學記》中以牟爲協謀，牟固可與之人也。《王氏家藏集序》恐稱許太過，且執事爲其屬官，亦須酌言也。如何？如何？

答戴時化工部書

往在京，多辱雅厚。章宣之到，具悉相愛至情，近簡益篤意，鄙人何以克當！胡公所寄書及與西玄者，俱收領矣。徐中政務清簡，相益力於斯道也。外小書刻寄意。

答葉地曹子大書

久別，何勝懷思！疊辱簡書佳貺，益深荷感！緬惟遭困處險，百千萬狀，人所不堪，若處之坦然，乃真學問也。大抵窮通有數，遲速有命，雖他日處大顯之時，亦若今日處大塞之地，通爲一理，斯其妙也。僕嘗躬自爲之，故敦以告道厚耳。❶如何？如何？

答顧雍里提學書

過汴極辱雅厚，方切荷仰，邇復辱差人擲柬迎至磁州，此其情意，婉如南省之舊，益令人懷感不已也。第其中以「賀」字見奬，頗于孤臣孽子不似耳。薄劣叨洪恩久矣，一旦離去君父，長往山林，不無瞻戀之意，且自省愆不暇也。

❶「敦」，萬曆本作「敬」。

答可泉中丞書

比來滿望會晤敘闊懷，❶不料吾執事尚未抵任，甚惘然也。前覩《撫巡規約》，其處革官吏軍民之弊詳矣，又以爲雖多作樂府亦不妨也。今見中州災傷，未聞救民之政，乃復東顧室家，久而未至，忍使流離滿填溝壑。❷素日抗志千古，今其所行，乃與往日孜孜、過門不入之禹不同，何也？將非猶爲樂府一誤邪？抑以功勞懋大，聖主一見喜而遂自盈假邪？宜乎往日吴中同年諸友有多口矣。僕北行在即，遲一月仁聲不聞，中州倒懸，當誰望乎！

復李上賓年兄書

久違道範，何勝馳仰！緬惟林泉之遊，子弟之教，其樂無涯。令器應元得給假稱觴後，便促之北來，庶使年弟不失信於人，即吾年兄之遠教我矣。必不使應元濡滯膝下，馳騖人事，以誤彼之正業也。千千萬萬！

答可泉書

前戴主事人回，曾附謝柬，想已達也。兹復辱《西玄集》并古樂府之寄，益切感教。

❶「比」，萬曆本作「此」。
❷「滿填」，萬曆本作「填滿」。

但樂府大逼漢人語，古雅工緻，何也？吾執事方在撫恤煢獨之時，而乃有此作，將不左於用心乎？故予嘗謂：與其在上者有古人之詩，不若在下者有今民之謡也。義切骨肉，語不覺大戇耳。如何？如何？

答王檗谷中丞書

辱遺令器伯止枉顧，兼賜華翰良醞，僕得見芝子，如見其父，數年睽違，馳慕之懷，亦少慰矣。醉酒飽德，又何言哉？乃又云「選勝結第，讀書求益」，可謂今之伯玉君子者乎，行當以爲師法也，但恐吾兄抱經濟之材，棲遲山林，又不能遂其願耳，而公亦不可在江湖而忘廊廟也。

答胡甫之書

恭喜得令松陽，而以爲官卑。苟使仁惠及於煢獨，而循良政成，雖公卿，奚讓焉？吾見其志之必堅，行之必果也！

寄西亭施聘之書

久違道範，何勝馳仰！王秀卿過此，又辱寄聲，益切愧荷！緬惟吾兄迪仁履義，確守六經之舊，士林傾仰。不日徵置卿相，霖雨天下，可懸知也。秀卿回，謹此附訊。

答東橋司寇書

恭喜榮拜，會晤不遠矣。所論《中庸》

「中和」之説甚當，若浚川公者之論，未免陷於性惡之偏矣。但吾執事既勸人以容物之義，又恐其怒也令僕解之；既謂巡撫不能送厝，又欲僕言諸新來諸公，則於「未發之中」以及「中節之和」不能皆合，宜浚川公若是言也。如何？如何？據按奉復，請教益，餘俟面質。

復克齋奉常書

當此大事之時，慎而後舉，明而後行，誠吾執事臨事而懼之盛心也。但喪、祭皆朝廷大事，不期而遇於一時，將孰廢乎？部中文移，皆采衆論之公。禮所謂「緣人情」、「義起」者也，得旨而後行，將不無後時乎？渭厓公有此論，僕意亦與合，遂有昨議，惟吾執事裁之。

答韓汝器書

去冬辱枉路顧我，甚爲簡慢，兹復辱遣人遠惠簡書邊議數條，❶兼以絨褐羊禮，❷足感雅厚。其所論「重守令，選邊官，以來豪傑；嚴清勾，廣召募，以審主客；查侵欺，稽隱匿，❸以戒因循」者，此誠備兵之急務也。至若「抽丁選走兵」之事，于予心有疑焉，司馬君實所論刺義勇之非者，將無似之乎！軍士不戀邊，必有其故。食不足兵，恐失其方。足下身任此責，不可不熟計而預處之也。如何？如何？使還，謹此

❶「簡」，萬曆本作「問」。
❷「禮」，萬曆本作「醴」。
❸「匿」，原無，據萬曆本補。

附謝。

答崔洹野書

一

在京甚辱教愛，不但往所謂聞所未聞也。《洹野序》，至前途便轉寄，不敢誤。惟是許弟一作，不知何日可慰鄙望耳。南缺如不得，亦且息念，恐不日超拜也，蓋中外人所共望耳。謝應午嘗從僕遊于南都，其人志向篤慤，博學明敏，又美文物，數進謁請益，可勿他辭，前吏想已告之矣。李伯華古書，令馬彤抄寄，幸幸！

答王良輔書

遠辱簡書紬貺，且以告別，雅意篤厚，知感不盡。此行鴻才積學，定中高選，素志將大行矣。然或一就秋試，魁元之擢，知不讓他人也，所云「翰林相識之人」，良輔又何必掛念哉？北泉精舍之言，將又忘之邪？蓋僕自去年一出國門，凡諸縉紳即息交絶遊矣，況翰林之近侍者乎？雖有一二相識，義亦不可告也，惟良輔相信之深。凡前者之言，必有諸己，斯慰遠懷耳。

復魏少潁書

遠辱遣使寄惠華翰，兼以酒果米牢，多感雅厚。所問文集，自去秋別後，寒家老少多患疾病，至今方就痊愈，一年之内，手未拈筆，目未覯書，而鄙藁因多散落，今辱問及，愕駭失措。乃于群書先檢得序文二册，暇中望一校勘。若惠一名序，尤出望外。餘藁不日檢出，專人封識走送。

復洪洋趙中丞書

西人一聞明德君子撫兹全陝，不勝欣躍。邇者下車未久，崇寬簡，罷誅求，息煩擾，戢貪殘，西人真慰雲霓之望矣！忝與交遊，喜慰何限！益知其後益充是道而不渝也。方圖具賀，以山林之人未能遽行，乃輒辱簡書、羊幣之貺，登受反增愧感。使還，謹此布謝。

答渭厓霍公小帖

生平日以公爲可人也，今此疏如此，可謂阿私所好，不知人之甚矣！聖主聰明睿智，足可追復堯舜，乃公所斂祭二人，掩蔽行私，引進匪人，至今令黃河以南、大江以北，僵尸數千里，賣子女不直百數錢。危亂至此，公寵信重臣，不能上告聖主，乃欲黨一亡姦，歸炎涼于鄉里良民，此何故也！然則一二十年百姓無告受害，非公而誰？公多學有志，一變而爲正人，有何不可？

答子從書

辱差人送，足感。但汝器、子珍皆破格出别于南門外，乃來人云「子從懼泥雨而止」，甚爲悵惘。且吾子從常過加禮於真定，亦嘗出北門爲别，今豈以予之還山而薄邪？子從必不其然。且予雖不及程氏，子從又寧肯讓立雪二氏者乎，乃於泥雨有辭爲？夫既相知之後，又焉用手本，似非待山人之意，使予不能無疑焉，將無尚有所云

「乙未進士」之意乎？夜中談，可謂罄出鄙衷矣，願子從見道，勿見官也。數云「爲俗士累，欲去」者，正坐見官之病乎！西谷不能漠然于高賢，附此。

涇野先生文集卷之二十二

南京禮部右侍郎致仕前國子監祭酒
翰林修撰兼經筵講官
同修國史高陵呂柟撰
巡按直隸等處監察御史門人建德
徐紳海寧吴遵彭澤陶欽臯編刻

墓誌銘一

馬母李氏墓誌銘

馬母，姓李氏，雲巖先生三原馬公之次室，吾友伯循理之母。理蚤著文行，應弘治十一年省《春秋》第一舉人。十五年，柟卒業太學，同舍居四年。十八年冬十一月，同歸省，行邯鄲而馬母訃至，伯循驚怖僵冷，移時而蘇。已行，泣語柟於彰德路曰：「吾母未逮事吾王父母，每當忌辰，哭之哀，其相母君劉奠祭，必齋戒。恥世俗婦女不時相問遺，不饁不出閫，不有故不至外家閾。身能勤儉，當病不廢紡績，其有羨貲，藏以待乏。成化末年，歲大凶，人相食，母出所藏以給日用，予家得以全，田疇室宇且拓於其舊。吾父嗜詩禮，賓朋生徒訪而至者，日不絕踵，母每儲不時之需，以當其意。其慈吾輩，恐其讀書不一也，服飲必親之。侍膝下，則諭以嘉言嘉行而誘之學。吾父爲鄉大賓，深衣冠皆其手製，其他惟殺袗，著冠襟巾襪，履倍常履。」因指所著布屨曰：「此屨也，將十年矣，而未綻裂。」「性嚴重，見諸婦多言笑者，必斥之，諸婦莫敢不懾。嗚呼！理不能狀矣！歸，將修葬事，子爲母誌之。」柟飲泣而諾曰：「此皆柟之宿聞，而以訓其内者也。」至淇，柟以事留淇旬餘，藁落淇邸。

至家，伯循貧不克葬，有俟於二麥之登，乃又狀曰：「母垂没，舅氏乘間乞一纙布。曰：『女娣平日不私假與，舅氏所知也。今豈以病且死，而忽移其心哉？』舅氏嘆息而去。没之日，學語之穉行坐啼失聲，吾父及母君哭之病。」柟撫床理前藁而嘆曰：「姆氏之學廢久矣，若馬母也，苟非天資之美，則必有所學之也。伯循自謂粗知禮義，固父師之教，亦母之力然。柟與伯循交最厚，其賢信乎自於此也！」

誕於正統十四年己巳夏五月四日，卒於弘治十八年冬十月十有八日，享年五十八。子男三：理、珊、琇。女一：御。理娶姜，生男希古、希一，女淑潔。珊娶李。琇未娶。御適袁氏。嫡長男璠，娶袁氏，生女淑静。嫡長女昭，適王氏。皆字之厚。欲筮正德元年六月十二日，葬於先塋之次。銘曰：

嵯峨之堂，清谷之陽，友人馬伯循，有居曰綺埜莊。西北行一二里，葬其母，其德當於斯山而高，斯水而長。

劉母徐氏墓誌銘

邠州舉人劉澄之母徐氏卒，澄自爲狀，遣弟清請予銘。澄之賢，予故知之于吾友馬理，而又嘗識澄于南師，按狀，且非誣也。乃志之曰：

徐，豳之著姓，陝州學正味道君璽之配也。徐自歸味道君，善事姑舅，祗若意命。

及姑疾，不違左右，晝夜罔懈。姑疾革，握其手曰：「吾已矣，顧無以貽女，惟願女他日得若孫之婦，皆如女耳。」徐揮涕籲天，請以身代。姑死，哀毁骨立，鄉黨稱焉。嘗逮事大姑，若事姑也。又嘗逮事曾大姑，亦若事大姑也。及其遭祭薦羞，必先事處之，不敢易也。

初，味道君之遊郡庠也，每雞鳴，必促起之，曰：「妾聞爲學如撑逆舟，力少緩，不進且退矣。」味道君乃力究《小戴禮記》，獲領成化乙酉鄉書，後以年例授河南陜州學正。他日歸邠，謂其子澄曰：「昔吾之教陜州也，多達其材能，而監丞陳雲逵、給事中張九功尤著，人皆謂余之績。當是時也，微女母勸道之勤，吾乃且倦矣。」成化末，米斗銀伍錢，家蓄米數百石，人謂味道君：「糶可射利拾倍。」徐乃力贊味道君貸于貧者，俟豐歲焉斂之，救人死，而亦未嘗寡利也。時一貸者，常與長子洪有隙，洪白：「當弗與。」徐曰：「仇而勿與，禍且至矣。」乃倍他人與之，且令食之。其人曰：「吾妻女昨奪吾食，吾捶之幾死。在比舍，意弗獲貸，以死圖之。今若兹，惠出望外。」遂涕泣而去。越二日，其人妻女果斃。人言徐勤儉立家，當非其質之美耶！

徐生三子：孟曰洪，年四十一而死；仲即澄，應弘治乙卯舉人；季曰清，業農。洪娶季氏，生男三。澄娶林氏，生男四。清娶程氏，生男一，女一，爲州人程翺妻。徐生宣德甲寅四月十八日，卒正德庚午十二月二十一日，得壽七十有七歲。卒之明年，辛未七月二十五日，葬于邠之大王城下新兆也。銘曰：

劉澄母徐孝且慈，没而葬之豳山陲。

文林郎高陵縣知縣李君墓誌銘

余嘗稱吾邑侯李子實有五德焉：思親老而篤，交友久而不衰，臨政勤而詳，接下惠而察，處用儉而有度。謂當終綏我高陵也。比吾應命入京，未數月，侯乃不甘于部民之言，飄然掛冠即歸矣。比吾再病還山，聞侯又不禄矣。嗚呼，侯有此哉！然而其僚猶有存者，謂余曰：「侯之去也，與我與部民對理于上官，孰與我山林對經籍也？縱無愧於心，與我折足伸直于一日，孰與我逍遥飲酒以避世耶？」當是時也，侯若在，公道自明，萬萬無恙。侯乃捨其細而求其大，侯不可得！

侯初習《禮記》，中山西十九名舉人，得教諭吾省之寶雞。弘治乙卯，雲貴布政聞侯學行，聘典《禮記》文衡，是科雲貴稱得人焉，後又教授吾省之鳳翔。正德丙寅，河南布政聞侯學行，聘典五經文衡，是科河南又稱得人焉，乃自是陟尹吾高陵。在寶雞時，提學副使楊公、巡撫都御史李公，皆以「勤教孝行」移文獎侯。在高陵縣時，巡按御史周君、總制都御史張君，皆以「操守有爲」移文獎侯。然侯自寶雞嘗丁母劉氏憂，服闋，陞申王府教授，轉伴讀，伴讀而後，教授鳳翔也。在伴讀，授勑命，進階登仕郎。嗚呼，豈可得哉！

侯諱珣，字子實，世爲山西霍州人。高祖諱甫，祖廞，不仕。父謙，配劉氏，實生侯及其弟忠。謙年三十歲卒，時劉年甫二十五也，甘貧守志，撫君于有成，幾蒙旌表貞節而卒。侯配郭氏，生子男四人：長綿芳，室馮氏；次續芳，室張氏；次緝芳，室張氏；次纘芳，室劉氏。纘芳年十六没。女一：鶴齡，適郡人史直。孫，男三：汪、涵、渭，女二：阿芸、阿繁。侯生于景泰六年七月十六日，卒于正德八年十月十四日，得年五十有九歲。綿芳將卜正德九年十月日，葬侯于霍北清石灣之原，以附祖塋，遣人千里索銘。嗚呼！余受侯之知甚，其可辭？銘曰：

堯水之陽，霍山之堂。我侯攸成，有教有政，克裕克光。聲斯洋洋，後世所瞻望。

資善大夫南京户部尚書正誼先生雍公墓誌銘

公諱泰，字世隆，別號正誼菴，陝西咸寧縣常寧里人也。先應天句容縣人，高祖太居生子安。洪武初，子安從戎西伐，編今籍，生清。清生鑑，字明甫，號逸齋，封文林郎、山西道監察御史，配王氏，封孺人。瀕育，夜夢神授白蓮一莖，日生公。孩孺即敦敏不譁，八年而事塾師，輒越諸兒。十三年選升府學，十九年鄉舉。成化己丑進士，明年，出知吴縣。吴濱湖，湖漲淪田數百畝頃。先尹咸欲防湖，輒沮於富室，公至作堤，富室猶讒於太守，公立笞之一百。期月而堤成，雨暘蓄泄，吴到於今賴之，曰「雍公堤」。夫有妾死，妾父訟夫：「密殺吾女兩月，匿尸湖中石下。」召訊夫，夫曰：「妾逃兩月，跡求無效。妾父脅財，始知死所。」公使視尸，死當近日，乃訊父曰：「夫夫密殺汝女，汝安知匿女于石下？此又豈兩月尸耶？必非汝真女，汝假他以勾賂耳！」一拷而信。同年進士過吴，説求衣裀，不答，寮勸之，公曰：「余爲吴人父母，剥其子以賂友，於友何厚？於子何薄？」吴人無大小稱青天焉。于是巡撫都御史畢公奏曰：「吴縣知縣事上不阿諛，臨下寬而敬，剖決如流，官友求貨不行，❶吏畏民懷。」上考。甲辰，詔擢爲御史。吴俗，令行皆饋樓船，饋公，公不受，民涕泣固饋，乃駕至張家灣還之，吴人歌曰：「時苗留犢，雍公返舟。」

既守御史，彈射不憚高明，褒揚不滲卑遠。時威寧伯王公典院事，語親舊曰：「棘避驄馬御史也。」初巡南城，四城咸求折訟，公曰：「去，有主者。」民崩首不去。他官不辯也，公爲折之，于是豪右斂跡，聲震京師。巡關居庸、紫荆，士民讋服。嘗笞梨盜，後有首得遺驢者，訊之，乃前盜官梨者也。兩淮巡鹽且滿，巡撫都御史以公力遏權要，商民咸悦，復奏留一年。初，公至淮，皂丁貧而鰥者幾二千人，❷比及二年，具與完室。既去，淮南人詠曰：「客邊檢槖渾無硯，海上遺民盡有家。」又曰「了卻四千兒女願，春風解纜去朝天」云。

己亥，陞鳳陽知府，未到，丁逸齋君憂。服闋，改南陽。唐王奏取民田千頃，命下按察勘給，公力報不從，❸奏曰：「民去，王誰與守？」得准。汝寧知府及千户淮相惡，❹各奏「逮至千人，累年未判」，撫按下公，三日而決。

甲辰，司馬于公總制北邊，辟公山西兵

❶「求」，原作「來」，據萬曆本改。
❷「皂」，萬曆本作「竈」。
❸「報」，明天啓年增修本《馮少墟集》卷十七《四先達傳·尚書雍公》作「執」。
❹「准」，明萬曆末年曼山館本《獻徵録》卷三十一收録是文無。

備副使。公至大同，汰侵漁，振頑慢，廣墩堡，制兵車，以禦胡。胡自公至，不敢褻邊。千户韋英誣收謀逆百人，于公會鎮守巡撫將坐實以聞，公曰：「人命至重，惡可輕舉？若出誣收，可謂『賞一奸，殺百良』疑讞乎？」于公悟，從之。至京，果得誣殺英，百人俱免。于是于公有疑，率召質決。期年，陞山西按察使。或謂大宰李公曰：「雍某何以驟耶？」李曰：「雍廉使風力無雙，可以諸人遇之乎？」于是山西獄無冤鬱，綱紀肅然。公乃爲「一天白日，遍地清霜」之詩。有訟其子失養者，公垂涕泣喻子曰：「爾由襁褓，何所食，得至今日？乃不顧父母之養，私其妻子，罪當誅。」其父復號泣乞原曰：「愚民老且死，僅有此兒，一時感怒，不知至此。」公始釋之，曰：「慎勿又犯。」乃卒爲孝子。太原知府尹珍出，遇公于途，前驄緩避，公召數珍，珍起，抖擻衣上污曰：「此豈失朝耶！」公曰：「汝毁裂朝廷體統，猶敢假爲悖言，非罪耶？」笞珍。珍訴于朝，誣以人命諸事，遂收公錦衣獄，無證，猶三月而後免。

左遷湖廣參政。湖民被誣爲强盜者七八人，歷多官不解，御史下公，勘畢得誣狀，盡釋之，七人皆圖公像祀于家。武昌知府王達，貪虐而喜媚權要，當述職，自布政、按察率與上考，公艴然曰：「泰敢黨達以負國耶？」獨注曰：「上官畏其暴，下民被其虐。」諸公變色。後達卒黜。

辛亥，陞浙江右布政使。太宰屠公家衆鬻販私鹽，鄉人效尤，幾至千輩，盜竊横行。公先收屠人抵罪，諸寮咸諫，公曰：「此等爲屠公禍，屠公豈知禁此，當非大助耶！如其知也，存屠公情，存朝廷法！」諸寮慚退。既而丁王孺人憂，未闋，吏部辟爲山東左布政使，固辭不起。己未，詔起爲右副都御史，巡撫宣府，疏辭不允。居宣府二年，諸所奏議，咸當時務，士民祇畏，邊陲宴安。士無室者援兩淮例來訴，公復與完聚千人。參將李傑不法，部下狀公，公將參奏，李跪堂前，詭乞受責以圖自新，公遽信曰：「此亦軍法也。」令縛下，大杖擊之，三軍股慄。初，李之屈也，策公必原，既乃譖公于時相暨科道，時相有戚黨，科道有稔習，公遂以擅打將官劾罷。乃日居韋曲别墅，不涉城市。秦簡王出入温泉，駕過韋曲，款語移時，留詩云：「寄與山東謝安石，莫因高卧負蒼生。」

正德丁卯，言官潘鐸諸人交薦公「有敢死之節，克亂之才」，詔復起公爲左副都御史，董操江，疊疏固辭，弗允。時宦官劉瑾用事，卿佐遷除，厚賂行謝。鄉人喻公，公曰：「進退在天，若奈我何！」未幾，陞南京户部尚書，又不謝，遂令致仕，罰芻米千石，速著有司，促輸宣府。潘鐸諸人，及前吏部尚書馬公文升、兵部尚書劉公大夏數十人，皆以辟公，罰米有差。公自是復居韋曲，旦夕焚香危坐，食既，則拽杖撫童，徐步畎畝，或休諸樹下，或濯清泉，撫景自詠。于是田父羽流，皆得與公談稼穡，講鬼神，公亦或自謂與鬼神通，後進或少之。嗚呼！非公將有沮于人，使其志不獲盡行，極于此而言耶？抑其自信之篤，人莫之知，至于此而言耶？

甲戌，公年八十，族人及鄉大夫請公入城稱壽。公至，童顔兒齒，目炯炯射，人咸謂遐算，當越百度，乃十二月二十七日卒。卒時榻下若霆震數聲，故胡君謂公平生英雄不平之氣如此也。訃聞天子，復悼賜葬祭。先是，禮部復奏曰：「雍泰才明剛斷，既廢復起，操行清介，至老不渝。先是，雖嘗被劾革職，但平生大節，非與世浮沉者可倫。」當時以爲確論。

初，公善事二親，蚤年苦學，至廢寢食，王孺人懼其疾也，屢抑之，公曰：「不若是，恐辱吾親。」及逸齋君、王孺人殁，哀悴浮禮，蔬素皆三年。同學介菴李君錦博學履道，名通天下，選公而友，比公五試禮部不第，勸公仕，公曰：「《易》不云乎：『行而未成，君子弗用也。』」他日，李遭家變，召公稽疑，公曰：「《凱風》『聖善』，《堯典》『烝烝』，獨不可耶？」李未心允，公策驢長往，曰：「非吾友也！」李徒行隨五里，公坐驢上不顧，李挽驢曰：「命之矣！」公始降別。奉身儉素，雖貴賓至，肉味止一二品，位晉司徒，猶未製緋衣，瀕没而後家人製之以斂。不義之餽，一無所受，人亦不敢私賂。進士歸省，鄰人遺以束薪，便遣還，有友詰之，公曰：「昔伊尹非其義也，一芥不以取人，如之何方仕而先貪也？」未幾，巡撫王公會公語曰：「前辟人不勝厥職，後不敢辟人矣。」公曰：「寧教人欺公，莫教公欺君，豈可因此而怠進賢之道？」王公退語三司大夫曰：「雍進士能識大體，他日樹立，非我輩所及。」後又退住韋曲，陝大夫、守令，苟非所合，不與相見。鄉士或從之遊者，公遭過必稱名面命之，不假辭色。至族黨有犯，必告有司曰：「甲是乙非，幸無爲雍某屈法。」故家人亦或怨其少愛也。有司嘗獲礦盜，盜誣引三川人千餘家，有司遣卒攝捕，卒因取財以爲收放，污及人婦女，有司莫止也，公使家衆捕卒數十人，笞殺渠魁二人，送其餘于臬司，于是三川人依公如父母。則公自縣至司徒，旋守而去，其所不見之志，可由據也。所著有《奏議藁》五卷、《正誼菴詩集》六卷，皆其意焉耳。

兄弟三人，公爲長。配宋氏，踰年卒，贈孺人。繼配馬氏，封孺人，有内德。生子男四，俱殤；女二，長嫁侍郎邢公簡之子知州野亭，次嫁教授田君賓之子典樂大有。馬孺人以四男之殤也，勸公禮娶王氏爲二室，生子二，亦具殤；女二，長嫁咸寧縣學生郭桐，次即胡君之子儐妻也。馬孺人先公五年卒，王亦先公歿，乃再娶今廖氏，生男子一人，亦殤。公卒之明年，宗人及鄉大夫始定其弟之子某爲嗣。卜丁丑年夏五月十日，葬公韋曲樊川之陽祖塋，附以二孺人。銘曰：

維五月甲申，公即窆于樊陽。河華咸震，四國齊悲，曰：「天胡不憖遺我老，弼輔天子，以種德于蒼生，乃終不究爾道？乃復鮮世有男弗壽，無女不臧。胡天不知而懵兹者：我老亶厚，躬恤國家，蔑有回志，幼壯耄耋，稱道不改，如山如鑒，如金如弦，如雨如雲，如鳳鳥之革，厥止定哉？」皇祖景命，❶作材維經，誕我西土，哲人寔繁。景公出於真寧，張鷄菴發于富平，李介菴拔于長安，王黯菴生于河州，端毅太師起于三原。五君子者，忠勤太常，澤被方夏，風流來裔，克光于旦、奭、吕、張。則西土之傑然也者，公之儔與！或曰汲黯直而信，申屠嘉剛而斷，公孫僑惠而不側，孔戡威而則，而公又裒之

❶「祖」下，原有「舊」字，據萬曆本、重刻本删。

也。嗟余小子，零丁在疚，思孝先人，惟式是鄉之前修。矧由總丱，私淑懿德，苴經銘石，厥心諒哉！厥有紕漏，胡足道哉！嗚呼！有日在天，有河在地，公云鬼神，應並明而同流也。嗣子昭爾，聞永康吉。❶

明奉政大夫雲南武定府同知龍灣先生高公墓誌銘

曰：嗚呼！吾師龍灣先生乃止此耶？昔者柟欲先生小則督學，作一方士，大則司成均，教育海内英材，今乃於武定止邪？昔者柟秀才時與先生約，一日仕，必謁先生於瀘，豈期雖仕而在官未久，病卧南山，前後十二年，夙志未償，而先生乃有此耶？嗚呼，痛哉！

柟十二而入縣庠，十三而先生來署高陵教諭。當是時，柟蒙未有知也，逐諸童生，習白談，或蕩或孩孺子戲狀，先生曰：「柟也亦若此乎？」乃策使與優等生群。優等生業熟而行習，乃俾柟努力日夜追，勿敢後也。

先生教人作三册：六德六行，爲上册；冠、婚、喪、祭、鄉飲、鄉射、鄉相見禮，爲中册；不能，爲下册。生有一從焉，籍上册、中册，曰：「慎毋以此自止。」生有一不從焉，籍下册，曰：「均人也，若何不能上册籍？」既久，而諸學生數多免其下册籍。先生夜五鼓興，燈燭下課所限業。有一生竊斷椅絲，先生坐，幾跌仆，乃强起懸涕曰：「吾蚤作，豈禍爾諸生者哉？」諸學生皆泣

❶「吉」，重刻本作「告」。

下，求究頑生而黜之，先生曰：「姑勿問，將某教猶未入此人乎？」于是懦者振其志，暴者消其悍，愚者發其業，敏者考其才，樸實者遂其德，高陵之士，郁郁乎有可觀者矣。當是時，相繼督學者邃庵楊先生、虎谷王先生皆曰：「高先生雖以教全陝士有餘也。」厥後先生秩滿而去，諸學生猶多守其規，志士又滋奮思而高明，詣其以科名顯者，❶進士二人焉，舉於鄉者五人焉，皆先生所作士，乃去而遺績于他人者。而先生止以自考于部得第一，同知武定府云，是在弘治十三年。

後二十年，爲鄉人王顯之雲南按察副使能詳武定事。武定夷方，土人爲知府，難與僚也。先生乎以結其心，信以革其面，禮讓廉潔以化其暴，既久，怡怡如兄弟處，遺其諸子從先生學。故武定雖僰、獽、阿剟難治之地，而先生處之如樹柳也。于是上官賢先生，委署楚雄府事，楚雄即以治如武定矣。是時武定之南甸、石舊、元謀三縣民，尚有逃食楚雄不返者，先生乃招來于庭曰：「爾輩非吾武定赤子乎？爾父祖墳墓安在？然武定今且豐，上官亦不汝棘，秋穫後可便歸。」及期，而三縣吏果報復業民者種種也。孟密酋長思禄侵虐地方，屢撫屢叛，朝廷且有南顧憂，鎮巡諸公遴官往治，得先生焉。先生鄉屬罙入其阻，思禄陳兵出迓，先生曰：「爾輩駑驁若此，不思有大皇帝邪？汝若退歸地，庶幾長有守土。不然，大兵至，悔何及？我此來，真爾改禍時也。」思禄指天感恩，乃渡江而返侵地，貢象馬方物。朝廷差人賜先生紵絲衣一襲、

❶「詣」，重刻本作「計」。

寶鈔五百，撫按宴先生于會省。大侯州土官兄弟相戕毒地方，上官復委先生往，先生與陳倫理之故、禍福之實，大侯兄弟悅如初。然孟密、大侯地方瘴癘，從常百餘人病，其不起者五六人矣，而先生獨無恙，常指心自言曰：「得非此中不欺乎？」又嘗勘尋甸十年之獄，賑順寧一郡之饑，清蒙化、楚雄、金齒、洱海之兵，靡不殫心致材，而獲夷人心。古之「忠信可行於蠻貊」，則先生其人也。而柟言教人事，世可勿疑矣。

先生生而秀竦端重，立稠人中，不言而人自異之。五歲時，與群兒夏戲江邊，❶先生吸水而歸，以濯母背，熟人訝之，即稱爲「扇枕兒行」也。及長，事父母疾，晝夜不懈。比卒，哀毁幾不能全。其襄大事，一遵先王禮。所配劉宜人者，郡耆朝縉公女也，實能順先生而克助于內。宜人既歿，先生乃號半竹山人以自固，❷遂獨居以終身。則夫高陵之教，雲南之政，豈偶然哉？

先生諱儔，字宗伊，龍灣其别號也，又號鈍菴，中弘治己酉鄉舉。其先江西清江縣人。高祖諱均祥，元末避兵于瀘，遂占籍焉。曾祖允文，不仕。祖諰，亦不仕，娶楊氏，生先生及伯子僅云。先生生某年月日，距卒正德辛巳年五月日，壽七十有三歲。劉宜人卒正德壬申月日，壽若干歲，蓋先先生卒十年也。子男二：長鵬雲，娶某氏；次鵬先，娶某氏。皆嘗事舉子業，而恭雅慈良，猶有先生之餘風焉。孫男子六人，曰夔，郡庠生，幼名陝，鵬雲生之高陵者也，此其人或能發先生之志乎！曰龍，曰契，曰

❶「群」，原作「郡」，據萬曆本、重刻本改。

❷「固」，萬曆本作「適」。

與，曰垂。孫女二。玆嘉靖年月日，鵬雲將合葬先生、劉宜人于會龍山祖塋之次。鵬雲又以顯之狀來。柟舉筆輒淚，三日而後能敘之。嗚呼！先生躬備衆行而不自有，身通五經、六藝、群史，以及天文、地理、醫卜、算書，而嘗若無當其志，豈柟之所能述哉？今其家所藏《楚游藁》、《鈍庵集》，或可略見其概云。銘曰：

岷峨嶚窠，江漢斯發。山有奇精，水有神明，聚爲英靈，夫子攸拔。聰而能富，哲哉其揭。❶胡瑗在蘇，劉恕在越。經學攸明，夷俗歡浹。歸釣瀘江，春風秋月。百千萬世年，厥聲不竭。

邢母駱氏墓誌銘

定州知州咸寧邢野亨之母駱氏卒，翰林修撰呂柟采定州之友、舉人張嵩狀，誌之曰：

駱，臨潼故處士順之女，年十九歲，次室於故户部侍郎邢公簡云。初，邢公以甲戌進士授刑部主事，俸入猶薄，駱半事紡績，不異尋常人婦。及邢公守真定，參政浙江，尹順天府，爲南京大理卿，爲少司徒，官滋崇，秩滋厚，而駱自奉惟廉，錦繡珍寶未嘗重御，所至僚屬婦咸以爲難。在順天時，僚屬婦問以贏物，乃謂之曰：「我君子身無妄取，爾諸君子所知也，此何爲者哉？」還之。鄉人流住順天者被逐于主，欲役門下，邢公憐之，殆允也，駱曰：「此不忠兒，可勿許。」尋果再逐於他主。邢公卒于侍郎，乃舁柩還咸寧，舊廬已爲諸族人有矣，駱義不

❶「揭」，萬曆本作「傑」。

力取，别出貲，市物以居。鄰婦羅凶悍，人多苦之，駱每善誘之曰：「男子而悍，人猶恥之，婦人而悍，其恥若何？」羅卒向理不悍。人言邢公鴻材，懿德顯著，天順、成化之間，爲時名卿，而駱諳曉古今，中多裨補，此或其然也。誨二子讀書，夙夜興寢，必繩以期。及定州判荆州府，詳戒以居官之術，且舉《書》「與其殺不辜，寧失不經」語之，定州由是不數年樹聲荆州也。

子二：定州，娶南京户部尚書咸寧雍公泰女，生男二，曰鎔，曰金；次謙亨，國子生，娶張氏，生男曰鑌，女曰福女。女一，適陝西都指揮僉事昔梁，封淑人。駱生於正統八年二月九日，卒於正德四年十一月二十一日，壽六十有七歲。筮以正德五年庚午十二月，厝木塔里，附邢公壙，是宜有銘。銘曰：

富如其貧，貴如其賤。貞如慈如，婦如其艱如。附司徒公，窀永康吉。

太學生趙君暨配王氏墓誌銘

君姓趙氏，諱璿，字宗順，别號渭濱，高陵奉政里人也。世居陽陵原，當涇渭之間，又謂之梁村。自君之父及君之兄弟賈鹽江淮，家累千金，爲邑鉅姓，乃三世而攻儒業，雅敦詩書，故梁村因君家顯，故邑人凡言必曰「梁村趙氏」。曾祖子安，祖真，俱躬稼不仕。父寬，娶李氏，生君。

君受性英敏，遭父之喪，哀毁踰禮，比葬，結廬墓側，朝夕哭奠。少受學于馬教諭，既而爲吾邑庠弟子員。温恭自牧，謹言率履，且復材華驟發，一時宿儒咸推先，不敢與並，獨從兄諒、恕二君與齊名，時以其難兄弟也，號「三趙」云。君試于董學者，多居首選，否則讓一人也，三則鮮矣。及于御史，六試皆不第，乃若曰：「吾文辭之不修，吾不第，吾尤。吾修其文辭矣而不第，是命也。吾將累年月，以從歲貢士去也，吾不能；孰與我從例貢士去，以即解身爾也？與我跼蹐于州若縣之間，以折腰屈膝于人；孰與我徜徉涇渭之間，樂以終身也！」乃從例貢士入胄監，輒復飄飄然歸，不仕矣。遂過汴入淮，渡江入吴越，以視兄弟之賈，因購古經奇書，盈舟載還。乃大起書樓于渭干，日居其中，與沙鷗、渚鷺、汀鴈、淺鳧以相周旋而不舍也。吾嘗從之坐，談及唐可汗，歷誦顛末，吾不能比也。又嘗若曰：「夫人以百年爲期，易盡也。世之生七八十年者，亦鮮矣，況百年乎！唐人《蟋蟀》之詩有以也。」故乃厚于自奉。又或寄情詩酒聲妓之間，亦自細之弗嫌也。晚年復通醫藥，兼究黄芽之術，然竟莫能就也。涇野子曰：「乾坤不能不爲坎離，坎離不得不歸乾坤，而欲以一之，是有天而無地矣，其能天乎？故戊己黄芽，孔子不道也。」

君生于正統八年正月二十八日，卒于正德五年五月二十四日，得年六十有六歲。配王氏，有婦德，先君而卒于弘治三年十月二十三日，壽則四十一歲也。乃繼配唐氏焉。子男六：文鉞，室吴氏；文鐩，室劉氏；文鈛，室張氏，皆王出；道保、佛保，唐出；文鈇，寵室朱氏出也。女一，字賈氏，亦唐出。孫男四：大定，文鉞之子；買定，文鐩之子；大兒、且且，文鈛之子也。孫女五。窆正德六年二月二十日，合王氏葬于陽陵原祖塋之左。銘曰：

惟帝在位六年，惟正德辛未仲春

壬寅，惟穀孝子文鉞，乃葬厥考渭濱君暨母王氏，惟先塋昭位，實惟陽陵原渭北干上，鞏之用甎甕，子子孫孫永瞻，紀無後難哉！

奉議大夫金華府同知思菴先生薛公墓誌銘

正德三年春二月二十七日，金華府同知渭南薛先生卒於家，柟友李錦以書報於京邸，柟爲之悼痛焉。冬十一月，其子乾操乃自其家持南參政釗所撰狀請銘。

柟嘆曰：果哉，先生不復可得見矣！先生生有異狀，長大雄偉，鬚髯修美，腹有七赤痣，左膊一黑文字，深入膚裏。生五歲，愛讀書。十一歲，解屬文賦詩。稍長，言動必稱古道，則先賢。景泰七年，爲渭南學生，居止端嚴，不同乎流俗，鄉閭驚駭。善爲文章，説理而華。十六七，即應鄉試。應鄉試者十有二次，試於提學，輒居上等，試於御史，則皆不第也。成化二年，縣歲貢，入太學。太學生接其言貌，咸驚嘆，至有曰「關西復生橫渠」者，先生由是名動京師矣。自太學歸，二親相繼以没，先生跣足奔喪。時大雪盈尺，兼湝淺泥濘，亦不知避，迺後遂病脚氣，值冬月輒發。母嗜韭，母歿，不忍食韭者終身也。

二十二年，太宰尹公拔先生知山西之應州。國朝多以進士、舉人爲知州，而先生以歲貢爲知州，太宰亦爲知先生已。先生之治應也，首勤民耕稼紡績。時當東作，循察田野，民艱於耕種者，必賚之種子與牛。民貧負租及不能婚葬者，皆與之處。買牸畜數十，給之煢民，令其孳息爲養。又務積蔬粟，不三四歲，粟至四萬餘石，乾蔬萬餘斤。尋當飢饉，應民免於死亡。其既竄而復歸者，劉僧兒下三百餘家，皆與衣食，補葺其屋廬與處，由是屬邑聞風復者沛然矣。又立義塚，以瘞流民之死於道。道不拾遺。尤雅重學政，數至學舍，切切爲言孔孟之旨，故應人談至今不置也。先是州南山虎累爲民患，先生祭之曰：「吾無虐政及民，爾虎何居食吾赤子？」旬日而虎殞於壑。蕭家寨北，暴水湧出於中田，勢洶洶若將溺人，先生祭之曰：「是將殁吾民乎？吾惡在其爲民父母也！」痛自刻責，忽暴水如鳴雷下洩，人得不溺。城狐爲妖，民驚怖不能帖然，先生祝神明，狐死不爲妖。州有井水黄且鹹，不可人食，一日變爲白水，味甘，其民以爲善政之應云。故應人戴先生如父母，立生祠以報之。

時巡撫左公鈺、葉公祺、侯公恂皆深異先生，疊薦於朝，謂先生學行才術，非止治區區郡邑已也。乃弘治九年，陞先生金華府同知，東南學者如陳聰輩數十人，皆摳衣趨門墻矣。居金華二年致仕，撰《金華鄉賢祠志》若干卷。正德改元，聖上推恩天下，得進階爲朝列大夫，至是卒矣，年七十四歲。宣德十年三月二十八日，乃其始生也。

初，先生致仕家居，以事入長安，柟獲遇先生於長安之開元寺，因叩先生。先生言：「蘭州軍周蕙者，字廷芳，躬行孝弟，其學近於伊洛，吾執弟子禮事之。吾入太學時，道經陝州，陳雲逵忠信狷介，凡事皆持敬遇之，吾以爲友。凡吾所以有今日者，多此二人力也。周年四十，出求父四方，死矣。」因泣下沾裳。柟爲之感懷，乃信先生之學異乎人也。先生頗不理於鄉人口。先生遇人，無問人省解不，即爲説道，及至泣下，人或不樂聽，説亦不置。又不善接引後學，後學謁見，忽忽爾待之兒子等，人由是或疵先生之不情也。然柟謁先生者再四，見先生年已七十，日夜讀書不釋卷，聽其論議，皆可警策惰志，則亦今日之博學好古、死而後已者也，豈可盡爲之疵哉？先生常病《禮記》破碎雜亂，非聖人所定經，欲辯註成書，沉潛者十餘年，僅三易藁死矣。又好静坐思索，凡有所得，如横渠法，即以劄記。所著有《思菴野録》、《道學基統》、《洙泗言學録》、《爾雅便音》、《田居百咏集》、❶《歸來藁》，及演作《定心性説》諸書。言多有補於名教云。❷

父鑾，以先生官，贈應州知州。母王氏，贈太宜人。贈君生三子，先生爲長，次悦之，次先之。先生諱敬之，字顯思，别號思菴，娶王氏，没，繼室以李氏。李已聘於人，其夫四十年亡在外，不歸矣，亦不再字人，至是繼室先生也。王出四子：復心、恒德、謙光、乾操。操，縣學廩膳生。女四人。孫男：天錫、天佑、天昌、秀明、天麟、天賜。賜，亦爲縣學廩膳生，年少而聰慧，又善爲舉子業，繼先生之志而大其門者，或此子也。擇正德四年某月日，葬於韓馬里胡村先塋，合王宜人之兆。銘曰：

渭河之南，華嶽之北，思菴先生，有黯其宅。

❶「居」，萬曆本、重刻本作「疇」。

❷「言」上，萬曆本、重刻本有「其」字。

涇野先生文集卷之二十三

墓誌銘二

襄陵尹胡君墓誌銘

蓮塘先生胡君殁，其子學生佑持進士王謳狀索銘，予以憂病辭，不獲，謹再録其狀而銘之。

狀曰：君諱汝楫，字良濟，别號蓮塘。先世應天溧陽人，洪武初，曾祖士夏以醫謫戍寧夏，❶遂爲寧夏人。正德庚午安化之變，君奉其母太淑人入西安，編咸寧韋曲里籍。士真生雄，號唐渠，配酒氏。雄生蓮，號槐堂，配陳氏。槐堂公生五子：長汝礪，號竹溪，官至大司馬；次即君；次汝霖，號桐岡，衛學生；汝明，義官；汝翼，太學生。竹溪公爲兵部侍郎時，贈唐渠公爲通議大夫、兵部左侍郎，酒贈淑人。❷槐堂公初封户部主事，累贈通議大夫、兵部左侍郎，陳封太淑人。

初，槐堂公教竹溪公及生徒學，獨委君以家務，君乃隱屏誦讀書，❸雖耕牧不輟，後選爲衛學生。槐堂公來試關中，已而唐渠公病，君與竹溪公晝夜身事，不避穢污。仲父昶病于賀蘭山後，違城二百里，君徒行往訊之，至且危矣，受命書遺言，悉中仲父意。

❶「夏」，萬曆本作「真」。
❷「贈」，萬曆本無。
❸「讀」，萬曆本無。

及卒，扶棺而歸，遇烈風暴雨，乃號天痛哭，須臾霽，喪得抵舍。嘗應試關中，道出三原，渡渭半濟，風浪洶湧，舟下三十里，舟人俱慴，君籲天曰：「吾輩有惡，固當溺死。或有一二顯者，停舟可也。」須臾水落得濟。同試友人劉慶病傷寒發狂，族皆避去，❶君爲延醫問藥，病尋愈，乃與同歸。後劉舉進士，爲御史，每以語諸人。辛壬間，竹溪公在户部，有濕疾，適君學于京師，扶之不離側，竹溪公灸數十處，即與同灸以分痛，乃又飲酒奕棋，以安竹溪公。乙卯歸，領鄉薦，會試禮部不第，父執趙儒適卒于太學，竹溪公爲治後事，君護其喪至寧夏，其家弗信也，開棺示之，其子始號泣而謝焉。是時槐堂公已病，君遂不解衣、不入室，與桐岡君日夜侍左右，不知倦。比殁，哀毁逾常，遵用朱子《家禮》，夏之人多化之。槐堂公受封家居，爲鄉約，君盡體行之，故《槐堂禮俗》三卷，皆君手著云。

既登乙丑進士，上命爲侍郎慶陽韓公母治葬，留慶陽一年。公餘惟治詩書，士多從學，今編脩劉泉、御史楊朝鳳、知縣張鵬、舉人管律，皆其徒也。丁卯出知任丘，抑權要，杜請託。舊尹凡遇生辰開宴受禮，曰：「此貪污者媒利耳，且劬勞之日可稱賀耶？」獄有江西人犯死罪，審獲生理，輒出之。戊辰春，新城有訴人命于朝者，連數百人，累考無驗，天子命御史羅君往按。羅委君，君拘衆訊，因曰：「此自縊死，汝何誣衆！」衆伏不應，君曰：「先毆後縊，地必有灰。」命工掘之，果然，衆叩頭稱神明。夏五月不雨，齋沐行三十里，取水扁鵲廟井，移

❶「族皆」，萬曆本作「同族」。

時大雨。有近侍南下，所過索取以百數，任丘一無所予，渠大怒，令人來辱君，即下之于獄，懲既而後釋之，其類曰：「任丘不可過矣！」己巳春大饑，朝廷命御史分查天下錢穀，御史房君按部直隸，委君以真定諸邑，君因行賑濟，真定民甚賴之。嘗獲盜數人，錦衣校尉某欲爲己績，君弗與也。後有校尉其從縣甬道入，❶君又叱之，遂同以錢穀數事奏君以要賂，❷而君方病足，又聞桐岡訃，乃峻絶校尉。不數日，校尉劾收君下錦衣獄，歷按無狀，天子赦出之，是爲庚午春。君方改選吏部，一日大司馬王公召君，至則執其手問曰：「何錦何如？」君曰：「錦恃材而輕人。」問周昂，曰：「膽大而不學。」問丁廣，曰：「年少後進，勇力之士，不足道也。」問安化王，君誕之，曰：「老矣。」王公曰：「三子者，挾王反矣！」君曰：「無能爲也。仇越若在，❸可保無事。」又悉以河南諸將言之，遂作《平西議》以獻，歸而焚其稿。王公遂言之太監劉瑾，欲擢君都御史以平賊，君固辭之。後皆如君言。遂改知襄陵，雖蔬薪之餽不受。襄陵素苦酒害，君悉罷諸酒户，惟後廳造酒數甕以應求者。有誤入殺人者稱屈，君搜得故刀，訪諸市，得屠人，而以刀訊之，遂服，誤入者免。

君之威惠方行，辛未大朝，乃著冠帶閑住，君遂奉太淑人歸西安，杜門謝客，究方脉，考藥性，人家有疾，皆親治之，亦罔弗效。又爲家政，以誨子弟。督億書「忍」字于四室。時家口已八十餘，皆待哺于君，客

❶ 「其」，萬曆本作「某」。

❷ 「同」，萬曆本作「伺」。「奏」，萬曆本作「坐」，重刻本作「執」。

❸ 「越」，《明史》卷一百七十五仇鉞本傳作「鉞」。

有勸之別處者，君固謝之。太淑人卒，君哭泣無時，水漿數日不御，遂以成病，三月始愈。丁丑，遣弟汝翼至寧夏舁槐堂公柩來，合葬于鴈塔左方，君攀泣流血。既葬，益鬱鬱不解，晝或廬于墓側，夜則宿于中庭，每自誦曰：「荒隴幾迴增悵怏，倚門誰復望兒還？」蓋詩成而君病矣，君殊未之覺也。乃戊寅正月四日卒，秦中士大夫皆悼惜焉。

嗚呼！君豁達環瑋，少讀書有大志，嘗受《易》于給事中胡公易，每欲爲古人之事。既弗得一償其志，退居數年，閉門修業，不干榮利，則豈不難哉！君文章行績，遭火無存，獨《槐堂禮俗》三卷、《竹溪年譜》一卷、《蓮塘雜集》二卷今可考云。娶茅氏，寧夏義民仲英女。子男二：長即佑，咸寧縣廩膳生，娶寧夏慶府引禮喻公賢女；次僨，娶咸寧户部尚書雍公泰女。女一，許嫁慶陽韓垃，主事守愚之子，❶侍郎鼎之孫也。孫男二：堯元、堯封，佑所出。孫女一，僨所出。❷君生成化戊子正月二十二日，距卒年五十一歲。四月二日，葬從鴈塔新兆，在槐堂公右。銘曰：

嗟哉蓮塘，乃止于此！學博而才高，行成而敦禮，固一代之豪士也。當其不死，常欲守志，❸出處之外，不加一字，豈不以中之所蘊者未申，而人之所稱者非其意耶？好爾無名，憐爾子弟，據狀勒銘，君心然未？寧夏舍危，三遷關中，就安百二。新兆覃覃，皆君

❶「主」，原作「生」，據萬曆本改。
❷「僨」，原作「賓」，據萬曆本改。
❸「守」，萬曆本作「自」。

手置，父兄咸遷，君心斯憩。諸姪彬彬，與子與義，所未發者，行當耀世。君哉康止！

崇慶州判恬菴先生崔公墓誌銘

昔柟受學於孫先生廷舉，孫先生受《書》於先生，先生遣季子官又受《書》於柟，故先生志行，柟得其真，不誣也。先生先拜崇慶，時柟在太學，而孫先生爲行人，除館以養。先生日所論説，皆濟時行道語，語及暴官污吏，輒皆棄匕箸不食。比先生至崇慶，則曰：「抑權右，解冤誣，其要也。」於是陳副使之弟以侵田刑，萬主事之姪以凌人罪，諸權右即惴慴。他日蕭監生誣其仇强盜穀二袋，先生取袋實之穀，令盜擔之，盜短人，跌不能行，蕭即伏其誣。嫠婦廖氏者，非人也，❶與馬英隙，因英暮過，出馬於外以誣盜，先生曰：「盜馬者，必遠遁矣。」至是具得廖奸。有群盜誣富民張益同行，然其辭差，先生乃召益隱群皂中，使諸盜各言益狀貌，齟齬，徐出益曰：「此其人乎？」皆曰：「非也。」益得不誣。邛、鄘、❷郫、温諸盜百餘寇城，先生受都御史委，選用策士，一朝盡擒之。於是州人歌之曰：「崔公直如矢，清如天，權貴斂手無高言。」又歌曰：「趙酷刑，唐善貪，人心天理崔州判。」蓋先生奉身儉約，禄秩外毫髮不取，有民餽雙魚、僧餽一茶者，亦卻不受。遇公讌必先返，不夜飲，每曰：「燭淚流處人淚流也。」至於革春讌之浮費，寬甲里之雜斂，皆州人

❶「非」，萬曆本作「奸」。
❷「鄘」，萬曆本、重刻本作「郿」。

所心悦者也。然先生信行己志，而權要者陰使頑狡七訟先生於上官，然卒無驗，因數獎其廉能。❶茂州倉弊萬端，監收數得眥被罪去，巡撫劉公曰：「非州判崔不可。」乃委先生。然遇病風濕，嘆曰：「此天留我也！」即上書求致仕。劉公三差官察勘未允也，舁先生親視之，具道委茂州意，先生辭之益懇。劉公嘆曰：「知足知止，無若子矣！」遂檄州給道里費二十五金。於是州人涕泣塞道以送，且曰：「自有州官以來，未之見也。」

初，先生襁褓，鄰媪撫其腹曰：「此兒後必顯貴。」既學生，❷言論侃侃，上下信服。有韓參政者按縣，當月食，韓寐熟失救，諸生不敢請，先生以石擊其門，韓驚起，賞稟五斗，嘆曰：「後必爲忠臣！」父病溢下九十餘日，諸兄弟姊妹生厭心，先生獨涕泣侍側，以簪引污下，比歿，哭幾喪明。與兄和索居十年矣，買地十畝，兄欲之，即破券畀之五畝。當歲貢時，劉知縣安贖金三十，有刁民訟劉誣爲贓，又賂先生，約勿任，先生曰：「吾寧失歲貢，不可失天理也。」後在太學，祭酒、司業皆器重之，使同典簿收支月俸，且曰：「利不可誘、才足有爲者，此秀才也。」其既去崇慶也，盛暑耘耔，祁寒教授，蔬食菜羹，一羊裘二十年無蹙容，此其志，雖古孝廉、賢良、方正何讓乎？先生教人敦本尚實，遊其門者皆有所得，進士則孫先生，舉人則鄭侃及臨潼賀有年，貢士則來錦、吴和、宋鰲也。屬纊之夕，謂子孫曰：「汝輩今雖貧賤，安分爲樂，他日或富貴，毋

❶「因」，萬曆本作「固」。
❷「既」，重刻本作「爲」。

驕傲遺臭於後。」官泣言後事不具，則曰：「汝不知無財不可以爲悦乎？若强爲之，則孔聖不惜顔回，曾子不易簀矣。」嗚呼！世復有如斯人者耶！

先生諱璉，字宗商，號恬菴，世爲高陵郭下里人。高祖均采，配李氏，生大。大，配石氏，生迪，配杜氏，生能。能，配李氏，生三子：孟和、季某，先生其仲也。生正統八年正月八日，卒正德十五年二月五日，壽七十有八歲。初配魏氏，卒。繼配亦魏氏。子男三：富，先魏氏出，娶田氏，死，又娶高氏，亦死，乃又娶孫氏；宏、官，後魏氏出，宏娶李氏，官縣學廪膳生，娶杜氏。女三：長適羅傑，次適楊得禄，次字羅蒲，俱後魏氏出。孫男五：莊，娶孫氏，芸、芹幼，皆富子；芷、蕙，宏子。孫女四：長適董孟暘，次適孫子玉，餘幼，俱富女。曾孫女一。擇是年四月二十八日，合先魏氏葬邑城北先塋穆位。銘曰：

恬菴先生之葬也，其子官具衾柩，吕柟具石與文，親爲之書，周鳳儀、鳳翔兄弟具鐵筆爲之鐫，皆不出於官之先有求也。嗚呼！先生其康哉！

通奉大夫陝西左布政使石泉張公墓誌銘

正德年來，天下多事，權要横肆誅求，閭閻困極矣。諸司雖有志行之士，亦多依違，莫敢抗遏。丙丁間，惟盛方伯應期頗能拒其一二，並戢其胥吏，遷矣。張公繼之，亦有其風，行將綏我西土，豈期今年辛巳十一月十二日病卒官邸，關中縉紳父老子弟罔不嘆惜。屬纊之先，遺命家人曰：「我死，必請誌於呂太史。」嗚呼，痛哉！

公諱天相，字祐之，別號石泉，先祖南京宣城人。高祖德壽，生子榮，❶榮從戎山西太原左衛，遂占籍焉。榮生禮，禮生海，海以太學生授光禄寺監事，配陳氏，生公於成化癸巳九月十三日。公天性聰敏，不爲兒童嬉戲，九歲即治朱氏《詩》，作字方正端楷。是時山東敖公山督學山西，甚加器賞，選籍郡庠弟子員。年始十七，中弘治己酉鄉試，三晉人咸榮駭焉。丁母憂，至己未乃登倫文敘榜進士。庚申，授户部廣東司主事，差理大倉糧儲。時中宦挾勢出納，侵漁無紀，前官莫能禁也，公痛革宿弊，豪横頗息，且會當不謬，兵民多感焉。辛酉齎散内帑於大同，壬戌管錢穀埧上，癸亥收德州倉糧，所至無瑕，❷且興革利病，下罔不悦。未幾，丁光禄公憂。正德二年，轉江西司員外郎。三年，陞本司郎中，滋厲厥職，部尚書深委信之。明年，陞慶陽知府，其興廢除奸，勸農造士，猶急急然不忘也，❸故吏畏民懷，撫按交章旌奬。越二年，陞湖廣布政司參政，分理湖北道。時貴州苗賊叛亂，公詰兵揚威，征剿截殺，地方賴以安定。越二年，陞浙江右布政使。是時宸濠反逆，❹自江西攻城殺將矣，公協同三司，勒兵分討。未幾，轉陝西左布政使。方將大行其志，除吏奸，恤煢苦，杜請託，以爲三秦父母，乃今已矣，壽終四十九歲，不亦可深惜哉！

公篤意孝友。光禄公以公封承德郎，母陳贈安人，皆主事時恩典也。公遭光禄

❶「榮」，原空缺，據續刻本補。下「榮從」之「榮」同。
❷「瑕」，續刻本作「暇」。
❸「急急」，續刻本作「汲汲」。
❹「反」，續刻本作「叛」。

之喪，務遵古禮，不少違越，其事庶母龐氏、孫氏，亦盡敬養，而庶弟天敘、天禄、天秩，皆無不感其愛焉。配洪氏，卒贈安人。繼配郭氏，封安人。生子一，曰光；女一，曰素真，俱郭出。兹者天敘及光將以嘉靖元年月日扶櫬歸葬於太原之新兆，是宜有銘。銘曰：

昔者石泉嘗以米元章《拜石丈人圖》、馮德卿《鳳池春雨之竹圖》索題，蓋嘗漫作之矣。夫竹也，清而不可瀆；夫石也，堅而不可奪。斯二者，其吾石泉之學耶！當天假之以年，使其或守中丞以激揚清濁，或位冢宰以進退善惡，吾知介必與石同，而節必與竹若也。乃今已矣，則吾所惜於石泉者，豈止一人之私譽哉！

兵科給事中許君墓誌銘

君諱理，字伯温，别號潛山君，上世爲陝西原縣人。君本許氏，中世而冒申姓，入科後疏於朝，乃復許姓云。曾祖達，以太學生爲大同、平陽二府訓導。祖翔不仕，生三子，長銓，配朱氏，是生君及弟瓘者也。君受性剛方，人不敢犯以非禮。年二十四，以邑庠生領弘治戊午鄉舉。登正德辛未楊慎榜進士，觀都察院政。壬申，授丹陽知縣，有成績。丙子，徵授兵科給事中云。

君之在丹陽也，適當群姦横征之日，有司率應上而不恤下，於是誅求之苦，淪及民骨髓，而丹陽且當路衝，君甚痛之，凡供億之費，夫役之編，金穀之征，裁其十三，雖公署油燭魚鹽之細，亦有節處，寧忤當道，而不忍毒民也。有豪右欺隱公帑至數千百緡，累歷縣令受其請謁莫能究，君遂寘之法而盡括其家於官。未幾，連歲二麥被暴水災，而君悉以前緡代，民不知有災也。於是强梗屏息，而孤弱有托，撫按重臣交章辟舉，未三載而獲旌異焉。比其起丹陽也，縣民垂泣裹金爭送者千餘人，君盡却其餽，至留鞮去。❶ 既守兵科，遂竭力言責，雖撫鎮大臣之貪酷者亦輒言於上，不避也。方將疏天下之大弊政而更新之，乃以父疾，力請於朝而歸，父疾既愈始還朝。未幾，父更以疾歿，而君又以憂歸。至正德庚辰十二月二十日，亦以疾不起，距生成化甲午七月二十一日，年纔四十八也。配張氏，生子一，曰沂，學爲進士業。女三，長嫁邑人郭翠元，餘未行。孫男一，曰進德。沂卜某年月日，葬邑城西黎家山先塋之次，乃以刑部主事張知幾狀索銘。曰：❷

嗚呼伯温！德且考而未壽，材且奇而未究。天於斯人，將畀之於其後。黎山之隈，爾當不朽。

誥封李淑人因氏墓誌銘

淑人姓因氏，字某，禮部尚書曲沃李公師孟之配，會試中式舉人鏞之母也。生六十有六歲，乃嘉靖元年十二月二十一日卒於家。宗伯公以鏞方試禮闈，秘不訃，計試畢始遣家使，且戒之曰：「如舉人三試未盡，慎勿告。」故鏞於今年二月十六日始聞淑人喪。鏞號辟謂其友張詩曰：「嗟乎！

❶「去」，續刻本作「云」。
❷「曰」上，續刻本有「銘」字。

鏞以科第之故，不獲侍吾母之卒，即今年鏞舉會元、狀元，滋爲鏞終身恨耳！」乃泣寫淑人遺行，托詩曰：「鏞素慕吕太史，吕太史今且同考試，未出場，鏞即行矣。如吕太史出，幸以上其狀求銘吾母，若不靳，則鏞猶可以少對於吾母也。」鏞於是不告禮部，不俟開榜，戴星而西奔。比予出場，鏞亦中式，而詩以鏞所具狀來。予嘆曰：「傷哉鏞乎！昔鏞離家馳驅，以爲即有科第，使父母皆及見之以效樂也，乃淑人不少延，而鏞舉爲滋恨，傷哉鏞乎！雖然，鏞自此以往，有職於朝，得行其志於天下，揚淑人之名於不朽者，當不止此科第耳。」

狀言淑人聰明貞静，淵塞柔嘉，而父禮以文行爲松江府教授，兄綱爲滄州知州，故淑人得早通《孝經》、《列女傳》，舉止不類常女，雖父兄家嘗私評，亦曰：「此福德女，他日必受褒封者也。」年十八，歸宗伯公。是時宗伯公方事舉子業，而淑人以勤儉相之，上慈舅姑，中諧妯娌，下惠臧獲，罔有不悦，雖不速客來，廚亦不乏具，惟恐宗伯公不盡歡也。姪金幼而喪父，淑人撫育如己子，金或不知其孤也。教鏞兄弟曰：「汝家世以詩禮名，汝兄弟當急時努力，毋墜汝先祖暨汝父之碩膚。」然則鏞今年舉者，亦淑人之志也，鏞亦可以少痛矣。淑人又奉身不奢靡而好施與，見凍餒未嘗不給以衣食，則夫鏞學之成者，不啻一宗伯之庭訓已。

初封安人，再封宜人，及公至宗伯封淑人，自仁壽皇太后至莊肅皇后徽號、朝賀，皆受有賓鏹采幣。生丈夫子三人：長即鏞，次鑌，監生，次鈞，恩生。女七人，懷慶府照磨耿霦、監生趙漢、舉人張頣、監生張欽、學生仇禄民、張鵾、陳信，其婿也。欽、鵾、信，絳州人。孫男五人，承光亦恩生，餘幼。孫女六人。擇今年月日，葬之某原。銘曰：

懿懿淑人，晉女之紀。貞在宗伯，教在進士。厥德祁祁，鸞誥匪侈。古昔先民，鮑妻歡妣。康矣玄臺，令聞不已。❶

吕仲橋壙誌

此吾弟仲橋梓之壙也。仲橋戇直不回，有外祖家風格，至剖決，予雖讀書不逮。故予往來京師，家事胥賴焉。❷ 乃今彷徨無依，嗚呼痛哉！ 子男留聘文氏，女三，京字生員王廷舉，菊字郎中高公之孫承祖，袱幼，日撫臨焉，皆未成立，嗚呼痛哉！ 先季弟仲止二十一歲殁，仲橋生成化壬寅正月十九日，殁正德己卯十二月五日，亦纔三十八，嗚呼痛哉！ 吾家自高祖諱興、曾祖諱貴、祖諱鑑，累世積善不顯，至吾父諱溥封脩撰，母宋贈安人，其德滋大，斯其後宜碩盛也，予僅兩弟又亡，嗚呼痛哉！ 葬在正德辛巳七月十二日，壙在吾父墓南東二穴，嗚呼痛哉！

福建按察司副使封中憲大夫蓮峰先生韓公墓誌銘

公姓韓氏，諱紹宗，字裕後，號蓮峰，同州朝邑之南陽洪人也。初，弘治辛酉，柟與公之三子同試長安，邸一寺，朝夕遊。三子

❶「已」，續刻本作「死」。
❷「胥」，續刻本作「稱」。

者，今儀封知縣邦彦、浙江僉事邦奇、工部員外邦靖也。時三子已靈俊度人，而工部年始十四即同柟舉矣。比正德戊辰，同三子試禮部，而僉事、工部皆又同柟舉進士，仕京師，乃茲習公而未拜也。壬申歲，病起赴京，始由華陰謁公於漆南，然嚴範鴻度，柟未見漢汲孺、劉向也，當亦不過是。再病以來，方議執杖屨屬者，❶儀封遣從弟奉都御史華陰屈公直狀，爲公索墓銘矣，且曰：「公治命也。」嗚呼，痛哉！

初，公遠祖多髭髯，生宋季，譜失其名，世稱髯翁。髯翁生三子，遭金元亂，乃使仲子避居慶陽安化之白合，❷季子避居洛南之横山，曰：「幸有來日，無忘朝邑也。」朝邑，則先人域在焉，又當潼、蒲二關之衝，士馬所必争，故命伯子不避去。厥後仲、季之嗣皆繁碩。而伯子幾世孫仕元爲萬户矣，然亦失其名，獨其冢在南陽洪之馬枋頭，里人猶呼爲「金牌韓萬户冢」云。萬户幾世孫名平輔，生得春。得春配孟氏，生恭，配不詳，生整。整字子肅，以字行，配白氏，生五子，其第二子曰顯，贈奉政大夫、刑部郎中，配張氏，封太宜人，是生公而以獲貴者也。

韓氏自平輔來皆豪于財，而贈君少輒奉義克斷。有兄弟析者不能決一缶，贈君時纔八齡，即笑而克之，❸各付之半，父老大驚其非常。衙前張豁齒好折辱人，横行邑里，莫敢嬰，贈君往罵其門，無怨言，但曰：「是八歲尅缶者也。」父滯不嗜同州水，❹贈君置車一乘，日三十里往汲之。家有瓶金，白

❶「屨」，萬曆本作「履」。
❷「合」，萬曆本作「河」。
❸「克」，萬曆本作「尅」。
❹「滯」，萬曆本作「性」。

夫人常取之以與諸女，贈君瞰其將罄也，又益之。正統間，嘗輸粟五百以賑飢，例當表宅里，縣官以他怨不表，而贈君亦不請，然年僅二十九歲歿。時張太宜人生珏方八歲，而公且未晬，撫以自立，乃更獲表其宅里曰「貞節」云。公稍長，受蔡沈《尚書》於叔父武清知縣倫。武清君剛毅，能沮權勢，而又疏通致遠也，故公盡得其傳，起家成化戊辰進士，授刑部主事，陞員外郎、郎中，至福建按察副使云。

當在部時，雲南、廣東二司號繁劇，公雖山東司，或兼佩二司綬，乃又或佩二綬至十三司者，有大獄也，部尚書亦付之處。張文安伯者，勳戚也，族人奏其不法，公當訊，而張以近倖來，然輒置之律。柯御史忠巡按直隸，劾都指揮王章，章故橫且多內援，亦奏柯，詔公往勘，而章猶以守備體謁道中，公曰：「章，犯人，何得先謁勘官！」杖之途三十。比勘之，果如柯劾，章免官。時真定知府來，謁迓甚驕踞然，以其連姻近侍也，且大言曰：「朝廷曾念及知府乎？」公笑而不應，明日取府券，盡得其私，奏抵於法。大同鎮守石太監巖、巡撫都御史靈寶許公進各奏劾，詔差公正官勘，而公偕袁給事中達、周御史某往，乃獲石十大罪，而許公無瑕。袁欲輕罪許以稱石，公曰：「逆理與法，死不爲也。」一日，許公以文移使知府來白己事，而公適他出，袁、周受其移，公還謂曰：「如鎮守亦欲移，二君何以分耶？」乃召知府來，曰：「都御史雖尊官，今犯人爾，可以文移朝廷勘官乎？」知府抱移出門，鎮守移果至門，亦自返。比獄成，石獨奏公黨文職，朝廷震怒，❶以爲欺罔，下都察

❶「怒」，原作「恕」，據萬曆本、重刻本改。

院獄，差司禮、錦衣、大理官改勘，於是許公卒以不避嫌疑左遷，而公卒非黨。濟寧之魯橋王婦人者，挾妖以說人，禍福多中也，❶雖大夫士過者亦往占之，於是流入京師，通近倖。既敗，下公訊，公謂妖婦曰：「若所事果神，使爲若祈於我，即前貰若。」對曰：「妾神謂公正人，不敢即耳。」遂論死，詔憐其愚，杖一百。安遠侯某與都御史某惡，奏下刑部，有旨勿罪侯。公屢奏侯贓十萬、殺數十人，乞繫獄勿宥，不獲，於是部尚書彭公曰：「郎中力窮矣。」乃奏曰：「唐文宗時有宗人逋官租者，詔赦之，京兆尹持不赦。夫郎中法官，非京兆比，侯所犯非逋租比，陛下遠宗堯舜，此舉若文宗何？」然侯密於近倖，故卒無法焉。有某伯者出街，一僧衝其引路，引路撻僧，奏伯下於獄。有司追僧，僧匿大監梁昉門僧也，部尚書付公訊，公曰：「以一僧縲大臣，又弗出，綱紀解矣。」卒奏出僧而罰之。壽寧侯有門官樊舉人某也，樊因數代諸動戚爲奏，狀常不實，既公攝樊，樊匿侯所，諸貴皆與援，❷公卒致之獄。一日公出門獲扎子，具悉樊惡，且云「必殺樊，庶無後虞」，公即呼樊來，曰：「而何自聲其罪乎？」樊色動，然不首，公曰：「第實首，貰而死。」樊曰：「公神明也！」誦其扎甚習，蓋樊以公不可囑，故左其術以丐生耳。樊於是得編戍於遼東。有報義男婦者，當司論死，比朝審，太宰三原王公疑過重，當司不能對，公前曰：「義男毆父，則坐子毆父律，何耶？」王公曰：「義男毆父，爲下犯上。報義男婦，上犯下也。」公曰：「均

❶「挾」上，重刻本有「其」字。

❷「援」，原作「授」，據萬曆本改。

之爲亂倫耳。」王公曰：「郎中言是。」乃卒論死。太原尹知府珍以怨誣奏山西按察使咸寧雍公泰，下刑部，部尚書且讞泰酷刑當罷官，公棘見太宰王公曰：「雍泰，朝之直臣。太宰有進退人材之責，可避鄉曲之嫌而坐視耶？」王公遂奏泰所坐非例，得左遷參政。弘治戊申，京師大水，米價騰翔，公奏「乞應糧俸者，預支三月，價可平」，詔户部從之。有囚縊死於獄，巡風及提牢官故皆有罪，公曰：「巡風者焉能及此乎？」乃言之部尚書，止參提牢，遂爲例。東廠、錦衣之獄，皆附刑部，有所枉，不敢辯，公送獄堂審，部尚書曰：「此獄自廠衛來耶？」公進曰：「大人第當視情法如何，勿問所從來。」聽者聳然。公在部九年，諸所剸裁平反多類是，聲稱綽然。

會大理寺丞缺，吏部將擬陞公，王員外嘉慶者故誣奏公他事，下都察院獄，曰：「吾固知韓無罪，然吾令其不得陞寺丞耳。」有滕御史佑者，唆當問御史故稽其事，❶及寺丞缺補吴，王始自伏其誣。御史滕曰：「韓雖無罪，然同僚不和，當外調。」都御史疑之，移文刑部，尚書不欲決，而諸郎中公梁輩皆奮然曰：「王奏韓皆公錯，焉得言不和！」部尚書乃又移文吏部，太宰王公曰：「同僚不和，爲同署文案耳。郎中山東司，員外郎雲南，非同僚也。」事始解。蓋王隸常盜人馬牀，而公笞之；滕謀陞寺丞，忌公軋己；部尚書之妾父有犯，囑公而公未之貸也。然未久，竟陞公福建按察司副使，爲弘治壬子也。

比至司，公曰：「按察職在糾察諸司，

❶「故」，重刻本作「改」。

有犯咸得理焉。」先是，三司内眷皆燕會，公禁之，他日都司夫人來飲司中，公下獄將奏，都司免冠求貸始已，内讌自是革。都御史魏公瀚左遷福建左布政使，其子撻人於市，君過見之，即移文取其子問狀，魏夜逸之以歸。有屠牽執强市肉者以告，蓋鎮守陳太監舍人也，公下之獄而捕其黨，陳曰：「若等不知新韓副使乎？」皆械送之公而抵罪。常受御史委，同右布政分濬雙門河，公以灰識竿數百遍插河中，引潮水以浸識竿，水退而河之淺深遠近具得之，濬未兩月，而所治雙門西河三十里皆考績，東治者尚騷然，乃發憤以病去。司無吏廨，而右有奶娘廟，官屢欲毁之，而惑於閩俗，公遂改爲吏廨，無一人譁。有訟其兄奪田者，歷諸司而詞證、契册皆無據，公亦卒笞其弟，弟出門嘆曰：「人言『神韓』，亦與他官等耳！」既而公假以清軍事，吊其里之故册而得其實也，於是鬻契、僞證皆得罪，而其弟有原業。嘗監試貢院，有《書》卷以嫌字不謄者八十人，公曰：「焉有一《書經》即八十人買中者乎？」閲其卷，得中式者四人。有減場一人，文優而卷縫之印缺，公曰：「此必謄録者割之也。」乃告諸監臨折其封，稿果不減，其人爲吴琬。遂訊謄録生，生泣曰：「吾師也，寧忍操戈哉？」公曰：「有由矣！」滋訊之，得其情。蓋生之亞爲吴珍，亦應試，而生乃謄録，故生見誚於妻，生恐珍更中式，滋爲妻誚也，乃謀割珍卷。「琬」字皆從玉，在彌封中相似也，而又姓同，故誤割耳。於是抵生罪，謄珍、琬卷，皆中式。監臨與他官看一卷欲取之，公以其不稱也，争之不能得，乃曰：「願開封觀其姓名。」副使不言，吴監臨默然，❶始棄之。蓋公嘗聞近倖子弟關節來第也。當再科，其人又謀第，忌公在，乃先計中監臨，使公署司事兼海道，卒得中式去。鎮守鄧太監某杖殺一吏，御史、按察使莫敢問，公受吏家詞，鄧以高燕款公而厚譽之，徐曰：「何以處吏獄耶？」公曰：「先捕行杖者，得實則奏聞耳。」鄧曰：「大人將至此府捕人乎？」公笑而不答。既出，召福州三衛指揮曰：「府行杖者皆爾下軍餘，明日捕不至，無復見我矣。」比捕，而鄧用策士之言，使行杖者訴之巡按胡御史某，胡果批訴於按察使，鄧復以四百金買吏家口，遂以吏病死而成獄。泉州府通判楊珍與知縣高廷詰，遂奏及巡按清軍諸御史、布按二司官，詔差給事中、郎中勘治之，歷歲不結，蓋楊故吏部也。於是付公治，公一訊而定，楊、高皆免官。

福建額設海道副使一人，奉勅專理海道。蓋海中山下有甘泉，海寇率竊泉以起禍，故以福州三衛指揮使戍海中衛，❷然戍者憚險莫肯往，而當道者久亦不問，比公代理，出令曰：「職當按戍，不至者，有常刑。」乃徐曰：「渡海下衛，諸失戍者皆抵罪。」然是時海寇王某已聚衆劫海上矣，公乃集兵伏要害，而選李指揮、牛千户捕之。寇曰：「韓公不去海道，我輩不生，且鎮守嘗深憾焉者也，可因之以去。」於是以千金賂鎮守，而以書遺牛、李曰：「韓公已受賄許我矣，可無急也。」乃又計使鎮守並得其書。鎮守即奏公受寇賄，而公遂去海道。奏下兵部、都察院，於是馬公文昇、戴公珊奏曰：「副

❶「吴」，萬曆本、重刻本作「矣」，作「矣」屬上句。

❷「使」，萬曆本、重刻本作「吏」。

使韓紹宗剛廉有爲，此係賊人反間之言，不信。」上曰：「是。」然未幾丁張宜人憂歸矣。明年朝覲，有許給事某者復以鎮守奏事爲言，遂罷公官。蓋許先爲舉人時，嘗教書於公之同僚家，頗緣爲姦利，公逐出之，而馬公是時已自兵部轉吏部，親知鎮守事者也，然亦畏言官而從之矣。國朝典章，惟朝覲罷去者不得伸理，時亦有辯訴如朱公瓚者皆獲直，而公亦卒不辯也。

公天性剛明，少輒異人，既讀書，日記千言不忘。嘗墜於洛水下，見赤面長髯神人携出水上，蓋關將也，今其家尚祀之。公既諸子至貴顯，惡侈靡，輕財利，慎取予，在福建巡歷所部，數不御肉食，所配閻氏封恭人矣，未嘗置翟冠雀服，而諸子既舉，皆不衣紬帛。獨念宦遊不侍張太宜人，每歲時伏臘，輒嗚咽泣下，時遣人問起居，致甘旨。其所得俸金盡以遺兄，以奉太宜人，雖在福建萬里之外猶爾也。然太宜人晚年失明，❶公輒夜夜拜北斗籲天，後數年有醫至家門，自云能已目疾，遂以醫太宜人，一針而愈。公之兄方入取謝資，而醫已去，蓋異人也。

公雖和易近人，至居官守法，毫髮不可回，禍福不可動。若民苟無罪，雖鞭朴亦不妄施。福寧道最繁劇，公署之月餘即沛然。❷又嘗兼他道。每當易道，而撫按諸司輒不肯改。後有王僉事寅者願署此道以盡力，未數月，王神采瘁然，而道政亦理。王問下人曰：「外議我署道何如韓公？」對曰：「使君不減韓使君，但韓使君稍閑暇耳。」王喜而投筆曰：「得如此足矣！」蓋公

❶「然」，萬曆本無。
❷「之」，萬曆本無。

所至，率綱紀其大者，其餘不勞而正，故爲人所難也。公暇日又數召諸生講授文義，所甄拔士如李廷梧、王仕昭輩數十人，後皆大顯於時。公在福建七年，爲御史所薦者四，既家居，猶爲文選黄河清所薦者一，而吏部亦數推河南、山西、湖廣、山東按察使，然皆不獲行，蓋有尼之於密者也。然公怡然自得，讀書談道，暇日則從戚黨友朋之會，無累也。

公自幼時即爲提學江西伍公福所器重，呼爲「小友」。既舉成化甲午鄉試，遂開講於華陰雲臺觀，弟子數十人，後皆大顯貴，都御史屈公直固其一也。後又入咸陽，歷岐、鳳、寶雞，觀於終南、太白，所至皆有徒從之遊。至其教子，一以義方，公若在堂，諸子非呼召不敢過其前。僉事爲文選時，嘗寄衣一襲，輒戒之曰：「但當盡心官事，勿念及此也。」疾且革，猶以忠孝道德命諸子。宜其所立偉然，而四明楊公守阯以爲古人何加也。

公生於景泰壬申閏九月十八日，卒於正德己卯四月二十日，壽六十有八歲。初授主事，再授郎中封，後以僉事爲文選時，又受副使封，所謂中憲大夫也。所配閻恭人者，始封安人，再封宜人，其恭人亦文選封也。子四人：儀封，丁卯舉人，娶劉訓導女；僉事，初受考功主事，改文選，陞員外郎，調平陽府通判，陞僉事，以忤權宦去，娶張教諭女，封安人；工部，初受虞衡司主事，陞都水司員外郎，以諫言去，娶屈氏，即都御史公女也，封安人；其第四子曰邦翊，國子監生，娶仇教諭女，再娶史氏。三女：長蚤死，次適國子生李德元，次適王鋭。孫男三：仲議、仲讓、仲詳。孫女三。公所著雜文百餘篇，詩賦千餘首，曰《蓮峰集》。銘曰：

維正德己卯秋七月吉日己酉，有韓氏竁於南陽洪之西原。犖礱崎嵬，嵰崀顭顒，蓮峰先生，永寢永晏。漆沮北滮，東河東篆，❶太華南峙，萬里關中。是日也，晉蒲秦同，君子員員，殞淚執紼，四田成蹊。曰送先生，明德孔邵，❷八閩百越，❸諒亦潛止。昔先生得金矢於刑曹，訖威富於南海，名不滿實，道遠而位邇，志士至今傷之。厥封維堂，烏鵲如咽。夫儀封篤而廣，僉事信而法，工部朴而茂，一代之良也。夫源不深，流不長，尺蠖不屈不伸，身與孫子，又何難焉？夫子康哉！

❶「東河」，萬曆本、重刻本作「黄河」。
❷「邵」，重刻本作「昭」。
❸「八」，萬曆本、重刻本作「七」。

涇野先生文集卷之二十四

墓誌銘三

明誥封太宜人郝母惠氏墓誌銘

太宜人惠氏者，贈知州毅齋先生之配，山西僉憲郝君道傳之母也。僉憲君陞自刑部員外郎，即欲奉太宜人於宦邸，太宜人不許，乃身自之任，未久而太宜人訃至，僉憲君號擗曰：❶「世家不孝，乃以官故，而不獲終吾母耶！」遂自太原戴星奔喪。馬至猗氏，迂道解州，啼泣曰：「嗚呼！吾母今吾不復見耶！吾母事吾祖父母如父母，食上，必有甘旨，衣服垢，身自浣濯。當歲飢家匱，長幼老穉無養也，吾母罄其衣粧釵環以畀吾父，吾父往來嵩、伊之間，貿粟以養厥家，得免於饑。敬事吾父幾四十年矣，未聞反目。馮氏者，吾長伯母也，袁氏者，吾次伯母也，處極和順，不争競，族婦氏稱爲『三姐妹』焉。他日吾母危病，馮伯母撫枕而泣曰：『汝年不及我，而我賢不及汝，天其移疾於我哉！』袁伯母殁，遺女且少無依倚，吾母撫若己女，既長，豐其粧奩與嫁之。吾兄弟三人，少皆不敏，吾母惟以温言教訓，未嘗一叱咤之。聞有咒駡其子者，則痛惡焉。蓋其勤儉貞慈出於天性，年且老，手不釋紉箴，纇絲寸帛必經意，以爲吾兄弟輩存也。乃今以嘉靖五年十二月二日終，距

❶ 「擗」，續刻本作「辟」。

生成化元年六月十六日，年纔六十二。儻獲銘諸幽，則吾可以贖不孝罪於萬一矣。」

呂柟曰：「嗟呼，太宜人之賢一至此哉！按太宜人本蒲城荆姚里惠家女也，其父楫仕爲郟縣教諭，而贈君之父篤菴先生主郟縣簿，契誼甚厚，於是太宜人歸於贈君。未幾，教諭先生卒，其子鈞州同知周扶柩西還，❶而太宜人素衣糲食，哭不間晝夜以求死，則其於舅姑家可由知也。嗟夫，太宜人之賢一至此哉！」有男子三人，長即僉憲君。

明承德郎上元知縣涇川魏君墓誌銘

上元知縣涇川魏君者，字體元，諱弘仁，世爲涇陽之縣西里人。高祖永中，在元末以德行爲鄉耆賓，生文昭。昭生祥。祥生瓚，字廷璋，舉鄉進士，爲山西安邑知縣，以君官進贈二級，配江西參議邑人趙公謐之女，是生君及典膳弘禮、義官弘智、考城令弘信、引禮弘道五人者也。

君生而穎悟，氣宇軒昂不群，少有文章聲，衆推以爲他日可並揚雄、蘇軾、虞集之流。他日鄉試於省，與予同邸僧寺，每接談，議論侃侃，正而不撓，群而不黨，有古益友之風。乃舉正德丁卯科。三試禮部皆不偶，則已至嘉靖癸未也。是時趙夫人且老，君曰：「使弘仁再科，亦不爲遲，其如吾母不待養何？」乃就選銓部，得上考，授知應天之上元，蓋雖縣令，其品與順天之宛平同，猶京職也。是時正值縣政廢弛之後，君竭力振揚，百廢興而六事舉。未幾，江淮饑

❶「還」，續刻本作「返」。

疫，都憲李公托君煮粥以救荒，時賴以全活者甚衆。於是憲院、戎部、撫按、守備以及京兆諸司，凡政有未平而事有未考者，悉之君處，然而無大小，無强弱，無隱顯精粗，皆得其情。於是諸名卿如梧山李公、東湖吴公、松滋伍公，罔不嘉賞敦獎者至六七多焉。乃嘉靖乙酉閏十二月入覲京師，未幾乃嬰痰疾，是年十八日卒旅邸，距生成化丁酉十一月二十二日，年纔四十有九。嗚呼！涇川子抱負甚宏遠，乃未究其所藴而止是耶，傷哉！

君配郭氏，封安人，生丈夫子三人：長汝輔，娶朱氏；次汝翼，聘田氏；次汝臣。女子二人：長適生員劉寓，次適儒士王世德。孫男一，上元，君以其在上元時生名也。引禮弘道將卜嘉靖六年九月，葬君於魏氏先塋之次，乃持君之友姚南知府邑人張君官狀索銘。銘曰：缺。

明誥封亞中大夫宗人府儀賓玉松仇公墓誌銘

玉松諱森，字時茂，仇氏，别號玉松子，潞州雄山鎮東火人也。予於正德初病卧涇野時，已聞時茂兄弟同爨三世矣，比八、九年間，時茂遣人問《同心堂記》，乃獲覩《家範》之略，不爽也。嘉靖三年七月，予自史館謫判解州過潞，時茂邀予至東火，遍觀祠屋及有序、師儉諸堂，義學、鄉約諸所，貞女烈婦四氏祠，接見同會老幼二百餘人。已而宴予於禮賓堂，諸弟姪子孫皆侍，時茂洗爵酌獻於予，謂諸弟子曰：「此公而至吾家，止爲有《家範》耳。諸子弟如不能守訓，痛祖先於地下，辱名公於四方矣！」言未訖，雙淚如雨下，予亦不覺涕出。已而嘆曰：「予之此行，忽身入夷、惠之里，目覩時雍之俗矣。然讀書至取科第，有官内外，乃無毫髮益於人，豈能如時茂哉！」越明年，時茂訪予於解州，留數日，聯榻於運城王生之書館而別，歸遂重訂《鄉約集成》，請删改序題。又明年，創建雄山書院，請爲記。然記方在途，而時茂不禄矣，實五年十一月六日酉時也，距生成化四年三月九日，壽五十有九歲。其從弟時欄具狀，遣人索銘。

狀曰：兄之父諱鴻，字騰時，潛德弗仕，學者私謚爲貞篤先生，母丁氏，實生兄。年十四失怙，從致仕教諭陵川姬先生彰學，有志科目。瀋藩内丘恭僖王聞而愛之，遂選爲上艾縣主儀賓。瀕選，王夢玉松三株植殿前，茂甚，及見兄名「三木」，深喜焉，後因以爲號。弟監生桓十餘歲時，即進爲郡庠生，居城中，桓嘗有疾，親爲煮粥，既愈，小試得雋，即望秋舉代己以顯厥親，夢放榜，松抄詢其無名，遂大哭而寤。一妹適瀋陽衞指揮張淮，則時周給之。若母黨之親有事至城，必館穀延款，極敬厚焉。弘治九年母忽疾，夜籲天願減年以增母壽。既卒，哀毁踰禮。又恨父終方幼，遂設主同母靈追奠，三年不御酒肉。聞從弟義官朴入京忽感汗疾，即日以一騾一僕往視之，中途果遇，相持頓足而哭，如更生。

他日，叔父義官鶴得《鄭氏旌義編》於從叔父義官鸞，常議欲推行，未就而卒。乃同宿州吏目兄楫偕群從弟以禮葬叔父畢，即謀繼其志，遂立祠堂，述《家範》，常見周公、程子於夢寐。兄爲大宗子，府第違祖宅八十里，每遇時祀及朔日參祠、清明墓祭，雖祁寒暑雨，靡有失期，若得新物，必使人致而薦之，然後入口。初，祠堂成，齋沐三日，祭畢，效鄭冲素作誓詞一通，其詞云：❶「吾家子孫及諸婦敢有不孝不弟、不同心協力以保《家範》，或積異財、潛謀分析者，祖宗達於神明殛罰之，勿使敗壞厥家。」令各書名畫字，❷讀而焚之，衆皆凛然退。今二十餘年，子孫未敢欺上行私。《家範》既成，婦女小子有過舉者，輕則會衆誨之，甚則自罰跪而撾其面，衆皆不忍輕犯。在城閨門尤嚴，三尺童子不入中闈，雖縣主謦欬聲，❸亦爲之寒栗。置玉松別墅於南莊以適情，有負暄亭、吸月臺、緑野樓，秋夏常居，連月蔬食藜羹，與傭人同苦樂。鄰莊一僧寄錢二十緡，十餘年無人知，其僧暴卒，且無弟子親屬，乃出所寄錢以葬僧，餘皆頒於僧之鄉人。創斷金會於城中，與同寅牛、宿、栗、郗四君每月五會，講讀四書、《周易》、司馬《通鑑》，務體諸心而見諸行，有奬有罰，且誓於本州城隍：「干謁有司者，諸神必達天，以殞厥身，隳厥嗣。」前郡守申公曰：「非飲射讀法，不得一見五君子。」其守巡、提學諸公至潞者，多詣會所，❹談論移日。冀南分守三原王公躬訪於家，值兄他出，則謂子熙曰：「汝父學行俱優，我稔聞之呂九川矣。」

正德六年五月間，一日忽迎養祖母陳於城中，至六日而流賊奄至，大劫東西火，❺其前一日，合家婦女亦就陳母得脱去，潞人皆以爲孝誠所感。賊漁獵臨莊，婦女間

❶「其」，原空闕，據萬曆本補。
❷「令」，原空闕，據萬曆本補。
❸「欬」，原作「欸」，據萬曆本改。
❹「詣」，原作「諸」，據萬曆本改。
❺「火」下，萬曆本有「村」字。

有不從賊而死者趙女、袁女、焦婦、王婦四人，兄嘆曰：「此輩若不激揚，風俗自此污矣！」於是具四女婦事實，同會友四人呈諸巡撫王公，獲給葬銀，奏聞竪碑建祠，載在祀典。其後聞風而起者，又有二焦、平、丁四烈女婦焉。初，流賊之初至也，索馬，否則火其家，兄曰：「放火，一家之害。與馬，賊害及四方矣。❶」乃不與馬，卒火其家而不恤。鎮國將軍孤巖及西火人王俊者，孝子也，百户劉壐者，忠人也，兄皆白於巡按王公，移文以奬之，於是一鄉咸以不爲善自愧，張攢兄弟異居數年而復合，秦倫、王經及家僮王堪、郭交倉喪親三年亦不御酒肉。有子熙，郡庠生，則使之越大行山，從覃懷何粹夫先生學，謂之曰：「汝去，不特取法文字，凡事皆宜師也。」城中第宅年久零落，盡撤舊飾，樸素渾堅，或嫌其太素，兄曰：「不云『居第傳子孫』乎？」是歲，門之南北槐十餘樹，慈烏巢居殆遍，識者以爲孝義所感。嘗於積雨行途中甚難，即覓工十餘，自南莊至城二十五里，皆平治之，以便行客。山西大參苑洛韓公嘉其孝義，自冀北移文奬勸，兼犒羊酒以賀焉。乃一日嘆曰：「昔人上友千古，而吾未及一鄉！」於是吊虎谷先生於和順，訪隱士趙玉泉於蒼溪，❷又北訪寇涂水公於榆次，西問喬白巖公於樂平，南謁韓司徒公於洪洞，又西謁陶司馬於絳州，又南訪李司徒公於沁水，東謁張僉憲於下莊。解州之行，亦是時也。

四年冬，以年六十，倦於勤勞，瀋府朔望朝參不便，手草奏稿欲辭禄，創高棲軒於

❶「賊」，萬曆本、重刻本作「則」。
❷「玉」，萬曆本作「王」。

南關外，謝絶人事，以琴書自怡。遣人至京，商於諸名公，皆以爲不可，乃止。然兄於斯禄，以宗室漸繁，得之亦未嘗獨享。正德五年秋支二百金，❶遠近族人，人給銀五錢。以百金糴米，遇時艱食，依原價糶給鄉鄰之困乏者。因流賊兵火，八年又支百金，族人如前各給錢一緡，鄉鄰爲酒食大會三百餘人。嘉靖四年，奏准禄米折支河東鹽又得二百金，二從叔母及族人置上衣一襲。是歲，同會百七十六人，皆置深衣各一襲，布履各一事。有例許並里，分本鎮六里，人多雜處，數年借貸差税不便，兄謂義官弟朴曰：「若併作一里，此先宿州兄志也。」於是費百五十金有奇而里併，自此二税及諸役，必以俸銀依官價代輸，後收原本，不受息。自正德改元以來，凡遇大比，必餞贐諸士曰：「此吾里選之賢也。」

今年春，偶感寒疾，方汗小愈，因貞篤先生忌辰，冒風祀於祖宅，復作不能行，遂宿南莊。夏至，當祀於祠堂，扶疾齋居，後移入城中。疾數月，召子熙謂曰：「人生五十不爲夭，我又加九矣。倘不起，請汝石巖叔父及鄉中知禮者，考禮以葬我。」終之前夕，天隕一星，光如月，城中四鄰皆駭之，知事者謂必失一大賢，次日兄卒云。卜明年二月二十五日，祔葬於陽堰之原。所爲詩文，有《玉松稿》、《家譜》，及刻行《雄山集》、《鄉約集成》、《貞烈倡和集》、《虎谷王公墓銘》諸書。子熙，廩膳生員，即上艾縣主所出，娶李氏，廣平府判堂之女。女二：長適同里生員牛順，次適會友牛麟第四子翼。

❶「秋」，《山西通志》卷一百九十八收《册誥封亞中大夫宗人府儀賓玉松仇公墓誌》作「冬」。

孫男一，小字克昌。孫女一，適真定府通判夏仁孫生員尚禮。嗚呼，痛哉！

夫時欄讀書嗜學，棄官樂道者也，其狀與予所見又甚合焉，則時茂生而愛親敬長，友弟睦族，親賢化鄉，濟人利物，不畏强禦，克憐無告，真非虚生者矣。其終也，聞吊客千餘人，哭之如喪親戚，❶行客嗟於途，婦女哭於室，使當時科目得志，或者又未能如斯也。獨惜夫洪義廣德，乃天不假年，以厚潞俗而風四方，何哉！予於是三收淚而銘曰：

揚揚周黨，明明王烈。上黨風微，玉松手拮。侯孝侯忠，侯志侯節。澤有鶴鳴，谷有蘭茁。鄉約化遥，家範斯揭。藍田再輝，江浦重悊。❷梓匠僕僮，亦是改轍。群彼春榮，愛莫敢折。仕或業隳，處或德蔑。我相玉松，不愧前哲。雄山嶒嶒，爾冢與埒。

明故中憲大夫河南按察司副使庸菴史公墓誌銘

公姓史氏，諱英，字廷珍，世爲蒲州稷山縣人。曾祖諱仲禮。祖諱伯善，父諱貴，以公貴，封河南道監察御史。公登成化戊戌進士，初授棗强令，未視篆，俄報賊騎至，令人即日擒之。後冀州盜相繼反獄，公皆勦平，於是賊不犯境。棗强人好誣訟，公切諭之，凡布禁五十餘條。尋有酗酒不孝者，公使其族人勸戒之，其人遂以孝聞，圖公像，朝暮拜謁焉。其督課學校，周恤歲凶，

❶「戚」，萬曆本作「考」。
❷「悊」，萬曆本作「攄」。

尤爲誠懇，一時復業者百有三十一户，五百三十有二口，遂增設興仁社以居之。其與完娶資喪者五百餘人，出俸買藥以療瘟疫者蓋千有餘人。若夫上官横科不便於民者，公皆拒不聽。及去，衆强人立去思碑。

成化末，陞河南道監察御史，嘗奉命清理長蘆鹽法，國課充足。巡按蘇、松、常、鎮時，周駙馬兄爲蘇州同知，貪聲大著，公即據法首黜之，他奸宄皆望風屏迹。尋又巡按徽、寧、池、太，其俗懼嫁女之難，生女多渰死，公嚴法以禁之。在臺中，諸僚有所論列，多言各有所托，如江西言有某公，四川、山東言有某公某公也，❶獨謂山西無托，公曰：「英大有所托，顧諸君不知耳。」衆問爲誰，公曰：「托天。天有仁心，不受賄賂。人有敬畏，則天命可保。」衆改容謝也。他日臺中糾一勢要，疏成已印鈐矣，至午門前猶豫不進，適遇公，問曰：「何以處之？」公艴然曰：「疏至公所，宜進不宜退。」遂進之。翰林學士泰和曾公彦嘗稱曰「剛明公正，素厭人心」云。

當道知公者薦其可都憲，以節格不果，遂陞河南按察副使，丁外艱去。居喪依於禮，著《脩職盡忠藁》二十五條，自是閉户讀書自娱。都憲即墨藍公章遺書曰：「士大夫不遭瑾毒手者，史公教人耳。」翰林學士清平張公天瑞常以理學稱之。平生無私書，每曰：「己不容人囑，知人亦不從己。」自謂愚庸，又自謂無用，號「庸菴」、「拙菴」以自況。凡有所得，即録之成帙，名曰《敬事》、《就正》、《一得》諸藁，其言多主居敬窮理。平生不食兔肉，有餽生兔者，輒命放

❶ 下「某」字，原作「其」，據萬曆本改。

之，以其父兔屬故也。家居，每夕必焚香告天，祈君福壽，又祈雨降以澤民。初，公性純謹嗜學，丰采峻絶，爲邑庠生，恒以薛文清公自期待。甯太參以「恒榮稽古之力」勵諸生，公曰：「聖賢事業或不能，若金紫何足掛齒！」其持守之嚴，官府多不能識其面，故其言之所至如此其粹云。

乃嘉靖五年十二月二十三日索曆日展視，❶於本日上加一墨圈，於二十七日上又加一墨圈，❷子姓輩問故，曰：「吾於此已矣。」及日果卒。距生正統十四年十月十九日，享年七十八歲。配張氏，先公卒，贈孺人。繼配杜氏，封孺人。子男三：伯守憲；仲守正，邑庠生，早卒；季守直，國學生。女三：一適義官馬思漢，一適司訓郝騰，一適國學生河津暢忠，忠蓋同舉人加睿持鄭尹紹狀以索銘者也。孫男一，豸，女一，俱幼。公卒之明年八月十五日，葬于甘泉先塋乾隅之新兆，遂以其狀，次公之行履忠蹟，因爲之銘。其銘曰：

嗟哉，先生之懿乎！生而不阿，死也可恫。邦之司直，鄉之瞽宗。有綱有紀，俟化俟風。九原不作，銘此幽宫。於萬斯年，子孫逢逢。

副憲賈會期墓誌銘

東鹿賈會期與予同戊辰進士，予始未能知也。已守慶陽矣，寧州吕道夫言，會期初聘於魏氏，魏未幾疾雙瞽，父封君先生欲改聘他姓，會期執不肯，曰：「命也，於古不

❶ 「三」，萬曆本作「二」。
❷ 「一」，萬曆本作「以」。

有劉廷式哉？」遂娶之，和諧如琴瑟。魏又數請置妾媵，會期終不可，所生三丈夫子皆才。嘉靖元年，予病起入京，會期已憲副陝西，遇於保定，敏而直，儉而度，又不善斂。既入京，其二子衢、衝已考冠束鹿，來應順天舉，謁予，果有器識。明年，會期不偶於巡按，劾會期在慶鹽票事，會值大覲，遂罷會期。予嘆曰：「世豈有絶情酒色，篤志古人，行而又貪耶？不可信！」然會期自以志不明，抱鬱而歿，在嘉靖三年正月三十日，年纔五十三。疾且革，語其子曰：「此心頗爲朝廷用盡，乃被誣至此。」遂爲詩曰：「英魂一點歸何處，兩淚交流達聖明。」嗚呼，傷哉！

初，會期童稺時，即不與兒輩狎，五歲從師讀書，退即捏土爲字，以肄日所誦業。十二歲喪母高孺人，哀毁若成人。及爲邑弟子員，輒有憂國志。會伯祖俊以太子少保、工部尚書歸，見會期，目之曰：「賈氏繼志者，其吾子乎？」弘治甲子，與兄道同膺順天鄉舉。後既舉進士，正德四年，授南京廣東道監察御史。時奸臣劉瑾方横，諸御史多欲外補，會期相厚者又勸宜損剛剜直，會期曰：「欲外補，如宗廟社稷何？若既爲耳目司，使朝廷無聞見，可乎？」乃攬轡至南臺，期年瑾誅。時道中多滯獄，悉剖決如流。有户部戴郎中者贓敗，遍理諸道不結。乃下廣東道，卒擬如律。自是臺憲稱明，而應天郡縣軍民奏辭，咸欲下廣東矣。六年，巡城擊强弭盜，南都肅然。七年，流賊猖獗，抵龍江内外，守備出二指揮，將五千人截殺敗績，同官請罪二指揮，會期曰：「咎在守備。」獨具疏劾，於是魏國公徐輔、太監黄偉皆畏憚之。八年，九江盜賊蜂起，循安慶而上，徽、寧路絶，會期又被簡巡江，即日至太平，期與賊敵，一出遂捷。九年，乾清宫災，詔求直言，乃以「進君子，退小人」爲疏，群姦大怒，賴重臣解，故兩課其績皆以「持躬清白，讞獄明决」得上考云。既而出知慶陽，蓋有尼之於隱者也。在慶陽，御史有「卧治黄堂」之薦。當是時，武廟駕在榆林，將幸西夏，軍民多竄匿，令丞銜路者率解綬去，會期曰：「主上至，當奉迎，不宜逃竄。」乃招撫居民以俟駕至，然不果幸。有中貴人假命欺辱官僚取財，會期曰：「勿辱彼知府，願偕君往見上。」貴人笑沮解去。

今上入承大統，制令科道，奏薦天下守令循良者，而陝西御史以會期舉，然適考績至京，大臣議選領邊務，遂陞陝西按察副使，奉勑兵備西寧諸鎮。是時醜虜爲患，道路艱阻，人咸爲之憂，會期曰：「昔王尊遇九折陂，❶叱吏前驅，人以爲忠。劉琨坐嘯，邊塞風清。吾獨不能爲尊、琨耶？」既至，布朝廷威德，諸蕃感化，朞年幾措烽火，邊人遂有「樂耕耘」之謡。先是，甘肅武臣之變，總兵官李隆已繫獄，朝廷下巡撫都御史陳公九疇鞫其黨楊淮以下七十餘人。陳檄會期往視，會期乃先陰得其詳，翼日引訊廳事，衆奸皆驚畏無異辭，陳稱曰：「真老法司也！」會期嘗曰：「使運處西寧數年，當使朝廷無西顧之憂。」然未幾以忤當道坐免，諸將領送至古鄯驛，哭還。然則會期之行與政，詎不可信耶？嗚呼，傷哉！

會期諱運，號静齋，其先洛人，更始時徙汾州，或曰長沙太傅之後。洪武初，六世祖戴奔東鹿西三十里，居柳樹中，今遂名柳

❶「陂」，《漢書》卷七十六《王尊列傳》作「阪」。

樹村賈氏云。高祖元智，贈太子少師、工部尚書。曾祖寬，祖忠，不仕。父瓚，以會期封監察御史，母高氏，繼母范氏，皆封孺人。兄道，進士，户部主事。子三人，季者名衞。女三人。孫男三。筮是年三月二日，葬祖塋右。銘曰：

一真可占百誠，一瑕可覘千碱。静齋不貪，信於娶瞽。不然，解綬而歸，草屋如故。死且屬予銘，諒予知其苦。於戲，康哉！

楊節婦趙氏墓誌銘

節婦，都人也，姓趙氏，諱叔實，年十六嫁爲太學生都人楊生鏞之妻。生殁時，節婦年纔三十一，側室生一子源，未幾亦殁，乃零丁孤苦，操如冰霜至老死，故都人稱「節婦」云。天性聰慧，能讀《小學》、《孝經》、《内則》、《列女傳》及《考古圖》、《論語》諸書，屬辭造語，婉若士流，左右手皆能運筆，字法亦遒勁，若剪裁刺繡，雖良工弗及也。然姿容端凝，動有規矩，四五日不見一笑顔，室中女母亦敬憚之。既歸生，生之父爲河南參政昶，母爲宜人某氏，有家範，節婦亦能奉訓不違，得其歡心。賓祭皆手辦，與生相待如賓，相切磨如朋友，生所欲行皆先治，脱有講説之家，呼茶茶至，呼饌饌具，極其精潔以娱賓。故生業無所荒，行無所虧，考於提學則魁順天，考於太學則魁天下，都人士常並諸程篁墩、潘南屏，而節婦之名，諸縉紳家亦無弗傳誦者矣。然累産不育，止存一女，而生年且壯，乃多選買良家女爲生妾媵，若有所育，即愛護如己出。弘治丙辰，生病癰疽，節婦禮醫請藥，心力俱瘁，每夜必焚香禱天，請身代生，然生竟不起。而節婦號踊，水漿不入口者數日，比至葬，毁瘠骨立，戚嫗鄰媪，罔不悼惜。乃自是純白至老，不御采色裳衣。

然生既殁，家道中替，而楊、趙二氏，都下名家，戚黨甚衆，壻則蔡憲副需，甥則閻進士溥，甥壻則滕洗馬霄、汪少卿玄錫、王舉人應麟、萬舉人奇元，從壻則李方伯璋、盧長史鋭、周縣尹綜，皆母事節婦。於是數家婚姻有資，喪葬有賻，伏臘有問，慶吊有儀，罔或少失。居家勤儉自立，門庭斬然，二尺童子無故不至中閾。而又課田有式，算賈有籍，身雖不出閨閣，田卒貨兒皆以時辦，不敢隱欺，日有滋長。❶是以財不匱用，禮不絶親，生雖殁而楊氏不衰，其兼幹趙氏之蠱，旁理蔡氏之家，或以比諸健丈夫云。閻進士嘗會試不第，節婦嘗涕泣數日，曰：「吾兄弟皆殁，吾冀汝一第，以得會晤吾姊。乃不我肯遂，將無秀才懶讀書耶？」於是進士亦感泣努力。比既第，則又誨以爲政之道，與誨蔡憲副同。故諸親黨之有官政者，或以疑事、滯獄以來問，節婦無不與立剖中合理，有時手答諸甥壻書，語皆懇到可誦。又善識雜物，凡親黨間得金玉珠石器件及古圖畫難别者，必皆曰「往問楊姨」，則即與定辯真贋，或持以示博物君子，無弗以爲然也。晚歲，日閉户誦《法華》、《楞嚴》、《觀音》諸經，又手寫數帙以自娱，諸甥壻見或諫之，則對曰：「此非作善事耶？」

節婦之父諱昂，通政司參議。母潘氏，封宜人。長兄竑，爲光禄寺卿。次兄靖，爲鴻臚序班。初，通政公與兵部尚書程襄毅

❶「有」，萬曆本作「且」。

公信、順天閻公鐸及生之父參政交，以文字義氣相許可，故通政之三女，長嫁閻公之子序班璘，仲嫁程公之子敏行，而節婦乃以歸生。則節婦之道，所聞諸父兄姆師之間者遠矣。節婦生天順甲申九月十八日，卒嘉靖三年二月二十日，得年六十一。蔡憲副及閻進士既爲棺斂，❶將以某月日合葬順天昌平澤陂太學生壙。憲副又爲狀，偕閻進士索銘，且曰「楊氏無後而族遠，❷需受夫人之恩德比於父母」云。銘曰：

節常改於無依，禮或廢於既貧。乃節婦儉不忘度，貞不絕親，丹心白首，生死良人。此豈獨天資之美，亦其學力之真。❸言彼脩身之士，視此乃或有不純者。然後知志之貴勇，而道之貴仁也耶！

明贈左副都御史謚忠節江西按察司副使許公墓誌銘

予嘗謂天下之事，奸巧者釀其禍，忠貞者嬰其敗，自古及今，其軌一揆。則予於忠節許公之死，未嘗不痛恨而流涕也！

當正德丙丁之間，佞倖讒邪，竊柄納賄，群臣半與交通，蒙蔽武宗。於是寧藩宸濠私窺其隙，下結桃源、華林諸賊以據有其財，上賂要寵鉅權諸門以陰附其勢，睥睨神器，四海共聞而不敢言。是時公方憲副江西，言於巡撫諸公曰：「寧府果於爲暴者，

❶「斂」，重刻本作「殮」。
❷「族」下，萬曆本有「卑」字。
❸「真」，萬曆本、重刻本作「貞」。

恃權臣也；權臣曲右寧府者，貪重賄也；重賄靡所不到者，爲盜藪也。方今權臣既難去，寧府又難制，策惟有剪盜則財困，財困則賄息，賄息則交解，交解則惡孤，而吾志可行。不然，後難圖也。」諸公皆固拒之。踰年戊寅，宸濠滋横，迫協撫鎮，保薦賢孝，逆跡已露，臺諫論劾，詔差都尉郎中官往問且宣諭。❶宸濠惶懼，乃六月十三其生日也，自巡撫孫公以下具幣入賀，因大饗之，明日諸官入謝，宸濠遂反，颺言曰：「太后有旨召我，如何？」孫公曰：「願出旨以示。」然素忌公威名，又特問曰：「許副使如何？」公曰：「天無二日，國無二上，副使惟有赤心耳。」宸濠怒曰：「我不能殺許逵耶？」公曰：「汝能殺我，天子還能殺汝，特先後間耳。」遂令僧人執公曁孫公以出。公顧孫公曰：「逵疇昔之言，正爲有今日耳。」公遂俱遇害於惠民門外。時盛暑，尸不臭，蠅蚋不近，數日而顔容猶如生。❷秋七月，提督軍務餘姚王公伯安克復省城，其部下知縣王冕及一巡檢生得宸濠於鄱陽湖以獻王公。於是省城内外，人皆素服，哭奠於公柩，哀如父母。王公命有司祠祀之，又疏奏其忠烈。今上即位，論功定賞，贈公左副都御史，謚「忠節」，遣官諭祭安葬，且命有司建祠其鄉，蔭其一子瑒爲錦衣衞正千户。

嗚呼！若使公職司内庭，必能計黜權臣，制宸濠於未然。不然，即剪盜策行，豈惟可寢其反，下而數萬生靈之命，上而九重南巡之禍，皆可免也。嗚呼！此予於公之死，所以嘆息痛恨而流涕者也。初，都諫張

❶「尉」下，萬曆本有「傳」字。
❷「如」，萬曆本無。

元傑曰：「許汝登自江西寄予文山詩一帙，外有題封而内無簡書，以漢卿觀之，寧邸其殆爲變乎？ 汝登其殆爲文山乎？」未幾果然。 然則公之志，蓋已豫具乎！

公年二十六，與予同舉戊辰進士，明年授山東樂陵縣令，即能令行境内。 辛未春，劇賊劉七、齊彦名飈起幾甸，焚屠城邑，殺戮長吏。 公先築濬城隍，貧富差工，越月而成，又使民各起墻屋外，高過其簷，仍開墻竇如圭，才可容人。 家令一壯者執刃伺於竇内，其餘人皆入隊伍，令之曰：「守吾令，視吾旗鼓，違者有軍法，首功者上賞！」又設伏巷中，洞開城門。 未幾，賊果至，旗舉伏發，賊火無所施，兵無所加，遂擒斬之。自是賊不敢近樂陵城。 撫按交薦其才，武宗超陞山東按察僉事，兵備於武定州。 是時劉、齊二寇猖獗，自陝以東横行，而武定城圮溝夷，不格牛馬，民欲崩去。❶ 公力定之，先事築鑿，設城樓，置巡卒，樹岸柳。 壬申五月，劉七、楊寡婦以千騎犯利津，公追至高苑縣，斬首四十有八，獲馬騾二百四十四。 未幾，賊錢鸞以百騎劫德平，公追戰於楊二莊，一鼓坐勦平之。 自是賊南奔狼山，颶風敗舟乃滅。 郡人立《破寇安民碑》以頌其功。 嗚呼！ 劉、齊之寇，其勢已大，非宸濠之初起可比，而樂陵知縣、武定僉事，其官又小於江西副使者也，乃公能成功於前，而不能保身於後者，何哉？ 職有專不專，人心有同不同也。 嗚呼！ 若使公官在内廷而有專職，將天下可無事矣。 乃獨使公殺其身以成仁，傷哉！

公諱逵，字汝登，河南汝寧固始人。 高

❶「崩」，萬曆本作「奔」。

祖曰某，曾祖曰子誼，祖曰昂，凡三世皆以務本敦行爲事。父諱寧，克嗣厥休，配邑大姓王氏，乃實生公。風骨秀異，不妄啼哭，及八歲就外傅，即能誦詩習禮如老成人。然則忠節之事，蓋其性之所受、❶學之所得乎！司業郭价夫曰：「公之死忠，乃其素定，非臨難倉卒而委之無可奈何者。」果哉！又曰：「國無忠義曰亂，臣無忠義曰賊。公之死，可謂國之光而臣之防矣。」果哉！

公死難時，年纔三十六。夫人楊氏，生丈夫子三人，長即瑒，次統、縱，皆學生。女二人，長嫁徐舉人之子某，次嫁沙監生之子某。瑒將學而有器識，既葬公，號泣六年而後就蔭。及授錦衣，謁予曰：「吾父如此死，而瑒今乃冠帶。」哭不能仰視，予亦爲之墮淚曰：「公其有後哉！」乃然後知天於有道者，固不靳也。葬在某年月日，在邑某偏某原。銘曰：

星斗有政，天夜亦明。川流山峙，地道斯章。國無忠義，亂此綱常。禽獸食人，於何不喪？雷被奔漢，貫高無王。烈烈汝登，生獨異常。群雛孤鳳，碧梧桐鳴。若千頃波，如百煉剛。知樂陵義，討劉齊亡。反武不是，胡爾咸成？如火之熱，如水之涼。勉者有悔，朽者務名。結纓仲路，駡賊真卿。斯風久淪，爾於宸濠揚。惟天有神，惟地有靈，爾後必熾，我銘斯皇。

明勅封孺人程母孫氏墓誌銘❷

孺人諱某，字真姐，蜀嘉定之安谷孫公

❶「蓋」下，萬曆本有「以」字。
❷「明勅」，續刻本作「誥」。

女也。孫公名文政，以行稱長者，其兄臨潼先生緝學苦操，兩典萊蕪、臨潼教事，孺人幼從臨潼先生習《女誡》焉。年十八，歸鳳山程翁。王母任夫人性嚴厲，諸婦晨夕陳説家務即忤意，叱罵笞辱之，獨孺人侍言無不從，時撫孺人背曰：「此婦他時能大吾門户也。」任夫人棄世，孺人喪祭以禮，罔或怠忽。遺姑三、叔二，上下八九歲，諸姑叔侍孺人如母，孺人撫之皆如王母生時，長爲之婚嫁，或脱簪珥以備六禮焉。鳳山翁遭家中衰，遠服賈客，遊滇、廣、邛、嶲、松、濰，孺人承事家政，内外有條，鄉閭戚黨稱賢焉，至中年遂能潤屋。鳳山翁以後嗣未廣，多蓄妾媵，孺人分處歡浹，終始不渝，事鳳山翁如嚴賓，翁亦木强，無所狎邇。凡諸取給，言下輒辦，無弗當翁意者，而又將順施與，雖費而財不困。生九男子，其八夭。年四十一時，夢長蛇由右鄰入中寢，張目吐舌，婉蜒相向，孺人驚，遂生監察御史啓充。御史兒時多疾，孺人保護備至，每嬉遊少縱，則痛加懲艾。一日患疹，出如貫珠，醫人望之，怖懼震駭，孺人焚香籲天，香忽躍起三尺許，火光四裂，旋復入爐中，占者以爲祥。稍長就遺外傅，訓督甚切，夜亦寡寐，紡績、咿唔之聲，或並至達旦。其綜理内政，家僕數百，小大咸若，雖鷄豚聞其咳唾，亦昂首躍然，如聽命語。鄉人有饋白鶴雛者，孺人收育之，歲餘飛去，一日兩白鶴繞空來，飛啣雙鱗，委諸中堂，人以爲孺人慈惠所感。恭儉仁愛，不待勉求，一布裙數十年無補綴，粒米束薪，保之如弗勝。撫二弟無異己出，諸從兄子亦概視之如子矣。

御史領甲子鄉書，乃命卒業成均。中戊辰進士，出知三原，使使迎養孺人，孺人辭不往，語使者以「忠孝廉惠」，三原之人至今猶能言之。壬申既得封，即朔望偕鳳山翁稽首三祝，宣諭子弟，故諸子弟皆事家人生業。及御史在内臺，遣家僮往視，則答曰：「老身寢食，仰荷國恩多矣，御史非『顧家官』也。」歲丁丑，御史以病得告，抵嘉定，遂搆天樂堂，鳳山翁與孺人以家政畀之。居無何，鳳山翁卒，孺人執喪甚哀，兒女繞膝諫止，不聽。今上登極，御史猶病卧，孺人促裝戒行曰：「幸際明時，無以老身不死上負朝廷。且守令新任，吏民無弗謁者，矧爾爲内臺官也。」御史遂聽命而行。既抵京，得差巡按江西，是壬午夏也。

秋八月二十一日，孺人偶疾作，昏瞶不能言，時惟御史之妻安孺人在側，即叩首仰天，引刀刲股，刃不絶筋，投藥跪進。孺人醒，乃召李側室之子啓允、啓元，及二張氏女，三孫价、侗、伯，曰：「死生大數不可逃，天爲安孝婦，少延吾數日。適見汝父謂以明月初六日具舟來迎，是日吾將歸乎！」乃復寢食如常時，使安孺人在左右，不復求醫藥矣。九月初五夜三鼓，廳事隱隱如車馬聲，蹬道轟然，人迹上下，越六日果卒。比就斂，顔色如生，得年八十有一。卒之明年十二月十八日，合葬鳳山翁之墓矣，未銘也。至是，御史入京取勘合，請柟追銘之。柟與御史爲同年友且厚，雖未登堂拜孺人，以其猶子之情事之者，今十有七年也，夫焉得辭乎！銘曰：

天命孔明，人性貴常，無言不語，
無德不祥。有媛孺人，女德之經，鳳山
克嚴，御史有成。提甕鮑耦，主績鳴
姜，斯風久淪，孺人載揚。九原冥冥，
爾是用康。

明僉都御史前國子監祭酒虎谷先生王公墓誌銘

嗚呼！虎谷先生有作人化俗之文，有攘夷戡亂之武，有因時明禮之材，有援古脩樂之具。其提學關中時，柟爲所造士，親見儀範，身奉教約，雖使思孟設科，無以過之。當其志，固欲使天下人各得其所也。及柟爲脩撰時，嘗同河内何粹夫謁先生，因講馬陵註不合，何子少先生，而先生後當轉官，首讓何子於朝。當其志，固欲使天下賢皆盡其用也。嗚呼！先生古睿聖之徒，乃今已矣，將天不欲使斯人之有知乎？嗚呼，痛哉！

先生年十九歲中成化癸卯鄉舉，明年甲辰舉進士。丁未，除禮部主客司主事，即清忠效官，獨立不懼，無故足不躡公卿門，不赴無名飲宴。或謗其矯激，久亦自息。憲宗弗豫，禮部沿舊典舉齋醮，先生言於禮部尚書周公洪範曰：「祈禱固臣子至情，第行於佛老宫非禮，❶若爲壇於南郊隙地，大臣率屬禱於天三日，可。」乃不克用。弘治庚戌，土魯番貢獅子，先生商於司郎中，欲卻之，不從，遂袖藁以見於部侍郎周公經、尚書耿公裕，皆然之，司郎中怒，乃又婉曲與語，疏入得允，天下傳爲盛事。辛亥，陞祠祭司員外郎。乙卯，部尚書倪公岳因災異倡府部院疏弊政，用先生《四事草》「一懲邪慝，二禁給度，三停減齋醮，四議處宗室」，言甚剴切。丙辰，陞郎中。他日，倪公

❶「於佛老」，《山西通志》卷一百九十八收《虎谷先生墓誌銘》作「佛老於」。

默語先生曰：「朝廷必欲度僧，奈何？」先生曰：「當力争之。」曰：「勢已成矣，難！」先生乃疏列千餘言，三上皆不報。僧道通中貴者，謀欲普度，感以危語，❶先生不動。久之命下，度僧不多，而逃軍囚匠不與，時人皆喜其有回天之力。神樂觀道士多賭博或姦盜，教坊司或買良爲娼，錦衣衛校尉獲賊又誣娼，巧取其資，漸以成風，先生皆疏題禁絶之。又奏准天下郡縣皆立名宦、鄉賢祠爲後人式，並祠薛文清公於鄉。而凡斥韓王「徵鑾」之道號，禁吉府土木之科擾，上皆嘉納，由此識其名。

丁巳，京城風霾踰旬，各處天鳴地震，先生陳脩德弭災之道，大意「納忠言，罷左道齋醮，傳辦傳奉」諸事，上遂下詔求直言。先生又代部尚書及諸大臣條二十三事：❷一勤聖學，二接群臣，三奮剛斷，四復早朝，五甦軍衛，六恤軍士，七清軍匠，八重名器，九禁私討，十惜財用，十一崇儉德，十二減妄費，十三停踏勘，十四節供應，十五停齋醮，十六專巡邏，十七寬馬價，十八恤夫役，十九慎作工，二十謹服用，二十一脩武備，❸二十二疏淹禁，二十三開言路。時太監李廣與壽寧侯表裏通惡，❹怨徹中外，人莫敢言，先生乃又獨上疏乞斬廣，泄神人憤，以弭灾變。廣怒，令道士設醮咒死術以舒恨，❺亦不驗，乃令校尉數伺先生出入。十二月朔，聖駕郊天看牲回，誣以駕後騎馬，

❶「感」，萬曆本、重刻本作「撼」。

❷「二十三」，原作「二十一」，據萬曆本改。

❸「脩武備」，原在「二十三開言路」下，據上下文義改。

❹自「二十二」至「壽寧侯」二十一字，原爲「二十一」下雙行夾注文，據上下文義改。「通」，萬曆本作「咒」。

❺「咒」，萬曆本作「搆」。

下錦衣衛獄。先生被罪從容，有詩題獄壁，蓋充養有道、見危授命者如此。詩云：「成敗付天誰可覩，忠貞在我自須堅。」

戊午三月，謫知河南陝州，命下，怡然就道。比至，問民疾苦，興利祛害惟恐後。州城高阜，井深二百尺，民難於水，乃勸富僧通唐人長子操廣濟渠，❶水入城，民皆踴躍。日受百狀，皆與別白，匹夫匹婦，得言其情，口訊手判，仍應他務，人以爲有劉穆之之風。沈姓兄弟因甕争訟，則買甕遺之，兄弟感謝。屬邑靈寶有誣民殺夫有其妻者，❷邑吏鍛鍊成獄，先生察得其情，并其妻皆出之。尚書許公進之姪犯法，亦治如律，許公稱爲「真君子」，謝其相信之深。雨雹傷禾，乃單騎遍勘村落，穿林入谷，晚宿民舍，自出米菜食之，里老亦自裹糗糧以從。每催徵，嚴令禁酒，里老不敢求索。乃有勢豪謀利病窮民者，則痛治之以戒衆。而又表賢者之閭，講程朱之學，毁僧尼寺以正風俗，拆太山廟以給學田。於是士民翕然懷服，擬諸古循良吏。己未冬朝覲，南京科道官上疏言先生及布政周瑛等「經術氣節，撫字鋤强，才行政績不凡」，欲照天順四年例，賜衣服楮幣，宴於禮部，不果行。

十月，李廣因先生奏，漸疎於上，懼誅飲毒死，吏部員外郎張綵及鴻臚寺丞俞琳、編脩劉瑞、御史張天衢，皆上疏乞窮李廣賣官鬻爵之罪，奬先生犯顔敢諫，以慰人心。俞曰：「乞取回先生復原職，將李廣剖棺斷屍，以彰天討之公。」劉奏云：「學識純

❶「操」，原無，據萬曆本補。「廣濟」，原作「瀇齊」，據《山西通志》收《虎谷先生墓誌銘》改。

❷「其」，原重，據萬曆本删其一。

正，特立清介。」張奏云：「秉志貞忠，操行高潔。」閲月，乃陞陝西按察司僉事，奉勑提督學校。道過陝州，父老擁輿號泣，如別父母，自卯至巳，始獲出郭。至則教人先德行，後文藝，鋤刁惡，拔信善，崇正學，毀淫祠。學政肅清，三秦風動，豪傑之士，莫不興起。先生教人讀書，自《小學》、《近思録》始，次及各經史。語學者以聖賢之道曰：「立志以堅趨向之方，主敬以養清明之氣，讀書以究事物之理，慎行以致踐履之實。勿妄意高遠，惑於日用之常；勿過爲詭習，出乎人情之外。」故以「五要」肅士心，以「九容」飭士身，以「十有一行」正士教，以「九戒」敦士禮，立「四科」以待衆士，以「二十一過」禁士愆，立「十政」以收士。辛酉陞副使，奉敕整飭洮河、岷州邊備。州染夷俗，頗乖禮教法度，乃申孝弟，革宿弊，所按部贓污官吏有望風而逋者。軍法嚴明，邊卒悦畏，西戎遠遁。其條疏八事并禁約三十餘事，皆可常行。甲子考績，都御史楊先生用寧及御史季春交薦其賢，楊先生云：「志氣忠直，行履端方。」季云：「立志公直，學問優長。」乃復改提學關中，士子相賀曰：「王先生復來，後學得依歸矣。」於是士子益自策勵，甚至有駢肩接踵，向往於道，駸駸乎復周漢之舊者矣。是時尚書馬公文昇柄銓衡，因馬儀之事爲憾，有「磨氣」之説，先生聞而作《神劍》詩以曉之。詩云：「神劍愈磨鋒愈利，只因本體最精堅。若教正氣能磨得，孟子何須説浩然。」又云：「直道豈能隨世態，壯心不欲受人恩。」正德丁卯，陞山東按察使，關防凜然，人不敢犯，雖同僚有事乖理法者，亦必曰：「慎勿使先生知。」且嘆服曰：「王公非今按察也。」郡縣吏之賢否，博詢諸訟者，密記之以行奬責，一時畏若神明。時劉瑾專橫，因前官，❶陰使校尉至山東緝訪，亦無刺舉，事因以寢。

八月，丁母夫人憂歸，明年，吏部尚書張綵欲起復先生，乃上書力止之。己巳服闋，陞國子監祭酒，先生始被命，欲堅辭，友有遺書言執政者誦太祖「寰中士夫不爲君用者，當殺身滅家」語，於是先生父大司徒公曰：「吾老矣，汝置我何處死乎？」不得已，收拾平生詩文，付門生周朝著藏之，泣而就道。至無所餽，瑾怒，欲重以禍，竟不能得。時國學教廢，先生朝夕講説，約束太嚴，誹謗四出，值瑾苛政，人皆危之，先生不爲動，六館士子卒感服。先生欲更六堂名曰「主敬」、「窮理」、「脩身」、「脩道」，教諸生讀《小學》以上達，❷瑾聞怒曰：「王雲鳳亂成法，欲代邢讓死耶！」先生以道不行，怏怏求去，❸會瑾下獄，遂上疏乞致仕，時相有忌先生，乃改南京通政司右通政。先生復上疏，陳乞准回原籍養病。壬申，御史楊邦禎、通政使丁鳳、都御史石先生邦秀交薦其賢，石云：「操履端方。」丁云：「嚴毅方正，可濟蹇難。」楊云：「才德優厚而執直不回，謀猷弘遠而見義罔疑。長於文學矣，又善於政事；精於刑名矣，又閑於韜略。」上命巡撫宣府地方，先生上疏以疾辭，不允，乃上楊太宰書，其略曰：「山中屢聞忠讜之言，❹近者《留王昂》一疏，尤爲人所傳頌，不聞唐介初貶之時，潞公有此也，執事於是加

❶「官」下，《山西通志》收《虎谷先生墓誌銘》有「事」字。

❷「學」，原作「書」，據《山西通志》收《虎谷先生墓誌銘》改。

❸「怏怏」，原作「快快」，據《山西通志》收《虎谷先生墓誌銘》改。

❹「聞」，原作「問」，據《山西通志》卷二百十、《明文海》卷一百九十五收《上楊太宰書》改。

人一等矣。然介雖貶，未幾而復其殿中侍御史，今王昂既不獲還之青瑣，則推薦超陞在執事筆端焉耳。他日秉史筆者書此一行，豈不足以照耀千古哉？每恨李文達近稱『賢相』，然惡羅倫，淪落以死，擯斥岳正，坎坷終身，極貧之陸布政，反不得超擢。❶今文達之富貴安在哉？一時快意可略也，前輩影樣之多，後人是非之公，可畏也！一人私情可略也，天下指視之嚴，史氏紀載之實，可畏也！一身極榮、極富、極貴可略也，每日光陰之易去，過者不可復補，百年歲月之無多，來者未必可追，可畏也！且用舍之間，士風所係：扶持正人，則善類慶而士風以振；進獎邪人，則善類沮而士風以頽。惟雲鳳於執事可以此言進，故不復忌諱。況今兩耳皆聾，調治不痊，只當耕田納税，爲畎畝之閑民，養親讀書，忘歲月之不我，豈有夢寐更着冠束帶耶？伏望周旋其間，以必得遁藏爲幸，縱猿鹿於林莽之外，投魚蝦於澔淼之中，某未死之年，皆執事之賜也。」稿傳京師，人争録誦。

先生再欲辭避，尚書迫之行，不獲已，奉勑之鎮。豪猾久攬糧草者，聞風遁迹。至，以便宜從事，❷將官犯法，依律重輕罰米至萬餘石，用足軍食。先生號令嚴明，法度整肅，自參將以下，頤指氣使，莫或敢喘息。練習軍士，率有紀律，日戒諭「防衛如賊在目前」，虜畏，不敢輕入北門鎖鑰，時論歸之。兩閱月，丁父尚書公喪歸，將士遮道感泣。有餽以香帛者，不受。乙亥二月服闋，

❶「極貧之陸布政反不得超擢」，《山西通志》卷二百十、《明文海》卷一百九十五收《上楊太宰書》俱作「而極貧之陸布政反得峻擢」。

❷「宜」，原作「益」，據萬曆本改。

八月除職如故，清理浙江鹽法。先生上疏乞致仕，其略曰：「自聞父喪，號泣過多，正犯前病，日每自思，恐一旦身先朝露，上不能承父祖之餘業，下不能爲子孫之後計，愈思愈憂，愈憂愈病，精神減耗，遂至兩耳皆聾，不聞人聲。然耳聾之疾，深藏於内，砭針之所不及，參术之所不攻，雖遇明醫，束手無策。」蓋以疾喻朝政也。疏入不允，且促使供職。先生復上疏推讓賢能，懇乞致仕。上不允，准養病，病痊超用。❶先生曰：「吾志遂矣！」

先生生而神氣清徹，舉止端重異群兒。年十一歲，與鄉人立，適妓女過之，拜而不答。同舍生或借其扇，潛與妓女赴人宴，先生知之，後以扇還，擲之地下，同舍生慚，取他扇償之。少年趨向之正，即異流俗中類若此。長益刻苦自勵，穎悟出群，六經百家言，一誦輒不忘，文章頃刻立就。二十登進士，相識以花紅迎賀，卻之曰：「烏用是炫燿爲哉？」衆嘆其不可及。觀户部山東司政時，廣東陳白沙、陝西薛先生顯思負重名，及門者尊之若程朱，先生聞其言論評之，人以爲允。先生負經濟之學，以堯舜君民爲心，天下想見風采，累辭不出，人以道未大行爲恨。

先生天資豪邁，狀貌魁異，知識卓越，器度宏遠，博學力行，以聖賢爲標的。居無惰容，自少至老如一日，常曰：「一息不敬，便與天道不相似。」理明義精，視國家生民利害若切於身。遇事敢爲，機動矢發無留礙，一有弛張，上下嚮應，雖權力弗能齟齬。臨死生禍福之際，有定見，不苟趨避。守官

❶ 「超」，萬曆本作「起」。

清介，人不敢干以私。歷任三十年，治行可采，旌擢之典，獨後於人，時論稱屈，恬不動念。❶拜官力辭，再三乃已，一不得志，即奉身而退，人以「進退合義」爲稱。尤篤孝友，執親喪，勺水三日不入口，卧苫枕塊，哀毁骨立，妻妾不同寢處。有父在，一衣不私製，一錢不私蓄，人以爲難。自負獎拔善類，終始不渝，疾惡甚嚴，不少假貸。家居屢空，茹蔬衣敝，澹然自樂。門庭内外斬斬，五尺童子非禀白招呼，不敢入。宜人李氏，貞順莊謹，先生相敬如賓。邑宰有貪酷者，不時戒諭。里人困苦，恒注意區處之。或誣罪至死，力爲白於官，得出。後學執經問難，語諄諄忘倦。與人接，貌莊氣和，言與心孚，可畏而親。談當世綱紀不振，❷則感慨泣下。言及奸臣貪官，怒氣勃然，鬚髮亦奮，有擊搏之狀。憂國之誠，老而彌篤。或杖竹於門，騎驢於野，不改布衣時，行旅農夫見者嘆息，有曰：「此人入朝，天下有福。」然不理於讒佞之口，乃信於愚樸之民，天理在人心，有不可得而泯滅者如此。於書無所不讀，尤邃於性理之學。書法真草隸篆，自成一家，端勁如其爲人，四方人多求之。文有氣力，不假雕刻模仿，而出入古格，滔滔不竭，詩賦亦清奇古雅。所著書有《小學章句》、《博趣齋稿》、《讀四書私記》若干卷。先生爲學守敬義，事君秉忠誠，功業樹中外，聲名滿朝野，道德、文章、政事，皆可擬之古人云。

先生諱雲鳳，字應韶，居山西和順之虎谷，因號焉。父諱佐，南京户部尚書。母馬

❶「恬」，萬曆本作「略」。

❷「世」下，萬曆本有「至」字。

氏，誥封淑人，感奇夢，生先生於成化乙酉七月二十五日戌時，卒於正德十二年七月二十二日亥時。配李氏，誥封安人。女四：一適同邑監生周孟霄男周約，一嫁榆次人都御史寇天敘男寇陽，一嫁太原人陝西僉事閻鐸男閻徵甫，一幼。銘曰：

嗚呼，虎谷先生！志欲行於天下而位未會，當非時耶？然亦少有試矣。由今言之，又不可謂不遇也。嗚呼，虎谷先生！

涇野先生文集卷之二十五

墓誌銘四

誥贈禮部郎中東樓劉公暨配封太宜人翁氏墓誌銘

誥贈奉政大夫、禮部郎中東樓先生者，諱槃，字學賢，福建莆田之金橋人，廣東提學僉事、祀爲鄉賢諱武者之曾孫，江西新昌儒學訓導諱淵者之子，今山東參議、前吏部考功郎中紹功勳之父也。先生生而蚤悟，綽有逸氣，嘗受蔡氏《尚書》於國録翁先生端，即暢大旨。天性篤孝，事父新昌暨母鄭氏，日致懽愉。新昌雅躭賓客，釃酒買鮮，先意與辦，至當缺匱，陰行自貸。新昌俸入無幾，晚獲一氈，先生即推與弟。素慕郭元振、范堯夫之爲人，貲貨出入，脱然無繫，道遇乞兒，或解衣以覆，其與人交，洞示肺腑，蔑有蓋藏。嘗遊業江、廣，所至人樂從遊。在瓊州時，里有黄誰者旅邸相依，黄病疫棘，日與候事，人曰：「子萬里人也，盍自愛諸？」先生曰：「槃固念夫萬里之靡依者耳。」黄殁，又與營其後事。尋先生果亦染疫，瀕死而甦，亦無悔言。嘗貸人金，既償矣，其人復來責，先生識其償日甚的也，❶其人欲誓以自文，先生遽掩其口曰：「吾忘之，❷忘之！」亟别貸金以再償。與庠生陳

❶「償」，原作「債」，據萬曆本、重刻本改。
❷「忘」，原作「志」，據萬曆本、重刻本改。

應奎友善，久而益親，疾，日往視，頻革，握手與訣，哭盡哀，朔望過門，必入揖其靈。他日遂聘其女以爲紹功妻，今封安人者也。及紹功既貴，則遺書令自撿押，謙恭清慎，克去急迫，無速官謗，以光前德。筮仕刑部，凡奏讞平反，退必歷問，數稱韓億訓子之事以示警。及紹功改吏部，則又丁寧語之曰：「考功之予奪人，猶刑部之生殺人也，其滋特慎，❶秉公無私，以負君相簡知。」及受封考功主事，入謝闕庭，風神俊雅，縉紳榮羨。蓋先生所不見之志，乃於紹功而紓矣。

所配封太宜人翁氏者，天性慈惠，孝敬玄成，❷早通《孝經》、《列女傳》，舉動有則，跬步不失尺寸，至見一蟻不忍踐傷。既歸先生，克順克承，盥饋有乏，輒棄首被珮環以給，務使專業，不遺内顧憂。紹功生而垂髫，内訓尤篤，或見嬉戲，必加褫責，數稱寇母引鎚撾足，及翁、劉二氏先範，以作其勤。及紹功既仕，聞覆一獄，輒驚汗廢食，❸或見臺皂衣食苦惡，輒與惠恤。諸孫男女衣或補納，食或粗糲，則曰：「正不可慆安忘儉耳。」門内常不聞人聲，紉箴績製，躬率厥下，而寬和肅穆，以爲陳安人先。紹功欲笞一僕，則曰：「此亦人子也，有過諭之，徐當可使耳。」紹功嘗納側室，則謂陳安人曰：「此亦人女也，當以吾女畜之耳。」紹功每有交遊，必察聽其言論，以示邪正，使知所趨避，後皆妙中。有飛謗者，則曰：「處要者叢忌，受大者藏污，不辯自明。」後謗果息。

❶「特」，萬曆本作「持」。
❷「玄」，萬曆本作「克」。
❸「汗」，萬曆本作「怛」。

紹功嘗同群臣以議禮獲罪，杖於廷，瘖幾斃，太宜人不加憂，惟曰：「此臣子分耳。」及歷轉稽勳、驗封、考功，亦不加喜，曰：「任重投艱，兒惟勉以自副耳。」在考功持議不合，又教紹功避位，改南祠祭郎中，所受封及東樓先生之贈官，皆以是也。他日嘗歸莆，微時妯娌肆凌傲者多愧恧，太宜人絶不爲意，且加善遇。及舅姑繼逝，盡發已藏以爲斂具，或言縑帛已美，曰：「是何愛於舅姑？」蓋自曾祖以下及諸伯叔十喪，皆完其葬，以成先生遺命、紹功之志。於是家人内外，雖親戚子弟，皆仰太宜人如慈母。鄉大夫士宦遊兩京者，率傳其事以爲家訓云。夫紹功起家甲戌進士，歷官清要，銓衡人物，無所虧蔽，而直躬秉明，遜于不耀，士林推重，稱台輔器，抑豈知其皆東樓先生及太宜人之道哉！

初，先生本光州固始人，唐天寶間有諱韶者仕爲泉州别駕，其子友占籍于莆。傳十七世諱政者，于宋仕爲國子祭酒、禮部尚書，乃與著作公夙、秘書公朔，三從兄弟共倡莆踐履之學。至二十四世，院判公諱應龍贅居奉谷里蚶山莆頭，其後屢遷里之黄岡、鰲山。至明興，宣德中，提學公起家庚戌進士，始析居金橋，生子鏞壽官，壽官是生新昌。則先生之道，所源流者亦甚遠乎！翁太宜人亦名族，蓋宋侍郎侍制莊公夏之後，中世鰲遷襲翁林，自曾祖福、祖述、父端，皆三世教授郡縣及國學者也。然則紹功之有今日，豈偶然哉！

女三，黄應奎、張達、吴文者其壻也。孫男三：長塤，紹功所配陳安人出，娶鄭參議光琬女；次泰，梁出。孫女一，字廣東左布政使方公良節之孫攸躋。曾孫女一。紹功將於某年月日奉太宜人合葬某山之原，是宜有銘。銘曰：

章乎其來，岑乎其久。有道不言，無命不守。身是困窮，乃開爾後。秉直不那，力辭銓部。所求既獲，於爾何負！足休前聞，百代勿朽。我銘貞石，日月爾右。❶

江浦知縣耿君德華墓誌銘

燕人張詩嘗從予遊，近訪予至南都柳樹灣。予既以詩送觀三山、采石還矣，詩至江浦，爲其友江浦尹耿君德華所留款。未幾德華病卒，詩痛哭爲之狀，付德華之子學生鈞請墓銘，曰：「德華與詩交深，茲狀皆實録不詭，惟先生銘以垂後，曠代之幸也。」予受狀而嘆曰：「去冬過江浦，曾一遇德華，德華送予至江邊，一無所言，惟云『聞張子言，南來必訪先生』，豈期今尚未洽年，而詩乃請銘德華耶！」

按狀，德華姓耿氏，諱瑶，字德華，别號熊山，系出鉅鹿宋子，後徙鉅鹿。金初，始祖昉帥平定軍，遂爲平定人。曾祖絅，洪武丙子舉人，教諭河南盧氏，遂今爲盧氏人。祖諱九疇，永樂甲辰進士，累官資德大夫、正治上卿、南京刑部尚書，謚清惠。父諱禕，清惠公弟三子也，以父蔭後軍都督府經歷。前母王氏，贈安人。母王氏，封宜人。仲父諱裕，景泰甲戌進士，吏部尚書，謚文恪。經府生二子，長即德華，其弟璋也。

德華舉正德癸酉鄉試，嘉靖丙戌授江浦知縣。爲人質實純雅，寡言笑，性喜誦

❶「右」，萬曆本作「佑」。

書，不問他務，每讀宋韓、范諸名臣傳，竊喜慕嚮往焉。居鄉行輩最尊，然與鄉人旅遊燕飲，怡怡如也，鄉人無小大咸欣慕之。及宦江浦，水旱頻仍，百姓數逃匿去，❶糧額不辦，乃申請巡按，以無礙官銀二千兩，代逃民以完徵，民賴以安業。值備用馬價例且至千金，民雖貧乏，皆不刑而爭輸。舊有庫人邵、趙二子者，以前官僞換庫物致充戍，屈監三年矣，布政吴泰子欽負錢谷至千金，監之六年，然實亦非欽之罪也，俱力爲辯出之。他日，千户陳妻殺婢致犯囚，故舊以七百金來賂，德華正色待之，故舊卒不敢言，於是童子皆以「耿青天，不要錢」爲謡云，且將鳩財爲立生祠。而德華卒矣，凡江浦老穉，哭泣如喪考妣云。嗟乎！德華之在江浦，其政一至此乎！昔清惠公嘗遊川上，童兒云：❷「此水雖清，猶不如公。」而文恪、經府又皆以靖共繼之，至德華則又世濟其清，益光前脩，不亦休哉！然則德華之所源流者遠矣。

德華之學該博，爲文亦純雅，所著有《熊山漫稿》、《耿氏家乘》。配張氏，陝州太僕少卿九功之女也。子三，曰：鈞，娶山東左布政使沔池戴珙子銑之女；銘，娶同縣郭介之女；鎏，娶嘉定主簿渾源王天祐之女。女二：長許靈寶許紀之子傑，次許雲南右布政靈寶楊惟康子。德華生成化壬寅五月十三日，卒嘉靖戊子七月十日，距其生纔四十有七年。葬在嘉靖八年月日金谷陁之原，先塋之次。銘曰：

來婁婁，學旅旅。行高緱山，政明

❶「匿」，續刻本作「荒」。

❷「童兒」，續刻本作「兒童」。

江浦。既顯嚴君，亦繩祖武。將其來者，子孫膴膴。我銘茲石，百代是睹。

明詔錫監察御史怡軒李君墓誌銘

予之改官南曹也，居柳樹灣，東平李子文芝以監察御史亦謫改南京前府都事，獲與比鄰。每相從杯酌，參軍必言求省父母未獲也。方議進表北上，取道過家，而怡軒之訃至矣。參軍慟哭曰：「芝以禄仕不能見吾父耶！」乃托其友户部副郎周宗道以狀問誌銘。宗道曰：「怡軒君身雖未登仕籍，然其道可方古人。受性侃直，挺邁流俗，亦復慈惠喜施，與物無競。當成化甲辰間歲大凶，家有積粟，父命出糶安平鎮中，他糶者皆貶升削斗以圖贏羨，君概無二量，親疎遠邇，壹任時估。於是飢餓填門，酧對無手，❶鎮中咸藉以生。其父喜曰：『昂也積而能散，以義爲利，吾願畢矣！』自是惟所欲爲，無不當意。友愛弟昱及冒，不問爾我，飲食起居，必思與俱，一有他往，怏然如失，返而後悦。父殁時，冒弟方六齡，保恤周至，比年十一二，頗倜儻踰矩，則又訓戒嚴切，時加譴責，慮有縱逸。母或姑息墮淚，則跪謝曰：『人不謹始，安能有終？壯長敗德，弱幼失教。』母亦慰諾。後冒奉訓雅馴，卒爲善士，而君友愛如孺稚。州中逆徒二三，成獄當轉審憲司，人畏其兇，莫敢領解，社長坐昱以往，因欲嫁害，君挺身代弟，終亦無虞。蓋君平日篤塤箎之好，有事急脊令之難，故自號曰怡軒，取孔子所謂『怡怡如也』。他日里有求財于妻家者，其

❶「手」，續刻本作「息」。

妻之父已歿也，君解之曰：『財與妻之父，孰重輕？故舅在當致敬，舅歿當致哀，如之何墳土未乾而言利也？』其人漸沮謝云。❶則君於其兄弟可知矣。」嗟夫！自趙孝兄弟争赴賊難，而李士謙賑施鄉里，揚聲漢、魏，其風久寢，流俗轉薄，乃今於怡軒君再見之耶？

君諱昂，字升之，自曾祖某、祖某、父某以來，世居安平鎮。嘉靖甲申七月，今上推恩，詔兩京官父母見存者俱如子官封，時參軍方爲試御史，州大夫以御史官服加君，未幾，參軍丁繼母憂歸，服闋遭謫，未能請勑軸矣。君生景泰丙子正月六日，卒嘉靖己丑九月六日，壽七十有四歲。配張氏，壽張名族，性聰慧解事，嘗隨父官南都，父或受上官窘辱，恚忿廢食，張時年十四，斂袵再拜曰：「人能勤慎，公事自舉。」父是其言，後罔不臧。既歸于君，勤儉孝敬，内外咸稱，姑性甚嚴，獨得歡心。至撫參軍，教自能言食食，故參軍德器才節迥出常流也。正德丙子二月十三日爲卒之年，❷距生景泰己亥二月二十二日，壽六十有三歲。繼配某氏，亦先君卒，無出。子男一，即參軍，登癸未進士，娶劉氏。孫男一：應麟。孫女三：長字趙監生之子某，餘將成立。張先葬于張秋河東之原，兹參軍於某年月日卜兆改遷合葬于某山之原，宜有銘。銘曰：

天道不遠，顯微合成。好人惟厚，薄夫取殃。有敦怡軒，率性京京。爰篤于友，亦睦于鄉。財則思施，教則思

❶「漸」，續刻本作「慚」。
❷「年」，原作「生」，據續刻本改。

行。宜爾淑嗣，豸繡振聲。厥直不劌，有此參兵。邇道不遏，千祀流芳。銘此貞石，晏晏永臧。

明贈禮部主客司主事鈍樸軒曾君墓誌銘

曾君諱德，字伯崇，姓曾氏，號鈍樸軒，江西吉水縣人也。生天順辛巳正月五日，年六十九矣，乃嘉靖己丑五月十九日卒於家。其子主客君存仁號哭奔喪，舟過江東門，托其友兵科何德徵問誌銘，而以編脩歐陽崇一狀來。

按狀，君生有異質，敦龐雅重，度越流俗，善事其父紹菴公及母某氏，不違意命。紹菴公學未得志，遁身畎畝，君祗服耕稼，克敏作勞，兼業商賈，洗腆以養。繼母郭氏既歿，殯斂棺葬，悉從隆厚，務於誠信，鄉人以爲難。諸叔或有私蓄，日自侈費，後其子女婚嫁無所于資，君極力與辦，鴈幣裝奩，咸無不稱足，得紹菴公悦。及弟行偶有田訟，君即割己地界使相易，釋其鬩墻。則君篤于孝友者，皆非文矣。他日父祖既逝，兄弟離居，諸子弱幼，而漢陽、荆門之商貲率爲人所貸，歲遭水旱，民多飢餒，無所射取，乃即捐左券，徒手東歸，業遂凋落，間鬻産實，給資朝夕，處之晏如也。及主客以言事貶謫，已而復官，君始既不戚，後亦無喜，惟曰：「禍福有命，守正惟經。」故雖受恩封官，不改布衣之舊，則於其他小利害可知矣。初，君之王父梅隱公以貲充萬石長，每有催科，上不免於敲朴，下不免於怨謗，君佐以平恕，代受辛楚，一無恚忿。當是時，年方弱冠，已能孝讓如此，況其後乎！君雖比方漢孝弟力田江革、王烈輩，不可邪？

君先世本南豐人，後遷泰和，五世始遷吉水。吉水之始祖爲申伯，申伯生省堂，省堂生竹隱，竹隱生恕，恕生禮元。禮元乃生梅隱，美豐儀，好問學，蚤涉艱危，備嘗世味，宗族鄉黨皆稱謙厚，生子五人，和敬蓋里，同爨三世，有古張公藝百忍之風。而君以家孫承順乎上下，閑家悔亡，則君所淵源者遠哉！　君配周氏，封安人，生丈夫子三人：長即主客，次侃，次傅。女子子一人，適同里人周某。孫男一人某。孫女二人，長字周進士文規之次子某。主客卜嘉靖某年月日，葬于某山之原，是宜有銘。銘曰：

亶如其來如，質如樸如，醇如約如，友則棄産，商則棄橐。愛子惟道，不惟以爵，欣戚不形，奚問榮落？我相厥成，先明攸若，將其方來，于閑于廓。懿厥主客，侯雅侯博，堅持不渝，揚君如作。銘兹貞石，百世無作。

皇明湖廣按察司僉事漆厓左君墓誌銘❶

漆厓先生左君者，今南京户部主事長臣思忠之父也。一日雨甚，長臣過柳樹灣，言公病，忠因以感疾，欲上疏乞歸以省君，予言：「君疾必不甚，六七年間，嘗兩會君於予東林別業，採菊烹葵歡甚，見體幹碩健，議論慷慨。當其時，氣可塞天地，志可均邦國也。今未幾，雖疾，必不甚。」沮長臣，長臣弗是也，明日而疏即上。踰月命下移勘，長臣束裝且行，而訃至矣。予於是嘆長臣近噬指馳歸之孝，而有義方詩禮之慈矣。長臣奔喪，以銘托我，嗚呼！予忍能

❶「皇」，萬曆本、重刻本無此字。

銘哉！

公諱經，字載道，先世長安人，遠祖諱繼先者徙居耀州之漆厓，至公遂號漆厓，人稱漆厓先生云。當弘治壬子，年纔二十餘，即領陜西鄉薦。己未登進士，出授永年知縣。壬戌調太康。乙丑丁繼母憂，服闋，改補屯留。後忤權宦劉瑾，謫武進教諭。瑾敗，起知汶上縣。夫永年，畿輔之劇邑，多豪右家、宦寺里，不可易戢，而種馬之弊，尤苦於民。❶太康民多貧窶，婚姻無經，雖河田亦荒。屯留地雖僻，而異時征斂數倍，虐及無告。其在汶上時，又當流賊猖獗，嘗數百萬，圍城至旬月。此其難，雖多材力者皆撓矣。乃公所至，皆能釐而拯之，袪一方宿害，而民咸安。於是太康之民喜如永年也，屯留之民喜如太康也，汶上之民脱焚掠之禍，解兵刃之慘，死而更生，喜又甚於三邑也。空同李子曰：「左君爲政，上之人雖或弗悦，然忠信明察，庭無留訟，奏績考上上。士之好古者，觀左君可自慶已。」蓋語其實能躬行也。

自汶上稍遷順天推官，尋轉大理右寺副。時廠衛校尉多以贗功射官，執近京齊民，誣妖言姦宄以計功，人勇如狼虎，莫敢與辯，輒成獄。公奮然曰：「此等破人家，傷國體，我輩尚可顧官邪！」雖獄成，率平反甚衆。今少師邃菴楊公時爲冢宰，聞而韙之曰：「左載道，真廷評也！」未幾陞山西僉事，兩月丁父封君憂去，服闋爲正德十五年，遂改湖廣僉事矣。僉事未久，又以直道數與時不合，乃嘆曰：「昔吾筮仕永年，即與守不合，乃周流縣邑幾十五六年，今官

❶「於」，萬曆本無。

已至方面，尚復如是，將予之過邪，抑道之過邪？且予與其從容悅於世也，孰與我退以守吾之貞邪？夫道不行而厚禄，君子之所耻也，宦成而不歸，弗知止也，吾其已夫！」明年遂乞致仕，浩然歸漆厓而不疑也。於是谿田馬子聞之曰：「左漆厓剛毅易直，可以大授。乃今遽已，惜也！」今年六月，天子上兩宫徽號，詔文臣五品以上以禮致仕者，得進階一級，而遂以四品服色終矣。

初，幼即有高志，鯁介不與婞婀者群，垂髫讀書，聲聞鄰里。八歲時遭祖父喪，即不茹葷，及丁母韋安人憂，勺水不入口者三日，七日而骨立，見者憐而嘆之。他日嘗謁王太師端毅公，即稱賞曰：「此偉器，顧遇不遇耳。」然則公自弁髦諸生時，即頭角嶄然，而端毅公已瞰至今矣，又何必崇階峻級然後爲遇哉？性强敏，博極群書，綜覈古今，爲文樸厚雄深，千言立就，所著有文集二卷、《餘稡藁》一卷，皆其志之所在也。而長臣又能克纘家，博大宏遠，當其所抱，雖近代賢不肯讓，就其志，❶必大發左氏之幽而光之，志于無窮，則又何爲不遇哉？

曾祖諱仕謙，配張氏。祖諱春，配洪氏。考諱進，以貴贈大理寺副，配韋氏，繼配楊氏，皆贈安人。蓋三世皆不仕，至公而始顯也。韋安人生公及弟綸。公配宋氏，同郡處士某之女，封安人，生二子：長即長臣，已舉進士科，娶長安王參政納誨女，卒，繼娶府同知蒲城忽忠女；次思敬，舉人，娶富平趙珪女。思恭則弟之子，皆公平日愛如己出、身所教育者也，今亦舉人。女子

❶「志」，萬曆本、重刻本作「至」。

一，嫁爲富平劉木妻。孫男一，❶頤。孫女三：閿瓚，❷字刑部劉郎中子光大，餘幼，皆長臣出；蔚瓚，字劉舉人之子芝，思敬出。公生于成化四年六月癸巳，卒嘉靖七年十月辛亥，享年六十有一歲。長臣將卜以八年正月某日葬于唐原之祖塋。其詳見都憲張公狀。銘曰：

來滇滇，行粥粥，坎兹四縣，❸士女之穀。侯毅侯忠，侯開侯樸。學究毛萇，政媲魯卓。亦既憲臺，道是伸縮。常服策笻，土門窮谷。聲琅琅，山磬玉，遺此後昆，邦之璋琡。玄竁馮馮，漆厓之曲。

皇明亞中大夫四川布政司左參政硯莊先生葉公墓誌銘❹

予讀漢循吏龔遂、黄霸傳，未嘗不痛想其風於來世。今觀汪太僕所狀參政葉公守東昌事，將無同乎？東昌劇郡，管州三、縣十有六，路衝南北，旱澇屢災，科征頻仍，至難理也。公曰：「守爲民而設，民以食爲本。」乃先舉常平法，豐斂凶散，儲粟數萬；次立團甲法，十户爲團，團有長，凡丁業出入，皆有籍稽；次立三役均派法，上役重者移中役，中役重者移下役，下役輕者移中役，優役濫者還本役。乃辛壬之間，齊魯歲歉，聊、博尤甚，趨城饑人，日至數千。公命吏籍記，如宋富鄭公救青州法，分處道庵僧刹及隙館空宇，先出俸金易粟，復勸富室捐粟，乃并發所儲常平粟，尩瘠者與粥，能動

❶「一」，原作「二」，據萬曆本改。
❷「瓚」，萬曆本作「瑣」。下同。
❸「坎」，萬曆本作「宰」。
❹「皇」，萬曆本、重刻本無此字。

履者與糧，不能耕者與牛，不能種者與穀，未流移而饑者亦量與賑，凡活人至二萬。茌平，土人屬鄉，遷民屬屯，屯初任意墾田，盡畝報糧，後地狹糧重，棄地轉徙，或貪售地以存糧，遂至貧者有糧無田，富者有田無糧，公請行《魚鱗圖》以量田，得實地萬有一千餘頃，令凡田有糧，❶凡糧有田，册藏于官，帖給于民，其沙鹹惡地，聽民自理。於是歸業者千餘户，歲亦大熟，累年逋稅，不督皆完。郡北有減水閘，蓋洩聊、堂、萃三邑流潦入運河者也，❷歲久閘圮，淫雨漫漶，廣没民田，公請以椿草折銀復建之，害由是息。郡有二衛，衛官頗縱，公白當道劾罷渠魁，兼懲悍卒，衛始帖服，不敢侵民。獄中係三死罪，情實可疑，力請開釋，守巡意乖，公曰：「冤婦致旱，況兹三囚。殺人媚人，球豈敢爲！」卒與平反。公每鞫重罪，通宵不寐，嘗讀歐陽公《瀧岡阡表》，❸感所書「求生」事，揭之座右，以自警惕。故庭無衆牒，獄無冤囚，鄰境雖有他盜，亦皆竄息不生。浙運過郡，官卒閉閘，留滯數日，公命閘吏啓行，官卒遂鬨捶吏幾死，公收官卒，痛朴遣去。尋督漕運俞公怒而詰公曰：「知府而責運卒邪？」公曰：「知府止治擾吾土者耳。」頃俞公進掌内臺，授巡按孫御史意，奏調簡登州，賴太宰喬公素知其賢，得已。蓋公篤志斯民，雖勢不避，則於其民生養安息將無不至，古所謂民之父母者乎！乃又撤淫祠，葺儒學，誨生徒，正婚喪，表鄉賢，獎孝士，明列女，風厲化導，不啻一養而已，將

❶「令」，萬曆本、重刻本作「命」。
❷「萃」，《山東通志》卷六作「莘」。
❸「讀」，重刻本作「取」。「瀧」，原作「朧」，據萬曆本、重刻本改。

孔子語冉有以「庶」、「富」、「教」者，公亦庶幾乎！故巡撫王公上其績于朝，曰「學不泥古，政事適變通之宜；財足經野，賦税得損益之善。流離復業而户口漸增，徵派先完而宿逋亦辦。循良之體不失，卓異之績顯然」云。

初，公舉甲戌進士，授户部主事，即差監太倉。時内宦憑勢横虐，縱卒侵漁，或歐捶運官，公縛卒寘法，以理折服，而又革姦祛弊，糧運稱明。其督運宣府，雖北地祁寒，毅然不辭，收納平允，耗無增多，比至交盤，羨亦不減。乃又明懸戒約理喻，斷絶中貴綱絲，遂使常盈諸倉逋負十萬，民咸歡輸，比竣事還部，中貴感别。其用柴草場之直以葺埠岸，革壩上諸馬房之包攬以杜失火，利害禍福尤不怵。❶他日武廟北狩，車騎萬數，芻糧告乏，公即馳至部，申晝招商之策，❷部尚書石公慨然從許，而公又拒權勢之請，絶冒中之人，民商樂輸，供億不缺。一日，榆河百騎突來，蓋即駕也，公伏謁道旁，時武廟方厭接文臣，❸遣騎來詰，衆皆危懼，而公不失措，騎回奏曰：「乃管倉主事，即昨疏請回鑾，並劾太監郭某，而軍中所稱糧芻平者也。」上頷之，釋不問，未幾郭宦卒以貪敗。比公還部，部尚書楊公深知公賢，凡各司郎中或缺，命公攝印，而公亦誠直自將，事有不可，抗論必至。有勢豪中鹽奏下，公執不可，藁三呈堂。及武廟南狩，凡部中事，擬議參決，必宜於行。則東昌之政，此其已久試矣。

❶「怵」下，萬曆本、重刻本有「心」字。
❷「申」，原作「中」，據萬曆本、重刻本改。
❸「廟」，重刻本作「宗」。

初，公生而警敏，讀書輒成誦。年十一，從其父封君游姑蘇，端居旅肆，終日誦讀，見者驚異。封君所至，多交文人才士，作爲聲詩，公竊學之，輒有可觀。年十七，受《禮記》於仲兄太守孟齋。二十，提學陳公琳選爲縣學生。二十七，援輸粟例入冑監，祭酒藁城石公、司業竟陵魯公皆奇其材。又八年，果舉進士。公受性孝友，其事封君及母游孺人，咸得其歡心，於其重義輕材，尤先意承之。封君逮疾，憂形于色，躬調湯藥，衣不解帶。既喪，哀毁過禮。其從孟齋於寧州也，率與其邦之賢士大夫游，有聞與告，有私與絶，則曰：「吾兄爲清白吏足矣。」伯兄蚤世，子倓有童心，而季弟庠生天榮又老於學，公儆戒慰勉，無所不至。季父静軒素器重公，公亦感其知愛，於其壽也，請榮以散官。其處群從子弟，又盡言規正，不使有差。雖姻族鄉黨，亦皆曲有恩意，嘗壞積券曰：「居官不能仁鄉里，乃以是自累耶？」至於直諒處友朋，接引後學，尤所不倦。然則東昌之政，豈無所本哉！

公諱天球，字良器，姓葉氏，號礪齋，一號硯莊，徽州婺源人也。先葉本姬姓，聃季爲司空，食采于沈，後爲沈氏，沈諸梁子高爲葉公，後又爲葉氏。葉公之後六族，居南陽者莫考。❶建安初，子孫渡江居丹陽、散處江南者，大中大夫望始也。望之後，五傳居歙之新安者，承直郎林秀始也。林秀之後，由中平遷今外莊環溪者，細三公夢志始也。夢志生友，友生亮，亮生炳，炳生朝宗，朝宗生玄否。玄否則公之曾祖，敦本力善，

❶ 「陽」，《息園存稿文》卷六收《四川參政葉公墓碑》作「頓」。

氣行卓犖，肯雄于鄉，嘗掌區賦，領綱運，行輩推焉。玄否生觀武，宅心寬厚，人稱長者。觀武生兆允，配游氏，是生公兄弟四人者也。初以子天琪貴，封文林郎、崇仁縣知縣，子孫稱崇仁君，後又以公貴，贈中憲大夫、東昌府知府，博覽惇行，孝弟信讓。游封孺人，❶贈恭人，媲德於崇仁君。然則公之源流於先世者遠矣，宜其東昌之政卓絶一時乎！

夫龔遂爲司農，黄霸入爲丞相，公雖以河南右參政管府事，嘉靖丁亥二月，陞四川左參政，行至鎮江，乃七月十四日卒，享年止四十有八，使天假年，龔、黄位不難到也。配汪氏，玉山縣丞禮軒汪公厚女，封安人，加封恭人。子男份原學也，嘉靖癸未進士，授南京户部河南清吏司主事，娶詹氏，葢能纘公之志而益光大之者也。女信圭、鎮圭、福圭，俱蚤夭。孫男懋之。孫女茂蘭、茂蓀。公所著有《上谷藁》、《淮南藁》、《硯莊雜藁》、《荏山行藁》數十卷，藏於家。原學將以某年月日葬公於某山之原，問銘。銘曰：

猗嗟硯莊，視履孔臧。行發婺源，政在東昌。爲時惇哲，並漢循良。年四十八，古昔先民。厥實亶厚，其聲允長。公之言曰：「古學尚行，今也辭章。尚行相孚，辭則行涼。凡厥有行，無忝所生。肆其事業，陋彼尋常。」設施條列，咸可法程。言詩撰文，雅稱先生。寓書原學，邁迹官箴。我銘斯石，千載爲章。

❶「游」下，萬曆本有「亦」字。

明中奉大夫江西布政司右參政項公墓誌銘

公諱經，字誠之，姓項氏，别號怡菴，前兵部尚書襄毅公之子，今刑部主事錫之父，浙江嘉興人也。其先本洛陽人，九世祖洪度者當宋室亂，避地籍嘉興云。

公生有奇質，哲靈異常，風度爾雅，美鬚長大。既登成化丁未進士，授南京福建道御史，即肅承皇命，❶簡勘内藏，稽録羨貲，杜滅侵墨。尋視南城，坊廂静謐，夜無聚飲。既按江表，民亦輯和。其有所論列，皆關切事實，不詭於治，未嘗務皎皎名，人率不知。居七年，陞知太平。太平，南股肱郡，然民多貧餒，乃躬自撫循，在其疾苦，❷曲爲之處，民籍以生，流離歸者，殆以萬計。聲動憲臣，交辟于朝，乃遭襄毅公喪，未究厥施以去，民遮道留車，至不能行。服闋，改知臨江，境接袁、筠，土寇慓悍，時肆出没，民罔帖席，前守慮變，噤弗敢發。公勃然憫惻，興師聲討，立捕酋豪百有八十人，郡境咸戢，蠶月農時，外户不閉。他日歲凶，石米千錢，有司欲請當路以賑，公曰：「民饑如此，請而後賑，含口待斃。先賑活人，請亦未晚。」爾乃發長府之金，建和糴之法，民因存活，不可數計。有監司督賦方棘，公諍之曰：「化理之要，民命爲重。民餒且斃，以杖迫征，是謂束羊加石，沉之淵井，豈爲民父母之道？死不敢從。」監司恚去。尋歲大熟，賦亦先登，上下胥悦。

❶「即」上，續刻本有「乃」字。
❷「在」，續刻本作「任」。

是時宦瑾肆姦，權擅中外，吏率行賄，始獲安職。公弗爲動，移知汀州，在汀朞月，廢政畢舉。然瑾怒未已，檄公致仕，猶矯詔縛公弟千户綬編戍遼陽。公之去汀及臨江也，耄倪攀留，亦如太平。及瑾既誅，諸賄皆敗，而公抗直之聲大鳴于時，臺諫辟公材可大用，公曰：「吾今斯休矣。豈能以五十餘年吏，數千里外俯仰于人，作强壯態哉？」乃身嗜林臯，自號怡菴，具疏請老，武廟賜允，授江西右參政致仕。又十年壬午，聖上登極，又七年，大禮書成，推恩天下，兩進階至中奉大夫云。

初，公之事襄毅公及母夫人鮑氏也，極致孝敬。襄毅公方遭讒屏居，公亦夙夜祗畏，懼貽厥憂。爲御史時，念違親側，而弟綬適以指揮蘇州衛事，❶即令綬奏署嘉興，因以依親，猶己身事云。及先後遭喪，執禮寧戚，未嘗隨俗。其撫愛異母幼弟，比與綬等，若有先遺，盡以分付，不少私存。至於立庭發訓，必稱祖武，辟諸樹稼。諸子若姓，亦皆循循修隱，不敢越盭，婚喪請謁，祗遵厥成。夫公於其家者如此，宜其設施進退弗枉于官也。

公自九世祖宏度生儀甫，儀甫生伯通，伯通生達卿，達卿生永厚，永厚生邦，邦生衡，雖世有懿德，然皆闕而弗耀。至衡生忠，即襄毅公，舉進士，至前官，節著英廟，勳勤憲朝，既鄣西北，復定荆襄，全功保身，敷錫胤嗣，❷授鏞千户。則公之源流伊遐，今兹之道，豈偶然哉！公生景泰壬申月日，卒嘉靖己丑月日，得壽七十有八歲。配

❶「揮」下，續刻本有「署」字。

❷「胤」，續刻本作「後」。

趙氏，繼配田氏，又繼配田氏，又繼配王氏。子男三：長即千户鏞，今從征交南，娶沈氏，繼屠氏、郭氏；次鎧，鴻臚序班，娶林氏；次即主事，篤志好古，綽有公之風，蓋項氏所未艾者也，配祝氏。女三：長適南京左府經歷吕言，次適刑部主事、前翰林院庶吉士屠埈，❶次適太學生沈維鍔。孫男四：元淳，娶陶氏；元深，娶邵氏；元淙、元涔。孫女子七。主事將以今年月日葬公于某山之原，乃持屠吉士狀以問銘。銘曰：

蘊殷殷，來員員，法行南臺，政始太平。侯慈侯果，侯介侯狷。在汀臨江，閩越咸聞。我自怡足，豈慕陟遷。既裕爾後，尤光厥先。誕其中哉，東南信栴。玄山巉巉，江流田田，聲斯與延。

明封孺人康母王氏墓誌銘

勑封孺人康母王氏者，故南京大理寺評事損齋先生泰和康公之配，江西舉人求仁恕之母也。去冬求仁會試過南都，大雪中謁予即相知。今年求仁落第，卒業南雍且歸，詣予曰：「痛哉，恕之不孝也！學不如顔閔以光先父母之道，進未能甲科以稱其志，則奈何！恕十一歲而先君卒於官，囊無數金遺也，吾母寸累銖積，棺斂備至，護柩行二千里以襄事。是時家四壁立，一姊及笄，二妹弱幼，吾母茹辛食苦，拮据卒瘏，長養撫教，里無居婦。西鄰失火，延燬數十家，先人敝廬，蕩然盡矣，母痛哭曰：

❶「士」，原作「氏」，據續刻本改。

『此兒女將疇依？』是時恕外王父母三峰先生、曾夫人尚在也，爲離室以召吾母來，母遂携恕及二姊往依之，居八年而後歸，其間困悴隱約、抑心折氣者，蓋身熟之矣。他日指恕語外王父母曰：『城市中多壞兒子性。吾茲之來，天其或者以吾夫學成道明，未究厥施也，有意此孤，使之蕩析山居，不見異物而遷也，從事於學，以發吾夫之蓄乎！』是時恕已十五六，能習時文，語母及外王父母，亦生望心然。母躬執機杼，即得布貿絲，外必以贄師。比恕還塾，呼燈火，伴誦讀，有疑義，與指畫，至今思於道皆合也。恕或逐群兒弄也，母輒泣論曰：『兒不學，何恃乎？即能感悔易慮也，則汝父志庶不墜。即不然，則吾且可奈何？』恕由是奮激向往，然而今尚未有所成也！」泣數行下。

「初，吾母之歸先君也，先君免於王母歐陽孺人之喪者方期年，母旦夕輒揮涕曰：『古云女子嫁，不及舅姑以習婦道爲不幸，吾今其當之乎！』然又懼傷繼王母羅孺人意也，輒斂戚容。繼王母性嚴甚，母事之極謙，不敢仰視，易步如執盈，然其或被怒不悦也，退亦言貌如常不少變。然家世貧窶，躬執業作，無日夜懈。於是先王父靜庵封君以爲得賢家婦也，伯母、叔母以爲得賢妯娌也，諸姑伯姊以爲得賢嫂氏也，雖先君亦以爲得賢内助也。蓋先君勤於業、篤於學而資給寡，每當先王母生忌之辰，輒摧割愴惻，爲位制服，哭盡日。母必有儲也，以需其用，竭其誠，不使傷其意，甚或脱簪珥助，不顧也。及先君舉弘治壬戌進士，授評事矣，每退食自公，母必曰：『刑獄至重，若少失平允明察，必有懷結抱隱者矣。』先君亦爲之惕然。乃先君先逝，恕已無所怙，而母又失恃，則恕其何以爲心也！」泣數行下。

「且吾母之祖醴陵教諭顒也，是生三峰先生諱俊，爲儒士，六入秋試不第，遂隱居山林，教授弟子數百人。先君久受學焉，先生奇其警敏，曰：『此兒一日千里，將亢宗乎康氏。』遂字吾母焉。然則吾母之所承受者亦遠乎！　母年甫五十，乃於嘉靖己亥十二月二日卒，葬在先君之右。所生三女，長適蕭蘆，次適進士萬安朱麟，次適邑庠生曾直，而恕煢煢孑立，乃尚未知所建立，則何以對吾父母於九原也！」泣數行下。

予愴然感懷曰：「傷哉求仁，吾爲太孺人銘其墓！」銘曰：

亶如其貞如，煦如其慈如。斷織風久撤，三遷教已隳，當誰振頹緒，康母昭其規。侯勤侯儉，侯學侯寅。既閑婦道，亦炳母儀。相夫固已身諸用，教子將以大所爲。豈亦古之所謂女師者耶！

皇明中順大夫應天府丞璞菴楊公墓誌銘❶

公諱璨，字仲玉，姓楊氏，松江華亭人，仕爲應天府丞，以災異懇乞休致歸。歸未幾，卒于家，寔嘉靖八年八月十七日也。其子吏科都給事中秉義以狀問銘。初，公嘗兩爲南京吏部考功郎中，遷尚寶少卿去，朝命以柟補公缺。方是時，❷予未習考功也，至則凡課官、察吏一遵公舊，或有疑事難

❶「皇」，續刻本無。
❷「方」，續刻本作「當」。

政，必稽質公所定籍，行二年，得少免於愆。若公之當考察也，悉心延訪，務得其情，雖冢宰、中丞，咸駭稱神。有二三被黜者倡言面證，公指實以答，罔不慚服。❶予若值茲，退步三舍矣。當是時，公已自考功改武選，廖冢宰紀已遷北，以公剛正篤實，徇公任怨也，乃又自武選改考功云。於是李司寇承勛、張中丞琮及朱冢宰希周曰：「楊考功公忠正直，不負廖舉。」胡少宰世寧有「位愧楊上」之嘆，皆予耳所聞也。

公陞尚寶，以不便水土辭未赴，乃戊子年陞應天府丞。時陳京兆錫屢疾在告，公數署篆，節財均賦，平物砥價，都人士稱便焉。故事讐家多假手獄卒，甘心係囚，公時巡獄中，飭「囚病，非累藥不效，勿狀」，全活甚衆。江寧丞王震貪酷事覺，震已陞他縣，囑者旁午，公曰：「彼邑之民奚罪焉？」竟坐于法。彭鶴齡者，溧陽民也，嘗忤母舅，舅誣爲盜，詞服，贓少，公曰：「鶴齡貌非甚貧，何利於此？」卒得其誣。其懲奸釋冤類如此，則予目所見也。

公舉辛未進士，筮仕桐鄉。桐鄉當八省之衝，民罷於逆送，乃與查覈節制，著爲定籍，狡猾拆夫之徒，盡繩以法。然不能當巡按意也，乃以賢能薦調開化，實薄之也。夫桐之日，民輟耕罷市，攀轅載路以送。開化人好訟鬭，重利輕生，甚至飲藥斷腸，取快小忿，生女不舉，以嗇嫁貲。公痛與懲創，頑愚多賴以生。其來馬金鎮之豪，沮饒信、姚源之盜，寬殘破之賦，尤爲開人所懷服，爭立生祠，稱曰「鐵知縣」云，御史王君堯封至考以「誠心愛民」語。蓋公自是進陞

❶「慚」，原作「漸」，據續刻本改。

刑部主事矣，在正德乙亥年也。明年乞便養母，改南京驗封主事。故厥後考功、京兆之政，皆自桐鄉、開化也。

初，公幼有異質，端凝簡重，父母殊愛之。及就外傅，穎慧絶人。年十二，蒨溪周寧素爲女相攸，見公喜，歸，索飲至醉。弱冠，有先正曹憲副時中者許其英敏，可希古聖賢。公時讀書龍門僧舍，外家每饋時羞，則曰：「璨獨不能斷齏畫粥耶！」棄之以飼鼠。又嘗讀書城南，鄰女欲假汲以挑公，公曰：「吾可讓魯國一男子乎？」斥之。每試，督學皆列高等，與兄憲副公瑋齊名，時稱「松江兩楊」，王督學鑑之至分廩以贍。嘗師莆田方先生岳於泰州，所交皆知名士。既中弘治乙卯鄉舉，遭父贈君營繕公喪，時兄憲副方第進士觀政也，公哭踊委頓，與叔弟琦、季弟貢士璉殯殮如禮。他日太安人檢篋，得封君爲諸子析産狀示焉，公哭不忍視，曰：「吾父爲此，將慮吾兄弟啓争端耶？吾兄弟不體是心而或後言者，非子也！」焚之，友愛二弟益篤。於是公之文行大著，而鄉士子從遊者門無停履，多科第云。嗟呼！公孝友積于家庭，端諒重於鄉閭如此，宜乎蒞官行政，超邁尋常也。

公先世上海人，遠祖爲府別駕。其後有博學者，稱「兩脚書廚」，自是皆以儒鳴沙岡間。高祖壽梅公諱德時。曾祖樂耕公諱景阜，贅于翁氏，始家華亭之葉謝鎮。祖月溪公諱文信，義制邊漕，授散官。考南隱公諱雲，字民望，以長子憲副公貴，贈工部營繕司主事，妣宋氏，封太安人。自南隱公以上，皆植德不仕，蓄而未發，乃至公始大顯，又以及其子給事中，則公之懿行善政，豈偶然哉！公生天順甲申十二月二十八日，得壽六十有六。配周氏，封安人，又以都給事中際恩例，加封宜人，媲德于公，先公七年卒，事在孫中允《承恩誌》中。副室沈氏。子六人，長即都給事中，正德甲戌進士，周宜人出；次秉謙，庠生，秉鈞、秉鑰、秉德，女一，適董大理少卿恬之子宜陽，皆沈出。孫男一，允脩。女四：長適致仕蘇御史恩之子克柔，次適姚井之子籥，皆庠生；餘幼。給事君卜今年己丑十一月二十八日，奉公合葬于周宜人尹山涇之壙，是宜有銘，遂銘之。銘曰：

天有來殷殷，❶厥行房房。侯亶侯裹，爰奏斯常。德化閭井，無政弗平。素履伊厚，弗劌爾方。率人在道，考課維精。丞兹京兆，士女罔不臧。❷宜爾孫子，爲國之良。銘兹貞石，百世永藏。❸

封南京刑部主事東林陸君配贈安人陶氏繼配封安人胡氏墓誌銘

嘉善陸秀卿埛仕爲南刑部員外郎，嘗迎其父東林君於南都，歷覽江山諸勝以樂之。遊憩觀音巖，忽筋力覺微，秀卿輒感動，謀疏歸養，未獲也。未幾考績，取道歸省，繼母胡安人已久卧病矣，數日歿，又五日，東林君亦歿。秀卿號泣曰：「埛微此還也，❹幾不獲見吾父母，既見吾父母，乃又相續以去，則埛也何以爲生哉！」躃踴數絶。斂殯周至，既卒哭，衰絰匍匐至南都，以其

❶「天」，續刻本無。
❷「臧」，續刻本作「行」。
❸「世永」，續刻本作「禄是」。
❹「埛」，原作「邦」，據續刻本改。下同。

僚陳忠甫狀問墓銘。

按狀，東林君生有懿志，少爲經學，弱冠廢業，代父竹南君以幹蠱。當是時，伯兄蚤謝也，與其仲兄齟齬克焉，窮乏共焉，艱辛任焉，及竹南君授業以析也，又自引讓，不敢以敵偶焉。蓋其先後左右，無弗如竹南君意者。比竹南君歿，遺穀且數百，或曰此可利而有也，君曰：「篤於利而忘乎親，鵾不能。」乃白之仲兄以業喪。檢其篋，積券又數百也，垂涕泣曰：「父不以是屬吾兄弟者，是不有斯券也。」亦燬之，不以問諸人。有別屋數十楹，當家廟旁，母李曰：「汝父於汝兄弟，雖一服器必均節，此可共承之。」君曰：「父不言，意必有所屬也；意有屬，分必先其長也。」固讓而不取。有沈氏妹者，嘗逋官金，甚窘也，君曰：「沈氏窘，是吾母窘耳。」與其兄代償之。蓋其加志孝友，篤情喪祭，里無居人矣。他日客有賀己生辰者，至作感志詩以絶之。其遇姻鄰，周旋浹洽。或逮死獄者，與力脱焉。歲大侵，當減税，有欲詭削其數者，君曰：「如不信何？」未幾，他室果以詭敗。其他棺槥之施、杠梁之脩，❶亦往往先諸人。若於人善惡，又未嘗揜覆，或至面斥其過。嘗曰：「予無過人者，惟一『信』能勿失耳。」至謂秀卿曰：「世之健吏，徒矜小廉，不知下民苦，埗可勿蹈也。」性嗜山水，自謂有「山癖」，嘗作愛山亭以自旌，則君不見之志皆可以占。而秀卿至有今日學行鳴時者，豈偶然哉！

君字昌文，其先淮人，元亂，有諱信中者徙嘉興，後析邑隸嘉善云。信中之子讓，國初推長鄉税。讓子彦英，尤克其家。英

❶「杠」，原作「扛」，據續刻本改。

生耘，號東皋，善解人紛，拜義官。是生竹南君諱畦，秉禮尚義，拜九品散官。畜極而發，至君乃大開有陸云。君生成化甲午七月二十六日，❶卒嘉靖庚寅七月十八日，壽五十有七歲。配陶氏，秀水人樟之女，媲德於君，實生秀卿，贈安人。陶之先有號菊隱者，曾集義勇拒元，又作忠孝堂，不忘宋，蓋名族也。陶安人先君十三年卒，在正德丁丑十月十五日，距生成化丁卯五月二十六日，壽四十有七歲，事在族弟副使陶時莊撰志。繼配胡氏，封安人，孝於母李猶陶安人也，其撫秀卿無異所出，又能躬服勤儉，施禮諸族，戚鄙感悅。其卒也，距生弘治庚戌七月十五日，壽四十有一歲。子男五：長即秀卿，舉嘉靖癸未進士，娶某氏，封安人；次曰培，曰增，曰臺，曰至。女子子三人：其字周堂陶訛者，陶安人出；仲女及培、臺，胡安人出；餘側室某出。孫男一，曰如賜。孫女子二，字沈烱、丘夢竹。秀卿卜是年十月二十七日，合葬大結之原竹南君墓之右。銘曰：

來彭彭，行章章，既篤於親，亦孫於媚。宗族孔懷，任及鄉黨。展矣自戩，凱如經生。宜爾冢子，爲邦之良。覃茲休問，垂之無窮。我銘貞石，百代攸望。

❶「午」，原作「年」，據續刻本改。

涇野先生文集卷之二十六

南京禮部右侍郎致仕前國子監祭酒
翰林修撰兼經筵講官
同修國史高陵吕柟撰
巡按直隸等處監察御史門人建德徐
紳海寧吴遵彭澤陶欽皋編刻

墓誌銘五

監察御史唐君墓誌銘

君諱勳，字汝立，廣東惠州歸善縣永平鄉人也。君與予同舉戊辰進士，任知縣且滿，被徵爲河南道監察御史。未幾，君母劉孺人病瘻，君以憂勞成疾，得告歸籍，劉孺人尋卒，甫三月君父贈君亦卒。君以屢毀，兼中濕熱，結盤腹脅，遂成鼓痞，而君猶自奮起，摽醫不治。服闋，補陝西道，以疾請於上，乞改南京，便醫藥，得補河南道。既南旋，中途疾作，乃馳歸就藥數月，竟不起，實嘉靖丙戌十月十二日也，享年四十有八歲。君在南臺，屢言留都倉場屯田，及宦戚賜予差遣諸事，皆關繫時政國計，使不疾以死，則其所建當必有大可觀者矣，傷哉！

初，君筮仕靖江知縣，即能平賦理訟，祛盜弭患，有暇又興學實廩，作先士類。既踰月，民罔不悦，銓部以其材可治繁也，改除徽之休寧。休寧，徽之壯縣，素稱難治，君既蒞政，凡賦斂徭役，務從節省，初不過爲誅求以厲細民。學宫之南，地頗狹隘，乃捐引貲贖之，拓致廣遠。力役之興，品户差定，吏不能奸，民咸稱平。他日江西寇起，剽掠饒信，勢洶洶將逼休寧，休寧人懼，請他徙，君曰：「古人效死勿去，不當爾耶？」乃募壯兵，呼吸之間，得人至萬，悉資以器械，從以芻糧，威聲大振，寇乃遠遁。既而復集，勢益猖獗，君適報政，去縣方六十里，聞之亟還，率壯士二千以追，猝遇之黄茅，君躍馬持梃，先出陣前，諸壯士奮擊，寇駭奔去，追斬數級而還。紀功者上其事，詔賜金幣。君去休寧，民皆立祠以祀，曰：「是活我休寧者也。」嗚呼！使君不疾以死，今在御史，其所建立者又不知何如也。初，君受性開朗，倜儻有大志，博學能記覽古今，爲文詞宏壯豪邁，蓋不止以政績成名者也，乃止於斯，傷哉！

君高祖諱性存，曾祖諱彦弼，祖諱瓊，咸敦行誼，稱於州里。父諱儀，愿易重默，事其母聶以孝稱，以君貴，贈陝西道監察御史。配劉氏，封孺人，君所孝以致疾者也。則君之來亦茂乎！君配某里聶氏，封孺人，有賢行。子男三，曰都，曰郲，曰邦。女子子二人，長適前建寧府同知張秀之子子桂，次在室。都卜以某年月日，葬君於同湖之赤岡，而南户部員外郎黄君時興以御史鄭君維新狀爲問銘。銘曰：

憂不致疾，君致疾乎！毀不滅性，君滅性乎！君雖未久於仕，而能克篤於親，足以化鄉，足以求仁。古所謂志士端人者，非與？有銘貞石，萬年如新。

封丘知縣王君配封孺人陶氏墓誌銘

君諱文凱，字仲元，姓王氏，黄州府黄

岡縣人，封丘知縣麟之父，今户部郎中廷梅之祖也。封丘舉弘治己未進士，授知封丘，君因以獲封云。初，君父諱思旻，❶嘗爲泰州同知，有惠政，泰人立祠以祀，配趙氏，次魯氏。生子七人焉，君則魯所出也，受性聰慧，體貌長大，行植尤良。泰州以其質異六子也，命入補府學生，習治舉子業，乃屢試不偶，而家衆且賴以資給，遂削去儒籍，純藝黍稷，與僮僕共甘苦，無間寒暑，惡衣糲食，裕亦不改。上事泰州，極其畏敬，厥既捐養，歲時祭獻，猶致哀慕，克恭厥兄，曲盡其道。有小弱弟，未能成立，友愛特至，長與之業，冠與之室。其躬率家人，雞鳴而興，内外大小，無敢或寢。又取古今善惡興廢，訓詔諸下，諸下奉行唯謹，❷或出而歸，業罔不完。其家用服食，皆出於一，子姓不敢營私，❸亦不敢私相餽遺。而勸戒之廣，波及里閭，戚黨因而植立者數十家。居常不設藩離焉，牛恒喪於盜，亦不大怒，他日有盜夜至門者，礪刃以待，君曰：「吾與若得生聚此土者，賴無傷害也。今以六畜之故而殺人，其能以生聚乎？」其盜聞而去。後一再至，如前告語，盜遂息。有貸者力不能償，焚其券。後一貸者不知君之心也。鬻其子以償，君聞之捐其物，令贖其子以歸。身雖未仕，所尊敬惟廉吏，若親故中有厚載而歸者，嘗爲詩以薄之。他有橫逆誹謗之來，君不與面白也，爲文以質諸神，其橫逆誹謗者或伏辜求解，或遂淪没，於是鄉人皆以君爲通鬼神，然則君平日之心行無

❶「旻」，續刻本作「閔」。
❷「唯謹」，續刻本作「而勤」。
❸「營」，續刻本作「云」。

詭，皆可推而知也。

所配陶孺人者，受性慈良，鄰里婦女以急告者，無不與濟，其有貧寒姻婭妯娌，已雖不足，亦解衣推食，不遺人知。凡封君翕於兄弟、老而不替者，多資其勸佐焉。側室陳氏有娠將免，封君方他出，囑其家人曰：「女則舉，吾且厚嫁之。男則勿舉，以禍吾家。」既免矣，則男也，家人不敢舉，孺人亟舉之，曰：「如之何欲庇其子而殺人之子乎！」比歸，家人以其言告，封君乃已。比數月，則帥陳母子矢諸天曰：「吾造家甚難，慎勿爲厲階。兒能光王氏耶則生，否則反是。」因名其兒曰光祖，光祖後果有美志云。封君生正統癸亥七月二十三日，卒正德戊辰正月八日，壽六十有六歲。陶生正統庚申四月四日，卒弘治乙丑九月二日，壽亦六十有六歲。子男三：長即封丘，娶某氏，其舉進士時，封君所痛哭幾絶，以告先人於地下者也；次鳳，娶某氏，皆陶孺人出；次即光祖，娶某氏。女二，長適胡永茂，次適劉忠。孫男子七人：廷楫，儒士，娶某氏；次即户部，舉嘉靖癸未進士，娶某氏；次廷槐，舉人，娶某氏；次廷梧、廷柟，生員；其二幼，未名。封君之卒，已合陶孺人葬於黄婆湖山之陽，未銘也。至是，户部追憶具狀，使舉人請銘。銘曰：

廷廷其植，蹶蹶其騫。私不能撓，讒不可貇。早削儒籍，亦大王門。惠於宗戚，友此弟昆。銘此敦勸，不易寒暄。我躬既飾，遺及子孫。

明封太孺人王母張氏墓誌銘

勑封太孺人張氏者，贈監察御史咸寧

王君諱某之配，南京户部員外郎昭大懋之母，翰林脩撰用賓之祖妣也。户部爲御史時，值皇上推恩之詔，有是封與贈焉。比户部履今官未幾，而太孺人訃至。予弔之，户部號泣悲咽不能言，哭已，問太孺人壽，對曰：「今年辛卯，八十有六歲矣。」予慰之曰：「太孺人上壽如此，又生户部，舉進士爲行人，即能諫武宗南巡，❶謫國子學正。今上登極，召復原職，陞山東道監察御史，又以言謫高□縣典史，用薦者累轉至今官。其於守身奉職，亦無不盡。且孫曾六七人，而脩撰尤文行卓偉，士林推重，皆太孺人所瞑目者也，可勿過哀。」曰：「懋生不能終養，死不能斂，爲可慟耳。」既數日，且奔喪，乃從南京後軍都督府都督同知容堂楊公持狀問墓銘。

狀言：太孺人，同邑某里處士喜之女，生而端秀，柔順静嘉，姆氏有教，罔弗聽從。及歸贈君，履勤蹈儉，無違宫事，雖家計日裕，而費出有經，内助惟多。其事姑李，問衣燠寒，每上饌於堂，雖一菜一羹，必致誠潔。他日姑病，夜中焚香籲天，求以身代，及病既愈，素食三年，陰爲心禱。後姑卒，盡卸簪珥，賻致棺斂，恐遺來悔。其教户部及諸孫，必稱義方，祁寒暑雨，訓亦嚴切，用光顯先人。及户部以言被謫，則曰：「兒能報國，貶官何恨！」又嘗敬老恤貧，閭里有告困乏者，輒施予之，雖頻不厭。予撫狀嘆曰：「太孺人之道如此，宜乎有户部之爲子，❷脩撰之爲孫也。昔者吕原明之賢由於申國夫人，而崔山南之曾祖母長孫氏及祖

❶「宗」，續刻本作「廟」。
❷「乎」，續刻本作「其」。

母唐氏至今不没者，誠然乎哉！」

太孺人生户部一人，其名安者，則養子也。户部娶某里張氏，繼某里李氏。安能理家務，娶某里房氏。女子子二人，絳縣知縣曹夢璋、士人張琦其婿也。六孫者，長用臣，次即脩撰，次用圭、用卿、用賢、用相也，圭、賢爲學生。孫女子三人，一適太學生李承恩，一適平陽府同知許君珮之子錢，皆户部出；安有一女，適安保。孫男一，曰昌胤。曾孫女三。户部將卜某年月日，合葬太孺人於贈君之墓。銘曰：

緊太孺人，秉德孔臧。幼奉姆教，長敦婦常。克孝於姑，猶慈猶明。家政既舉，内訓滋彰。宜爾孫子，爲邦之良。休問有代，渭水與長。❶我銘貞石，以勖紀綱。

湖山處士胡伯行墓誌銘

休寧人胡伯行病於蕪湖之旅寓，其弟蕪湖學生大器方學於鷲峰東所，即馳歸，與其兄大同涕泣以侍湯藥，閲月竟不起，乃號哭棺斂，舁歸休寧，殯之渡村。既卒哭，持葉主政狀來，曰：「吾師而知湖山先兄亡乎？當病革，深以未獲見吾師爲恨，曰『死爲我問一銘焉，即瞑目矣』。」予爲之悼嘆，以問其平生。大器曰：「家君木齋處士生四子，先兄爲長也。幼即穎敏，年十二三，家君携賈於蕪湖，教以義方，即能成其志，未幾，遂與弟大周、大同請代家君理賈事，輒操奇贏。於是家君日享優饒，不以事物

❶「與」，續刻本作「輿」。

經心者，今二十餘年也。其值歲時節令，或家君壽誕，必率諸弟遙拜以致祝，有鮮物，輒遣人以獻，不先嘗，歸省必以期。他日聞家君痰疾作，哭不絶聲，旦即冒暑歸視焉。常侍吾母適外姻，吾母中途感疾，時雪甚，躬扶肩輿以步徙。❶吾父母欲作生壙，乃極力營辦，務求於堅久。聞仲兄大周病於蕪湖，則又足步兼程以視，雖風雨亦不避，至破其足，大器惜之，則曰：『但知有弟，不知有足耳。』嘗謂諸弟曰：『人生在勤儉。但賈之人糴賤販貴，惟利是逐，不知豐約命也，取予義也。弟輩其勉之！』與諸弟約不分爨，曰：『古人尚九世同居，乃吾一父母兄弟，何忍離析乎！』及大器年且長，則曰：『吾先世率以儒術顯，汝當棄商業儒，以成父志。』大器對以『年過時』，曰：『有志者事竟成。』以婺源仁山江先生知名士也，即遣立其門。及獲籍蕪湖學生，又命之曰：『吾弟今異凡民矣，須爲第一等人。』及大器述吾師『甘貧改過』之教，則拊掌曰：『此真爲聖賢切要功夫，汝服以終身可也！』遂扁其堂曰『孝友』。於是姻黨鄉閭，皆沾其恩誼，貧苦顛連者，皆被其資給，而僕御厮役，無弗飽惠而凛威者矣。至若鎮重以却流賊之擾，救疫以正傳染之俗，雖顛沛亦有所見焉。於是邑令汪、徐、羅、招諸公，水部陳、張、黄、鄭諸君聞其賢，皆致禮貌焉，而先兄一無請謁，或難之，則曰：『昔人非公事不至偃室，大用顧不能如滅明邪？』嘗築室蕪湖，日接鴻儒，聞見日廣，又爲《民情十三策》，上之邑宰彭公，類多可行。蓋先兄器識弘朗，標格儻偉，敬恕孝

❶「徙」，萬曆本作「從」。

友，尚義疎財，與人爲善，尤其恒性。少暇，觀覽書史，一有悟處，直至夜分。又精於醫藥，濟者頗多，雖負販俗子，咸稱之曰『胡先生』云。」

「先世遷自婺源考水，代有名德。高王父諱懸，曾王父諱裕，王父諱儼然，傳至家君，皆累葉積善，著德霞阜，先兄蓋有所自乎！殁之日，含淚謂愚兄弟曰：『汝等須孝養父母，和敬兄弟耳。』嗚呼！尚忍言哉！寔嘉靖庚寅六月十五日也，距生弘治五年月日，享年僅三十有九。配許氏。生子三，曰佛寶，曰道寶，皆夭死，曰儒寶，尚幼。二女，一字婺源葉舉人天榮之子，一尚幼。嗚呼，痛哉！則吾師何以銘吾兄，使之不殁也？」涇野子曰：「斯人也，豈惟彼不獲見予爲恨，予亦以未見斯人爲歉也。聖天子方廣開賢路，求賢才於鬻販巖穴之間，斯人而在，必見用於時矣，惜哉！」

銘曰：

治行以儒，隱名於商。克財克義，克孝克兄。我相斯人，古士之良。生雖未壽，殁則永臧。爰銘貞石，千載勿亡。

應天學生東軒林君墓誌銘

應天學生東軒林君既殁，其門人太學生安吉范鳴岐狀其行實，而少參陳棟塘、錦衣鍾葵菴皆與問銘。

狀曰：君諱時，字孟可，其先常州無錫人。高祖諱彦，當國初時官至寧國知府，生子鬱，驍勇過人，永樂中以征交趾功受密雲百户，繼征安南，陞千户，陣亡。鬱生芳，有功，復留守百户，後改牧馬所，廉介有聲。

芳生瑛，❶號質菴，孝友勤儉，家用克裕，配莊氏，是生君者也。君自幼沉重不苟，嘗受《尚書》於都憲矩菴陳公，盡得其傳。督學陳先生試而奇之，考補應天學生，優以廩膳，每試輒在高等。凡六應鄉試不第。歲乙亥，母莊患癱疾，每飯，君躬哺之，而質菴公年且耄耋，君又足疾，遂嘆曰：「忠未得事於君，孝顧可遺其親乎？❷」因辭於督學林先生。林惜其學，❸慰留再三，始令衣巾養親云。自是朝夕怡愉二親，非大故不離側。及二親相繼逝，君哀毀過於常禮。嘗於宅東築圃搆軒，題曰東軒，雜植花竹，日徜徉其中，賓客過從，奕碁投壺，談詩浩歌，盡興而罷。然君胸次少縶累，人樂與遊，雖名公如太宰九峰孫公、宗伯石潭汪公及江公元甫、路公賓陽，咸愛重之，有簡牘至稱「隱士」云。君教子之心尤篤，遇事必規誨，以尊師取友爲第一喫緊事，以兄弟和睦爲家門之幸。其處群族子亦有恩，或有假貸，未嘗少吝，遇有過，亦懇教焉。窗友凌姓者嘗困於他邦，聞則遠贈之金。一友常有隙，遇諸塗，憐其狀甚窶也，亦厚周之。甲申歲大歉，嘗作粥以濟饑，全活甚衆。此亦可考其行己之美矣。

予得狀嘆曰：「嗚呼！孟可若此，乃今遽已乎！予初至京，偶問舍至君，君即假之南屋一院，而君居小巷東面之屋，既久，情好頗厚。垂年半，而予西遷，所可惜者，予之心君尚未能盡知而長逝也。嗚呼！使君不死，則當益進於高遠，絶俗而

❶「瑛」，續刻本作「英」。
❷「顧」，續刻本作「固」。
❸「林」下，續刻本有「先生」二字。

奔矣，惜哉！」

君生成化丁酉年四月四日，卒嘉靖辛卯年十二月十八日，壽五十有五歲。配鄭氏。子男三：長志學，業儒，有遠志，娶李知縣女；次志道，聘陳氏；次志善，尚幼。女三，長許何榮，二女尚幼。志學卜今年壬辰四月初四日，葬君極南鄉祖塋之次。銘曰：

嗟嗟東軒，孟可斯人，乃睦爾族，尤篤於親。學未究其終，材爲人所憐。偃仰江皐，適興壺醇。蚤窮經史，終老衣巾，則豈非予之所深憫哉！

明集義處士王君墓誌銘

集義處士者，諱著，字名方，别號集義，江西高安槎溪人，宋稼村先生之裔，今南京吏部文選郎中況子維垣之外祖也。君生而沉敏磊落，不同常輩。既長，服賈湖海，克開先業。大父卒，所貽資皆君所知典。當是時，諸弟皆在也，或勸君先有所取，君笑曰：「是豈爲親者哉？」卒均於諸弟。越數載，弟有亡業者，則復周之，雖數千金不計也。君雖未登仕版，然每論時事，輒慷慨激烈，或至流涕，又嘗仗義出千金以助邊。雖爲其子鬻爵指揮及承差役，然卒禁使弗爲，曰：「凡以爲公家也。」他日歲荒，積尸哀野，君備棺服數百，爲鬻地以葬之，其被毁者，則化而瘞之。有假其資完婚治喪者，悉授其急不復理，逾期無所於償者，❶輒焚其券。至於禮賢餽養，雖傾橐亦無難色。君治貲配數萬，❷然自處則又甚約，戔戔如貧

❶「於」，續刻本作「抵」。
❷「配」，續刻本作「值」。

士。嘗至金陵，徒步入城市，族人以爲嗇也，促賃騎以從，君諭之曰：「作家於儉，猶淪於侈；作家於逸，後將誰勞？」卒不騎。於是凡君所至，無賢愚大小，無弗稱君爲「集義翁」，而賢士夫爲詩歌以咏君之義者，積卷軸也。

君曾祖諱某，配某氏；祖諱某，配某氏；父諱某，配某氏，生君兄弟某。君生於天順戊寅六月十九日，卒於嘉靖辛卯正月十八日，享年七十有四。配塗氏，年七十有七，今存，尚强健。生子男寶，所謂指揮使者，娶某氏。女一，歸於按察僉事邑人況君照，封孺人，即文選之母也。初，僉事之祖裕菴公爲僉事擇對於君，君一見輒許可，後果登甲科，其盛至今未艾，人以君爲知人也。貳室：永氏，生男璽，承差，俱卒；李氏，生男植，豪傑不羈，克稱厥考，多見重於卿士。寶生女一，歸朱悌，遺腹生男孝。植生男寅孫、申孫，俱幼。植卜嘉靖某年月日，葬君於某山之陽。文選撰狀以來，是宜有銘。銘曰：

既篤爾親，亦宜兄弟。富而不驕，見利思義。年越七旬，克開克裕。老兹江湖，成於德慧。宜爾子孫，内外咸備。銘此貞石，千載無戾。

郡賓侗菴袁君暨配沈氏墓誌銘

侗菴袁君者，諱倫，字仲彝，鎮江丹徒人，太學生京之祖父也。京以費庶子書謁予於鷲峰東所，已而出按察副使丁君所爲侗菴君狀以問銘。聞君生與遂翁楊先生及介菴靳公徜徉杯酒，而異時郡守天台王君、東萊滕君、縣令藍田李君、莆田方君，或勸以七品冠服，或延爲鄉飲大賓，或制長篇大書，以致褒嘉，而副使君又稱爲君之戚姪，則君固潤州之丈人行也。

狀言：君本系出真州，始祖曰伯一者隨宋高宗南渡，遂爲丹徒人。曾祖行三，祖子敬，父士禎，皆隱約不仕。士禎配某氏，實生君焉。君生而敦慤寡言笑，悃愊不華，居常好衣布，著芒履，雖飲食亦不喜重品。少嘗賈於淮、汴、荆、楚間，凡與人交，不論殊方異俗，壹崇信義，於義少違，必不苟取。其朝勤夕惕，敏兹生業，人鮮能及，於是家日饒廣，豪於潤州。然君又自儉約不張，買田瓜步，課孫子讀古人書，❶曰：「吾以耕讀終可也。」弘治癸丑間，歲大歉，君領郡檄，挾貲往糴於湖襄，舟至龍江覆而復起，時方沍寒，而君氣息如故，同行者皆稱積善有報云。則君之素見重於卿相守令者，豈爲無據哉？所配沈氏者，亦鎮江之望族，慈惠温恭，閑於内訓，身勤儉以相君，白首結髮，人以偕壽榮之。生子一，名繼祖，候選銓曹，娶某氏。孫男三：長立，郡陰陽正術，娶某氏，今年七月死矣；次即京，娶某氏，好學慕古，若將以光君於無窮者也。女一，適里人某。孫女一，字士人曹栢。曾孫男三，曰表，曰裹，曰襲。曾孫女一，字錢屋舟之孫道。君生景泰丁卯三月二十一日，卒嘉靖庚寅十一月初八日，享年八十有四。沈生則後君一歲六月十六日，歿則先君二歲七月二十一日，享年八十有一。繼祖卜今年辛卯十一月十七日，合葬於斧頂山之新所，❷是宜有銘。銘曰：

❶「課」上，續刻本有「以」字。

❷「所」，續刻本作「阡」。

既殖於財，亦篤於義。樸而不華，古之良士。守令齊嘉，卿相優禮。徜徉江湖，行八十四。夫婦駢榮，近代罕例。宜爾銘兹貞石，千載悠憩，子孫方昌未艾。

南京兵部主事曹君墓誌銘

予戊辰同年進士，未仕而卒者二人焉，順天之姚畏卿，定遠之張吉甫；初仕而卒者，則歙之雄川里人曹君文淵也。三人之材行，皆卓偉不群，乃皆早逝，不大顯於時，至今同年論及輒痛惜，而於文淵尤甚焉。文淵生有奇質，方四歲，母汪安人歿，即知哀痛，如十數歲兒。稍長，誦習《小學》諸書，日記數千言。事繼母周安人尤極孝敬，周安人病，嘗祈以身代之。於是父都憲公南峰先生遣之師事岑山程先生，求聖賢之學，即知居敬窮理，用心於內。及爲舉子業，輒出人意表。他日，應天諸生有忤時貴者，督學先生試以「畏大人」之題，都憲公亦命君作，語有「使爲大人者，徒知人爵之烜赫，而不知天爵之尊榮，則亦無足畏矣」，後時貴聞之屈服。弱冠遊郡庠，與沙溪汪以正爲莫逆交，講學白蓮別墅，造詣日深。時都憲公方知湖廣之寶慶府，君屢奉之書，勸以牧愛爲急，無怵禍福，又曰：「大人清白蔭及子孫，後必有食其報者，他勿計也。」正德丁卯，君舉應天鄉試之魁，明年即登進士。時宦官八黨方熾，而劉瑾尤横，君遂率同年百人抗疏，乞皇上總攬乾綱，以正瑾專權之罪，有旨罰跪午門前者五日。時方酷暑，而君素體弱，自是益羸瘠矣。己巳，授南京兵部車駕司主事。於是南峰先生即以其往日所寓書，次第授之，曰：「兒惟不忘乎事我者以自處，吾無慮矣。」親友聞之，咸稱曹氏父子之賢過人遠矣。

君莅仕，即裁抑進鮮快船，及舉行清理屯田數事，部尚書甚器重之，方望其遠到也。時汪以正適業太學染疫疾，鄉人莫肯往視，君即馳至其居，躬治湯藥，與同起居者半月。汪病亟，泣曰：「吾僅一女，奈何！」君曰：「當聘爲吾兒棟婦。於諸後事，有深在，無慮也。」卒皆如其言。然君竟亦染疫疾，於是年十月一日卒於留都官舍，距生成化辛丑三月九日，年纔二十九歲也。自大司馬以下，哭臨皆盡哀。嗚呼！使君不死，即未盈百歲，遲三二十年，其所建立裨益國家者，今當與古之大賢鉅公侶矣，乃天奪之速如此，諸同年所甚痛惜者此也！

君諱深，文淵其字也。高祖關一，望於雄川。曾祖宗一，以隱德重於鄉，壽滿一百年，配某氏。祖以能，封南京户部主事，是生南峰先生者。南峰先生，諱某，字應麟，官至都察院右副都御史，在弘治、正德間有勳績。君配程氏，足克内助。生子一，即棟，縣庠生，光大君志，其在斯子乎！近赴應天鄉試，遂謁予於鷲峰東所，既不偶，且歸，而以其鄉進士程惟信狀請銘，則固不能辭矣。銘曰：

有懿車駕，受初伊雅。由少有聞，長益靡假。繼母乃欽，況其親者。兄弟孔宜，勸學無暇。薰德之風，徵於鄰舍。年位雖淺，爾德則嘏。畜而後開，子如梧檟。將光爾幽，如鶴聞野。銘兹貞石，將其若若。

唐母任氏墓誌銘

唐母任氏者，兵部主事武進人唐應德順之之母也，宜興人。任公儼者，室於工部侍郎沈公暉之妹，於是生任，爲信陽知州唐君國秀之配，而有應德焉。嘉靖己丑，應德舉會元，成進士，文章行誼聞天下，予從縉紳中敬其名矣。辛卯冬，應德身衰絰，偕其姪舉人音，持古菴毛式之狀，垂涕泣來問任銘。時雨雪連日夜，泥途凍濘，應德自僦肩輿，卒力不具或步蹝。居鷲峰三日，無人知，每語及學，明白洞朗，脱落塵土，超如也。則嘆曰：「名之茂者，其實果盛乎！」

閱狀，任之歸信陽也，舅給事中曾可先生已即世，姑周孺人性嚴整，任事之婉怡有則，承意命惟謹，一錢尺帛不私藏。姑嘗女女於有吴氏，即傾己粧奩畀小姑，不以勞姑念。及姑卒，相信陽，每館於外，身豆羹糲飯，腥肉不一御。蒞内政三十年，衣裳簪珥，未嘗增於嫁時。非病困，輒紡績補刺，一布被經十年。其誨諸子女，雖慈劬周洽而規訓尤嚴，應德幼好弄，厲色曰：「兒尚有童心乎！」應德或晏歸，或使氣，則厲色曰：「兒將爲巖子乎？❶將不免乎？」他日，慮應德及正之多病且弱也，復贊於信陽以廣嗣，得子女，則喜曰：「若女，吾女也；若男，吾男也。」提抱鞠育，踰於其母，鄰嫗日往來者，莫辯其非所出焉。性好深閴静居，非歸寧及掃墓不輕出，女姻或招延者，❷輒辭解之。信陽試南宮屢下第，❸略不色

❶「巖」，萬曆本作「呆」。
❷「延」，萬曆本、重刻本作「迎」。
❸「下」，萬曆本作「不」。

愠，及應德會試魁天下，亦不色喜，於是信陽屢稱之曰：「大丈夫寵辱不驚者，亦不過如此耳。」予然後知應德所造如今日者，皆自於此。則嘆曰：「流之長者，其源果大乎！」乃應德猶自悲痛曰：「嗚呼！吾母相夫三十年，不及享其封；教子二十餘年，而弗食其報。其病也，方藥委諸塗人，而不暇擇乎其良；其卒也，含襲棺斂，辦諸水濱，而不克盡乎其心。人生有涯，此痛無涯。順之多孽，天不以戮，而何使吾母至於枉也！」予慰之曰：「應德節痛！夫吴自季札、言游之後，雖世有聞人，然皆未有能並其盛者。應德篤學好古，即力進札、游之舊，以爲母任於千萬年顯，❶亦在是矣。❷」

任生成化辛丑某年某月日，嘉靖丁亥六月六日隨信陽行，以痢疾卒於天津舟中，享年五十歲。子男二：應德，娶參政臧公𥝢孫女；正之，聘應天經歷王君文炳女。女四：長適鄉進士董士弘，次適冠帶書算劉大中，次適無錫庠生王立道，次納丹陽賀鎧。庶男一，女一。應德將卜壬辰年某月日，歸窆於黄塘祖塋之次。銘曰：

羊叔禕之孝，胡淑脩之學，皆常之先媛也，其殁已久，乃今於唐任而再見乎！況其子材既大魁，志欲登岸，吾知任其不死，雖千萬年並日月乎焕也！

封南京户部郎中河東周君墓誌銘

君諱瑀，字廷珍，❸别號河東居士，以子宗道祖堯仕南京户部郎中，封如其官，然鄉

❶「顯」下，萬曆本有「者」字。
❷「亦」，萬曆本無。
❸「珍」，續刻本作「璽」。

人惟稱爲河東先生云。世居東平州嘉比鄉第一圖薄荷營。君生而聰秀，甫四歲，能誦四五言古詩句，童遊鄉校，輒有聲稱。後值親老，三兄瑢、玘、環皆先亡，爰棄學業，躬秉耒以供養，左右隨侍，跬步不離。親有所欲，竭力辯，不計有無，及究其然，對曰「無難也」。暇則誦讀，尤邃蔡沈《尚書》。他日父母相繼棄世，毁瘠骨立，幾至滅性，凡厥殮葬，傾産以從，繫棺之費，鎔及鏄斛，戚黨有言其廬居者，輒斥而鄙之，比至襄事，髮爲變白。及宗道且長，親課句讀，導以孝悌仁讓，稍從嬉戲，輒加鞭策。厥既嬰冠，猶呼小字，舅氏非之，則答曰：「名吾所名，夫奚不可？兒若用思，當生深愛。」又謂宗道曰：「祖堯，爾知鄉賢馬伸者乎？其學不以富貴妻子爲念，汝可跲法。」及宗道既魁山東，偶從友邀，反回日暮，❶則峻絶數日，不與笑語，且垂涕責曰：「天下事獨此一舉了邪？」宗道自是杜門絶交，壹志所學。及舉癸未進士，出守潁州，尤勉之曰：「向所謂『馬時中之學』者，正在今日行耳。夫阿諛逐時，非所以立身，嚴急殘下，非所以爲民，行宜敬惕！」故宗道自潁州至南京户曹，恪守庭訓，清慎一致，爲時名流，皆君之教也。性尤剛明慷慨，雖遇難事，談笑立剸。又喜賑施，喪葬嫁娶，匍匐以救。鄉族有争，與判曲直，言出退服，理之所在，剛亦不吐，若遇縉紳大夫，亦以道義諷勸。其鄉黨子弟，見輒誨之孝弟忠信，亹亹而不厭人也。乃于嘉靖癸巳二月四日告終，距生成化乙酉五月二十三日，享年六十有九。則君當非古之孝廉方正，既老稱道不改者乎？

❶「回」，續刻本作「面」。

初，君遠祖諱正及諱原者，世傳仗義禮賢，累有隱德，子孫蕃碩。至諱祥者，君之曾祖也，雅尚儒業。是生監生愷，穎異出群，屢聲場屋，竟不獲志，以歲貢冑監出檢廬州，克守官箴，見重當路，偶嬰疾歸，廬民遮道攀留。監生愷見其嚴毅明爽，❶博通藴籍，隨宦廬州，左右就養無方，嘗作《爲官不論崇卑》，詞説以慰廬州，配某氏，是生君者也。然則周氏開源于先，發流于後者，不謂無本也。君配郡中巨族李氏，封宜人。生男子二人：長即宗道，娶張氏，定州同知張德孝之女，側室劉氏；次祖舜，娶郡人陳郁之女。孫男四人：長大鵬，聘驛丞陳貢女；次大鶚，聘刑部主事趙元夫女；次大鷃，聘前監察御史李文芝女，俱宗道出；次大鵬，聘李鼎孫女，祖舜出。孫女子六。宗道聞訃，將卜某年月日，葬于某山之園，乃持兵部員外郎曹子撰狀，號擗請銘。念與宗道有一日之契，爰次第其事而遂與之以銘焉。其銘曰：

緊河東居士，初禀伊美，內不枉心，外不回履。養親承顔，殁至哀毁，孝問宣昭，❷魯人咸偉。有子克慈，思馬伸比，既介于窮，尤烈于仕。人謂河東，慈孝之軌，猗其奮揚，與古人齒。銘兹貞石，于焉千祀。

中憲大夫山東按察副使霍泉羅公墓誌銘

嘉靖癸巳四月三日，憲副霍泉羅公卒于吉水居第，距生天順甲申十一月十三日，

❶ 「見其」，續刻本作「生某」。
❷ 「問」，續刻本作「聞」。

享年七十矣。其子翰林脩撰洪先，以公嘗籍白河，舉于陝西，而余陝人也，蓋嘗習聞公之風矣，具書狀問銘。

狀言：公生有異質，自知讀書，閉户寡出，或忘寢食，人稱「書呆」。事父母，能隨事承順顔色。嘗就昏于新野訓導李君勳，因往省族人于白河，因籍白河。蓋自是才學日懋，白河士多從之遊，遂見知于提學邃菴楊先生。乙卯舉陝西第三人，登己未進士，❶授南京刑部廣東司主事。廣東，劇司也，以善折獄稱，蓋公自觀政刑部日，已諳律例矣。及丁外艱服闋，改補工部都水司主事，理徐州洪，乃更番立籌，計舶給卒，驗名課直，商卒雙便，清謹著聞。戊辰，特改兵部武庫，未幾陞署員外郎。己巳，調車駕，陞署郎中。庚午，調武選。其在兵部，每堂稿咨白，多決可否，無少阿狥，部尚書陰重之。時宦瑾肆權，或促公往見，公比之「聚雪易消，斂翼遠避」。其他「寢乳母恩澤」之疏，歲省俸米千百，罷軍政金吾指揮二十餘人，至忤尚書而不顧。蓋惟知有國法，不知有權勢也。

辛未，陞知鎮江府。府當公私俱匱之時，公盡日視事，寢食後堂，乃首懲頑惡之扇訟，以息刁風；盡搜巧胥之侵漁，以充公費；力開四門、❷設伏兵，以遏流賊；籍查没江田、❸令種新州，以公葦利。至于恤孤嫠，舉廢墜，賑荒歉，杜請謁，增學舍，課諸生，廣儲蓄，瘞國傷，❹罔不盡心焉。未幾二年，政通人和，境内治安。于是流賊盡擒于

❶「己」，原作「乙」，據萬曆本、重刻本改。

❷「力」，萬曆本作「陽」。

❸「江」，萬曆本作「官」。

❹「國傷」，萬曆本作「暴骨」。

狼山，朱衣乃頒於大廷，而公「矯激」之謗騰矣，遂改知淮安府。至，即釋冤囚九十七人，究陳婦殺夫之罪，發劉商海船之奸，斷歲久積滯之訟，定市肆月更之令，淮人無不信服焉。癸酉，陞山東按察副使，勅整飭徐州、淮陽兵備。徐當兗、豫之交，四衝之地，私販、行劫浸不可制，公令指揮以下皆騎射，復募精兵數百，資其出入，于是獲五溝集數百賊，釋其脅從老幼，其没入之贓，以付有司，歲餘積金穀數千萬，至正德末年歲歉，官軍籍是以生。其增築徐城，以弭水患，疏記刁惡，❶以俟悛改，尤地方賴以久寧者也。乙亥，丁繼母李氏憂。戊寅，復除山東按察副使，勅整飭密雲兵備。時權貴用事，公已有歸志，適趙宦忌公，請革兵備，公遂棄官歸矣。日事田沼，與野叟徜徉十五年，無片楮入公府，雖走卒亦皆稱其廉静。御史周鵷按公舊治，薦其嚴明有爲，江西巡撫陳洪謨薦其甘貧守道，則公豈非慷慨端確，當世之名卿才大夫哉！蓋公體貌魁梧莊重，接人傾倒，語不模稜，亦無機械，凡諸餽送，毫髮不納，妻孥雖在官衙，蔬食供爨。平生不樂俳優，不觀博陸，其訓子弟，動稱禮法。宜其敭歷所至，輒著殊績也。則其屬纊之日，風雷大作，屋瓦震飛者，豈亦有所感乎！

《羅氏家傳》曰：羅之先自唐肅宗時，世爲廬陵人，僖宗時，❷諱崱者始居戠村，遂爲著姓。宋元來，子孫顯貴者，百數十人載郡乘。崱生達，達生皎，皎生議，議生珣，珣生龔，龔生仕廷，仕廷生子文，子文生元圭，

❶「疏」，萬曆本作「籍」。
❷「宗」，萬曆本作「懿」。

元圭生仲魯，仲魯生思立，思立生應熾，應熾生幾學，幾學生志大。幾學而上，皆居戡村之東塘，志大丁元季兵燹，乃遷吉水谷村之黄橙基，是爲吉水始祖。志大生岳，岳生獻及拱。拱，洪武中舉茂才爲仁和丞，無子，以獻子朋壽爲後。朋壽無子，以獻孫、昌壽子慶同爲後。慶同生廣海衛經歷良。經歷生玉，贈奉直大夫、兵部武選員外郎，配周氏，贈宜人，是生公者也。則羅氏源流委積於公，宜其振發顯著若此，又以及其子修撰爲國之才也。公配李氏，封安人，加封宜人。生男子三人：長即修撰，娶太僕卿曾公直女；次壽先，聘五塘王某女；幼居先，聘某人女。女子子三人：長適生員周汝方，次適生員周源深，俱先卒；幼適李紹生。次女，副室王氏出；壽先、居先、幼女，副室吴氏出。兹修撰將葬公于某山之陽，是宜有銘。缺。

封太宜人牟母楊氏墓誌銘

太宜人牟母楊氏者，晉寧知州某號先生、邑人諱某者之配，今南京户部郎中泰之母也，以郎中貴，獲誥封焉。太宜人受性仁慧，亦復剛直純樸，日無惰容，凡諸烹飪剪制，不學而能。父僉憲公、母吴淑人甚鍾愛焉，遂授以《女誡》諸書，亦能成誦，洞曉旨意。父母滋敬之，慎于擇對。當是時，晉寧之祖諱俸，方按察使于江西，與僉憲公同寅也，僉憲公嘗見晉寧君端慤英敏，謂其後必昌大，遂字太宜人于晉寧君。比歸牟氏，動遵矩度，族戚稱賢。時姑胡氏、雷氏、王氏相繼以卒，惟繼姑李氏在堂，太宜人就養唯謹，得其懽心。及按察公晉都憲，有事鎮遠，晉寧君隨侍，凡膳羞供具，悉太宜人手製。比及遘疾，益慎湯藥。其終也，又佐晉寧君以治喪，舉無違禮。其贊相晉寧君之學以至取科，委曲勤懇，浮于良友。及晉寧君推府長沙，至守晉寧，所至政行，公廉仁恕，民多懷思，内助之力，尤不可誣。未幾，晉寧君卒于宦邸，諸孤皆未在侍，太宜人棺斂以禮，扶櫬而歸，悲號哭踊，感泣道路。每遇時祭，恪慎蘋藻，如覩明神。處諸姻族，禮意周悉。❶見有貧乏，輒惻然不安，曲爲周給。諸姑方在孩提，訓以詩禮所記古德行賢孝之人，暇則講説，勉之企法。于是鄉黨皆稱「女君子」焉。

郎中嘗奉勑諭江南便歸，稱七十壽，及履任，日圖終養。乃嘉靖丁亥正月十七日報太宜人卒矣，距生景泰乙亥八月十五日，享年七十有三也。初，楊氏本鄠陵望族，僉憲公及吴淑人皆有内範，而太宜人又以縣丞孟琦爲兄、順天府丞孟瑛爲弟，磨德琢道，有自來矣，宜其建置于牟氏者如此也。生男子三人：長即郎中，舉正德丁丑進士，歷官清謹，著名一時，方來未艾，太宜人所爲不没者哉！次秦，郡庠生。女子子三人，長適參議劉彭年，次適陳堦。孫男子二人：❷衍祚，衍祐。孫女子二人。是宜有銘。銘曰：

緊太宜人，玄受伊姝，❸柔嘉不那，作配于牟。晉寧初載，相事瞿瞿，孝在舅姑，貞也明夫。侯任侯慈，有子于于，載其身訓，爲邦之膚。銘兹貞石，用垂女模。

❶「意」，續刻本作「義」。
❷「二」，原作「三」，據續刻本改。
❸「姝」，原作「妹」，據續刻本改。

涇野先生文集卷之二十七

墓誌銘 六

封孺人范母何氏墓誌銘

孺人范母何氏者，桂陽何泉公之仲女，浙江布政三峰范公汝載之配，貢士永寰、舉人永宇、永官、學生永宷之母也。宇、官嘗從予游于鷲峰東所。壬辰會試不第，宇過南都，夜辭予以歸省。比甲午，予再至南都，而寰持宇書狀，爲孺人問銘矣。宇曰：「母天授剛明，如正人端士，見事能斷，言笑不苟，勤于業作，咸中繩矩，爲諸女婦式。自歸家君，祖妣太孺人尚在也，母事以真率，是非可否，無少阿護，料事興廢，十失一二，祖妣甚敬之，常稱以『理家不爽，范氏五十年來當昌于此』。他日祖妣疾，母晨昏侍側，無少懈怠。及殁，哭踊哀痛，落淚如雨，鄉黨以爲古孝婦不過也。家君己未會試不第，卒業南雍三年，母躬事井臼，暇則紡績織紝不輟，以資覓僕會友之費。見家君色少失平，惴惴如不勝。家君出入禮闈十有四載，然志不在温飽也，母識其意，未嘗以禄利進勉，雖他日家君登進士，授行人，尋陞南道御史，母隨宦兩京，殆十餘年，一守布素，不以亨遂之日少動華麗之念。家君出按江西，與逆濠及鎮守畢真訐奏，被逮下獄者二載，母燃香籲天，晝夜自代，陰祈無恙，且慰祖妣曰：『無已大憂。昔侍夫子，每談忠孝，擊節嘆賞，今日之事，可謂下不負親，上不負君矣。』聞者竦服，以爲真三峰公之内助也。其誨不肖輩，顓以義方，愛無差等，均若鳴鳩，或有違忤，輒稱鞭策，無少假貸，不肖輩凛凛畏如嚴師。正德間，邑被粤寇，宇奉母避去，入山行至銀嶺，道有餓莩，疲餒不能興，母拉淚酸辛，命宇扶起，且出囊糗，以濟其困。則其所以教不肖輩者，不獨言語之間而已。其接諸婦雍肅，並行恩愛，雖或有僻，終非恒性，門内斬斬，罔有縱逸。或品第諸婦逆順之節，咸中其實，無不允服。凡母在家時，間有不堪其嚴者，及去家之日，長少便至違和，然後人人欲母之恒在家也。至于上事伯母，旁處妯娌，下待婢女姪孫，❶遠接宗黨，恩禮甚篤，寒暑相恤。雖貴顯，言笑衣服，常若平時。其馭臧獲，亦如人子，勞逸飲食，俱有節法，皆出心畫，衆皆效力，惰者亦奮。若乃施與之恩，博及孤貧，故鄉人稱曰：『見大不懼，見小不欺，何夫人之謂也。』古所謂『經德不回』者，吾母實有之，固宜常視久履，以臻遐算。及今嘉靖甲午四月十六日遽以病卒，距生成化丙申，年纔五十有九。嗚呼，痛哉！

母生宇兄弟七人，二弟少折，寰娶鄧氏，宇娶某里朱氏，官娶某里朱氏，繼蒙氏，宲娶黄氏，至有孫男子時敞、時敕、時敷、時敭、時斆五人，曾孫男女各一人，皆吾母撫育訓誨以成之者也。乃尚未能有銘，處則名德，仕則立功，禪補慈闈，❷以爲在生悦，使其慊然賫恨以歸，今且擇是年十二月日，葬母于縣東二里浙陂崗，永逝不獲復見也。嗚呼，

❶「待婢」，萬曆本作「待姑」，重刻本作「視姑」。

❷「銘處則名德仕則立功禪補」，萬曆本作「一名德禪補」，重刻本作「一名德上慰」。

痛哉！當母之初歿也，宇膽喪魄落，欲即死者數數，人咸苦其愚，而不肖至情，非人所盡知也，所可以諒宇之心以爲吾母銘者，莫如先生圖矣。嗚呼，痛哉！」

涇野子覽其感動懸書狀，泣曰：「伯寧而遭此大變乎！昔者伯寧之在大學也，聞進賢章宣之遭父忌日，哭晝夜不食，遂與定交。今躬被失恃，當其情可知矣。吾爲伯寧誌其母孺人而銘之！」銘曰：

鮑桓提甕，孟仇三遷，歠母主績，石嫗英英。斯風淪謝，今千百年，有如范何，遐追其真。侯孝侯順，侯慈侯媚，不懈于道，執事檀檀。既有女度，亦弘女範，夫成厥勳，子以善傳。緊嗟孺人，素履孔殷，銘之貞石，永矣不刊。

兵部右侍郎涂水寇公墓誌銘

公諱天敘，字子惇，姓寇氏，别號涂水，以其邑榆次之南有涂水云。公年二十二，中弘治辛酉鄉試，與予同試禮部不第，卒業大學，乃會三原秦世觀、馬伯循，安陽張仲修、崔子鍾，臨慮馬敬臣，❶同窗學四年，遂同予舉正德戊辰進士。筮仕南京大理寺評事，即清介自持，不濫交遊，政少暇，閉户誦律讀書，布袍蔬食，猶如書生時。有一巨姓犯法不出官，以家人代罪，公駁之曰：「某人在而不出稱逃，非欺人，即欺天。」刑部奏請緝事衙門捕獲，竟抵罪，上下稱其才節。

❶ 「臨」，明嘉靖、萬曆間刻本《涇野子内篇》卷二「林慮馬敬臣」句作「林」。

及進左寺副，敦履如前。考績之年，所審過輕重囚犯五千四百七十一起，萬有八千二百五十一名口，罔不克允，故一時本寺及部院考署，超邁等夷，至形薦剡，名聞天下。丙子，陞寧波知府，一以愛民節財爲政，其均徭清税，剔宂除害，鋤强杜謁，興利彰善，咸殫心力，嘗書「青天白日」、「高山大川」、「愛民如子」、「處事如家」四語於座右。丁丑歲祲，乃請于巡按，秋糧得折價，民有「挽回烏府萬家春」之謡。慈谿有馮二虎者武斷鄉曲，公置之于法，合邑安堵，形諸歌誦。尤加意學校，以「體認實踐」爲教，取人必先器識，于是四明之士多崇尚理學。嘗與鄉試，外簾三試，卷皆屬公總閲，有知縣某者持一卷請覽，公曰：「此不宜取。」知縣固請，則固止之，開榜後拆所請卷，乃其所私者，時同試者曰：「公神目也！」每遇旱乾，齋心虔禱，罔不響應，上下歡欣。寧波之民愛戴真如父母，一時言官疊稱薦書，齊口褒嘉。在郡三載，政績卓異，治行可課天下第一。己卯秋，超陞應天府丞，老稚攀號，跪請留鞮，公固遜拒，沿河两岸挽舟不能行，縉紳大夫歌詠其事，謂此郡自張廣漢後，惟公一人而已。

比至應天，寧濠倡亂，武廟親征，過止南京，供億叢挫，府尹胡公感勞成疾，獨公應答。時内外權幸無慮數百，公處之有方，莫敢肆侮，且于妄求宂費多所停裁，未嘗科取上江縣民。初，上未至，權幸先選女樂千百，拘置一所以俟幸，未及二日，死者十數，餘多菜色憔悴，公言于權幸曰：「如此輩以候駕，恐反取罪耳。」權幸懼，問計，則曰：「吾當記名于簿，召彼親識或食店酒肆領養，用則取諸簿耳。」于是一日之間，活人千餘！庚辰正月，上親觀迎春，公治具於郊外，俯伏廊下，嬖幸疾公倨傲，❶譏劾遲慢，❷或曰：「此人勁直不可動。」始免。江彬之寵，獨冠一時，群賀生辰，率行四拜，公獨長揖，彬甚啣之，日偵公私，久無所得。偵者竊曰：「提督將不利于公，可一往謝。」公正色曰：「死生有命，豈人所爲！命若得禍，謝豈能免！」後彬謂人曰：「寇公，真君子也。」于是他嬖幸亦皆因此斂迹，若有需索，公必曰：「吾當見上親奏。」遂止。其「多所停裁」者，皆此故也。捷奏，獲賞銀牌綵幣。駕回，撫按謀欲重遺諸幸，公終不從，惟獨送至淮安，❸然亦不能有加也。中外皆服公之才操。❹大軍既去，公一意民事，興學均賦，休息地方。比壬午，今上改元嘉靖，公應詔查舉七事，內關神帛堂匠、十庫花園、進鮮船隻等項冗役冗費，百年積蠹，一旦裁剗，上下稱快。甲申歲大飢，人相食，公竭力賑濟，設粥以食流民，尋瘟疫又作，給藥以救，皆公日親巡視，或繼以夜。有言疫氣盛行以沮公者，率皆不聽，竟亦無恙。又嘗奏「折兑運糧以蘇民困」四事，皆獲允行。是年夏，以迎聖母効勞，有白金紵絲表裏之賜。

公在應天三載，初值車駕駐臨九月，後值荒歉二年，公周旋致身，不避其艱，士林倚重，百姓依歸，南都根本之地，賴公爲一大保障。初，公至應天，適當癸未考查京職，有言官嘗爲公屬吏懷怨者，劾公因緣鄉

❶「疾」，重刻本作「曰」。
❷「劾」，萬曆本作「稱」。
❸「惟」，萬曆本作「雖」。
❹「中」，重刻本作「內」。

里權要，驟陞京堂，都院題覆，❶謂公「久敦士行，素重官評」，公亦累疏求退，上特慰留。及應天政成，撫按交章論薦，至再至三，人望益歸。嘉靖三年冬，陞都察院右僉都御史，巡撫宣府。朝廷尋以鄖陽事重，改公提督，撫治鄖陽。任方兩月，又以甘肅西接回夷，北鄰胡虜，南邇土番，介處其中，孤懸萬里之外，近且士卒叛逆，人心未定，事勢危急，非有經濟才者不可委托，乃又改公巡撫甘肅。公至月餘，回賊三百寇犯山丹，公調度斬擒酋首脱脱木兒及餘黨三十六級，回賊退服，不敢復肆。乃遂作士氣，時簡練，禁侵削，杜移役，❷實月糧，廣儲蓄，均水利，興屯田，撫屬番，比及數月，人心感悦，咸有鬭志。肅州有造匿名帖欲謀作亂者，乃奸人每當徵收屯田時輒造此言，以乞緩征，公乃會總兵親詣肅州，下令有能告捕者賞百金，數日有告者，捕得一道士及數軍生，按實置罪，即如約給賞告者，因詢屯政之故，除額外之科，衆心大悦，竟無他變。先年土魯番大掠甘肅，廟議閉關絶貢，至是數遞番文，求和通貢，語猶悖慢，公上議：「宜出師示威，可保無事。」時總制王公欲遣帖劫其王速檀滿速兒，公又議：「自我太宗設立哈密，後爲土魯番侵奪。先後經略大臣，止爲此尺寸之地，今雖爲彼占據，其名猶爲我地。若帖云『即將速檀拜牙送還哈密爲王，如本人不振，聽爾選擇本類有力量一人，主理國事』，則使此虜自專廢置，是棄其地矣，不可行。」因上陳七事，皆獲俞允：一嚴清解以實軍伍，二清備禦以固邊疆，

❶「都」，重刻本作「部」。
❷「移」，萬曆本作「私」。

三廣屯種以實邊儲，四添京運以養遊兵，五處料物以飭軍器，六添火器以壯軍威，七留部官以督軍儲，俱言北邊切務。西城有貢獅子、犀牛、西狗者，前巡撫陳公及禮部該科請却，不聽，公奏言「皇上即位來，不好珍禽奇獸，近曾却御馬監虎豹之採，以爲無益。今復用此，豈陛下有見于虎豹，而不見于獅子牛狗邪？伏望却還，以潛消遠夷窺伺希恩之意，尤願日御經筵、親賢士」云。

公在甘肅二年，華夷帖服，邊人惟恐公去。巡按胡君體乾疏請：「宜進秩以酬經略之勞，久任以慰邊人之望。」丙戌，進右副都御史，巡撫陝西，内撫八府，外餉三邊。兵荒相仍，時事甚難，公静以養民，義以訓兵，嚴以馭吏，明以袪奸，圖大體，急先務，以爲關輔之望。丁亥，北虜寇固原，公調度截殺，斬首百有九顆，蓋前此所無之功也。皇上賜勑獎勵，官大紅織金紵絲三表裏、❶白金三十兩，陞俸一級。戊子，歲大饑，公疏請盡蠲租税、大發銀鹽以行賑，忠誠懇切，上爲之感動，勑下如議。公晝夜區畫，選委賢能守巡，統理周悉，❷關中之民賴以全活，故雖遭大兇，地方無虞，其詳見《賑濟事宜録》。織造大監至陝，供億甚繁，則因歲歉奏請停止，上命取回，人心大悦，謂公有回天之力。

庚寅，陞刑部右侍郎，未任，丁毅菴先生憂。服闋，大臣科道屢薦之。癸巳八月，起改兵部右侍郎，朝野屬望。乃九月下旬遂感痰疾，然猶在部理事。十月初，大同軍

❶「官」，萬曆本作「予」。
❷「統」，萬曆本作「綜」。

叛，力疾上疏言滅賊之策，❶且求休退，上不允去，而下其議于有司。時有言官繫獄問死刑者，一大臣欲具疏以救，謀于公，公曰：「秖成君之名耳，不能救彼也。」其人問故，答曰：「須同諸法司請于當路者，使恩出于上，則可從之。」言官果得緩誅。是月望日，上賜鮮藕于其第。十一月二十六日，終于宦邸之正寢，距生成化庚子，年五十有四歲。位未能竟其所學，嗚呼，痛哉！病中縉紳訪候無虛日，遇人輒論國家大事及爲學之要，亹亹忘倦，不知其病也，其未竟之志可知矣。訃聞，上傷悼賜諭祭，勑有司營葬事，諸公卿、臺諫、部曹暨鄉黨知舊，爲文誄之者百餘篇，其頌純盛德業無異辭，❷則公豈非一代之正人藎臣哉！

初，公生而岐嶷英敏，五歲，母趙淑人歿，公即號哭擗踊如成人。常依鞠于外祖趙翁，翁每撫其首曰：「此子面方口大，動止不凡，他日必昌寇門。」年十二，從邑人任同知受舉子業。十五，補邑庠生。弘治丁巳，隨其叔父大理裕菴公于京師，游中丞姚東泉之門，布袍短褐，往來徒步，東泉甚重其器識不凡。同諸君講學京邸，公篤信踐履，勇于寡過，同儕遜之。一日聞毅菴先生病嗽急，即暮裝農歸，❸千餘里六日夜抵家，侍湯藥、不解帶者四十餘日。毅菴先生見公至，喜甚，疾漸愈，鄉人稱其孝感。後公在寧波、南畿、關中皆迎養。事吳淑人極其誠敬，痛趙淑人早逝，言及必流涕。處諸弟恩義備至，雖從弟天與幼孤，攜教宦所，至

❶「言滅」，萬曆本作「討」。
❷「純盛」，萬曆本作「紀」。
❸「農」，疑當作「晨」，萬曆本無。

發解山西、登進士，今爲東昌知府。其交友始終無間，病疾患難，盡心相恤。鄉里無大小，皆有恩禮。則公著于政績者，豈偶然哉！

公上世本徐溝縣人，國初有諱信者，徙籍榆次。信生文長，文長生彦清，皆隱德弗耀。彦清生琰，琰剛毅重厚，積仁行義，寔昌世業。琰生玘，馴雅純篤，以次子儉貴，贈大理寺左評事，以公貴，贈都察院右副都御史。配張氏，封太孺人，贈太淑人，是生毅菴先生諱恭，及裕菴者也。先生以太學生仕判定州，明敏正直，忠信不詭，定人至今頌之，以公貴，封如其官。配即趙淑人，寔生公。繼配吴淑人，生天秩、天衢俱七品散官，天瑞舉人。然則公之所淵源者，遐哉茂乎！公配郝氏，相敬如賓友，累封淑人，蘇州府同知珮之孫。子男二，長陽，己丑進士，禮部主客司主事，學行克思肖公，娶王氏，贈孺人，都御史和順王虎谷先生之女，予嘗擬之程張、朱蔡爲姻者也。繼娶王氏，憲副陽曲王公槐之女，再繼趙氏，封孺人，義官趙晏之女。次陟，蔭補國子生，聘太僕卿太原侯公綸之女。女適邑人國子生郭堯臣。孫女。陽卜明年嘉靖十四年二月某日，葬公于城西祖塋之次。

今年春，予以公務取道榆次以哭公，詢其後事，陽言臨終棺斂之需多假于人，俸入謹置田數區，雖居第，乃舊弊陋未葺理，乃延予食于天秩之屋。天秩屋反優公數等。予謂陽曰：「此汝父之所以超邁常流者也！汝繼其志，增光多矣。」陽抆淚不能已，予與天秩皆哭。陽遂以銘請，予頷之。今東昌又以前太常卿、翰林院學士棠邑穆公伯潛狀來，予覽輒泣，數日而後能次第其以志之。銘曰：

嗚呼！自斯學之不明也，過之者騖爲高論而行未方，不及之者溺于流俗而見未弘，士習日敝，民生寖殃。惟公同諸君子之遊也，蓋久未此乎怏怏也，是以處能從其所志，仕能行其所藏，惟道義之是履，雖禍福之弗怦，司刑之稱淑問，典郡則著循良，凡京兆巡撫之所至，輒鴻功偉績之攸成，❶實俊造之楷範，廊廟之梁棟也。❷乃今已矣，士林失望。將歸窀穸，何勝悽愴！爰銘貞石，河山並長。

明誥封淑人羅江洗公之配霍氏墓誌銘

誥封淑人霍氏者，南京大常卿、前工部侍郎羅江洗公之配也，順德莘田義官素菴翁之長女也。及笄歸於公，行四十年矣，公方正卿大理，淑人俄懷桑梓之樂，攜其子若孫還順德，族孫舉人桂奇，今進士也，亦侍以還。在嘉靖壬辰之秋。越明年，癸巳十一月四日，遂病不起，距生成化壬辰四月二十三日，享年六十有二。則淑人者，其亦柔嘉明哲，有所先見者乎！

初，淑人歸公時，舅鷗侶先生、姑楊淑人皆年垂六十老矣，而公適補邑庠弟子員，身就業而心憂甘旨之弗親。淑人寬之曰：「是吾爲婦人者道也。」於是上事二人，小心曲至，凡敦牟卮匜、飴蜜滫瀡之供，罔不精嘉，隨所意欲，❸皆得其歡。公獲顯業邁往，

❶「攸」，原作「收」，據萬曆本改。
❷「梁棟」，萬曆本作「棟梁」。
❸「隨」，續刻本作「遂」。

成進士舉。及令安仁，服食之珍，必以時獻，咸稱口體。舅姑每語人曰「霍氏婦亶孝敬」云。歲壬戌，鷗侶先生卒，則又竭力相公以襄大事，誠信思懋，庶無罪悔。比公起補大興，尋擢御史，迎楊淑人於宦邸，公方旦趨朝參，夕理政務，晝接賓客，弗暇也，淑人於冠紳酒饌，先期躬辦，不委僮婢，其於楊淑人之食上衣進，尤無後時。他日公奉命查盤湖、貴糧馬，繼按應天、徽、寧諸郡，淑人顓事楊淑人於羅江里第者七年，無一不稱楊淑人心。楊淑人遘疾思公，即騰書啓公以歸，語有「報國日長，事劉日短」之意。公屢疏獲終養者，淑人與其力也。歲丁丑，楊淑人疾篤，淑人憂形於色，躬侍湯藥，其卒也，慟哭幾絶。或者止之，對曰：「無吾已也。生事盡敬，死事安能不盡哀乎！」嘉靖丁亥，聖上以公久甘恬退，起陞南京通政參議，尋遷太僕少卿，未幾晉南光禄卿，繼晉大理正卿，南北往返，淑人與偕勞勩，供饋無異於歸時。公退食語及獄事，則尤肫肫開勸，服念求生，一時平讞多稱不冤，識者占其必有後云。

子男五：長堯賓，廕太學生，娶黎氏；次堯臣，娶張氏，已出；次堯民，早殤；次堯佐，嘗從予遊，器宇志識遠大，聘關氏；次堯相，尚幼。女一，許户部主事岑萬之子，皆二室出，淑人撫之無異所生，鄉人以爲難。嗚呼！若淑人者，内相羅江公成德於身，樹勳於國如今日者，當非古賢媛流者哉！堯佐將歸，從兄葬母淑人於順德某山之原，乃持兵部司務馮君徽狀以問銘，是不可辭。銘曰：

猗嗟淑人，毓德名門。既歸於洗，婦道是敦。夙興盥饋，時芼蘋蘩。公處贊學，仕贊以温。宜公所至，德政雙騫。淑人陰植，豈非古媛！英英鸞誥，業業魚軒。侯勤侯孝，貞慈本根。風流來裔，於爾嗣存。銘茲貞石，百代是言。

明封南京户部郎中沖菴鄔君墓誌銘

君諱榮，字廷臣，號沖菴，鎮江丹徒人也。系出春秋晉司馬彌牟之後，彌牟爲鄔大夫，後因姓鄔云。君賦質醇謹，和厚恭讓，又多才能。兒時讀書通大義，不求甚解。既壯，南浮三江，游吴會，往來淮、泗、徐、揚之間，所至相愛如宗黨。母早卒，君以弗逮養，語及輒流涕。叔母馮孀居，君事之甚謹。伯姊苦貧，賙其匱，終身不衰。與諸昆弟相處怡怡然，或不給，頻出槖金以共。❶撫兄子茂才縉若己出，且爲求師教之。有他姓姪久貧不能娶，遺之聘幣。一日行市中，見寒無衣者，與之緼袍。常出錢貸鄉人，不能償，遂折券棄債。性簡易，不治威儀，見人恭敬慈愛，言語款曲。然慷慨多大略，又知曉事體，斷而行之，若矢發於弩，動輒中的，諸父行長老皆推讓焉。里中凡有小郤雜紛，得君片言，無不解悦。於是行義重於鄉黨。郡大夫聞而佳之，❷其行養老禮，宿爲大賓。然君一再往，輒又辭去不赴，蓋其性不喜榮利若此也。教子以嚴而義，其長子紳舉進士，筮仕烏程令，命之曰：「毋滅德，❸毋怠政，毋黷刑，毋傲上，毋

❶「共」，續刻本作「供」。
❷「佳」，續刻本作「嘉」。
❸「滅」，續刻本作「荒」。

驕士大夫。慎茲五誡，「吾知免矣。」紳由是仕益達顯，歷官户、禮二部尚書郎，任齊郡太守，未艾也。歲辛卯，天子以大禮成推恩，君封爲地官主事。癸巳，復以青宮之祥進封奉政大夫。君乃時設供具，召故舊賓客，相與娱樂，以順適其意。如此者垂二十年，豈非所謂達生委命、安樂壽康者哉！

生於天順二年己未，卒於嘉靖十三年十一月二十一日癸未，享年七十有六。曾祖暹，能詩文，國初以賢良方正徵行郡儒學教授、寧晉縣儒學訓導。大父處士諱名，通子史星曆諸書，隱不仕。父榮壽公諱淍，醇謹善治生，壽八十，武皇帝踐祚，詔授以官。然則君亦可謂前有所承而後有所繼者乎！配高氏，再封太宜人，有内則。男二，長即紳，次綸。女子三，長適余世美，次適郭景隆，俱早卒，季適黄恩。孫男四：曰健，以精算數隸户曹；曰仁，備庠弟子員；曰俊，曰佐，咸幼。孫女二。曾孫男一，曰愷。既卒之明年正月庚申，葬城南華蓋山祖塋之右。大守垂涕泣來南都問銘，則不可辭。銘曰：

於維大夫，淵穆樂只。素履孔嘉，孝友兼致。睦族之仁，波及州里。既篤厥躬，式穀爾子。政在青齊，德自君始。奕業既隆，鄔氏再起。華蓋之陽，徵諸不死。

明流溪處士文君暨配楊氏墓誌銘

君諱子賢，字士希，别號流溪，四川南充縣之安福里人，湘潭丞諱廷輔者之長子，景東府判諱獻者之曾孫也。君生而敏慧，幼即解事學，能屬文字。年十五，喪其母張氏，痛毁幾絶。十八，隨湘潭遊國學。既歸里，顓植家務，遂弛儒業。當是時，祖母張在也，繼母柳在也，三弟子榮、子儒、子儀皆幼也，君上單其孝，下施其義，❶凡明農、稅桑，罔不躬履，長幼卑尊，咸得其歡。及隨湘潭之任，不携厥家，夙夜匪懈，祇事宦邸，恐致疎虞。然湘潭政尚嚴切，繩吏浮常，有丁秀者奸吏也，銜忌，陰厚誣以不法，逋入麻城，當道攝詞，欲擴摭骪法，以甘心於湘潭，君涕泣曰：「父官可罷，不潔之名不可以蠛！」遂三四冒威以辯，繼以死争，徑至麻城捕秀而取直，於是湘潭言於人曰：「吾微斯子，幾墮惡少謗阱矣。」蓋君性直方，慷慨果斷，遇事敢爲，見人有過，對面折數，無假借色，然其於親疎厚薄之界，確不可踰。及户部與弟衢長，庭訓督率，不使放逸，其擇師遺學，禮意勤渠，或旬月一至書室，面稽誦數，習然後已。未幾，户部領鄉薦，入京師，❷至夷陵，猶教以遠遊之道。乃嘉靖己丑四月一日以疾卒，享年五十有六。

配楊氏，諱淑，大同邑耆德賢之長女，鄉進士欽之妹也。粤既歸君，相之孝友，如出一心。君之隨任湘潭也，遺祖母張氏於家，托楊以事。當是時，張年九十有三矣，楊左右就養，坐則授几，行則授杖，寒則問衣，食則問欲，備極孝敬。他日張病衰羸，則又身自扶持，卧起行息，無不與偕。及張病革，呼楊語曰：「吾受汝養，不啻子女。吾願天使汝如吾壽九十有六，以受汝子孫之養，亦若吾之受汝也。」故張完終，皆楊之力，而湘潭及君寔前知楊之可托至此也。

❶「義」，續刻本作「友」。
❷「京師」，續刻本作「荆州」。

楊誨户部諸子學，雖脱簪珥、備束脩亦不辭。户部舉壬辰進士，仕陜西司，乃迎養京邸。未幾差臨清榷舟，而楊遘疾，卒於鈔關公署，寔嘉靖甲午十月十九日，享年六十有七。生男子四人：長即户部；次即衢，業農；次衛，邑庠生；次術，夭。女子一人，貞閑，適同邑張禮吉。孫男子一人，如易，衢出。孫女子一人，衛出。初，君之卒也，户部已於辛卯年十月十七日，葬於縣南都尉塓唐店口東文山下祖隴之右方。至是楊卒，户部自臨清舁柩將歸，與流溪君合葬焉。舟次江東門之上新河以問銘，是不可辭。銘曰：

甫甫流溪，早肄簡編。亦既壯長，就養湘潭。或侍胄監，或扞於艱。孝友雙邁，學古心安。刑于有楊，其德不僭。代事王母，百慮爾分。猗嗟父也，乃配攸薰。侯貞侯慈，侯友侯元。宜爾有子，爲邦之賢。載其休聞，百代不刊。

明福建泉州通判禾塘李君墓誌銘

君諱某，字一元，姓李氏，徽州歙縣槐塘里人也。其歿也，監察御史門生方君遠宜狀其行實，至是其子太學生應宣持以謁予，拜問銘。

狀言：弘治壬子，君以朱氏《詩》中南畿鄉舉。乙丑，銓授湖廣道州同知，甫三閱月，賢能懋著。時祁陽令缺，僉憲姜君檄署縣事，君備詢民瘼，寬嚴兼濟，士民感悦。有中貴過縣，折辱官吏，索賄百端，君遇之以禮，饋遺涼薄，不以擾民。尋寇迫州境，上下騷動，取君回掌州事，内理民務，外給軍伍，應辦如流，州是無患。是歲饑疫復作，老稚阽於危亡，君欲上聞，當道力沮，恐貽己累，事遂停寢。時劉瑾竊柄，役賦繁興，憲臣督責，迅於風火，君曰：「賦急，則民殘而奉上，某所不忍，雖被劾罰可也。」尋果被劾，罰米百有四十，州民聞之，争相輦輸，君復峻拒。他日推陞副名，知州或勸行賂，可得美官，君曰：「勿用是誘我。」使由此進，覥顔無地。」巡按鄭君廉知其事，移文褒奬。其治按鄰邑被殺之民而釋其冤，❶查盤茶陵等處倉庫而明其公籍，❷亦爲巡按王、馮二公所稱賞云。寧遠縣城陷於賊，官亦被執，君曰：「賊惟欲得財耳。」乃遂自集所有百金，往啖其賊，獲還其令。於是上官以寧遠數被賊禍，小民困苦，邑號難治，乃僉舉君往。君至，諭民以理，繩之以法，威惠並行，强畏弱安，遠近咸服。未幾，兩廣寇發，夾攻江華，委君督餉，未嘗停絶。渠魁杜志聰等横行劫掠，近入州境，君乃潛會守備官員，雪夜伐壘，剿滅殆盡。撫按覈實奏聞，獲加旌奬。若乃軍務少暇，循行村落，召其耆老，訪民疾苦，勸之務本力穡，敦厚風俗。他如周濂溪祠之在道州、顔魯公祠之在祁陽，歲久頹弊，竭力葺理，以崇先哲。蓋君臨事不懼權貴，不任智術，其處長吏河南鄭君、赤城趙君，始雖未合，終皆相信，至如誨士之懇切，禱雪之感應，尤爲道人所誦説云。垂滿，陞福建泉州通判，道之鄉官都憲熊公繡、御史何君天衢重君之行，咸有詩歌稱述美政，士民攀留，不假言矣。乃正德丙子九月十八日卒於途，實涇縣官

❶「治」，續刻本無。
❷「查」，續刻本作「家」。

署也，距生成化乙酉五月十四日，壽五十有二歲。

初，君生而穎敏過人，書授輒能成誦。長治經籍，無間寒暑。父商遊鄰邑，聞其感疾，晝夜奔迎以歸，湯藥躬進，久不知倦。其歿也，口杜水漿數日，哀毀踰禮。後母吳卒，哭聲動地，絶而復甦。遇節必祭，祭必涕泣。爲舉人時，諸生如方御史輩從學，開講至「哀哀父母，生我劬勞」，嗚咽不成聲，嗣後諸生倣王哀弟子故事，爲之掩去《蓼莪》一章。其在道州，號「南遊子」，以寓子路負米之感。撫教幼弟，底於成立。俸資所入，委之出納，族人有乏，隨力周給。嘗名其堂曰「敦睦」，請記於學士顧公清，以示其後。則公之發於政事者，豈無本而然哉！

《李氏家傳》曰，君系出李唐之後，德宗七世孫曰德鸞，避廣平之亂，居婺之嚴田，再徙祁之孚溪。其居槐塘，自西四公始也。曾祖志高，祖士庸，皆隱德不仕，配汪氏，生文巽，行誼聞於鄉，以君九年通考無過，贈爲州同知。妣吳氏，贈安人。然則君亦遠有所受乎！君配汪氏，有婦德，❶封安人。生男子三人，❷長應賓，補郡學生，娶在城雙桂胡氏；次應宸，亦補郡學生，娶長齡橋鄭氏；次應宣，太學生，嘗從予遊，當其志行，將發君之未究者乎！娶江村江氏。女子二人，長適教諭黄宣子澾，次適棠樾鮑約。應宣將從兄應賓，卜某年某月某日葬於麻湖田頭新塋，是宜有銘。銘曰：

有覺禾塘，允迪厥生。素履不那，

❶「有」下，續刻本有「賢」字。
❷「人」，續刻本無。

其志孔剛。孝親廢詩，友弟無藏。貳道州守，厥政涼涼。❶字民力穡，殲寇缺斨。波及寧遠，賫此祁陽。撫按咸獎，四永有聲。孤介寡合，蔑或迎將。甘心州佐，九載初陞。泉府未莅，中道而亡。哲人不遇，知者惜傷。有後員員，如芝蘭英。績其休德，爲爾發祥。勒兹貞石，千萬年長。

贈南京户部員外郎東干陳君暨配太宜人徐氏墓誌銘

東干先生姓陳氏，諱信，字克誠，別號東干，山東濟南歷城人也。曾大父諱厚，任廣州府同知，卒於任，生子諱志，扶廣州之柩以歸，未幾亦卒，家業零替，配金氏，紡績以供家衆服食。當是時，東干君孤立無助，族人有欲以爲繼者，金怒曰：「吾恃此子立家，何妄言耶？」族人因妬之。比少長，未嘗讀書即能作字談理，既而經史大意及諸子故事，皆能言之，然豪俠不事家人業，金詈之曰：「吾所恃者爾耳！乃今若此，吾何望焉？」即痛哭，日不食，君跪而請罪，金始改容，即改節勵行，不妄交遊。有二兄從學，乃竭力供餽，三弟皆幼，撫教有方。然家無恒産，春夏租他人田種，秋冬入城貿易，或晝夜不食宿。然以諸兄弟之故，年二十八尚未娶。有勸之者，答曰：「待諸弟俱有室，吾娶亦不遲也。」比諸兄弟俱婚，年已三十，始娶宜人徐氏云。於是鄉黨咸重其爲人，或假室廬，或資以貨殖之本，而家始漸裕。後長兄廢儒出賈，次兄任宜城縣史，

❶「涼涼」，續刻本作「京京」。

次兄任鈞州同知，季弟商販，俱能起家，人皆曰東干君之力也。及兄弟欲析居，君以公所積讓諸兄弟，惟取破屋數間，徐宜人亦秋毫不介意。君又樂施與，凡婚喪貧急，必盡力周之，雖沽田鬻屋不恤也，且未嘗私蓄。坐此，復大貧困，諸兄弟皆殷實，故鄰里多有不直諸兄弟者。君素有膽氣，嘗省二兄於駱駝谷，至泉峪少憩，忽大風起，迺隱樹下窺之，大蛇長數丈來飲泉水，俯首石磴上，君思飲畢必毒己，縱免亦遺患於他人，❶乃極力抱石自高以擊之，正中蛇首，斃焉。歸語人，往視莫不驚駭嘆息，以爲有神助焉。性能飲，至數斗不醉，飲後即不言，恐差錯得罪於人。與人豁然無争，然性本直，人少過，即面折之，故無少長皆敬憚之，然亦有疎遠者矣。惟北鄰李氏者知其賢，甚厚君也。生於天順丙子八月二十八日，卒於正德甲戌四月六日，享年五十有九。

所配太宜人徐氏者，邑人諱通者之次女，處室時惟事紡績、縫剪、酒漿，無不精妙，性頗方嚴，人未嘗見其言笑。通以君之賢而女焉，采物一無所取也。太宜人既適君，不敢恃此輕諸母，以故無内外皆賢之。凡户部與兄弟之學，皆太宜人躬親供看，嘗嘆曰：「爾祖母嘗謂我能與同，豈知今日事事皆同邪？不知汝兄弟他日有能成立以繼先志者，亦能如伯叔否？倘有成立，我死真亦不恨，否則，我何面目見汝父於地下哉？」言已，繼之以泣，或嗚咽不食。及户部兄弟或有過差，或少慢惰，詈且泣，或竟日不食。户部兄弟改過，即又百方勸慰。

❶「免」，續刻本作「脱」。

以此，力田、讀書咸有成績。太宜人生於成化甲申七月二十三日，卒於嘉靖癸未正月十有二日，享年六十歲。東干君先贈文林郎、江西建昌府推官，加贈南京户部員外郎。宜人先贈孺人，加贈太宜人。生男子三人，女一人：長軒，娶閻氏；次即户部，中嘉靖丙戌進士，歷任南京户部主事郎中，名軥，娶崔氏，加封宜人；輅，娶趙氏；女適王詔。孫男一人，昺，尚幼。孫女七人，長適張岱，次六人俱幼。初葬城西南四里塋右，爲山水所齧，今改葬城東卧牛山陽。銘曰：

猗嗟東干，率履孔嘉。既篤於孝，友于疇過。刑于宜人，媲德靡瑕。宜爾有子，嗣美有那。爲國之才，將大爾華。銘兹貞石，其風四遐。

明工部郎中東丘楊公配安人潘氏墓誌銘

東丘先生諱榮，字時秀，姓楊氏，又號一齋，其先關西人，自其八世祖益之仕元爲大使，卜餘姚縣學宫之東，依欞星橋居焉。至厥祖自莘，家業日盛，兼敦詩禮，門挺古榆，蓊鬱遠望，江南北呼爲「古榆楊氏」，然即喬木著姓矣。自莘生泮鄰君名宜振，以先生貴，贈工部主事。配王氏，封太安人，次配傅氏，寔生先生者也。先生生而穎異，日記書可千萬言。史省菴君自教諭致仕，以蔡氏《尚書》開講里中，先生從之游，遂淹貫史百家氏，又爲詩文立就，省菴大奇之。成化壬辰，登吴寬榜進士，授南京工部都水司主事，陞本司員外郎。丁傅太安人憂，服闕，改北都水司員外郎，陞本司郎中，督理徐、淮以南河道，疏疾歸養。執政者方議大用，而先生卒矣。初，先生受性剛介，居官風力幹敏，動著成績。於南部管造進貢黄船，北部提督器皿廠，程工建規，搜奸剔蠹，其綜理周密，中貴皆莫能撓奪，且歲計既省，而任載供用堅久陪常。比督理河道，釐書刑部，才識滋練。於是濬河渠以備淤塞，堅隄防以葺閘壩，視水道盈縮爲下上啓閉之節，官民轉漕之舟至止鱗次，酌緩急爲先後，懸畫一之規，不爲豪右所假借。貴戚有全姓者不能堪，執一貢士摧辱之以逞其私，公毅然立置之法。全密爲飛語，馳訴於上，❶被繫禁獄，人咸危之。先生了無懼色，且賦詩獄中以自明，詩云：「自保此身無屈曲，肯教大廈有危顛？」是時，會有大司空劉公者昌言於朝，謂：「鋤强梗以右漕舟，巡河職也。此而獲罪，後將何勸？」抗疏爲辨，竟復其官，河道賴之。嗟乎！使天假之以年，當其建立，碩勳偉庸，銘彝勒鼎，又不知何如也。

初，先生事泮鄰君暨王安人，養盡其力，喪致其哀。至迎傅太安人於留都，儀物滋備。兄弟四人以家衆析産，公一無所較。念伯兄諱芸者厄禮闈之火，撫給遺孤，携其次子篚於留都，延師誨之，而長篚用底成立，發科第至郡守。其服膺史省菴之訓，即與其子太保一拙公誼若兄弟，子婚其女，締好以垂世世。夫先生之治行立德如此，宜其見於政事者，卓然不群也。先生少即好學，肆力翰墨。在太學時，與閩之林公瀚、李公仁傑輩二十五人爲文會，嘗試禮闈而

❶「訴」，原作「訢」，據萬曆本改。

南，舟次旬月，間取《唐音》，和成一帙。平生更精研理道，有所得，形於箴銘、序説以紀之。海内名勝，隨遇有作。《麗澤集》、《和唐音》見梓行焉，《一齋集》藏於家。❶又喜爲草書，筆法遒勁，其寫墨竹，瀟灑出塵，天趣渙發，至有刻石以永其傳者。蓋先生於其太者既已如此，宜其發爲緒餘者，不勞而度越乎人也。

配潘氏封安人，前以賢良方正徵爲侍御史諱楷者之女也。事泮鄰君、傅太安人極盡孝敬，得其懽心，及殁，喪葬靡不曲用其誠。其事先生往返禮闈，經費勞勩，不辭其艱。而處妯娌伯仲，欣然和氣，終其身無少忤。薦祀必親必躬。至待親朋，御婢僕，周窮困，皆有義也。先生生於正統戊午十一月十八日，卒於成化丁未正月初九日，享年五十。安人生於正統辛酉五月初五日，卒於嘉靖戊子八月二十一日，享年八十有八。生子男一，名策，贈刑部主事，以《書經》起家，爲仁和駙馬府訓導，狷介不阿，無忝家風。女一，適成都府通判翁睦。贈君娶某氏，生子三：長大章，舉嘉靖癸未進士，予同考禮闈所取士也，兩知瀏陽、歙縣，以旌薦擢刑部主事，大同卒叛，選遣才賢，改調職方，頃以營繕繁難，復晉工部員外郎，繼先生之志而闡其經濟之藴者，必此夫也；次大韶、大夏。孫女二，長適鳳亭周諫，次適庠生承閣周大宜。曾孫男三：長成學，偕大韶、大夏俱習舉子業；次成器、成志，尚幼。孫女三，❷長適陳都憲省齋仲子有孚，餘尚幼。先是，先生之卒已葬其祖

❶「齋」，原作「齊」，據萬曆本改。

❷「孫女」，疑當作「曾孫女」，前已有「孫女二」。

塋洋溪山之麓，未銘也。至是，營繕將舉太安人之柩合葬焉，乃以其外弟都指揮孫君堪狀問銘，義不能辭。銘曰：

有懿東丘，天授孔方。既篤厥親，亦友於兄。誕其懋學，百氏咸章。粤仕都水，南北著聲。鮮船有度，内器有程。中遭奸訴，於正滋光。位不滿德，令聞京京。宜爾有嗣，發潛於明。紹開嘉績，爲邦之良。載其休風，如江水長。

贈工科給事中鹿門汪君墓誌銘

君諱文明，字希舜，别號鹿門，湖廣崇陽縣人也。舉正德丁卯鄉試，明年以禮闈乙榜授樂安教諭，陞順德府教授。兩有績，陞彭縣知縣，卒於彭。今年以子工科給事中宗元之貴，遇皇太子生，覃恩得贈如其子之官。初給事中之葬君也，未有銘，至是以狀問銘。予傷給事中之志，不能辭。

按狀，君之知彭縣也，彭素稱難治，君一意慈民，不媚上官以邀聲譽。爾乃砥賦程税，按籍而行，貧富咸宜。歲旱民流，賑撫兼至，又率僚禱雨，三日大澍，秋大有獲。因編召遂人，築陂瀦水，以備旱潦，東作方興，履畝勞徠，俾無惰農。鎮守寺人摧茶於彭，彭不能飽其所欲，則力以身捍，彭人賴以不病。蜀藩莊田插接，彭境數被侵畝，民無若何居，據圖質成，歸之於民。有巡撫某者嘗出征松藩，馮勢凌轢郡邑，吏率賄其子以求免，彭人以告，君曰：「彭以貧敝，素稱『乾彭』，安所與賂？」乃惟糗蒭儲峙，不使乏軍需，❶按無可罪，❷含怒而去。其處獄訟，雖至盈庭，剖折如流，❸圄無滯囚。諸武勢豪皆縮首斂跡，有犯者必寘諸法，是以彭人率得力農耕桑，日漸殷富，讙聲載道，莫不稱「汪父」也。又能興學勸士，祠神、飲射之所，亦與脩庇，咸有儀矩，彭俗彬彬嚮於禮讓。部使者率薦剡，而君已病矣。先是，樂安、順德之教，篤於造士，講藝敷文，士翕然從之，出其門者名有家法。丙子，聘考山東鄉試，校閱精明，是榜時號得人。初，君穎發迥異常兒，厥考稱其元焉。比長，爲學官弟子員，磨礪名節，廉隅自立。事父母不違其志，行業文章，煥焉可稱。則樂安、順德之教，彭縣之政，豈偶然哉？乃天不究其年以需后祉，而竟止於斯乎！

君父諱澡，封兵部武選司主事，妣夏氏，封安人；祖諱璉，妣王氏；曾祖諱德亨，妣田氏。上世出自魯，成公黑肱之次子名汪，仕魯爲大夫，食菜平陽，後家婺源。國初有樂善公清甫者，徙籍崇陽。則君之所源流者亦遠矣。君配楊氏，生子宗元，然則啓君之玄積而發其祥者，其在工科兄弟乎！是宜有銘。銘曰：

猗嗟鹿門，厥履軒軒。蒞任亶厚，立教以倫。彭民既阜，刑士風敦。宜爾有子，諫議攸舉。載其聲問，百代如譽。❹

❶「需」，續刻本作「輿」。
❷「按」，續刻本作「選」。
❸「剖」，續刻本作「斷」。
❹「譽」，續刻本作「言」。

明開國輔運特進榮禄大夫柱國靈璧侯湯公墓誌銘

公姓湯氏，諱紹宗，字承功，鳳陽府鳳陽縣東湖村人，前開國輔運推誠宣力武臣、特進榮禄大夫、左都督、左柱國、議軍國事信國公、東甌襄武王之六世孫也。弘治年，孝廟軫念開國元勳常、湯、鄧、劉四臣久闕爵緒，起公儒素，至京欽受南京錦衣衛指揮使，主奉東甌王祀。公即守俸節用，致孝鬼神，蒸嘗捲饔，燕毛群族，以洽恩禮。常悲父母蚤逝，不獲榮養，每祀泣下，沾衣裳濕。其遇鄉黨，謙抑自居，不敢惰驕。居第有隙地，鑿甃爲沼，匝蒔花竹，暇延文學儒雅，談詩問書，無他玩好。性樂施予，雖遇不足，怡怡無怨。

嘉靖十年，聖上申眷元勳四臣子孫，選繫正派，徵拜封侯，遂授公開國輔君守正武臣、特進榮禄大夫、柱國、靈璧侯，食禄一千石，乃給誥券，妻封侯夫人，子孫世世承襲。尋值大祀，賜蟒衣帶，金鎣絨甲，守衛皇城，公恪慎厥職，夙夜匪懈，聲聞四馳。未幾，受命册封遼藩，威儀棣棣，進退容與，而又悉卻餽遺，垂橐無金，稱真使臣焉。越十三年，奉勑葬祭楚藩，滋持敬畏，終事無盭。竣過南都，謄封三代侯誥，焚黄墓門，宣讀正言，舊都人士觀如堵墻，丘墟重輝。爾乃兼程復命，舟至臨清渡口水驛，遘疾卒於王事，寔嘉靖十四年五月十一日，距生成化十一年十月二十日，享年六十一歲。訃聞，輟視朝一日，賜諭祭者二，命有司治葬事，誠盛典也。

初，公幼孤，鞠於祖母傅氏，垂髫端重，

見者褒嘉。稍長，輒知向學，被服儒者，出就外傅，治朱氏《易》，攻舉子業，即有名稱。及遇恩例，受官錦衣，偕同事者四人往謁冢宰三原王公，王公獨注目於公，顧僚佐曰：「湯舍人終當腰玉。」厥後果然，餘三人先物故。則公之封侯雖出祖勳，然自信世子後閱數世不敘，至公而復興者，其器識學問亦不可少也。昔者東甌王從高皇帝之渡江也，既取太平，定都建康。當是時，西有陳友諒據荆楚，東有張士誠據姑蘇，皆勁敵也，我師擊東則虞陳，伐西則慮張。王時操軍毘陵，固守東鄙，歷歲與士誠旌旗相望，雖彼兵甚鋭，狡百計，誘以子女玉帛，王不以爲然，獨當一面，凡國之事情，彼終莫聞。東藩既固，高皇帝得以從容西平荆楚，王乃克永新，取姑蘇，縛士誠以獻，戡定吳越、浙東、八閩，悉歸版籍，及副征山、陝，所至奏績。微王之阨士誠也，則二僞交寇，兩禦實難，天下未知何時而定。然則王固有萬世之功，帶礪河山者也，子孫可以永永爵胤乎！故至公再發者，乃天理必然之數，亦皇上神聖，同符高祖之見，非偶然也。

公平生好吟詠，不拘模擬，自成一家，凡若干卷，并紀述先世勳蹟，録藏於家。初配韋氏，錦衣衛順之女，先卒，贈侯夫人，繼鎖氏，南京鷹揚衛指揮某之女，亦卒。再繼趙氏，南京羽林左衛指揮弼之女，封侯夫人，無子。貳室張氏暨吳氏、李氏。公生男子三人：長佑賢，張出，聰穎醇篤，遊業京衛武學，初就應天鄉試未第，尋入國子監，再應順天鄉試亦未第，襲爵靈璧侯，被特恩，賜蟒服，委管營務，侍衛扈駕，備督南京前軍都督府，娶王氏，皇親指揮漢之女，卒，繼娶鄧氏，寧河王玄孫繼陞之女；顯忠，吳出，京衛武學業舉生，娶徐氏，中山王玄孫鼎之女；輔德，亦吴出，尚幼，未室。女子子四人：長適定遠侯仲子鄧祖鑰；次在室，俱韋夫人出；次適成國公仲子勳衛朱希孝，吴出；次幼，李出。孫男子三人：時學、時問、時思，顯忠子也。孫女子一人，佑賢出也。佑賢卜嘉靖十六年十一月三日，葬公南京太平門外鍾山之陰、賜地祖塋之次。以封侯之後，習禮太學，嘗從予游也，乃手具公狀，托都督青海馬公以問銘。銘曰：缺。

涇野先生文集卷之二十八

墓誌銘七

明奉訓大夫霸州知州北橋劉君墓誌銘

君姓劉氏，諱璋，字尚德，別號北橋，延安中部縣原村人，誥封中憲大夫彰德知府、前義門巡檢諱景者之子，都察院左僉都御史諱聰之弟，前刑部郎中仕之父也。仕主事刑部時，予任翰林脩撰，君知南和縣，未幾自南和入京來，得數會晤於宣武門東，義氣輒相許可。予子今舉人田適無室，問君第五女，君即與妻之。越數年，今南京右通政綏州馬子汝驥方以翰林編脩出爲國子監司業，亡其室，問君第六女，君亦與妻之。今年九月，仕先以大獄事謫戍柳州，恩詔宥還，聞君之訃，道過金陵，托通政撰狀請予銘。嗟乎！道義之交，婚姻之締，予安能忍銘，又安能忍辭哉！

君之爲南和也，邑當直隸之衝，諸務旁午，戴星蒞政，至忘寢食，一事未竟，亦不公退。澧河自邢臺來縣，分爲六渠，閘廢久湮，乃選人掌籍度田，程時引灌郊坰，民沾其利，比「小江南」，語在學士棠邑穆公記中。縣十七社，十社土著舊民，餘則國初山西徙來者，舊民故有田，又先奉例墾荒不稅。於是民有新舊，田有多寡，稅有盈朒，❶兼以富者市田遺稅，貧者田去稅存，邑民皁

❶「朒」，萬曆本作「縮」。

罷常相懸也。君諭父老躬丈丘畝，田税相證，貧富咸獲，民率歸業。陳狀撫院，❶於是真、保、廣、大四府之田，亦因以均焉。又嘗括闔邑糧數，計八千之價而一之，部者分斂其倉之數而輸，民不知倉税無二價，昔時異價兼派之弊頓革，而完恒先諸邑矣。士習媮窳，賢科久乏，君首建廟學，延師立會，分經考業。增置名宦、鄉賢二祠，又計百家建一社學，凡七十有八，月朔縣試，歲考其成，弦誦之聲，洋溢四封，過者褒加，後遂有登第者焉。邑廳事亦久敝陋，君曰：「我若辭勞，後爲斯役者寧不厲民乎？」乃鳩材憲功，偉壯倍昔，廨舍簃庫，焕然新美，冢宰增城湛公亦嘗記之。然尤加意種馬，禁其私乘，❷勤自點牧，以較肥瘠，三年孳乳，有馬蕃庶，御史巡視，見駒駿充斥，深加稱羡，亟馳薦剡。初，先帝南巡，道路迎送諸繁劇，移迎今上駕過，沙河凋弊，令不任事，上官委君署篆，旬日而辦。先則取諸妖僧之募材，以備行殿之用，後則南和民以樂于協恭也。凡君諸所營建，費省而不擾，功立而日不愒者，皆若此。故君至南和，倉廩不繼，比任五年，積粟二萬，緣堤萬樹絡繹。予謫判解州時路過南和，行數十里皆在蔚蔭中，而道外田疇暢茂，真爲樂土，當有「蝗螣不生雞犬寧」之詩。故王巡按鈞謂諸州縣曰：「作官當效劉南和也。」

乙酉，陞霸州知州。州邇京邑，人多豪俠，民亦慓悍，君懲其一二魁黠，闔郡肅然。城即九河故道，歲十九潦，田多淹没，劫盗頻興，異時大夥流賊皆出於此，除之復生，

❶「院」，萬曆本作「按」。

❷「禁」，萬曆本作「覈」。

素稱難治。君乃禁奢抑競，平役薄征，而又演武練兵，嚴拾遺法，居且四年，水不爲灾，城北牛沱河遠徙一舍，民饒衣食，盜亦衰寢，君子謂君于天有感云。馬副使嘗失兵備印，百方未獲，君爲禱諸城隍之祠，得屋後深入地中尺，已而又失，又禱，乃又得之甎坑中，其地與甎皆若未動。若遇旱，禱雨輒應，南和及霸皆然，人以爲君之純誠云。乃己丑得致仕還鄉，修建祠屋，敦崇時祭，治圃橋山之麓，游息其中。嘗遭歲歉，出陳貸濟，而又倡引沮水灌邑東田，鄉閭窮餓，咸依賴焉。若乃撫强知縣之孤，館闈行人之家，完男女之怨曠，篤故舊之友愛，内無私嬖，外無私行，禮賢好義，節用敬賓，蓋有古人之風，學者皆稱北橋先生云。

初，君之生，神采沖異，髫童端重。受學仲兄中丞，奮厲刻苦，析理必精，或徹夜不眠。及中丞舉進士，復受學于前邑尹任御史儀，益造博雅。他日中憲公還自義門，伯兄玫明農，中丞宦遊，君獨奉二親，❶承順顔色，侍疾恒不就枕。身任家政，業日充裕，改建宅第，高朗令終。伯兄剛急，或加呵責，絶不爲忤。師事仲丞，終身不改。其訓諸子姪，必稱古道，姪舉進士，職部署矣，猶臨之益莊。若誨門下諸生，勤懇不倦，尤敦實行，門人馬隆登鄉舉，仕爲推府，執弟子禮，事君如父，可知他矣。正德己巳，君當歲貢，以親老默讓。次年，又以母高恭人之命，始與計偕。明年庚午，舉順天高等。他日，中憲公命析居，輒辭美利不取，別搆宅南城僻地，顧諸子曰：「惟願諸汝輩成立耳。」後高恭人及中憲公相繼捐養，君號擗

❶「奉」，萬曆本作「事」。

哀毁，幾不能生。然則南和、霸州之政，豈其無本者哉！

始祖仕元爲萬户，❶萬户生澤，澤生簡。簡三子：君傑、國傑、邦傑，諱國傑者，君之高祖也。曾祖諱處榮，俱隱不仕。祖諱準，縣學生，高亢執禮，嘗署學印，邑人士翕然宗之，配神木折氏，河南僉事鼎之女，是生中憲公者也。則君固源流遐遠，而有祖之風格者乎！君先配張壽官俊之女，以刑部貴，贈安人。繼李氏，吏目旺之女，封安人。男子四人：長即刑部，辛巳進士，政事氣節，士林稱重，娶宋氏，封安人；次价，次倬，俱秦府典膳，价先四年卒，娶高氏，倬娶宜君韋氏；次儒，舉人，蓋嘗倉卒被盜獲，乃以身蔽君而獲免者也，娶高陵李，即予室之姪女云。女子七人，一適邯鄲訓導張元傑，二適典膳馬鏞，三適宋澤，四適洛川歲貢生王經，五、六見前，七在室。張出者，子女各四。最後三女，李出也。孫男子五人：光裕，光大，光亨，光升，光謙。孫女子六人。曾孫男子三人：訥，䜣，韶。君卒于今年丁酉四月八日，距生成化六年某月日，享年六十有九歲。仕歸，將卜某年月日，合張安人葬于黎原鏊子坪，是宜有銘。銘曰：

於維北橋，抗志伊高。發言有則，威儀不佻。鄉已中式，卷額被剽。奮厥材藝，猶舉京兆。蒞南和民，如赤子保。既砥田税，亦衡諸徭。百爾廢墜，罔不咸撟。陟守霸郡，民用思饒。誰比誠悃，田弗水漂。行且三載，盜是用消。亶其獲印，祟不能妖。通判爲戾，

❶「仕」，萬曆本作「在」。

罪非己招。高卧橋圃，一義嶕嶢。宜爾孫子，儕輩邁超。載厥休問，百代如瑶。銘兹貞石，以戒後驕。

明福建左布政使質菴范公墓誌銘

質菴范公之殁也，其子舉人永宇兄弟自桂陽寓書金陵曰：「往年宇母何孺人殁，涇野子既銘之石矣，兹父之銘，諒亦不靳乎？」并以前郎中閩人林炫狀來。予嘆曰：「嗚呼！質菴公乃未究其志，而止此邪！」

按狀，公諱輅，字以載，别號質菴，初號遠砦子，再號三峰，柳州桂陽縣某里人也。❶生有奇質，長益英邁。登正德辛未進士，筮仕行人。是時，諸所差遣，多狗干謁，而職司其居者，顧或不與，君即上封事，引明前典，至以「冗員」自讓、「侵官」諷人，於是使事復舊，風采懋著。嘗使蘭州，再使崇府，皆禮成即返，無所滯染，冢宰邃菴楊公稱其「學識氣節，度越等夷」。甲戌，選授南臺理刑。明年，授雲南道監察御史。首言「建儲以安宗社」，謂先帝御極，榮王留侍，宦瑾亂法，致之去京，今當妙選宗室，❷備儲貳位，俟有青宫，然後分茅，至引「宋韓琦懷《孔光傳》以上仁宗」，而其「馳騁騎射，服習戎陣，不御深宫，孤立可畏」諸語，聞者縮舌。是時，軍官簡文、王忠怙勢凌辱監臨主事，至捶殺其隸人；太監黎安遘隙寧、淮二府，至折撻其長史；南京守備劉瑯貪婪暴虐，至令都人罷市切齒；刑曹郎中聽富民析産之

❶「柳」，萬曆本作「郴」。
❷「妙」，萬曆本作「姑」。

訟，至受寡婦之金而狥偏私；公皆歷疏指劾，乞正大法，南都稱快。其論納馬姬事，比擬過直，尤人所不敢言者也。

丙子冬，奉勅清理江西，時逆濠虐焰方熾，有勸公避難者，公引埋輪事以行。至未數旬，即論濠優秦榮僭侈，居如王宫；繼論濠令三司朝服慶賀，蔑棄典禮。乃又劾太監畢真附醜仇正，瀆貨無厭；都指揮郭宇傳泄諸司消息，罪狀重多。且請武廟或出郊原，嚴警蹕，敦扈從，以防不虞。當其風采，人或比范滂云。然真、宇皆濠黨也，濠、真使人遮留公奏，各先誣奏公「離間骨肉，誹謗宗藩」。公巡歷至贛，被旨拿解繫獄，❶拷掠幾斃。值聖駕北狩，縲絏七月，後送法司議罪，復值聖駕南巡，又淹繫經年，始謫龍州宣撫司經歷。爾乃脩崇禮信，均平賦役，又使知送死之道，以感化四夷。未幾，逆濠及真、瑯相繼以叛誅，論者謂公有曲突徙薪之功，交薦十餘疏。辛巳，今上登極，詔復原職，送者填道泣別，名其厓曰「滴淚厓」。閱月，即陞漳南兵備僉事，四閱月，又陞饒州兵備副使，蓋殊擢也。饒州東湖，盜之淵藪也，公議設官兵於康山以控制，又禁遏淮府群校之恣横，乃脩饒城及萬山、東鄉二城，創置安仁一城，皆經畫有式，出納明允。而又築湖堤以壯學宫，增漏澤以掩貧骴，焚庫皮以祛積祟，威惠大行，信義昭著，盜戢民安，屹然一方。有郡守乖禮，因公面詰，遂生荆棘，且嘗見忌鄉宦，搆興讒謗，流布遐邇，言官論列，漫及於公，公即懇疏乞歸，雖撫按交留旌薦，亦皆不顧。未幾，一巡察使奏調公南贛，以便行事，公曰：「監

❶「旨」下，萬曆本有「令」字。

司改調，屬官宴然，綱紀解矣。」遂三疏得旨致仕，饒人刊《遺愛録》以傳。公歸，杜門課子，當路故知，片札不通，三年一日也。

己丑，尚書胡公永清薦，起公密雲兵備副使，尋轉本司。討鑛賊有功，獲賜金帛。是冬，陞陝西參政，分守隴右，駐劄鞏昌，協勦西蕃板兒等族，再荷賜金。七閱月，陞福建按察使，過家省母朱夫人，承歡月餘，母忽遘疾不起，居喪哀毁，數日不食。服闋，巡撫汪公珊薦公與唐公鳳儀爲全楚長材，乃甲午春復起山東按察使。撫按交薦，秋陞浙江右布政使。藩務叢雜，乃未明振衣，日中退食，形神頗瘁。丙申，陞福建左布政使。七月莅閩，精神頓減，歸思屢興。十月二十六日，遽中風痺，越三日，卒於正寢。嗚呼，傷哉！

公和厚精確，遇事敢爲，勇不可奪。事母至孝，獄病中形之於詩。撫兄孤女極厚，嘗携養一甥於宦所。捐積俸貲，立置家廟，序刊族譜，周族人之不能婚葬者。叔珏卒於金陵，貧鬻其子，公贖之以還，又歸其喪。鄉友許君愷卒於塗疫，躬爲殯殮。至於辟薦名賢，如恐不及，雖處鄉州盜寇，亦皆有策。然則御史之風烈，藩臬之樹績，豈偶然哉！公配何氏，先卒。舊無妾，赴山東過徐，始納一妾曰張氏，公卒之五日，自經以從之，亦異矣乎！子男四：永寰，貢於鄉；永宇，永官，相繼登名鄉舉，皆嘗從予遊；永寀，業儒。女一，適醫官郭畋。孫男五：時敞、時敇，俱邑庠增廣生；時敷、時斆、時徹，尚幼。孫女六。曾孫男二：元默、元熙。公生成化十年甲午九月十一日，享年六十有三。所著有《質菴稿》及《續稿》若干卷，藏於家。永寰將以某年月日，合葬何孺人於某山之原，是宜有銘。銘曰：

嗟乎！御史之難能也！士風之邪正，世道之隆替關焉！夫彈劾，其職也，當其有勢，恐忤權而違時也，或逡巡而避之；當其無勢，恐寡言而曠官也，或搜剔而論之。夫薦賢，其職也，當其高賢，恐其或拂人也，姑隱忍而已之；當其未賢，恐其未合人也，或夾帶而辟之。於是豺狼恣於當路，姻婭齒於膴仕，士風以邪，世道日替。憂國之士，每切念焉。范方伯之初爲御史也，侃侃乎其嚴辭也，庭庭乎其正色也，斷斷乎其履公也。是故寧論劾劉瑯、畢真、宸濠諸奸，雖瀕于死而不悔，而不欲以迂説浮議之事，姑以塞責而免禍；寧論録羅玘、張吉、王思諸賢，雖寢其報而不怨，而不欲舉鑽刺營苟之人，姑以示恩而徼利。得公數人，布列臺省，又何憂士風世道哉？乃今云已，傷如之何！銘此貞石，千載其不磨。

明誥封宜人南京工部郎中李時昭配孟氏墓誌銘

昔予自翰林謫判解州，道經曲沃，李子時昭爲曲沃令，在縣有治績，士民咸悦。時昭邀予謁恭世子祠，請留題，于是杯酒談笑洽日，皆阜俗愛民語，乃陰重時昭之爲人，未之或忘。他日陞知予陝隴州，音書又嘗通。乃今已進繕部正郎，其配孟宜人長逝，持其友撰宜人狀以問銘，誼不得辭。

按狀，孟氏諱某，父宣世，爲滑縣名族，

母王氏，湯陰人。宜人天性慈惠，真静柔嘉，❶内明外訥，力勤行儉，組紃、膳具、女紅皆精造。年十六歸時昭，舅竹軒先生方分教儀真，再教襄陵，宜人皆隨時昭于黌宫。姑郭宜人甚嚴毅，少不當意，輒杖笞人，宜人事之謹，恒當郭宜人意，郭宜人深喜其孝云。諸娣姒見宜人事之當姑意也，悉推服之。宜人又恭遜謙抑，無矜傲色，即娣姒犯之，亦不之校，終其身未嘗相忿戾，諸娣姒稱其謙。待時昭如賓禮，時昭或怒，則懼而退，不敢質辯。及有子女，視諸妾子女無異己子女。雅性不妒，諸妾婢僕有過，輒蓋之不以彰，恐其遭笞也，于是又盡當諸妾僕意，樂其賢。初，竹軒先生自長安歸老也，家甚清約，宜人力紡緝，操井臼，勤勞力瘁無怨言。時昭年二十餘，始發憤力學，每冬夜讀書，以木綿子煨足，足苦寒，宜人手自煖之，時昭感勵，終夜不輟書聲，數年學大進，同伯兄德隆中式丁卯京闈。明年遊太學，宜人隨京邸，踰年不越外閫，人亦不聞其言，每餘食或延賓，不呼皆備，雖德隆亦每爲人言其賢。比歸滑，家日饒裕，宜人處之，綽有規制。嘉靖初，時昭尹曲沃，宜人勸以「公忠清慎」，時昭率感其言，形爲詩儆，歷官所在，皆有政聲，民懷之，爲立生祠，豎碑思焉，亦宜人之内助云。

歲乙酉，時昭擢守隴，時諸子若孫森立，宜人家居訓子。未幾，時昭迎于隴，居半歲，諸子復請歸滑，自是終居滑矣。及時昭二守鞏昌，側室宋氏有女將笄，乃留家，宜人撫之愈于己出。或唆之曰：「二十年糟糠之苦，既榮宦矣，乃不隨任享其逸

❶「真」，續刻本作「貞」。

耶？」宜人即正色斥曰：「吾夫起自寒微，幸有今日，吾復偕行，諸子失訓。故君以綿微之力，受重大之託，詎爲『遺糟糠』耶？況宦中更清苦乎！彼俗以官爲榮，忌專妾者，吾不爲也！」家居十餘年，家務秩然，居常薄滋味。諸子或慢遊，必責之曰：「爾父以儒振業，爾等不能繼乎？」于是士偉、士温肆力于學，爲畿内名士，馳聲場屋，而諸孫亦駸駸然懋于進修，使時昭無内顧之憂云。每歲時服冠帔以拜祭，平居過姻族則不用，曰：「不可以貴加姻族也。」他日宋殁于南都，柩歸滑，宜人哭之慟曰：「宋善事吾夫婦，夫之宦邸恃有宋存焉。今已矣，奈何！」乃感疾嘔血。宜人少履貧困，勤瘁嬰疾，至是益深，諸子進藥餌療之，❶漸瘥。比時昭上長至表，❷便道歸滑，賓集事叢，乃躬率諸婦調飪營辦，勞憊疾發，丁酉春，卧不能起。時昭限迫，不忍別去，宜人屢促之乃行。是時士温不肯就試，宜人疾少間，促之曰：「兒第行，❸吾疾瘳矣。❹」温勉從。既數日，宜人忽不進食，索冠服曰：「將見祖宗于地下。」急唤温歸：「吾誤兒科事矣。」諸子女環侍，請藥亦不服飲，曰：「命也。」遂卒于嘉靖十六年五月十五日，距生成化某年三月二十七日，享年六十歲。

生男子三人：長士奇，承差，娶吕氏；次士偉，縣學生，宜人卒，娶仝氏；季士温，❺選貢生，娶王氏。女子子三人：長適趙溱，先卒；次適陰陽官陳尚賓；季適陰陽

❶「藥」，原作「樂」，據續刻本改。
❷「至」，續刻本作「安」。
❸「第」，續刻本作「宜」。
❹「瘳」，原作「廖」，據續刻本改。
❺「季」，原作「李」，據續刻本改。

官馮相，皆滑右族。孫男子三人：長一棠，次一桂，❶太學生，皆士奇子；次一本，太學生，士偉子。士奇等將以是歲某月日，葬宜人于祖塋之次，是宜有銘。銘曰：

有淑宜人，居德孔那，克開懿性，婦職伊嘉。事姑恭順，相夫勤多，恥隨榮外，日理厥家。宜有孫子，藝行如坡，當其遠造，奚啻決科。載爾休問，百世光華。

誥封太宜人李母康氏墓誌銘

太宜人李母者，今杭州府知府章丘縣李端甫冕之母也，姓康氏。父材，❷悃質純至，鄉閭信服，母孟氏，慈柔敬慎，太宜人其仲女也。克閑壼誠，及笄，歸贈奉訓大夫、南京户部員外郎李君秀。時冕大父梅、祖妣胡氏皆卒，太宜人以不逮事舅姑惋恨，每當歲忌旦，恪修蘋藻，潔奉禴祀。贈君少爲章丘諸生，家緒清苦，夫婦雞鳴昧旦，綢繆勤生，懋勉德義。嘗夜誦齋中，雨頹鄰垣，有豔女子來，贈君儼容麾拒，女子進曰：「深夜岑寂，何復慮人？」曰：「鬼神昭昭，無知乎？」女子慚斂已去。後以他敗，語人曰：「李秀才，真佛也。」故同輩呼贈君爲「真白君」云。家爲馬户徭長，群户有負津助者，爲代其算。又嘗挾冕赴試歷下，時有應試生路遺十金，拾之即標記候諸遺金所，竟歸應試生，應試生請中分以謝，乃不受。素好賓遊，凡饌具榼，❸太宜人必躬必豐。

❶「桂」，續刻本作「相」。
❷「材」，萬曆本作「林」。
❸「榼」上，萬曆本有「柶」字。

雖桑蓬貧窶，姻族單困者，必勸周恤之。贈君亡弟穩遺孤鼎、鼐方稚嬰，尤相撫之成立，且與完室家。

贈君歿于正德己卯春，太宜人發胸擊心，蔬饔不御酒肉者終其身。其閑居，服被縞練，飧餌麤薄。躬領小姑諸婦，職專紡績枲緼，僅供苞約而已，恒以紝繡纖妙爲戒。❶贈君嘗爲冕改造深青繒衣，冕慚不敢衣，及爲諸生，猶衣弊袍，若衣鮮麗衣，則顏輒頳赭，皆太宜人之化也。其教諸子女，少有愆失，輒楚撻之，不少寬假，至僮婢小過，則又勿問。嘗訓冕曰：「汝父蹇躓不逢，吾嘗憤懣。汝其夙夜篇典，庶幾早揚，以光李族乎？」冕竟以文修學成，舉正德丙子山東鄉薦，太宜人喜曰：「是足以旌嗣父志矣。」比春試不偶，歸遭潦水暴至，一室蕭然，太宜人無憂色，❷且解諭之，冕乃拭淚，❸携同志往業長白山體泉僧居。❹癸未，再不偶。家僅小磨一座，太宜人竟捐鬻之，以資國監裝費。乃登嘉靖丙戌進士，太宜人又喜曰：「吾爲人母者事終矣，此不可見君子于地下乎！」丁亥，冕補魏令，九月，板輿迎太宜人就養官閤，見冕洞謹廉白，❺乃慰之曰：「守官若是，庶不忝于所生，惟克有終爾。」辛卯，轉内臺。癸巳春，左遷倅鈞州。❻甲午，轉倅永平，❼咸著美績。乙未，擢南京户部員外郎，是時太宜人七旬矣，冕乃留宜人鄭氏侍養，獨將二僮之官。丙申閏十二月，恭

❶「紝」，重刻本作「刺」。
❷「人」，原作「安」，據萬曆本改。
❸「拭」，萬曆本作「拉」，重刻本作「收」。
❹「體」，萬曆本作「醴」。
❺「洞」，重刻本作「清」。
❻「鈞」，原作「鉤」，據萬曆本改。
❼「倅」，原作「捽」，據萬曆本改。

遇聖上誕儲覃恩，太宜人始得錫封，乃嘔喻陶樂曰：❶「此吾教子之效也。」

丁酉冬，擢杭州知府。冕之内弟來南，致太宜人命曰：「去語吾兒，吾幸無恙，毋以我故迂途還省。郡守剖符專城，重寄也，遄行以慰民望！」冕乃先郡蒞事，尋遣吏皂往迎，❷并取諸孤。太宜人堅不就迎，呼語鄭宜人曰：「守勞旬，❸中饋詎可虚也？婦第往。」宜人乃偕孤子暨坦之二孤來郡，留長孫黄中。冕見太宜人不就養，益愀戚不寧。冬十月，得太宜人患滯下，良瘥家音，即遣二孤歸省。時太宜人亦遣黄中之郡，言起居食飲安吉狀，庶以慰冕思。冕以黄中口述符往言，雖稍開悦，然烏鳥縈懷作惡。方候解凍，疏請終養，而太宜人哀訃至矣，卒嘉靖十七年十一月二十七日也。冕所遣問安二孤，亦不及生面太宜人，抵家已瞑目二日矣。端甫之政，方大行于郡，吏畏民服，杭人咸惜父母之惠，期月而去，千里忉怛，若奪哺乳云。

太宜人生成化元年十一月二十六日，享年七十有四。子男四人：長晟，殤夭；次即冕，娶鄭，封宜人；次昪，娶類；❹少坦，娶王，先卒。女子子二人，嫁爲姜宗、仇仲信妻。孫男子八人：黄中，娶魏；美中，聘謝，冕出；執中，娶華；静中，未聘，昪出；建中，娶麻；虚中，娶崔；致中尚幼，坦出。孫女子八人，壻徐更化、韓鯨、張大衍、張汝楠、尹自政、馬本吉、劉某。

冕卜某年月日，奉太宜人之柩合贈君

❶「嘔喻」，萬曆本作「嘔愉」，重刻本作「歡娱」。
❷「吏」，原作「史」，據萬曆本、重刻本改。
❸「勞旬」，重刻本作「政繁」。
❹「類」，萬曆本作「顔」。

葬于某山之兆。冕嘗從予游也，持蘇州舉人黃省曾狀問銘。銘曰：

猗嗟李母，素履戩穀。既配贈君，其人如玉。夜拒奔女，展矣慎獨。代算群户，遺金盡復。當其刑于，宜母之淑。周貧濟急，惠先弟叔。紡績率家，縞練是服。貞慈雙敦，閨範清穆。宜有端甫，趨道孔速。蒞杭未久，士民稱福。方覃爾祉，❶云胡不録。兹銘貞石，❷孫子蕘蕘。

明監察御史岑山程君之配方孺人墓誌銘

勑封孺人方氏諱孝真者，前監察御史岑山先生歙人程君諱材之配，今簡州知州默之母也。初，歙有結林與岑川，相隔一水，世締姻好。方氏遷自羅田，至濟南太守以宦業顯于時，其兄美興公以貲財雄于鄉。濟南公試岑山君而奇之，遂以孺人許歸焉。孺人自幼警穎，既歸于程，力佐家務，費及粧奩。岑山君方廩謁師，力不能具贄，乃即卸簪珥，不靳也。舅清溪公治家嚴且儉，孺人恒節縮滋益之，家用饒裕。及岑山君登弘治丙辰進士，授推汀州，過家歸省，偶疾大作，孺人不解帶者月餘，疾始克瘳。赴汀州任越一年，而孺人始克抵汀，即不肉食，以相其廉。他日岑山君偶出差愆期，衙内絕糧數日，比歸，孺人嘻吁無言，默、然暨安平三子不敢仰視，亦無言。岑山君獨撫安平問曰：「汝餓數日乎？何不呼別衙一饋

❶「方覃爾祉」，萬曆本作「澤方覃爾」。
❷「兹銘貞石」，萬曆本作「用鐫兹銘」。

也？」孺人曰：「君以廉介自持，身以冰檗自誓，婦無外事，令不出閫。名節所關，生死罔計，又胡兒女之恤耶？」岑山君亦嘻吁無言。凡在汀二年，日事紡績，畜養雞豚，以充日用。壬戌春，岑山君簡授監察御史，孺人秋亦赴京。時默、然隨侍，出就外傅，歸即課讀，率至夜分，紡績以伴。居二年，岑山君清戎浙江，孺人遂挾默、然南旋。

正德丙寅，岑山君卒于慈谿，孺人傷痛幾絶，乃遣默入浙舁柩。喪事既終，即訓二子讀書，無別營爲。己巳春，逆瑾積憾岑山君嘗發其奸，謫流海南。孺人遣默走京師，語以「委命安義」，然亦卒得以解，因諭默曰：「諫官以直得譴，固所甘也。聖恩汪洋，猶得見宥，非大幸乎？汝輩努力，以答至恩。及兹壯年，須勤學精業，親師取友可也。」遂遣二子師事姚江史先生，厚其禮幣，又擇程蘿山者以爲之友，雖拔簪易肴，亦不介意。庚午，默、然同肄黌宫，方值秋祭，偶以覲歸，孺人曰：「當祭先師，何以覲爲？無師，是無親也！」聲色俱厲。二子恐慄，復出追祭。丙子，然舉應天經元。乙酉，默亦舉應天經元。是時岑山書屋亦成，孺人洒淚泣曰：「汝父九泉，目亦或少瞑乎！」

未幾，然會試卒于嘉興之石門，傷之甚，未幾，然婦又卒，又傷之甚，至丙申秋，乃一疾甚殆。一日幾不蘇，既蘇，語默曰：「汝父既亡，汝弟又死，今止遺汝，汝得禄養，吾心少慰。昨若奄遊，汝至三公，吾不見也。」去冬會試，又遣人赴京，再申前命。故默下第，遂就銓揀，得守簡州。走人復命，孺人已卧床矣。七月，默歸拜床下，孺人按摩冠服曰：「汝父死後，不虞又見此也。」喜更少安。越一月，病轉劇，遂以八月二十二日告終正寢，享年七十有二歲。生男子五人，長焕，次貴，次即默、然，次照，照即安平。焕、貴、照俱早殤。孫男子四人：載吉，太學生；載道、載嘉、載考。孫女子二人。曾孫男子一人，孟生。孺人愷和貞懿，勤敏寬裕，事勢膠糾，不振不撓，適中肯綮。上事舅姑，得其懽心。四時嘗祭，必虔必拜。屢遭喪變，觸事哀慟，目因失明。其處宗戚必厚，見人疾疢、急難、貧困，必救必施，不憚再三。嘗有漂水瀕死者，募人拯之得生。家僮婢妾，保衛極至。默擇嘉靖十七年戊戌冬十二月二十一日，奉孺人之柩祔岑山君之壙合葬焉，使其子載吉持舉人李昶狀問銘。銘曰：

猗嗟孺人，結林攸謖。❶倒粧佐家，助廉斷肉。他或絶糧，❷閉閤撫育。冰蘗之操，鄰亦不告。頻遭殷憂，喪明以哭。相夫執法，教子以牧。婦道母儀，女流之淑。宜爾子孫，傳芳棫棫。

明南京工部右侍郎中梁張公配淑人呂氏墓誌銘

公諱羽，字伯翔，號中梁，漢中之南鄭人也。祖諱某，配李氏。父諱廣，以公貴，贈如其官，配鄧氏，贈淑人，繼配楊氏，亦贈淑人。鄧淑人生公純孝，長爲學官弟子員，好學不問寒暑。弘治辛酉年，以《書經》領鄉薦。乙丑，登進士第，以憂歸。服闋，授行人，奉使西蜀，無所辱命，兼却其餽金，一無所選。先時受業師陳添福充戍遼東，公

❶「林」，重刻本作「帨」。

❷「絶糧」，原無，據萬曆本補。

恒念之，一日有遼差隆冬險地，諸行人苦不欲去，公自請行，且道「有師在彼，欲往候」，當塗義之，乃卒全師以歸。是時冢宰御公疎闊，兩選不與，人以勸公，公曰：「窮達有命耳。」正德初宦瑾用事，公獨不近，瑾敗，諸趨者皆被禍，公始授御史。遭流賊猖獗，公經略内外，日夜戒嚴，事平賚衣一襲。嘗巡按淮揚、山東，刺舉無私，比回，所部吏以金餽，正色拒之。時宰以故人門生屬善視之，之部按之，則巨橐也。蓋山東號「三大害」，其中有二焉，乃首劾去之。會中官導上游獵，錫予頗濫，公上疏曰：「明王慎德，必矜細行，不以禽獸病民，尤當謹衣裳之在笥也。」遂寢不報。❶舉朝皆壯其奏，然終所得罪時宰，出守廣平。至則選賢良，退貪殘，施行條教，胥史舞文者痛繩以法，吏卒畏慴，莫敢仰視。雖隆寒盛暑，漏下五鼓必起視事，夜分乃寢。訪獲積年民害，充發配所，餘悉以次徒遣。然又和易近民，視之如子，盡得其情，加惠于鰥寡，衣食居處，時親省。因刻羅氏《諭屬文》，以勵僚屬。創建漳川書院，群漳士高等者游業其中，躬自督課，聘屬官李一寧爲漳士時表，❷漳士日嚮于學，彬彬著于科目。若乃郡中賢士大夫謝宦里居者，不問崇卑，則往候其家。問民疾苦，舉行之，遂建閘通水，開田千畝，以資困農。奏表趙氏，以勵婦節；嚴禁縣官阿稱，以正士風；便置木牌，令得自白，以達民情；處劑方藥，以濟貧病；收積市利，以蘇里甲。當是時，旁郡之訟咸願歸質廣平，廣平視諸旁郡若大府焉，吏有不法者，率望

❶「寢」，續刻本作「請」。
❷「時」，續刻本作「師」。

風解組去。順德囚母與僧通，子已壯，不改，惡其子之言也，乃入井死，會當決子，公曰：「母無行負夫，與僧私通，顧可殺子絶夫嗣乎？」因遂得釋。鉅鹿有告婦奏一要宦暴殺其大，吏受委咸憚，莫能決，公按而寘諸法，要宦懼，厚賂朱寧誣奏下公獄，吏民爭斂錢賄寧，爲公求解，公曰：「吾寧失官，不敢失志。若等愛吾，幸無枉吾志也。」大理直其誣，乃還郡。自後民益相信，斷獄大省，爲八郡最，民有「清水明鏡」之謡，撫按交薦，有曰：「經綸之才，冰櫱之操。」有曰：「精敏之才而庶務克修，公勤之政而一廉尤著。❶」近因緣事赴京，百姓顒顒然望其復來，❷可謂「愷悌君子，民之父母」也。如此者十數年，河間守缺，少宰廖公請于冢宰曰：「吾郡疲甚，願借張守一年。❸」比調河間，士民泣而送之，擁輿莫能行。去之日，民有遺思縣像而屋祝之者。

河間郡中，無賴數十，恃勢豪横于鄉曲。則召地方當甲者，謂曰：「若爲甲不緝捕奸俠，顧令横苦小民，守姑貰若罪，其密報以來！」于是武斷之豪，❹悉斂迹改行，郡中以清。尼寺數十，濁亂民俗，乃廢其寺，歸少尼于民之無家者，即其地立社學，教郡中子弟。又收恤嫠孤于養濟院。郡中有故周卿者，先守漢中，性頗偏科舉士，係府學者得給票過館，係縣學者獨不予，至使公徒步行赴省城，及公守河間，訪其家貧甚，周歿時，朝廷予祭，有司亦廢閣，公移文給米八十石。舊僚通判周禮素清苦，死而妻子

❶「一」，續刻本作「清」。
❷「顒顒」，續刻本作「喁喁」。
❸「願借」，原作「借願」，據續刻本改。
❹「武斷之」，續刻本作「斷之羣」。

貧甚，負貸莫能償，諸貸家日督之，公乃延諸貸家以酒食，曰：「若幸與周有鄉里分，周故善吏也，忍窘其妻子乎？」于是諸貸家多感動，出券不復取，乃擇隙地居周妻子，親爲文祭周墓。武宗皇帝南狩，❶有司供帳，吏緣爲姦，率陽散官錢，陰歛富室，惟河間據郡中以錢以治具，❷軍民不擾，供帳以辦，時薦者有曰：「才識可以御繁，力量可以任重。」河間、廣平，京師股肱郡，素稱浩穰難治，公至輒稱治，聲名籍甚。

今上即位，擢用良吏，始遷公山西參政，分守大同。有巡撫者不恤軍士，穀尚未熟，委官促糧，軍民驚擾。公入言不聽，出即遣牌弛其限期，軍民始定。巡撫不悦，又暴動軍士築堡沙磧，公固争之，亦不爲聽，軍中已有異言，畏公不發，比公回省，去不越月而變作張，遂死焉。及改守冀寧道者，❸捕妖賊黨衆，下之臬獄，晉人無弗稱快。尋轉江西憲使，時省缺布政使，有徐御史者薦曰：「張羽德量渾厚，心事光明，操行剛方，方猷老練。若舍羽推補別省官員，是舍驥而索駑也。」公雖抱質敦厚，生平不喜造請權貴，當路嫌之，乃左遷貴州，至則出納慎防，吏不敢私。一日吏白「積餘之金，舊規不報」，公盡數登籍。久之，晉南京大理卿，多所平反。有疾乞休，上温旨勉留。未幾，轉南京工部侍郎，展修國學號舍數百間，窮治假印吏，除奸惡數十輩。又部主事王度嘗捕治京猾滕氏不法事，❹王憂歸，會考察，被滕讒，吏部欲黜王，公曰：

❶「狩」，續刻本作「巡」。
❷「以」，續刻本作「官」。
❸「者」，續刻本作「首」。
❹「又」，續刻本作「兵」。

「滕之横京師，誰弗知者？ 獨王能捕之，顧肯納其賄耶？」王得不黜。 先時經營，吏率以裁省爲能，市材率不予直，即予莫能償其本，衆苦之，公三度給價，而商無退怨。 尋再疏乞休，會被推本兵，時黠虜入寇，三鎮告急，乃不復敢言去。 頃之，考績還，以疾卒于淮上。 時嘉靖十二年十月二日也，距生成化六年七月二十七日，壽六十有四歲。 使公再永數年，經綸康濟，又何如也！

初，公七歲，時母病爬頭虫，甚爲累，公默取虫吞之，虫不復生。 少受學于陳生甚嚴，公時密歸省，陳初怪之，後知其爲母也，益加愛重。 繼母楊淑人年少，公事之甚謹。 家貧好學，雖群輩嬉戲，手不釋卷。 性謙抑寡言，衣服居處喜儉素。 平居未嘗言人過，亦不喜虛美人。 處家教子，嚴而以正，每曰：「凡事讓人，不可傲慢。」又曰：「溺愛，返爲不愛。」撫教五弟，皆至成立，盡分祖業于諸弟。 居學，與諸友取分膳銀，住廪五人，中有貧者，公議均取，諸友皆樂從。 贈公自什方歸，❶頗貧，公將赴省試，辭。 贈公昔嘗貸金于邢，不能償，❷邢移書讓之。 贈公醉卧，繼母泣道邢事，公憤然曰：「父辱子憂，何以試爲！」夜行三十里，出費償邢。 山路險阻，帶酒夜行，幾不利歸，贈公覺大驚，更與典地爲費，步行赴省。 其睦宗族，皆有恩禮，每遺書曰：「爲士者當自重，勿入公衙。 爲民者當守法，勿犯有司。」母家子孫零落，止有二孫，牧牛于人，公令其弟收養撫立，相繼承管。 至于資給憲友邢恩，既貢父監而連取甲科。 憫恤吳、聶二友病

❶「方」，續刻本作「邡」。下同。

❷「償」，續刻本作「還」。

故旅邸，與歸其櫬。若百户陳璽襲職被盜，裹薦來謁，乃易衣醫療，亦贐使完歸。蓋公與人處，恂恂若無所能，而見義必爲，萬折不回。居常手録先賢要語，帖置左右，以自警切。雖年逾六十、位至九卿，見僕吏鄉人，未有惰容。予嘗以爲西漢周勃、張歐之輩人也。公心本純誠，雖鬼神可通。❶其舉鄉試、會試之先，皆有火光殞于庭院，父母親見。在學時，友人蕭鳳妻迷于邪亂，語不知耻，公每至其門，輒避匿曰：「張大人來也！」後諸友同以物鎮邪，夜投磚石于諸友號舍，獨不敢犯公。贈公居什方時病革，公日夜奔泣，比及界，夜昏路不能辯，忽有笛聲導之識路，得至縣，笛即不聞。時贈公幾死復生，人以爲孝感神明使之然也。他日巡按淮揚時，泗州察院有妖，劉御史者至夜驚擾不能寢，公居數日且養病，妖不復聞。後劉復至不敢入，召問守者，云：「張老爹住時，止見一鬼甚大，捧藥跪床下耳。」然則公自行人、御史，以至廷尉、司空，所至効績，豈偶然哉！

公配吕氏，邑人吕公文通之女，以公貴，贈淑人。吕淑人之歸也，姑及庶姑皆在，嚴甚，乃躬操井臼，脱簪珥以供朝夕。逮既貴，猶著浣補舊衣，攻苦食淡，不少改其度也。生某年月日，卒某年月日，壽若干歲。生三男子：長重光，舉人，公在南京工部時，嘗遣之從予游于鷲峰東所，然沉厚圓慎，忠慤不伐，❷綽有公風烈；次耿光，醫官；次文光，庠生。女三，長適生員唐子順，次適生員謝泂，次適百户金第。次室王

❶「通」，續刻本作「邇」。
❷「慤」，續刻本作「毅」。

氏生二女，一適舉人傅以中，一適生員唐倫。耿光生子三，長槐，官生，次桐、橋，女二。文光生子一，榛，女一。重光于某年月日已葬公于某山，未銘。槐入太學，持狀請。未獲應。今年戊戌，重光會試遇其友進賢舉人章詔，又以禮幣促，是宜有銘。銘曰：

有碩中粱，孝未成童，吞虫七歲，母首免殤。聞父病革，革走什方，匪遇神笛，父何以生。凡舉科甲，兆有火光，巡按淮鳳，祟不能殃。山東除蠹，忤及宰衡，宰衡不樂，出守廣平。懷民威吏，如漢循良。河間廖宰，借守其鄉，豪黠斂跡，顯要亦懲。被其讒賄，下獄尤剛，身雖顛沛，聲則益揚。既參晉藩，巡撫違經，屢言不用，回此晉陽。撫公益烈，行伍稱兵，桀黠凶虐，撫公被戕。公晉江右，綰綬憲長，貴州稱屈，進天下平。既少司空，奸吏殄亡，當其風采，實王股肱。天不慭遺，乃遽淪喪，縉紳悼惜，哲人其傷。銘此貞石，子孫永傷。❶

明贈徵仕郎禮科右給事中前扶溝縣史李君暨配封太孺人胡氏墓誌銘

君諱瑄，字宗玉，兖府東阿縣張秋社人，南京刑部郎中、前禮科都給事中仁之父也。以刑部在禮科時，贈右給事中。贈君受性英敏，垂髫誦書，輒解大義。父家世農，不喜業儒，乃令入貲爲按察掾。贈君材能煥發，受知上官，顧數不樂其事。弘治壬

❶「傷」，續刻本作「揚」。

子，選授扶溝縣史。縣俗富豪健訟，多盜賊巢，令數不獲久任去，贈君至，攝篆，擊搏豪黠，舉稱廢弛，案無留牘。乃又搆燕息之亭，植荷蒔菊，❶羅栽名竹，暇則札速搢紳耆舊樂飲其中，因以諮諏民俗，故凡折辭訊訟，無能遁情。乃又改建明道先生之祠，以使士民伏臘禱祀。縣有强盜，久未緝獲，會有明火劫人財去，遺落毡帽，人以白贈君，贈君令人持洗于市，帽匠見之曰：「此某人帽也，汝奚得之？」人歸以告，遂擒其賊，并獲餘黨。❷在縣五年，攝篆三載，吏民畏懷，尋以母苗氏喪解任，其歸之日，素衣冠送者自縣屬之河不斷。服除，改補順德之南和。有朱尹者，負氣陵轢僚佐，諸僚佐多曲意事之，朱益多鞭撻人以示威，贈君閴若無聞焉，朱後氣益張厲，贈君乃從容曰：「卑高有常禮，參佐有常職。今奈何徒苦左右，示不廣于人乎？」朱乃前執其手謝曰：「君教我矣！」厥後贈君罹疾，朱爲建醮以祈福焉。歲庚申，當部秋賦入京，賦有宣府邊儲，適值虜寇，宣大戒嚴，或勸以支引無往，贈君毅然曰：「吾職也！」即嚴冬出關，身履沙漠，左右慘然，望見馬騎，以爲虜至，悲啼不休，❸贈君獨無所動，但以喻慰之，卒亦無患。既歸入門，家人驚其瘠甚且泣，乃遽止之曰：「始吾不謂生入居庸關，今已至此，即死猶爲不幸耶！」

贈君長身脩髯，議論明確。初以資當得七品官，以母老亟就禄養，因失流品焉。生于景泰乙亥六月五日，卒于弘治辛酉二

---

❶「蒔」，原作「塒」，據續刻本改。
❷「餘」，續刻本作「其」。
❸「悲」，續刻本作「恐」。

月二十九日，享年四十有七。曾祖諱長孩，❶幼輒孤，年方數歲，元末兵起，族人争去，鄉閭多無所歸，乃獨逋居苦山，入贅李氏，後生子勝，配于陶氏，生子祥。祥有心計，常操奇贏，身致碩富，殖田三千，屋數百楹，配于苗氏，生五男子，贈君其第四子也。是其先世敦信崇義，醇樸務本，蓄極而發，積厚而顯，乃至贈君，躬被沖允，率履無華，篤生賢子，邦之司直，上馳天恩，❷褒贈泉壤，❸不偶然也。

配同邑胡氏，亦以刑部在禮科時封太孺人。太孺人之歸贈君也，苗夫人尚無恙，太孺人務極孝敬，飲食衣物，身自執侍，不委婢僕。其在扶溝、南和之時，猶事麻枲絲苧，以佐禄入。及贈君既殁，其柩殯斂葬之具，皆出經畫。至履藝田疇，課植樹圃，多服其勞。而其教刑部以隆師親友之道，或稱述贈君遺言，夙夜諷勵，至使于義子共筆硯，同甘苦焉。若乃周急恤寡，匍匐救喪，皆其緒行耳。刑部在行人時，已迎養于京邸，自是皆恒在任也。今年九月四日，以脾泄病卒于御賜廊官舍，距生景泰甲戌四月八日，享年八十有五。刑部舁柩歸東阿，同贈君合葬焉，乃托上寶卿李懋欽以問銘。銘曰：

有彦贈君，天授伊嘉。讜信自履，侃侃不阿。扶溝政美，亦懋南和。移祀明道，士風肆遐，計獲暴客，民用無訛。部賦宣府，慷慨稱戈，虜亦無如之何。嘗舁母柩，送者如麻，屬之于河。

❶「孩」，續刻本作「孩」。
❷「馳」，續刻本作「馳」。
❸「壤」，原作「攘」，據續刻本改。

厥配孺人，媲德疇過，宜獲褒典，存亡並華。況兹刑部，秉直不那。纘戎休問，千載不磨。

王生德誠墓誌銘

王生者，吾年友刑部員外歙人黄羅君之子，贈君一舫先生之孫也。黄羅君請予爲一舫齋題辭，謂予能説一舫齋也，於同年中獨厚于予。比既歿，未獲究其才也，予甚悼惜之。他日予典成均事，其子南道御史德仁獻芝來辭，且言予監規過嚴，非文武弛張之道也，予受而改之，乃私嘆曰：「斯御史也，他日必以讜言鳴于時矣，黄羅君其有子哉！」未幾改官南道，德仁又使其弟德忠從予遊，獻蓋負志英邁，端慤不苟，予又私嘆曰：「斯生也，他日必以直躬鳴于時矣，黄羅君其有子哉！」尋獻蓋告歸，思予復來，以德仁之在浙差也，不得已又告歸，且爲其兄德誠索墓銘，曰：「德誠自少篤志儒業，家人每以其軀弱爲患也，多方沮之，持志益堅，與獻蓋受業于德仁兄，互相講習，雖祁寒盛暑，❶不爲少廢。間得古今文字之善者，必手録之，積至成篋。自六經、諸子，至天文、地理、養生之書，靡不涉獵。爲文每滚滚數千言，詩賦尤所長也。嘉靖辛卯，臺選應試第一，已補郡庠生。然爲人質而不俚，儉而不固，恒衣布帛衣，或問之，則曰適體足矣。尤喜敦義，排難解紛，振孤恤寡，往年從兄獻茂偶有危禍，屬于有司，君力排之，賴以寧息。又從兄蚤死而無後，宗人有利其有而覬覦之者，乃謀諸兄弟，告于

❶「祁」，續刻本作「嚴」。

大守，擇其所親愛且賢者以立之。生平不淫于酒色，嘗肄業棠樾，偕諸友晚眺溪側，去館數里許，友入酒肆携妓酣歌，君獨坐橋亭，候至三更乃復。及應試南都，或又有誘之者，特立不亂。且虚己親賢，不以富貴驕人，亦不隨世作炎涼態，接人必以誠實，所交多一時俊誼。人或犯之，終不以校，❶咸服其量。居常恂恂若愚，無以悦于人者。及死之日，郡大夫士無不悼惜之。」夫德誠雖蚤殁，然學已至此，使天假年，真可以追逐德仁而與獻蓋並馳也，宜乎徽中人以爲「王氏三鳳」云，豈非黄羅君之有子哉！

夫黄羅君學究未盡施，語所謂「不在其身，在其子孫」者，果然乎！初，王氏之先世有爲金紫光禄大夫獻公者，世家祁門。❷其後有諱祐者，始遷歙之嚴鎮，以至于今，子孫繁庶，爲鎮巨族。至一舫先生諱瑗，封工部主事。而黄羅君諱寵，登正德戊辰進士，居官屢著善政。配方氏，封安人；側室劉氏，生獻蓋。蓋王氏自獻公以來，世以慈儉義方訓後昆，宜至黄羅君發而未盡，又有此三鳳也。

德誠名獻葵，其友號爲樂川，亦嘗謁予于鷲峰東所者也。生弘治甲子三月十八日，殁于嘉靖乙未四月三十日，享年三十二。❸配旃溪太學生張君紳之女。張質直好義，德誠殁之後，與其媵妾汪氏秉禮守節，共誓栢舟之志，可以懲善人之報矣。子二：曰夢龍，聘新安衛于氏；曰夢書，聘信

❶「校」，續刻本作「較」。
❷「祁」，續刻本作「祁」。
❸「十」下，續刻本有「有」字。

行汪氏。女二：曰綸音，許聘托山程尚賓；曰詔音，未許聘，皆張氏出也。獻蓋領母兄之命，權厝于尹莊之陽，其友鄭統敘其平生，因爲之銘。銘曰：

嗟歙嚴鎮，右姓維王。黄羅法曹，經學允明。未究厥用，且艾而行。爰生三鳳，爲歙之光。孟季咸永，葵也獨亡。❶孝弟在家，忠信在鄉。天靳名士，喪此文章。❷遺行皈皈，巋然尹莊。銘茲貞石，休問常芳。

明故奉直大夫刑部陝西司郎中黄君墓誌銘

君諱志達，字成章，别號東川，晚更鶴翁。其先故汴人也，宋靖康間扈從南渡，遂居建康，國初再徙溧水之唐昌，復遷于迎薫之西坊，子孫因世家焉。曾祖諱伯儒，潛德弗輝，舉邑大賓。祖諱桂，輸粟拜散官。父諱份，好義樂施倜儻，爲鄉間所宗，不求聞達，人以「樂隱先生」稱之，配張氏。

方君之在娠時，張屢感異夢。甫九歲，遣就外傅，凝重有大志，不爲嬉戲，日讀數百言，輒成誦，授《孝經》、《大學》，即能了大旨。時府丞賓應冀公選俊秀以充庠序，集者百計，君與列焉，冀素精鑒别，一見君，重其氣宇，遂收補庠生。比弱冠，鋭志潛修，博極經義，尤邃于《易》，闡明先賢未盡之意，務歸于理。執經叩問者屨滿户外，如今成都通判王君希成、信豐尹徐君鑾，皆出自門下者也。時督學憲臣浙江王公□□因試

❶「亡」，續刻本作「殤」。
❷「喪」，續刻本作「瘞」。

得君文，❶大爲褒賞，至稱以爲江南之傑。是秋果領順天鄉薦高等，將計偕春官，值張孺人卧疾，乃日親湯藥，不解帶者兩月。或勸之北上以圖春試，君曰：「寸草之心，昔人所懷。況以身外長物，而可易吾昊天之報耶？」孺人竟以疾終。未幾，樂隱翁相繼而逝。君連遭兩艱，徒跣枕塊，痛哭毀瘠，幾不能生。斂葬之儀，悉遵朱子《家禮》，不用浮屠，鄉人多化之。

同予舉正德戊辰進士，授刑部湖廣司主事。時宦瑾煽權，諸司章奏率先關白，奉行唯唯，君曰：「倚法以逞毒，吾實不忍也。誣法以取榮，❷吾所不能也。」惟持公恕，剖判明決，不沮不撓，法用是平。大司寇陽曲張公素慎許可，獨雅重君，❸注曰：「執法而堅獨立之節，讞獄而求不盡之情。」天官書最，授勑階進文林郎，贈樂隱先生暨張孺人如其官。正德庚午歲，武皇帝軫念淹獄，致干和氣，命刑部推選聞望素著者一人洗滌冤抑，張公以君名聞。遂奉詔仰體德意，躬獲面覆，覃厥心膂，囚犯大辟當死者，務求生理，不忌成案，❹即具情上請，賴以全活者甚衆。尋陞本部山西司員外，署郎中事。然君性高亢，好善如己出，嫉惡峻加區別，雖忤時拂衆，不之恤也。時貴近持銓衡，或勸之往候其疾，君正色曰：「無故之獲，平生所耻。窮通有命，任自爲之。」聞者深唧。比因録囚，文檄山積，公不假胥吏，一一披閲，勞瘁成疾。君曰：「與時不合，尚求遷轉，知幾者固如是乎！且吾髮種種，不歸

❶「公」下，續刻本無空缺。
❷「誣法」，續刻本作「背旨」。
❸「重」下，續刻本有「乎」字。
❹「忌」，續刻本作「忘」。

何待？」懇疏乞休。休下，屏居山墅二十餘年，足跡罕及城邑，惟鄉飲爲大賓一至。日處一室，繙閱古今文籍，暇則或杖屨登山，或肩輿訪逸，徜徉自得焉。嘉靖丁酉，中丞潘公鑑惜其遺逸，列薦于朝，有司欲强之以行，君笑曰：「吾始脱韁羈，得此真樂。年踰六旬，能與時俯仰？」堅卧不起。

君剛方愷悌，至于接人，言辭有次，儀度可觀，見者如坐春風中。且孝友出于天性，兄志遠早卒，遺孤道，撫之如子。喜飲酒賦詩，興到伸紙濡毫，瀟洒出塵。所著有《知次集》、《咀芹集》及創修《家譜》數十卷藏于家。元配任氏，知縣蘭之女，貞淑慈惠，綽有母儀，先君七年而卒。子男四：長堂，選貢入國學，積學有待；次裳，蚤卒；次卷，次勑。女二，長適鄉進士茆君世昌子業隆，次適三原鄉義官武濡子曛。孫男九：天爵、天祐、天德、天秩，裳出；天禄、天麟、天和，卷出；天柱、天象，勑出。孫女三，長聘丁，次聘毛，三聘邢。蘭桂滿庭，皆可遠到，天之報善人者，詎不可徵耶？君生于成化壬辰歲五月八日，卒嘉靖戊戌四月九日。堂卜是歲十一月二十六日，葬于竹塘之原。予悼其屬纊之托，遂因其親友甘通府選狀，乃爲之銘。銘曰：

猗嗟東川，素履孔方。仕則行義，處則化鄉。瀟洒詩酒，不羈塵鞅。六旬自樂，山水徜徉。哲人多祉，孫子具臧。❶載其休問，比江水長。

❶「具」，續刻本作「且」。

涇野先生文集卷之二十九

南京禮部右侍郎致仕前國子監祭酒
翰林修撰兼經筵講官
同修國史高陵吕柟撰
巡按直隸等處監察御史門人建德徐
紳海寧吴遵彭澤陶欽皋編刻

墓誌銘八

明江西布政司參政蘭峰先生程公暨配宜人汪氏墓誌銘

公諱杲，字時昭，蘭峰祁門善和里人，河南左布政使、贈資政大夫正治尹諱泰者之子，四川按察使昌之兄，舉人鋭之父也。鋭嘗從遊于鷲峰東所，今年予以公事至京，鋭以其友所撰蘭峰公狀拜問銘。

按狀，公舉弘治癸丑進士，筮仕户部主事，歷員外郎中，陞湖廣郴桂兵備副使，乙亥之歲陞江西參政。當是時，寧藩宸濠方横且逆也，二司抵任率行贄幣，公不能然，濠因畜憤。比署司印，濠多横索，俱與裁抑，其親信小校犯贓，則又懲之，濠遂縶其二吏，更年不釋，仍不同他僚行乞恩禮，濠怨于是乎深矣。及分守南昌，濠潛匿劇賊吴十三等數十人于府中，又假以地方賊情，誣參公及許憲使逵，窘辱百端。公乃寄乞休本于其弟侍御時言，乃爲時宰陸公所遏止，姑推公陪點布政，以緩其計。濠遂誣公與吴十三等交通，不肯督捕。公又同許公預奏至京，因濠本不出，又爲人中止，遷延半載。事傳當道，聞于先帝，命三法司行勘。濠懼，遂叛。

己卯六月十四日，僞械撫按、三法司官。時吴十三等用事，❶公遭捆縛，獨苦甚。次日欲殺公祭刀旗，❷賊師劉生者適至，勸濠不嗜殺戮，公因獲免，執公入舟。時始得通家信，令其子鋭舉義兵沿江討賊，❸并入京請兵。鋭即同弟鐄散家財，募義士，而汪宜人亦盡脱簪珥以資給之。鋭乃請于南都操江、巡撫、巡按暨司馬諸公，其從弟照徑北趨上封事。是時公囚于座舡，夾眷倉内，憂憤疾劇，水漿不下咽者數日，後官軍重臨，縱火焚舟，幾傷其生。忽反風脱圍野泊，❹地方人登舟，知爲公也，曳舟至江西城下，舁入官衙救藥，兩月方起。庚辰春，公歸自南昌，鋭赴京辨訴，誓死累疏，有旨：「程杲既原累抗宸濠，被其參害，又囑子起兵擒賊報効。撫按官參論，其情可原，准釋其罪。」僉謂：「誠如旨諭，當復官起用，豈止無罪而已乎？」公曰：「予參江藩，倖免于死，殆天數也。」

初，公之任户部也，差通州督糧，綜理精詳，官運兩便。其在垻上馬房，至使中貴不敢撓法。尋差散京衛花布，勢要不敢拆閲。❺比考滿，部堂周司徒書以「勤慎」。他日差往山東及閩、廣二省也，積弊多革，地方晏然。及六年之考，部堂吕公以「謹飭」、「公謹」書稱。後陞員外郎中，清譽益彰矣。司徒韓公甚加器重。乃若守南昌時，宦璡

❶「十三」，原作「三十」，據續刻本改。
❷「刀」，續刻本作「乃」。
❸「令」，續刻本作「命」。
❹「野」，續刻本作「所」。
❺「拆」，原作「折」，據續刻本改。

肆姦，使者横徵無虚歲，公以堂食充費，不擾于民。司禮魏彬者，亦嘗遣人少違其法，即加鞭箠，雖至考察之年，陰囑時宰邃菴楊公調改而不顧。一時又有謝文選者，播弄權衡，侵奪官田，凌轢鄉黨，甚濠也，公痛責其家人。謝至使其親來，言許京堂，以徼厚利，公堅守清白正直而不改。他如葺城積糧，築圩練兵于肇慶；區畫武備，招撫傜魁，❶親臨戎行，擒斬賊首于郴、桂；諸所敭歷，秉直樹勳，伸冤理枉。抗濠之烈豈偶然哉！

初，程氏出周大司馬伯休父，封邑于程，世望于廣平郡。至晉，有諱元譚者爲新安太守，有惠政，民遮留，遂家焉。至梁，諱靈洗者捍禦侯景有功，封忠壯公，世居篁墩及議口。至唐，御史中丞澐起兵拒黄巢，長子諱仲繁，戍祁門、嚴湖諸處，卜吉地于善和里。尚書公長子諱令涯，任中奉大夫。至宋，諱鳴鳳者武魁天下。迄元，多高人逸士。國初，諱德堅者有古傑士風，時世亂，各鄉立壘，恣行殺戮，德堅公往來各壘中說以大義，所存活者甚多，後從我太祖征陳友諒于鄱湖有功，授行樞密院都事，撫浮梁景德鎮，能解鎮人之危，遁淮西數載，太祖即位大赦天下始歸，訪知其賢，檄召，以疾辭不就。所著有《仁山遺稿》。都事公生佐，佐以公事成死遼東。佐生景華，以行義高于卿評。景華生顯，業儒敦古，領應天丁卯鄉薦，歷任韓、瀋二府長史，是生正治尹者也。配贈夫人胡氏，生四子：長曰昂，訓科；次曰旦，典膳；次即公；次曰昌，四川廉使。則公之學問淵源、忠貞卓偉者，蓋非

❶「魁」，續刻本作「寇」。

一代之積矣。所配宜人汪氏者，亦邑中望族，有女德，蓋作配于良者也。生子即鋭，早志于道，凡救公于危而明公之心，并他日顯揚後世者，當有斯子矣，娶某氏。女子女某，適某人。❶公生于某年月日，享年若干歲，葬于某里某山，是宜有銘。銘曰：

有毅蘭峰，邦之司直，筮在户曹，金穀是飭。太守克慈，兵備翼翼，亦既參藩，貞度維力。或抗逆濠，或拒吴賊，密疏既達，亂是用覆，命子義兵，以匡王國。黨叛無刑，貪婪不墨，❷緊程氏家，爲士林則。鄙人勒銘，用警不德。

明贈孺人李母董氏暨贈孺人穆氏墓誌銘

南京太常博士李生愈哭謁予曰：「愈母董氏殁，今二十有四年矣，繼母穆氏殁，今十有七年矣，顧其淑範懿德，未銘諸石，惟先生是問耳。」

「母董，家世平定東隅人。曾祖益都簿琰，元左丞吕忠肅公思誠之婿也。祖東昌府學訓導福臻。父郡庠生鑚，博學能文，有詩名，❸二十八歲没，遺其配張氏，年方二十七，厲節固窮，撫教吾母并舅氏，故吾母資度貞恪，夙有成性也。稍長，伯父鉉、叔父教諭朝綱每語人曰：『此女不凡，異日必有懿福。』家君年十二三，從舅氏王舉人佐學，聰明强記，擅重名于時，家祖爲擇所對，王舅氏與江西副使邑人曹公雷素聞吾母賢，

❶「女某適某人」，續刻本作「某某適某某」。
❷「不」，續刻本作「化」。
❸「詩」，續刻本作「時」。

爲力贊之。家祖曰：『其母嚴明貞烈，其女必賢矣。』媒氏往訊，❶外祖母喜曰：『是李氏才兒也！』遂字焉。及笄，歸家君。家君賃屋州居，以便學業，留吾母于家，相去二十餘里，乃專奉舅姑，備竭孝養。山下有泉甘洌，先曾祖母酷嗜之，每晨躬汲，以供膳飲，下上坡阪，他婦女所弗堪也。家世業農，耕犁鋤耰，處分俱當，甚得舅姑歡心。其侍家君讀書，縫刺于側，雞鳴而後即寢，相敬如賓。性極聰慧，古今孝義大節，歷歷能述其概。家君年二十四舉于鄉，明年乙榜，授高陵學教諭。先曾祖母不欲離吾母也，年踰七十，就養高陵。家祖亦使家二叔應庚、應箕從學于宦，箕因受業門墻云。」

「吾母上事祖姑，每膳必具甘脆，以稱素所嗜取。相家君端儀範，甘清苦，以誨諸生。祭祀，賓客，必敬必潔。于二叔書札燈火之費，咸爲預處，飲食必在，寒煖時未授衣，皆與完就，❷及著長短如式，雖家君亦不知也。畜諸兒甚嚴，過其前凜凜然，衣食不敢擇美惡，夜聞兩叔書聲，輒令之聽，謂家君曰：『二子如其叔足矣！若官貧，固好消息也。』乃卒于正德丙子正月二十日，距生弘治元年三月二十六日，享年纔二十九。嗚呼，痛哉！三月，祖母來撫諸孫，家君以湖廣聘考，與叔應箕偕往，叔應庚乃扶柩北歸以葬，諸兒幼，不能從也。

「十月，家君自湖廣返高陵一顧諸兒，會試期迫，遂行也。過家留月餘，娶繼先母穆氏，父諱翱，母李氏，郡西隅人。丁丑，家

❶「氏」下，續刻本有「或」字。
❷「與」，續刻本作「預」。

君下第，遂同復官高陵。先祖母以藐諸孫少失母，日夜憂不得托，及至，見拜起動儀雅飭莊重，喜曰：『諸孫復有母矣。』事先祖母惟謹，先祖母鍾愛亦如先母。撫育諸子女，食息必察，出入恐恐然若有傷，真若己出，雖不肖，忘其爲繼母也。及先祖母歸，家君陞鞏昌教授，復同抵鞏昌。時值隆冬，冰雪載途，過隴山，掖二男以登上者十餘里，且慰家君曰：『行道之難如此乎！』及至鞏，宅宇傾頹，止于後堂，索索無儲，惟勸家君効官如高陵耳。越歲，家祖同家叔應斗至鞏，竭力供億，尤每歉然，及攜家叔應箕將歸，家君假十數金爲路費，恐不足，即脱簪珥以備，曰：『吾在此，亦無所用之。』家祖歸，恒稱賢孝焉。家君延師以誨諸子弟，凡飲饌必豐潔，敬禮有加，曰：『師道隆，則弟子知所學也。』家君以提學大復何公選入正學書院，誨群俊士并修《雍大記》，歲時不返，經理家務，截然整肅。有盂縣劉氏亦官兹土，其女賢淑，即爲予叔聘娶，禮物悉裁處如度。及來歸，相待極其和愛，諸僚友家咸嘆服，至有感化者矣。」

「辛巳，先大外祖母卒，哭且絶者凡幾。壬午春，先曾祖父母卒，又哭極痛。冬，先祖母又卒，哭不起者五六日，形骸骨立，嘆曰：『胡天不仁，不使婦終養姑也！』奔歸在途，有感輒哭。抵家哭于靈，嘔血卧疾，諄諄語，惟念姑之不見也。病十日而逝，時嘉靖癸未四月十一日，距生弘治八年七月二十三日，享年亦二十有九。嗚呼，痛哉！」

「以二先母之叔懿慈孝，咸年不及三十而没，仁者果壽？天果可必乎？諸男咸未十歲而失母，孰知遽有今日乎？家君歷官三十年，雖以剛正不善事上人淹滯王官，不克大施所學，然冰蘗清苦，素行卓偉者，實惟内助。家叔應庚，順慶推官，❶舉乙酉科，應箕舉甲午科，應斗有雅譽于庠，其擇師供億，二母皆與有力焉。男七：長念，舉乙未進士，授浙江錢塘知縣，娶王氏；次即愈，同兄舉進士，娶楊氏，封孺人；次慈，郡庠生，娶陸氏；女，淑賢，適庠生苗敏學，董出；次愛，少穎悟，六歲出語驚坐客，年十四以疾亡，今葬北邙山云。嗚呼！天何奪母，又及其所愛耶？次慤，意讀書可望，穆出；次懇。女二，再繼母吕所出也。孫男二：栗，念出；梟，愈出。孫女五。嗣緒延綿，幸不墜家聲者，意必其餘蔭遺福也。乃嘉靖丁酉遇聖上推恩，二母以愈博士秩，咸贈孺人矣。」

涇野子曰：「傷哉愈也，吾爲子銘之！」銘曰：

古有道之女，迪德之媛，或多不壽，以委祉于其後昆。語所謂「不在其身，在其子孫」，故爲子孫者，數奮思古初，竭力于學，以永此身之所根也。是故既富而立義田，方貴而捫瘡痕，皆其賦性于父母，而因以知學之源也。今夫董母以育子而革疾，穆母以哭姑而褫魂，慈可以照日月，孝可以塞乾坤，大博暨錢塘不日皆擢爲臺諫，責之以言也，其所以立身行道、揚名後世，以顯二母如生存者，又豈有外于孝以事君，慈以使元元者乎？我銘茲石，千載如燉。

❶「慶」下，續刻本有「府」字。

明大中大夫遼東苑馬寺卿東岸先生

郭公墓誌銘

公姓郭氏，諱震，字孟威，别號東岸，先任陝西參政劉公一貫者之母舅，今任陝西參政張公邦教自寬者，其女夫也。初，郭之先世吾陝韓城人，有幾世祖者徙籍蒲阪，居古城黄河之東岸，學者遂稱公爲東岸先生云。公生而簡重狷介，不苟言笑。成童時，與其兄服賈四方，偶奮然曰：「大丈夫當建勳庸于當世，安能伍小兒輩于市井取奇贏邪！」遂一志儒業，日夜不休。時年已十七八矣。嘗學《禮記》于王執中先生，被其器重。督學東郡敖公首選籍學。當是時，少參楊貞庵致仕家居，直躬而行，雅愛公文，稱其清簡有則。然公父已老且病，公不解衣帶侍湯藥數月，及卒，寢苫枕塊，兩股中寒濕，哀號不衰。及父病且劇，或勸預娶，答曰：「豈有父垂命而子納婦者哉！」終三年喪而後娶。

弘治甲子，王文莊公督學山右，試士至蒲。適值國哀，以喪禮命題，公據所聞于王先生及静寧吴先生者，併附己意，著爲論説，❶文莊稱其有定見，是年遂中禮魁。此後蒲士以《禮記》登科者，鄉論率歸美焉。及戊辰，同予登進士第，授大理寺右評事，鞫讞詳明，評駁不苟，廷尉倚重，考績書最。甲戌，晉寺副，而母王太孺人遘疾，公忽心動，奏乞省親，上允其請。歸，果病劇，曰：「吾兒來矣。」即少瘥，尋復病弗起。蒲人盛傳擬古「噬指馳歸」云。代郡孫太史曰：

❶「説」，續刻本作「語」。

「孝弟之至，通于神明，果然哉！」服闋，補前職。

戊寅，陞河南按察僉事，奉勑提督安慶等處屯田，整理潁州等處兵備，兼理刑名。是官銜列河南，地轄南畿，公清慎自勵，無所屈阿，撫按知重，屢騰薦剡。宸濠之變，公提兵防禦，沿江一帶，賴以無虞。他日武廟南狩，及今上奉迎聖母，其綜理供應，罔不周悉，宦臣有需索者，不少苟隨。南北送迎，道路險遠，一無所失，欽賞綵段羊酒，以嘉其勞。及壬午，山東流賊攻劫徐、豫，公調民兵，追逐出境。保障地方，兼以教養，遺愛及人深厚，潁人爲立生祠，以致忠敬。癸未，陞陝西苑馬寺少卿，即巡歷牧苑，點視馬種，馬用蕃息。檄委查盤平涼倉糧，君卻金秉法，杜革侵漁。時總制邃庵楊先生、侍御中川陳君，薦其清謹質直。丙戌，陞遼東苑馬寺卿，諸所施爲，亦如平涼，未或少懈。嘗帶管守巡之事，即任真執法，不少假借。

己丑，辭官西歸，行李瀟然，棲跡舊居，不逐時好，開圃種蔬，兼藝花果，日以娱遊。爾乃考正方脉，修製藥物，❶活幼頗衆，雖專門世醫，多師禮敬之。州守敦請鄉飲正賓，以風後人。居常一字一札不入州郡，鄉親富貴者延請，亦不赴也。暇則作詞曲以自咏唱，凡心有所得，多發之音律也。乃嘉靖乙亥五月十一日卒于正寢，時風雷大作，鄉人以爲異云。距生成化癸巳七月十九日，享年六十有七。君所著有《四書意見》、《禮記精義》、《東岸樂府》諸書。其門人兩參政

❶「製」，續刻本作「治」。

及舉人杜緯、郭三仁輩，❶皆能傳其奧云。

初，公之高祖諱文秀，曾祖諱永忠，祖諱讓，皆隱德不仕。父諱通，字彦明，以公貴，贈文林郎、大理寺右評事，母王氏，元侍郎德之裔，封太孺人。初，贈君商于秦隴間，古城忽夜崩，父母併妻葛氏皆壓死，贈君自隴奔歸，遂遷越城今居。再娶楊氏，未幾亦卒，迺再繼王太孺人。贈君以累世孑立，❷偶罹奇禍，且乏嗣，遂不遠出，居家多務施予，賙恤貧乏。乃生男一，名鋭，女一，即劉參政之母，封安人云。他日贈君忽染奇疾，卧簀三歲，懵弗省事，飲食則茹納，終日不進亦不索，翻身必賴人扶，或曰言「至某所某所」，或又言「歸自某所」，大率如西竺所傳云云。病愈，益修寺鑄佛，飯僧濟貧，今鄉人所稱「郭居士」者，即其人也。是後生公，鄉人以爲居士積善之報。夫是説雖不可據，然如公之篤信守禮者，亦豈偶然哉？

配張氏，吕坂鄉賓錦女，有順德，克相夫子，封孺人。子男三：長于蕃，監生，娶楊氏，判簿珉女；次于宣，娶薛氏，兵馬雲女，繼娶姚氏、田氏；次于方，郡庠生，娶傅氏，鄉賓麟女。女一，壻即張參政也，封恭人。孫男二：焕，習舉子業，娶張氏，判簿麟孫女；焜，幼。孫女三，一字生員劉衍祚，參議成德之孫。擇嘉靖十九年七月某日，葬于某山，張自寬持劉體道字狀以問銘。銘曰：

有覺東岸，如玖如瑰。奮拔商賈，
執禮不回。簡約凝重，如條山崔嵬。
仕至秉法，物莫能摧。江防以晏，東西

❶「仁」，續刻本作「仕」。
❷「孑」，原作「子」，據續刻本改。

邊塞，馬蓄不虺尵。退歸林下，迥絶塵埃。有守鞏革，既多其才。學不背經，豈曰後身如來。我銘斯石，照此泉臺。

南京國子監典籍李舅之配魏氏岳母
合葬墓誌銘

岳母魏氏者，户侯諱善翁第八女也。自少攻治機杼、剪繡、組紃及諸中饋之事，罔不精緻懿嘉，諸女流咸敬羨焉。及歸登仕舅，當是時兄弟五人同爨也，其孝事舅姑，曲處諸大小姨及諸妯娌，乃益勤機杼、剪繡、組紃及諸中饋之事，滋罔不精緻懿嘉，姑及諸姨、妯娌尤咸敬羨焉。當節序問遺、賓祭請召，無私厚薄，凡甥孫姪娣，咸飫其德而飲其馥。閫内若有微忿，嘗置去，不一辨問，大小和睦，❶長聞笑音，不聞怒聲。恒濟貧拯急，人誦其德。雖漢之鮑桓、梁孟，何以加諸？若岳母魏氏者，當非古温任淑惠女流之英乎？

生天順辛巳八月二十六日，卒嘉靖甲午十一月初三日，❷享年七十有三歲。生男子三人：長純，娶西街王氏，没，繼娶原趙村王氏，又没，繼娶南街文氏，又没，繼娶涇陽吴氏，又没；次緣，早殤；次穀，縣學生，常入科，幾舉也，没，娶東吴里來氏，没，繼娶涇陽王氏，亦没。女子子四人：長適桷，時舉人也，及官至侍郎，封淑人云；次適本里孫彦景，次適縣南商尚質，次適三原生員鄧世泰。孫男子二人，皆吴出，長灖，娶東街高運同之孫女；次沔，縣學生，出繼于弟

❶「和」，續刻本作「相」。
❷「三」，續刻本作「二」。

穀，娶灰坡劉氏。孫女子二：長適縣南生員馬應暘，暘死，守節；次適中部舉人劉儒，俱純出。曾孫女四人：采苢、❶采蘩、❷采藻，灉之女，采蘋，沔之女。岳母之將合葬于登仕舅，其姪學生編書狀言銘，柟何能辭？乃抆淚誌之而銘曰：

　岳舅之葬也，柟銘之。岳母之葬也，柟銘之。雖于潛德隱行，未能詳爲之辭，然于厚恩素教，則亦聊陳其所知矣。員員孫子，衍及女支，載道孔敦，垂于無期。

明榮禄大夫南京户部尚書贈太子少保石樓先生李公之配淑人張氏合葬墓誌銘

石樓先生之歿也，吴祭酒已志諸墓矣。越七八年而元配張淑人歿，將合葬焉，其子舉人承恩使兩姪夔、龍持狀自汾水來請銘，予以憂辭，龍再至，不獲已，述其狀而志之。

　按狀，張淑人平陽翼城澗下里人，世濟行義清白，至父又有隱德，嘗感異夢，乃生淑人。天性貞静，孺寡嬉笑，長閑《女訓》、《内則》，儀容端重，言動居止，咸中規矩，凡諸服飾，惟取鮮潔，不事華麗。年十四，歸石樓先生，肅雍自持，無違宫事。曾大父母、大父母時重慶，事之孝謹周至，飲食衣服，必躬必親，不以屬人。祭祀、賓客，一致腆潔，而自養甚薄，懼弗繼也。其處伯仲妯娌，恩義交盡，室人咸悦。及舅慈溪先生謝政歸家，遭歲大侵，而儒素寡積，俯仰無所

❶「苢」，續刻本作「苣」。
❷「蘩」，原作「繁」，據續刻本改。

於給，石樓先生有憂焉，則慰之曰：「惟無荒學業，無違先志，他可免慮也。」乃竭力機杼，以佐家費，隆冬沍寒，亦不少懈。屢際凶年，連舉重喪，無累也。

成化庚子，石樓先生既登省元，明年辛丑，即舉進士，授尹樂亭，奉養舅姑于任，諸從子弟悉令隨侍。乃上敦孝敬，下慈群幼，或延師教授，恩同己出。弘治己酉，石樓先生以監察御史貴，封孺人，乃感泣言曰：「妾本農家女，誤蒙殊恩，無所於報，惟願君子夙夜惟寅，滋勵臣節耳。」及姑譚淑人歿於家，哀毀幾不能生，綜理喪務，巨細畢舉。其遇侍妾，禮愛篤厚，有古《樛木》、《小星》之遺風焉，鄉閭遠近，聞者嘆羨，以爲難及。弘治庚申，其喪舅贈公，哀毀亦如喪姑焉。正德己巳，既拜淑人之封，感服不寐，謂諸子曰：「天恩踰涯分矣。前日之報，屬之爾父；今日之報，託諸爾曹。爾等惟讀書明理，他日誤蒙收録，盡忠樹節，爲時名臣。不然，守身力本，不失爲良民可也。」石樓先生自縣令以至司徒，屢歷清要，茂著勳功，如樂亭之流離歸業，戚畹還田，城臺息妖。巡按所至，貪暴肅清，妖僧已亂，大比得人。及爲方面，抵劉京之罪，戢廖鏜之横。進位都憲，按劉瑯之奸，抗宦瑾之惡。若乃户部之政，裁革冗費，權歸度支，國體增重，爲時名卿，尤人所誦仰者也。鄉黨以爲淑人內助之功居多，蓋非誣也。

淑人平日衣服不重帛，食不兼味，俎豆蘋藻，必親以事，紡績井臼，未嘗忘念，真古姒、姜之流亞歟！乃歲辛丑七月二十七日無疾而終，距生天順戊寅五月二日，壽八十有四歲。子男四人：長承宗，太學生；次承序，散官，皆早卒；承祐，散官，從子撫養成立者也；次承恩，舉人。女一，適楊堯瑞。孫男五：希夔，以恩蔭；希龍、希尹，以例貢；希傳、❶希文，尚幼。曾孫男一，曾孫女三，俱幼。銘曰：

猗嗟淑人，素履孔貞。舅姑克孝，妾媵有仁。石樓先生，相待如賓。凡厥孫子，慈惠同春。履素迪義，不忘食貧。宜爾積行，化及六姻。内助石樓，爲時名臣。女訓可式，豈啻比鄰？載其休問，千載如新。

明贈中憲大夫真定知府裕庵宋公暨
配魏恭人合葬墓誌銘

魏恭人之歿也，將合葬於裕庵先生，其子湖廣按察副使宋君宜遣其子學生承恩問銘。予以憂辭，不獲。

按狀，先生諱希賢，字志學。六世祖知遠者，自山西徙于鄜州德政坊。知遠生斌，斌生伯能，伯能生鑑，俱隱弗耀。鑑生綸，中弘治壬子鄉舉，仕至代府長史，配同坊杜耆老清女，是生先生者也。先生方數歲，即知禮讓，王父卧病數年，坐起皆難，先生侍養于側，不易其地，雖曝滌衾褥，必手親供事。既長嗜學，受《書》於從叔舉人君，日與母舅杜器菴共几席，雖寒暑不釋卷，邃菴楊公試其文，稱奇才。他日母杜孺人遘嗽疾，先生卧不解帶者三月，恒求以身代之。及葬，哀毁逾禮，雖越喪期，居嘗猶不爲樂，痛禄養之不逮也。憲副少時受以《小學》，至「范文正公告諸子」章，誡令勿朗誦，恐長史公聞之動心也。憲副垂髫，教以「知禮成

❶「傳」，疑當作「傅」。

性，變化氣質」，諸細故必以不欺爲主。及長史公自國學博士陞赴代府任，而先生感疾還鄜，疾革，謂憲副曰：「吾事親不能終養，訓子不能有成，死不瞑目。汝能讀吾書，成吾志，吾死不朽矣。」時正德丁卯，年三十有八也。

先生檢身甚嚴，即一介不妄取與，至有詆其爲迂者。每詔赦至州，例遣諸生分齎，屬邑舊有贈遺，先生次往洛川，尹如舊餽，固辭不從，乃寘其金于寢所而歸。收衾者得之以告，尹大驚嘆曰，以爲非人可及也。後再值齎，遂于貧友，至今鄜人以爲美談。先生又善爲文，多根理致，乃舉不第，當非命乎！然則畜極未發者，將不在于憲副所邪？憲副爲御史時，當嘉靖辛卯郊祀禮成，贈先生文林郎監察御史。戊戌，憲副在真定，復贈中憲大夫、真定知府云。

所配魏太恭人者，魏耆老廷相之女，年十六，歸裕庵先生。當是時，長史公方教諭臨晉，乃同裕菴赴任焉，躬調膳羞，承順顔色，備極孝敬。及杜孺人遘嗽疾，身事湯藥，頃刻不離其側，雖當盛暑，躬親便溺，食不盥手，杜孺人曰：「我孝婦也，願汝有婦，亦嘗女若乎！」他日長史公遣收憲副兄弟赴大同任，恭人以銀二錠付憲副曰：「此吾翁柴薪也。向日汝父自京侍還，何敢私畜？以可納上。」長史公感動不已。比長史公卒，哀毁亦如杜孺人。居嘗誨憲副兄弟勵志於學，無替前脩。乃憲副登丙戌進士，選授南臺御史，言事忤旨，逮繫錦衣獄，親友咸懼，太恭人曰：「御史，言官也，縱得罪，亦其職分耳。」竟復原職。會郊祀覃恩，始封太孺人云。及誕期，南臺十三道爲《蟠桃圖詩》，予爲之序，憲副乃具勑命、冠服并

《圖詩序》馳上焉，太恭人喜甚。後就養真定，每訓憲副曰：「清勤之外，不可輒以重刑加人，尤不可輕易喜怒。」憲副遂以「絜矩」字扁諸堂，問其義，對曰：「即俗所謂『將心比心』耳。」太恭人甚善之。戊戌，進今封云。尋遷湖廣憲副。庚子十月入覲，便道歸省，教戒尤切。及今年三月還過鄜，太恭人已寢疾，引憲副右中指納口中齧良久，痛不自勝，熟視血至矣，即死何憾！乃三月二十一日不起。生成化十三年八月四日，距卒享年六十有五歲。憲副卜嘉靖二十一年正月日，合葬裕庵先生於櫻桃山之陽，是宜有銘。銘曰：

有懿裕庵，惟介惟良。幼爲順孫，事祖耄荒，厥既嗜學，父母咸昌。辭金如棄，不求厥名，細事如此，況顯德行。魏太恭人，天合尤良，惇誠孝敬，悦此姑嫜。資結婚娶，賙匄救喪，惠及臧獲，自補衣裳。婦無私蓄，兼金敢藏？舅姑納上，子職之常。裕庵辭金，與之同光。宜爾有子，憲副孔明。靖恭奉職，不懈于涇。立身行道，爲邦圭璋。載厥休問，千萬載長。

明通奉大夫四川左布政使繡嶺楊公墓誌銘

公諱淳，字重夫，號繡嶺，同予舉正德戊辰進士，仕至四川布政使，歸而卒于正寢者也。初，楊之先世累出華陰縣。有百户君者徙澄城生政，政生敬祖，皆居澄城段莊里光禄村。明興，有諱仲微者始徙臨潼縣安業里，仲微生和。和生讓，成化末輸粟千餘，賑救貧乏，乃生子彪，贈浙江道監察御史。彪生欽，是生公者也，以公初官，累封工部郎中、加四品服色。母王氏，封太宜人。公垂髫時，恬静寡言，雅有志向，酷嗜詩書。時祖業頗豐，公一志于學，不爲富奪，祖于諸孫中特鍾愛焉，謂其衆曰：「此兒其大吾門乎？」弱冠，受《詩》于季父運使石川翁。以儒士中弘治辛酉鄉試，既偕季父僉憲櫟東翁、叔父同業于大學。

公既登進士後，觀政兵部，授江西道御史。❶時宦官劉瑾索求科道瑕疵，適決大辟，衆皆推避，無肯行者，公毅然請行，大中丞屠公喜其勇敢能任事也。而瑾惡其同鄉不附己，諷當道改公工部屯田司主事。庚午，安化王叛，王師于征，公爲之先事前行。辛未，被差荆州，抽分竹木。時川中多盜，商販十減四五，兼以勢要請託，齟齬旁午，公一切遏抑不行。時有青龍之謗，竟未能污也。秩滿，陞本部營膳司員外郎，管臺基等廠，尋差遼東，查盤軍器。甲戌，陞都水司郎中，奉勑管理通州、南旺河道，浚決潰污，築復隄防，一時糧道稱便，京儲頓增。時中官方横，舳艫往來，陵轢州司，需索無算，聞公退避。有號二劉者，勑使西域取佛，其船百艘，所費萬計，聲勢赫熾，沿河州司懼不敢支，公移檄擒治其前黨，衆斂迹而去。國初，工部尚書宋公禮治河有大功，禮曹議祀，以宋居中，有司奉行違錯，又進都督于其中，❷公具一奏改正，且修葺其祠宇，纂王端毅公奏議、丘文莊公之詩刊爲《漕河紀事》，以永宋公之功。又嘗發庫帑羨金，以修孔廟。其地舊有徐君墓，乃延子陵掛

❶「道」下，萬曆本有「侍」字。
❷「進」下，萬曆本有「用」字。

劍處也，亦築祠立碑，以表其賢。三載，再補虞衡郎中。未一年，陞湖廣寶慶知府。南楚風浮，俗又尚鬼，公乃首興學校，延經師以開勸生徒，四擒妖巫，徧毀淫祠，始則詞訟盈庭，一判數千，繼旬百人，再旬十人，期月之間，浮風丕變。巡按唐君薦其剛正清明，惠德安民。有某妻外適而娶妾者，其妾生子，已生員也，尋其父不認，告之公，公用古水盆法，破其鼻流血于盆中，并取他隸血于盆，以辨同異，其民遂抱子而泣，歸處其妻如初。又嘗奏革岷藩過用桐油船料數萬，及强占居民田産數千，并擒治其撥置之人。岷藩上章誣奏，事下湖廣鎮巡會問，其參語曰「知府楊某矯枉過直，讒致激怒于親王，疾惡太嚴，因公取怨于官校。究其立心行己之迹，無非守職愛民之心，罪固難辭，法應調用」得旨，乃調知鄖陽府。才七月，陞山西副使，奉勑管理鴈門等關兵備。便道歸家，適封君遘疾，公侍湯藥月餘而封君卒，人以爲孝思所感也。起服，除湖廣郴桂兵備。郴、桂，楚之南徼也。❶地雜苗夷，俗多寇盜，有禪光眼者聚衆數千，肆行劫奪，公皆捕平之，得蒙賞賚。嘉靖辛卯，陞四川參政，不迎欲離太宜人，至則具呈撫臺，分俸以養。❷次年，陞本省按察使。次年，陞本省右轄，尋陞左轄。公在蜀，威茂諸邊將常因蕃夷入寇，多殺無辜以邀賞賚，公累檄諭以禍福，勸戒切至，諸將感悟。在臬司，其蜀藩知其廉，贈兼金一百，撫臺贈金八十，皆不受，貯之庫。其爲參政時嘗視篆，

❶「徼」，原作「檄」，據萬曆本改。

❷「不迎」至「分俸以養」十七字，萬曆本、重刻本無。其中「欲離太宜人至」六字，原爲雙行夾注，據上下文義，改爲正文。

當放支銀伍萬，或曰此可得羨餘，公終不肯放支。

公平生以清忠自勵，慕趙清獻之爲人，俸禄之外，一毫無私。公子弟有諷其置産業者，乃厲聲訶之曰：「汝弟勸耕力學，我不爲汝所役使也！」見著綺羅者則曰：「此天物也，汝等可易用乎？」甲午冬，聞太宜人訃，公毁悼幾不生，即日奔歸。自是遺榮養素，居室蕭然。己亥五月十六日丑時，有雷震聲異常，即攝衣起，危坐有待，人弗喻其意。是夕，衆又見星隕于居之西北隅。次日，筵賓談笑間少覺不快，遽不起矣。嗚呼，痛哉！公元配魚氏，贈宜人；再配姜氏，贈宜人；張氏，孫氏，俱先卒。高氏男東星，娶米氏。孫男女各一，尚幼。公生于成化十一年十一月十二日，享年六十五歲。弟翰卜今年十二月二十五日，❶葬公于永豐鄉石川河之右，具狀乞銘。銘曰：

猗大方伯，陜士之英。秉直不屈，
歷歷有聲。❷昔在都水，宦舟斂藏。❸
寶慶之守，湖民用寧。❹藩臬于蜀，爾
道滋章。銘兹貞石，千百年光。

明義官仇君時淳墓誌銘

君諱朴，姓仇氏，字時淳，世家潞安府南雄山之東火鎮。曾祖諱述方，業醫藥，配李氏，生承事郎鏞，配某里張氏；生義官鶴，配某里張氏。於是生君兄弟三人：長楫，宿州吏目；季欄，郡醫學訓科，致仕隱

❶「翰」，萬曆本作「瀚」。
❷「歷歷」，萬曆本作「剔歷」。
❸「斂」，原作「劍」，據萬曆本改。
❹「寧」，萬曆本作「康」。

居，專治儒書，嘗從予遊；君其仲也。君生而嶷異，語言不同尋常人。年數歲，即知孝讓，義官君教以詩句，輒了其義。甫十二，卓然自立，如老成人。義官君或委以家事，任之不辭，出謀發慮，反過其右，其有所呼召，雖寢必起，雖食必吐。時家範未立，一日宴賓隨俗，或用女樂，君深憎嫉，客賜食肉，出門盡哇於地。義官君竊喜其剛正，謂坐客曰：「成我家者，是子也。」弘治八年，援例義官，代父專理家事。兄弟及再從者五人焉，吏目遊宦宿州，森儀賓城府，桓業膠庠，欄寓醫學。君獨克厥家，錢穀金帛，悉出其手，毫髮無私，而又慷慨奮發，事得其理，人得其職，恩信洽於内外，人皆悦服。族人有誣訟其家者，欲陷死地，乃即赴上書申理，聿獲辨明。弘治十六年七月，義官君卒，兄弟三人哀號盡禮，葬後同處一室。

正德五年，乃議立《家範》，舉行《吕氏鄉約》。願遵約，得二百六十餘家焉。置深衣巾履各一，立勸懲簿以憑賞罰，設義廩以便斂散。是年五月五日，忽報大夥流賊奄至，君即率合家婦女趨城，至六日果至，大劫東西二火鎮，戕殺虜掠男婦不計其數，惟君家獲免。賊去後，家食燒穀以存性命，好者貸人止收原本，燋者減半取償。文券既毁，人皆自守其數，乃與兄弟議曰：「往時利息三分，今遭此禍可取二分。」以爲常例，不數日息完。於是先搆祠堂，次營居第，次列諸堂，各扁名義。設義方以教宗人，建義學以淑鄉黨，築藥樓以濟夭死，立義塚以葬貧乏。始雖會議，而經營提督君實多與其力，雖經賊火，修復視昔愈盛。流賊所過，婦女死節者四人，君因激其儀賓，同諸會友白巡撫王公，獲給葬銀。奏聞，豎碑建祠小領，郡守曹公進善即委公董其役。乃輟家事，盡心營治，輒益己財。祠堂既成，貞女父兄以其女所遺繡枕二事來贈，君獻諸父曰：「此烈女遺物。」遂珍藏，間出以教示内人。子焕，求昏原氏女，既納采矣，其人曰：「從俗，則吾女歸。如行古禮，則吾不能從也。」君謂二兄曰：「吾家娶婦入門，有不守家範者去之，況尚未入門者乎？此人昏禮尚不欲行，則其女不能守範可知。與其亂吾家範，不若棄之，不過亡數十金耳。」遂與絶昏，更聘六世同居義門李氏女焉。正德十五年，吏目兄卒，君傷悼如失左右手。本都六里人舊窘差税，久逋郡公，君使人喻以禮義，税得完納，太守欲犒花紅，則辭以祖母之服。是後有例，許併里分，君與儀賓費百五金，併爲三里，自此二税諸役，必以本家銀貲依官價代輸，後收原本，不取其息，人皆便之。是歲大飢，白於母氏，先自族人，次及鄰里，録四百五十八口，計口給粟，多寡有差。嘉靖二十年又飢，復賑之。

五年，建立書院於東山，以教鄉之俊秀。七年，改正本村東嶽廟爲里社壇，祀土穀之神，恐禮未允，乃遣醫官之南都，謁何栢齋、馬谿田及予三人就正，兼詢鄉約、書院事宜，三人各有撰記，公以書院在東，因號君曰「東山」。八年又飢，斗米九十錢，餓莩盈途，君於本家便地掘一大坑，又於西火王鐍地掘二大坑，埋瘞死者。因給錢六文，以償埋者。又免負債人銀本五百金，重給銀本三百，其錢穀之息，通減一分。九年，起役修城，乃督本里人獨當半面，城工垂完，君忽心焦，點衆里，俄而城覆，里不一失，皆仰嘆曰：「不有相公，我輩已爲隍中之泥矣！」聞者駭異。十年夏旱，人心皇皇，衆會公議禱雨，君令合村男婦老幼前三日齋沐，各家年長一人親詣會所齋宿，每早焚香祝告，三日即雨，是歲大熟。十一年又旱，復率衆祈禱如前，得雨日亦同。人皆驚羨，云至誠感神焉。君凡遇祠祀，必變食遷居，務期感格，臨祭肅然。

君四歲，育於繼母閻氏。既長，晨昏定省，出告反面，事無大小，禀而後行。疾則親視湯藥，衣不解帶。及卒，哀毁踰禮，形容骨立，杖而後起。欄廬墓三年，不御酒肉，後垣群槐，慈烏徧巢，及歸見親故室，頭觸仆地，時已六十餘矣。潞守宋公圭榜其廬曰「二孝廬」，又大書「扶持風教」四字以嘉之，復疏其事於朝，詔表其門云。君雖與人談論移時，肩背竦直，身不少動，手足亦不移。處家嚶緊，尤慎閨門。憐家童曇年踰八十，月給米三斗，以終其年。郭文貴年老無子，每月給米二斗，以延其生，文貴死，廪給其妻不絶。收養祖母之裔張邵，自幼至壯，且與娶室。他若置義學田於陝堰之西，以贍鄉士不能束修者。和順王都憲公學行重於時，其所著書有《博趣齋稿》，乃刻其書以傳，多義舉也。及焕補本府弟子員，教之曰：「讀書本爲明理，治國先於齊家。不願汝工文辭以取富貴也，惟願守吾範耳。」

自鄉約之行三年矣，君領約事，人識禮讓，盜賊屏息，僧道遠迹，奸慝不生，淫樂不作，風俗大變。有小争鬬，君爲申理曲直，咸得其宜，鄉里息訟，遐邇嚮化。有若西火霍村、平家莊、趙家莊，遠而陵川之南，洎壺關之柏林，皆從約也。郡守周公吴素慕其名，乃大置酒食，召請至城。時諸約至者千餘人，周親洗盞酌君，求贊郡政。乃秋七月二十五日正終，據生成化九年六月二十二日，享年六十有八，吊客千餘人，行者哀於途，婦女嗟於室。

配王氏，繼王氏，再繼董氏，俱名族。男一，曰焕，生員，王出，先卒，即娶義門李氏者也。女五，一適教授陵川武儀之子思彤，一適尚書後蔭城李琨之子，一適西火巨族袁仕良之子遂，一適户部員外高平申廷賢之子監生去垢，❶一尚在室，俱董出。孫男一，即階，府學廩膳生，娶袁氏。曾孫男一，小字勿惰。曾孫女二。初，君將殁，醫官在側，憤恚成疾，既殁越月，疾少間，命君之孫階具狀走使請銘，義不可辭，遂即其孫階所具之狀，而次第其事以銘之。銘曰：

有毅東山，受性直剛，見善則從，見義則行。家範既立，具鄉約常，僮僕爰化，鄰境爾程。遺骴收瘞，孤貧是襄。神祖來格，宗戚咸章。行年七十，無忝所生。相厥懿行，先生彦芳。銘兹貞石，千載爲祥。

明贈工部右侍郎兼都察院右僉都御史南峰先生潘公暨配淑人施氏墓誌銘

明贈少司空南峰先生潘公，殁于嘉靖乙酉十二月十九日，距生天順壬午三月二十五日，年六十有四歲，配淑人施氏，先公六年卒，距生戊寅四月二十三日，年六十有三歲，俱已藁葬于韓八塢口矣。其子今工部左侍郎兼都察院左副都御史鑑，以塢口

❶「之子」，原作「子之」，據上下文義改。

之近河也，將於某年月日遷葬于象山之陽，謂柟爲同年友且舊史氏也，乃以族弟河南參政鎰狀，遣使請墓銘。

按狀，公自少孝事龐隱公，龐隱公之歿也，公視伯父貴安公亦如龐隱公。其事母吕氏，菽漿以盡力。友其弟璘、環、瓚甚篤厚。瓚年少，吕獨憐愛之，以公之能撫鞠也，恒以爲悦。公素不治産業，賴璘、環協心經殖以爲養。其約束群從無越矩矱，賓祭必以禮，而自御樸素，後雖貴顯，亦若寒士。至其輯世譜以明宗，架滎陽石杠以濟涉者，而里之孤嫠尤極意撫恤，下逮臧獲，亦慈惠無虐。里人有夜盜所儲粟者，公窺得其人，低聲謂曰：「吾安忍汝爲此？汝速去。明旦，隨我治任以往。」及旦，捐粟與之。他日竊者別犯被執，自言公事求免，公固未嘗與人言也。平生口絶咄叱，不事博弈，對客惟談論古今，不涉諠笑，一切玩好紛華，無少係累，恥與奔謁。邑大夫李子士翔者尊禮視之，延之飲射，傾意考問。一時英達咸謂公：「姿貌玉立，身無惰容，而接物温郁，得諸程伯子；與人言鑿鑿不妄，行之以忠恕，得諸司馬君實。」至於鄉之衡辯者，望容而息，類王彦方；胸次坦洞，未嘗惻其喜怒，類黄叔度，其亦徽士之蓍龜典刑乎！及其晚年，凡名山古刹，必棲遲以挹其勝，而童冠相隨，振衣散步，濯于清泉，哦于茂樹，蓋有得于道而自樂者也。

公髫時嶷然如老成，不類群兒。龐隱公性最嚴毅，嘗以事麾公立雪中，母引之避去，公拱手答云：「少俟父命。」聞者異之。稍長，師事貢士禔士奇，受《尚書》。尋遊黌宫，文名蔚播。弘治庚戌，治龐隱公喪，一以《家禮》，不用浮屠。屢舉不第，遂不復出，結廬以隱，因號南峰，鄉士擔簦踵接，鎰與主事弟鉉皆受業焉，復有父子相繼出其門下者，遂稱南峰先生。公又倡築凝秀書屋，别延師以訓子鑑，有詩：「性拙不妨勤作所，家貧端合儉爲圖。」及鑑年十九鄉薦，捷使及門，公方啓講，既畢方出，人服其度。鑑舉進士，久病京邸，或勸公禱，乃拒之曰：「有命。」未幾，鑑受命南大理評事，迎公禄養，乃以「詰奸正辟，訊冤平反」訓之。尋被錫命，繼配施氏，亦封孺人。後鑑以公垂白在堂，不欲遠仕，公以「盡忠報國，榮達所親」勉之，及鑑進副使時，復上疏辭官不允，公益催促，不使頃刻違命。然則鑑自今官也，積大卿相，以爲我明名世之臣，上逮于公，流芳千載，又奚但今日贈少司空已邪？

初，潘先世周人，中徙閩之三山。唐季諱逢辰者詣闕上書不報，乃避居婺源桃溪之源。自源而南流五六里爲孔村，又南二里爲寨峰，皆桃溪也，逢辰卜其深處以居，八傳至宋學諭諱度者復徙孔村。度生泳，泳生紹祖，紹祖生元鼎，元鼎生玄保，玄保生嵩高，嵩高生再和，即公之曾祖也。再和以弟未嗣，代戍于五開衛而卒，鄉人高其行。再和生濟，濟生貴遺，又名遺安，字景德，剛方秉義，自號龐隱，因以扁堂，蓋取「龐德心耕，稼遺子孫」意也，今贈工部侍郎，配吕氏，贈淑人，是公之父母也。然則公所源流者，亦遐哉偉乎！公諱琦，字良玉，配施淑人。生二子：長即鑑，娶澧溪吕氏，累封淑人；次錦，娶芳溪方氏。女一，適泉田宋儒許月卿先生之裔孫鑰。孫男五：温、澄，俱恩蔭國子生；沂，國子生；海、沛。孫女四。曾孫男二。是宜有銘。

銘曰：

猗玉翁良，素履孔臧。遵訓龐隱，立雪不忘。學既有得，士滿門墻。南峰小隱，經史攸明。凝秀出屋，司空乃揚。忠孝之教，厥訓孔洋。世譜攸輯，架杠榮陽。周窮化盜，比王彦方。鄉人蓍蔡，南國紀綱。司空方茂，晉位名相。布德宇内，厥聲洋洋。遡源南峰，象山之光，千萬載長。

明兵科給事中北郭先生劉君墓誌銘

君諱琦，字廷珍，别號北郭，陝西延安府洛川縣人也。舉正德甲戌進士，觀户部政，授行人司行人。嘉靖乙酉，擢兵科給事中。時值聖上新政，即陳六事，且嘉納焉。嘗被旨差放冬衣、布花，因極言侵漁十一弊，且日詣衛衙支放，雖經寒暑，遇風雨，亦不廢，僚長嘗推其勤勵不可及。錦衣衛多權右，乃愈振風采，有玩慢者，即疏治其罪。騰驤衛悉統力士，又率内豎廝養人也，慣以私憤，冒領官銀以取利，君陰識之，兼廉得其情，數十輩俱罪之。是年冬，當述職期，多有假稱緝紡，嚇詐人財者，君上封事，請旨下金吾捕治，併上「親賢臣，遠佞臣」之疏，他如「峻宫墻之禁」、「嚴宿衛之鋪」，一劾而中官逮罪者四十人，皆人所不敢言者也，一時京邑爲之肅然。嘗存恤軍士，嚴督五城及諸衛司勿得匿情，其假充軍妻者，皆察治之，衛司謂給事真神目也。未幾奉命清軍，條舉三十事，切中時弊，咸下司馬勘行。凡比試襲廕，同事諸大臣中官，多請囑以從寬貸，君竟劾治之，雖事干勳戚權貴，亦不顧也。是時京師大飢，乞丐劫奪，莫之能禦，君請行捨飯開倉之政，飢民存活，殆億萬計，盜賊横行，尋以屏息。是時諫臺多以罪遣，君又疏愛惜人才，有少過者，得赦不深咎。其黠視草場馬匹，然多羸憊，權貴者私耗之也，奏劾既舉，馬至秋即繁碩矣。其河南閫司、都司相通爲奸，以庶易嫡，君發其罪，乃俱罷官。若乃衛卒病發，悮入宫門，君又極力請救，以從輕典，其旦夕承弼，不敢專於嚴也。妖人有犯繫晉獄，當事者惕於權勢，莫任其咎，君抗疏陳其顛末，上命山西鞫訊，得旨依擬發落。然妖人者又爲權貴救庇，君遂發其隱，言過急切，乃自是謫戍遼東瀋陽衛矣。厥後聖上猶諒給事之心，曰：「劉琦者，是嘗進讜言者也。」乃因東宫之建，大赦天下，得還原籍。抵家五年，痰疾作而卒。然則君亦不可謂不遇也。

君于觀政時，嘗解年例銀之雲中，毫髮必記于官。後又解銀陝西，請大司徒原對印封，至則稱對差謬，及開原封，方伯慚謝。其爲行人也，差葬保安王府，即檄教授，令舉《會典》定禮及古制數十條，諸宗室遵之。事竣，綵幣諸物，一線不取。人於君進身之始，已瞰其後日之忠直也。

少從父閏易州經衛，即好誦書史，不同群兒嬉戲，又知奉甘旨于父母，而自甘粗糲。尋易州遣君就學殷先生，後謂易州曰：「賢郎初試，愈出愈奇，吾不能爲若師矣。」明年還家，邑尹嚴君面試，月給石米，特嘉禮重。時東川王公守延安，考績縣學，文在首選。其後鄉有術巫肩輿舁神曰「金龍天子」，道路祈福，君毀其輿，執巫者詣縣尹田侯，田甚重之。尋李妖扇惑鄉人，君又上書田侯云：「履霜堅冰，當防其漸。」田厭其繁，稍不聽用，後田妻子皆遇害。邑有孤貧馮姓者，君撫畜之，病卒于宦邸，寄柩僧舍，及戍還，仍携櫬歸葬于里。凡鄉有貧死者，必賙殯之，計給棺者四十餘家。是知君童孺書生時，以及患難顯微之際，皆不忘忠孝仁義之道如此也。

始祖諱景元，元末避兵洛川，因家焉，嘗以賢良徵仕爲河南按察副使。至其祖諱姜，生易州公，配孺人廉氏，感異夢寔生君焉。則君之所源流，可不謂遠且厚哉？君配景氏，太學生運之女，媲德于君者也。子二人：受、愛，皆廩膳生，受娶屈氏，愛娶李氏。女二，長適廩膳生白雲，次適景載物。君生於成化壬寅七月一日，卒于嘉靖辛丑八月四日，享年六十歲。壬寅年月日，葬于城北大石山之陽。先是受具行狀，使愛來謁銘，予以先母之憂未許也，又卧病床褥固辭。愛三至請益，乃次序其狀而銘曰：

於穆聖皇，得臣忠良，繄劉諫議，載職有常。有聞必告，有見不忘，辭瑣達貴，甘戍伍行。聖皇憐汝，赦還于鄉，君仁臣直，世際乎康。勒銘永世，大石山陽。洛入清渭，並河洋洋。

涇野先生文集卷之三十

巡按直隸等處監察御史　門人徐紳編刻
巡按直隸等處監察御史　門人吴遵編刻

墓碣表一

閿鄉薛立墓碣

河南薛章表父立廬墓二年，禎祥發於草木鳥獸，邇墓之地，方三十里歲大熟，縣聞天子旌之。予聞之太學，思見其人孔棘。章持父狀請墓表。表曰：

薛氏先世陝西延安人，洪武中，國讓始家河南閿鄉他原里。國讓室毛，生仲德。德字崇本，室王，生與及立。立字建中，永樂四年八月二十七日生，成化十三年爲縣鄉飲大賓，十八年詔賜耆德官，弘治三年八月二十九日卒。初室栗，先立十六年卒。繼室韓，後立二年卒。栗出七男，一曰正，二曰文，三曰斌，四曰德，五曰章，六曰慶，七曰能。孫男十，一曰秉禮，二曰秉孝，三曰秉信，四曰秉恩，五曰守約，六曰忠，七曰榮，八曰守性，九曰守己，十曰守身。女二人。孫女二人。

立剛毅忠信，恭厥兄，兄亡，惠厥孤，浮厥子。❶家衆六十，惟一爨，襖襦

❶「浮」，續刻本作「撫」。

衫履，無私篋笥。命六子咸藝黍稷，弗服商賈，章敏，獨令治儒學。十孫之業，皆率是也。張整者，里人也，當喪服，弗克窆，厚賻整，獲舉。郭秀壯而無室，不能具奠鴈幣，與營六禮，得不鰥。嗟乎！民俗之壞，習職之也。故都不逮省，省不逮府，府不逮州若縣，州若縣之市井㞐者不逮野。嗟乎！薛立豈惟野故一者？學也。

儉菴先生沈君配祁氏墓碣

先生姓沈氏，諱裕，字克容，別號儉菴，陝西西安後衛人也。故常州江陰縣人，洪武初，王父恭始從師入籍西安後衛。❶恭生貴，貴室胡氏，寔生先生。先生生而茂敏，十年入里學，習識文義。比壯，貌偉鬚頎，既謀既勇，質直自取，糖房里人咸畏事之。初，伯氏祥蚤死，父母亦謝棄去，餘屋一廛，田數畝，先生竭力經紀，不憚厥勩，後有房亘閭，有田亘陌，沈自是聞西安也。嘗從師討賊，帥選焉，令手劍，直懦士劍之，乃曰：「戮無辜，不仁；廢帥令，不忠。」迺佯視厥武士，得逭誅，亦克挾纊。弘治初，輸粟餉邊，獲有冠服，人曰：「沈克容才貌顯者大，雖不爵禄，固直若此榮華終身爾也。」

室祁氏，祁父貴，鎮原巨族，既歸先生，力襄厥家，奉祀先舅先姑，必洗腆。有貸者弗能償，祁曰：「若積德後昆，計積財孰賢？」先生與折其券，終弗較。有麥盜，先生曰：「棘縛之莫逃，明當覺官。」祁潛瞰其狀，曰：「是夫夫也。脱之，令天福吾

❶「入」，原作「尺」，據續刻本改。

後足矣。」脱之。生三子：孟曰綱，仲曰文禮，夭死；季曰源，穎特迴異，應陝西戊午舉人。孫男五，曰璉，曰直方，綱妻宫氏出，曰義方，曰大方，曰德方，源妻秦氏出。孫女一，曰夢蓮，亦源妻秦氏出。先生生宣德癸丑十二月十七日，卒弘治庚申二月五日，壽六十有八歲。祁生宣德辛亥十二月二十日，卒正德庚午五月十六日，壽八十歲。綱是年月日，合葬于城南新兆，樹石焉。辭曰：

厥初江陰，載德維常；爰戍西安，其究洸洸。儉菴君秉斯，我殲厥醜，敢淫割其良，誕我心孔臧。維懿斯行，宜爾後人昌。文禮孺慧，幹蠱維綱。人之云源，乃篴乃璋。厥聲昭明，誰謂天也。有良弗慶，如冰斯寒，如炬斯光，展儉菴君勿亡。其言其石，終南之堂，象于無疆。

誥封一品夫人王母文氏墓表

正德己巳六月十八日，誥封一品夫人王母文氏卒。夫人，南京府軍右衛千户玉之妹，光禄大夫柱國、太子太保、吏部尚書、贈特進光禄大夫、左柱國、太師、謚端毅三原王公之繼配也。端毅公諱恕，字宗貫，初配蓋夫人，蓋夫人卒，贈一品夫人。繼配張夫人，張夫人卒，亦贈一品夫人。繼配夫人，則封一品夫人。

夫人生正統癸亥十二月二十五日，距卒之年，壽六十有七歲。子男七：承祚，義官；承祐，以蔭任南京都督府經歷，卒，蓋夫人出；承禄，義官；承祥，舉人，任順天府通判；承禋，義官，張夫人出；承裕，舉癸丑進士，累官吏科都給事中，端毅公貳室張氏出。女二：張夫人所出桂英，適庠生仇濬；夫人所出玉英，適南京大理卿、贈刑部尚書乾州宋公欽之子進士廷佐。孫男十有三人：紞、綬、基、埜、節、簡、濳、濬、璟、輅、輶、輂、輿。女九人。曾孫男八人：安民、友賢、安邦、安世、安國、安遠、鶴齡、松齡。女二人。夫人之封也，朝廷以給事君移封之請，鄭重端毅公之配，且佳夫人之賢也，故與一品夫人。其卒也，正德庚午八月十九日，葬于端毅公丘之右丘。初，端毅公以葬之難爲壙也，遺命已與蓋夫人、張夫人同丘異壙而左，夫人及給事君母若百歲後，則同丘異壙而右，故今夫人異丘焉。是年月日，通判君以墓表請。柟謹采户部尚書長安劉公璣撰誌，表之曰：

嗚呼！自古名賢左右天子治國平天下者，咸自修身齊家始，有不然者，皆苟而已。端毅公歷事四朝，秉忠不回，澤被諸夏，聲聞蠻貊，天下同以社稷臣仰之。而夫人以淑静之姿，儀式端毅公之德，其葛覃之志，鷄鳴之賢，固亦可見矣。鸞誥所謂「相夫有道，著勳業於銓曹；撫下多恩，播聲稱于宗黨」者，不其然耶！億萬斯年，于斯瞻斯。

壽官張君墓碣

君諱政，字文宣，姓張氏，高陵廓下里人也。自少務實，不慕侈靡。甫十歲，母疾，即知親事湯藥，婉戀憂懼，狀如成人。及長，列肆而賈，雖五尺之童，不忍與欺。受賈者歸，較所易物于家，易于他肆者必折，易于君肆者必實不折，故鄉人受賈者咸曰：「城中賈，惟張君平不譎，有所化居，當惟張君歸，惟張君歸，可無看衡量也。脱他肆，當重損。」雖城中受賈者亦曰：「中街張君，賈不欺耳。」故君雖失早暮，插肆懋遷者，亦置其所携器于肆下，而去而又來。故鄰肆賈多不售，君肆射利倍他肆。年且耄耋，未嘗入酒肆。尤惡鬭訟者，鬭訟者過，急閉肆而入，不顧也。正德丙寅生八十歲，應詔受官服之榮，人曰：「他人獲此榮者多矣，免于議者，其張君乎？」

君曾祖諱克禮，祖諱柄，父諱奇，世篤敦樸。父娶王氏，乃實生君。君生于宣德四年正月二十二日，卒于正德三年八月二十五日。初配邑人壽官惠澤之女，年三十五，❶先君而卒。乃繼配邑人李均之女，年四十有六，亦先君而卒。子男三：孟曰輔，義官，仲曰弘，俱惠出；季曰弼，李出。女二：長，李所育，適邑人田漢；次，李所出，適邑人孫璽。孫男三，鳳翶，輔所育；鳳翺，弘妻楊氏出；鳳翔，弼妻元氏出。孫女四，長輔妻王氏出，字前户部郎中高君選之子阡。君之葬，輔躬自負土以築厥封。既訖，乃丐予作碣辭曰：

聞諸長老，昔安邑人張公琦令高陵，正色以率下，賞善而罰惡，頑民懼而遁，善人安于無虞。若君及東街劉君可，時稱「二君子」焉。二君子者，皆未誦詩書，而能尚德遠争，秉信不回，流聲方來，不亦賢乎！嗟哉兹也，予重有感于二君子！

❶「三」，續刻本作「二」。

處士秦君配趙氏周氏墓碣銘

君諱雄，字士威，姓秦氏，慶陽府寧州武昌里人也。蚤孤，鞠於祖宿及母王氏。長爲西寧倉吏，吏動遭黜削，君以廉慎，居十有一年而獨完，弘治九年，冠帶省親。數年，其子吾友鉞得領鄉書，乃置然不復念仕矣。親友有勸之者，乃大笑曰：「吾性直且滯，與我老年奔走於州若縣之間以勞形，孰與我徜徉横嶺珊瑚以自好也？與我跼蹐於卑官以循利而履害，孰與濁酒山鷄以自適而寡憂也？」親友聞而重之，傳之於人，人稱爲處士云。成化末年歲凶，君大有所積，客有説君懋易以殖貨者，君愀然流涕曰：「人皆死，我獨生，古無是理，又安忍論利也？」遂出其積，以盡拯戚黨閭里之乏者，所活殆百有餘人。善事厥母，飲食必親奉之，雖醉歸，必親母飲食也而後寢。母痢，思野蔬，君夜不避狼虎，之山下取之。母洎母卒，晝夜哭三月。年且老，言及母，流泣輒如雨。君雖以吏隱身，顧其德當非哲人偉士邪？初娶趙氏，卒，繼娶周氏。周善理家，勤儉自持，雖一粒一縷，不忍棄地。性尤不喜紛華，吾友既舉，乃曰：「何乃又遭此擾攘之苦耶？」人聞而笑之，然其恬静自逸，人固不得而識矣。

君生正統十三年九月二十七日，卒正德七年五月二十四日，年六十有五。周生正統七年八月初八日，卒正德七年七月初六日，年七十有一。子男一，即鉞，周出。女三，適人矣，皆周出。孫男一，女一。鉞於七年十月二十日，合葬于祖塋之次云。銘曰：

官有貴賤，人有富貧。天之降德，亦既惟均。吁嗟秦老，既孝且洵。有行在後，吾友彬彬。亦既抱德，將爲王賓。賁此丘原，千載斯珍。

味道先生劉君墓碣

先生諱璽，字廷玉，别號味道，學者稱爲「味道先生」。其先涇州人，六世祖宣當元末徙于邠。宣五葉至養拙翁，名剛，字仕烈，讀書息心，不求聞達，而于《參同》、《悟真》、浮屠諸經，皆諳其義，寔生先生。先生少負志節，游業郡學，材行蚤就，百爾論著，友黨争稱焉。歲額當且貢，其友親老，遜而與之，厥後反獲鄉舉，士人以爲美談。禮闈不第，授河南陜州學正，身率陜士，多所登進，其知名一時者，國子監丞陳雲逵及趙全諸人也。浙人陳選提學河南，以道自任，簡先生註《小學》，註有不合者，輒論辨不屈，忤陳因以解印歸。乃日與門人弟子説經談史，敦行朱子《家禮》，以化導鄉人而不悔也。成化末年大饑，家積米八百石，人曰糶可射利十倍，先生不應，盡以貸人，活者百計，今尚有感泣者。

生宣德甲寅十月二十五日，卒正德辛未十月十六日，壽七十有八歲。卒之明年二月二十一日，啓其配徐氏壙合葬焉。其子舉人登請碣，乃爲之辭曰：

嗚呼！仲尼曰：「人莫不飲食也，鮮能知味也。」故知斯道之味者寡矣。然則味道先生之殁，不亦可悼也耶！有欲知斯人者，觀斯石！

南陽府教授封翰林院檢討王先生墓碑

先生諱儒，字文宗，西安鄠縣人也。上世河南人，中葉仕吾高陵不歸，又爲高陵人。曰元亨者，著名焉，迺後三人曰繼祖、繼容、繼先。元末關中兵起，繼容、繼先避兵東亡，繼祖載妻子浮渭如鄠，韜光終南，天下既定，徙往鄠城北街，其殁也猶葬于高陵。生子克成，不歸，遂爲鄠人云。克誠生敬仁，敬仁生長清公琰。長清公起家歲貢，授大寧知縣，改長清知縣，廉静直方，有聲于其時，卒于長清。生子高年公鉉，載德博厚，又通習書史，練達物情，決平里中，里人允懷，孝祖朝，以高年受有冠帶，卒年八十有一。配李氏，生三子，長先生也。

先生隆準奇頎，烱目廣輔，背厚若負，進退容止，踐猷履義，思績先烈。年始十五，遊學山東，受蔡氏《尚書》于布衣蘇生，三年而明習。乃遂訪孔林，上鄒嶧，登泰山，觀海而歸，爲鄠學生。成化辛卯，年蒸三十，舉于陝西。試禮部不第，曰：「斯吾長清公之遺憾，以屬予小子者也。今若此，果命哉！」戊戌，遂以乙榜領巴縣教諭。至則日夜規誨，達材成德，士駸駸然易習焉。初，巴闕舉人，及其滿也，舉三人。秦蜀道險而惡遠，先生懇奉父母行而母難之，乃獨奉高年公往，期亦還，後值誕日與伏臘，必望鄠再拜曰：「兒苟仕，爲父母也，今復棲棲萬里外，父母惡在？」涕泗俱下。及甲辰大饑，人相食，乃使仲弟多載俸糧歸養父母，餘以及宗族，又移宗族可來者三十人于巴，里人有來巴者，亦捐貲使賈貿爲食。比去巴，關内亦稔，宗族卒無所亡。弘治己酉，改祥符教諭，乃上書父母曰：「前巴道遠惡，父母不往，父雖往，又輒還。祥符近且坦途也，大人宜俱往。」不許。曰：「不許，兒且休矣。」又不許。故先生以巴之教教祥符者又七年，遷南陽府教授。時父母已八十，迎亦不能來，遂投狀提學車副使求退，車曰：「兹郡教久廢，教授前在祥符，名有師道，宜振兹。可勿自便。」高年公聞之，又峻拒不許。居三年，高年公卒，得訃泣曰：「兒果背父矣！」每痛恨，輒擊面，遂蚤夜行奔喪。三年，會長子九思以史官考績，勑封先生翰林院檢討，階徵仕郎，所配劉氏封孺人。厥後母李卒，免喪，遂不仕，日與隱翁逸士以泉石爲娱。

正德己巳，九思以檢討九年纂修《孝宗實録》成，有忤劉瑾，同翰林諸君出爲吏部主事，遷員外郎郎中。瑾下獄，言者謂有罪，謫同知壽州。會天變，言者又劾，乃致仕。是時盜興，九思留滯壽州，先生乃賜之書曰：「萋菲之讒，詩人嘆息。流言之興，❶聖人懼焉。故曰：『衆口鑠金，積毁銷骨。』夫古之君子，竭忠其主非有所不盡也，修身慎行其越人非不多，❷然往往罹于讒舌者。弭謗莫如自修，天地日月巍乎焕然，亦求無愧於斯已矣，而又何惑焉？❸」又曰：「昔吾之在南陽，捶楚一嚴，諸生胥譁，既久而後定。小子其奚求？」九思得書隕涕曰：「夫窮達榮辱，在外者也；志道據德，在我者也。若頗越以憤初志，❹爲父母憂，九思何敢焉！」比歸，季子九峰亦得告在侍，先生

❶「興」，重刻本作「佈」。
❷「越」，萬曆本作「閱」。
❸「惑」，萬曆本作「憾」。
❹「初」，重刻本作「德」。

方喜甚。比正德壬申，事未幾，先生病，明年癸酉十一月十二日，壽七十有五卒矣。

所配劉孺人，生四男：長即九思，丙辰進士，改庶吉士，任翰林檢討，❶嘗爲上經筵講官；次九敘，甲子舉人；九皋，義官；九峰，戊辰進士，授河南道監察御史。孫男子五人：瀛，癸酉舉人，潭、沐、渭、漢。女子八人，長嫁鄠學生楊顯，次嫁盩厔學生徐永圖，餘及曾孫女一人俱幼。甲戌十一月甲申，葬于鄠北六老菴之原。❷其辭曰：

柟自少習知王先生之德，淵穆惇愷，匪夷所倫。予高陵東南二十里，遺冢纍纍，十一相傳王大使家墓，歲清明，二人步蹤渡渭南來奠墓，而返途途人，叩之乃知爲王先生所遺之子弟云。夫高陵墓，距先生已五世，違鄠二百里，又越灞、滻、涇、渭，仁誠少薄者替矣，先生追念不廢若此，則于其父母宜爾也。語曰：「孝其父母者有子，孝其王父母者有孫。」海內爭誦翰林文行、御史才賢、舉人翩翩承敬，以爲王先生得於天者之匪常也，抑豈知其誠允篤孝，積諸躬而遺於子孫者哉？嗚呼！三代衰，躬行之教不明，漢初毛萇、伏勝之徒有遺風焉，❸康太史謂王先生「真其儔也」，宜哉！不然，巴、祥符、南陽殊方異俗，其諸生臨别而殞淚，去久而思，又豈其言語能爾乎？❹嗚呼，休哉！

❶「任」，原作「注」，據萬曆本改。
❷「原」，萬曆本作「塚」。
❸「伏」、「徒」，重刻本作「戴」、「後」。
❹「又」，重刻本作「矣」。

武略將軍南京廣洋衛副千户劉公墓碑

公姓劉氏，諱蒼，字伯春，饒州安仁人也。先世南陽泉人，宋有春山先生者諱子春，官至睦州知府，尚郡主趙氏，生二男子，曰常卿、正卿。開寶八年，常卿爲興安監鎮，正卿與俱來，居安仁，遂爲安仁人。正卿生國貞，國貞生芳叔，芳叔生通甫，通甫生克明。克明字友直，生泰，泰字俊康，洪武中帥萬人來歸，高皇帝授萬户侯，改山西朔州衛正千户，生孟庸、孟雅。俊康卒，孟庸嗣其官，未幾以罪失之，其子甫復奮起武功，官至南京鷹揚衛後所副千户。甫字子紱，有勇略，然無子也，於是孟雅生子仲翱輔翼，及亹補翼之官，❶稱鷹揚君云。鷹揚君娶安仁孫氏，生公未久而鷹揚君卒，故公九歲來自安仁嗣其官，然輒端重英敏，超越行輩。十五歲選入武學學焉，即身自刻勵，不煩督獎。每赴演武教場，夜四鼓起讀《將鑑》一篇，場中鼓嚴乃進食，食且惡，必盡三四器乃上馬去，返越午矣，不食于市，家人詰之，則對曰：「一人之市食，一家之日食也。」身通《小學》、四書、《史略》、《七書》、《將鑑》諸籍，又能爲宋趙孟頫書。吴英者，指揮也，廉直不苟取，❷瞰公其同志也，學且優焉，有疑義輒叩門以請，遂爲莫逆交。及公之子麟舉進士矣，謁英，英呼之曰：「姪勿學他貪墨者，以隕爾父之志。否，雖官至卿相，英不願見也。」

❶「翼」，萬曆本作「廕」，重刻本作「甫」。
❷「直」，萬曆本作「甚」。

初，公雅好儒學，而職事不遂，謂麟曰：「夫讀書可以建功業，濟斯民，吾已已矣，小子其敬之！」於是有趙經先生者，亦千户也，明經而習舉子業，然遵禮尚志，旬月之間，不越户閾，篋中藏二青布袍，必祭先、壽親、訪賢也，沐浴而後著之，卒事猶藏焉，公以爲賢，遣麟師事。然無以贄也，每獲折俸布帛，以布自衣，以帛贄先生，先生以麟貧不受，公曰：「不贄，無以遺吾子也。」必贄之。指揮龔海甘貧自守，行年七十，好學不倦，謝政閉門，旁開小户，自搗藥以賣，其價不二，然好誦《孟子》，或從趙先生講焉，趙先生後進也，輒正講席而後旁聽之。戚黨有爲卿相者還，龔將改服以問，聞其載寶而還也，遂絶跡不往，或怪，云：「此其門其少龔海者之足哉？❶」海死而子勳守學不改，人以爲海未死也。夫龔氏父子其介若是不可犯也，獨于公終始敬重不衰焉。

公嘗及僚宷伐冰入凌室，一士凍餒跌仆冰地，群士載冰争馳，蹂躪其上幾死矣，❷公力闢群士，解紳挽出，士得不死。當是時也，趙端者覘之，心重其行，遂納交焉。趙端者，趙經先生之父也，年且七十，又尊行也，而又敦廉尚義，不妄與人者也，遂呼公爲兄弟云。一日携公至其家，命人具饌以食公，❸家無具，移時而不至，公退，端責其子經曰：「劉伯春，予老所畏服者也，非他家比。今乃不能令我完一鷄黍約耶！」取大杖杖經，且令出其妻。時麟方學于經，奔告公，公趨至趙氏曰：「朋友與宗室孰重？

❶ 下「其」，萬曆本作「豈」。
❷ 「上」，萬曆本作「士」。
❸ 「命」下，萬曆本有「家」字。

假令經出其妻，再娶弗賢，令爾此孫不立若何？」趙怒方霽，乃令再具饌，歡宴而罷。嘗有納户起解千金，取回關單，誤遺道路，公曉行獲焉，日候其處，三日矣，一人頓足撫胸，叫號而來，曰：「天乎！何殺予之酷乎！」公趨而問之，人告之故，公出單與之，其人頓首曰：「公德生我矣！」酧以數金，笑而不受。

公自少嚴正自持，非其人不交，常自悼職事之污，當其志，謂可樹立大勳以自振也。遂亦以是訓麟，故賓客來謁公者，非其人，麟不出見。後公年過五十，而麟守訓益堅。公又懼麟之絶物也，命改之，而麟已不能矣。然麟既舉進士，而公獨未請老，乃遂與職事安。或議公是前而非後，然考其學力所至，當非其熟邪？初，成國、莊簡公知公懿德，選寘幕下，居十餘年，忠敬彌篤。莊簡公滋賢之，遇以殊禮，奏調廣洋衛右所軍政。莊簡公薨，成國公繼之，恩禮益加焉。年六十，誥封武略將軍，又數年乃老。正德辛未年八月十日卒，距生正統甲子年二月十三日，壽六十有八歲。

初娶胡氏，早卒。繼娶蔣氏，卒。又繼娶曳氏。❶胡無子，蔣生男子一人，麟。麟娶南康大長公主曾孫女胡，繼娶陜西參政王徽之女某，舉弘治壬子鄉試，丙辰進士，歷刑部主事、員外郎、郎中，出知紹興府。劉瑾用事時，罷去紹興，紹興人立去思碑，瑾誅，詔起知予西安府，❷吏静民懷。未幾，奔公喪解任，服闋，再陞陜西參政云。女三人：長蘭莖，歸南京後留守衛指揮楊泰；次

❶「曳」，萬曆本作「戈」。
❷「予」，萬曆本作「吾」。

蘭清，歸南京國子助教孫某之子遷；次蘭幽，歸福建按察司僉事彭城之子克思。曳生男子一人，❶曰鳳；女子二人，蘭香、蘭靜。孫男子二人，曰通儒，聘長興吴琓之孫女愛玉；曰開儒。孫女子一人，曰華潛，字户科都給事中周金之子詩。辭曰：

嗟乎，孔氏之學不明久矣！世儒博物麗辭，爲之雖力，干禄則邇，求道則遠。則古之所謂異端者，今豈獨楊、墨、佛、老哉？悲夫！然而天命在人，未嘗絶也。故夫齊民武士，於儒者甚眇焉，然就其氣質所至，反有合于道者。今觀劉廣洋公及其諸友，使受教孔門，安謂其不能升堂也？惜矣乎！然則學者欲自愛者，其知所先乎！

王純菴墓碣

君諱瑾，字文德，别號純菴，隋文中子王仲淹之後，徐溝令處仁之玄孫也。處仁生子俊，俊生克寬，克寬生大儒。大儒娶楊氏，誕實生君。正統初，有爲處仁墓表及子俊妻節婦吕氏與其孝孫王鳳諸碑者，皆言「王氏，文中子後，初居龍門，派遷襄陵及蒲州，至徐溝君始遷聖惠鎮，爲今河東運司人」，故今文中子後，蓋世傳云。

君受性聰懿，敦慤剛果，諸嬉戲淫蕩，不入於心。家步初艱，竭材振起，厥既壯長，富聞河東，遭例輸貲，拜義民官。三兄素居，遇其不給，罔惜百金。後值母卒，鄭

❶「曳」，萬曆本作「戈」。

重喪儀，不待兄長。戚黨窮乏，亦屢貲贊。鄉人橫逆，雖在宗族，喻使不報。至其治家威如，閨門斬斬。身生二子，咸俾業儒，思纘前烈，乃選地結廬，躬宿名士，爲二子師。復携入京師，受《詩》黄郎。又嘗植諸花卉于軒下，顧二子曰：「古人比忠于葵，比節于竹。吾以此爲若友也。」從兄璽誨諸子曰：「理家之勤，宅心之夷，居兄弟之義，當式是爾文德四叔。」其諸子亦言諸人，人皆信之。故聞喜李進士謂君「德無愧于號」云。然則文中子之澤，亦已遠矣！

君配侯氏，生男子二人：世臣，監生；世相，學生。世臣娶馬氏，死，又娶朱知縣女。世相娶曹太守孫女。君生正統己巳二月二日，卒正德乙亥二月二十七日，年六十有七歲。卜十一月三日，葬運司城南七里先塋之次。辭曰：

孔孟既没，見道罕聞。汲黯持節，董公振文，黄生負器，孔明殊勳。旁求其他，匪類則瑕。繄文中子，顔卜之科，漢魏隋唐，諸儒儔過。有懷瀰瀰，斯行其里。方見羹墻，爰銘孫子。孫子純菴，有産淑嗣，誨之六經，實欽爾似。爾道克衍，惟純菴君。閎之有隋，今其昌焉。勖矣瞻哉，百爾王孫。

王恭人鞏氏墓碣

恭人姓鞏氏，盩厔縣人，元民部左右司郎中士傑之玄孫，處士蕭之女，明襄陽知府、中憲大夫真齋先生璽之配也。恭人受性玄潔，載德真慈，年蒸十五，酒漿葅醢，機杼箴刀，咸造其極。鄰無處女，諸姊群妹，具受學焉。父母鍾愛，浮于有男，諸富納采，咸閉其膺。時中憲公貧而穎異，被選妻，仍與館穀，俾籍邑庠，恭人滋式滋戒，蔑有矯易。中憲生而剛烈，乃矯以柔順。因使回盩，事其姑何恭人，承順勞瘁，居之不倦，凡何所愛，陰當其意。何且瀕没，謂季子曰：「珍有若嫂，吾何復憾？」妯娌之居，怡如兄弟。中憲公赴家鄉舉，歷學官、知縣，擢拜御史，乃獲封孺人。既爲永平、襄陽知府，乃進封恭人。其子圭峰先生爲通政，乃又封太恭人云。

生永樂十九年正月十四日，卒正德八年三月十三日，壽九十有三歲。生男子三人：孟曰伊，太學生，不仕，娶高氏；仲即圭峰先生，舉成化乙未進士，官至四川右參政，娶趙氏，封恭人；季曰仍，新安縣丞，娶李氏、趙氏、郭氏。女四人，長適通判縣人李瓚，次適左參議隴州閻价，又次適秦邸鎮國將軍，又次適推官咸寧趙邦憲。太學之子：曰九成，府學生；曰九功。參政之子：曰元愷，兵科給事中；曰元正，翰林院庶吉士；曰元亨，丁卯舉人。縣丞之子：曰九官，縣學生；其次曰九睦、九經、九遷、九賓，皆舉進士；又其次曰九澤、九法、九同。孫女五人。曾孫男女各九人。正德十一年十月十七日，合葬于中憲公墓矣。辭曰：

柟作王恭人碑，其外孫給事中閻欽云，太恭人行年九十餘，不信浮屠事，訓家惟以古今孝子順孫暨義夫節婦，有言及作佛事者，輒斥曰：「佛惡在？」嗟乎！佛之愚人，雖儒生、丈夫泥焉，恭人若此，當非其哲靈耶？然則所謂賢能孝從者，豈偶爾哉？初，予每異王氏之盛，皆登巍科，躋華要，彬彬然知名海内，以爲天數乃爾，豈知恭人造之者若此其厚耶？語有之「本深末茂，源大流長」，果哉！世有修德者無徵，作善不慶者，觀此可改矣。

兵部左侍郎槐堂先生胡公配淑人陳氏墓表

兵部姓胡氏，諱璉，字重器，陝西寧夏人也。其先溧陽人，洪武末，曾祖通甫坐醫譴，闔門下獄，厥子士真屢上誣狀于朝，減戍寧夏。士真生雄，配酒氏，實出先生。越有異表，穎敏浮人，弱籍夏學，師受蔡沈《尚書》，兼通他傳、群史，尤閑國典，叩之如目擊耳聞。貧而悦親，日薦甘旨，客遇珍羞，懷以歸養。父病痿痺，夙夜旁求救理，遂獲終遇。叔祖與父嘗不睦，一日召公食，食有異品，涕泣而弗茹，叔責其故，對曰：「璉父未嘗，實難入口。」祖始歸饌厥兄，頓釋鬩墻。父母續謝，哀毁幾絶，雖嬰瘵疴，不御好食。及至葬，力稱古禮，屏去浮屠道場，式是夏人。髫時嘗騎驢祭墓，叔祖擒下，擊以鐵鐙幾斃。後祖坐罪，公雖諸生，屢策脱解。及祖死于山後，慟哭逆襯以歸，敘穴于祖塋。妻父母老而且獨，生事死葬，有若厥男。姊氏傳疫及姊妹，且革，身侍之弗去，卒葬而後返，竟亦無恙。鄰士陳銘從征，其妻死，孤日夜號不能葬，乃資之棺斂具，陳卹德至今如昔。年至不惑，行修言道，術業具考，聲聞於關内，提學諸公深加器重。七試鄉闈，不獲列第，提學馬公至夏，强之先貢，令試京闈，期擬吴寬狀元云。公稱疾不出，懼壓前士，雖被拘繫，猶終遜心。厥後前士具獲歷貢，而先生竟以生員受封主事。

勑贈承德郎户部江西清吏司主事渭南南先生墓碑

學者敦道誼，閑詩書，窮年歲以有積也，然或位卑而寡施，榮薄而行隱，則君子未嘗不人尤焉。比其久也，天行而命顯，啚其前，豐其後，彰其孫子逮其躬，則學者於是乎始信當自艾而不可怨天矣。渭南南先生楚重者，今户部主事元善大吉之父也。予自爲童子于學時聞其名，其後竟未謁，比元善以户部遭先生之喪，乃始知其止。微元善，而先生之名幾不著於天下。吾友李仲白素不私譽人，狀先生豐頤厚體，鯁直寡笑語，頗有《論語》「犯而不校」之風。然事父母，雖爲學生，兼藝黍稷以供養，比其歿也，殯葬一無違禮。初受句讀於從兄睿，輒解大義。既乃從從兄鎰受朱氏《詩》於同官李教諭，李教諭以爲知比興之旨矣。既乃受《小戴禮記》於從父河南參政某，參政公曰：「此吾南氏者亢宗子也。即不大顯，當有聞於後。」然厥後止以歲貢入太學。廷試，獲授新野訓導。新野九年，能治强悍弟子，兼有成績，陞資縣教諭。是時元善已舉進士，而先生遂致仕不至資。今已受贈如元善官，即使先生身有甲科，榮亦不過是，則天於善人又曷嘗忘耶？況元善博學篤志，寡言修行，所爲詩賦，駸駸乎漢魏之風，而元善又不以此自已，則先生之聲又何啻止此贈官哉？嗚呼，先生爲不歿矣！

先生名金，字楚重，其先中條山人，後遷關西蒲城，元季高祖安義再遷於渭南田市里之秦村。安義生儼，儼生言，言生珪，珪配緱氏，實生先生。先生配焦氏，爰有義行。所生二子，元善已鳴於世矣，仲氏逢吉復究諸經。女氏貞静，字爲王鸞嬪。元善娶張氏，逢吉聘李氏。有二女孫，皆元善生。缺。銘曰：

於惟贈君先生，秦村西南豐草原，崒嵂勢與華山平。先生之聲渭水清，有欲求者視此銘。

昭勇將軍靖虜衛百户魏君墓碣

朝廷以官爵縻天下英鋭之士，故士之有材行膂力者，皆思自奮以效用于時，不肯與草木齊朽，故雖父死于前、子繼于後而不悔也。魏百户益，陝西三原留官里人。起家甚微。當洪武中，祖興兒垜集四川成都府軍，後調南京龍虎左衛，正統初乃調靖虜衛左所。祖亡，父載填伍編總甲，成化中年，妖賊滿四亂，乃隨劉參將往征之，奮勇當先，遂死於陣。百户補其伍，念父之陣亡也，遂日夜不甘寢食，乃時閑騎射，滋務勇略，于是或敗胡於雪山，或破羌于立林足，繼而獲級于大浪口，陞總旗，繼而獲級于小鹽池、火山諸地，乃陞百户。正德四年，胡已入套，簡隨葛指揮赴榆林定邊營以追胡。是時胡衆而我師遠救不敵，胡射君，中三矢，歸而亡。則君者，豈徒爲朝廷官爵之故而隕其身哉？其志可悲矣！君殁之後，長子榮襲其職。是時權宦用事，而天下諸司皆剥民以奉之，遂使流賊僭號横行遍天下。七年，榮被欽調隨總兵仇公征山東、河南、湖廣、江西、南京流賊，過揚子江，至於狼山，得八級，生擒一馘，遂陞千户矣。然則百户之志，不亦滋有光哉？可無憾於九原矣。百户，柟祖母之外家姪也，故予得聞其詳而著之石，且爲之銘曰：

天下無事文臣貴，天下多事武臣良。嗚呼！有天下者，將使文臣貴乎？抑使武臣良乎？今觀魏百户家之烈，於百户又何憾焉？所苦於天下者，何至斯耶？

安邑知縣敬齋魏先生墓碑

魏先生諱瓚，字廷獻，涇陽在郭里人也。予始籍學生即瞻其文行，邇年入京師，取道山西，安邑之政厥聲載路，先生殁且葬，予乃拾所聞，并據其友陳君良狀，次列於碑。

先生世籍涇陽。曾祖永中，讀書未仕。厥祖文昭，不隕先聲。父氏諱祥，克延世求，滋植行義，夙重鄉評，粤配線氏，實生先生。穎異出衆，少則知學，治朱氏《詩》，庠中群《詩》，靡不推先。既舉弘治己酉鄉試，益諒玄節，不涉縣衙。篤念母老，得就蒲臺學諭，側身詳説，寒暑無厭，士習更新，屢有科名，都憲徐公奏書旌舉，會以憂去，學禮廉揚。服闋，改洪洞學諭，益恢前規，嘉績尤多，撫按交辟，遂擢令安邑。先生曰：「農業不課，訓誨不申久矣。」乃式是先勞，不畏强禦。有兄弟相訟，喻以天顯，使其退思，兄弟悔謝，改過自新。平民十數被誣盜籍，爲其謀者舉賂削免，先生聞之曰：「如此之利，後必不昌！」至解其誣。他如禱歲旱以佑農，開青石以通商，新廟學以作士，心乎事先，民罔或違。政方向榮，志甘恬退，乃遂致仕西歸。居六年，而疾作不起，爲正德十四年十二月二十三日，壽六十有五歲也。

配趙氏，有淑德。子男五人：長弘仁，丁卯舉人，娶郭氏；次弘禮，秦府典膳，娶劉氏；次弘智，義官，娶劉氏，繼趙氏；次弘信，癸酉舉人，娶王氏；次弘道，引禮舍人，娶趙氏。女子二人，長適省祭官趙寵，次字張珍。孫男子九人，汝輔娶朱氏，汝湘聘杜氏，汝佐、汝承、汝翼、汝受、汝鄰、汝臣、汝膺。孫女五。弘仁等擇正德十五年十一月六日，葬先生于令公莊之新兆。辭曰：

於惟敬齋，有嚴厥奏。弗紛爾寵，惟禮是府。振鐸蒲臺，絃誦歌舞，洪洞蒸蒸，安邑凝凝。士罔不效，民罔弗聽，鴟義或令，孤弱有與。顯允林泉，多士貳旃，大賓鄉飲，豈不令全？嗚呼！出爲師牧，隱爲壽考。既光爾前，猶開爾後。舉人僊僊，其來孔再。爾德不覺，曷云其膴？四方員員，于瞻于睹。

懷遠將軍指揮使平林陳公配淑人費氏墓表

公諱銘，字德新，别號平林。其先昌平順義縣人，以世爵，遂爲西安人。初，公始祖得元生五公，五公生勝，元末避兵依舒城孔氏者，湯元帥部士也。孔没，遂應孔氏役。修軀偉貌，既勇既略，高皇帝師至河北，獨往歸之，屢戰屢捷，獲授千户。復破東阿、東平、汶上。明年，戰于齊眉山，同子賢死之，贈明威將軍指揮僉事。生斌，隸蘇州衛指揮同知，改隸西安前衛，有能聲，陞都司都指揮。都指揮生公，襲如西安職云。

公賦性英果，而武略過人，弧矢稱豪，常與諸將較藝，群注獨嬴。出守靈州，部士興憤，數年胡不敢即境。當王親遷衛真定，被知秦惠王，疏得隸右護衛，尋陞指揮使。惠王薨，簡王立，滋獲敬重。李御史伯起按秦甚法，諸府衛無完官，獨稱公才。令訊疑獄，即解；令襲賊山谷，玉石克辨。至每歲催科，拙放陽城，而課最諸衛，猶漢倪寬。諸撫鎮有缺，欲薦之朝，王固止之，及公致政，衛人泣留，王亦不忍舍去，乃命有司歲給廪役，禮遇終身。初，公效忠厥考，身還葬祖母於長安，痛母高氏早歿，遇已生日，齋素杜門。享年八十而卒，實正德辛巳四月二十六日也，其生則正統壬戌三月一日。

所配淑人費氏，都指揮使孫女，義官鋭、配胡氏者，其父母也。淑人柔德貞静，頗閑内則。既歸于公，公數戍寓，淑人身董家政，咸底于休。叔鏞、叔鐸、叔洵、叔越及諸妯娌，處無間言。至其教子，有丈夫義方之風。乃弘治庚申二月三日而卒，距生正統甲子十一月十五日，年五十有七。所生光祖，當致政時已替職，然雅素從容，不獨有此武也。公側室三人：高生清及源，周生濟，張生一女，嫁爲前衛劉千户子大用妻。光祖娶徐義官鎮女，封淑人。

太平居士魏公暨配張氏線氏墓碣

予筮仕來西，周歷虞、虢、韓、魏、梁、晋至於金臺，遍接徐、兖、吴、越、楚、蜀、閩、甌之士，聞有崇義履信、樸厚木質之士必壽，富有子孫，數世昌不衰。蓋其所聚者深，故其流者遠也。太平居士涇陽魏公者其一乎！公讀書，稍涉大義，即罷棄去，至其甘旨父母、塤篪兄弟、義方諸子，經生學士多亦不逮。族人不能婚，與之嫁；不能葬，與之木；里人遭荒不能食，與之菽粟；曲直盤錯不能辨，與之平。家有貓，病足不能求食，其貓子咿咿然，啣食與之哺，戚黨鄉人見之者咸曰：「魏公有孝，貓寧不有孝子乎？」嗚呼！即古董召南，抑何敢下視公哉？於是縣大夫聞之，宿爲鄉飲大賓云。公諱祥，字世瑞，别號「太平居士」，可以觀其心矣。上世故涇陽人，曾王父右賢，王父永中，父鑒，母李氏，生公兄弟三人，謂禎與種者，其弟也。公生宣德壬寅十二月二十三日，卒弘治癸丑八月十二日，壽七十有三歲。

配張氏，有婦行，先公四十五年卒。繼配線氏，高朗柔嘉，式是三族，後公十三年卒。子男五：玹娶張氏，琰娶劉氏，璘娶熊氏，皆早卒。女一，適趙鏘，俱張出；瓚治朱氏《詩》，舉于鄉，教諭蒲臺，知縣安邑，卓有名績，語在《魏氏家乘》，娶趙氏；璉娶張氏，亦早卒，俱線出。孫男六：弘義，琰之子，早卒；弘仁，丁卯年舉人，娶郭氏；弘禮，秦府典膳，娶劉氏；弘智，義官，娶劉氏，繼趙氏；弘信，癸酉舉人，娶王氏；弘道，引禮舍人，娶趙氏。孫女二，長適省祭官趙寬，次字張珍，皆瓚子。曾孫男子九人：汝輔、汝相、汝佐、汝承、汝翼、汝受、汝鄰、汝臣、汝膺。安邑君暨遭喪，時已合葬公媪於公莊西矣，至是，安邑令君卒穴，弘仁兄弟爲公建碣請銘。辭曰：

於維郭士，在涇之滸，秉義不回，鄉平百口。厥遺孔碩，巍科接武。蒲臺有教，安邑有政，士談民言，咸公之頌。復有蘭孫，桂坊交映。爾德不祁，胡然此應。行道瞻言，顧視其影。

處士周君墓碣

曩予童稚時，數聞周鳳儀兄弟之賢且秀也。鳳儀兄弟善鐵筆，每鐫字，能隨人體格，雖母字不嘉，亦能與增色焉，使可傳也。於是諸鄉大夫士率求識鳳儀兄弟，而山西王虎谷先生提學關中時，尤器重鳳儀。虎谷先生號無私，乃焉獨拔鳳儀子易爲生員，鳳儀兄弟可由知也。比予理先君墓石，間叩鳳儀惡乎長，鳳儀乃具道其父處士君初不知學，若聞人古今善事，輒能識不忘。他日縣尹張侯脩學立石，已墨蠟，遍國中無鐫者，有劉知府者，時方爲秀才，請召處士議鐫，處士方鐫數字，衆皆稱善，以爲雖古顔魯家鐫客亦不過是也。當時處士倦眠大成殿，夏夢一紳衣幅巾，是老人投所曳杖於己左脇，曰：「茂昔受學乎？」既覺，左脇猶痛，乃占諸張掌教，張曰：「異哉！此昔老聖人歟？」處士即焚香禱謝。後有所聞見，輒易知，乃遂以鐵筆雄關中。鳳儀兄弟則由是有今日也，因請予表諸墓。於是涇陽文學謝賢因狀曰：「成化甲辰大饑，人十六死，處士常以物易粟於鄰邦，負載而歸，以拯兄弟妻孥。有諸姪他出者，則視其田廬而護守之，比三二年返，皆依然無恙。」於戲！處士豈獨鐫字者哉？

高祖諱文卿，曾祖諱七十，祖諱三，考諱貴，世以耕讀爲業。處士諱茂，字本深，配賈氏，善治家，勤紡績。生子三人：鳳儀、鳳翔、鳳岐，皆善鐵筆，陳氏、孫氏、趙氏其婦也。女三人。孫男二，長易，儒學生，次書。孫女七。處士生於宣德四年，卒於弘治十二年二月二十一日，壽七十有五。

賈生於宣德五年十二月十一日，卒於正德十四年二月二十日，壽九十有一。年月日，合葬於先塋之次。❶銘曰：

不學而文，不政而才，非其生質之美，將祖德之所積來耶！

徐孺人李氏墓表

徐孺人者，吏部觀政進士元祉之母，建水州知州致仕、八十公道克之配也。孺人，秦州望族，厥考李翁暨妣楊氏夙著懿德，克植内範。孺人受性哲粹，而又少習姆訓，飭躬以貞，既歸建水，滋茂閨行。州人不識紡績，仰給他路，孺人恥焉，曰：「《葛覃》非婦人乎？」比建水教諭羅江，則善絺，改諭伊陽，則善布，遂率諸婦群女，而秦俗亦漸變焉。故建水學不慮服食，仕不慮賓客，時祭其先，不慮俎豆，皆孺人也。建水同兩兄有屋二檼，比仕而還，兩兄弟已鬻人矣，則贖之以共居，比三鬻，建水不欲復贖，孺人輒贊贖之，以與兩兄弟定立質劑，不使鬻，❷謂建水曰：「是豈非吾家物乎？」當建水在先時，兩兄家子女有怨曠者，孺人皆與給縭具贗幣，使無愆期，曰：「吾李氏諸姪，徐夫子且或顧之。徐夫子諸姪，吾不能顧，人其謂我何？」生有三子，年且强壯，法不得食於私房，私房有痛責。其視三子績學，晨昏有限，至限不聞書聲，必呼窗外，三子者聞其呼，若未寢必至限，若已寢則必興。蓋自其相建水者，又以教三子也。故建水舉成化丁酉鄉舉，歷羅江、伊陽教諭，晉府長史、建

❶「塋」，原作「瑩」，據續刻本改。
❷「使」下，續刻本有「復」字。

水知州，皆有賢能績，而元祉獲登正德辛巳楊維聰榜進士，其方來未艾也。

孺人生景泰年月日，卒正德辛巳七月二十九日，享年六十有九，即七十也。三子：元吉，韓府典膳，娶李氏，繼馬氏；次即元祉，娶馬氏；又次元道，國子監生，娶陳氏。女一，嫁士人姚玉。孫男七：曰乾，曰坤，曰蒙，曰泰，晉表、晉箋、晉重。孫女三。卜嘉靖元年月日，葬州北鳳凰山麓。初，元祉既第，以建水且八十，孺人且七十，志在依親，章四上，皆不行。比得孺人訃，遂痛甚，奔喪高陵，曰：「所可酹母氏者，惟太史與一墓石耳。」乃哀其心，敘其所自言。銘曰：

緊徐孺人，女也顓頊。貞不失慈，順而知勞。夫似卓魯，子希夔臯。機杼爾始，黻黼爾繅。鮑妻並匹，歐母騈曹。祉友管律，蒙婿於敖。並頌玄德，誌彭少保。鳳凰山麓，松楸如膏。泉臺指日，天其崇褒。爾窿孔云，孔固孔高。

唐魏鄭公之遠孫魏成墓碣

予同學平陽經歷魏珙數爲予言：「珙家在高陵者，真唐魏鄭公之後。鄭公自唐以來，有家譜，有遺琴，至今進士遠孫綸猶藏之。❶厥後子孫爲訟，被延安守取譜琴去。綸後不知幾世，生堯咨，教諭高陵，相傳縣西南强家原魏氏冢乃其所起云，子孫遂爲高陵人若明。教諭生子紹凱，登解陝西，歷官涇陽教諭、商州學正、奉元路教授

❶「今」，疑當作「金」。

至慶陽知府。生六子，其第三子舉進士，任翰林院編修。孫九，思明以鄉舉任浙江道御史，思啓陝西提學。思明生仲衡，衡生希智，以鄉舉任鄜州知州。希智生秀五，❶曾祖也。曾祖生三子，諱慎者爲吾祖，其諱芮者生椿，椿生成，今應祖軍於靖虜衛云。」按《唐史》列傳，鄭公涿人，今平陽云高陵人者，此豈鄭公陪葬昭陵，子孫遂不返涿乎？故今縣又有鄭公祠廟焉。

今年成之子儒自衛回縣，予子適有疾，速儒來治，儒所言家世，正符平陽不爽。遂道其父勇略度人，嘗挺身解鎖黄川之圍，肩臂受賊鋒，又退賊小鹽池，獲賞銀牌，大學士邃菴先生楊公在邊時亦選用焉。所配梁氏早卒，繼配王氏，君没時年未滿三十，遂守節不改志，撫儒以有立。嗚呼！邊塞行伍之間，乃有此夫婦耶，則其爲鄭公賢者之後也必矣！成殁於弘治十五年六月十四，纔二十六歲。王殁於正德十五年五月十四日，年五十一。儒自靖虜來索墓上石，三四跪弗起，又重之以諸庠生之請。雖微此，則賢者之後，予豈忍辭哉？銘曰：

鄭公言行，唐世獨直。後昆綿綿，千載不失。有成者軍，猶思祖德。房杜子孫，乞丐豈實？雖一二世，終顯其極。

承德郎保寧府通判熊公暨配朱安人墓碣

公諱傑，字貴顯，號守齋，姓熊氏，江西高安斜橋人。曾祖仕舉，❷生義官孟聞，孟

❶「五」，續刻本作「吾」，連下讀。

❷「舉」，續刻本作「輿」。

聞生義民瑛，娶胡氏，誕實生公。年少聰悟，通習道義。痛母早卒，言輒懸泣，移日不食。事繼母聞，鄉黨稱孝焉。以歲貢久次，通判保寧，鋤强拯弱，壹志慈民，敦奬髦士，仕儀出焉。劍豪毋文信哀黨焚商，竊據其有，累勘官不結，上官移公，公積誠研思，夢入於神宇，焦頭爛額，羅候堦下，有神朱衣指謂公曰：「若等懷冤，候公久矣。」翌日，公乃齋沐，躬詣城隍，儼如夢寐。暨夕，秉燭閱成牘，屋上墮袱，金寶數升，具有姓名。爰速劍守論誅文信，并逮其黨四十有三人，止律減徒厥半，縶於郵舍，其夕火作，死無遺種，蜀人稱神焉。乙巳之歲，西番寇松茂，運道阻絶，參議卧病不出，撫巡孫公檄公禦之。公策令堡戍，前爲探緝，以時送逆，選官巡哨，分地責餉，伏壯士鐵鎖橋，佯令弱運，寇方劫運，伏發舉滅。巡撫具績，薦宜兵備，欽賜楮幣以賞之。年五十有三，足痿謝政，徜徉詩酒，不涉城府。兩遭剽掠，室如懸罄，不爲愠色，身重詩禮，訓此諸子。所配安人朱氏，比德不愧，和洽辛張，上師小星，睦族重義，實贊有熊。

公生宣德癸丑閏八月十三日，卒弘治戊午十月五日，年六十有六歲。安人生宣德壬子七月十二日，卒弘治辛酉閏七月十日，年七十歲。合葬縣三十四都港口鮎魚山。安人生子男三：材、朴、相。相，戊辰進士，爲監察御史。女一。孫男十：炳、焞、熛、⿰火彬、熄、煒、煌、燔、⿰火列、燦。曾孫男五：克圻、克墉、克堦、堯、域。辭曰：

戊辰三月，知我御史。惟公作碣，乃究其始。惟公烈烈，既戎既哲。凡厥御史，惟公之發，棟宇廟廊，布昭爾芳。鮎魚山高，自此孔明，九泉之下，胡不康處。英英安人，其風並好。

舉人趙君墓碣

初，余及趙君惟德生員讀書長安，有友五六人焉，皆數郡之傑也，言長者，無弗歸惟德。既而及惟德舉於陝西，同年六十有五人焉，皆關中之傑也，言長者，又無弗歸惟德。既而及惟德業於太學，有友八九人焉，皆四方之傑也，言長者，又無弗歸惟德。又博學能文章，取進士科，固其所也，如得其位，以長者之德用之，豈非斯民之福哉？豈期正德三年別予於京邸，未幾捐館於十一月二十日，距生成化十一年正月二十日，纔三十有五歲。嗚呼，痛哉！天之殲我良友也！惟德孝友之行，和厚之德，忠信之心，父母鄉黨咸重之，宜吾朋友信之若是也，乃今已矣。嗚呼，痛哉！

惟德姓趙氏，諱永寧，字惟德，世爲寧州官河里人。祖諱志榮，隱德不耀。父璣，任四川銅梁縣史，配李氏，生惟德兄弟三人，惟德其長，其次義官永安，其次永守也。惟德娶郭氏，生子男二：長養敬，州學弟子，初從予學於京師，蓋幹蠱之子也，娶邵氏，繼娶吉氏；次養心，聘李氏。女一。正德四年春三月二十四日，既葬於州龍川祖塋之次矣，養敬三次索碣，乃爲之辭曰：

於維君子，實維我良。厥志伊遠，厥德伊龐。盍簪之論，長者是望。假其登矣，棟此廟廊。命之不究，三十五亡。有覺其嗣，嗣爾之光。君子勿瞑，百世于芳。

明贈孺人林母李氏墓碑

孺人李氏者，閩一樗散人林先生世贈之配，監察御史鉞之母也。林先生名垐，二兄塈、壁，咸登甲科，位躋方伯。林先生鄉舉成化丙午，以父母既封，伯氏皆貴，乃同季兄址隱居養親，矢絶榮利，故「一樗散人」，蓋自道也。

孺人淑慧均淵，學益姆氏，既歸林先生，克從其高，滋懋婦雅，日非嬰疾，必於鷄鳴而興，敏兹宫事。曾祖姑方氏，祖姑宋氏，姑宜人葉氏，三世授受，閨範不忒，是式閨女，孺人思纘厥懿，務昭其家。林先生負氣抗直，嫉惡浮仇，❶孺人淹淹陰解，喪羊於易。遭舅梅竹翁及葉宜人喪，禮相助奠，克殫心力。林先生嘗曰：「使垐庶無罪悔於先人者，李氏也。」二姒既從宦居，葉宜人命顓柄政，❷家衆千指，居罔不悦，考農課儒，門無惰食，若有名賓嘉客，必躬自洗腆，以爲林先生歡。暇語諸子曰：「富不與仁遊，貴不與賢交，雖錦衣玉食，由君子視之，犬豕耳。」故諸子有過，輒笞於中庭，曰：「爾輩不見鼠璞乎？其化爲珪珩者，皆玉人推琢之教也。」尤虔恭先祀，粢盛醴醑，牲羞籩豆，罔弗躬業。他日有貸客納券，蓋林先生之故知也，孺人曰：「妾聞德在拯舊，富在恤貧。夫子少稱秉義，今乃背之，何居？」林先生爲之愧悔棄券。至其周予族貧，不吝金穀，無産者貲，不婚者鴈，困於葬者木，其先事啓處，真匍匐救之也。家有酒傭，病乞歸里，舟至

❶「仇」，萬曆本作「佻」。
❷「柄」，萬曆本作「内」。

中江而斃，舟人返載入家，時林先生方游藝京燕，孺人召視其妻子，厚與殯殮，猶優恤數月，過贈而返之，則於其親戚，可由知也。予素不識御史，山居時及今年如京，每閱邸報，見有御史疏，多公忠剴切，心思見其人，乃今獲撰孺人之碑，則御史者，豈偶然？ 然而林先生之狀，果非黨於其室也。

孺人諱璵，字德圭，蘇州知府福唐侗菴公廷美，配曾宜人者，其父母也。 孺人生有男子五人，長即御史，連舉庚辰進士。 孺人生天順甲申十二月二十六日，卒正德戊辰四月二十日，壽若干歲，已葬于卒邑藍田之原矣。 至是，林先生作蜕秋石室於歸義里柘岐山，將改葬孺人焉，而御史奉天子命清戎山東，例得還家，將焚黄墓下，悼痛榮養不逮，乃欲載碑以歸，曰：「此可以恔人心乎！」嗚呼，御史痛矣！ 遂爲之辭曰：

族匪而築，美難世濟，譬彼榮木，豈不猶柢？ 鮑妻提甕，歠母績房，我觀振古，家起女良。 檮叟成隱，御史亶仕，匪貞匪慈，胡然如此？ 維天克明，維地克平，日月運行，不顯厥經。❶ 山深木芾，藥芊鳥嘒，爾德不那，福履胡備？ 江出岷山，其源如綸，群流附引，東抵海門。 吁嗟林俊，號遺圭母，克敏克榮，實相檮父。 行道式瞻，閩女中賢，于範于模，室家千年。

獨復管君墓碑❷

君諱珣，字德潤，姓管氏，齋號獨復，陝

❶「顯」，萬曆本作「爽」。

❷「碑」，續刻本作「碣」。

西寧夏人，兵科給事中律之父也。故吳嘉定人。始祖應龍當宋理宗時，身通星官學，仕至制屬，佐史嵩之伐金，克復襄陽，肥遯中野，臨安趙葵嘗表其功於朝。生子仲平，仲平生希賢，希賢當元時，學躭性命，仕爲四明尉。生子皞，字玄伯，與楊廉夫爲忘年友，同學於鐵崖山中，後復隱居於鳳凰山，著《三國將略》三十卷、《古樂府》四卷，國朝翰林學士詹同薦於朝，徵授祁州知府，有德政聲。生子九成，九成生鎧，則君之曾祖，以詩見知慶靖王，奉藩慶邸，編籍甲軍，管氏所自爲寧夏人者也。鎧生昊，字光繼，配楊氏，誕實生君。

君生而敦愨，寡語笑，然獨悅人爲善。若見義事若懿行，必曲獎其成。若見人良子弟，必勸其父兄使之學，曰：「甚無犬彘兒子輩。」若見名士大人過，必謂人良子弟曰：「茲豈天上降耶！」又好賙貧拯急，若見棄業惰生者之匱乏，雖升粟尺布必不假，曰：「珣不能耗財以濟惡。」友人赴舉者貧無裹足，乃卸其室簪珥，易金爲贐，友人既舉，則終身不言，子姓私問焉，亦使杜口。初受《詩》於曹憲副謙學，能占決疑事，十九有效。自少身伴懷王讀書，每受令臨歐陽率更法帖，往往逼真。冬夜與友人喻德甫圍爐談《春秋》三傳異同，火爇衣襟過半，猶不暇覺，幾焚其鬚。他日又與王都御史一言談古今事於西疃野亭，王盡日不能難，而君有「四郊烽火息」之詩。性喜吟咏，詩成不事點竄，嘗曰：「此非學者急務，袪俗適興而已。」先是，護衛人不籍學，弘治庚戌，東田馬先生天祿督學關中，君啓莊王以告東田，於是今護衛人多登科者，給事君亦其一也。當懷王時，❶東鹿賈公俊巡撫寧夏，及分巡憲副劉公桓，❷皆器重先生，忘勢禮遇，合辭且入啓，欲請於朝，❸補本藩教授，然君恥于仕進，力辭而止。「獨復」之號，其亦在此乎！

初室鄒惟寬女，鄒無出，乃次室王孔明女，是生給事君及引禮舍人吕者也。女一，未字。孫男二：輿，載。孫女二。君生正統甲子六月二十九日，卒正德甲戌正月二十日，壽七十有一歲。鄒少君三歲，而卒先君五年，壽六十有三歲云。給事君卜嘉靖二年二月二十六日，與鄒合葬於南董新渠東原，蓋新兆也。史氏吕柟據友竹柳訓導狀次而爲之辭曰：

嘗讀《易》至「中行獨復」，則悲群邪之蕃，而嘆中行之聰也。夫六四，與上下五陰同行，而己處其中，獨應初九之賢，其餘陰皆旁行而流，惟四於群行之中，獨復中道而不從，可謂明且勇者。管先生在士伍中，而其言其行，非義不比，强而且公，彼雖學者，反或逐隊合群，而不能獨復。亦獨奈何哉？嗚呼先生，百世斯風！

河間府通判石山趙君墓碑

君諱廷璋，字德光，别號石山，邠州某里人也。受性敦懿，蚤益顯慤。生甫十齡，父暨伯氏謁選京師，遺厥祖母，家無長丁，君即能婉戀以事，或採薪山澤，拾蔬風雨，

❶「當」下，續刻本有「夫」字。
❷「桓」，續刻本作「恒」。
❸「於」下，續刻本有「當」字。

不憚勞勩。越二年，父領倅蕪湖，君就學於蕪湖羅生，日坐一室，不越户限，蕪湖君問焉，答曰：「書未成誦，傳恐不習。」年且十五，身治《戴記》，草辭屬文，見賞羅生。厥既歸邠，乃益肆力道藝，游心古昔。以西澗劉澄、涇濱劉韶皆直諒多聞之士也，友與同盟，稽經于邁。於時邠士彬彬焉，尾尾焉，咸遜三子，以爲學中冠冕。君既領鄉舉，進業太學，猶以《戴記》考魁多士。屢屈禮闈，傷母且老，乃正德辛未就仕銓曹，得判河間，職管漕河一帶。開衙滄州，克勤河務，罔有不濟。以其餘力，又能兼委於上官，理訟訟允，督糧糧起，糴儲儲完，掣鹽鹽清。君蓋先知吏胥，次稽僕從，故賞罰不頗，舉措稱明。至其卻殷周之金，尤爲特節也。未幾，流賊猖獗，焚屠郡邑，如踐村落，滄人摇扤，約開門以降，君乃獨誓州守及謀人力士，率衆登城，併力捍禦，七日夜不寐，滄得不破。壬申之歲，都御史陳公整飾天津兵備，知君異材，檄督各處民兵，巡緝河間、濟南等地，師行糧食，自爲措具，寮寀咸爲君憂。君奮然前往，行無饑卒，而居有寧民。若夫解青縣之誣盜，憫交河之病卒，尤爲人所垂涕泣而感之者也。君駿奔南北，多冒風雪，兼思焦力瘁，雙目傷明，歸滄數月，遂病不起，實正德八年三月十一日，距生成化壬辰十月十三日，壽四十有二歲。

祖諱瑛，户部左侍郎倫之同母弟也。父諱宗器，字大用，即蕪湖君，配某氏，實生君云。其曾祖以上有他碑，不著。君配寧鄉知縣、郡人席君禄之季女，貞慈足爲君相云。生丈夫子二人：長若唐，中嘉靖壬午舉人；次原潔，殤死。孫男子四人：耐寒、勝暖、明秋、起冬。君卒之年十一月二十日，若唐已葬諸郃之小莊原祖塋之昭位，至是，若唐會試禮部，以予與君交遊太學且知君，請碑。辭曰：

於維石山，氣鍾郃秀。敦茲前英，行非凡偶。繄厥哲明，嶷嶷從幼。亶學蕪湖，豈徒章句。河間之庸，宜爾克茂。王事靡盬，雙目交瞀。因之卒官，四十二壽。行李蕭蕭，上官集授。有子若唐，克光爾後。行路瞻言，爲善貴厚。

慈節陳母王氏墓表

慈節者，浙江海鹽監生陳瑩之母，諱雲字用龍者之配，邑人王卦之女也。慈節年十八歸，用龍君時年纔十七。慈節三年而用龍君没，殁五十日而瑩生，慈節纔越二十歲，涕泣撫瑩以有立，至且太學矣。乃正德十三年九月十八日卒，壽五十有三歲也。其鄉呂九栢先生題其門曰「慈節」，曰言幽能貞於用龍君、克成乎大學生也。

嗚呼，慈節不亦難哉！背十九歲之夫而能守，撫遺腹之兒而能育，歷三十餘年，潔白勤儉，鄉黨稱焉，此豈可與恒慈常節者班乎？正德丁卯之歲，海鹽師尹嘗以慈節之實登上官，時慈節年未五十，例不得旌表，乃止。既登五十，而采風者又未至，竟使齎志而死，不能生見門閭之輝，則夫古今人抱道不遇，而卒以淪已者，何異是邪？狀曰：「慈節上事姑吴，竭力無方。吴内訓端嚴，而慈節益當其意。吴且殁，執其手曰：『吾得殁於汝手，寧矣！』停柩三年，悲慟不衰。比舉葬事，費獨先諸伯氏。」則夫呂九栢所題「慈節」者，疑又不足以盡斯人也。予素不識瀅，瀅與河南郭相爲同舍生，乃相謁墓表，予曰：「是則不可匿也！」辭曰：

紫雲之山白米原，鎮北海鹽千世存。於慈節，陳生母，高風直，❶並此山。十九歲夫賴爾永，遺腹之兒長仍孫。宿儒事君或改操，執友交歡中道翻，爾道高高在乾坤。

明監察御史静軒吕君墓碑

君諱秉彝，字性之，直隸真定晉州人也。世傳爲宋吕滎公之裔。元季曰天章者，居晉左之吕家莊，有俠義風，人不敢枉以非，生五男子，值國初紅兵之起，乃南渡滹沱，遂定居楊家營焉。彦禮生四子，❷長繼宗。繼宗亦生四子，其季也曰興，饒財而嗜善，力能扛巨鐘，然人犯之又多不與校。興生二子，長曰祥。祥生二子，仲曰瓚，充庠生，有行義，累試率首郡諸生，然卒不第，貢爲大學生，隱而耕於野，是生君者也。

君幼即哲靈有遠志，嘗與群兒戲，郡守至，儕輩皆驚避去，君獨留止，問則直對，人已覘其不凡。比爲郡庠生，董學先生得所試文，輒傳曉畿内士，無弗以爲佳也。然積試不第，至正德丁卯、戊辰，始連舉進士。當其三試也，皆可中魁選，乃皆屈遜二三人焉。己巳，銓部選爲御史，辭弗就；復選爲黄門給事，又辭弗就。友人詰之，對曰：「居諱言之朝，處必危之地，享其名而怠其職，非仁，趨於始而悔於終，不智。予殆以

❶「直」，續刻本作「矗矗」。
❷「彦禮」，重刻本作「其後」。

親爲重乎！」

既尹章丘，適歲大饑，而上官督租尤酷，民多逋亡，君乃勸富人輸粟以賑貧窮，民用少蘇。然是時誅求孔棘，燕、趙、青、兖盜騷然興，所過郡邑，十七屠破，君乃崇城浚隍，練器撫士，尤嚴賞罰，盜薄章丘再四，曳兵空歸。他日，民有訟人以死罪於上官而詭其名者，上官移縣，伐捕未獲，會有他訟詣庭者，君見詞貇，遽曰：「爾非誤人以死者邪！」其人驚服。凡發奸多類此。故當時撫按薦辭曰「一介之廉，如冰如玉。六事之修，克慎克勤」云。去章丘，民攀泣留鞮。未三載，大水侵城不陷，民又相謡曰：「昔非此城，吾其虜乎！今非此城，吾其魚乎！仁人之爲利，何其裕乎！」於是醵錢立祠及去思碑。既抵京，大宰知君循良，卒授御史，不能辭。甲戌三月，以母喪歸。初，君自章丘被徵過家，遭母疾，日夜親湯藥，既瘳猶守侍不行，故久而後授職。除喪復職，未幾又遭父喪，於是憂痛結衷，頎肉減損，遂成蟄瘁。至庚申始獲實授。

時天下多虞，武夫用事，宣、大尤急，而巡按且缺，僉以君强直，越例奏往。既至邊，商儕有被殺者，餘商法當誅，君詳之曰：「疑緩。」尋果獲真殺商者，邊鄙以爲神。辛巳，今上即位，數上封事，凡兩鎮遺姦積弊，剗革殆盡，歲雖饑饉，士雖罷瘵，亦皆安堵。秋，魈見於家，有鵩升雊於寢室，君遂病反胃不起，兩鎮士咸哀悼焉。距生成化甲午，壽四十有八歲云。君形貌偉長莊厚，人望之知其爲端士，且醇慤明坦，人皆樂與之遊。至其辨析物理，皆該括群書，超邁衆見，足動人聽聞。若乃持正不干人以私，寬厚不忮，奉身儉約，則自爲諸生已然矣。於戲！此豈非吾同年者之光哉！使天假之以年，究其所藴蓄，雖古賢相名卿，何難到乎？傷哉！

君初配高氏，五月卒，今已與君合葬矣。繼趙氏，生男子三人：孟培，州學生，予見其人，蓋光君之業者也；仲垪，儒士；季堆，幼。女子子亦三人，長嫁承差張朋，次嫁州學生劉時正，次字張氏之子，亦幼。君卒後七月，垪生女一人，又二月，培生男一人，將來孫子之盛，蓋不止此也。辭曰：

瓌瓌柱史，國是綱紀，處則鳴文，出則優仕。牧在章丘，法在宣鄙，冰玉交稱，勤慎疇似。當其縱談，如決河水，政不究學，道過厥齒。上帝爾敦，懿有孫子，行路瞻瞻，天道伊邇。

封禮科給事中尚先生配孺人蘇氏墓表

先生諱禮，字從宜，姓尚氏，同州晏安里黄家莊人也。相傳爲周太師姜尚之裔，其後不可考矣。七世祖時中，爲元廉訪使。五世祖仕行，國初以賢良才行詔，爲同州儒學訓導。傳至先生，玄受懿胤，生有慧質，身嗜問學，不愆於素，而又謙貶好施，先行孝弟，鄉人敬焉。所配蘇氏孺人，實媲厥德。生有四子，其長名衡，其次名徵，皆授之書禮，追求古昔，故衡以丙辰進士歷官工禮給事中至參政，徵以大學生授鄭州判官；其次御、規，雖事田桑，兼覽儒業。故孫班爵既已鄉舉，而班禄、桓、班玉亦復駸駸向進，滋拓家聲，無回爾服。孰非其德之厚哉！嗚呼，先生不可没已！

先生生永樂甲辰六月七日，終成化壬辰八月十一日，壽九十三歲。蘇孺人生永樂某年，壽若干歲。葬在州某原云。辭曰：

火伏則光，天道孔明。君子秉心，無忝所生。吁嗟封君，有懿其行。厥初伊允，厥後伊臧。是究是圖，爾心孔平。行道瞻止，風是用長。

明山東左布政使張公墓表

公諱鵬，字騰霄，姓張氏，別號存恕道人。其先鳳翔郿縣橫渠鎮人，世傳爲子厚先生之裔，至公之高祖志大徙宅洛南靈泉鄉老君峪，遂爲西安洛南縣人。公中永樂丁酉鄉舉，會試不第，卒業大學。工部奏差浙江，督催工匠，克完厥事，還監紀名，准放依親。宣德丁未，起取至京，撥行在都察院貴州道歷事，忠敏懋著，上下攸聞，乃戊申之夏，欽授浙江道監察御史。不及半歲，奉勑清戎福建，尺籍咸明，罔有離伍。辛亥之春，仍差福建寧德縣寶豐場勘辦銀課故事，年四季進課，然路遠民勞，地方不便，公奏二季，民力稍甦。癸丑回京，給假省親，上賜鈔千貫，以爲路費。正統丙辰，奉勑整點宣府、大同沿邊官軍兵器。是時鎮守獨石總兵都督李謙頗不稱職，公即奏劾，准謙回京。又奏添夜不收衣鞋口糧炒麵。其大同西南，正當要害，乃請設立威遠衛守備，一時北邊屹然壯固，外夷遠遁。於是廷臣交辟公才，而廣西適缺按察使，上即超陞。往不逾年，丁父封君之憂。垂闋，改山東按察使，吏部差官齎檄至門。公在山東，聽訟明允，遠近稱便。乃又奏改東兖道印添本司承差額數，重建按察司治，今皆守之也。尋陞山東左布政使，以風疾，乞休歸矣。

公嘗自言「以平恕爲公，勿愧先人」，故「存恕」之號，乃自鳴也。然又操持廉介無少苟，故雖鄉舉，致位二品。柟嘗謂横渠先生之學，貫天人，該古今，質鬼神，俟聖賢，未試于時，其後必有聞人貞士以振其緒，則公其一也。公嘗自述出處顛末，繪爲十圖，然自今聰明特達者不肯道，❶抑豈知公以分内爲樂之志乎？於戲，公賢於人遠矣！

曾祖諱得，字希仁，於元仕本縣主簿。生清，字守廉，以明農爲業。配韓氏，生哲，字伯宣。配何氏，嘗從鳳陽右衛，生公於中途。二歲，❷痞疾且甚，遇女醫針愈，且曰：「此兒必不死，後當大顯。」然則碩人美士，其骨骼固已别邪！配楊氏，本縣知縣、曲陽人諫之女，封恭人。公生于洪武庚午年三月十三日，享年六十六歲。男子三：吉、慶、壽，吉、慶之後不詳，壽，大學生，任獲嘉縣丞。

❶「今」，續刻本作「古」。
❷「歲」下，續刻本有「患」字。

涇野先生文集卷之三十一

巡按直隸等處監察御史　門人徐紳編刻
巡按直隸等處監察御史　門人吴遵編刻

墓碣表二

明處士應公暨配貞節陳氏墓碑

公諱宗儒，字紹玄，姓應氏，世爲台州仙居之西山人，節軒先生之第四子也。節軒偉儀雅度，敦厚博大，讀書有才識，孝友皆出天授，而又多行陰德，孚于鄉人。故公受性顯允，美髯，長大剛正，自幼未嘗爲機變之巧。其治家極嚴，有威如嗃嗃之象。與人交，洞開肺腑，無少藏匿，見人之善，則曰「爾若是善也，得無福乎」，見人不善，侃侃然語，不虞後患。雖在賓友親故之間，方當從容昵狎之際，❶小不合意，輒峻語斥之，拂衣裳起去，久則復歡如初，蓋駸駸乎古之不念舊惡者矣。其視人有患難，真如疾痛在己，力可援拔，必使獲安乃已。周貧恤乏，咸出惻隱，雖至傾竭，寡衣而缺食不吝也。乃年三十而卒，在正德九年月日。所配夫人陳氏，時年二十八，號絶抱屍，若不欲生，七日水漿不入口，比至葬，皆無越禮。公有遺田二頃，積貲亦豐，而諸孤方孩提，宗人有利之者，諷使再適，不從，撼之以凌

❶「昵」，萬曆本作「燕」。

侮，不從，則托以徭役賦稅，日朘月削，❶亦不校也。子且長，遣事塾師，暮歸，執業課之，其於《小學》、《孝經》、《論語》諸書，亦爲解其大義，至以織紝纂組，伴至夜分。嘗歲饑饉，視其倉囷囊箱，喟然曰：「此禍本也！」悉揮散之，而睥睨者止。厥後家既屢空，公有遺馬，無所于用，或勸售諸，乃對曰：「此吾夫子生時之所愛者也，吾可忍無蓋之義乎？」終不售。甘於澹泊，未嘗自烹魚牲，食肉不過三二觔。居處整肅，子孫服食語動稍非禮，輒笞責之。曾子孫相擊鼓戲，曰：「鼓不亂聲。」門内寂如無人。乃弘治庚戌，子某以其情事聞于朝，詔旌其閭，所謂貞節者也。蓋陳父從謙，道大姓，❷有學行，而陳受性即淑慎，閑於姆教云。歿年八十有八。嗚呼！陳與公壽之修短雖不等，其德皆古之烈丈夫貞婦行，殊未可優劣也。

子男三：覃、旭、昌。昌孝行重於鄉，爲分宜縣尉，介特不苟，有漢孝廉方正之風，人稱「分宜公」云。孫男七：沼、湘、敏、何、良、賓。與柟同年進士，爲翰林編修，忠信廣遠，厲志于道，柟所資益者多矣，公父子玄積潛遺，畜極而發者，其在斯乎？

辭曰：

道不虛傳，德有後光。厥前不偉，厥後焉臧。譬彼流川，泉深委長。公之作止，有烈其芳，漢陳大丘，晉王彦方。懿厥休配，孕此軻滂。瑰瑰芝樹，毓秀于良。同不混俗，異不貶方。我友敬止，爲我之明。或暗于義，或疑于

❶「朘」，原作「唆」，據萬曆本改。
❷「道」，萬曆本作「者」。

行。于質斯別，于方斯將。公之休問，❶不啻文章。匪其積也，行路是諒。

五峰先生林君墓碑

君諱珵，字士輝，號五峰，學者稱爲五峰先生，台之臨海人也。曾大父諱啓章，配楊氏，以貞節旌。大父諱永泰，配孫氏。考諱楷，鄉飲大賓，妣趙氏。君生而凝重，超有志節，年始十七，進遊郡庠，老師宿儒，咸爲推重。脱有傷教害義之輩，輒誦言于師，上極郡守，横逆之來，亦不自恤。都憲濮陽劉公忠、司空山陽葉公贄相繼守台，雅見延接，或置師席，與之抗禮。久滯場屋，晚以歲貢授建寧府學訓導，敬以律身，信以率人，登進醇謹，優加勸率，而又周貧拯困，士風一變。嘗攝理建安縣事，興利除害，與民休息。時有水洞盜起，乃亟調兵糧，一日夜具。其備禦籌略，高出衆表，部使者大加奇獎。在縣無取，雖饔飧之微，亦皆己辦，尊官大貴或有所需，多不獻諛，因是取嫉，民寔德之。考滿疾歸，士民追涕送而別。既還歸臨海，杜門不出，謝絶人事。去年七月十二日終於正寢，生於景泰元年正月六日，享年六十有七。

平生質直剛介，不事生産，不苟取與，家僅自給，愛人喜施，事有當爲，或格於勢，或忤於人，衆方依違，獨毅然奮行，善善惡惡，不啻在己。動有常度，接人無貴賤，無衆寡，非衣冠不見，自少至老，未嘗一日褻衣閑遊。其爲人謀，必傾肺腑，姻族黨友，事或不平，皆來就正。父嘗有疾，衣帶不

❶「問」，原作「門」，據萬曆本、重刻本改。

解，藥必親劑，進必先嘗。病革，召諸子析産，辭慰母苦；再三强之，又以其廬讓先弟。父垂殁，目君曰：「汝孝心可感，天地應不負汝。」林氏宗老至今誦之。父殁已久，每於祭祀，泣涕如初。❶教子不專文藝，每戒之曰：「人無信義重厚之實，雖有才美、成功名，徒多過耳。吾朝不坐，燕不與，僅以不孝爲齒士夫間。汝曹勉之！」所著有《五峰稿》、《先塋八景集》藏于家。

娶陳氏了菴先生長女，勤儉孝敬，實克相之。生男子四人：元敘、元秩、元顯、元倫，中庚午鄉舉，而元敘授山西解州知州，元秩中癸酉鄉舉，元顯庠生。女一，適徐蒞教授統之子。孫男五：榦，邑庠生，嘗從予游；楫、棟、校、槔。女三。卒已葬義城鄉之青山。元敘因與柟交與解州請，故得爲之辭曰：

於維先生，古之端方，匪直克教，于學實明。有淑厥嗣，濟濟咸臧，具登桂籍，爲邦之光。誰先仕者，長則典卿，能昭爾志，爲解循良。天不佑善，俾世不長，榦槔允茂，甲科方將。丕顯爾幽，浙山水光，積德無驗，胡其有慶？

上蔡知縣史君矢菴墓碣

君諱臣，字秉直，姓史，別號矢菴，解之崇寧坊人也。其先直隸河間人，洪武初，遠祖諱弼者知解州事，蒞政勤慎，愛民如己子，秩滿，爲士民挽留，遂家解焉。弼生克明，配李氏，生四子，其第三子曰祥，配劉

❶「涕」，續刻本作「痛」。

氏，生敬之，配蕭氏，生三子。其第二子曰旺，配段氏，生巖，以耆德舉爲鄉飲大賓，配德楊簿侯俊之女，❶則君之父母也。

君生而穎悟異常兒，不識嬉戲。成童，日記數千言。少與程員外郎萬里、閻推官廷臣、王大學生子中爲齠齔友，意氣相許可，每交礪以公輔器。弘治辛酉舉於鄉，人或勸之仕，君弗許，乃滋篤于進脩不已。至正德庚辰，進士不第，辛巳，遂赴銓部。授上蔡知縣，即首重學校，申脩頹敝，凡有惠益可便民者，不遑暇食舉行之，其不能自專者，則開請撫按，撫按亦重君勤，無弗從者。縣有鉅盜，前尹莫能治也，君即捕按于法，合境稱快焉。二稅多於他縣，而狡獪作梗，恒爲負累，及聞君令，皆畏威而争輸，雖數年之逋，不旬月皆完。邑人周憲副汝勤曰：「尹吾蔡者多矣，未有如史侯之公清明決，愛民如子者也。」於是撫按守巡聞之，或曰「清廉仁恕」，或曰「練達老成」，或曰「治理慇懃，大得民心」，或曰「歷任有爲，操持有守」，蓋交檄下蔡縣，且欲調之繁劇也。而君之父耆德賓疾卒宦邸矣，蔡民至欲奪情借恂，❷遮道挽留者無數也。

初，君事親極孝敬，及親歿，哀毁踰禮，其衣衾棺斂，一遵朱氏《家禮》。既襄事，杜門絶客，悲思骨立，日號泣不已。尋亦感疾，卒於嘉靖三年九月十八日矣。大學生張宗魯之姻，處戚黨、待鄉人、居里人、誨門生弟子，皆以信敬，則於其親、於其民可知矣。距生成化十三年，得壽四十有八歲。

君配王氏，生四子：曰策，充郡庠生，

❶「楊」，疑當作「陽」。
❷「借恂」，續刻本作「行請」。

亦從予遊，他日大史氏之門者必此子也，娶藺陽簿董時中女；曰籍，亦學爲進士業，娶即宗魯女；曰篇，聘賈世氏資女，爲萬里之甥；曰篆，聘儒官程鶴女，爲萬里之姪。孫一，存兒，策所生。卒之年十一月十二日，已葬諸桃花洞之原。兹據宗魯狀表諸墓，有銘。銘曰：

於惟史尹，幼有令名，奮翼鄉校，夙譏鹿鳴。薄言筮仕，上蔡于康，既祛黠盜，保此蔡方。士女且穀，君父罹喪，學有遺教，民多係情。天不吊善，俾爾長行。有覺先正，有員嗣生，爾德不没，瞻此石銘。

代府輔國將軍修德齋墓表

公諱聰濂，別號修德齋，授輔國將軍，乃鎮國將軍成鐔之元子，僖靖王之孫，太祖高皇帝四世派孫也。❶鎮國配陶夫人，爲陝西參議銓之孫女，宴生脩德齋。公年十三而鎮國薨，人泣告於陶夫人曰：❷「勿以子輩幼小，祭葬可略，他日長追悔難及。」於是陶夫人泣憐其志，自殯殮至葬，皆極其情備。公既長且婚，有時物必薦諸廟，次以奉陶夫人，每囑厥配李夫人曰：「凡薦先奉母，釜鼎腶羞，務盡豐潔，不可苟也。」他日陶夫人疾，齋戒躬事，晝夜不離其側，又拜禱於藥王以祈效，或涕泣籲天求以身代，陶夫人疾遂愈，時年已六十矣。公曰：「古有歲制之禮。❸」遂遣人裹金買杉於蘇杭及荆

❶「太」上，續刻本有「我」字。
❷「人」，續刻本作「乃」。
❸「歲制之禮」，續刻本作「豫制之木」。

襄諸地，以爲百歲計。至其撫諸弟妹成立，選婚擇配，建第讓金，絳人皆傳誦云。誨諸子孫，必諄諄然曰：「勿慢上，勿侮下，勿近憸邪，宜讀書習禮，遵祖宗成訓，以保爵位。」子孫亦恪服其訓焉。其他全外舅若李錫之家而及其終，濟饑寒之民而不吝其粟帛，戒僕校交易持平，慎勿因以生患，則尤人所難也。公性純愿謙抑，聰明正直，好讀書咏詩，暇時常臨浸月池，登得月樓，揮洒歌詠，未嘗少休。七歲時已善弈碁，或議其非，則舉班固《弈旨》以對，而推至於王政之大，則公身所迪履者，可由知也。

生四子七女，皆李夫人出。長俊楀，次俊概、俊橈、俊蕀。楀、概俱封奉國將軍，楀李氏、概陳氏俱封淑人，橈、蕀幼未封。女七人，長封雩都縣君，配羅廷；二封太和縣君，配寇濟；三封河陽縣君，配南有亨；餘幼未封。楀生四子，概生二子一女。楀長子士賜，名充熷，公之元孫也。然楀尤能遵公之訓，勤學慕古，而又工草書，善詩文，故服公之喪一遵朱氏《家禮》，弔者皆大悦云。公生成化十八年正月十二日，卒嘉靖四年十月二十日，享年四十五歲。卒已葬諸其原矣，至是，奉國楀遣使持崇府長史絳人王君珙狀，請表諸墓。銘曰：

汾水濊濊，其源伊長。北山崒嵂，其基孔暘。萋萋金枝，有覺玄堂。厥先孔茂，厥後孔昌。銘茲貞石，千萬年芳。

明贈監察御史朴菴劉公配封太孺人王氏墓表

朴菴公姓劉氏，諱惠，字孟道，別號朴

菴，以子翀貴，贈監察御史，解州平陸縣之驥鳴鄉人也。曾高以上，其狀未詳，宣配某氏，生昇，昇配馬氏，生三子，公其季也。生甫十歲，怙恃咸失，即知慟親思奮，無墜厥世。少長幹蠱，夙夜不遑，操心慮患，備極危深，衣履居室，樸然不華。至於時祀先人，茅沙登豆，奠拜盡哭，而以不及生事爲恨，人或難其不豐，則曰：「此豈可觀美於人者哉？」聞者泣下。至遇濟人利物事，率獎掖贊成，而貧乏困窮，多所周卹。有貸者歲凶難償，則取券面焚之，令其自適。御史君初知句讀時，便遣就外傅，學歸則課其日業，不使暇豫。及舉進士，授顯官，則又朝夕勉誨，告以作善降祥，興此劉氏焉。於是平陸人多述之，以示其子孫云。配王氏，邑之著姓，亦以御史君貴，封太孺人，純雅柔順，克執婦道，寔生御史君，八歲遣入小學，而伯兄瀚已爲庠廩生，得復役及於先生，太孺人數指御史君曰：❶「有此子讀書，寧籍猶子復役邪？」及御史君舉進士，日夜訓飭常如學生時。嘉靖甲申，御史君迎養京邸，適遇伏闕事，孺人驚憂幾成疾。性能容忍，且有果斷，樂施與，恒以不逮事舅姑爲歉，時祀必躬致豐潔。其處側室解氏，言動以禮，而撫庶子璣、珖、璠，則與己出無異。蓋比德於公云。

公卒在正德八年九月二十三日，壽六十有八歲，明年葬諸鄉北祖塋之次。孺人卒嘉靖乙酉六月十八日，壽七十有一歲。某年月日合葬。其辭曰：❷

於惟朴菴，躬焉玄休，既開厥始，

❶「指」，原作「揩」，據續刻本改。
❷「其」，續刻本作「焉」，屬上句。

光兹有劉。御史奭奭，忠此王室，❶清風悠哉，爾德斯白。黄河滔滔，東鳴禹跡，爾嗣方殷，贊國無斁。

明懷遠將軍潞州衛指揮同知高公墓碑

公諱瓚，字廷器，平陽襄陵人也。生而穎異俊拔，超有義氣。嘗輸金四百，受爵指揮同知。嘉靖初年，賈遊江淮，值歲大侵，父子相食，目擊心愴，興言拯捄，未行病革，有遺言于子奇曰：「死無所囑，惟出金買粟，賑此饑餓，九原瞑目。」奇方以監生聽選吏部，緩既奔喪，❷踵行前志，糴稻千石，輸送楊守，票給喘黎，又捐白金，周存貧士。已而都憲奏請冠帶於奇，奏曰：「前項賑濟，臣父本心，臣止奉行遺言，以成先志。況臣父病不忘國，死且爲民，乞移加父階，照例褒諭，則臣父雖死猶生，而臣心雖哀實榮矣。」天子義之，特贈公指揮使云。

初，公警慧不群，其父遵化公日課《爲善》、《陰騭》，輒能記識不忘。長益博涉經史，遵化公屢遺籍於縣學，乃惟以供養不給是懼。江淮之賈，蓋其本爲養親計也。至其齋素哀母，有白蛇繞壙之祥；鬻爵弟珣，有布衣冠帶之榮；逆兄瑾柩，有跋山涉水之苦；代璞納税，有禱神祈壽之感；出金惠族，完徭役婚葬之費。蓋公於其父母兄弟宗族如此，賑窮江淮，宜其然矣。經曰：「有本者如是，是之取爾。」若乃瘞暴露之骸，築襄陵之城，葺三聖之廟，皆義存於中，善積於素，不獨一江淮賑饑然也。嗚呼！

❶「此」，續刻本作「貞篤」。
❷「緩既」，續刻本作「星言」。

斯人也，豈非張都憲所謂「真義士」者哉！

公高祖諱真，妣某氏。曾祖諱思，妣某氏。祖諱榮，妣某氏。父諱俊，配某氏，爲河南杞縣主簿，改遵化縣，俱有遺愛於民。公生成化乙酉正月五日，終嘉靖二年十月十一日，享年五十有九。配王氏，比行於公。子二：長即奇，蓋可謂能揚公名於久遠者矣；次玄，留守後衛吏目。女三，婿爲盧孟增、梁克温、喬岳。孫三：履嘉、履端。孫女一。讚曰：

猗嗟指使，稟受匪常，見義勇爲，百夫之良。世方趨利，如水無防，骨肉胥仇，毫釐焉争。公也振俗，捐金如狼，使其籍學，豈不道嗚！生有善行，殁宜令名。奇克述志，俾公不忘。守錢之虜，瞻言愧惶。

明潔齋先生閻君暨配白氏墓表

君諱清，字本澄，解州城西里人，今兗州府推官輔之父也。君高祖諱某，妣某氏。曾祖諱某，❶妣某氏。祖諱某，妣某氏。父諱恩，壽官，配州崇寧街蔡氏，實生君焉。君生而奇特，既籍郡學，即篤嗜經史，知識聞見，超邁諸生。積科不第，於成化癸卯貢爲太學生。明年甲辰，遭歲大侵，例得省災，時父母偕老在家，君即請諸祭酒西返，跪謂壽官公、蔡夫人曰：「時凶親老如此，清何以仕爲？清不能使吾親甘旨者，非人也。」乃遂經營鹽商。貨賈之間，每舉輒售，等輩皆不能及，起家爲解富室，而壽官公及

❶「諱某」，原作「某諱」，據續刻本乙正。

蔡夫人日有嘉羞，鄉中士大夫數羨服焉，至程秋官遂比云端木子貢、猗頓、陶朱云。然而君爲親之志，實可美也。所配白氏，華亭令郡人資之女，實能相君於內。家政嚴肅，井臼之餘，猶能課理生業。其處貳室高氏，有《小星》、《樛木》之風，而施愛諸子，展如《鳲鳩》。則君家道雍睦，日臻昌盛，亦白之力也。

君有四子：長即兗州，弘治甲子舉人，娶李氏；次相，冠帶生員，娶馬氏，繼柳氏，皆白出；次曰佐，娶白氏；曰佑，娶賀氏，皆冠帶生，高出。白女四人，侯珩、李奈、柳戩及監生呂鳴鳳者，其婿也。高女一人，婿爲王廷佑。孫男五人：應詰，監生，娶連氏；應時，聘李氏；應登，監生，娶宸氏，繼呂氏；應科，娶張氏；應奎，未聘。孫女六人，生員侯畛、張承祖、張宗堯，及民呂尚仁、李廷璋者，其婿也。曾孫男二：坤、坊。曾孫女二。

明定海主簿賈君墓碣

君諱純，字文粹，世爲解梁大族。父權，有陰德，爲鄉人重，配相氏，實生君焉。君生而温雅不群，既籍郡學，即刻志經史。成化十七年，貢爲太學生，痛父早喪，事母甚孝，選期越二載矣，仍不忍違母去，母曰：「汝多食公廩，幸吾尚在，乃不受一職以報國乎？」其親識亦勸之，君曰：「吾母日薄西山矣，吾若遠離，其將何以事君邪？」又越三載母卒，君殯葬如禮，至弘治丁巳服闋始謁選，授浙江定海主簿，即以憂國愛民爲心，在任七年，人無有心非口議之者。時歲歉，民將流離，公竭誠拜禱，身軀腫痛，百姓見而流涕，既而霖雨數百里，邑人多賴以存活。乙丑，子廷相以書請還，君遂解政，飄然長往，百姓扳轅不能捨，知縣李君深羨其賢焉。

所配段氏，解處士貴之長女，十有五歲歸君，即能内助。君寡兄弟，時或耕耨，段乃荷擔餽，❶不辭艱苦。當君在太學時，歲大歉，人相食，時有姑在堂，段以養子廷顯少長，乃同其姑扶持，并携幼子奔京師以就君，鄉人皆曰：「此婦送此數口命於他鄉邪？」未幾先至無恙。❷是時君方以母子爲憂，及相見，泣曰：「此非夢邪？斯時何時，汝能使我老母幼子至此地邪！」旁觀者皆殞涕，以爲孝敬所感。其處諸子婦暨若孫，慈不廢教。君先亡十有八年，而段孀居秉節，不事奢侈，苟違禮，雖親戚不往焉。家道日盛，皆其力也。初，君之父有遺命曰：「汝母老矣，吾不能撫汝成立。汝婦能助汝，汝可努力讀書。如其不能，汝可離學事親，以就農業。」於戲！段内助之賢，已見知於先舅者如此邪！

君生正統甲子八月十三日，卒正德丁卯六月二十九日，壽六十五歲。段生正統丁卯十月二十五日，卒嘉靖乙酉八月二十六日，壽七十九歲。子男三：長即廷顯，娶侯氏；其所自出廷輔，娶丘氏，廷敘，州庠廩膳生，娶宬氏，繼王氏、李氏。女三：長適連遜，次適焦廷璽，皆生員；次適舉人丘東魯。孫男四：闊、成憲，先亡；成玉、三城，俱幼。孫女四，史拱陽、李時及生員蔡邦禎者，其婿也；一幼。廷相、東魯皆從予

❶「乃」，續刻本作「氏」。

❷「先」，續刻本作「竟」。

游，廷相以東魯狀請墓上石。辭曰：

於維定海，民之司牧。處則篤親，仕則丕穀。中條山陰，有覺窶窟。爾道振振，孫子如玉。波及佳婿，克發爾淑。水不鑿泉，胡能逐逐？行道瞻止，我銘可讀。

明教諭静菴先生王君墓表

先生諱文，字貫通，别號静菴，解之三長鄉人也。遠祖爲元元帥，嘗嘉其功，賜二奴婢，性喜吟詠，子孫今猶傳誦焉。考諱氤，字至理，正統間以監生任山東滕縣縣丞，有善政，卒於官，配高氏，實生先生。受性淵懿，亦復敦慤。以朱氏《詩》舉成化乙酉，兩試禮部，皆得乙榜。授武功學教諭，嚴飭學範，躬以率人，燕居危坐，如對賓客，雖當祁暑，亦必衣冠，勢利在前，不知附趨。尋改教汲縣，滋懋厥職，以穀俊造，若非公事，無私干謁。甲辰、乙巳，河東歲饑，姻里流移，率入汲境，分捐菽粟，多所全活，間有病疫死喪，醫療葬埋，一如親戚。歸則資給其費，若典鬻田宅者，悉還其券，郡守張公稱爲正人君子。弘治改元，偶感風疾，既而獲愈，即歸田里，杜門不出，耕讀以訓家，子姪問及詩書道義，喜談不已，若言人過惡，厲聲喝禁。中山李公來知州事，高尚其道，數臨訪焉，每遇鄉飲，延爲大賓。至弘治甲子，壽登七十有四而卒。其生則宣德辛亥五月二十八日也。

初，滕縣之歿也，先生始成童，與母及前母兄愷扶柩歸葬。既免喪，補州庠生，肆力問學，不憚寒暑。母嘗患頭風，屢治未痊，又久病咳嗽，先生皆夢異人授以丹藥，次日協夢，其病隨愈。及母壽終，哀毁過禮，目中出血。然先生體貌莊嚴，氣宇軒豁，笑言不苟，若詭隨盗名，則所耻爲，學者敬仰如山斗云。處鄉里甚任睦，朋友有貸其財者，不償亦不較。又嘗優恤姻族、閭里之貧乏者，絶無德色，蓋古之篤志道學之士云。

配李氏，耆民亮之女，恪恭婦道，蚤卒。繼室高氏，無出。子維藩，克紹先志，孝義著聞，爲鄉大賓，娶李氏，鄉進士教諭濡之女。女一，❶適富平教諭吕子固。孫男三：長王璋，娶胡氏；次王瓚，爲太學生，能繩祖武，予嘗白諸御史，敦請主管解梁書院鄉約生徒，娶南氏，繼景氏；次王瑚，娶姚氏。曾孫男六：詢、訓、諠，王瓚出；珏、贇、吉，瑚出。玄孫男一，珏出。孫女六。曾孫女八。

弘治乙丑仲春十六日，已葬于三張鄉東南一里，兹予且去解，而王瓚請表諸墓，予南行至杞始成。於戲！先生之道，其滋茂遐矣乎！

明封文林郎判淮安府前中城兵馬指揮使張君暨配孺人馬氏墓表

君姓張，諱英，字士傑，解城中人也。祖諱進，居蹈晉王社里，洪武初徙於解。進生文禮，禮生思聰，思聰生濬，美而膚敏，好善疾惡，有鬬訟相質，得一言輒解去。配趙氏，長樂龍居望族也，是生君焉。儀度魁梧，孝友廉實，早遊郡庠，身通易學，王教諭文爲齠齔交，俱以賢德相期。既登胄監，友

❶「一」，原作「亦」，據續刻本改。

天下士，學益博大。初授兵馬指揮，即務盡巡靖之職。成化甲辰歲饑，姻戚往依，多分俸以給。有巨盜横於盧溝，詔捕之，君曰：「此不可與争鋒。」既乃襲獲七人，并其渠魁，憲廟賜白金五兩，紵絲衣一襲。後封文林郎，父贈如己官，母、妻贈封孺人。乃陞判淮安府，知府遷安才公寬有疑劇，每延訪焉。憫河夫歲無寧日，爲之定班，以均勞役，民始不病。其管閘及鹽，無所私受，有臣商以黄金五十賂之君孫，而怒駡痛責之，出謂商曰：「我利汝金，灶户何苦？」漕運某公誣知縣某以事，命君按，無輕貸，君直其事，漕運公初雖誚讓，終愈重之。有鹽徒百人劫掠府庫城市，漕運公以剿捕檄君，乃縣重賞，使在官軍壯分守，召募有膂力者與之敵，遂獲賊數百人，君曰：「昔百人，而今數倍，寧無冤乎？」訊之果然，全活者其衆。故巡撫暨漕運、巡按皆屢旌獎，或云「公足以服人，才足以立事」，或云「持身清謹，處事詳明」，或云「佐政有爲，立身無玷」，淮人稱爲「張佛」云。而君乃倦於勤，因進香特上疏乞休，才公以綵帳送之，有「一官拜中城之寵，百鍊真金。六品擢淮郡之榮，一池清水」云。至家杜門不出，惟撫子弄琴書自娱。巡按邢公儀、楊公璋嘗臨訪焉，鄉飲爲大賓。卒某年月日，壽八十有九歲。

配馬氏，同郡耆德旺之女，性介而莊嚴，事舅姑曲盡誠孝，賓祭必極豐潔。食飲烹飪之類，躬自爲之然後慊，有餘盃酒塊餚，必分與群下。家雖殷盛，而紡織亦不有廢。子曰璠，孝義謹飭，娶王氏，長樂龍居祥之女。男：宗魯，太學生，從予遊，娶同知旺之孫檢永義之女；次宗郕，亦太學生，娶莆田縣丞昭之女；次宗沂，娶吕氏，典膳璋之女。曾孫五：治具，魯出；自新、自興、自立，郕出；治功，沂出。曾孫女五，一嫁知縣史臣之子生員籍，二許聘于丘、范二氏。予且去解，據大學生王玉瓚狀，爲表諸墓。於戲！繼緒而不忘，以丕顯爾道者，不在宗魯兄弟耶！

浙江布政司理問裕庵況公墓表

公諱寬，字德洪，別號裕庵，姓況氏，江西高安人也。少籍縣學，博聞强識，篤志力行，有聲於俊髦。屢科不舉，乃歲貢太學生，交選時哲，收養滋厚。既謁銓部，試居優列，除授浙省理問。爾乃壹志清修，秩外靡取，或折重獄，明允咸單，雖遭强禦，蔑焉不畏，僚友諷以殖賄，則謝曰：「素無富志。」凡厥訟理，浙中稱平，方岳諸公委心興敬，齊口褒嘉。會聞父大新公喪，號痛幾絶，戴星而行，未暇辭禮官長。服闋，聿就林丘，謝志簪紱，時遊湖坪莊，問講桑麻，數稱古昔，訓兹孫子。他日筠豪數千，稱戈鬥鬩，犯越城堞，守不能遏。公至，片言揮退，羅拜謝去，絶無後言。初，公剛正玄授，孝友性成，養父以志，不顯於口體。嘗建尊勑堂，對揚皇休。創開祠廟，謹修先祀，獲有異品，必薦之而後食。編明譜系，收族展睦，若遇時物，合宗會饗。著訓百條，教洽乎袒免。乃又制立《義約》二三十章，波及閭里，極貧完婚，雖多不厭。若其築藍塘以資衆溉，開錦木街之義館，使小子有造，尤爲鄉人世世美談。浙省之政，豈曰無素？公先世諱淳者，爲宋觀文殿太學士，文章德業，稱重當代，委祉垂休，至公明章。則公之來，邈乎遐哉！公歿在弘治十八年三月二日，得壽七十。

所配孺人敖氏，媲德於公。生子一人，諱某，南京大理評事。女一，歸藍處士。孫男子五人：長廣西僉事照，柟之同年友，❶才行著於時；次熙，廩膳生；次勳，義民；次魚，次點，俱增廣生。曾孫男子十人：長維垣，南京吏部考功司主事，志端行方，拔乎流俗，學古聖賢之道，多滋我僚；次維城、維墉，俱廩膳生；次維坤、維筠、維圻，俱附學生。孫子森茂，聲振江西，而主事又非常如此，則公之畜而未發、行而未究者，其在斯乎！公之詳，已具少師鵝湖費公之志。茲以主事請，爲之辭曰：

有覺裕翁，❷厥積孔明。政留兩浙，德在瑞陽。既有任睦，孝友夙成。❸折獄不慝，祛凶爲良。科第爾細，惟道則皇。懿茲孫子，不忝爾生。鳳山巖巖，錦水洋洋，厥聲不匱，侯高侯長。有辭茲石，道路式望。

鵝峰處士呂君墓表

處士諱賢，字宗器，姓呂氏，別號鵝峰，廣信永豐縣人，鄉進士懷之父也。生有玄質，度越塵俗。年未弱冠，補邑庠生，博聞强識，敦善行不怠，精舉子業，暇與叔父景潤同登鵝峰，端坐匡石，浩歌忘形，逍遥歸歟，薄茲功名，乃藏修於峰之東南木山，不求人知。及父茂輝既終，母俞氏貞疾，❹遂自削學籍，歸養厥家。母歿在殯，舍人失

❶「柟」，續刻本作「余」。
❷「覺」，續刻本作「學」。
❸「夙」，原作「風」，據續刻本改。
❹「貞」，萬曆本作「痞」。

火，勢焰侵柩，乃伏柩號慟，流血被體，爇燎鬚髩，身不少却，俄風反移柩，火復闔門，里人駭歎：「火中生蓮！」提學邵公廉知，欲以奏聞，乃列狀辭免。譚令褒嘉，比諸澹臺滅明，時加存問。

其治家稱禮，不諂流俗。若有讌饗，子姓拱列，無敢踰言偝立。族有貧孤，婚葬與具。一嫗老矣，其子弗孝，迫依他氏，即責厥子，迎嫗歸養，周給服食，佃田與耕。里有俠客，詐取鄰帛，告諸同行，懼爲公知，同行者曰：「鵝峰時坐林間，已瞰其詳矣。」俠客終歲避匿，不敢面公。俗傳有神活佛自徽來，以桃符談禍福如響，所至争以羊豕逆諸道左，焚香作樂，族里方議逆奉，處士曰：「此非訛言，必也妖氣。」正以待之，神遂寢滅，里閈晏然。處士讀書，期於涵養，不求記憶，尤喜吟咏，客至鵝峰草堂，輒與賡和，其詩曰：「讀書多過目，養性欲忘年。」又曰：「不爲草堂無户牖，孰知天地有鳶魚！」此可以觀所得矣。處士卒年六十有一，葬在星石山之蔣家庵。司業江公茂穀撰《廣信郡志》，列之《孝友傳》。

初，處士先世本衢人，有唐刺史安國携季子珏避兵永豐，遂占籍焉。在宋有曰祉者，爲閩州提刑，歷官兵部尚書。七世生廷彦，擢文武都科第一人，授忠翊郎。傳至處士曾祖文敷、祖子昂，至父皆不仕。然則處士所本源者，遐哉！處士配祝氏，生丈夫子三人：長即懷，娶某氏；次懌，娶某氏；次愼，娶某氏。女子二人。所著有《皇極經世》、《律吕新書》、《正蒙》、《洪範》諸書及《鵝峰遺稿》藏於家。辭曰：

有敦鵝峰，歸此永豐。振揭流俗，不苟人同。學足以仕，抗志弗降。從吾所好，道將在躬。宜爾家器，學也於明。貞齋早師，甘泉晚逢。咸獲厥妙，爲世儒良。秘不發者，兹且用亨。行路瞻言，道無窮通。

廩膳生謝達妻朱氏貞節墓碑❶

朱氏，淮陽人朱璣之女。璣賈宿遷，因家其地，遂以貲豪，里人謝達，時爲學生，未弱冠有材名，璣爲朱相攸，歸諸謝氏。時達父志良已死，母李撫達及弟逵以業學，二子皆奮激向往，不惰其志。達未逮强年，即晉廩膳，而朱内勸陰相，務必遠至深造。他日達患暴疾，朱左右就養，衣不解帶，日夜涕泣，進湯必嘗，進藥必嘗，而身自水漿不啜，私謂其母蔡曰：「夫或不虞，必與同死，慎勿或泄。」蔡以告李，二母咸駭，交口撫慰。越二日達死，朱潛引刀自裁，❷頸血沾裳，家人趨救，得不即死。於是諸姑伯姊百方開悟，志不可奪，自是口絶粒米，杯水不進，六日不死。然朱與義女同卧起，紿使視門，自經而絶，鄰里遠近，罔不嘆息。時達死在正德十六年正月二十日，年三十二歲，朱死在同月二十五日，年纔二十八歲也。嘉靖年月日，邑尹平度崔侯邦具奏上聞，行勘既允，獲兹旌表。八年七月，邑尹予友渭南李侯錦以其墓在馬陵山，丘隴零亂，不異常人，乃豎碑表章，告諸道路，式穀士女。是時達弟逵已爲太學生矣，痛兹兄嫂，思昭其烈，乃具狀濟江問記，是宜有辭，曰：

有烈謝朱，受性伊良。痛夫殞殁，

❶「達」，原作「逵」，據萬曆本、重刻本改。下同。
❷「潛」，重刻本作「遂」。

厥躬胡生？七日不食，杜門自經。子或逆父，臣或逆王，❶身爲丈夫，不道是明。弱哉謝朱，厥志孔剛，細此生死，大兹綱常。馬陵崒嵂，峕峿與方，彼失節者，視爾瞻喪。我辭兹石，道路永望。

贈南京右軍都督府都事雲澗張公墓表

公諱庸，字彦平，廣東順德人，思南知府鏢之父，南京户部郎中淮之祖也。公生有淳質，不習巧飾，隱居龍山里中，弗涉城市，而又温柔朴茂，與物無競，上事父母，克敦善養。母廖初歸，外家奩田數十，公既長，謂父確菴公曰：「吾家饒裕，安用人田？」盡畝以還，不留半畎，廖人咸悦。兄弟五人，友恭甚篤，及其索居，田産屋廬，讓取其下。壬辰、癸巳之際，順德大水，禾稼浥爛，閭井多不聊生，公曰：「庸有厚積，忍視他人饑餓？」爰發所畜，以賑貧困，賴公活者其衆焉。公生四子八孫，庭訓嚴正，不出義方，每揭《陳情》、《出師》二表以示子孫，曰：「孝不如密，不足以爲人子。忠不如亮，不足以爲人臣。」子孫皆夙聞身教，率履不越。昔陳咸以直匡父，耻爲諂諛；薛包篤愛諸弟，析産讓美；李士謙賑施鄉里，德譬耳鳴；石奮謙厚教子，勿事驕矜，皆馳聲漢魏，有俾倫化。若公者，將非昔人之儔耶！❷李刑部軏言公「平日布衣蔬食，老壯不渝，鷄鳴必起，孳孳爲善」，則公固有所受乎！公生七十上下，時竹杖布鞋，行遊田

❶「王」，萬曆本作「君」。
❷「儔」下，萬曆本有「似」字，重刻本有「侣」字。

野，日誦《真寶》古文及陶、杜諸詩以自娱樂，暇或仰觀遊雲，俯玩清澗，作爲歌曲，飄然不知有人間世。至八十，遇例冠帶。❶又四年乃卒。後以知府貴，贈南京右府都事。則公其真隱者歟！

公配黄氏，❷繼配易氏，皆恭儉孝敬，柔順温惠，里人言多内助於公，此或其然乎！四子：長錚，封南京户部主事；次鍨，及二女，皆黄出；次即知府鏢，舉弘治甲子科；次鏴，及一女，皆易出。八孫：長即郎中淮，丁丑進士；次漣、海、滌、潯、湘、泮、涴。曾孫男十有餘人。乙亥年，已葬於柏山之原矣，兹知府、郎中又請某表諸羨道。辭曰：

有敦雲澗，振修南海，世態萬千，厥操不改。侯孝侯任，侯慈侯愷，兄弟既翕，鄉閭靡悔。亦有孫子，于鼎于鼐，將其來者，聲聞不怠。有辭兹碑，行路瞻在。

封安人張母馮氏墓表

明封安人馮氏者，南京户部主事石州張君九敘之母也。其父諱大興，母郭氏，具有積行於舊。安人生而淑静，天與勤儉，年纔十七，歸于封君張公，夙夜祗畏，不違意命。封君性頗寛緩，安人佩弦以佐，家籍充裕。上事舅姑，如孝父母，得其歡心。凡厥勞勩，躬先妯娌。若乃競財逐物，蔑畜於心。其御臧獲，恩威並行。門内出納，無弗確允，有少贏餘，推賑乏族，嗇吝不行。嘗

❶「遇例」，重刻本作「預製」。
❷「公」下，萬曆本有「初」字。

與更三年喪，禮相助奠，無不宜嘉。既生户部，遺遊郡庠，去家雖百里外，衣廩薪燭，給無後時，至于策仁課義，直趨古昔，尤人所難。户部既舉丙戌進士，受有今官，則又戒之曰：「家世業農，爾能邁跡賢科，登兹顯仕，可日盡心王事，勿以桑梓爲憂。」故户部抆淚拜别，歷官三年，一遵其訓，爲時名良，安人固受褒封，恩光村落，究本窮源，則安人者豈非女流中豪傑邪？嗟乎，自陳母馮氏問堯咨以異政，責之忠孝，擊墜金魚之後，其風寥落久矣，乃今又見一馮邪！

安人生成化元年五月九日，至嘉靖八年八月二十五日卒，年六十有五歲。子男二：長即户部，娶劉氏，安人出；次九逵，次九澤，則封君庶室王氏出也，未成童。孫男一，曰質，女一，幼，皆户部子。户部卜某年月日，厝于張氏先兆昭穆位，是宜表諸羡道。辭曰：

有媛安人，載德匪涼。相此封君，家舊用昌。侯孝侯睦，侯慈侯真。夫無失志，子也允臧。既登顯仕，内教用明。貤封優渥，恩命孔彰。勒言貞石，道路式望。

監察御史玉崖陸君墓表

君諱崑，字如岡，姓陸氏，别號玉崖，湖州歸安叢桂坊人也。父爲瀘州知州震，配毛氏，誕實生君。在娠七月，禀受近弱，比其既長，氣宇清瑩，强直過人。進籍縣學，篤修儒業，不憚寒暑。及父母偕亡，哀毁浮常，感動里閈。時三弟崙、嵩、崗年方穉幼，而家步艱阻，莫可依恃，君與其配童孺人竭力開造，或至拮据，撫育諸弟，咸如己學，比至弱冠，皆與授室。遂偕季崙鄉會二試，同登前列。君授尹清豐，乃益力行素學，放諸政理，鸞鳳柔良，鷹鸇暴悍，各成其長。三年考績，監司交辟至廑，璽書有「愷悌臨民，清嚴律己」之褒，而考妣二人亦獲追贈矣。

既擢南京河南道監察御史，適孝皇下詔求言，君遂條陳十有二事，皆關切時政，不詭於經，多見采納。正德丁卯間，宦瑾肆姦，流毒縉紳，君及同官指劾其實，逮下詔獄，久而後放歸。未幾追理前事，復就憲獄，續逮南衙，加杖釋歸。庚午六月，瑾既伏誅，詔復原職致仕，遂隱居衡山，遷處玉屏，徜徉山水，不念世事。及今上初政，詔下録用，有司查起，竟于弗敘。然君材洪學廣，有志政體，雖在泉石，猶請正禮樂，竟格弗行。君嘗自撰壙記，曰：「生平好義重禮，忠介孝友，處家行己，具有矩度，接物待人，表裏洞見，但嫉惡太甚，齟齬于時。其一時名公鉅卿如鄒公軒、陳公仁、王公守仁諸賢，或稱其練達敏鋭，或羨其又一登科，或期其進於聖賢不遠。」嗟乎！使君獲大用焉，安知不盡行其學？乃使齎志以死，不亦可傷乎哉！生成化乙酉十一月十四日，卒嘉靖庚寅三月十五日，壽六十有六歲。

君先世宋真、泗二州兵馬都監圭之後，宣和末死事，❶追爵廣靈，所居里曰石塚。高祖諱茂，配費氏。曾祖諱順，配李氏。祖諱敬，配楊氏，遂定居叢桂，是生君父瀘州先生者也。君初配童氏，封孺人，側室閔氏、龔氏、王氏。男子六人，女子子四人：長男隅，郡庠生，娶潘氏，生孫曰稌，聘陳氏，長女適國子生范經，皆閔出；次隮，娶

❶「末」，原作「未」，據續刻本改。

嚴氏，龔出；次隕，次隩、次隰，皆夭死；❶次隲；次女三人者，則歸安學生慎節、長興監生丁應奎、烏程人潘鉞者其壻也，皆王出。隅卜某年月日，葬君於薌林山之陽，乃托舉人費鎧請表諸墓道，是宜有辭，曰：

猗歟玉崖，素履維嘉。抱志既崇，如山如河。克承爾親，兄弟咸和。仕雖未遠，厥著伊多。探索禮樂，惜用未加。我作斯辭，行路人嗟。

封太孺人景母王氏墓表

太孺人王氏者，贈君裕菴先生之配，南京陝西道監察御史景君溱之母也，❷蓋遇恩詔，勑封太孺人云。生而明潔，婉娩貞慤。既歸贈君，家務方殷，舅姑咸老，乃躬執汲爨，身先妯娌，修瀡温清，罔弗承志。間取姑中裙厠牏，擱澣如新，不令前知，舅姑至稱其孝敬，壽與己齊。及姑既病，親嘗湯藥，晝夜侍側，不解衣帶。其賓祭之需，尤罔弗處。贈君以兄弟先後淪喪，季弟亦肆學業，乃棄儒從商，爲養親計。及季弟登科宦遊，家無主持，爾乃總攝内政，夙夜靡寧。視諸孤幼咸同己出，男室女家，庶事咸考。大姑適張，夫婦雙亡，撫遺子女，爰獲厥所。贈君喪親，廬墓遘疾歸卒，則謂御史兄弟曰：「吾聞夫死晝哭，禮無過哀，惟念汝父之志，日望爾曹底於成名耳。」乃擇師教子，焚膏伴誦，率至夜分。或摘問經傳疑難，稍不稱旨，憂怒咸作。雖於子姓諸婦，亦訓《列傳》、《女誡》，使閑閫範。贈君初配史

❶ 「夭」，原作「妖」，據續刻本改。

❷ 「溱」，原作「湊」，據萬曆本及本篇後文改。

氏，踰年無出而卒，藁葬近郊，每當節序，必令御史兄弟祭奠如禮，及葬贈君，尤稱元配，堅令合葬，戚黨以爲晉姬之下叔隗不讓焉。及御史之官，則切訓曰：「君子在家則致孝，在國則致忠。爾爲言官，貴識大體，既不可訐細故，亦不可撓氣節。」比御史得告還籍，則又以「知足」自慰、「驕奢」示戒云。父家胤緒衰絶，恒自隱痛，御史兄弟爲之汛掃塋城，他日欲立王氏主以祀，乃力止曰：「禮：婦人内夫家，外父母家。景氏家而王氏祀，何居？」御史兄弟强之數四而後可。蓋其慈惠明達，好禮耽義，古淑媛之流乎！

初，蒲州大銀王氏積信義，至遯齋先生者，諱惠，字澤民，博涉經史，弱冠鄉舉，不樂仕進，窮理自修，日造高明，隱居終身，遂以遯齋自號，配李氏，是生太孺人。資姓異於常女，遯翁最鍾愛焉，教以《孝經》、《女誡》諸書，輒能領解，或遯翁誦習古典，從傍竊聽，刻記不忘。遯翁嘗曰：「惜不作男，以大吾家耳。」然則太孺人之道行於景氏者，其固有所本乎！生景泰乙亥十二月十日，卒嘉靖辛卯三月二十六日，壽七十有七歲。子男二：長灡，太學生，娶某里王氏，繼楊氏、某里王氏，側趙氏；次即御史溱，娶某里王氏，繼劉氏，俱封孺人。女子子一人，嫁爲姬鎧妻。孫男子五人：芳，娶馬氏；芊，學生，娶張氏；蔓，聘楊氏；蕃及□皆幼。❶孫女子五人，謂紹王、九嵩、李廷勛、史良楫、楊永新者，其婿也。曾孫男一，女一。御史于某年月日，啓州城南中王村祖兆贈君壙合葬矣，是宜略述來狀，勒辭羨

❶「□」，原無，據萬曆本補。

道，以告行路。辭曰：

提甕風微，主績教亡，千載之下，疇承其芳。緊太孺人，古之淑明，嗜義如渴，敦禮惟康。既孝于姑，妯娌任良，貞在夫子，慈子咸成。御史蹇蹇，爲國之英，發太孺人道，于天下光。將其來者，後世且揚，積善獲慶，天道弗爽。勒名堅石，範玆女行。

封通議大夫右副都御史毅菴先生寇公配淑人趙氏神道碑

封都御史毅菴先生寇公諱某，字某者，今刑部侍郎柟友天敘之父，太原府榆次縣在城一里人也，蓋自先世諱信者從徐溝徙籍榆次云。信生彦清，彦清生琰，❶琰生玘，皆隱德不仕。玘以次子大理寺副僉貴，贈評事，又以侍郎貴，贈如公。妣張氏，封大孺人，亦贈淑人，公于是生焉。幼輒穎敏向學，志操超衆，年甫十二，進籍邑庠，治朱氏《詩》，與弟寺副並鳴於時，督學群公相繼褒嘉。或擬諸元方、季方，大宋、小宋，故三晉之士咸稱「二寇」焉。

公清軀玉聳，眉目秀朗，精采爽勁。上事父母，曲致孝養。追思誠切，老猶寤寐，涕泣以覺。其友愛寺副及季弟讓，恩義周洽，久無鬩墻。撫諸遺孤，同己所生，男與擇室，女與選家，罔不詳明。寺副有子，今户部郎中天與，幼而英特，公即令侍郎提携四方，尋師博習，卒以成名。然公累試山西不第，比入大學，試順天又不第，乃正德辛未得判定州。清勤自持，視民煦煦，惟恐有

❶「琰」，續刻本作「琬」。下同。

傷，尤加意刑獄，慎茲鞭笞。三載北歸，囊篋蕭然，不以爲懷，定人至今思焉。其居鄉行己，一敦誠敬，至好善嫉惡，不少假借，奸邪惡少，率多避匿。及鄰有竊刈禾菽者，家人執獲，欲即赴官，公曰：「此素非盜，或偶誤耳，釋勿語人。」性尤儉潔，衣履至敝，無沾漬痕。常倣《吕氏鄉約》，帥邑中耆德朔望一會，勸誘鄉俗，至今成風。其博學强記，凡少所讀書，老猶不忘，或答儕友，不錯隻字。尋繹經傳，多主大義，間出獨見，前所未發。尤精群史，成敗治亂，如指諸掌。詩文沖淡，多不存稿。及誨侍郎兄弟，極其嚴信，每曰：「勿因朝廷之遠而或負。勿以小民之愚而或欺。」侍郎受命惟謹，諸所猷爲，澤及多方，皆公之玄施也。

公寢疾，時侍郎巡撫陝西，方轉今官，戴星離任，至蒲聞終，痛切肌骨，又聞公欲有諭，竟不獲聞，想像測度，幾於殞越。遺命勿作佛事，勿尚繁文，喪葬依朱子《家禮》行。正終在庚寅二月二十七日，距生正統十四年八月初二日，享年八十有二。則公可謂考祥元吉，耄期稱道不改者乎！訃聞，天子命有司治葬事，遣官諭祭，晉藩及在京諸公、鎮巡藩臬諸公、四方縉紳，皆不遠數千里以致奠焉。

初配李氏、閻氏皆蚤世，繼配趙氏，累贈淑人，是生侍郎者也。貞静柔嘉，言不出閫，笑未嘗見齒，事姑張淑人得其懽心，處妯娌終身無間言，其曲意承順乎公，所欲爲，不敢後，所欲與，不敢留。至顧復侍郎，緩步不趍，恐致驚側，蓋古貞慈之流。乃成化二十年七月十七日卒，距生天順二年六月某日，享年二十有八歲。繼配吴氏，比德於趙，累封淑人。公生四男子：長即侍郎，舉正德戊辰進士，自南大理評事累今官未已，娶郝氏，蘇州府同知珊之孫女，累封淑人；次天秩、天衢，皆七品散官，秩娶趙氏，衢娶任氏；次天瑞，正德己卯舉人，娶孫氏，永寧知縣瑶之女。女子子二人，長適生員王仲寅，次適太原縣監生王朝起，皆吴出。孫男子八人：長陽，嘉靖己丑進士，任直隸廣平知縣，初娶王氏，左僉都御史和順王虎谷先生諱雲鳳之女，柟嘗以爲與寇氏婚姻，比諸程張、朱蔡者也，繼娶某里王氏、某里趙氏；次陞，聘某里郭氏；次隅，聘某里郭氏，皆業儒；次階、隆、隑、防；次陟，以蔭補國子生。孫女子八人，配監生郭堯臣、士人郭堯進、張義、聶昺大、谷人白、如琭、牛某、郭某，其婿也，如琭以下皆未歸。曾孫男子一人。侍郎已于嘉靖十年十月二十二日，遷趙淑人之柩附公合葬於城西祖塋之次矣，然柟嘗受公教愛，比于猶子，而侍郎又以神道碑請，謹述其狀略，繫之辭曰：

於惟毅翁，天厚厥常。忠敬不那，行剛以方。鄉舊咸睦，判定循良。侯孝侯友，若出性成。宜爾冢器，受道先明。敭歷中外，邦之棟樑。誕篤爾祜，實寇氏禎祥。如松之茂，如梅之英。宜爾孫子，益孫于臧。❶干禄不回，士莫與京。員員其來，衍兹雲仍。河汾東注，厥源孔長。勒銘羨道，百代攸望。

明勑封安人誄靖懿周氏墓表

安人周氏者，陝西參政鄠縣王蒼谷錦夫之配，陰陽訓術九梅居士之女也，生而慧

❶「益孫」，續刻本作「比後」。

靜，巧出玄授，孝敬慈良，不學而能。蒼谷既舉，歷事銀臺，歸心驟興，安人力沮，卒考公務，兼與其友龍湫、浣溪仍遂學業，明年壬戌，蒼谷果舉進士，授官職方。癸亥之歲，其舅宜川翁卒，安人聞訃幾絶，奔喪抵家，盡脱簪珥，或治喪具。❶他日蒼谷正郎稽勳，時禁孔棘，牌印出入，必躬必親，恐禍蒼谷。及滿二考遷出，他人觸怒宰衡，蒼谷便決去就，安人申告諄切：「願懲小忿，無中奸計。」後蒼谷果出，爲山西參政。抵任移疾，飄然歸郲，躬自灌園，安人夜親紡績，晝督僮僕，有古布裙提甕之風。蒼谷戲曰：「得無悔乎？」曰：「悔霸無子。」曰：「得無恨乎？」曰：「恨潛無妻。」蒼谷喜曰：「爾能如是，吾復無憂。」丙子，祖姑李病，安人茶至則茶，饌至則饌，若能茶饌至，搖首不啜。李卒，哀號悲痛，力疾送喪，或曰：「此李太君之女邪？」對曰：「太君何嘗以婦視我！」他日清明墓祭，蒼谷偶疾，安人手携幼子，身冒雨雪，誠孝之容，感動行路。及蒼谷復除四川參政，❷則又再四諷諫，以不起爲榮，蒼谷亦信若良朋，進退不苟。惟崇儉樸，若有嘉賓宴集，則豐腆厥具，爲蒼谷欵，用集善言。其待下，備有恩德。惟教子則峻言厲色，不少假借，至使蔬衣糲食，若僮僕然。

生於成化己亥閏十月十日，殁正德十四年十二月二十二日，享年止四十。生子男五，曰同、和、才、府、常，後安人兩月殤，同舉鄉進士，主客正郎，娶汴城李本真女。女二：淑嫒許聘信陽何提學仲默子夫，荷

❶「或」，續刻本作「咸」。
❷「除」，續刻本作「出」。

媛尚幼。某年月日，葬於某處，今將十年矣，蒼谷思而不置，乃以何公粹夫狀請表諸墓。詞曰：

夫思其真，子惟其慈。没且十載，德音祁祁。鮑宣秉節，桓氏攸宜。伯俞涕泣，爾杖猶知。日月愈邁，金石何疑。蠶織之休，周室以隮。況其他者，不儉是師。爾壽不茂，爾行則危。郟之士女，足法足爲。行道瞻止，爲教有基。

贈吏科都給事中呂公配封太孺人加賜淑人服色王氏墓表

贈君某號先生者，慶陽府寧州懷遠里人也，諱昇，字惟賢，少而聰哲，克守其父深州公庭訓。早遊郡學，博識篤行，高負才名，年方弱冠，廩食學宫。於是里有松江知事王公，配于蕭氏，常夢附鳳而飛，誕生淑人，婉順貞慤，兼讀父書，敏慧異常，爰與相攸，乃歸先生。勤儉持家，昧旦警學，故先生馳聲三輔，士林攸望。天不憖遺，齎志以殁，二孤經、綸，俱在孩提，室如懸磬，莫可依憑。或欲奪志，爾乃矢死靡他，親服稼圃，棄事樵蘇，紡績孳畜，諸勩不倦。松江閔其苦辛，屢使携孤，就食其第，堅辭不可，曰：「既爲人婦，當逮人家，使死者有知，生者不憾，庶無愧色。閉門而去，豈非逃亡者耶？」久之，家漸饒裕，足供賓祭。爰有伯氏日鬻先業，乃竊悲嘆，脱其衣珥，贖還廛廬。其訓二孤，洒掃爲先，每日夙興，分庭從事。謂經汛掃，❶材可業儒，遣從外傅，不憚資給，

❶「汛」，續刻本作「洒」。

凡諸植產，一以委綸，先自督課，歲入倍人。二孤既長，選娶高、楊，咸郡中名族，比既納婦，勖帥以敬。

其誨經學，隆師擇友，無自滿假，「董仲舒」、「孫敬」日不離口，經皆載訓不回，力底厥成。及經爲給事，迎母至京，乃又尸此饔飧，迪之職業，夙其朝參，嚴其交際，故經在諫垣，鯁直著聞中外，無少舋瑕。他日以犯言謫佐蒲州，温辭慰母，母反解曰：「官有升沉，惡難洗雪，苟盡其忠，雖謫何傷？顯揚之道，自在其中矣。」未幾，貪宦黃玉箕斂蒲民，經力裁遏，被其誣奏，逮繫詔獄，母陰遣餉附語，全比滂母，令其自保，以圖後見。故經繫再期，顔色益好。辛巳之夏，皇上即位，開赦出獄，遂陞參政。後轉布政雲南，跪而請益，母曰：「雲南之往，惟在馭夷。馭夷之道，惟在處財。倘有不虞，宜先遠圖。」經至滇未久，安、奉二氏搆亂，勢甚猖獗，巡撫臥病，巡按遠出，經急趨黔國，畀以冠帶告身數百，令錫酋長，隨出府藏，以給軍餉，二賊悉平，然皆不出母之豫算云。綸雖明農，所生子顓，齠齔穎異，自少失恃，母躬撫鞠，不離左右。顓既少長，即命及經子顒共學塾師，優其資用，限其程課，經日訓于內，師友日淬于外。顓滋進修，故發解陝西，再舉進士，筮仕户部，母又隨任，贊訓于内。顒亦高取鄉舉，皆母參連之力。

初，經在禮科，遇武皇覃恩，贈先生如經官，封母太孺人。及今上覃恩，加三品淑人服色。先生生某年月日，卒某年月日，壽若干歲。母生景泰三年六月四日，卒嘉靖七年二月二十四日，壽七十有八歲。子男二：長即經，舉正德戊辰進士，仕今雲南左布政未已，娶高氏，封孺人，别室蕭氏；次即綸，冠帶散官，以顓貴封户部主事，娶楊氏，生顓者也，贈安人，繼行氏，封安人。孫男子四：長即顓，仕今衛輝知府未已，娶秦府典膳葛朝贊女；其三經出顒，娶井研令周達女；頎，郡學增廣生，娶重慶通判秦鉞女；碩，幼。孫女二，一適府學生孫灝，經出；一適州增廣生蘇若霖，綸出。孫男一，女五。則母積慶之遺，其盛如此乎！嘉靖八年十二月二十日，母已葬于贈君墓之坤隅。母于柟有猶子之愛，是宜勒辭羨道，以告行路，爲女人式。辭曰：

有覺淑人，初禀柔嘉，内受父訓，歸相夫和。亦既孀居，力建厥家，甘餒蠶桑，凌星植禾。誨子以道，洒掃先課，比其有聞，不忝前緒。諫則中時，政則起痾，爲時名卿，爾聲斯遐。亦有冢孫，力學不那，厥既克官，吕祉滋加。匪其種德，慶胡孔多？勒辭堅石，行路式嗟。

贈南京刑部主事艾亭秦君墓表

君諱奎，字伯文，姓秦氏，浙之慈谿縣人也。其先本姓葉氏，世居餘姚梅川，八世祖明九始遷慈谿。明九生轉孫，轉孫娶于秦氏，遂秦姓云。君生而警敏，貌偉氣豪，坦夷闓爽。幼誦經史，輒解大義。年及成童，父思詒公方力于學，不事家人生産作業，君躬親樵蘇稼圃，竭才幹蠱，以養其親。思詒公卒時，君年三十，哀毁襄事，始淬礪舊業，兼爲五經，操觚染翰，輒超儔輩。督學鄭公數置優選，登籍郡學，然累詘浙試，士林咸惜，中雖權擠勢奪，無少懾怨。篤念母劉年入老景，遂改邑庠，計爲終養。督學陳公褒羨才行，進廩膳列。或勸再舉，則曰：「已付之兒輩。皓首章句，奎深耻焉。行將從事盛唐諸賢，聊以卒歲。」於是與王遷齋、姚退菴諦爲詩社，每遇睿景良辰，追逐倡和，徜徉山溪，暮而後返。鄉人或以輿馬從者，則曰：「芒鞋草屨，❶風致自遠，安用此乎？」嘗登石柱峰頭，騁望東海，乃繫石而爲《碧水蓬島》之歌，聲震林樾，人望其形而聽其音者，皆以爲塵外仙侶也。

初，君之弟饒州通判碧早有鬩墻，及病滯下，僕亦避遠，君親視湯藥，調燮備至，碧既痊瘥，敦好如初。他日碧又罹難於桃源，君帥季弟冒同往扶柩，還葬慈谿，鄉人誦焉。其與人交，輒出肺肝相示，凡爲謀事，罔不盡心。見人有過，正色指斥，若聞己失，引咎不暇。至於臨財，尤戒苟得，凡遇窘急，輒復施與。外舅趙公嘗尹上元，携君眷隨任，君因爲句容曹氏塾師，壹志授學，無少干謁，可以觀其他行矣。則君當非古之孝廉方正輩耶！

初，君曾祖諱岳，舉永樂丁酉鄉試，歷仕職方郎中、廣東參議，敦厚淳實，時稱長者。祖諱棠，別號慎菴，隱德不仕。父思詒公諱熙，博學敦行，齎志以没。則其蓄積鍾君以及其子孫者，固已遠乎！君生天順三年己卯十二月七日，卒嘉靖二年二月二日，享年六十有五。配趙氏，即上元尹之女。生男子三人：長鋐，以饒州君蔭爲省祭官，娶周氏；次金，登癸未進士，即君屬纊之日知其必舉者也，歷仕南京刑部主事、禮部郎中，陞今吉安知府未已，蓋將發君之所未究，而已顯揚光大於無窮者也，娶董氏；季

❶「草」，續刻本作「步」。

銓，邑庠生，娶徐氏。孫男子六人：清、浙、潮、激、汶、藻。孫女子二人，長適工部員外周某之第三子某，次字舉人劉某之第二子某。君卒之三年乙酉正月一日，已葬於邑東南驃騎山。至是，吉安以修撰姚惟東傳請表諸墓，是宜有辭。辭曰：

緊艾亭叟，厥初伊良。亦既籍學，奮追前正。群經咸詣，聲邁等行。孝母謝業，友見病喪。爲行既偉，抗志尤宏。含情古道，托興盛唐。嗜義如渴，臨財則輕。善與人交，出示肺腸，淳風用明。宜爾有子，綏發厥祥。顯是篤學，足克顯揚。潛德不泯，争誦路傍。

孝女王氏碑

明孝女王氏某者，藁城生員張某之妻，今山西僉憲滹濱王公之女也。孝女受性淵懿，婉戀所生，言動不違。將嫁于張，不忍離父母側，數十日前哭不休，既歸後怏怏不樂，❶他日滹濱公適京，則又日夜哭不休。比滹濱公至山西，則曰：「京猶可計日見，山西見當何日？」遂哭以死。嘗謁滹濱公，公泫然流涕曰：「吾女爲哭吾而死，吾爲父母者何以爲情？請一言以識哀。」

嗟乎！女子在室則慕父母，有家則慕舅姑與夫。孝女既嫁而猶慕父母，人所難也，況至於哭以死哉？則其孝出天性可知矣。昔者緹縈、曹娥皆以其父遭變求身代，其死或入水不化，人且稱焉，孝女而遇緹縈、曹娥之地，吾不知情當如何也！滹濱公言：「孝女自幼聰敏，能讀《孝經》、《論

❶「後」下，續刻本有「益」字。

語》，曉解時事，斷是非無毫髮爽。雖吾於官事有疑，或言及，孝女輒與折衷，處不差。」然則孝女之孝，又豈尋常兒女戀戀者哉？於戲，嘉矣！

涇野先生文集卷之三十二

南京禮部右侍郎致仕前國子祭酒
翰林修撰兼經筵講官
同修國史高陵呂柟撰
巡按直隸等處監察御史門人建德
徐紳海寧吴遵彭澤陶欽臯編刻

墓碣表三

都察院右僉都御史南澗林公墓表

公諱廷玉，姓林氏，字粹夫，福州侯官縣人。父介菴先生任爲韓府紀善，公幼隨任焉，因籍平涼。成化癸卯遂發解陝西，甲辰舉進士，明年選授給事中。時孝廟初元，公即上封事，乞順天地之理，通君臣之情，出御文華，延訪大臣政治之詳。又上籌邊翊治十事，内關妖僧方士，多底收戮。他日劾太監黄瓚之弟夤緣京職，事雖報寢，聞者生氣。❶又蒐輯傳記，釐爲八箴，以乞保治。既晉都諫，滋著讜諤，其論興濟宫、建真武廟及考官程學士敏政六事，言皆剴切，遂因程事降判海州。爾乃晝法袪弊，鹽場强徒，一鼓盡擒，至訊董老菴殺人之盜，如親見鬼神。遷知茶陵州，籍里豪以覲躬化，革鬼俗以禁屠牛，建洣江吸院亭以崇正學，未洽三年，四門不閉，茶陵稱治。乙丑，陞江西屯田僉事，設立規條，逋賦就完，追美于徐淮。尋陞廣東提學副使，中署司事七月，凡其敦

❶「生氣」，重刻本作「氣懾」。

德行，正風俗，崇節概，奬恬退，抑奔競，闢邪讒，剖疑獄，結滯案，罔有不嘉。至于廉周應舉殺崔鎮父子之隱奸，發黎民阜繼母曹氏殺前子之僞惡，❶尤能讋服廣人之心。己巳，陞山西參政。丁繼母高氏憂闋，壬申，陞右通政，提督謄黄。是冬，陞都察院右僉都御史，巡撫保定等府，兼提督紫荆等關，❷凡勢宦貴戚，相率斂戢。乃又嚴捕達軍之奸，❸以杜響馬巢穴，奏劾守備倒馬關太監李貴及翟都指揮、張太僕丞之惡，於是畿輔肅清，商旅夜宿。尋以張辯，調南京都察院管事，公遂懇求致仕去。嘉靖改元，皇上以言官薦公守正不阿、觸忤權奸，遂起改都察院右僉都御史，總督糧儲。癸未，又具疏懇辭，得旨。自是祭祖至陜以還閩，不復出矣。乃壬辰四月二十四日疾終正寢，享年七十有九歲，則豈非昭代之完名君子者哉！

初，介菴先生爲信宜司訓，公母徐孺人卒于信宜，火葬鳳凰山，不封，時公方二歲也。稍長，微知其故。及出使廣東，葬都憲魯公，軺趨信宜，披草泣血，遍訪父老，得母葬所，爲文哭祭，圖其山形而去。陳白沙聞之，至録其文，爲詩以傳。比介菴卒，奔喪平涼，念祖塋在閩，復南展省墓碑，泣别。歲甲子，入覲途病，還涼就醫，聞孝廟陟方，❹哭臨于韓府墀下，血淚點漬，麻衣有痕。提學廣東，時焚黄酧，祭于信宜，哀痛之切，足表士風。公常欲自涼遷父葬于閩，以人言未可摇動休魄而止，乃留仲弟廷珝于涼以守丘墓，繼母陳氏歸閩焉。戊寅之

❶「僞」，重刻本作「宿」。
❷「荆」，重刻本作「金」。
❸「達」，萬曆本作「巡」。
❹「方」，萬曆本作「遐」。

夏，福州衛卒缺餉，群咻爲亂，閉城門，擁利兵，内外岌岌，公方巾深衣，造壘以示朝廷恩威，賊輒解散。八月再亂，公再出撫定，鎮兵因以夜擒渠魁，福州用寧。公自退休，❶毫髮不擾于鄉里，人皆德之。蓋自始葬魯都憲公及楚憲王妃時，❷凡諸贈遺，❸一無所取，人已占其後矣，則公固孝廉忠真者乎！其敭歷中外，以成正大光明之業者，豈曰無本爾哉？陽明王公謂其「碩德重望，收曲突徙薪之功」，儀制郎中林君炫謂公「剛大之氣，常伸于萬物之上；淵源之學，自得于簡册之外；濟變之材，又一時莫之與京也」，其殆庶幾乎！

公曾大父諱外，生大父諱觀，號淳裕處士，配某氏，是生介菴先生諱芝者也，贈給事中。母徐，贈孺人，繼母高、陳，皆封孺人。公配張氏，封孺人。生子一，彦源，娶某氏。孫男一，桐。孫女某。辛巳葬于某山原，是宜勒辭羨道，以告行路。辭曰：

有毅南澗，踐正履方。孝達神鬼，奔閩驟涼。粤守諫議，論列咸明，載其矢直，蹇蹇匪躬，爲士林望。田錫、劉恕，風是用長。董學百粤，文教鼇昇，既晉都憲，振此紀綱。甘心采芝，出處以正，言告瞻者，哲人于行。

明加贈資政大夫南京禮部尚書樵林湛公配夫人梁氏神道碑文

樵林先生諱江，字宗遠，廣東增城縣沙

❶ 「自退」，原空闕，據萬曆本、重刻本補。
❷ 「及」下，萬曆本有「襄」字。
❸ 「贈遺」，原空闕，據萬曆本、重刻本補。

貝鄉人，南京禮部尚書甘泉子元明若水之祖也，因甘泉子貴，累贈如其官，配梁氏，累贈至夫人。甘泉爲翰林編脩同考會試，柟爲其所取士，❶門生也，因知其家世，至于先生。天授潁篤，不識譎詭，迪巽履謙，於物無忤，性躭静居，遐棲于上游莊。莊有大田，側開魚沼，結茆其上，徜徉業作。又或桑于圍山，田于崗麓，俯仰食力，爲終身樂，不求聞達。當年饑則出穀，熟則入穀，轉殖小息，以若民利，積自然之饒。先春則肥桑，桑濁沃若，❷蠶繭異他人箔，梁夫人又善治種盆繅，以爲縑帛絁紬，堅緻不紕，抱市必增直，遂并積穀，以拓田園，日茂厥業。然率厚直而薄取，屈己以益人，曰：「夫産也將傳子孫，當使困者與我皆利，豈可乘機以專多乎？」是時白沙陳内翰倡道廣中，聞先生山樵水漁，高棲遐遁，遂作「入雲堂構」詩以貽之。詩云：「入雲堂構昔人開，蘭桂春水次第來。❸黄雲水高幾千丈，江山前日寄聲回。」大學士瓊臺丘公亦作《樵林記》，語在《湛氏家乘》。《記》大略言其托迹漁樵，取適於意。則先生者，當非明時孝弟力田、隱君逸民者乎！❹

梁淑人祗若先生，惟德之從，言不出口，笑不至矧。❺歸湛氏時，妯娌五人，獨得愛于姑嫗，雖在嚴肅之下，數被寬假。其慈僕妾，無弗心悦。若乃純誠敦慤，實根性成。常曰：「我蠶則匀，我繅則純、殖則珍，而以被我後昆。」當其躬行，雖魯歡母、漢鮑妻亦可方也。宜其篤生哲孫，爲時名儒，履

❶「柟」，續刻本作「余」。
❷「若」，續刻本作「苦」。
❸「水」，續刻本作「波」。
❹「君」，續刻本作「居」。
❺「矧」，續刻本作「哂」。

道不那，抱忠家邦，以爲髦士率從，龍誥疊贈，迥異尋常云。樵林先生誥略曰：「賦性寬仁，秉心公直，恭謹協于鄉評，行義感于閭里。篤生聞孫，佐我邦禮，有貽謀開先之功。」梁夫人誥，略曰「賦性真閑，慈洽于上下，力絲繭以興乃家，克勤儉以裕于後」云。

初，先生之始祖諱露，在元大德間爲廣之德慶路治中，即卜居沙貝鄉。生二子，伯曰世忠，仲曰晚丁，仕爲縣主簿，生志高，一曰懷德。元季之亂法嚴酷，凡爲保障一鄉頭目者，遥授以元帥，得專生殺。《增江誌》曰：「懷德嘗爲保障頭目，有部卒盜其池魚，捕以獲，保障公令歸辭其父母，自來就死，及期果至。保障公曰：『以魚殺人，德所不忍。』開釋遣去。後至他鎮，見理罪人，則始乞以歸，爲稱『代誅以懲不恪』，復密縱逸，全其不幸。」明興，天下既定，公獲樂業。洪武中，鄰境蘇友興作亂，南雄侯奉命征討，海道不利，官軍幾陷，保障公仗義起兵，赴海力救，侯得師還。時近地皆以降民充戍，獨沙貝鄉免，至今賴之。保障公生處士諱汪，一諱果成，是生樵林先生者也。然則樵林先生之悉備周德，❶以至有甘泉子者，其淵源所自，豈偶然哉？

先生生己丑八月十三日，卒甲午九月十六日，壽六十有六歲。梁夫人生丁亥四月十八日，卒癸卯四月初一日，壽七十有七。生男子一人，諱瑛，別號怡菴，亦以甘泉子貴，贈如其官，克肖厥德者也。女子子三人，長適伍氏，次適鍾氏，梁夫人出，次適鄭氏，側室出。孫男子一人，即甘泉子。孫男子三人：東之、東之、❷來之。梁夫人之

❶「悉」，續刻本作「躬」。
❷「東」，續刻本作「秉」。

卒也，於成化丙午已祔先生，合葬于赤坭山之原矣，至是甘泉子豎墓上石，是宜勒辭羡道，用瞻行路。辭曰：

緊樵林叟，素履孔嘉，懿源天授，逖流如河。靈承其明，其明伊加，稼穡是寶，魚鱉亦多。有崔圍山，起藝桑麻，又何外慕，眷惟配淑。❶衍兹餘慶，孫是開家，履道惟篤，福如松蘿。爲士者望，于祖有華，載其明德，其風肆遐，千載不磨。

湖廣按察司僉事敬軒沈公配孺人章氏墓表

朝列公諱欽，字敬之，别號敬軒，浙江山陰縣人，監察御史澧之父也。公天授端嚴，直躬而行。既舉進士，觀政工部，差葬吴卿裕于潮州，爾乃壹事安厝，無他外務。潮守憾吴，欲因葬爲厲，以利啗公，正色峻拒，發明恩典，優恤卿士，寧有齟齬，竣事廉正，潮人誦説。尋出推興化，缺守署篆，見贖罪、淹獄，悉與理釋，不能贖者，❷或捐俸代輸，凡所鞫讞，罔弗平允，革蠹剔滯，郡中稱明。他日清屯至莆之廣業，民苦虎患，乃爇香籲天，自伐失職，翼日獵虎繼至，其害頓息。若乃奮義平仙遊之巨寇，捧檄決泉州之疑獄，竭誠禱久旱之雨，力辭掣水口之鹽，尤人所難能焉。薦剡争先，首被行取，分授科道。有鄉宦左沮，稱公「性樂恬静」，乃授都察院經歷司都事，公莅職滋慎，鮮有怨尤。三年，陞湖廣按察司僉事，分巡衡、

❶「眷惟配淑」，續刻本作「食德飲和」。
❷「贖」，續刻本作「署」。

永。然地遠民獷，而又守貳恃勢，毒痡衡野，聞公至遁去，民如解倒懸。其貧民稱貸者累負傾産，爲立均劑，至今爲例。郴、桂僻遠，罕肯巡歷，民不聞法，吏亦稔姦，公窮按其所，洗冤澤物，埒于腹裏。其猺獞出没，甚苦齊民，乃設隘練兵，分列金鼓，遐邇相聞，民以安堵。初，公爲都事，有御史競差以求公，公未與遂，比公之湖，不遂差者輒拾纖事粧誣劾公，公益守正，堅不與辯。及甲戌考察，終忌于當道，謝政而歸，識者惜其用未能究乎材云。

初，公舉乙卯鄉試，時父贈君宏齋翁疾，乃晝夜侍側，嘗進湯藥。贈君速公春試，公泣告母翁曰：「世豈有父冒疾，而子棘試者邪？」留數日，贈君卒，乃得侍其終，未幾翁孺人亦卒，喪葬皆依禮不苟。其自湖歸，乃建大宗、小宗二祠，每晨必冠紳參拜小宗祠，雖輕疾亦不廢，其大宗祠則朔望拜之。其後澧舉癸未進士，令霍山，則遺書勉以「清白忠勤，毋躭温飽，以貽我羞」。及澧調南昌，便道歸省，申戒滋嚴。晚歲課耕力學，兼訓族里，築湖陰草堂，吟咏其中，邑士大夫率分題賡和。垂殁，火其逋負積券。夫公孝慈于家、任恤于鄉者如此，宜其敭歷閩、楚，懋宣政法者，卓卓乎度人遠也。公先世諱遘者，爲宋右正言、知制誥，出守越州。次子焕，元祐間爲翰林學士，謚忠肅，隱于會稽鑑湖。焕子琰，登進士，歷官國子監直講、侍御史丞，以屢諫相秦檜，棄官卜居山陰青田鄉。琰子繼禄，舉進士，亦官翰林學士，鄉人懷其德，殁而祭于社，遺像尚存。七傳而生公。則沈固世積其休，宜委祉于公，身備直方，而又有子御史秉正趨道而不已者乎！夫御史也，不在其身，則在其子，人雖奪之，其如天何哉？

所配章孺人者，會稽偁山省軒處士之女也。幼閑姆訓，確有令德，尤工剪製，爲諸宗親女子式。及笄歸公，克幹内政，公得顓業于學，無少廢一日。❶公仕閩、楚，則相以平恕恭敬，雖楚中官舍，稱崇之不疑。上事其舅姑，能承順顔色，凡舅所延接賓友，皆躬治具，數無憚心，舅姑常期以昌大其家也。他日舅姑相繼疾卒，則相公進湯藥，治賓葬，無弗誠信，其歲時蘋藻脯羞，亦皆潔齊。後澧既仕，則亦以清白申戒如公云。

公生于景泰丙子三月一日，卒嘉靖壬午七月二十四日，享年七十有七，有《湖陰類稿》藏于家。章孺人生天順五年九月十三日，卒嘉靖三年五月二十日，享年六十四。子男二人：長即御史澧，娶王氏，繼胡氏、張氏、黄氏；次淞，例授引禮舍人，娶來氏，然淞先公卒。❷女子子二，長適引禮舍人周惟，次適周濡。孫男子六人：棨、菜、集、樂、藥、渠。公殁之年，已葬于樗里之原，是宜勒辭羨道，以告于路。辭曰：

有嚴敬軒，侯直侯敦，人施其譎，我惟允元。寧貶斯位，豈渝所存，天道京京，如掌斯⿰黹飛。于前若昧，于後孔燉，視爾子孫，御史承家，如神有言。展矣直躬，昭兹乾坤，亦有孺人，配德如鴛。載其休問，永貽後昆，行道瞻言，惟善是播。

中憲大夫馬湖知府桴齋顧公墓表

公諱潛，字孔昭，姓顧氏，別號桴齋，一

❶「少」下，續刻本有「休」字。

❷「先」下，原有一「生」字，據續刻本删。

號西巖，蘇州崑山縣人也。生而穎敏，不同儕輩，年甫九稔，輒解屬文。未逮成童，選籍邑庠，督學臨試，多口褒奬。弘治己酉，高陟鄉薦。後舉丙辰進士，訖登二甲，❶選改翰林庶吉士，每應閣試，數註首卷，大學士守谿王公、碧川楊公咸加器重。戊午，將授館職，乃出爲監察御史，即差巡京城，蒐視權倖，中貴陰銜，偵失朝儀，註奏久縶，上旋與開釋。尋勑印記山東、河南種馬，屏斥餽遺，細至果菜。因論五事，備列民瘼。一曰定買户以寬民力，二曰慎選擇以袪民患，三曰易種馬以永善産，四曰嚴黜罷以勵曠職，五曰省繁文以革吏弊。辛酉，畿災變，進八政疏，於時務尤切。一曰恤災傷，二曰禁捂尅，三曰治豪强，四曰飭軍務，五曰省供應，六曰革濫員，七曰汰冗食，八曰崇儉約。未幾，以疾得告，滋邃於學，纂著《稽古治要》十卷，爲政大體，靡不略具。癸亥，疾起，具本首獻，孝廟嘉賞，留備觀覽，其兢業萬幾，顧問諸老，訪求治理，察納忠言，間采斯書。是時都御史浮梁戴公、烏程閔公重其器識，諸道奏牘，悉委詳正。甲子，復因畿輔災變，率先同寀，開陳八事，一曰裁革傳陞乞陞官員，二曰禁約外戚之家怙寵肆横，三曰禁止鎮守内臣賄賂夤緣，六曰罷黜方面有司不職官員，七曰減徵各庫不急錢糧，八曰禁止鎮守内臣多帶人役。言甚剴直。其諫修延壽塔，及於光禄少卿祝祥附外戚，躋美官，太常卿崔志端起道流，遷宗伯，上皆采納，爲公停革，❷朝綱振肅，稱名御史。未幾，以吏、禮二部推薦，奉勑提督京畿學校，慨然之任，敦振士風。先是，順德、永平數郡士寡問學，乃選拔秀穎，檄令有司資給入京，

❶「二」，續刻本作「一」。
❷「革」，續刻本作「罷」。

業受明師，❶多所造就。其品定藝試，尤爲精確，至今論學政得比諸陳士賢云。

正德丙寅，武廟登極，上言「初服當崇敬畏，戒逸欲，任耆碩，屏佞幸。乞令儒臣考進唐相宋璟所上《無逸圖》、宋孝宗所集《敬天圖》，備時省覽」，不報。比其秩滿，兩考部院書最，至有曰「操持無玷，學行有聞」者，許襄毅公一歲中薦爲大理寺丞者四，皆不報。戊辰冬，出守四川馬湖，未之任，己巳，以格例解官。時姦宦劉瑾用事，其黨方在要路，公嘗忤焉，遂被傾擠。及瑾既敗，兵部侍郎陳公玉、黄公河，御史謝琛、沈霽交章論薦，竟沮格例。嘉靖庚寅，以子夢圭任南京吏部郎中，遇郊祀覃恩，誥封中憲大夫，制詞褒嘉。「爾南國髦，翰林吉士，已而擢任臺察，屢進讜言陳古道，英聲雅望於先朝。迨督學北畿，造士之功，久而彌著」。公心雖白，材終未録。乃甲午三月二十六日卒，距生成化辛卯年八月八日，享年六十有四，輿論爲之悼惜云。

蓋公端慤不苟。十六喪母，即致哀毁，既仕，過家必慟哭墓所。仰事父祖，孝敬咸單，每得賜物，緘以馳獻。及罷官後，鑿池疊山，以悦父心。處諸弟妹，恩意周浹。葺理祠墓，不慮其材，自奉身儉如寒素。他若貧困之施、喪病之恤、正竊葬之罪、築巴城之堤、除税役之害，皆其緒事。則公之顯於言責者，此非其本乎？

初，公七世祖道璋，爲元萬户。高祖諱大本，不仕。曾祖諱士良，贈詹事府詹事兼翰林院學士。祖諱恂，累贈詹事府詹事兼翰林院學士。考諱宜之，封監察御史，妣周氏，贈孺人，繼李氏，封孺人。世有積行，則

❶「明」，續刻本作「名」。

公之所源流者遐哉！配龔氏，有女德，封孺人，先卒，加贈恭人。繼楊氏，封安人。子男三：長即夢圭，江西布政司左參議，文行著名于時，凡公之所未究而大顯于方來者，不在茲乎！娶皇甫氏；夢川，府學生，娶沈氏，皆龔恭人出；夢穀，聘魏氏，側室刁氏出。女三，長適王可大，次適長洲陸仕偕，國子生，次字嘉定劉在，縣學生。孫男三：允熙、允默、允烈。公所著有《静觀堂稿》、《續稿》、《讀史新知》、《林下紀聞》、《湖堧醉歌》、《崑山志》、《玉峰文獻録》、《惇史夢林》若干卷，藏于家。參議卜今年乙未月日，與龔恭人合葬于邑西北巴城村之舊塋，是宜勒辭羨道，告諸行路。辭曰：

於惟西巖，素履孔方，學殖亶厚，翰苑有聲。亦既言責，職思其明，或書以勤，或疏以匡。恤民于馬，作士于京，位雖未盛，有懿其行。侯孝侯慈，侯睦侯詳，豈曰無本，致用乃臧。宜爾冢子，器如圭瓚，爲邦之良，光開休問，如江水長。

奉政大夫刑部郎中東郭周君墓表

君諱滌，字進之，姓周氏，號無垢居士，更號東郭居士，蘇州常熟縣人也。生有奇質，穎悟度人，自知讀書，目必成誦，善屬文，易如宿構。年始十六，母邵損背，抱尸慟哭，見者酸鼻。既籍邑庠，文聲驟起。後遭父喪，哀毁幾絶。事繼母趙，幹蠱承考，蔑所違逆。二季澥、浙，撫教成立，咸與有室，他日相繼蚤逝，殯斂棺葬，罔弗用情，且優恤其孤，不至怨曠，常熟里人稱孝友焉。弘治己酉，蜚舉應天，登己未進士，授刑部主事，乃即剖決章奏，風力懋著。簡命慮囚江北，❶多所平反。累遷郎中，滋洞律例，無少觖法，同列質疑，應口開折，一時秋曹堂屬歸明。爾乃推典本科，綜諸章奏，庶獄依歸。又嘗與修《問刑條例》，輕重低昂，率加決擇，於是司寇閔公、冢宰許公交章論薦「才可太任」云。是時劉瑾專權，❷私托四出，公執不阿，❸瑾陰啣之，適小吏污君他事，遂下詔獄，勒歸田里。尋瑾敗誅，首奉恩例，獲以原職致仕焉。爾乃躬率家衆，力生業作，漸臻饒裕。爰立家廟，篤正祭器，歲時享嘗，情文雙致，雖冠婚諸禮，亦遵古昔，爲鄉人倡。晚年廣闢卉圃，繁植花竹，開建池亭，❹時出游衍，異時功名之會，漠然無所動其中。肆今上踐祚，致仕者得遞進階，而巡撫、郡守風令應詔，君固謝曰：「吾已罷官，獲從致仕之列矣，復爾冒昧，吾誰欺哉？」可以知其所好矣。則君在位者之所樹立，豈徒然哉！乃嘉靖甲午三月二十四日卒，距生成化乙酉二月二十三日，享年七十歲。

初，君先世當勝國時有諱省巖者，❺躬被行業，隱城西隅，是生清甫。清甫生信，七歲而孤，就鞠母家，粤既成立，身行仁義，吴文恪公訥爲志其墓。信生鼎，鼎生贈君瑄，徙居東城，配贈安人邵氏，始拓周業，是生君者也。然則周氏潛德厚植，委靈於君者，亦以遐哉！君配錢氏，封安人，亦克内治。生男子二人：長楨，國子生，安人出，娶某里錢氏；次柯，側室高氏出，繼爲浙

❶「慮」，續刻本作「録」。
❷「專」，續刻本作「擅」。
❸「執」，續刻本作「獨」。
❹「建」，續刻本作「蓮」。
❺「省巖」，續刻本作「肖厓」。

後，娶徐氏。女子四，長適庠生徐恩，次適錢子儉，次適國子生劉巃，次適王稔。孫男子三人：爣、熫、炶，楨出。孫女子一人，柯出。楨將以今年月日，卜葬於虞山北隴新阡。南京兵部尚書、參贊機務上黨劉公已誌諸墓矣，而楨又以表請，是宜勒辭羡道，告諸行路。辭曰：

有敦東郭，抗志孔嘉。上孝繼母，友于滋多，譬諸卉木，有本者華。宜爾在官，刑罔不和，慮囚平反，❶尤聲本科。越既被屈，高卧煙霞，篤修古禮，暇蒔名花。知足不辱，將非斯邪？勒辭墓陽，行瞻肆遐。

徵仕郎禮科右給事中古菴毛公墓表

公姓毛氏，諱憲，字式之，號古菴，常州武進縣人也。予官南都，嘗接於别邸，色夷氣清，可敬而親，其貌古也；怡性完神，❷游乎物表，其心古也；孝弟信義，言論通朗，其道古也，則其所自號者，當非虚恢矣。今年予在北雍，忽聞公訃，傷悼累日，實嘉靖乙未十月二十九日。嗚呼！吾友古菴，平日以道自砥，乃至此已耶！

公甫弱冠，即彊學不怠，以三《禮》遊邑庠。正德庚午，以亞魁薦於鄉。辛未，中禮部亦然。尋登進士第，授刑科給事中，即上疏言人主之德，莫大於開廣言路，優納正直。時諫官竇明方以言得罪，公即抗疏申救，以爲不宜塞諫諍之口，時大臣有怙勢於内竪之權者，則又奏劾剴切，而内外咸肅。

❶「慮」，續刻本作「録」。
❷「完」，萬曆本作「守」。

既而引疾，以身喻朝政云：「雖任耳目之官，實乏聰明之德。三年之艾莫措，七年之病難瘳。」病痊，除兵科給事中，議政中府，坐論激直，釐正國是，不阿權貴。❶又嘗見邊防軍政之弛、災異水旱之煩，❷乃敷陳古訓，疏列遠圖，多見采納。其使荆、湘，見民居漂溺死徙瘡痍之狀，即具疏馳上，當道以爲公危者，公略不顧忌，已果忤旨，罰俸三載。秩滿，遷禮科右給事，遂疏請祀先儒陳澔有功《禮經》。是時武宗西狩，公倡率群寮，因請回鑾，兼論建儲，衆皆警懼。後錫幣近臣，公疏辭不受。權貴有欲結公者，公正色拒之，於是其聲益大振於時。

嘉靖初年，以耳疾謝歸，講求性理之學，學者翕然尊師，其徒之貧也，多爲之館穀。惟時郡守陳君實建道南書院，延公爲師，表進後學。公之教，以不欺爲主，以喜怒爲用，以克己爲功，以敬義爲存心制事之本，其言曰：「君子之學，須是擺脱習氣，著實踐履，方是實學。」則公之在諫議可知矣。且公性至孝，每念父卒於外，輒號慟屢絶。其養卞太孺人及喪葬，皆無違禮。又以禄不及養，扁堂曰「永思」，終身不御重味，而歲時祭祀，一遵朱氏《家禮》。他日置義田、義學，教養鄉族，施愛孤弱。若與人交，死生患難，不爽素心。故師子孫貧不能立，與置田宅，矜恤周至。嘗立三近齋，予爲之記，公端坐其中，深潛考索，❸其所得於六經者多矣。然則公之教人、蒞官，豈徒言語之間而已哉？古菴之號，其真稱情乎！

❶「阿」，萬曆本作「屈」。
❷「煩」，萬曆本作「頻」。
❸「考」，萬曆本作「玩」。

公先世出河西，以仕於常，因家焉。高祖諱福四，曾大父諱智，大父諱文明。父諱任，程鄉石窟巡檢，卒于官，以公貴，贈兵科給事中，配卞氏，贈大孺人，生寶及公。公享年七十有七。子男七：曰誠、曰詮、曰諴、曰訢，皆贈孺人陸氏出；曰諧、曰訪、曰諷，❶皆側室某氏出。誠、詮、訢皆太學生，諴邑庠生。繼娶單氏，封孺人，先公卒。誠亦先公卒，訪、諷後公夭。孫男六，孫女六。其子詮等以某年月日，葬公於某村新阡。❷甘泉湛先生已據養齋徐公狀誌諸墓矣，至是請表，是宜勒辭羨道，以告行路。辭曰：

有懿古菴，惟德之行。佚忠佚直，爲國之光。於學既邃，厥儀有程。隱教不惑，❸淑於慈良。❹賙窮恤匱，使乏裕康。❺振今思古，厥號允臧。逮茲易簀，晚節彌光。英爽不昧，陽陰互藏。福祉遐萃，子孫永昌，百禩其無疆！

嘉議大夫南京刑部右侍郎周玉巖公神道碑❻

公諱廣，字克之，别號玉巖，世居崑山吴川鄉司馬涇，今隸太倉州人也。公之始祖曰福三，其後譜逸莫詳。至諱子詳者生海，配鍾氏，生文，字以章，配陸氏，寔生公者也。海、文皆以公貴，贈刑部右侍郎，鍾、

❶「諷」下，原有「曰」字，據萬曆本删。
❷「村」，萬曆本作「林」。
❸「惑」，萬曆本作「忒」。
❹「慈」，萬曆本作「俊」。
❺「乏」，萬曆本作「之」。
❻此題前一行，原有「墓碣表」三字，據萬曆本删。

陸皆贈淑人。公生而英邁，迥異群兒。長舉進士，觀政兵曹，覩大司馬東山劉公直道而行，即砥礪名節，不諂流俗。既授知莆田，道出閩者，❶例謁鎮守，時率行重賄，公徒手無贄，言動端凝。廉正自束，❷不發人私書，兼以宓子賤爲師，日禮耆儒，❸用資啓沃，周爰詢謀，下及庶民，莆中利病，罔不聞悉，諸所興革，咸飫人心。❹方及期月，母卒于官，貧無棺殮，鬻内釵釧，始克舁歸以葬。服闋，改知吉水，政益詳敏。時贛州流賊自大帽山突出，路由雩都飈抵新淦，❺燒永豐縣，勢甚猖獗。吉水丞簿惴欲奔竄，士民洶洶，亦無固志，公面加叱責，要盟神祠，衆志始定，戮力禦賊，有嚴有毅，賊乃潛師踰境，邑賴以完。厥後藩臬上功督府，漏公不及，公亦漠然。

正德壬申，以天下守令治行第一，擢浙江道監察御史。是時佞倖錢寧居中用事，巨寇劉七輩暴戾恣睢，横行江、淮、河、濟，殺人或盈城野，公抗疏四事：一斥喇嘛番僧，宜投四裔，以禦魑魅；二遠伶人賤工，至引唐莊宗事以譬；三重國本，以廣儲嗣，不得育螟蛉義子，如宦豎蒼頭錢寧者，其投刺皆書曰「皇庶子」，僭擬東宫之罪，擢髮難數；四嚴軍令，言諸禦寇者皆無恙，而川原白骨積如丘山。❻疏入，寧大怒，幸上不深罪，止謫懷遠驛丞。寧陰使刺客順道而狙，欲遮刺公，公微服出城，變易姓名，被衣道

❶「者」，萬曆本作「省」。
❷「廉」上，萬曆本有「爾乃」二字。
❸「儒」，萬曆本作「俊」。
❹「飫」，萬曆本作「厭」。
❺「淦」，原作「塗」，據萬曆本改。
❻「如」，原作「入」，據萬曆本、重刻本改。

流，誦《觀音經》，枵復三日，乃得脱歸。既抵懷遠，莽無館舍，寓居佛宫，間與同志泛崖門，登西樵，跨羅浮，夷猶白雲之巔。然驛通番夷朝貢，每外使至，咸慕公名，或以奇貨爲獻，公峻爲拒絶，使益敬憚。甲戌，移知建昌縣，是時宸濠將叛，謀復護衛，軍伍遺使，絡繹道路，肆行征求，每經建昌，公輒裁禁，民賴以蘇。丙子八月，吏部擬擢憲職，寧内搆陷，批根往事，復謫公行寨驛丞。❶行寨在深山叢棘中，亦無驛舍，居民數家，靡所寄止，乃誅茅爲屋，依山面沅，日與其徒講學論道，暇則登陟崇岡，俯臨幽壑，超然遠覽，無所顧慮。

辛巳之夏，武宗既崩，今上即位，首舉遐遺，詔復公御史，尋陞公江西按察僉事。公至，斥貪吏，疏滯因，去淫祠，放尼姑數百歸之宗，市其菴以業公費，不以煩民。明年，轉九江兵備副使，尋改提學。其綜理學政，躬自爲範，誨人務明義利，及其校藝，必參德行，以爲高等。時天子勵精圖治，凡藩臬守令，治行卓異，特降璽書褒嘉，通天下止十三人，公與其一焉。嘉靖乙酉，陞福建按察使。閩故多盜，公至，分部所屬伐其渠魁，民庶用妥。❷乃又申敕憲章，釐革蠹弊。凡會讞獄，齋戒禱神，開釋冤抑，參伍之下，咸得其情，刑是不濫。公之始至，鎮守遺金，公漫不省，置諸庫府，比鎮守窘甚，復返其金，因以綱條解諭，鎮守憚服。其後有中官督織造者，倚勢作威，横索民財，有司莫能抗，公移檄禁遏，及入省城，繩其奴從，不得侵牟於民，民遂形諸歌謠。按閩三年，擢

❶「行寨」，《明史》本傳作「竹寨」，下同。
❷「妥」，萬曆本作「安」。

右僉都御史，巡撫江西。振肅風紀，❶百僚嚴憚，其商論政務，虛心延訪，雖在屬吏，亦多聽納，其有才賢，亟爲薦揚。于時富室豪右多買民田，遺其原稅，民用大困。乃下令稽覈，且欲奏聞，豪右不便，交口騰訾，當道者遂援裁革例，罷其巡撫，公因乞休。上雅知公賢，且命吏部擢用，己丑冬，遂陞南京刑部右侍郎。越二年辛卯八月某日，以疾卒於官舍，距生成化甲午正月某日，壽五十有八歲。公之寢疾，時當大比，其三子皆應試留都，獲侍湯藥。未屬纊前四日，公令趨治後事，且曰：「吾平生間關百挫，屢瀕于死而不死，今死於此，命也。爾等慎勿俯仰當路，以乞葬祭。」神閒氣爽，怡然而卒。

初，公少即警敏，年甫十四，父贈君卒。卒後五年，公籍邑庠，家貧無所于業，❷僦屋城中陋巷，家徒四壁立。所配張淑人躬勤紡績，以給饔飧，每隆冬大雪，身衣大布袍，無著。陸太淑人方就養伯兄一之，❸公每往省，草屨徒步數十百里，竟日或不得一食。公乃益激昂淬勵，貫穿經傳，旁通諸子百家言，御史、督學大加賞，亟命士子從公游，且命有司周其匱乏，自是衣食稍殖，即迎養太淑人。弘治辛酉，舉於鄉。明年會試禮部弗第，歸營以章公葬事，蓋在殯十五年而始克襄事焉。已而游太學，楓山章先生方以德行道藝爲祭酒，一見公即大奇之，首告以務實之學。然則公在御史風烈，❹藩臬之政迹，巡撫之正直，蓋亦養之有素，而學之有

❶「振」上，萬曆本有「爾乃」二字。
❷「于」，萬曆本作「卒」。
❸「伯兄一之」，萬曆本作「伯毛一之」，重刻本作「伯氏某所」。
❹「史」下，萬曆本有「之」字。

得乎！

嘉靖癸巳八月某日，葬於新塘之原，原在崑城之東北陬三十里蔚遲村南。三子：伯曰士淳，大學生，娶徐；仲曰仕淹，應天舉人，娶毛；季曰士洵，娶李。皆從魏莊渠先生游，力學自樹。女一，許聘浦應期。孫男，邦柱。辭曰：

猗嗟玉巖，少歷艱虞。肆其力學，追究程朱。伊誰爲友，魏子莊渠。相尚以正，子道並驅。粤在御史，力鋤姦諛。兩謫遐驛，豺虺與俱。陰刺於路，剥床以膚。聖明眷直，賜還海隅。乃陟憲僉，伐斥貪酷。❶既進董學，表正群儒。治行高等，璽書允俞。盜息閩海，風振江陬。方施經濟，烝在當衢。天不慭遺，一疾淪軀。門墻陸載，紀行不誣。賢嗣員員，英邁千夫。衍厥休問，百世有孚。勒辭羨道，以告征塗。

明中憲大夫大理寺左少卿半窗羅公墓表

公諱輅，字質甫，姓羅氏，號半窗，應天江寧縣人，廣東布政司左參議尚志先生諱麟者之子也。其先浙之秀水人，曾大父文中以閭右實京師，因籍江寧云。大父景伊以尚志公貴，贈工部員外郎，大母沈氏贈宜人。尚志公配魏氏，封宜人，贈恭人。二室王氏，寔生公者也，以公貴，封太孺人，贈恭人。伯兄載，仲兄輿，舉人，皆魏恭人出。

公生而穎悟過人，博覽載籍，輒能誦説，爲文頃刻數千言立具。年二十一，舉應天鄉試高等。明年戊辰，與予同舉進士，尋

❶「酷」，重刻本作「諛」。

授中書舍人。己巳之秋，册封益王世子，行且中道，正使遽卒，有命專節以往，比至藩邸，諸所舉錯，俱中禮度，鮮或謬盭。竣事過家，省拜二人，時尚志公年已耄耋，公戀戀不能違逖膝下，以其重促，兼程復命已，日上疏懇乞就養，❶得改南京大理寺評事。至家三日，尚志公無疾而逝，南都人以爲孝子獲終其親云。癸酉起復，仍補前官。己卯，擢江西袁州知府，首重學校，申教茂士，均定民賦，創立團保，悉去勾攝之擾，嚴禁萍鄉之訟，繕亭舍以振委候，書鄉訓以化里社，或積穀以修城，或汰差而教樂。於是都御史王公守仁疏其「才猷優於治劇」，乃改贛州。贛當閩廣湖湘要衝，數患藁盜，公曰：「民無慰止，奚而不盜？」爾乃禁革冗費，刊除雜差，寢兩司之防夫，輟各衙門之執事，票銀不充私用，社學復舉前規。贛中食鹽多出兩廣私販，所販之人歲魄郡吏，故不能禁，公奏計總制，歲取其利以濟軍務，猶鹺法也，事上，遂以爲制，贛郡帖然。於是都御史盛公應期言「江西劇郡，莫若南昌」，又疏改守南昌。至郡七月，聞太孺人疾，遂棄官西歸，連疏乞休，稽遲再歲，銓部憐其志，亦不爲咎。嘉靖丙戌，復補南康。郡瀕彭蠡，乃創作巨堰，水溢，舟入堰以避風濤，水落則泊堰下，而民居亦賴以安。其他省雇夫之銀，革牙茶之弊；親訊罪犯，吏不能行其奸；禁止寫丁，册不能隱其弊。紡績農桑，男婦雙課，信牌定期，鄉縣不擾，尤深有益於南康者也。己丑，擢江西按察副使，整飭饒、撫兵備。越七月，數興母思，復上休疏，未報。還家五月，而太孺人以壽

❶「日」，重刻本作「即」。

終，得無憾焉。壬辰起復，補四川按察副使，整飭建昌兵備。未至，内移山東。❶甫三月，擢順天府丞。明年癸巳，改大理少卿。❷甲午，有晉宗室與撫臣搆隙，事涉難勘，上命公往，公正以國法而體以人情，兩月復命，人皆稱平。於是廷臣益多公之才，兩舉節鎮，上意廷尉不可無公，因留之。嗚呼！乃至於長逝哉！

其歿也，少傅大學士任丘李公哭甚哀，户部尚書梁公、太僕少卿王公、御史謝君少南皆以里人治殮如禮。訃聞，上諭祭，九卿臺省咸祭奠。而公之兄載適至自家，乃還柩還南。公生成化丁未五月十一日，春秋四十有九。娶胡氏，封恭人。子男二人，榘早卒，梓幼，尋亦卒，以兄載子機爲嗣。女子二人，適徐勃、張奎，奎，舉人。是宜勒辭羨道，以告行路。詞曰：

有毅半窗，敏給無雙。志篤父母，數棄守邦。孝久明達，❸君相爾玒。既佐廷尉，大任克扛。方躋八座，經濟爾龐。乃遽淪謝，辰也不逢。勒辭完石，名並長江。

明武定軍民府同知石軒王君暨配宜人翁氏墓表

石軒王君，諱介，字節父，福建侯官縣人，今進士松江府推官鏜之父也。初，王氏先世本光州固始人，唐末黄巢之亂，嘗與二十八姓從王審知入閩，遂籍侯官。其後有

❶「内」，萬曆本作「再」。
❷「理」下，萬曆本有「寺」字。
❸「久」，萬曆本作「義」。

爲主簿者，世失其名。主簿之後有良駿，生均有，皆仕元爲宣教郎。均有生泰，泰生玄，玄生鑛，號友竹，即君之父也，登天順己卯鄉薦，兩爲天長、應天訓導，皆有師稱，以《小戴禮記》名。其歿應天也，君年十一歲，即穎悟不群。歸治胡氏《春秋》，發爲文辭，多出奇意，一時學官弟子罔弗推嘉，學諭張君陰重其材。弘治壬子，年方十七，遂魁鄉薦。癸丑春試，名在乙榜，❶授婺源縣學訓導，乃携姪鑾、甥舉隨學於任，且與舉婚，凡婺源之教，賙貧拯棘，獎善礪頑，二子咸與見聞，後皆達材，而婺士胡、程、余、汪殆數十輩，俱鳴甲第。尋典文于山西，繼于廣東，皆得名士，如劉公龍者，在他房落卷，偶遇君過，拾置首選，後大顯名。

癸亥，陞湖廣咸寧知縣。縣據山谷，俗雜夷獠，居民困瘁，官鮮終任。君至，廉以奉身，恩以撫衆。異時折訟紙價，❷率入私橐，君乃易以稻穀，貯預備倉，未幾歲凶，民賴以活。乃又節損浪費，❸收恤惸獨，禁遏勾攝，招返流逸，即丁産以定賦役，❹明法律以戢豪右，正禮教以析枯楊之華，端禁令以化吴鳴鳳之姦，諸所廢墜，罔不建新。於是環咸寧之封，煦煦然有更生之樂矣。是時撫巡諸公相率疏薦，至有以君爲全楚守令稱首者矣。正德戊辰，銓曹奏調江夏，君晝則事事，夜剖民訟，剛直不阿，一無所撓，廉明煥著，時稱「鐵知縣」焉。是冬歲轉廣州府通判，於是廷尉黃伯固作詩遺之曰「到官正好酌廉泉」云。君至廣，革常例之弊，發

❶「乙」，萬曆本作「高」。
❷「異」，重刻本作「往」。
❸「浪費」，萬曆本作「良善」。
❹「即」，萬曆本作「籍」。

匿鄰之盜，訊鄰之刺，❶論奪田之豪，究冒祭之名。

庚午之秋，遂陞知全州，未數月而巡撫林公廷選即薦之曰：「判廣有年，而能爲恪守。居全未久，而吏畏民懷。」蓋林嘗委君勘袁劉事而得實者也。全故崇山疊嶂，時號「白面山猺」者横刼擄掠，守巡親臨督兵，我軍衣甲咸涅字號，賊之衣甲字號亦同，蓋多殺我軍取其衣甲耳，乃改募狼子土兵，則又被焚其營砦。君曰：「賊依山禦我，❷如礧石四潰，我師攀緣，惟恐失墜，如驅羊攻虎，誠非策也。不如招撫，實爲完計。」乃單騎直詣賊砦，曉以父母赤子之恩，告以大軍擣剿之勢，於是賊皆羅拜。君即樹招撫旗幟，賊首一出，犒以花紅牛酒，約十人一長，長給衣巾，許捐閒田，使自墾種，朔望具結投州，四境晏然。及君起全，賊率獵雉捉魚，爭獻馬首，稱報厥德。其他修城習戰、興學勸農、鋤强抑暴、完徵逋税，皆有深惠於全云。癸酉之秋，轉武定軍民府同知，蓋雖陞實薄之也。狀言：「君在全州日，❸有唐寺丞者家素凶虐，奪人名馬水利，君嘗戢之，唐因搆君於蔣少宰敬所，故有武定之轉。」夫敬所，端人也，不宜有此，豈其愛君之甚，思以歸咎者云乎？武定舊有土官鳳英，狼狠多殺戮人，❹其子朝鳴殺妹丈次子，妻兄嫂且相攻鬭，於是夷民具奏，撫巡下君勘實，君曰：「夷狄，禽獸也，若繩以法，適激亂耳。」於是議立其少子襲官，衆皆帖然服從，雖鳳兄弟亦相感恩，延

❶「鄰」下，萬曆本有「媼」字。
❷「依」，重刻本作「倚」。
❸「君」，重刻本作「昔」。「州」，萬曆本、重刻本無。
❹「狠」，原作「狼」，據萬曆本、重刻本改。

君至家，以百金器物爲壽，君悉辭卻，鳳兄弟悉呼老少拜君，祝其遐齡焉。甲戌春罷歸，哭聲載道，鳳兄弟亦涕泣攀留，可知其他矣。

初，君少稟端毅，慷慨有志。父友竹先生早歿，依于伯氏，伯氏覘其懷抱清遠，深加器重。其事母胡極其孝謹，後嘗侍疾，終日在側，湯粥必手進。卒，幾喪明，歲時乾豆，涕泣懷思。及歸自武定，僦屋以居。時郡守歐陽君鐸方毀淫祠，因諸學生狀君清貧，給宇以爲君屋，君猶入值縣官乃受。安仁令王濟民者，婺源之門生也，聞君屢空，寓書懇邀，君赴其誠意，至方二日而卒，蓋君所自測「寅丑之交」者，實嘉靖壬午八月二十二日也，距生成化丙戌年七月二十七日，壽五十有七歲。于時年友有舉賻者，推官不忍傷君生平之廉，皆辭之，匍匐舁櫬以歸。然則君教也，小子有造，政也，細民舉安，所至著績名實上下者，豈偶然哉！

配翁氏，封宜人，諱升，副憲翁公晏孫女。父世用，爲績溪縣學訓導，母王孺人。宜人少讀書通大義，凡古今節義忠孝事，皆歷歷能誦諸口。初，績溪君爲宜人約婚，及聞石軒君，喜曰：「吾得壻已！」既而媒氏至，時副憲公之弟世衡在側訾之曰：「吾聞此子貧而孤，兄盍他約？」績溪曰：「王生才，詎終貧哉？」卒訂婚焉。年二十一歸王，事姑胡太孺人謙約孝敬，沉慧婉順，事事當其意，胡太喜曰：「吾賢婦也已。」又事伯姒甘宜人，甘又喜曰：「賢娣氏也。」其在婺源時，待姪鑾、❶甥舉無殊己子，初弗謂其姪與甥也，既而其媵曰蘭者生子若女焉，即

❶「待」，萬曆本作「視」。

又從而子女之，初弗謂其出于蘭也。咸寧之日，内常索索然無儲，初不爲意，顧謂石軒君曰：「夫君之政，誠昔人所謂『好消息』也，願終其志。」他日石軒君入有怒色，❶則必究所以，且曰：「君性太嚴，嚴則下情難通。又繼之怒，則民滋畏，愈不得伸其情矣。殊非子民之道。」後在江夏及廣州聞決大獄，又輒愴然曰：「民命至重，君務悉其情以求之生。萬不可得，則彼我無憾矣。」武定之單騎行也，宜人挈諸子歸，常以君遠宦夷邦怛怛憂懼，默禱于天，齋素三年，祝願生還，已而石軒君解官歸，喜可知也。❷

歲辛巳，搆疾七閱月，及革，乃語石軒君以善保其終，又呼推官等曰：「汝輩各脩而業，俾毋墜爾厥先。」語畢遂卒。於是石軒君哭之痛，語人曰：「宜人殁，而吾始知宜人之存也，有七不可復者矣。」蓋宜人性慈柔，卒然事至，輒默念佛數過。人有煢然可矜者，則哀憐憫恤，無固恡意。蘭之子嚚黠不修，然數詣求貲爲賈，宜人多與之貲，已而復詣求貲，❸又私脱簪珥以與之，後竟没入，石軒君聞，每怒杖之，宜人必曲爲隱護，曰：「無寧使人謂我實陷是子也？」蘭有女稍長，即時時教之，亦克遵姆訓，精女紅。是後石軒君又納一婢，生子及周而婢殁，其子數病痟瘠目，至不能行視，宜人日則負之而行，夜與同寢，飲食必手飼之，如是者二三年。嘗與推官曰：「吾孜孜課汝學者，非欲以榮吾也。吾嘗見汝父有禄而

❶「曰」，原無，據萬曆本補。
❷「喜」下，萬曆本有「而後」二字。
❸「貲」，重刻本作「益」。

不得養汝祖父母，每對吾言，輒嗚咽泣下。汝後當自思之。」宜人生於成化戊子十二月十五日，卒於正德辛巳八月二十一日，享年五十四歲。生子四：曰釜，娶張氏，繼潘氏；曰錡，娶楊氏；曰鏜，即推官，娶鄭氏，宜人出也；曰鈞，娶□氏，側出也。女二，長適郡學生蔣大本，次適余安，俱側出也。孫男曰中元、中選，孫女曰可珍、可珠、可瓔。

推官等以嘉靖癸未十二月某吉日，舉石軒君柩暨宜人大柩，合窆于城北社武山之麓。玆道過南都問表，是宜勒辭羡道，以告瞻者。詞曰：

有毅石軒，奮翮夙騫。痛父早逝，學務本根，三傳既治，諸子咸舉。事伯如父，孝母清温，當其省定，果依晨昏。既遭喪病，素冠團團。一有貨貲，不私弟昆。厥身克正，教行婺源，循良楚粤，民罔不懽。武定鳳氏，亦化不反，況此猺獞，何有于全？宜其大用，贊福元元，遭也不辰，遽反丘原。居無良屋，食無旨飱。有翁宜人，媲德如鴛，室雖懸磬，亦篋怨言。事姑如母，善誨子孫。宜有松江，惟道是敦，敘述遺狀，如二人存。當其孝思，欲褫魄魂，微言細行，亦欲傳焉。應大爾烈，思輝乾坤，所不没者，爾道恒燉。

南京户部湖廣司郎中拙菴許君配贈宜人楊氏墓表

君諱英，字文傑，號拙菴，陝西澄城縣人也。曾祖諱添祐，祖諱忠，俱不仕。父諱貴，通星曆學，爲縣陰陽訓術，以君貴封如其官，配奚氏，封安人，實生君者也。❶君生有懿質，少籍邑庠，治朱氏《詩》，即著聲稱。登成化戊戌曾彦榜進士，筮仕南京户部福建司主事，深爲大司徒黄公器重，委管在京七倉，釐革積弊，雖至近鄉識，不宥其犯。是時糧多浥虧，經收官攢，至鬻妻子，莫能陪補，君令新陳兼支，全活者衆。巡倉御史每過君倉，望而不入，曰：「君倉可無復視矣。❷」嘗同科道清審上江二縣鋪户，户多豪右，興替難平，乃定立衡準，民罔或偏，雖忤權勢，亦不之恤。三載考蹟，轉浙江司員外郎，委管上河鈔關，船過悉税，請免不行，貴宦家人私貨越關，亦追其罪，不少假縱。他日陞貴州司郎中，丁憂服闋，補除湖廣司。時甲寅年，湖、浙二省拖欠金穀，歲歷十二，數至千萬，君受推委，冒暑跋涉，初無難色，應徵者嚴解，應免者奏蠲，踰歲告成。乙卯，司徒秦公入覲，命君署掌部印三月，規矩整肅，國計有賴。繼而總巡三十六倉，區畫有條，官民敬畏，而督糧李公禮遇殊常，數留議事，多至夜分。尋以積瘁成疴，遂告養疾西還。啓行之日，行李蕭然，至汴登陸，因閲扛箱，陡見磁器，嗔曰：「何用此物，以累民力！」悉擲碎之。當是時，都人出入，擁至江邊，類多含泣，清風載路。乃丁卯五月告終于家。

君於弘治戊申援例歸省其親，盡心湯藥，半載母逝，明年封君亦逝，哀毁弗勝，血淚漬襟，人不忍視，凡諸葬祭一依於禮，則君可謂仕而不忘其親，死而不負其君，古之忠孝兼篤者乎！若乃遇鄉黨喪疾，雖夜必

❶「實」，續刻本作「是」。
❷「君」，續刻本作「若」。

赴，宗族無依者，婚嫁與之完，勵名節以居官，數讜言以御衆，久宦而無田宅之殖，臨終而斥厲民之語，皆其緒行也。君生於正統癸亥十一月二十四日，卒於弘治丁巳八月二十二日，享年五十有五。卒之年，已葬于縣東三里莊頭社艮山之陽矣。

初配楊氏，享年二十七歲而卒，贈安人。乃繼配楊氏，邑之望族處士鑑之女，事舅姑孝謹懇至，撫育二遺女，❶乳哺若己出，長俱適人。君既逝，遺孤世昌，乃苦節艱辛，勸世昌勤學，夜必績紡以伴誦讀，恐農事妨業，乃親御童僕，歷阡畝，視饁餉。既受太宜安人封，冠袍外略無華飾。姻黨有貧困者，必爲之救濟。族人争訟，恒侑以酒食勸息。比世昌入邑庠，乃脱釵鈿，以克師贄，謂之曰：「爾其端飭自持，以光爾父之業，毋渝毋惰，惟爾良。」世昌領鄉薦，屢會試不第，正德丁丑授知太和，迎太宜人以就養，常進豐饌，輒麾之曰：「吾欲爾爲廉官，豈有意於鼎俎間耶？」每退食，必問日所行事，世昌對之稱意乃食，否則不悦。❷後轉開封，偶被官以下缺。

明贈承德郎刑部四川司主事東野黄君暨配蔡安人墓表

君諱勳，字績功，❸號東野耕讀翁，福建晉江龜湖鋪錦里人，今刑部主事鰲之父也。始祖成能公傳至曾大父榮珪、大父端，皆孝弟力田，爲上農夫。君生有懿質，好誦習書

❶「女」，原作「姑」，據續刻本改。
❷「悦」，原作「悗」，據續刻本改。
❸「績」，續刻本作「纘」。

史，惇履信義，耿介跌宕，不求諧俗。其於宗族，恤貧婚鰥，扶弱振傾，姻戚故舊，數與救助。見里中豪右强横、卑污游佞之徒，若將浼焉。壯務耕耨，手不釋卷。成化之初，一峰羅公出謫泉州提舉，講學官舍，君聞之，不遠三十餘里，跣足草履，如幾而至，從旁竊聽，不令衆知，得其意緒，歸録以藏，至且成帙，及刑部既長，迺出是帙，并平生所録《詩經管見》諸古書秘笈以遺之。其晨夕講論，皆古義大節，❶諄不絶口。刑部或稍近外，輒厲聲色曰：「若此者，他日能有爲耶！」刑部十八，就遺師於郡城僧舍，適有寒疾，貽書以責，直令凜凜，不敢遑暇少肆而後有歡色。村落簇聚，殆數千家，俗舊質野，不務文學，及見君學，莫不指笑，君殊不介意。刑部數遺於有司，乃寬諭曰：「升沉有命，惟毋鑿此心以頽。四維爲重，終雖貶抑，亦又何歉？」邑學官朱文簡、霍球，一時偉人，甚奬異君，誦諸當道。正德丁丑，郡守李鋭禮請鄉飲，屢辭不就。己卯，郡守葛恒屈强懇致，迺一至，❷葛以爲有「示我周行」之風，燕見則抗禮而坐，問以時政，答曰「與民休息爲上」，其握手談笑，展如故人。或曰：「百姓而抗禮郡大夫，得毋過乎？」君曰：「固以成太守之高耳。」郡中隱者王進士題君像贊曰：「縉紳遇之，位抑其高；子弟從之，俗化之速。」朱文簡題「耕讀窩」曰：「龍臥世間人不識，鯉趨庭下子多賢。」可知其概矣。嗣是，郡大夫禮致雖勤，終不復就。太守移文讓郡博曰：「豈醴酒不設之故耶？」

❶「皆」下，續刻本有「古昔」二字。
❷「至」下，續刻本有「城」字。

晚歲無與爲娱，日過諸子所居，呼諸孩孫令拜勸酒，自爲高歌，必歷一遍而返。鄉耆舊二三人相從，談農桑，稱先生，烹酒盡日，醉則歌《赤壁賦》、《出師表》、《歸去來辭》。嘗與謀葬其大父，苦不得地，徬徨幾廢寢食者三年餘，正德庚午，刑部讀書金粟洞丹丘，❶越三日，夢有老人來顧，送至山門，倚石語别，指點壽地，遂卜得萬石山，去洞五十餘里，去家西南二十餘里，君即是以葬大父，自爲樂丘以祔其傍。既葬，出門西望，則盡刑部夢中形勝，人以爲異云。嘉靖改元，詔下優老，今建昌知府鄧君文憲時爲邑學官，籍君之平生爲狀請于郡，給之冠服，君謝不受。越三年乙酉，諸子稱觴爲壽，以冠服上之，乃著而喜曰：「此君恩也，安見吾老人有子耶！」是年四月三十日考終，享年八十歲。配蔡氏，贈安人，皆恩覃大典所及也。初，君娶陳，無出，繼娶蔡，生刑部兄弟五人、女兄弟三人：長鯉、次鵬、次鯤、次刑部、次鯨，女各有家。孫男八：河，鯉出；滌、沂，鯤出；滢、渠，刑部出；源、淳、浚，鯨出；鵬無出，沂後之。鯉、鵬皆早世。是宜勒辭羨道，告于行路。詞曰：

天篤爾黄，東野孔良。耕讀是嗜，不愆于行。睦族婣戚，式化鄉黨。聞學羅氏，奔走不遑。後以訓子，令名令望。鄭重鄉飲，縉紳表章。八十稱道，昔賢是方。❷宜有賢子，篤道顯揚。勒辭墓左，千載流芳。

❶「粟」，原作「栗」，據續刻本改。
❷「賢」，續刻本作「良」。

大明前翰林院修撰對山先生康公墓表

對山先生諱海，字德涵，姓康氏，西安府乾州之武功人也。先生文章風節，超越一時，渼陂王公、谿田馬公、❶太微張公、少華許公所著碑誌狀傳，大抵詳矣，柟復以所見表諸羨道曰：先生真天下士哉！初，柟自入翰林，求交先生，每聞緒論，驚駭忘倦，退省若不及，恐復自失，詰問其故，答曰：「惟在一誠。」自是力學，以追步武，果至教也。初，先生對策，自比子思、孟軻，後見詩藁，不讓董、賈。正德壬申，予遊滸西，間賡與唱，稱及橫渠，後郡守江西劉公嘗見其集，誚予有黨。夫橫渠、對山，迹若矛盾，其心本一，劉實不知，無怪誚予。近佐南禮，與南海霍子同僚，霍有意于先生，勸之復出，曾通一書，先生答曰：「自分鄙薄，久爲詩酒聲妓留矣。」霍嘗嘆服，以爲深隱。霍過劉遠乎！然先生難識，豈啻此哉？慶陽李獻吉，詞賦追比漢魏，自謂一時詩豪也，嘗犯宦官劉瑾，繫獄幾死，先生用策解脱，李既免死，後著他人文字，日擅其美。李，名士也，猶且不識，況其他也？瑾既誅，報至，先生方對座客，曰：「天下之惡既除，縉紳蒼生之福。海一人去官，爲何足惜？」先生高見，不狗己私，類如此也。邇年路過覃懷，會晤栢齊何公，言「浚川王公也近有書至，云聖人之道，貴乎通變，不執泥也」，何答之曰「接淅而行，亦聖人也」，時方會于谿田公處，柟述何、王之言，先生判之曰：「此誠今之『畫紅模兒』者也！彼大

❶「谿」，原作「鷄」，據後文改。

秀才如皐、夔、稷、契志在蒼生者，豈若是之踐迹乎？」予嘆曰：「使何、王獲聞斯言，當不又長一格乎！」是日行過康僖王公之門，見門帖一聯，則誚之曰：「三代時，代言辭臣者肯若是乎？」蓋先生開口過人，非人之所易識也。他日往問高陵，予偕友人送之西郊，時方言及用人頗失，民未獲安，友人曰：「若先生處用人之地，不知如何？」答曰：「海則先進君子耳。若小人者，待其自化，不與搏激也。」予曰：「此柟四十年窮經所得，被先生一言發之矣。」友人問其故，予曰：「此即舜、湯舉皐陶、伊尹而不仁遠之旨也。」或疑先生制行異俗，出語驚人，若天馬駿足，步驟不凡，以爲得之資禀者非常也，殊不知本之一誠，究之六經，是非不能亂其真，寵辱不能挫其節，乃如此耳。

今觀先生事親，自少承顔順志，先急其大，揚名後世。會試北行，見諸詩詞。柟親見事張太安人，飲食衣服，皆親手供事。及第之後，以母家邢臺遠也，乃作《張氏譜族》以傳，父同兄母弟五人，事之皆如其父。柟親見事五叔長洲簿，跪拜懇惻。少時師牛先生，至老不忘。牛八十時，予方之南都，乃遣人之華陰以問壽序。兄皐以長詞章，與刻其集。從兄弟凡十餘人，皆友之篤厚，親若同胞，雖有失，不言諸口，使皆成立。謫官後，答弟浩詩。若浩、河皆舉進士，歷官至太守，淳、濂選貢教官，此其驗也。凡母族、姊族、妻族之不給者，多食于家。張太微有父喪，力不能舉，適有以百金徵文者，即解與之，他可知矣。其歿也，予從谿田公會哭問後事，同諸弟檢諸篋笥，止百餘金，家人云：「此今大學士翟公過陝惜其貧，轉他官所與，及楊御史徵文資也。」其餘皆酒器首飾，不滿一二百云。則先生平日之言，豈其誇大無實者哉？先生又樂受人言而不護疾，一日柟規之曰：「公量何若是褊小乎。」答曰：「海放浪形骸之外，遊情酒妓之間，猶以爲小，何也？」予曰：「先生修撰而不酒妓，致仕而後酒妓，何耶？」先生笑而從之，遂取予言于《益友卷》中。嗚呼！先生今其可得哉！

高祖諱汝楫，永樂初仕爲北京行在工部侍郎，卒贈工部尚書，有大功德于世。曾祖諱爵，南京太常寺少卿。祖諱健，通政司知事，皆以尚書蔭敘云。父諱鏞，博學能文，名擅三秦，累舉不第，貢入太學，仕爲平陽府知事。至先生而後大發，則其所源流者亦遠乎！

先生生成化乙未六月二十日，卒嘉靖庚子十二月十四日，壽六十有六歲。卒時命以山人巾服殮。先嘗遇例，京官爲民者予冠帶，後惟山人巾服以終身耳。初配尚氏，兵馬指揮公女，封安人，勤儉持家，閨門清肅。尚歿，繼以興平張氏。張歿，以季氏繼室。子男四：長生員臬，尚安人出，甫冠殤，初娶渼陂王子女，繼室楊方舊女，臬之殤也，楊服砒霜以殉，有司嘗奏其貞烈，請旌表，自有傳；次栲，側室韓氏出；餘殤。女三，俱尚安人出，長適岷州張司徒孫、今居華州參政用昭子舉人之椝，未幾之椝廬墓卒，遺子光孝，甫冠，爲名士，有外祖風格；次適岐山生員李世貞，次適監生馬襲吉。浩、河、淳、濂撫其孫。乃卜二十年十月十八日，葬先生鳳原之陸、祖塋之次，合尚安人。使人問表，予以憂辭，不獲。爲之辭曰：

巍巍鳳原，武功南門。漳水西繞，

武水東沄，會流如渭，河海是奔。牛眠之處，賢哲塹然，文星炳耀，光采高騫。厥實未究，識者憾焉。我銘貞石，爲千百年。

明中憲大夫樂庵先生劉公墓表

樂庵先生姓劉氏，諱傑，字世英，別號樂庵，高陵郭下里人也。父封君平，配安人鄭氏，承其祖允德、考振之業，具有懿行，爰生先生及其弟俊、侃、儒。先生賦性宏偉，素履剛方，孝親友弟，如出性成。既肄儒業，攻苦甘貧，夙夜靡懈。乃領景泰癸酉鄉荐，登甲戌孫賢榜進士，觀政户部，管發犒賞雲南軍需。時黔國沐公方總鎮滇南，禮遇贐送，浮于他使，先生一無所取，沐滋重敬，將佐咸悚，莫敢私干。還，授户部浙江司主事。未幾封君卒，既終制，復入户部。見各省督學半用舉人，歲流弊多端，先生上疏歷陳其非，且請簡用科道部屬有學行者出爲憲臣，以理學政。上嘉其論奏，遂定爲例，至今遵行不改。他日貴州草塘寇亂，王師于征，廷論以先生素有威望，遣督軍餉，六師所至，鳥道崎嶇，糧糗隨給，人服其能，擬諸木牛流馬之才云。及草塘平，班師論功，乃遷地官郎中，蓋殊擢也。嘗陪祀南郊，大學士丘文莊公見其衣冠嚴肅，語同列曰：「此陝右人豪也！」方三月，即有湖州之命，大學士永新劉公定之語韓太僕丞曰：「世英當以公輔自期。今守鄺郡，足展其驥足矣，然實湖民之福也。」語詳祖送詩序中。莅湖三月，光禮義之教，革譎誕之習，省歲弊之費，汰織造之侈，條誣辯冤，政清刑省，而乃抑宦寺之招權，隆隱士之干旄。是時吉水楊君韜方事于湖，與大夫士慶曰：「劉侯公廉仁愛如此，但恐陞任不遠，湖民失望爾。」未幾乃爲權要中傷，左遷真定府同知，尋以鄭安人憂去，服闋再任平陽府同知。尋復陞永平府知府，伸富民之冤，執巡檢之横，又爲勢要中傷解官去，永平民流涕送之。道經洪洞，有段君讓者，舊知高陵，先生之契友也，見其悠悠自得，迎謂之曰：「人皆因權要而顯，子獨屢忤權要而見黜，豈非天乎？」先生毅然曰：「予歷仕于越、晉、燕、趙之間幾三十年，心未嘗阻，今豈因去官而熱中邪？」歸家静坐讀書，恒至夜分，不易寒暑，至老未倦。通《易》、《書》、《春秋》，卒以《易》顯。作爲字書，各體咸臻其妙，「樂庵」之號，所由顯也。其所著《樂庵稿》存于家。

先生生不事侈大，亦不喜飲，少飲輒醉，謂其子蘭曰：「酒以行禮，嗜好則敗德蕩家。汝諸弟皆少，汝其善戒勉之。」在仕途苦嗜積書，見有奇書，輒以禮物購之，必得後已。永平之去，大中丞楊公繼宗力辯其冤，言：「自傑涖事，興利除害，扶弱鋤强，民愛戴如父母。今以無根之誣罷其官，深爲可惜。」雖未施行，而先生之名不朽矣。且「沉香木屑」之喻，「天若無私，還我劉公」之謡，雖湖民一時渴想哀慕之詞，而先生千萬世存而不没者，此也！

先生生于宣德丁未十二月乙卯，乃弘治壬戌七月辛巳以疾卒于家，享年七十有六。初娶魏氏，克孝舅姑，順和室人，贈安人，無所出。繼王氏，躬執婦道，相公至貴，不畜一婢，窮達無易，以先先生歿，封安人。再繼王氏，室人感其恩，妯娌化其德。男子六人：長時蘭，戊午舉人，未仕卒，娶張氏；

次時蕙，娶張氏，皆先繼王安人所出；次時蕧，娶墨氏；時蕡，娶粆氏；時芸，娶許氏，皆再繼王氏出。孫男子十人。弘治十五年十二月，已葬先生于昌連渠先塋之次，康太史對山爲誌矣。茲時蕧兄弟持學生楊進之狀索墓表，是宜勒詞羨道，以告行路。辭曰：

有懿樂庵，素履伊穀。邑中甲科，自此爲俶。直躬而行，不改昔夙。視民如傷，等勢如恝。所嗜在書，休老猶讀。自得囂囂，甘從豕鹿。樂庵之號，諒哉自足。勒辭堅珉，爲百世行道人目。

明履齋處士王先生及配段氏墓表

處士姓王氏，諱道，字宗由，別號履齋，太師端毅公之從弟，少保康僖公之堂叔，舉人佩之祖也。其高祖諱文焕者，世居櫟陽司馬村。文焕配殷氏，生彦成，號安止。當元之季，兵燹四起，安止先生始徙籍三原光遠里焉，初配櫟陽張氏，張卒，乃繼配三原三家里侯氏，是生恒齋先生，諱惟真，配涇陽西朱村張氏。端毅公之既貴也，安止先生、恒齋先生，皆贈光禄大夫、柱國、太子太保、吏部尚書，其配也，兩世三氏皆贈一品夫人。恒齋先生生四男子，其第二諱仲智號西園者，則端毅公之父，第四諱仲和號樸菴者，則處士之父也。故處士於端毅公爲從兄弟，而資性行識，動多相似。

生而數歲，即知敬學。稍長，習聞古今大義。乃復重厚純謹，不苟言笑，顓嗜禮義，自奉儉約。遇人有急，匍匐往救，若許人諾，終也弗渝，里閈義舉，首出倡衆。家雖未裕，饌親必腆，殁而葬具，躬自襄事。友弟習齋，田廬讓美，荒鈍朽敗，身自居取。成化甲辰，關中大饑，有姚氏子者携二男趁熟終南，處士憐之，留且館榖，後歲大熟，遣歸豆堡，至今姚氏蕃衍殷阜，報德不絶。處士性亦喜飲，未嘗愆儀，或遇暢懷，浩歌一醉，陶然自得。其處里巷，撝謙自牧，若遇慶吊，雖寒暑風雨，往亦不輟。年踰七衮，齒德俱峻，於是有司聞其月評，舉賓鄉飲。故端毅公嘗稱處士得君子之道有八焉：一曰資禀誠實，二曰心存信義，三曰孝克事親，四曰敬能友弟，五曰好施活人，六曰不求厚利，若使從政，必不爲貪吏以病民，七曰無日不春風，八曰恭遜，不敢倚宦勢以欺人。夫端毅公統百官、均四海，天下皆知其公道，抑豈知其自不阿私所好於稱乃弟始乎！

配本里段氏，柔嘉凝重。姑袁强毅嚴肅，善董家政，段奉之謹畏承志，凡繁劇勞苦，悉以身任，弗委弟婦，而和厚妯娌，仁愛婢御，嚴訓諸子婦，至廑姑氏，呼爲孝婦焉，則實處士天作之良也。處士生於宣德乙卯三月初十日，卒於弘治乙丑十二月十七日，享年七十一歲。段氏生於正統丙辰四月二十八日，卒於正德癸酉三月初八日，享年七十九歲。合葬於勑脩王公先塋之穆位。子男三：曰鎧，恩榮壽官，娶寧晉教諭馬文玘妹，卒，繼李氏；曰銑，早卒；曰鉞，卒，娶李氏。女一，劉江其婿也。孫男六：一曰化，卒，娶杜氏，繼趙氏；二即佩，娶張氏，繼秦氏，再繼傅氏；三曰倅，娶李氏，鎧之子，俱馬出；四曰健，娶南陽同知李德明女；五曰倬，娶袁氏；六曰脩，聘劉氏，鉞之子。孫女五：鎧之女二，俱馬出，一適布政司承差袁朝聘，一適秦參政世觀從弟貢；鉞之女三，一適馮廷祜，一適生員李應洽，一適生員李應霖。曾孫男六：與立，娶袁氏；與守，邑庠生，化之子也；與新，儒士，娶郝氏；與弘，儒士，佩之子也；與官，邑庠生，倅之子；與念，健之子也。曾孫女一，曰淑儀，佩之女也。兹據監察御史來安國狀，繫之以辭曰：

有猗處士，素履孔方，深造自取，端毅公兄。兄躋膴仕，身遯於荒，顯隱雖異，厥道伊平。處不賴勢，貴亦不揚，達則兼善，居則自臧。處士有孫，抱志孔剛，嘗師事我，述祖德常。當其奮迅，九原必光。辭不欺世，考此來章。

涇野先生文集卷之三十三

巡按直隸等處監察御史　門人徐紳編刻
巡按直隸等處監察御史　門人吳遵編刻

語

會同之什後語

此增城伍益之先生赴會同，司訓諸相知贈言之册也。益之乃甘泉湛先生之表兄，幼相習，長相勸，言相入，行相信者也，故益之雖久屈甲科，而樸茂不飭，敦慤不變，博洽不詭，有古師儒之風焉。兹往也，會同之士其幸矣乎！雖然，教學不明且久矣，益之無徒有諸己而不徵諸用也。

別長樂顏體嚴語

廣東長樂人顏體嚴將之南安，來曰：「容端得令南安，聞其縣無城郭且多盜也，容端欲作城，如何？」曰：「往視民力，而後可舉也。」「欲禦盜，如何？」曰：「往視民性，而後可行也。是故田萊有分、❶耕耔有時，征斂有藝，用出有節，則民力足，雖以築百雉之城，民不勞矣。役使有序，鼓舞有本，誨訓有禮，動作有徒，❷則民心革，雖以

❶「萊」，萬曆本作「業」。
❷「徒」，萬曆本作「法」。

開萬家之户，民不偷矣。」體巖曰：「容端期年而後到南安，❶未洽年而又當覲期，比歸南安，又不止一年有餘也。在途之日多，在邑之日少，容端雖竭力以往，其如南安何？」曰：「子不聞『信在言前，令在行後』？❷」

讀東曹椿祝語

自予南宦吏曹，每於文選李介卿，公則共政，私則同事，遊則聯鑣，宴則合席，歸未嘗不嘆其醇厚正大，益我薄劣甚多也。去年題稼軒先生之像，拱而曰：「斯其貌，固宜有介卿乎？」然則介卿之賢，非先生不能授，而先生之道，介卿固將達之天下，行之後世，壽先生于千萬歲不已也。於戲，介卿其歸，以貢諸稼軒先生！

書吴生松卷語

吾友潘五山伴吴生謁予，生言曾見予八字，可壽，予曰：「今且多病。」又言富貴、子孫亦可兼美，予曰：「今且欲乞歸。」生所算皆不著，乃爲五山伴，何耶？已而出一卷於袖中，爲曲沃李季和所圖，而吴翰學、牛太常諸公皆有文詩。予見季和畫似從吾好，覽文詩則又增愁，恐爲生照例催也。已而生言予性、言予心，似亦合，予笑曰：「生不入吾腹中耶？古雖嚴君平，亦無可學之矣。」

❶「期」，萬曆本作「半」。
❷「後」下，萬曆本有「乎」字。

書天機感應卷後語

劉子以中菹殺囚，殺囚不復有生也，猶啼泣稽顙於劉子以酬恩，忘其目前殊死之大怨，而記其往日浴藥衣食之小惠者，何也？ 夫囚也，殺之者，其所自往取也，惠之者，非其所能取也，當其所自取，而不忘其非所能取之恩，則旬月之命皆劉子之賜也。故仁誠之感人，雖死而不怨殺者，宜君子以爲天機感應也。 雖然，殊死之囚易愴心，尋常所遇則易忽也； 一時所觸易爲仁，久於其益者斯所難也。 誠使劉子，凡見煢獨無告者，與瞽者，與齊衰者，皆推惠囚之意，與見冕衣裳者同，則孔氏之道，亦可求矣。 舉己之斯心也，無日而不然，無事而不然，無終食、造次、顛沛而不然，則文王之「純亦不已」者，亦可求矣。《易》曰：「天地感而萬物化生，聖人感人心而天下和平。 觀其所感，而萬物之情可見矣。」吾知劉子定不以一感應者自已也。

書南溟册子語

南溟樊少南既爲南户曹，一日過予，辭上座，予問之，對曰：「涇野子乃鵬師何大復之友也，不可以抗禮。」予嘆曰：「斯道也，今亡矣！ 夫他人之事師，不啻師死而遂背之，或當日則尊稱，改日則稱字； 獨對則加禮，遇衆則變常。 豈若少南，敬其師又錫類於其友哉？」自吾至南都，見況伯師者因己字犯其父之同年名也，遂改舊「翰臣」，其見父之同年，輒辭上座，曰：「是猶見吾父之兄弟也。」故予常謂伯師能事父而廣孝，今又見少南能事師而廣敬矣。夫父、師皆道之所在也，此而錫類，於道有未見者鮮矣，風俗如此，安得不厚乎？他日少南嘗畀我以何氏集，既又以册子索予舊所作，予閲何集中多有贈予之作，如《上陵夜集》以至《金陵歌》、《東林書院》者，殆十數篇也。然則少南之知予者，非何子初有言，則亦見此集而然乎！予無以復少南，乃檢予舊藁，得答何子者聊録三二篇於左，亦以見予與何子之交非止以詩賦，而少南之加禮於予者非苟然也。

送王尚周還蘄水語

太學王尚周謂予曰：「廷文心甚愛竹，因號竹坡，適南都二年，以竹問人詩者成册矣，則涇野子何以爲語也？」曰：「予於竹有三取焉：中心宣洞，物理咸容，取其虚；秉節堅剛，霜雪自如，取其守；柯葉四時而常青，憔悴萬木而難比，取其恒。」尚周曰：「愛乎竹者，將無在此乎！然則何爲斯三者？」曰：「君子好問以爲虚，篤信以爲節，致遠于聰以爲恒。又曰虚而後能節，節而後能恒。」

送陳子明還泰和語

泰和陳子明自南都前去江，舟上新河矣，從致書于予曰：「且三黜禮闈，飄零南都，幾欲蠐食自落之果，加以風雨銷蝕，遂爲道傍棄核。既聞『人心道心』之説，遂令拆核生春，欲有根出土，所不能者枝葉耳，又懼木爲斧斤之伐也。倘蒙教言，以爲藩籬護𢾺，則雖由此而往，柯根華實，不亦可乎？」涇野子曰：「於戲子明，乃借聽於聾哉？雖然，嘗聞學樹斯果矣，忠信以爲之地，嚴恭以爲之垣，禮法以爲之樊，深造以培其根本，閑邪以剔其㽕蘖，格物以蘇其脈絡，堅志以俟其暢茂，親賢以資其灌溉。無淪高語，恐華而不實也；無狃流俗，恐蔓而不長也；無近群小，恐折我枝也；無狎權勢，恐踰我垣也。夫然，則雖碩果不食，亦可至矣。是故古之爲中者惟一心，人即道也；後之爲中者則二致，道非人也。子明既以吾言爲不妄也，則飲食起居之常，開言舉足之處，何莫而非斯樹之果也哉？」

别范伯寧還郴語

予自至南都，暑濕傷足，鮮接賓友者幾一年。他日有學者間謁予於柳灣精舍，然或三五至而别，或七八至而别，彼之志，予未能悉，予之懷，彼亦未能竟，若是者蓋數十輩也。惟伯寧自謁予後，會日數而志益篤，語日直而意彌親。間謂予曰：「永宇竊惡夫婞阿取容、隨勢遷就者，而又得乎名焉。」予重之，而不以爲是也。比遷居鷲峰東所，其後伯寧亦移處鷲峰方丈。當是時，進賢章宣之亦在也。伯寧曰：「昔者永宇之在太學，與宣之初不識，一日報拜鄉友，而宣之適比鄰居，聞其遭父忌日，卧床泣，晝夜不絶聲，宇遂往拜，與宣之交。」予是之，而不以爲然也。

及伯寧將還郴，問别語，則謂之曰：「伯寧亦嘗聞孔子之言乎？曰『三人行，必有我師焉』，苟惟以其有類己之意者而師之，則其師亦得無有過乎？今其師方日自訟也，而伯寧其無執意好哉？ 伯寧亦嘗聞宓子賤之行乎？ 單父小邑也，有友十數人焉，苟惟以其有過人之行者而友之，則所友將不無太挾邪？ 故其友當無微可略也，而伯寧其無有己見哉？」伯寧曰：「苟如涇野子之言，宇必枉尋直尺，以友不如己者而後可邪？」曰：「能枉尋直尺者，斯爲得師矣。能友不如己者，斯爲得友矣。」胡孺道曰：「大器今也得涇野子之過乎？ 雖孔孟，未嘗教人枉尋直尺，以友不如己者也。」章宣之曰：「枉尋直尺以爲得師，雖交不如己者以爲求友，涇野子爲伯寧語也。」

送吴生世寬還莆田語

莆田吴生世寬來南都謁予曰：「佩韋雖嘗積學，而貧不能給朝夕。茲求館於人，則何之？」涇野子曰：「邇者方生彥舉，亦子之同學也，嘗以是問予，予舉『有來學，無往教』之禮以告之。方生飄然東歸，以爲雖七日無食不顧也。今吾豈可厚方生而薄子哉？ 且子言『嘗授徒獲束脩百金矣，未幾遭親喪，盡費其金』，夫金之去留不足道，而親之存亡子且不能必，若復聚數百金也，萬一命不可得而有他故出，則子且奈何？ 嗟乎！ 吾未聞爲師求金而能授學者也，吾未聞爲弟子者捐金而能尊師者也。子誠如是也，則子雖平日敦孝友之行，將因金而隳矣。且方生嘗言，蘇州一大家延爲子弟師，乃程書限藝，規金立約如傭人然。方生不能從，子能之乎？」曰：「佩韋獨不能如方彥舉哉！」予於是書以送之，且復於年兄姚光祿。

別吕名世語

南雍上舍吕名世者，潛江初啓東之姻也。予居柳灣精舍，因啓東知名世篤志務本，有古端士之風，凡南雍士無弗推讓焉。雖予徙居鷲峰東所，名世亦雖枉問予疾，間留酌，凡座中客，亦無弗歸敬焉。四月三十日告還潛江，予憮然曰：「別吾名世，猶別吾啓東也。」名世曰：「子盍以告啓東者，亦告廷臣乎？」曰：「名世而聞之宋朱氏、蔡氏之爲婚姻乎？又聞程氏、張氏之爲婚姻乎？講學於當時，明道於後世，不獨區區慶遺讌會而已也，歸而脩諸潛江如何？」名世曰：「斯行也，願持以告諸啓東。」

別陳敬夫語

陳敬夫將還通州，過鷲峰東所，曰：「夫君子不動而敬，不言而信，當何如其用功也？」曰：「此慎獨極密之功耳。夫身雖未動也，而敬已存乎其先，蓋無須臾之弗敬也；口雖未言也，而信已存乎其先，蓋無須臾之弗信也。是故不動之敬，無敬之敬也，古之人有行之者，有虞氏未施敬於民而民敬者是也；不言之信，無信之信也，古之人有行之者，夏后氏未施信於民而民信者是也。故動而後敬，敬已微矣，言而後信，信已薄矣，故周豐謂殷周之誓言生疑畔也。❶夫動而後敬，猶以爲敬微，況於動而不敬者

❶「言」，萬曆本作「會」。

乎？言而後信，猶以爲信薄，況於言而不信者乎？是故詐僞作焉，盟詛興焉，上下以術相與，遠邇以名相誑，故謀不閑而兵不寢，皆由此出也。故君子於天下之平，操其本，在於篤恭至誠云。子今謂仲路信人乎，不信人乎？然而其人固未嘗自言其如何而信也，至使小邾射不信千乘之盟而信其一言，則何以得於此信邪？子今謂程正叔敬人乎，不敬人乎？然而其人固未嘗自言其如何而敬也，至使過其門者無不事心，❶得其書者未嘗不滌手斂衽以觀，則何以得於此敬耶？苟其治身也，如仲路然，如正叔然，于以遡『不動不言』之學，雖虞夏之道，又何遠乎？」

送別曹性夫語

曹性夫將歸華亭，過鶯峰東所以問言，且論及陳子明務内之學也。涇野子曰：「性夫亦聞有踐並生之仁者乎？以六合之裏爲外也。亦聞有體制事之義者乎？以方寸之中爲内也。自予之居南也，每見學士率衣綺紵以爲華也，而性夫率衣布；率尚詞賦以爲高也，而性夫獨躭經。則其所取於子明者，豈徒以其言哉？蓋孔氏之道，惟曾子爲能唯而傳之，世之學者開口輒談『一貫』而侮百行，高妙玄虛，當有得於言語事業之外者矣，即觀《戴記》所存《曾子問》篇，固不如是之精也，然而天下後世之爲精者，莫能過焉，則夫下學之功，豈可忽乎？今夫引泉者必自其卑下者而溝之，遇石則鍛，遇淤則塞，遇赤剛則璗，遇沙鹵則汙，然後引其清，可以達河而放海也。若遽導其泉而行之，將不泛濫而旁

❶「事心」，萬曆本作「肅」。

流者鮮矣。惟求孔氏之道，則此篇其亦當先從事者乎！若得諸方寸之中，而彌諸六合之裏，則所謂務内者，亦在是也。」

別周懷玉還福寧語

學者率喜言高而厭卑，❶卒之高未至而卑者亦荒；學者率喜言遠而忽近，卒之遠未至而近者亦亡，是皆與懷玉所嘗論者也。斯往也，行遠自邇、登高自卑，以正流俗，不可乎！又曰：飲食男女，乃做功處；衣服宫室，乃觀心處；言語動静，乃體驗處；夢寐交遊，乃見道處。

別黄允静還南昌安義語

黄允静過鷲峰東所，曰：「震近者心緒未寧，歸興遽發，豈吾父或違和乎？擇日束裝而家報至，果小疾。」則又曰：「何以言震不孝乎？」曰：「允静孝矣。夫自噬指風微，乃今見吾允静乎！曾子言，慈幼者，心誠求之，不中不遠。君子用之以慈民，則孝亦可知也。允静他日出以事君，亦以是移之耳。誠如是也，則必思過豫防、先言納牖，而非如庸臣者之爲也。」

別邵文化還湖州語

邵文化過鷲峰東所，曰：「南昨已滿歷，欲數日且歸湖州。何以言爲道也？」涇野子曰：「滿在昨日、歸在數日者何？」曰：「友人楝塘之子方痘未靨，行于途未安也。」

❶「言」，萬曆本作「談」。

曰：「文化於其朋友之子如此，則於其兄弟之子可知矣。文化於其兄弟之子如此，則於其己之子可知矣。奚賴予言以爲道哉？」文化未足也。曰：「文化於其朋友之子如此，則於其鄉黨之子可知矣，奚賴予言以爲道哉？世之學者，言率高遠而行或未至，豈有如吾文化行於是而言於是者哉？文化能充是行也，則他日雖致君堯舜，以育天下之赤子無彼我，有餘欠也，又奚賴於予言以爲道哉！」

別林基學語

處士林基學將還莆田，涇野子會諸相知，餞而合語焉。贛州何廷仁曰：「昔横渠張子方授《易》於學者，以程子善論《易》也，即徹臯比，聽《易》於程子。❶程子講仁敬之道於學者，及得張子之《西銘》也，深重之比諸《大學》，雖於其高弟如尹彦明者，從遊半年後方授之。秦常以爲二先生之甚公也。❷」涇野子曰：「此真道學之真脉，非後儒執泥己説者之可及也。且不聞孔門乎？師如仲尼，而其徒面論其過，❸不以爲犯也；友如子夏，而其執厚或公言其罪，不以爲訐也。又不聞虞廷乎？舜之論威頑讒，亦未爲甚失也，禹敢口然而心不然，對之曰『俞哉』，不以爲謫也；臯陶之論知人安民，雖其嘉謨也，然言未出口，乃先自嘆其美以爲『都』，不以爲誇也。然則張、程二氏之學，其亦得孔門、虞廷之意乎！厥後朱、陸

❶「聽」上，萬曆本有「使學者」三字。
❷「秦」，萬曆本作「廷仁」。
❸「過」，萬曆本作「迂」。

二氏之徒，各立門户，論説相攻，雖亦爲道懇切之意，即其所至，未必能如程、張之無我也。」於是基學作而曰：「請即以是贈乎賢。」曰：「斯言也於基學真有益，宜行以書紳者也。蓋基學之在鷲峰東所者已數月，或告予善，或言予過，予亦嘗面取之而心重之。若基學之學，予或力論其失，或聚衆以辯其所未至，初未見基學之易從也。然則基學斯歸，信不可以他求矣。」

贈廖曰進還高安語

涇野子謂廖曰進曰：「此道本常也，或廢于變；本易也，或晦于難；本近也，或阻于遠。故君子寧磨白圭之玷，而不撥缺二。之巧；寧絶屋漏之愧，而不涉缺。門之妙。夫子曰『行遠自邇，登高自卑』，『庸言之信，庸行之謹』，知曰進之久事於斯乎！」

別王貞立語

涇野子曰：「王貞立之與予處也，歷已滿而復留，家已去而復來，若是者越年也，將予有信於貞立，而貞立亦有信於予者乎？」或曰貞立信于文，貞立曰：「標信乎其質也。」或曰貞立信于史，貞立曰：「標信乎其經矣。」貞立且還金壇，以省母夫人而治會試裝以北上也，乃曰：「今冬猶圖一過鷲峰，但其期未可必。然標有一咎，每接人臨事，少不如禮與意，不覺起怒不平，則何以能去之？」涇野子曰：「夫子不云『吾未見能見其過而内自訟者』？今貞立可謂能見過而内訟矣。但使此念常存勿忘，則於道思過半乎！」曰：「須有吾師一言置諸座右，以接目而警心。標雖不遷怒之地，亦無往也。」曰：「果若人言貞立之能信予也！雖然，學者之於道也，可其信師，不若信己，與其信言，不若信心。夫子又不云『雖無師保，如臨父母』？言斯道之顯設切近也。貞立之歸也，又何賴于師保哉？且與貞立相期以深造者，惟一自得耳。嘗見貞立於與幾居業之處已蔚然可觀，又何難於去此一小咎哉？貞立行矣，居安資深，以至左右逢源之妙，亦將有望焉，無寧以信予爲也。」

送費振伯語

夫士之治經，凡以爲學也，爲學凡以求道也，求道凡以脩身也。周、漢之士，大抵然耳。故曰：經明則行脩，士醇則政良。乃若後世之士則弗然，議論新奇，或出先儒之上，顧其躬行，反不逮於前修。是故君子以行爲先，以言爲後，以明經爲重，議經爲輕。歸安費振伯蓋有志於是矣，嘗過鷲峰東所，講學輒能守經據傳，❶有古宿儒之風，予甚敬焉。雖然，學以守經爲貴，而博取之功亦不可缺；道以砥行爲先，而與比之義亦不可廢。是故師存於三人之行，而功隳於一夫之未獲也。昔者孔門之徒，因夫子拱而尚右，亦皆尚右，此非不嗜學也，然而其變則弗能察。沈晦問尹彥明「之見南子」，彥明曰「不見」，此實背聖人也。然而生熟之節，則不可不知。是故道有輕重，經有常變，吾固知振伯有所亹亹於是矣。振伯不日取甲科、登膴仕，如必行其所學也，

❶「講」，萬曆本作「論」。

暢於四肢，發於事業，則於今日之所講者，真爲有信乎！

贈木齋處士壽語

胡孺道將還休寧，稱壽其父木齋處士、母汪孺人，問曰：「往年大器歸壽父母，時先生教以文行之學、孟程之道，大器學之，至今尚未能一二，乃登諸軸以顧諟矣。兹歸見吾父母，猶往年人耳，則何以又教乎？」曰：「今秋大比，汝父母望汝以高舉也，汝退而不應試，不以是爲父母所不喜，乃猶問此道，恐此道非汝父母所欲聞。由俗言之，不亦迂乎？」曰：「大器父母不以大器不舉爲怒，而以大器能事先生爲喜。大器父母嘗曰：『遣汝之遊學也，非專爲取科第也。即有能取科第者，然或忘其素業，或鬩墻兄弟，或倨傲宗族，或侵蔑鄉黨，甚或病國而殃民，於是里人咀説，途人非笑，此又何貴於取科第哉？今汝果能從事下學，不忝予所生，予可以泰然無慮矣。科第遲速，非所計也。』」曰：「果若兹言，則予又豈有二語哉？惟是文行之學、孟程之道，孺道當益努力從事於此，使木齋處士暨汪孺人身親見之，於吾孺道之心又不快乎？二親壽比南山矣。」

贈何叔防語

叔防於今年五月已滿歷，送其眷歸揚州，乃同其弟堅復來京從予游。一弟幼而未冠，當予有所講時，令之隔壁間聽，曰：「此不可以犯諸長者行也。」一弟布衣賈於外，亦引見予，曰：「令聞一言，無因利而失義也。」已而典房南城西巷，又取其眷并其子以來居之，曰：「飲食井臼有託，城可以專業矣。」他日爲弟婚事，又送其眷於揚州，身復來，居於西巷。秋深瘧疾發，又歸揚州，曰：「城於十月中又來也。」已而尚未大瘥，又痢疾，來居鷲峰方丈。於是胡孺道、許汝賢曰：「何叔防之篤於學，未之能見也！夫泛長江，抱大疾，挾妻子兄弟，三往返不以爲勞且倦焉，會試且近矣，乃其所講又非爲舉業謀，茲豈大器、象先輩所能及乎！」涇野子曰：「叔防之篤學，❶二子尚未深知耳。夫叔防已無事京師矣，乃挾妻子以來，豈非以其身爲之刑于邪？有四弟，皆叔防長之、教之、婚之，乃又皆引以見予。叔防之爲志，雖予亦未之見也。《中庸》論道，自妻子兄弟始，予與叔防之講也，或『覲之鳶魚之飛躍』，或『觀之於逝水之無息』者，蓋皆以是耳。豈知吾叔防聞言而信，便能從事於斯乎？」汝賢曰：「叔防聞先生言，或有未解者，輒曰『城再思之』，得無少頓悟邪？」曰：「此尤叔防之不可及也。夫心未能信而口應以爲是者滔滔也，如叔防之志行，可以息諂風矣。所加益於叔防者，惟望自妻子兄弟之餘，而宗族，而鄉黨，其仕也而朝廷，而天下，皆充此行之而不已。自鷲峰東所之年，而强而艾，而耆而老，皆自是行之而不息。貴賤不能移其操，利害不能改其舊，則吾叔防之於道，又何難哉！」

別紀豫之語

紀進士豫之將告歸永豐，過鷲峰東所

❶「叔防」，原作「防叔」，據前後文改。

曰：「立且行矣，則何以語乎立也？」曰：「吾與豫之往來之數，話語之詳，視他人已過且久矣，何又言？❶」曰：「即是書之，使立也他日不忘耳。」曰：「豫之與其不忘於予言，不若不忘乎其心也。吾言不足貴，君心則可寶也。且豫之有近道之資，又爲希聖之學，非其心之美也，而能若是乎？兹往也，惟是燕友足以忘其勤，僞友足以忘其誠，傲友足以忘其敬，侈友足以忘其守，褻友足以忘其真，諂友足以忘其介，游友足以忘其業。豫之而不近焉，則其心之忘者鮮矣，又何賴于吾言哉？」

別柳士亨語

士亨將還建德，過鷲峰東所。偶問之曰：「居御史廊且一年矣，可與某名公遊乎？」曰：「止陳棟塘、宋龍門、司馬西虹遺子弟學於本泰，本泰是以相識，然亦未嘗多造拜，有請速，間一行之。若他公，則絕未之見也。」曰：「汝鄉某君某君，亦嘗交乎？」曰：「亦未能見耳。」曰：「士亨操持如此，於學也勇乎！孔子曰：『隱居以求其志，行義以達其道。』孟子曰：『窮不失義，達不離道。』夫志於道義，學者所宜操持，孔孟之所以教後學也。居是邦也，事其大夫之賢者，友其士之仁者，如未能然，即此操持，與伺候於公卿之門、往教於尊貴之家者遠矣。夫『處』與『出』不同，出而履政，則雖芻蕘可詢，草茅可下，使無匹夫匹婦不獲自盡之失，不可溺於守也。雖然，不有處之守，亦無爲出之用矣。」又曰：「若取人爲

❶「何又」，萬曆本作「又何」。

善，則無出處、窮達之間。」

別章宣之語

章宣之自嘉靖庚寅六月移居鷲峰。當是時，宣之以滿歷不忍別予去，再處者又一年。今年七月七日，宣之以違母定省日久，且還進賢，問別言。涇野子曰：「夫宣之孝親可以通人鬼，交友可以托生死，質實不詭，貧乏不求，是故忠信之人矣，殆可以共爲不遷怒、不貳過之學乎！」王伯啓曰：「詔之行已高美如此，從先生又如此其久也，乃始可與共爲顔氏之學何耶？」曰：「子以『不遷怒』『不貳過』爲細事乎？ 今學者之於怒也，又不止一遷矣，或窮其別根，或拔其茅茹，或推其旁枝，或循及疎節，以快一時之忿者亦有之，苟非致情之和以通天下之達道者，未免於多遷也。學者之於過也，又不止一二矣，日雖曰已改矣，不覺復見於十年之後，心雖曰已更矣，不覺復發於偶語之時，以抱終歲之悔者亦有之，苟非至情之中以立天下之大本者，未免於數貳也。然則不遷不貳者，豈非甚難者哉？ 故從遊夫子者雖衆，惟顔子爲好學，顔子之學雖已復於聖，惟力於『怒』『過』二事而已。宣之斯往，甚毋以己之情性爲已至哉！ 甚毋以己之情性爲已足哉！」於是伯啓曰：「兹豈惟語詔乎？ 朝輩皆當從事於斯矣。」

書永慕堂後語

曹生廷欽收其先世景銘君懷父原達公文詩數十首，裝卷以問言。則謂之曰：「原達公生于元末，景銘君生于洪武中，于今蓋百六七十年矣，然觀其文詩，其人猶如生存不歿。夫何故？以行不以言，以節不以諂，以義與孝不以沉於俗也。擴而大之，振而顯之，使雖千有餘年常在也，不有望於廷欽乎？」

別陶兩生語

陶克諧、克允居鷲峰者且二月，隨其父杏垣先生歸彭澤，留一卷以問別言。涇野子曰：「克諧，汝於業可謂精矣，將其心尚有未精者乎？誠使其心之皆精也，雖舜之『惟精惟一』者，亦不外是，又何慮道與人之有二心耶？克諧其顧汝名乎？格神人而舞獸鳳者，非偶然也。克允，汝於行可謂慎矣，將其知尚有未慎者乎？誠使其知之皆慎也，雖舜之明物察倫，亦不外是，又何慮學與生之有二知耶？克允其顧汝名乎？弼五教而風四方者，非苟然也。」

贈別王伯啓語

八月二十之夕，休寧胡孺道來曰：「三原王伯啓北上在即，先生何以贈之言乎？」涇野子曰：「夫伯啓於孺道如何？」對曰：「伯啓，坦人也，允人也。他人之有尺寸進者，多傲睨同儕；伯啓身通《易》、《書》、《詩》、《禮》，且舉關中魁元，乃自視若無焉。凡鷲峰諸士多親就之，樂與之群，此非其坦乎？其言于人，人無不信；以折人之過，而人不怒；稱人有善，其人輒喜其所自至，以伯啓非諛也。故朋友雖數千里托妻寄子，不以爲難，此非其允乎？」予嘆曰：「有是哉，孺道之知伯啓也！夫伯啓疇昔之夜嘗夢母夫人小恙矣，旦即束書裹糧，與其一僕治任以歸，啼泣詣予以告別，❶予與諸友慰之曰：『伯啓可謂以夜爲晝，❷以夢爲真矣。❸有是理乎？』伯啓姑已，乃走其僕於崑山叔父，得平安家書而後定。於是嘗嘆伯啓之勇，予未之能及焉。則孺道所云伯啓者，非相阿私也。雖然，坦以義而廣，允以充而美，孝以忠而大，故君子之學，恒不自足焉。且夫爲河者能受涇、渭、漆、沮諸水，爲江者能受沱、漢、溧、澧諸水，若先爲涇、❹渭、沱、澧，而欲受河與江，其可得乎？故大心體天下之物者，至欲爲海焉，雖江與河，皆受之矣！伯啓斯往也，求師於三人同行之中，擇友於二人同心之際，以踐予嘗所謂禹、益、皋陶之氣象，顏、曾、宓、仲之進脩者，必有事焉而勿忘乎，不然，幾何不并其前所有者而變之耶，伯啓勉哉！」

別戴時化語

夫學貴專不貴博，貴近不貴遠，博而不專則離，❺遠而不近則荒。故雖舜禹之學，止在精一，而伏羲之遠取諸物者，皆近取諸身也。後世有周、程、張、朱之志者，然或爲曹、劉、鮑、謝之業，可謂「係小子，失丈夫」矣；有韓、范、富、歐之志者，❻然或取老、佛、莊、列之妙，可謂彌近理而大亂真矣。

❶「啼」上，萬曆本有「垂」字。
❷「晝」，原作「夢」，據萬曆本改。
❸「夢」，原作「晝」，據萬曆本改。
❹「涇渭漆沮」至「若先爲」二十字，原無，據萬曆本、重刻本補。
❺「離」，萬曆本作「雜」。
❻「歐」，萬曆本作「馬」。

時化質美而趨正，學篤而文良，❶無寧以此爲是乎？昔孔子見《易》於開門闔户之間，而以「君子不多」責端木賜，不可不存視也。

贈别林秀卿語

莆田林秀卿將赴會試，過鷲峰東所曰：「穎且日行矣，請問用功切要之處。」涇野子曰：「秀卿常日何以用功乎？予然後可得而言也。」曰：「惟在收放心耳。」「則何以能收之也？」曰：「惟恒憂勤惕勵耳。」曰：「雖然，必有事焉而勿忘，方能收之也。故君子之學，致曲爲要。夫曲也者，委曲折轉之處也，夫天體物而不遺，仁體事而無不在，故周旋中規，折旋中矩者，非專飾於外也。今夫仲路，信人也，至使千乘之國，不用其盟；曾子，孝人也，至論其所以事親者，止在對酒食有無之間。然求其致曲之功，『無宿諾』，『請所與』，則甚淺近耳，此孔子每欲無言，而高談雄辯者，離道之遠也。是故言行合一之謂學，内外無二之謂道。」

贈黄子積語

安義黄子積將北上，問根本之學。涇野子曰：「予何足以知之？然而子積之志，則甚美矣，其亦有厭於枝葉之學乎？夫君子之務種學，猶林師之務種樹者，既植其根本於地矣，懼其風也則扶持之，懼其乾也則灌溉之，懼土脈之薄也則糞壤之，懼其兒童之摇動也則限域之，懼其折拜也則藩

❶「良」，萬曆本作「佳」。

籬之，❶懼其條肄之旁出萌蘖也則剪剔之，夫然後根本完固，與天地之化相通，其爲枝幹花葉，他樹莫能比高。」「然則君子奚以爲學之根本也？」曰：「君子以良朋爲扶持，以多識前言往行爲灌溉，以能處惡人爲糞壤，以絶物誘爲限域，以循禮爲藩籬，以直義爲剪剔，則斯學根本之全，其發也，雖以横四海、塞天地有餘也。昔者孟子知此根矣，不以睟盎爲事，而以四德之根於心爲功；有子知此本矣，不以道生爲事，而以務本爲先。子積苟從事於斯，即日登甲科、躋顯仕於天下無難也。」

贈謝應午語

謝應午將北上，餞之鷲峰東所，問別言。是日方講前年朝廷勅諭之美，謂：「擢郡縣一二廉仁之吏，知府陸都憲，縣令陸僉事，以勵其餘。然有司者未能奉行，雖或擢用，不緣親故，必論恩讐，不足以鼓舞庶士，安小民也。諸君廷對，其勿忘乎。」於是陳子發述改定制度之事。曰：「史氏寡學，嘗謂『文帝不及賈生』，殊不知文帝之所未遑者，賈生之所未知也。夫閭閻粱肉，阡陌之馬成群，然後改正朔、易服色未晚也。不然，百姓饑寒而紛紛更張，亦何補乎？」

贈華如閔還無錫語

華如閔既滿歷，將還無錫，過鷲峰東所以問言。涇野子曰：「試言如閔之所懷乎！」曰：「汝常受廷訓於知逸家君久矣，

❶「拜」，萬曆本作「枝」。

竊其志於忠孝之道而未能。苟得一言，雖子若孫，傳以爲寶也。」曰：「子欲爲孝，甚無他求，惟顧其字則得之矣，此固知逸先生筮賓之志也。昔者孔子稱閔子之孝，曰『人不間於父母昆弟之言』，子誠以是如閔也，而孝有不至者乎？子欲爲忠，甚無他求，惟顧其名則得之矣，此固知逸先生執手咳名之志也。昔者閔子曰，則吾必『在汶上』者，對季氏之使而言也，若當聖明之世，則又改『用乎此』矣。且子以滿歷，行且捷乎秋闈，觀國之光，用賓于王，移其孝以致其身，用其實以副其名，則其所以爲忠者斯盛矣。」於是如閔曰：「汶以忠孝二物高遠難行也，乃不知止於汶之身而得之。知逸家君之道，汶生三十七八歲矣，今始得聞之乎！歸，雖以告世世可也。」

別徐子中語

江陰徐子中將別鷲峰東所，且曰：「則何以教洽守以終身行也？」先是，子中嘗問字説，則告之曰：「斯歸也甚無他求，惟顧名思字，以此義理『浹洽』于『中』則可也。夫學之所以半途而廢，道之所以自爲無成者，❶皆生於不悦也。苟爲能悦也，久則義理浹洽於中，自不能已。孔子之所以爲聖，顔子之所以爲賢，皆在於此。此《論語》第一義，子中不可小視之也。」「然則何以能悦乎？」「夫子又不云乎？『知之者不如好之者，好之者不如樂之者』。夫好且樂，可謂悦矣，然必自『知』始焉，則所謂格物以致知

❶「自爲」，萬曆本作「白首」。

者，子中又不可而造次顛沛或少違也。❶」

贈朱季脩壽母七十語 季脩即仲開

朱季脩問壽其母李氏之數百年也，涇野子曰：「季脩往年問壽其父拙翁處士矣，既以『不學陳萬年』告之矣，今又問壽其母。夫壽父與壽母，豈有二道哉？」曰：「年父之壽，得先生言，年母之壽，不能先生言，是年厚父而薄母也。」曰：「子於父母固無分於厚薄，若予之壽，豈有二説哉？ 雖然，傳不云乎：『父尊而不親』與天同，『母親而不尊』與地同，故君子之事父如事天，『自强不息』，斯壽之矣；事母如事地，『厚德載物』，斯壽之矣。 是故茹垢納汙之謂『含』，廣受博畜之謂『弘』，呈英敷華之謂『光』，亘埏際極之謂『大』，有此四者，斯稱厚德，則『品物咸亨』矣。 季脩試思於此，有刻心，有未黜乎？ 褊心，有未剖乎？ 晦心，有未開乎？ 邇心，有未遠乎？ 誠從事於此，功深而力到，日就而月將，以造於載物之地，則是壽其母與地等，雖孟軻成仁義以壽其母，至今數千百載常存不啻也。」

贈廖叔高還衡陽語

廖叔高者，年友南衡先生之子也，會試不第，業南雍，間問學于鷲峰東所。 將還衡陽，請予更字且問言，曰：「歸懸座右，如見嚴師也。」涇野子乃字之曰「叔高」，告之曰：「願無他求，惟顧汝名字耳。 聞之曰：『僑者，遷也，高也。』蓋自此遷彼，猶自下升

❶「或」，萬曆本作「而」。

高耳。《詩》不云乎：『出自幽谷，遷于喬木。』皆『就高』之義也。夫人生本直，如竹筠松栢然，但爲藤蘿纏挽，則不能亭挺干霄者多矣。是故辭章所以牽此直，記誦所以駁此直，利欲所以蝕此直，爲名所以鶩此直。若有所覺，即奮力一削斬之，便可上達高明矣。」僑問功自何處起，曰：「夫子不云『譬如登高必自卑』，故始則造端夫婦，至則察乎天地。」

書汪節夫家訓語

己丑夏，休寧汪節夫謁予於柳灣精舍，出所得諸公文字以展予，予謂之曰：「節夫何必以是爲哉？歸敦實行，化導家人宗族，以及鄉黨，爲閭里表率，不可乎？」越三年，節夫復來謁予於鷲峰東所，出所撰《家訓》八篇以展予，予覽之曰：「節夫相別三年，可謂能相信乎！」節夫曰：「尚和老矣，無能爲子孫計，賴有古人之格言、時賢之確論，纂集成編，以示後耳。」予嘆曰：「世人以金帛遺子孫，子孫未必能守，視節夫，不其誤邪！雖然，言於是必行於是，吾願節夫無爲貧所累，必求見斯道之美，胸次洒落，則斯訓也，斯可永傳，子孫常守身教於千萬年矣。」

贈蕭時化語

蕭時化將還新喻，以一册來曰：「文明聞教雖多，若更得一二言，歸將比諸羹墻。」涇野子曰：「夫予豈有二言哉？時化而忘往日騎驢以扇遮面，復下揖諸友之事乎？予嘗數以是講于鷲峰諸君，以爲時化此一事節亦可謂『造次必於是』矣。❶斯歸也，惟願常若是耳。」問曰：「焉能常騎驢邪？」曰：「凡心不在，皆『騎驢遮面』也。凡心在，皆『下驢揖友』也。自飲食衣服之際，居處交游之間，皆可以是求之。不然，雖有所聞，守之不專，或爲他論所惑，縱在驢背上無扇遮面，亦不見人，又安肯下邪？久將與騎驢覓驢等耳。」

贈黄珍之語

武陵黄珍之滿歷已將四月矣，其友劉幼淳乃過之以問還。珍之先自買舟，經營勞勩，不以爲難，幼淳又同事焉，則又曰：「無以勞子也。」他日幼淳以告，涇野子曰：「幼淳之有珍之，猶吾昔日之有秦西澗乎？夫幼淳事珍之若兄長，如此其忠且敬也。珍之不以幼淳爲幼也，忘其年而交之，如此其友且愛也。幼淳曰：『珍之表裏如一，然於人甚寡合，獨於邦儒有取焉。』珍之曰：『幼淳真醇謹士，儒之良友也。』夫自珍之謁予亦數月矣，講學不憚寒暑，謀道不羡巍科，予以爲同游中之寡過者也。即其處幼淳者觀之，當又非士類之所難及者乎！珍之之行，吾無以加益，惟願與幼淳共講斯學，恒用斯懿，無惑於流俗，自身而家，自家而宗族、鄉黨，以爲武陵之俊髦法，使茂叔之道復起於南。他日珍之大用于時，雖以佐理天下有餘也。珍之甚無易斯言乎！」

送劉幼醇語

己丑夏，武陵劉幼醇謁予柳灣精舍，同

❶「一事節」，萬曆本作「事」。

解州王克孝與講舜、禹、皋陶之學，幼醇便興仰思師之志。未幾，時歸矣。他日與諸子論學至是，言未嘗不稱幼醇也。辛卯冬，幼醇來居鷲峰方丈，未久北上，比會試還，則猶是居也，曰：「邦儒不以不第爲悔，獨以違教爲恨耳。」當是時，章宣諸友皆在也，每講格物、慎獨、致曲之學，則幼醇又能先敬事焉。宣之諸友曰：「幼醇之資不可當，雖漢黃叔度者奚讓乎？」予曰：「雖某，亦以爲今之叔度也！」歷事刑曹四川司，其司曾主政者接其溫恭之容，叩其明誠之論，遂待以上賓禮，且枉問交游焉，則予與宣之輩稱幼醇者，非私榜也。雖然，東所之論道，惟仁爲大，其學惟以弘毅爲要，其人則以曾子爲宗也。幼醇之歸，其必兄事黃珍之，同心戮力而往，以曾子爲必可至，求進於此仁焉，他日大用，雖以不忍人之政濟天下有餘也，將所謂舜、禹、皋陶之學，亦自是皆可以見乎！若或自小自畫，移於流俗而弘毅之不至，則宣之諸友必曰：「怠惜哉！劉幼醇徒其資質焉近似叔度耳。」

贈聶士哲語

聶士哲將還金谿，問可以終身行之者。涇野子曰：「士哲嘗有二言焉，予對人未嘗不以爲美談也，歸惟守之而不忘，充之而不滯，於道有不可入者鮮矣。」問：「『二言』之謂何？」曰：「昔者胡以文告我曰：友有問處人於士哲者，士哲對以『當先處己，蓋能處己，便能處人矣』；他日又有問聖人之難學者，士哲對以『挖聖人之心安於己之腔子內，是聖人誠難學也。若己之心與聖人之心同也，則聖人又何難學之有』？」對曰：

「斯二言者，蕲誠有之，不識『可以入道』者何居？」曰：「士哲未習孔氏乎？ 孔子之言曰：『不怨天，不尤人，下學而上達。』由前之一言，專於處己而不責人，久將雖天亦可知，豈不可以望孔氏之門墻哉？ 士哲未習顔氏乎？ 顔氏之言曰『舜何人也，予何人也，有爲者亦若是』。由後之二言，則誠不可以自畫，久將雖聖亦可至，豈不可以升顔氏之堂室哉？ 雖然，越賈有得美珠者，晝十襲之，夜三視之，不可謂不善守矣，然頃刻或忘，鼾睡在床榻，遂爲海寇取去不覺也。故『有事勿忘』，斯爲貴耳。 江出於岷山，其初止可泛盃，然江能貌謙虚而心卑下，於是汶、澧、潛、漢諸流皆入之，遂襟帶蜀楚，至於閩越，北敵黄河，東達滄海，以爲南國之紀，皆其充之不滯所致也。 士哲又能若江而不若越焉，豈惟於道可入哉？ 士哲勉旃，吾時矚目以望金谿耳。」

再别章宣之語

章宣之再居鷲峰也，又七八月矣。 蓋自嘉靖九年之夏，同諸友與予處，中間雖或省母于南，會試于北，然而得常聚講者，三年也。 初宣之歸省也，嘗勉以「不遷怒」之學，比其來也則曰：「詔數克其褊隘，懲其忿急，覺遷怒之失寡矣。」初宣之會試也，嘗告以甘貧之學，比其還也則曰：「詔雖或絶糧而不愠，落第而不怨，覺甘貧之得多矣。」及予時察宣之之獨：一僕病死，孤處湅院，自欵不愁懼，易伯源歎其難；有友病危，夜馳視，聞其有良醫也，獨步請，往返十餘里，不以爲勞；若有貴官尊客，雖在鄉曲，三四請速，止一往；舟過儀真，有富家請教其子弟，約贄百金，棄而不顧曰：「詔豈若遨遊鷲峰東所之爲樂哉！」至其篤孝之行，則又范伯寧所深服，諸友所嘗稱者也。若宣之者，可謂於予言能相信，於斯學能不愧者乎！今兹之往，則予又何以加諸？雖然，嘗聞孟氏之論道矣，學近充實，固美矣，若光輝之未著，則於大猶歉焉，『美』、『大』之間，宣之不可以自畫也。又嘗聞孔氏之論道矣，學有執守，固立矣，若變化之未成，則於權猶歉焉，『權』、『立』之際，宣之不可以自小也。宣之有篤信好學之資，故予以此深望焉，知宣之必不以一行自已也。

贈王道充還清江語

清江王道充過鷲峰東所以告歸，且列其志以問言。涇野子曰：「道充卓卓乎志古聖人賢人之道，有君子終身之憂，而又自懼未免爲鄉人。顔淵曰：『有爲者亦若是。』曾子曰：『士不可以不弘毅。』子殆可爲顔、曾之學乎！」曰：「惟是鄉人，亦難處耳。」曰：「學如舜之所居而化及河濱、雷澤也，又何難？」道充曰：「斯可以體仁矣！」

已而問：「《春秋》紀吳札聘魯之事，君子謂之『辭國而生亂』者，如何？」曰：「是非聖人意也。夫札雖有次及之序，而諸兄苟皆享國之長，札之存亡又未可知。延陵之祚，壽夢豈能必及於札乎？故專諸之變，其失不在札之不從父命，而在壽夢制命之非也。昔堯、舜有天下，不傳之子，授之異姓舜、禹；如朱、均友弟如舜、禹，可知其不拘於立嫡也。夫壽夢將賢季札而又立之，❶

❶「又」，萬曆本作「欲」。

乃猶顧忌于群公子之有國，是宜其公不足以範後嗣，而其弊適以階亂也。」道充曰：「斯可以觀經矣！」

已而又問：「司馬公常念『中』字以治心，而程子非之者何？」曰：「離吾心以求萬事萬物之中，亡其本矣。離萬事萬物以求吾心之中，隳其用矣。夫學必有事，故念『中』之無益於治心，猶數珠之無益於治行也。❶」道充曰：「斯可以致一矣！」他日道充又來曰：「得『必有事』之教，雖在床簀之時，正念既興，愈思愈深，不覺雜念既退，❷乃知存誠則邪自閑。」曰：「道充若又以仁爲念，時復思繹，則見此心當如天覆地載之大，纖毫塵埃界限皆不能入，雖冰雪之點紅爐不啻也。」道充曰：「貴之往也，當以仁爲『必有事而勿忘』乎？」曰：「然。」

贈程惟時語

惟時於戊子之秋，謁予柳灣精舍。比察其後也，守貧不謁公府，信經不惑異說，事母不以形聲，遇同儕歿於途者，雖非其戚也，倡義棺斂，言於要路，使有所歸，則於其弟惟信之死，心動而先馳，既殯而恒泣者，皆出因心之感，又非人所能與也。然則惟時於學，亦已有可行乎！茲也又問，則予何以加諸？

夫程伯淳者，惟時之先傳也，其道蓋兼精粗巨細、顯微終始而一之者也。夫物豈有巨於天地者乎？伯淳視之等於鳶魚，夫

❶「猶」上，萬曆本有「真」字。

❷「既」，萬曆本作「盡」，重刻本作「皆」。

物豈有細於鳶魚者乎？伯淳視之，比於天地。望惟時持此心而無或惰，好斯學而無不在，則凡急遽造次之時，皆從容中道之地。且惟時善醫，不見人之病瘧乎？有情感，有時感，有積感，有氣感，有服食感，然而其本則一也。若探其本而能斟酌攻取之，則一藥物之微，可以回垂死之病。此其得精神命脉處，又非言語所能與矣。惟時又不可以其已能而或忽也。

贈王左卿語

王左卿初至鷲峰東所，以「君子務本」爲問。涇野子曰：「孔門之學，只是一箇仁，其本只是孝弟。君子爲仁，必欲使天下之民各得其所，使天下之物各遂其生，而後快於心，此非仁乎！然無孝弟於先，則性真自伐，和順自沮，推之民必犯上，推之物必至作亂而傷害，猶蠹其木而沮枝葉之茂也。」他日講曾子「弘以任重」之事，曰：「學者之心苟能平其好惡，删其異同，撤其籓籬，如天之無不覆，如地之無不載也，自能兼育民物，並生頑讒，於仁有不任者乎？」左卿問：「『弘』從何處下工？」曰：「心有所蔽，故不能弘。苟格物以致其知，始見己私之難爲存也。故孟子論盡心，由於知性知天。左卿之還江都，如無忘斯二言也，則仁又豈遠乎哉？」

贈李和中語

李和中嘗問「致廣大而盡精微，極高明而道中庸」，涇野子曰：「人之德性本是廣大，可以配天地也，但人或立下意見，或分著彼此，或隔了籓墻，便自狹小，與天地不相似矣，故不以私意自蔽，使亦能如天地之無不覆載，纔謂之『致廣大』。人之德性本是高明，可以配日月也，但人或溺於聲色，或雜於貨利，或急於功名，便自卑污，與日月不相似矣，故不以私欲自累，便亦能如日月之代明，纔謂之『極得高明』。然精微之未盡，亦未免爲廣大之累；中庸之不道，亦未免是高明之過。故致廣大，便要盡精微；極高明，便要道中庸。」問「温故知新」，曰：「温如燖温，正如酒漿一般，須是有人以温之，便有氣味可啜，良心冷了，如槁木死灰一般，怎能得新意來也？」因謂之曰：「就是與諸友會文，亦便有致廣大處。」問：「何以見得？」曰：「如論文，己或有些好意不肯説與人，人或有些好意便不知取，亦便是不能廣大也。須是把這心胸看做與天地一般，人有善，取之於己，己有善，持以與人，方好。不然，恐是做文字的秀才也。」他日和中還盧溪問言，遂書以歸之。

贈王韶孟語

涇野子謂王韶孟曰：「汝有剛方之資矣，吾贈汝以荆山之玉。汝其親直友以爲鑢錫，見惡人以爲沙石，閑於《禮》以雕文章，諳於《易》以時變化，貴爲宗廟之用，有不可乎？無但使其玉在璞中也。」

贈太學生盛東伯還海陽語

太學生汪功成、俞鑽、吴應期、歐陽乾元者數人，謁予於鷲峰東所曰：「功成輩之友有盛瀚東伯者，今通政程齋先生之子，涇野子知之乎？」曰：「予嘗過程齋先生矣，東伯出揖，予見其器宇雅重，識度樸厚，私羨曰：此真程齋之子乎！」汪生曰：「涇野子知其外，或未知其中。夫東伯學博而能文，言簡而有理，行慎而不誇，志遠而不陋，其授史又詳審而有見。功成輩交遊數日，祇見其可親可敬，初不知其爲九卿之子也。昔漢李固之父郃爲司空，固爲太學生，暮之於家，朝之於學，數布衣乘驢同常行輩往來，人不知爲司空子，厥後學行卓邁，爲時名儒。每讀史，恒思見其人，豈知今再見于盛東伯哉！功成輩薰其德，獲其資益良多。乃今還海陽，其何以語之乎？」涇野子曰：「果哉，諸友知東伯之深也！然予抑豈徒知東伯之外者乎？蓋深知其本根，恐諸生又未聞之耳。夫程齋先生，今之名儒也，抱經濟之學，負致澤之具，既暢六經，充通群物，經筵數進讜論，督學至變流俗。予數往請其益，非黄帝岐伯之經、非伏羲文王之《易》不談，每見所未見，聞所未聞，其視漢司空郃又過焉。乃東伯早受庭訓，親承家傳，宜其有今日耳。然則東伯之歸也，不可他求矣，惟守先生之道，益淑其德，益崇其業，益善其子，益睦其族，波及鄉人，他日登巍科，躋膴任，發揚先生之道在朝廷、天下，然後見予與諸友之知者有徵也。東伯不聞海陽人劉昉乎？其父允，登進士，官未大顯，然所至革宿弊，辯冤獄，讀貫詩書，著文至二百餘卷。昉承其學，致位龍圖學士，賢聲丕著，而允亦光大於時。況程齋先生之道，薄允而不爲，而東伯之繼述者雖邁乎昉，如原明之於申國獻公不可乎！」於是功成輩曰：「此固東伯之素所畜積者，尋當見東伯之有建于時也。」

贈錢執夫語

涇野子謂錢執夫曰：「汝有愷悌之性矣，吾贈汝以蜀山之松。汝其堅汝之根，風至不搖；執爾之顔，霜至不變；挺爾之躬，雨至不欹；雲露以潤其身，日月以晬其面，大爲廊廟之用，不可乎？無但使其材猶在山中也。」

贈何叔節北上語

何叔節之兄叔防以庶吉士讀書翰林，其室在揚州不能往，叔節選戚屬以伴行，無一應者，乃身同其内，買舟北上以送之。瀕行渡江，過鷲峰東所問曰：「可乎？」涇野子曰：「美哉斯行也，可與得恭兄之道矣！昔者叔節之初至東所也，言或自取，行或自專，比其再見予也，論文則以兄爲先，談道則以兄爲高，予已羡其言之能恭其兄矣。今復有兹往，豈非其行之又能恭兄哉？《傳》曰『一家讓，一國興讓』，夫國之不讓者，凡以少陵長、後躐先、賤壓貴、卑踰尊、疏踰戚、外浮内、利越義、諂驕直，八者行，欲國之興，不可得也，然而其本皆起於家焉，叔節甚無以此行爲小而忽之也。叔節如得其義，參前倚衡，無往而非讓，則他日出以佐理天下，亦有餘行矣。其告諸叔防，叔防固已起原而思報國者也。」

別黃仲德語

黃仲德游於鷲峰東所者已二年，衣履率布素，博涉經傳不輟，亦可謂篤志斯學，然尚未見其大就也，將亦或牽制於流俗乎？夫抗志高則有遠詣，立脚定則有整步，《易》曰：「係丈夫，志舍下也。❶」仲德欲爲聖賢之學，則於牽己處不可不折斷直上也。

再贈黄子積語

去年黄子積之北上也，予已告之根本之學，今春同章宣之不第而來，又居鷲峰者數月而後歸。宣之常言子積善與人交，見善而能讓，有財而能推，有古崇義賤利之風焉。予雅敬之，以爲流俗偷薄，士平日相好如兄弟，一旦所至少異，見位則嫉其高，見貧則惡其窮，見名則憎其美，肺肝以初、仇讎以終者，蓋多有之，如子積之風行，又何患其不能趍於道乎？嗟乎！義利之間，舜、蹠之分，使子積不已其功，鷄鳴而起，孳孳爲善，常見義之在我而措之行也，積累之久，雖舜亦可學矣。子積甚無忘其所有之美，而甘於小成也。子積固嘗稱何性之念念在斯學，寧肯不思齊乎哉！

贈金用九語

癸巳初春，酌諸士於鷲峰東所，欲行投壺禮以侑觴，一士有不能，金用九曰：「當行禮，則不可辭。」遂立易同爲司射，方元儒爲司中，黄容、余宜諸人爲三耦，卒如禮。未幾，用九告歸休寧以問言，則謂之曰：「用九茲往不可他求，凡有所見即不辭，如投壺禮者而行之，將無往非道矣。是故子

❶「志」，原作「忘」，據《周易・隨》改。

思見鳶飛于天，仲尼見川逝于地，茂叔、子厚見窗草、驢鳴于偶爾，皆是物也。」曰：「一投壺之不辭，何至如此之大乎？」曰：「昔者夫子且欲執御，而況於射乎？是故道不外于事之大小，理不間於物之精粗，惟患人既見而又忘，既得而又失耳。」用九拜請書諸卷，用將比諸見投壺禮。

贈江以薦語

江以薦於嘉靖癸巳正月既撥歷，欲省其父祖于旌德以問言。則謂之曰：「以薦歸省，爲順孫孝子，然必爲《大學》、《中庸》而後可。」「何謂也？」曰：「子思順孫，故作《中庸》。曾子孝子，故傳《大學》。」曰：「廷藻所不請事於格致誠正、明善誠身，而惟其食之厚薄、衣之寒暖，以爲省父祖也，則爲忘吾涇野子矣！」

贈蕭鎮南語

光禄王公嘗謂予曰：「近有蕭生鎮南者，英敏博覽，工於六書，亦善圖刻。」予曰：「不知也。」既而見鎮南書人卷軸，多用隸體，字畫遒勁，可趍漢魏，其圖刻果皆精妙。予初覽甚爲鎮南喜，既覽又爲鎮南慮，童德進問曰：「何謂也？」曰：「不見張旭乎？見公孫大娘舞劍，輒悟筆勢，草書入神，數百載學書者，皆以旭爲高，莫敢比也，惟河南程子觀之則曰：『使旭移此心以學道，何所不至？』惜乎旭未之聞耳。予之所見，方學程子，而鎮南已稔聽予之素論矣，知鎮南必不以旭自處已也。《記》曰『德成而上，藝成而下』。夫子曰『志道』、『據德』、

『依仁』也，而後『游藝』。上下先後之間，知鎮南已能辨之矣。」鎮南將歸泰和，請言，遂書以與之。

贈蕭子聞語

蕭子聞曰：「韶親聽誨言，輒能興起，第恐歸輿化，又無所聞。敢請一言，以資顧諟。」涇野子曰：「士之于學，惟患不相信耳。苟相信，雖隔千里，猶在几席也。苟不相信，雖在几席，猶隔千里也。子聞如『有事而勿忘』，又何患歸輿化之無聞哉？」

贈曹子齊語

曹子齊同蕭子聞觀書。涇野子曰：「予嘗謂『以我觀書』者爲上，『以書觀我』者爲次，『以書觀書』者爲下。上或不能，當取其次。今之士，多以書觀書者也，雖洞萬卷、盈五車，祇其巧僞耳，爲損則有餘，爲益則不足。願子齊勿從之也！」

白子直父竹石壽語

白子直曰：「應虛父號竹石，今年生七十矣，應虛無能爲壽。」涇野子曰：「子直常言竹石君能庭訓者，蓋言教也；以竹石自居者，則身教也。子直能學『虛』於竹以顧名，學『介直』於石以顧字，則雖《咸》之『以虛受人』、《坤》之『以敬直內』者，亦不難到矣。凡子之爲名字者，皆父之爲號者也，斯其壽竹石君者，又可以年歲計哉！」

贈周時敷語

周時敷將還秀水，過問言。涇野子曰：「道以得己爲行，學以周世爲材。晉魏之詩，止可備閑適耳。」

贈方元儒語

方元儒問學于鷲峰東所。涇野子曰：「學以近思爲先，小心爲要，致虛爲本。」對曰：「問遠大之學，而子言如此者何？」曰：「近思所以致遠，小心所以造大，致虛所以篤實。希曾不見登東山者乎？自介石近間而始耳。」

史德化之祖母卞壽語

季春之初，飲燕諸士於鷲峰東所，酒半投壺，立史德化爲司射，動止從容，告語靜雅，諸友皆驚畏，問名素諳也。未幾，德化問壽其祖母卞夫人，涇野子曰：「占影見標，閱堵見楨。德化之於三代之禮、七世之樂，皆如今司射焉，不患其卞夫人之不千百年矣。況卞夫人孝敬貞慈，楊人咸誦之，德化充其道，不但比于崔山南可也。」

贈黃用晦語

黃用晦初謁鷲峰東所，予未之能異也。既選貢矣，問所試卷以觀，一判語數言，皆故實積累，錯織而成，予嘆曰：「用晦博哉！」且北上，來請言，予曰：「用晦之學如是，則又何以益之，將無在於『約』乎？用晦不見治絲冠、絲履者乎？蓋不啻千萬縷絲也，使不先立乎柱本，令絲有所歸附，則將紛然亂、午然橫四出矣。是故博必約而後可也。邇聞用晦善事其父虛山君，言必尊，動必依，惟恐違虛山君之志焉。當用晦之爲約也，能即事而有得，以暢于事業，則大本、達道亦於是乎出，雖欲予之言，亦可勿用也。」

贈劉思補語

劉思補將去鷲峰東所，請言焉。涇野子曰：「思補自知其不足者安在，然後可言也。」對曰：「先生自能知衮耳。」曰：「思補能知我之能知思補也，則豈不能知思補之能知我哉？夫知之不深則信之不篤，信之不篤則行之不力，世之不相知者亦多矣。予固知思補茲往，必予所常言者篤信而力行也。」

涇野先生文集卷之三十四

巡按直隸等處監察御史　門人徐紳編刻

巡按直隸等處監察御史　門人吴遵編刻

傳

擬子畏于匡傳

魯定公十四年，孔子與仲由、顔淵適陳，道過匡。匡人曰：「陽虎昔虐我匡人，❶我匡人夢寐未嘗忘也，今且至！」❷遂圍之習甲。❸季路曰：「匡圍，譁矣，由其爲夫子穆筮。」回曰：「止，命也夫！」由曰：「君子遘難，神詔之處，迺筮。」得《兑》之《困》。子路曰：「『臀困于株木，入于幽谷，三歲不覿』，凶之固也，❹我其死諸？誰與從夫子者？」顔淵曰：「《困·象》曰：『亨，貞，大人吉。』無啓之釁，君子弗求，直道而往，天地弗違，而況于人乎？」子路猶愠，迺貢繇于夫子，曰：「昔者由也聞諸夫子曰：『君子之道，利用安身。』兹也若何？」子曰：「由，嗟爾之昏於德也！危而不渝，艱哉！夫道若亡于斯世也，予不得而知也，如使予得而知也，又何患焉？」仲由乃欣然彈劍賦秦《無衣》，回賦《兔罝》，夫子賦《綿》之亂。曲

❶「虎」，原作「貨」，據萬曆本及後文改。
❷「至」，重刻本作「到」。
❸「遂」，重刻本作「速」。
❹「固」，重刻本作「象」。

闋，匡人曰：「非虎也。」乃解甲去。夫子貌似虎也。

節婦張氏傳

永樂間，高陵孝義里王九成娶于相橋人張氏，九成家貧，張暮夜紡績，晝服田畝，以慈舅姑，舅姑遇張如女。九成湎酒，張數稱古昔以諫之。無子，子其姪王合。九成歿，張年不至三十，居九成喪，如孝子之死父母也。姑欲奪志嫁富人，張涕泣曰：「吾家如窶空，兒能勤苦以奉父母，無鬻兒爲也，兒耻事二夫。」姑奪之力，張乃夜髡，明心不貳。遲，髮長，又奪之，又髡，于是鄉黨畏信，貞烈登聞。

永樂五年，勑使者覈旌。使者微服，身詣王里，詭問耨者曰：「某舍王嫠婦也，某丈夫求婚焉，幸教我。」耨者哂曰：「何物野人而謬口也！前年數富家求，渠屢髡，矢復出死。今禿者，何用求爲？」使者固問，耨者以鋤示之家。使者至，詭曰：「某衛缺伍，俾予來呼爾兒以補之。」張舍織而對曰：「此公家役，敢辭？」乃食使者以脱粟飯，使者啗之曰：「此非稻粱也，美而甘。」張又精五飯。食已，使者表閭。張容色不振驚，直曰：「不敢當。」贊曰：

此婦人也，懿德貞行，烈如金石，不可犯已，諷誦遺言，温温如玉。共伯之妻，有光衛詩；文叔之妻，諸曹氏有餘辱，九成之愧婦者萬千。《孟子》曰人性善，人皆可以爲堯舜，果哉！

宋先生傳

宋先生名玉，字廷珍，高陵孝義里人也。生有異標，身長七尺，短面隆準而玉顏，聲哃嘹聞數里。又莊毅敦篤，自幼嗜書，不棄道路，通于五經衆史，人號「宋五經」。早喪父鑑，且貧甚，無能悦其母裴氏也，至採薪養之，容亦不嚬蹙，行三十年也。正統五年，舉陝西《詩經》第一。六年，以《禮記》登乙榜，授雙流訓導，誨雙流生若親子弟，各達其材。他日先生之孫往過雙流，雙流人曰：「先生之德齊父母，子孫想念，何日忘之！」留孫住數月，共齎金而返之。初，先生滿雙流而奏績也，法當擢御史，亦必賂若請而後得，先生不能，故同銓十二人，十一御史，而先生獨藩府，然又自若爾也。仕藩府十餘年，藩王鍾敬，允如師傅，動止語默，禀度而後行。時有參議公朝王會先生，見其威儀言論，又談至朱子《綱目》，先生誦之甚習，而又據經折其是非，參議公曰：「先生，我師也！」遂待以上賓。七十致仕，不入城市，仍讀舊書，惟縣大夫宿鄉飲始至焉。

先生忠公無僞，孚于鄉人。其先居學也，見友人不修潔者，身親捶之，渠亦不宿怨焉。同等見不修潔者，曰：「宋大漢來也！」其人輒屏于僻。其没也，陰陽家言所當墓位爲絶穴，請易之或改造兆域，先生曰：「玉兄弟四人，而誰以易也？且生與序宅，死與序穴，不亦安乎？」卒不易。

贊曰：

先生，柟外曾祖也。柟生遲暮，未能逮事。茲傳大概，柟自十四五時，聞母氏及外祖及諸長老云爾。他勿論，即臨死不易絶穴，與易簀事豈異哉？然即是亦可知其餘矣。

琴鶴先生朱楚琦傳子訥附

琴鶴先生姓朱氏，諱瓘，字楚琦，揚州寶應縣人也。初，朱諱八三者勤且克賈，居財雄于鄉閭。元季兵擾，徙宅縣之湖之西村。既而田廬益拓，樹柵植穀，與里大姓相守望。又積而能散也，避亂者多依之，有爲之語曰：「生世大難逢朱翁。」則謂其村曰朱村。配戚氏，生彦明。彦明承亂定，歸復故業，洪武三年，❶編户西南隅，家于孝僊橋側，❷與冀氏、范氏、胡氏並著姓，曰：「左冀右朱，前范後胡。」配陳氏，生宗泰。宗泰躬稼躭書，不求聞達，爲鄉人稱。又善曲直人事，人有紛蹇，輒與解平，朱村人無少長咸敬服焉，號「坦履先生」，卒年八十有三。配楊氏，寔生琴鶴先生云。

先生修貌徽容，人望之若仙，與語者皆自以爲得意也。兒時嘗誦書于庭，侍御鄉先生高菜菴過之，誦且不輟，高戲之曰：「鷄鳴難比鳳。」先生輒應之曰：「魚化即成龍。」高雅奇之，長遂爲高門人。配户部鄭郎中女，郎中且老，憾其子姓鮮儒也，心重先生，迺盡挈其家藏諸籍予先生，先生受而讀之益力。身通《小學》、《近思録》、《尚書》、《周禮》、《國語》、朱子《通鑑綱目》暨野醫農種諸書。嘗挾《尚書》、《禮記》從鄉之業舉子者遊，偶一不利輒棄去，乃益尚志養

❶「三」，萬曆本作「二」。
❷「僊」，萬曆本作「遷」。

晦以自逸。於是四方士從遊者數十百輩，先生躬自講授不倦，一尊忠信而卑文藝焉。與里人范思華、徐彥明爲友，思華性仇惡，人憚之若尊官，彥明任俠使氣，睥睨一世。三人者有所如，里人至具酒脯往候之，市肆有危樓行酤，❶三人至，先至者咸自避去，不亦勿敢譁。厥後又與施林塘琳、周東溪安爲文字社，著《社約》，子孫世講焉。伯兄曰成玉，老且獨，❷先生事之終身益恭，天順戊寅歲大祲，每饌兄，亦必以肉糜進，親執匕箸在左右。初，先世諱鼎者嘗判西安耀州，有豪民逋租，耀州杖之死，其家言于朝，發耀州戍遼東亦且死，後勾丁數至，家衆悉亡棄，先生獨對之弗避也。

景泰間，有詔舉賢良，時先生名方籍甚，縣令朱瑗以白巡撫都御史王公紘，力辟先生，先生曰：「青黃，木之災也。有令如賢侯，不欲吾爲太平民乎？」巡撫公亦弗能奪厥志，乃令令遺先生以粟帛。嘗與修《天順實録》及《維揚志》，書成，郡守腆贈之，先生辭不受，曰：「公舉也。」居嘗畜鶴，別構一亭曰「馴鶴」，暇日鼓琴其中，充充然不知有人間世也，學者稱爲「琴鶴先生」。每出市，以大笠覆首，亦或稱爲「圓笠先生」云。卒年四十有九。

所配郎中女者早卒，無出。繼配張太夫人，生二子：訥，詵。訥字存仁，年十六廩于學官，舉應天鄉試，爲鄞令，失意時貴，調長陽，再改江陵，以母夫人喪歸，免喪卧家不起。配范氏，生子應登、應辰。應登舉進士，以南京户部郎中轉延平知府，歷陝西

❶「行」，重刻本作「設」。
❷「且」，萬曆本作「見」，重刻本作「矣」。

按察司提學副使，文行著於一時。應辰少而能爲古文辭。初江陵之教，令二子克纘先業，然則琴鶴先生没久而光載其馨者，將無在斯耶？史柟贊曰：

鴻飛冥冥，燕鵲焉知？君子畜德，登陟考時。❶吁嗟朱翁，有修其眉，視軒冕涂，❷怡怡茹芝。有琴伊鼓，有鶴伊隨，泉石之味，有嘗者誰？畜極而發，有道斯貽，奎回于天，照此子孫，乃及先初，亦克顯止。滸湖有村，號朱自元，載厥休聞，千祀侯存。

古真先生傳

古真先生姓徐氏，名璽，字克用，浙江餘姚人也。生而介特嚴正，不習淫媚。嘗爲吏，亦不能吏行，終亦棄吏不仕，安于貧賤。乃敘曰：「璽行年十七，與從兄某菴君讀書積慶寺，爲進士學以求榮。忽有司檄令監戍，徙之漁陽，乃推案慟哭而去，歷二年得脱死而歸。自是家門多故，家人强起吾爲吏，遂罷進士學。吾之爲吏也，吾終身耻之，人或以爲僞；吾之不得取進士科也，吾終身憾之，人或以爲妄；吾志不欲貧賤，然不能術去而智解也，故吾終身貧賤，人或以爲愚；吾志不欲孤獨，然不能肩脅而面從也，故吾終身孤獨，人或以爲假；吾志不欲鄙陋，人或以爲固。蓋凡吾所好者，必不能爲惡；凡吾所惡者，必不能爲好；凡吾所能者，必不能爲不能；凡吾所不能者，必不能爲能，皆吾失學而不知變也。世之謂不

❶「陟」，原作「陠」，據重刻本改。萬曆本作「降」。

❷「視軒冕涂」，重刻本作「塗視軒冕」。

知變者曰『古真』，今皆以古真目吾，故吾遂自號爲古真翁。」作《古真歌》以自艾。歌曰：「嗟！天命之賦物兮，豈各居其攸？胡水不凝兮，胡石不流？胡稟餘之厚滯兮，蹇獨不與世投？吾將任真之爲是兮，抑予學之未修？」聞之于人，人皆曰：「徐克用，真古真哉！」

初，先生年且幼穉，奉祖柩自外來，舟宿沇野孤村，舍作鬼事，火起延舟，舟人皆迷，先生神色自若。厥既從事兵曹，比滿，空橐假貸而歸，舟轉孟津，阻風彌月，浹旬未爨，侍者慍見，先生曰：「命可死！不特饑餓，此江風亦能殺人！」熙如也。後既謁選天曹，遇王考功伯安，與語大悅，乃遂不復仕矣。當其吏藩司也，得假省親，會父嬰嗽疾，身侍不去，人曰：「此風病耳，可無稽爾事爲。」曰：「棄湯藥以親簿書，壐不忍也。」居數月而父卒。在兵曹時感噩夢，便理裝欲歸，至而母適訃，人以爲孝念之先覺也。

生一子曰愛，予同年進士也。愛六歲時，嘗携行田間，愛有所指曰：「吾後必得之。」既厲聲嗔曰：「小子即思黷貨耶！」比謁選時，以伯安講明濂洛之學，遂遣愛師事之。愛舉進士，出知祁州，適天下多故，廉能大聞于畿甸，而先生至祁，儉樸滋甚。人或語及貧富事，曰：「昔人教兒諂，世且嗤之，吾將教兒貪耶？」於戲！若玆者，近代幾見之？宜世俗以爲「古真」云。

贊曰：

昔漢陳寔、周舉始皆爲掾，載其明德，不愧孔門之徒，當時位通顯、富文學如孔光、張禹、馬融、杜欽之輩，今視之，高下何如也？古真公持身之堅，事親之誠，慈子之義，不忝前哲，然則又何以吏爲終身恥、以不得科第爲終身憾哉？將非真之不可掩與？故予亦謂先生爲「古真」，其諸異乎人之稱之歟？

巡撫宣府十二公傳有序

都憲萊陽李公孔教宣府巡撫二年，諸廢聿興，❶重鎮屹然可保，乃曰：「凡吾所以治宣者，非鐸之材也，蓋皆式諸先哲之善於宣者耳。❷」又曰：「前既有創勳立業之人，後不可無崇德報功之典。」於是會同巡按御史許君伯誠宗魯，移仰該道僉事倪君公在璣，令自宣鎮初設巡撫以來諸公之亡者，❸稽其履歷，列其政行，採諸輿論，參之載籍，得十二公焉，祀諸昭德堂。其或功未大著，或雖有功而道不足者，例皆不録。乃以告諸總制侍郎臧公瑞周，臧曰：「懿舉也。」公遂使兩生謁十二公傳，❹蓋不獨以爲諸公不朽計，亦以使將來巡撫者有所資于此，以鄭重斯地也。柟因各述其大略，傳之如左，著斯祠之所由興云。其中馬故城、王和順，則柟爲諸生時之提學先生也，所聞尤真云。

李儀，順天涿州人，正統初以右僉都御史巡撫是地，儀即是地巡撫之始者也，創建開張，多可法守，而又履廉迪正，邊徼信畏。然權貴人所不喜也，坐是被繫以死而不悔。

❶「廢」，萬曆本作「政」。
❷「哲」，萬曆本作「正」，重刻本作「生」。
❸「鎮」，重刻本作「政」。
❹「謁」，重刻本作「請」。

宣之舊老，今猶有能垂泣而道者。❶

羅亨信，廣東東莞人，永樂甲辰進士，正統五年以右僉都御史巡撫是地。己巳間，權宦竊柄，廷臣多依違，於是北虜内侵京邑，英廟北狩，時已無宣府也。亨信獨以恩義固結士卒心，城不得失，❷陞右副都御史去。

李秉，字執中，山東曹縣人，正統丙辰進士，景泰三年以右僉都御史總督是地糧儲，提督軍務兼巡撫。❸然質直不華，而又剛毅執法，善崇用持正之人，於是貪墨斂迹，兵强民寧，邊人至今猶頌焉。累官吏部尚書、太子太保。❹

葉盛，字與中，直隸崑山人，正統乙丑進士，天順八年以左僉都御史巡撫是地。初，盛自都給事中陞山西右參政，督理宣府糧儲，尋協贊獨石馬營軍移。❺時獨石八城堡經虜失守，盛招撫流離，選勁卒戍要害，驅諸怯弗勝戰者于農畝，給之牛種，歲收其餘租，爲市馬牛器械。又置煖鋪，萃醫藥，立社學，建義塚，平蔬圃，以慈訓，邊郵晏晏，❻歲亦屢豐，或禾至同穎。比爲巡撫，宣人曰：「是故父母我者也。」然盛之政，又益拓於獨石時，墾田滋廣，儲蓄滋富，邊城滋壯。❼宦至吏部右侍郎，謚文莊。所著《水東日記》，亦可考數朝之跡。

秦紘，字世纓，山東單縣人，景泰辛未進士，成化十八年以右僉都御史巡撫是地。

❶「道」下，重刻本有「之」字。
❷「不得」，萬曆本作「得不」。
❸「兼」下，萬曆本有「理」字。
❹「太」，重刻本作「少」。
❺「移」，重刻本作「務」。
❻「晏晏」，重刻本作「晏安」。
❼「城」，萬曆本作「域」。

剛明能濟事，不憚權勢。雖多著土木工，然皆興廢起頹，民亦不告病。累官南京户部尚書。

張錦，字尚絅，陜西岷州人，成化己丑進士，甲辰間以右副都御史巡撫是地。然勤慎有爲，利病力爲之興除，萬全、❶左衛二學是其所奏設者也，自是邊徼多禮讓之俗。累官刑部左侍郎。

李介，字守真，山東高密人，成化己丑進士，弘治元年以左僉都御史巡撫是地。然綜理有方，尤重學校，嘗率諸生習鄉射禮，❷以倡行伍。至陞兵部左侍郎，猶經略邊務於此。後卒於宣，宣人頌其正直而又明達云。贈兵部尚書。

楊謐，字文寧，河南儀封人，成化己丑進士，弘治三年以左僉都御史巡撫是地。勤政而嚴以繩下，❸於是復團種之制，革馬政之弊，邊人賴焉。其所著《師律提綱》、《馬政條約》，亦皆關印時務云。❹陞兵部右侍郎。

陳紀，字叔振，福建閩縣人，成化己丑進士，弘治七年以右僉都御史巡撫是地。然宇岸凝重，外和而内剛，兼之學優識遠，邊鄙多依賴之。宣府大成殿樂舞，自公奏設。

解州鄉賢祠傳有序

嘉靖三年八月，予至解，知州臨海林君元敘曰：「今年正月間，州治北廣慈寺

❶「萬全」上，萬曆本有「龍門」二字。
❷「射」，萬曆本無。
❸「勤政而」，萬曆本作「爲政」。
❹「印」，萬曆本作「切」。

僧犯法，時已議決毁寺，今且數月矣，屋敝墻頽，木瓦就廢，欲移建州治之西，以祀鄉賢。」予曰：「懿舉也，然不如即其寺作祠便。」林君曰：「祀止州中賢乎？」曰：「州統五縣，若五縣賢咸秩祀之，尤美也。」於是博考史志，自風后以至岐裕齋，得三十有一人。林君遂以告諸巡撫都御史畢公，從之。乃命州人致仕知縣馬逵、縣丞蒲昭及典膳劉節領其事。祠垂成而林君歿矣，予不忍忘斯舉也，乃述其事，因爲諸賢作傳焉。後又得八人於鄉賢大夫以附之，在宋、齊、唐曰柳元景、裴俠、柳晟、衛大經、胡證，在國朝曰史誠祖、史善、王文。凡三十九人，自風后至關羽爲正位，餘列左右。其相成之者，同知招遠張君恭云。次年五月立。

風后，州人，黄帝之相。帝嘗夢風吹天下塵垢去，嘆曰：「風爲號令，垢『土』去而『后』在，天下豈有姓風名后者？」乃求得風后于海隅，舉之爲相，與力牧共政，天地治，神明至，遂有《占夢經》。按州舊號「渤澥之海」，今風后廟南有風洞及鹽南風，故州四時風甲天下，則所謂「海隅得風后」者必此也。志云風后著《兵法》及圖、《孤虚》數十卷，恐後擬作。其墓在蒲州風陵渡西。

許由，州平陸人。堯以天下讓由，由告其友巢父，父曰：「何不隱汝形，藏汝光。」由悵然不自得，乃過清泠之水，洗其耳，拭其目，曰：「向者聞言負吾友。」遂去，隱箕山。今平陸縣東北有由塚，下有溪，爲由棄瓢處。事雖不經，亦振古高士乎！

關龍逄，州安邑人。夏桀無道，龍逄苦諫，桀不從，又諫，遂至於死。今縣東北二里有墓云。

巫咸，夏縣人，相殷王大戊，周公稱其「保乂王家」。其子巫賢，又相祖乙。今其縣東五里有巫咸祠，旁有巫咸谷，谷中有水，亦名巫咸水。

傅説，州平陸人。殷高宗恭默思道，夢帝賚良弼，以象求之，説築傅巖之野，惟肖，遂立爲相，告高宗以爲學求賢之道，今《書》有《説命》三篇。今平陸八政村有聖人澗及傅巖，其里曰商賢里。

宮之奇，州平陸人，仕虞。晉侯欲假道于虞以伐虢，宮之奇諫于虞公曰：「晉不可啓，寇不可玩，譬以輔車相倚，唇亡齒寒。」虞公不聽，奇遂以其族行。

百里奚，州平陸人，其先家於百里，因氏焉。晉侯欲假道于虞以伐虢，知其不可諫也，遂去之。秦穆公與語大悦，授之國政，號「五羖大夫」，遂相穆公，霸諸侯。孟子稱其有四智二賢。

卜商，字子夏，本衞人，事孔子，後居西河，遂爲州芮城人。在孔門以文學名，然以博學篤志、切問近思爲仁，以賢賢孝親、忠君信友爲學，則亦曾子之儔歟！墓在其縣東十七里水門村，或曰河津亦有墓。

段干木，州芮城人。魏文侯過其閭必式，嘗求見干木，干木踰垣而避之，孟子謂之「已甚」者也。

裴遵，州安邑人，漢光武時爲燉煌太守，平蜀有功，乃晉、魏、隋、唐裴氏之宗祖。其子曄爲將軍，遷聞喜，遂爲聞喜人。

馬武，其先南陽人，王莽時遷居州芮城縣西陌村。光武中興，嘗爲先鋒，力戰無前，諸將皆引而隨之。其破劉紆、蘇茂甚烈，與畫「雲臺二十八將」。

關羽，字雲長，州長平人，事劉先主，志圖恢復漢室，稱「萬人敵」，拜前將軍，假節鉞，威鎮華夏，爲世虎臣，諸葛亮深器重之。嘗刺顔良以報曹公，有國士風，其辭曹書自言：「心如日在天之上。」曹公表封爲漢壽亭侯。被吴人害，遂爲神。初謚壯繆侯，封義勇武安王，自漢以來，天下廟祀不絶，今常平有其先人塜云。

裴頠，州聞喜人，遵之玄孫，弘雅有遠識，博學稽古。晉惠帝時國子祭酒遷尚書侍郎，後被趙王倫害。晉俗尚虚無，頠著《崇有論》以矯之。

衛玠，州安邑人，晉太子洗馬，風神秀異如玉人，每乘羊車入市，觀者塞路。玠嘗言：「人有不及，可以情恕。非意相干，可以理遣。」故終身不見喜愠色。

柳元景，州人，少貧苦，數隨父憑伐蠻，累功進驃騎大將軍，南兖州刺史，晉衛京都。孝武終，受遺詔輔幼主，遷尚書令，領丹陽尹，加開府儀同三司。時勳要多事産業，元景獨無所營。有菜園數十畝，園丁賣菜，得錢三萬送宅，元景怒曰：「立此園供家中啖耳，乃復賣菜奪民利耶？」以錢乞與園丁。後以國事受戮，容色恬然。贈太尉，謚忠烈。

裴俠，州人，七歲始能言，聰慧異常。仕西魏，累官東郡守、左中郎將。棄妻子，從周文帝戰沙苑，以功進侯爵。後爲河北郡守，民歌曰：「肥鮮不食，丁庸不取，裴公真惠，爲世規矩。」帝謂俠清慎奉公，天下牧守第一，號「獨立使君」，進公爵。

柳崇，州人，方雅有器量學行，後魏時舉秀才高第，歷官尚書郎中。孝文時既罷鹽池禁，富豪專利，人多争訟，帝遣崇檢斷，訟遂息。又經略荆、郢，累遷河中太守，嘗斷盜馬之疑，郡人畏服。贈岐州刺史，謚曰穆。

柳科，州人，後魏大統中爲洛陽行臺郎中，掌文翰。嘗論史官記事當顯示于人，以勸善沮惡。遷中書侍郎。時人論文體古今異宜，科謂「時有古今，文無古今」，遂作《文質論》，時以爲允。

裴駿，州聞喜人，幼聰慧。兵襲聞喜，駿率鄉豪奔赴。太武補中書博士，崔浩目爲三河領袖。轉中書侍郎，贈聞喜侯。

關朗，字子明，州人，雲長之後，有經濟大器，妙極占算，不求宦達。後魏太和末，王虯與談，稱其奇才，言於孝文帝曰：「此人道微言深！」帝召見，言《老》、《易》，即寄發玄宗，實陳王道，諷以慈儉爲本，飭以刑政禮樂。帝嘉爲管樂之器。

柳遐，州人，初仕梁，蕭詧稱帝，辭去。詧殂，行服。後州累徵不起，武帝再徵始起，受霍州刺史。導人務先德行。

柳機，州人，仕後周，爲華州刺史。隋高祖欲受禪，周臣皆勸，機獨義形于色。後刺華、冀兩州，俱稱寬惠。

張玄素，州人，初仕隋，爲景城縣户曹，竇建德執將殺之，縣人千餘號泣請代，釋之。唐太宗即位，擢御史，遷給事中。時治洛陽宮，上書諫止，魏徵歎其有回天力。歷太子左庶子、銀青光禄大夫。

衛大經，州人，卓然高行，口無二言，邃於《易》，人謂之「易聖」。武后屢召，固辭。開元初，州刺史畢構使縣令孔慎言就謁，辭不見。豫筮死日，鑿墓自志，如言以終。

裴行儉，州聞喜人，貞觀中舉明經，仕爲長安令。高宗時累遷吏部侍郎，典選有知人明，後拜禮部尚書。嘗曰「士之致遠，當先器識，而後文藝」，以評王、楊、盧、駱皆中。謚曰獻。子光庭，開元中拜相。

張巡，州芮城南張里人。唐玄宗時安禄山反，巡爲真源令，守睢陽，孤城死戰，遣南霽雲突向臨淮賀蘭進明處乞授兵不至，❶至德三年城陷，盡節而死。朝廷加特進，立廟睢陽，其尸葬于南張村。

柳渾，字夷曠，州人。幼有相其夭且賤，令從佛，渾曰：「去聖教，爲異術，不若速死！」學愈篤，第進士。歷官御史、兵部侍郎、同中書門下平章事，剛直敢言。嘗料吐蕃必劫盟，後果然，德宗曰：「卿書生，乃能料敵邪？」益禮之厚。渾竭誠盡忠，憂勞成疾，謚貞。

柳澤，州人，性鯁介。景雲中爲鎧曹參軍，嘗諫復斜封官，不報。開元中爲御史，又諫周慶立進奇器，玄宗善之。

柳晟，州人，少以孝聞。從德宗幸奉天，自請説賊，爲朱泚捕繫，晟毁械間歸奉天，累遷節度。使回鶻，進公爵。

胡証，州城西里人，元和初進士，官諫大夫。党項犯邊，証以儒士奮勇，選拜振武軍節度使有功。即今胡村胡氏。

裴度，字中立，州聞喜人，貞元初進士，累官中書侍郎。督師平淮、蔡，策勳封晉國公，加中書令，謚文忠。度以身係天下安危輕重者三十年，歷仕四朝，以全德終始。子：識，大理卿；諗，學士。

柳宗元，字子厚，州人，少精敏，貞元間進士，後中博學宏詞科，歷官監察御史、禮部員外郎。坐王叔文黨，貶袁州刺史，又貶

❶「授」，《舊唐書》卷一百八十七下《張巡傳》作「援」。

永州司馬，益自刻苦爲文章。元和中，召至京。復祠以祀之。

董孝章，州人。宋真宗時十世同居，與潞州邢濬、隰州趙友齊名，嘗旌其閭，蠲課調。

司馬光，州夏縣人，天章閣待制池之次子，寶元初進士，累官端明殿學士，知永興軍。極諫青苗助役法，出判西京留臺，退居洛十五年。哲宗初，召拜左僕射，罷青苗法，人謂元祐相業有旋乾轉坤之功。著《資治通鑑》諸書。贈太師，封温國公，謚文正。子康，端謹至孝，舉明經，官司諫，直集賢院。

趙鼎，州聞喜人，崇寧中進士，隨高宗南渡，累官殿中侍御史。陳四十事，遷御史中丞。初，鼎薦張浚，浚並相協心，以圖興復，忤秦檜和議論罷政，謫嶺南，在吉陽不食卒。孝宗贈太傅、豐國公，謚忠簡。

岐裕齋，州三張村人，胡元御世，隱居不仕，學行鳴于時。于所居西南建孔顔曾燕居堂及學舍，歲時率鄉人修祀事，習禮儀，敘鄉飲少長之節。教樹蓄，敦行藝，子孫耕讀，以爲世守。甘貧賤，無外慕，鄉黨化之。生六子。其嫡孫祖訓，官至都御史。

史誠祖，州禮賢坊人，洪武間舉人材，仕汶上知縣。秩滿，陞濟寧知州，仍管汶上事，善政最多。文廟過汶上，撫其背曰：「爾何謂能得民心如此！」賜衣鈔，誠祖繡御手於衣。在任四十八年，壽百十五歲，汶人立祠以祀之。

史善，州崇寧坊人，宣德間歲貢，任邯鄲知縣，清謹著聞，有惠政。陞鞏昌府通判。以不阿權貴，致仕居鄉，州大夫不法者，亦以直言勸沮之。去邯鄲，縣人換衣脱靴，立祠以祀，至今尚存。

王文，字貫道，州三張村人，成化乙酉鄉舉。母病頭風或喇，文輒有夢，見異人，明日果得異人醫瘥。體貌尊嚴沉默，歷武功、汲縣教諭，卓立師道。雖盛暑必衣冠，非公事不謁府縣官，張知府稱爲「古君子」。致仕，杜門不出，州守常臨訪焉。

少參休菴王公傳

休菴先生王公諱璠，字廷瑞，陝之鞏昌寧遠縣人也。先祖諱仁智，曾祖仲榮、祖興，皆務農事，考永昇始以文學起家，舉景泰癸酉鄉試，然毫宕鯁直，言忤當路，抑之。除河間府知事。後以公貴，贈奉政大夫、户部郎中，配賈氏，贈宜人。生四子，公其季也。英敏絶人，博覽群經，務窮于理，爲文辭動數千言，沛然不可遏，行輩皆仰視之，提學戴先生嘗稱爲奇才。成化癸卯，以藩司掾中鄉試第五人。以河間君垂老，不欲會試，河間君力遣之行，即登甲辰科李旻榜進士。河間君聞之甚喜，對賓友酣飲數日，卒。公匍匐奔喪，朝夕哭塚傍，凡宰木皆手植。乃服闋，奉繼母徐氏入京。

弘治改元，授户部主事，分督臨清倉。有中貴怙勢恣貪，公至刷革宿弊，嚴設科條，先繩奸吏二十餘人，積逋驟完。進員外郎，丁徐母憂去。乙卯服闋，進本部郎中，承勑總督遼東糧儲，兼理屯種。值邊徼多事，軍餉屢乏，公力請内帑萬金，并開淮、浙鹽利，於是豪商罔利，吏緣爲奸。乃嚴法窮詰，不通請謁，折没銀萬有四千、米二萬有七千，朋奸誣訴，下御史按白，坐配者百餘家。及瓜代，朝廷遣使盤驗積餘，銀、米、花、布率千萬計。癸亥奉勑儹督漕運，兩遇藩王之國，舟多阻隘，夙夜經理，細疏漕政，多見采納。又奏留天津、德州寄囤米五十萬，省漕卒至十六，時皆稱便。

尋擢山西布政司左參議，分理冀北道，即古雲中地，虜數出没，邊更興役。公冒寒暑，督轉餽餉，雖狼烟累驚，曾無避難。方及二年，邊儲充足，撫臣特疏保薦，冀其大用。壬戌歲當考察，乃以失歡同僚，漬致流言被黜，藩王重臣連疏奏留，公亦以三書自明，荷旨查辯，語在《王氏家乘》。然公自信益篤，謂不可必於人，惟無愧乎天耳。時宦瑾用事，有勸謁以求解者，公曰：「是喪吾素履之節也。」卒不往。初，公之監臨清也，倉中年例扣入可三十萬錢，皆禁絶之，其革遼中紙價，尤著見聞。故部臺書公考績，非「操心端謹」，則「剛果有爲」。其有壬戌之黜者，皆公訖威戢權之積也。蓋公自爲諸生時，同舍生隱學宫傍隙地入己，衆忌之訴於官，以公齒行先己，强爲事首，公偶頷之，然亦事閣不行。衆更詭爲文移之縣，縣聽之，遂直以地入官。而彼生省知爲僞牒也，即更言於按治，稽原牒有公之名，輒出爲吏，公實弗知耳。公素禀剛方，有河間君風，故未仕而罹於訟，既仕而傷於讒。人卒爲弗平，而公固皆歸之于天也。

晚年僑居揚州，日與名士大夫倘徉山水，談詩飲弈，益篤於自好。乃正德己巳六月二十有五日以疾終，距生天順丁丑二月，享年五十有三。配張氏，贈宜人，蚤卒。繼蘇氏，山西汾州世家，考諱子成，爲鞏昌司獄，河間君聞其及笄而賢，禮聘於公。祗承内則，奉姑舅以孝謹聞，雖貴封宜人，心益下，無泰侈。及公没，哀慟致疾，撫教遺孤，嚴飭閫範，竟以憂勞尋卒。時正德乙亥六月初八日，壽不逮公二年也。子男二人，長延祥，以哭公泣血卒；次延祀，占籍江都，遂舉應天鄉試，志行端正，學趨遠大，蓋紹公於不没者也。女子二人，長適同郡何榮，次適兵部郎中海陵儲詢。孫男子三人：卿㯳、卿梓、卿橡。孫女子三人。論曰：

昔鄒陽以「忠無不報，信不見疑」爲虚語，自王休菴公觀之，則陽之言亦或然乎？故白虹貫日，而太子惑軻；太白食昴，❶燕昭王亦猶疑于衛先生也。夫士之修身砥節者，其經也，乃或遭讒罹謗，不免於世，則士固當益篤自好可也。苟或少動于中，變其所守，如誘人言，則一敗既形，百行瓦解。君子所以貴於自信，如吾休菴公云。

桂坡子安民泰傳

安君民泰，名國，號桂坡子，常州無錫縣膠山堠村里人，翰林院庶吉士、今裕州知州如山者之父也。君生而質貌魁梧，資性堅定，長益廣博開朗，被服儒術，涉獵書紀，身通《資治通鑑綱目》，言詩發藻，迥出儔行。性耽山水園林，蓋嘗爲父友菊翁築菊樂園以怡其情，迺又於其園之後作重園以廣之。暇則速友徜徉，浩歌李白、蘇軾之詩，遐想逸踪，❷思共翱翔。既而歎曰：「昔人足跡半天下，而國不出環堵，誠吴人也！」遂走京師，攀躋鋃山，展觀天壽，乃抵

❶「食昴」，原作「倉昴」，據《漢書》卷五十一《鄒陽傳》改。
❷「想」，重刻本作「思」。

居庸，越龜、蒙、鳧、繹，以謁孔林，於是有《北遊記》。已而還泛大江，躡匡廬，觀瀑布，沿入武當，於是有《西遊記》。已又南遊荆溪，登龍池，涉震澤，窮搜天目諸山，遂東至海上，渡錢塘江，以探禹穴，窺天台、鴈宕之奇，❶皆有記。記各有圖，圖各有詩，而太宰龍灣廖公及大參諸東洲、都諫俞國昌諸君，皆爲之序其事。則君固塊視三山，杯觀五湖，當其志興，若有人導之，雖以登東山，亦肯學而往也。嗟乎，壯哉！

初，正德辛巳間，巡撫梧山李公欲行白茅水利，延訪于君，君詳列方略，兼著勸懲法，民樂趨事，登于成功，李公至恨相見之晚，禮遇優厚。嘉靖乙西，海寇飄發，横爲民患，中丞松月伍公聞君才名，檄爲幕賓，時議皆欲擣賊巢穴，君曰：「計左計左！夫賊恃海爲亂，出没波濤，若我軍冒險，先褫魂魄，莫若以賊攻賊，誘執其渠魁耳。」從之，賊平。伍公疏其事于朝廷，獲有銀牌之錫，則君固懷才挾策明時之逸民，託興于山水者乎！

君，毘陵之富室也，然未嘗規規然計于贏縮之謀，❷而高貲雄于吴中。又喜爲義舉，積而能散，蓋嘗捐金倡郡民以築毘陵之城，正德己卯歲侵，則又賑穀數千石，以救毘陵及旁郡之飢，所全活者甚衆。則其周戚黨之貧，事業師蔡約室之厚，養舅氏之有終，待兄邦遺孤子孫之得所，可勿難矣。蓋君天性孝愛，或速客觴詠以樂父心，或迎醫辯藥以瘳母疾，咸祇忠信，無所塗飾，宜其於宗戚鄉黨者如是也，則夫吟咏于山間水

❶「宕」，萬曆本作「蕩」。
❷「贏」，萬曆本作「羸」。

邊者，豈徒然乎？

君先世本姓黄氏，有孟信者生子茂，字叔英，洪武中來繼于安明善氏。茂生以恕，字近仁。以恕生公俊，號處静，直行讜言，爲邑聞人。公俊生祚，即友菊翁，剛方閑禮度，事親孝謹，配司馬文正公十五世孫逵之女，是生君者也。安氏畜之累世者，固將于君乎振哉！君配周氏，生七子，分授以五經，遍宿名儒，❶以爲師承。長即如山，中嘉靖己丑進士，勵志古學，爲君索傳誠篤，至過自遜稱以愨予，則發君之祥而廣其未究之志者，不在兹乎？娶江陰陳墅郭世祥氏；次如磐，太學生，娶參政葛志貞氏；次如石，娶鄉進士華從龍氏；如京，聘江陰周氏；如崗，聘常熟副使王于澤氏；如陵，聘太學生鄒子問氏；七子幼，未聘。女子子二人，長適興道華魯氏，次適武進邑庠生鄭相氏。孫男一，希堯，如山子，聘蘇州王文恪公孫女。孫女子三人。則君之福履，可知其振且懋也。君生卒年月暨文行之詳，語在冢宰介谿嚴公、宗伯甘泉湛公碑表誌中。所著四《遊記》及《遊吟藁》數十卷，皆藏于家。論曰：

嘗聞之，貧富在天，不可力移。世有晝策夜籌，焦心白首，然終不能長尺寸，或并其故者而失之；乃有起業販繒芻牧之間，後其富可敵王侯，今觀桂坡子益驗哉！彼桂坡子遨遊山水，吟咏詩賦，何嘗握觚坐肆，如壟斷人乎？然而其富自若是也。士惑於貧富之間而操持不堅者，觀此可以定志矣。且桂坡子俊才有略，懿行秀文又若是也，

❶「宿」，萬曆本作「事」。

乃落魄於江湖林石之間，不能沾一命榮，而世之齷齪自足，才不逮乎中庸，數至顯貴者，此其窮達，又何以辯也？故士無怨尤之心，方可以得道，有混于取舍之分者，其違仁也遠矣。孔子曰：「富而可求也，雖執鞭之士，吾亦爲之。如不可求，從吾所好。」予因桂坡子以告云。

贈君鄒宗孟傳

贈君姓鄒氏，名希賢，字宗孟，西安咸寧人，刑部郎中相之父也。曾祖儒宗，祖友德，考敏，皆處士。敏娶某氏，生贈君。贈君生而秀異，蚤喪父母，祖母何鞠之。九歲受《孝經》、《論語》於謝先生，能暢大義，十三歲何卒，遂棄業。初，何嗜茗，秦地禁茗難獲，贈君每求諸石甃以養何。何卒，而水漿不入于口者五日也，乃鬻産以厚葬，而假館于士人附氏，惟浮屠氏矢不用也。南游江湖，每節候必給祭需于家，身焚楮，泣諸邸。生無同父兄弟，雅厚諸堂從兄弟，有酒食必以速。後從兄清、淙死，皆贊以十金。淵存而不商也，每出，扶淵貨行，歸而畀之息，以爲服勞爾也。韋曲世業田四十畝，堂兄洹私售于紀氏而擅其直，贈君不以問。族兄昞、昉歿于蜀，貲且盡，乃歸其喪，而撫其孤以立。侃，族姪也，年長而學有行，然貧甚，開鄉塾以誨人，贈君禮厚之，遣郎中師事焉，且令侃不念衣食，既死而賻葬之。

成化末年，關中饑，人相食。贈君令外姪傳鋼商販荆襄，取其息以周宗族戚黨。其救鄉人孫、楊輩困而更生者數家，焚債券如羅春、郭玘者三十家，故咸寧人十九啣贈君之恩也。弘治辛酉，延綏告警，上官令富民借運，有司以郎中、生員應役，贈君曰：「國弗急救，下心何安？」乃捐千金于里正，陽城趙令聞之曰：「此在士大夫，且以難！」關中飢時，脚者茹賢十人受其直八十金運貨于蜀，比啓行，皆挾其妻子竄于終南山，家人欲追而奪之，贈君曰：「渠遁者，正欲利此也，奪則數家之命殞矣。」止。越二年歲熟，數家皆還，贈君亦不問前故。其客蜀時，夙興過濯錦橋，獲白金二百銖，坐于橋側，良久有人垂泣而至，叩之則失金者也，與之。家居時鄰人來謁，適會賓侶，鄰竊白金酒杯以行，家人瞰知欲發之，贈君曰：「止。失此損我不多，發之彼行敗矣。不若微示之，令夜自歸。」其人聞之，終身不敢爲非。

弘治壬戌五月卒於蜀，蜀人與交者無不痛悼。郎中與生員奔喪蜀中，蜀人負貲者已無籍，客各以其負自還者二十餘家，且曰：「鄒宗孟客蜀四十年，吾輩蒙惠多矣。今且死，豈忍背也？」及輀車發，送者擁不能行。贈君之爲三秦豪傑，非耶？故歿未久，以郎中前官贈刑部主事。李氏，關中望族，贈君之初配也，以郎中前官贈太安人。安人有孝行，未笄喪母王氏，哀毀骨立，既歸贈君，歲時奉祀，必竭誠敬，誨郎中少年讀書，針指伴夜云。許氏，亦關中名族，贈君之繼配也，善撫李遺，視諸子女不異所出。史柟贊曰：

長安劉司徒用齊不溢美人，其誌鄒贈君「無疾言遽色，四十年未嘗取怨于一人」，以所傳郎中狀觀之果然。夫贈君一布衣，盡其材能，所至濟衆。當其寄一命，詎止是邪！然則弘其烈而賦之天下者，其在郎中乎？初，郎中扶君柩還自蜀中，過青堆，纜絶舟不覆。青堆險如灩澦而免，所信贈君者，固獨人耶？知郎中之必大無疑矣！

玉田處士伍先生傳

玉田先生者，蘇之吴縣人，今工部主事餘福之祖也，諱瓊，字時美，姓伍氏，東白張學士志曰「系出楚大夫伍舉之後」云。曾大父顯之，元至順間以處士徵，不就。大父子雲，世稱貞隱先生，國初亦賢良徵，拜湖州府經歷。父宗理，母趙氏。宗理嘗爲萬石長，末年膺《養老詔》，授有卓服，與姚氏、王氏號濠上三大姓云。其後二氏皆彫落，而萬石長益自淬礪，增拓舊物。嘗受大賈寄布千疋，大賈死，萬石長召其子與之，其家驚嘆感激。

先生蚤承澤訓，凡所舉動，多肖萬石長云。嘗出隙地以資人之無葬域者，其人不自葬，又市諸他人，他人葬凡幾喪，復來售諸先生，且欲發棺以瘞他所，先生曰：「不與之直，若更陰發他售，則莫能禁也。」乃止其發，而與之直。其他買地穿井以供衆汲，捐貲治道以便行旅，應時成梁以資利涉，好義喜施，皆此類也。有司率多旌其勞義，至有勒石道左以紀其蹟者矣。晚年又祖藍田吕氏遺意作《鄉約》，會以勸衆，一時比閭族黨禮讓相接，風俗頓改，歿後人猶頌焉。

蓋先生禀賦清癯，好學不衰，少游賀感樓、陳體方、王孟南三氏之門，即得其肯綮。好吟詠，或有所得，輒隨筆書之，以爲庭訓。工部幼時，嘗携之涉大江，登金山，吊秣陵，訪六朝遺蹟，暢然而歸。忽不樂，曰：「九華仙招我，我願與之游。」乃以弘治丙辰春正月十二日卒，享年六十有一，葬在吴城北三十里龍池山。初弘治壬子，三吴人患荐飢，有司勸諸尚義者，先生遂倡爲齊民先。當道强官之，然終非其志也，故居常惟韋布服，至月朔朝賀或一冠紳，吴人尤高焉。配倪氏，比德先生。男一：鋹，娶李氏。孫男二：長餘慶，娶吴氏；次即工部，娶顧氏，篤道好古，能發先生之祥者也。贊曰：

美哉玉田，晦迹民間。身嗜廣誼，篤拯困窮。行攸在我，亦傳于天。既纘前懿，裕此後昆。福祉既誕，孫子員員。既顯于仕，于道尤虔。厥源不遠，疇流兹焉。相此種德，何履不旋。

涇野先生文集卷之三十五

南京禮部右侍郎致仕前國子監祭酒
翰林修撰兼經筵講官
同修國史高陵呂柟撰
巡按直隷等處監察御史門人建德徐
紳海寧吴遵彭澤陶欽皋編刻

說　祭文❶

說

李得輿兄弟字說

廣西李得輿冠時字曰「子式」，其弟得友未冠，將字曰「子益」，蓋皆出于父師之意、大賓之命也。涇野子曰：「得輿而知『子式』之意乎？夫子告子張曰『在輿則見其倚于衡』，衡即式也，斯蓋言敬也。子張于忠信篤敬或不足，故夫子云爾。子能式乎是而免子張之失，則可以『得輿』矣。《易》曰：『君子得輿，民所載也。』友以三益爲得，三損爲失，得友將非『主忠信，無友不如己者』乎？雖然，多聞不如友諒，友諒不如友直，故夫子論三益以友直爲首，子益其得直友乎？」

陳氏二子名字說

陳安邑自寬有二子，請予命名且字之。

❶「說祭文」，原無，據目録補。

其長也名曰「臨」，字伯咸，其次也名曰「觀」，字伯孚，且與之説曰：「在《易》，《臨》之九二剛中，上應六五，誠意相感，不順私命，故『吉無不利』。臨乎，其在咸乎？苟積諸己者不實，吾未見其能咸也。《易·觀》卦辭曰：『盥而不薦，有孚顒若。』《彖》曰天下化也。夫孚也者，信也，信在乎中，自著於外，故爲可觀。若巧辭色莊以鮮仁，誰其視之哉？」

林幹字説

涇野子於臨海林幹字曰「幼培」、臯字曰「幼毓」，謂之曰：「幹乎！爾知此幹高插雲日，遠參霄漢乎？惟在善培其根爾。臯乎！爾知此林茂密包山川、深幽通澤谷，惟在能毓其本爾。是故冬也者，天之斯晝也；璞也者，璧之斯羡也。是故根不善培，則幹之矗矗乎達天也難；本不能毓，則林之綿綿蟠地也難。是故君子集義以培其根，存仁以毓其本。」

馬氏兩生字説

馬兩生者，前兵科都給事中梅軒先生之子也。予嘗隨巡按初公訪先生，先生出兩生以見，皆威儀温恭，言動可敬。初公乃字其孟嶽曰「子高」，字其仲巒曰「子端」，兩生拜而受之，請予爲説以自警。予曰：「夫孟其知『子高』者乎？夫在地之物，將萬類也，長或過尋丈，少或至尺寸，孰有如嶽之巍巍嶪嶪，插霄漢，摩日月，甚或雲霧烝發之時，即與天爲黨而不可攀？昔孔子所登以小天下者此也。嶽其無自卑乎！夫仲其知『子端』者乎？在世之物，將千品也，南有樛枝之木，北有曲流之河，孰有如巒之亭亭矗矗，縈烟霧，冒雪霜，甚或風雷搏擊之時，亦拔地端而不可撓？昔孟子所論以取尹公之他者此也，巒其無自枉乎！且梅軒先生忠讜在給舍，牧愛在郡守，直道既忤於時，高節益振於後，其爲家庭之嶽，以式是兩生者久矣，然則兩生之高世離俗者，又豈待予説哉？」

丘孟學字説

予之謫解也，丘孟學即從予遊，蓋飲食居處相同者幾二年，切磋之益，規戒之深，蓋有不待言色而相喻者矣。若夫器識宏遠，志意堅定，蓋交遊中之所喜見而樂問者也。比予發解，送至蒲津，同居數日，出此册以問字説。嗟夫！東魯之道，不明久矣，治日少，亂日多，俗日偷，風日薄，此其故可恝然哉？丘子而顧名思學，顧字思名，以求吾夫子之意而措之行，予當驩然而笑登西河之舟矣。字，則東岡李司馬所命；名，其叔父善人之所定也。予因與之號曰「思齋」云。

克齋説

「克齋」者何？❶光禄少卿句容王公克明之齋扁也。齋何以言克？❷取「克己」之義耳。自夫子告顏子之後，茲學久不講，克齋取以請事，當非顏子之徒歟？然則顏子

❶「何」，萬曆本無。
❷「何以言克」，重刻本作「以言克何」。

之克己者如之何？曰：克居室以陋巷，不羡數仞之堂；克飲食以簞瓢，不慕方丈之席；克耳目口體之非禮也，凡宋朝之美、祝佗之佞、逆送之目、❶附耳之音，❷皆無矣。或曰：「顔子未仕者，如此可也。若克齋已列卿士，行有天下國家之責，亦如是乎？」曰：「夫子亦又告顔子矣，『行夏時』，『乘殷輅』，『服周冕』，『用《韶》舞』，❸皆克己之用也。」或曰：「今天下水旱相仍，災眚迭起，窮獨無聊，即克齋能用也，持夏時、殷輅，將奚補？」曰：「君子之道，在取其意。❹聖人之學，不泥其跡。亦嘗聞水火之相息乎？非火不水，非水不火，『非水不火』謂火耄也，『非火不水』謂水穉也，水以火動，火以水績，互藏厥體，交致其用。如水益水，如火益火，水溢火滅，百工具朽。故君子懸結繩於質削之日，聲絃誦于干戈之際，非達見也。❺」曰：「子於顔子克己之體用皆説矣。乃夫子稱其好學，獨在不遷怒貳過者何？」曰：「凡過與怒，皆於體用形也。故顔子之學如其道，雖失天下不爲怒；如其非道，雖片言之出、一念之興，皆以爲過也。則過與怒者，又己之所先克者乎？」他日克齋累言之，遂爲之書其説。

許汝賢字説

許生名象先，其父淳菴君宿大賓，加冠於其首之時，已字之曰「汝賢」矣，至是學于

❶「逆」，重刻本作「迎」。
❷「音」，原作「耳」，據重刻本改。
❸「用」，萬曆本作「樂」。
❹「意」，萬曆本作「義」。
❺「達」，萬曆本作「過」。

鷲峰東所，問説焉。涇野子曰：「知名，則知字矣。夫名爲『象先』者，言自淳菴君以上，至於曾祖方伯公、高祖封御史公以及始祖，皆先也，先人積善行義，至於有汝，汝之象先人也，不賢而能之乎？故字汝以『汝賢』者，欲其盡繼志述事之實耳，則何以謂之賢？思先人之善也，使『有諸己』以至於『美』之地，先人之所積者，於是乎益顯矣；思先人之義也，『有事焉』以至於『剛』『大』之境，先人之所行者，於是乎益茂矣。故有如此之賢，斯能象先耳。」又曰：「孝子之事親，猶仁人之事天。使汝賢又能求開闢之先而速肖焉，則窮神知化之賢，當必又有所在乎！昔孔子惟先進之從，而記禮者猶耻在君子之後，不可不深長思也。且自汝賢之至鷲峰東所也，聞言即解，見義必爲，凡父母兄弟之事，殆如饑渴之於飲食，則亦有賢之本矣。故予欲汝充此賢，以求進於踐形惟肖之地，非以相誣與欺也。」

永慕説

「永慕」者何？太學生仁化蒙禹化慕其父母而不忘，太常卿海陽盛公之所題也。何言乎「永慕」？禹化曰：「應龍之母譚氏撫教應龍于幼稚，無所不備，凡寒暑裳衣，皆出手線，每訓以古昔賢孝，令成名士。乃正德辛巳，太守吊試于府，尋報母驟病，亟馳歸，母已終，不獲一永訣，悲踊無地，至今猶若吾母之未斂時也。吾父字廷玉，曾廩于庠，貢且至，乃告養親，終身隱處，及誨應龍學，朝誦暮讀，有不習，輒呵扑不少貸，曰：『吾已削籍于學，汝復不能奮以升仕版也？』乃嘉靖乙酉，歲當大比，時父遘疾，辭不去試，父怒曰：『是不孝也！』勉從父命以入省。比觀席舍圖，還旅邸，聞鄰人私語曰：『某父疾，其難愈乎！』應龍悲慟思歸，有友曰：『道塗之言，未必盡然。姑應試，以俟家書。』曰：『方寸既亂，功名何爲？』遂棄筆硯，垂涕泣，兼程抵家，父已蓋棺，不獲一面，號泣控天，至今猶若吾父之欲殯時也。夫應龍方赴府試不能以終母，方赴省試不能以終父，父母見應龍于生，應龍不能見父母于死，天下不孝子尚有如應龍者乎？則應龍之永慕乎親者，實永怨乎己耳！若他人者之父母，或生八九十歲，或生百歲有餘，皆見其子之成立也，乃吾父纔年六十有四，吾母雖六十，亦尚欠一年也。則應龍之所永慕者，實未能有所永其年耳！」

涇野子曰：「傷哉禹化！吾爲爾説之。夫骨肉聚散有定數，年壽脩短有定命，汝如永慕親之身，不如永慕親之道，汝知永慕親之年，不如永慕親之名。親之身不可以復生，親之道可使與天地並久，則固未嘗死也。親之年不可以復存，親之名可使與日月並明，則固未嘗亡也。是故慕呵扑之義，即『小杖則受』之旨也，身爲曾參不可乎？慕手線之慈，即『啖肉示信』之訓也，身爲孟軻不可乎？日事三省，雖一貫之道可聞。動充四端，雖浩然之氣可致。果若是焉，雖今父母上希曾晳、孟仇，將千百年猶在也，斯不亦更永乎？禹化毋徒爲世間兒女子之戀慕云。」

橋東書屋説

橋東書屋者，太學生海康張敬伯之所

搆也。何以曰「橋東」？敬伯曰：「雷州之衞治，宋之府治也。宋郡守虞應龍嘗建譙樓，走使于贛，請文山記，記至之日，府左一橋適成，遂以「文山倫魁」名橋。今橋雖圮，厥基與名猷存不朽。一拱居第在橋之東，遂以自號，且扁書屋，蓋欲有所仰止云。」涇野子曰：「文山，亂世之忠臣也。敬伯，聖代之造士也。奚取于文山？」對曰：「君子之學，師其心不師其跡，論其志不論其時。」曰：「異哉敬伯！何愛橋不如愛屋也？橋，名也，屋，實也；橋，在人者也，屋，在己者也。橋因文子倫魁而名，且立數百年至于今，如敬伯以屋爲天下之廣居也而居之，則其垂久遠也，又豈讓彼一橋哉？且敬伯之曾大父以鄉進士尹平樂，有循良績，大父及父皆隱居教授，以德行稱，乃至敬伯，固不欲一丕顯之耶？」對曰：「若是，一拱可謂求諸人、不求諸己，于其名、不于其實矣。兹歸也，敢不益脩其身，下淑諸子弟，旁及諸鄉人！他日如有一官也，又將以澤諸斯民，不識可獲『廣居』矣乎？」曰：「敬伯能若是焉，則斯書屋也，將傳諸天下，垂于後世，又豈讓彼一橋哉？」

黃子積字説

安義黃大子積餘慶，游于鷲峰東所者有年矣，將告歸，乃以其字説請。初，子積之在蜀也，楊太史用修已爲其兄弟作《五黃字説》，具悉著代諸義，兹復有問，則予又何以告之？夫月坡先生之名子積且字也，於名字間已具其義，況子積自至東所，言不妄發，臨事能慎處，交友能分財，有恤不變，固已知善之可積而奮趨于道矣，則予又豈他說？雖然，在《易》，《升》之象曰：「地中生木，升。君子以順德，積小以高大。」言其積也必自本，而後能升之。故予論格物，必曰致曲，皆子積素所聞也。聖賢如成王、召公，然猶以「矜細行」爲言，況其他乎？子積欲成九仞之山，則於一簣之間，必不可忽矣。世謂莊周誕人也，至其論萬里之鵬也則曰：「風之積也不厚，則其負大翼無力。」是故能積於根本、尺寸之間，則使木之升也，干雲霄、凌星日也必矣。昔夫子論君子之不違，自「終食之間」以至「造次顛沛」，皆其處也，子積其用力於是而勿忘也。

贈半窗子說

去冬，半窗子既有四川建昌之命，予聞之曰：「半窗子必不怒。」已而半窗子既至，仕者曰「建昌遠」，隱者曰「建昌遠」，親與疎者亦皆曰「建昌遠」，於是半窗子亦少惑於其言。予謂之曰：「惑之將奈何？斯遠也，實近也。」半窗子乃不惑。今春，半窗子既有山東憲臺之命，予聞之曰：「半窗子必不喜。」已而半窗子且行，親者曰「山東近」，疎者曰「山東近」，仕與隱者亦皆曰「山東近」，於是半窗子亦少動於其說。予謂之曰：「動之將奈何？斯近也，實遠也。」半窗子乃不動。

或曰：「子何以初知半窗子之不怒與喜也？」曰：「半窗子，學爲經世者也。使彼以建昌爲怒，必以山東爲喜也。」「子何繼知半窗子之不惑與動也？」曰：「半窗子，學爲體道者也。使以逆言而惑，必以順言而動也。」「然則謂遠爲近、謂近爲遠者，則何居？」曰：「建昌之遠，以地言也；其近，以道言也。見乎道，則雖行萬里之遥，如在跬步之間矣。山東之近，以地言也；其遠，以道言也。見乎道，則雖居咫尺之邇，猶存遐遠之見矣。是故知建昌之不遠者，可與言近；知山東之不近者，可與言遠。」「然則謂崇爲卑、謂卑爲崇者，亦可乎？」「苟有所見，焉往而非近遠哉？」

歐陽曰大字説

歐陽曰大，且還泰和，乃拜請曰：「生父碧溪君名生以「乾元」，字生以「曰大」，蓋取《乾文言》義也。幸畀一説，而乾元可終身行矣。」涇野子曰：「斯『曰大』也，但贊此乾元耳，其所以致大之功，則未及焉。夫乾，其静也專，其動直，是以大生焉。是故静而不專，則雜念易起，而天下之大本難立；動而不直，則損友易親，而天下之達道難行。誠使内斯静專，外斯動直，自强而不息也，則其自强庶幾乎可學乾元矣。且曰大不見夫子乎？舉世不知，而惟天能知之，究其所以，只在下學。是故聖必以天爲準，士必以聖爲師。曰大而不能顧名思義、顧字思功，則人將謂此字名非汝之所能溥有，《春秋傳》所謂『名與而實不與』也。然則曰大之乾乾于終日者，可知也。」

善慶堂説

善慶堂者何？泰和鄒子汝粹之所構也。何言乎「善慶」？鄒氏世爲金陵人，至居易先生仕南刑部正郎，其宅于淮之東干，白巖喬公扁曰「金陵舊居」，他日東郭鄒子見先生之子汝粹克敦行，以訓汝獻諸弟子有成，扁堂曰「善慶」。予因著説，嘉汝粹云。

謝伯己字説

謝生名顧，初字惟命，請予更之。予曰：「古之顧在己，如何？夫人之怨天尤人者，皆不顧己者也。子如從事於下學，其惟顧己乎！故字子以『伯己』。」顧曰：「『己』亦如此之大乎？」曰：「古之學者，惟在爲己。顏子之賢，惟在克己。故爲人子者不可以有己，爲人臣者不可以有己，然皆必先顧乎此，而後能無己也。顧也，其知所先哉！」

宋宗易字説

靖州宋君從簡，光禄卿西溪先生之子，質明而志美，學遠而履方，蓋傑士也。他日嘗因潛江初啓東問字焉：初字「宗望」，予不知也；又字「宗冉」，予亦不知也。求其故，其説長且難。啓東曰：「則謂之何？」曰：「免於難者，惟『易』乎！」於是宗易又問字説。曰：「子無以易爲不難也。夫子曰『易簡理得，則成位乎其中』，與天地參，豈細事乎？若能顧名思義以求『易從』之實，顧字思始以求『易知』之真，口無隱言，身無二行，肺肝可對乎天日鬼神，踐履不越乎飲食男女，潛修之久，積累之深，雖未能便與天地參，然而於仰乾俯坤者，將亦無怍乎？」於是宗易作而曰：「簡又不敢以『易』爲易矣。願從事乎名，以不忘先人；從事乎字，以不忘吾子。」

胡大器孺道字説

休寧胡生大器學於柳灣精舍，問字焉，對曰「成之」。曰：「學者顧名與字，以思義也，故文中子以『無功』爲廢朋友之道。夫子嘗曰『君子不器』，汝欲爲君子，則不可止成乎器矣。」曰：「成大器，則何如？」曰：「其器雖貴如瑚璉，亦夫子所不足也。」他日移居鷲峰東寓，同解州王克孝問字説，則謂之曰：「《易》不云『形而上者謂之道，形而下者爲之器』，大器年未及壯而能從事於道，如子賤之學也，則親賢取友，治過徙義之不遑矣。他日養成大器如揚子雲所云，當又何難哉？」因字之曰「孺道」，與爲之説云。

仰山説

「仰山」者，侍御宋君獻可之所自號也。《詩》云：「高山仰止，景行行止。」其獻可之志乎！君鄜州人，鄜之東南皆高好，❶櫻桃之所環繞，其西障以龜山，延以筳化，❷而洛及華池之水襟帶于其前，舊表爲四景，曰「東皐霽日」、「西巖爽氣」、「南浦停雲」、「北嶺積雪」云。初開元坡，❸三川水，數于唐韋莊，❹杜甫詩，所謂「拜掃走鈿車」、「歸路晚山稠」者，此其地也。

獻可既入官，每觸懷起興，未嘗不仰稱

❶「高好」，萬曆本作「高奴」，下同。
❷「延以筳化」，萬曆本作「延袤迤北」。
❸「初」，萬曆本作「故」。
❹「數」下，萬曆本有「形」字。

兹山焉，❶他日至爲圖以展于予，則謂之曰：「獻可操行孝廉，負器剛方，見善必好，見惡必嫉，事至勇爲，無所顧忌，爲今之名御史。其仰山也，毋止以高好、龜山而已。高好之南有嘉嶺，其東雲巖，❷亦可仰也。宋范希文之在嘉嶺也，墾營田，復廢寨，熟羌歸在數萬，❸西賊聞之破膽，至今兹山手澤猶存。張子厚之令雲巖也，敦本厚俗，每月之吉，勸酬鄉人高年，使知養老事上之義，至今遺風猶在。獻可而仰兹山，❹則豈非今之范、❺張者乎？」曰：「是斯二人者，正宜夙宿之仰慕，行將求思齊焉，豈敢以負嘉嶺、雲巖哉！」曰：「猶未也。陰晉之地有泰華焉，首接前來，❻尾屬符禺，削成四方，其高五千仞，羬羊、肥䲃亦利焉，昔周公以禮樂興西周者，嘗與此山争衡也。齊兖之地有岱宗焉，旁接石閭，下衍梁父，聳立天門，日觀其高四十餘里，鴈飛、虎阜亦負焉，昔孔子以道德起東魯，❼嘗登此山比高也。獻可若又仰此二山，則何如？」曰：「宜出按于外，久不聞斯言。兹雖仰之彌高，亦所不厭矣。歸，將視高好、龜山如拳石耳。」

赤溪夏君廬墓説

「廬墓」者何？赤溪夏君爲其母陳氏之亡，居廬于墓也。爲其母陳氏廬墓者

❶「稱」，萬曆本作「跂」。
❷「東」下，萬曆本有「有」字。
❸「在」，萬曆本作「者」。
❹「兹」下，萬曆本有「二」字。
❺「今」下，萬曆本有「日」字。
❻「前」，《山海經》卷二作「錢」。
❼「魯」下，萬曆本有「者」字。

何？其父年二十一而早卒，陳方十九，伉儷二載，遺赤溪君未周歲，在繈抱。陳日夜哀毁，幾不欲生，舅姑暨諸戚黨開慰得不滅。及舅告逝，赤溪君又羸病不振，陳齋素籲天，濬禱明神，以祈夏宗，用獲無虞。壹志事姑，不避諸難。里有豪族，弱孤凌寡，力併園田，乃食窮飲痛，殫力支持。他日外室姑息，謀欲奪志，勵色切責，斷不及門。其訓赤溪君，動止循禮，無少姑息。及有郎中仁甫諸孫，含飴訓愛，不離膝側。乃享年八十有四而卒，通計孀六十四載，不亦難乎！赤溪君痛曰：「使吾病幾死而復生，使吾夏氏幾亡而復存，續不絶如線之緒，以綿此瓜瓞之盛，皆吾母之力也！」乃於既葬之後，寢苦枕塊，蔬食齋衰，居廬墓側，朝夕哭奠，烏鳥循號，鬼神聞泣，若是者蓋三年焉。於是涪州人皆稱赤溪君之孝思，因頌陳夫人之貞慈也。

他日仁甫以告，涇野子曰：「微陳夫人貞慈，無以建赤溪君之家；微赤溪君之孝思，無以顯陳夫人之德。母子二人，更相爲道。雖仁甫今日爲學而有聞、去官而無媿者，皆自此基之耳。若夫使貞慈孝思顯揚至千萬載而不磨者，則又在仁甫乎！仁甫盍思廬墓之中心、孀居之初志哉！」「或曰『廬墓非古也』，何取於赤溪君之事乎？」曰：「人子以枋爲親出入之所，且祝焉祭，況于墓乃體魄之所存者耶？夫弟子於師，亦築室于場，況子之於父母乎？」「然則又何以言『非古』耶？」曰：「譏其去於爲名者耳。若赤溪君之用情也，惡乎不取？」於是仁甫曰：「涇野子其欲國孝爲順孫孝子乎？國孝而能成順孫孝子也，又何賴於此官哉？」

謝應鴻字説

謝應鴻問字，予既告之以「漸卿」矣，又欲予説其義，蓋取《易》漸卦之象，進爲有序而不驟也。孟子曰「其進鋭而又速於退焉」，又豈所以爲漸者哉？昔孔子自「志學」以至「不踰矩」之年，列爲等級，皆示人以漸進之方，漸卿不可不深長思，而功或不繼，以失其漸也。

蔣參之字説

蔣進士三才，其冠也，賓字之曰「參之」。參之嘗問字説焉，涇野子曰：「賓之意，蓋取《中庸》『贊育化』、『參天地』之義，則其故，豈有過于至誠者乎？」「則何以能之？」曰：「功在致曲。曲，委曲也。舊講一生爲友封書以致先生之意，參之聞之熟矣，能乎此，他日用之而行，雖佐人主以位育參贊者，亦有餘也。」

王叔孝字説

王進士名延祀，其父少參休菴先生所命也；舊字治明，賓友之所稱也。他日過鷲峰東所，予曰：「此字，於名未爲無關，于身未爲無功，第發休菴傳世之志意，廣吾子紹先之志，未若如『叔孝』之爲切也。」於是朋儕皆率稱叔孝云。今冬叔孝謁予於十蕉亭，問《西銘》與《定性書》，曰：「《西銘》之道，惟孔子能有之，如老安少懷，及敬齊衰、冕衣裳與瞽者，可想見也。《定性書》，惟顏子能有之，如不遷怒貳過，及簞瓢陋巷、不改其樂者,可想見也。且予往日字子以『叔孝』者,將非欲取法《西銘》,如仁人之事天,斯爲至乎!」是時叔孝亦問字説也,遂書以歸之。

同愛亭説

「同愛亭」者何? 定遠尹唐侯子薦之所搆,而以自扁者也。初,蘆岡張侍御巡按至定遠,嘉樂妙山,乃同持齋張户部登遊焉,亭自是起矣。然束葦覆布,明日撤解,非真亭也。他日,子薦之友五泉楊君聞蘆岡言定遠山亭之勝,遂作「池南書臺」大書,自海虞以遺子薦,書至而亭已漠然亡久矣。子薦曰:「妙山去縣三十里,自吾入任,因蘆岡始一再至,雖有亭,豈能久存乎? 然而海虞之大書,不可孤也。」遂起方丈之亭於城陰北面,下看池蓮,十里生香。昔濂溪嘗云:「蓮之愛,同予者何人?」夫池南,錡之號也,斯亭也與其以錡之號自私,孰若同于濂溪而又同於定遠人之爲公乎? 遂易其名曰「同愛亭」云。亭至此,蓋三變矣。

今年秋七月,予道過定遠,子薦酌於亭中。當是時,蓮雖多謝,而緑荷彌望,回意濂溪,如在目前,遂題《風月無邊》之詩,因作「追步濂溪」之書,颺言曰:「此雖名『君子軒』,亦可也。」已而子薦出《同愛亭記》以展予,予謂之曰:「同愛在於同人,同人在於同心,同心在於同理。苟同心以理也,雖四海九州,焉往有異哉? 況一定遠乎!」他日子薦欲聞其説,則謂之曰:「《易》不云『同人于野,亨』,又不云『殊途而同歸』?」

陳汝學字説

太學生陳子文禄在鄉校，羈冠時嘗問字於戚丈霞山蔡公，❶霞山字之以「世勳」。踰數歲，禄心未安也，復質於霞山曰：「吾丈以『世勳』字禄，是使禄求在外也，❷非求在内者也。請易之以他字，禄將從事焉。」於是霞山曰：「夫子不云乎：『學也，禄在其中矣。』其更字之以『汝學』乎！」比汝學選貢入南雍，嘗從予遊，暇問其字説焉，涇野子曰：「是不可以他求也。聞汝學嘗不忍食榧，思學曾子之孝矣；卻還官饋，思學原憲之廉矣；事兄嫂如事父母，思學韓愈之恭順矣。夫孝廉恭順，皆此心之仁也。使學孝而能通於神明、光於四海，則不愧於曾子；學廉而能薄于自奉、足乎百姓，則不愧于原思；學恭順而能敬而無失、恭而有禮，使四海皆兄弟也，雖孔門之徒亦可班，況韓愈乎！夫然，則内不辱其親，外不忤于人，❸王公不能榮，諸侯不能辱，天之尊爵果在乎我，其爲禄也，真可以爲文矣！苟學之不務，而惟禄之干，幾何不爲患得患失之鄙夫哉？雖千駟萬鍾，于我何加焉？」

陳正甫字説

正甫名大經，賓字之曰「正甫」者，欲其先求諸己，以正其經也。審乎此，則凡出言舉步之間，坐班歷事之際，皆正之所在矣。

❶「羈」，重刻本作「弱」。
❷「外」下，萬曆本、重刻本有「者」字。
❸「忤」，萬曆本、重刻本作「怍」。

許應魯字説

應魯，東望之字也。魯在齊之東而望之，當一舉目見也。或曰：「將文王生于岐周之西，望道而未之見者然乎？」曰：「有望之而至者，有望之而未至者。望之而至者爲聖人，望之而未至者爲賢人。不望而不至者，吾不以望吾應魯也。」

盧叔道字説

盧生叔道字説。盧時皞，襄陵人，其父西峰君，仕爲懷慶府知事。皞從其師陶進士季良學於北泉精舍，未幾，季良命時皞同其弟模偕冠焉。予字時皞曰「叔道」，且與之説云：「時皞，汝其篤志以學夫道乎？君子之爲人也，出將贊聖王之政，以使民皞皞如也。使非其道修于己，其何以上相聖人，使有純王之心，以行純王之政乎？皞如勿爲君子也，不學夫道可也；皞如必爲君子也，則於斯道自衣服飲食之常、出入往來之細，不可頃刻或違也。漢初有董仲舒者，能明道不計其功，其發憤下帷之志，超出世俗，遂成大儒，説者以爲能接孟氏之傳。汝之歸也，董子傳不可不熟覽而近思之，將所謂道者，當亦不出于此乎！」

梅岡晚隱敘説

梅岡者，上林苑監録事、前工部織染所副使徐君廷華先生之所自號也。君少負奇氣，篤藝儒術，不偶於時。後有司辟積其勞資，筮仕織染。爾乃蚤夜惕勵，脩廢舉墜，如理家務，克立厥官，蔑所回欺。至於稽濫匠之私、革徵索之弊，歲省恒費，不啻千百。上林故多中官逋匿、夤緣、侵尅，不畏於人，乃廉得其狀，率寘之法，姦用丕絶。於是知君者咸曰：「惜徐廷華之所治者小也。」乃嘉靖乙未，君乞致仕獲允，時年已六十有一矣，復號「晚隱翁」云。蓋君自棄儒業之時，已有隱志而未遂，至是乃嘆曰：「某之歸隱也晚乎！」則君黽勉於織染、上林之間者，豈其得已者哉？

初，君善事其親，後遭喪葬，身任其難，不賴兄弟，哀毁踰禮，終喪不衰。乃又力修祖塋，破産不恤，歲時祭祀，必致洗腆。入官以來，所積餘貲，悉贍昆弟姻族，波及里閈。立宗約，收族明譜，聿興禮俗，勸道宗人，不犯有司。語在謝文正公《序》中。其常日身率子弟，力穡專讀，用光顯先人。於是嗣子九皋發科進士，出令陽信，政成循良，入拜御史，風采懋著。然君則諭陽信曰：「守己愛民，是爾職分。升沉利達，非賢難必。」及巡按淮揚，則又諭之曰：「正直忠厚，惟汝之福。」侍御奉以允迪，乃有令名。然則君豈非古之孝友睦婣、貞慈忠篤、有所深隱者乎？彼其所著於織染、上林之間者，特其緒餘耳。若乃揚君之休，發君之藴，開大其業，上補于國，下庇于民，使其晚隱者蚤顯於時，以傳光於千百載者，不在侍御也耶？予因侍御之請，遂爲之敘説，以俟侍御於方來云。

來端本字説

涇野子謂端本曰：「懿哉，其惟斯名乎！夫本果能端，其爲用也，無不宜矣，故務本者，以仁爲事。初加，賓字以『則仲』者，不可不日常思也。」

來端言字説

端言，汝知汝字之「默仲」乎？《易》曰：「默而成之，不言而信，存乎德行。」苟爲之難，則言之不易，吾知汝言必顧行，以爲之端也。

祭文❶

祭程東軒文

某年月日，友人吕柟謹以蔬醴，致祭于故東軒先生程君之墓曰：嗚呼！誰謂吾友程君者，年三十二而卒也。君幼能重厚，不移于俗。善事父母，父母疾病，君捐儒業，旁求醫藥。母死，事繼母，人不知君有繼母也。與其兄處，絶無間言，孔子所謂「怡怡如」者，君有之矣。

柟年十二三，即與君爲友，今也幾二十年，受君之益，良亦多矣。君能誘掖獎勸，勿就俗學，志力或衰、言動狂謬，君能力救正之，我爲君更者數矣。方將仗君之力，遠趨高舉，而君永逝，柟之傷悲，當誰謂哉？君之殁，柟以取科第，不獲與永訣，于君之哭，當與哭吾弟仲止者慟等也。君之子女，君兄能處之；君之文章、行事，柟當爲君裒集成書，表之墓前，令其不滅。君其少憾也！君其少憾也！有拘在官，不克臨喪。遠具薄奠，用申寸忱。戊辰秋。

❶「祭文」，原無，據萬曆本及目録補。

哭栖仲止文

哭號咷兮，不能爲懷。望吾弟兮，華之限。文章忽如其淹没兮，突如爲土堆。陽陵亡人兮，吾誰與偕？昔爾自十五爲志也，卓然有見，寧學古之顔回而不能，不欲泛泛然苟没于塵埃。人或謂爾狂兮，獨吾與汝師深信之不猜。今也安在兮，嗟哉！念去年之别爾也，爾謂我云：「兄之此去也，必作大魁。」今如爾言矣，爾未及聞而去，令我不哀嗟哉，嗟哉！

人孰無弟兮，弟之德浮于才。人孰無死兮，爾之死也寔可哀。有聲徹天兮如雷，有淚浪浪墮地兮，四體如摧。弟如有靈兮，寢寐往來。又或不欲以其夭也，負其所學，其亦能默左右乎文運者哉！戊辰冬。

祭太師王端毅公文戊辰

曰：嗚呼！誕惟秦華，篤生哲人，剛毅敦龐，學術貞介，廷評敷納，可補律亡。維揚拯饑，民到於今思之。剿賊鬼方，荆楚盪定。滇鄙弗靖，單車馳撫，郭景自殞，南夷無虞。蠲賦砥税，徐吴安堵。其定儲之策，光齊乎日星。玆固播人耳目，海内傳頌爾矣。柟近守史官，又獲覩在太宰之詳，乃知先皇帝十八年之治，用賢退醜，崇德省刑，歲稔天慶，邦家康乂者，多公左右之力也。柟友馬理稱公言定行危，心易氣和，孝友性成，人人可即，邵雍之安成，蓋庶幾焉。或曰汲黯之直、陸贄之文、韓琦之功、范仲淹之經略、文彦博之壽，疑又兼之也。嗚呼！我公信可謂一世之大人矣。公薨，皇帝悼憫，縉紳悲歎，庶民痛惜，學者失仰。況後生末學，居連邑里，蒙穉狎聞，日借光華，情私何堪！有拘在官，弗克臨窆，遠具薄忱，伏惟尚享！

祭戴編修寅仲文

曰：嗚呼！昔者君年十四，首舉福建，天下驚爲奇童。比入太學，太學試君，又魁諸太學生，天下仰爲奇士。及戊辰春，君及第，入爲翰林編修。夫柟獲與君共甲榜、同寮寀，借重于君多矣，方將與君切磨經史，遠紹前烈，講求治理，上報主恩，而君死矣。嗚呼！異其賦、不究其極，大其畜、不顯其用，天耶？人耶？瞻望嶺海，雲水茫茫。懷想丰姿，泣涕漣漣。情有況於兄弟，義非止於交遊，乃拘在官，弗克臨窆，敬具薄奠，用申遠忱。伏惟尚享！

祭史太孺人馮氏文

曰：嗚呼！惟母懿行玄成，貞慈天授，茹荼服勞，既儉既度。厥有二子，材德具懋，克肖夫君，爲世嘉厚。給事君忠而良，舉人君信而楚。昔外父李監籍之歿于南雍也，惟給事君斂之還之。繼先考太史公之歿于渭陽也，惟給事君知之苦之。即昔賢之亦鮮，豈近代之恒有？惟母教比先賢，斯雙鳳之交舞。褒章自天，篤此史祐。正食鼎之芳年，遽捐奩而長古。憐予卧病，未能一酹，泣涕雙縣，哀誄慚後，梓弟東遣，束辭絜酒。慈靈不昧，歆此用缶。

祭乙峰蘇司寇文

曰：嗚呼！惟靈天授英敏，素履伊章。出令榆次，平易近民。砥役均賦，政成循良。堅辭科道，部屬自光。既忤宦瑾，寧桐梓丞。擢進銓部，公道攸明。一僕一馬，文選出行。公直在部，寅清太常。亦既司馬，進退守經。方少司寇，執法不枉。縉紳攸矚，乃遽淪喪。某等素在交遊，無任悼傷。束辭寄哀，公其尚饗！

祭叔父壽官文

曰：嗚呼哀哉！叔父輀車且駕，不久歸窀穸矣。言念吾叔，恩德比父，柟也口未嘗湯藥之事，耳未聞永訣之言，身未執棺殮之役，乃今長逝已矣，傷痛奈何！薄奠在俎，久安泉壤。嗚呼痛哉！尚饗！

祭嘉定程先生文

惟靈懿性玄成，吉德真積，孝友兼懋，孚此鄉評，而又輕財焚券，足格貪薄。至其質素自奉，面折人過失，尤非矯情。宜乎篤生冢器，秉道不回，聲聞于朝野。柟忝與冢器同年友契，觀仁瞻事，受澤惟多，然皆公之賜也。而況私淑高風，實傾鄙懷。聞訃悼傷，抱病奈何。遠寄薄奠，千里寸忱。

祭王太夫人文

惟靈端毅公之淑配，太常卿之令母。公之忠在累朝，卿之孝聞九有，匪靈之真，斯忠孰翊？匪靈之慈，斯孝孰煦？枏居連邑里，幼聞績主，蓋嘗于公卿而私淑，是即于貞慈而有受也。臨窆之期，抱病之後，敬匍匐以執紼，潔牲醴而俎豆。尚享！

祭馬太夫人文

惟靈視履允懿，奉身惟周，業似《葛覃》，教如《鳲鳩》。有子積學而抱道，惟枏兄事而友游，咀英啜華，尋根究由，久食德于無言，慚戴恩而未酎。惟靈鶴髮翬翟，雖百年而且逮；鸞影鳳雛，將千載而未休。《詩》云令德壽母，《易》曰有子無咎，而靈何疚焉？ 枏抱病之餘，力匍匐以奔哭，而報德之誠，謹馨香之一酹。

祭誥封淑人崔母李氏文

惟靈懿恭天授，柔嘉不忒。爲子而幹侍郎之蠱，爲妹而改孟華之酗，爲妻而相參政之道，爲婦而獲太恭人之心，爲母而教侍讀之賢，爲姑而訓李安人之儉。滂、軻之母，鮑、梁之妻，則淑人其儔也。枏，關西蠢人也，初入太學，辱交侍讀，好善履誼，不啻飲食，愛我如同胞之弟，迪我如傳道之師，過則必警，美則必獎，闇則必開，弱則必策。既鼷鼠以足飲，思河海之有源：凡靈之行，匪予聞之，實予誦之；凡靈之德，匪予誦之，實予戴之。靈今已矣，悼痛奈何！惟靈壽且八袞，道兼百行，侍讀方修顏孟之學，而揚靈之名于萬世也，靈爲不歿矣。久結哀悃，未云獲展。茲拜丘林，奚勝殞涕！

祭蓮峰韓先生文

惟靈天授英哲，政成剛明，覺我後學，既有典刑，柟于先生不啻前輩鄉曲之情也。矧伊諸郎，立德明道，並鳴熙時，聲聞海岳，伊昔弱冠，義氣相召，柟于諸郎不啻同年兄弟之好也。今公已矣，奚勝悲悼！絜酒束辭，用申虔告。尚享！

祭渭南李翁文

惟靈直性玄成，勤儉天授，履祥之施，爰有吾友。柟方總丱，同師高甫，道義之交，視公猶父。於後奔馳，數難獲拜，教誨食飲，日增月厚。往年訃聞，痛裂肺腑，卹哀衷懷，以抱病阻。仲冬北行，敬拜林墓。行李蕭蕭，買牲沽酒，聊告夙虔，靈其鑒否？

祭趙于岐文

惟靈神童童如秋水，質笛笛而鶴翔，探墳典於清渭，振木鐸于衡漳，甘鹽薺之如餳，❶坐無毡而自榮。辭刉曹、劉、屈、宋，翰訪籀、斯、顔、王，紛風騷之旁達，動衡宰之交稱，目翰苑之三禩，在庶士其孔揚，雖甲科之未偶，顧才華亦頡頏。乃若清秩，例遷雄方，顧君傑秀，後豈尋常。嗟昭明之伊邇，乃倦世而告亡，悲靈志之未究，殞涕淚於同鄉。協薦蘋藻，義爲賻裝。望靈輀之

❶「薺」，萬曆本作「虀」。

遐返，❶冀川途以偕康。雁塔之域，曲江之陽，知奎耀之不殁，爰窀穸而昂藏。

祭龍灣先生文

曰：嗚呼！先生材行之兼美，政教之具揚，柟既已志其略於壙矣，而其道德之淵源，文章之英明，又有芝兒桂孫以繩武而發祥，鄉生國士以口誦而心藏，柟亦不復再詳也。獨惜柟垂髫而立雪户，弱冠而坐風光，年越四旬，未成一章，人雖以科名稱於外，而已實以斯志慚于狂。所幸初心未改其舊，而夙範實不能忘。倘有得於來日，庶不辱乎門墻。蓋於終身之業自考，實以先入之言爲良。使當時師匪其人，安敢望後有所將？然則於先生之逝，豈徒流涕沾裳而已哉！秦蜀既隔于雲山，而仕隱每老以星霜；爲志未效于公明，而薄命實過於履常。況羈金馬之下，益遠碧雞之鄉。瞻望瀘水，泣淚洋洋，遠寄薄奠，能不尚享！

祭景伯時母夫人文

嗚呼！惟靈真操玄成，淑懿天授。篤生子暘，寔惟柟友，遇在科甲，交在肺腑。柟過暘規，柟善暘誘，柟病暘還，柟憂暘厚。遠思魯、顔，近鄙章句，當其齊懷，八荒同壽。石有赤松，澤有脆柳，托根異方，抱心自久。化蘭飲醇，何者非母？拜母堂前，祝母黄耇。耄目至明，記出柟手，萱花示徵，允矣暘有。九十弄孫，暘忽然後，慈孝雙精，亶惟天祐。范、孟母賢，豈非輩偶？

❶「返」，萬曆本作「邁」。

百歲仙昇，令名不朽。羈宦燕山，東辭絜酒，靈應不忘，鑒此用缶。

祭李御史道甫文

惟靈英邁不群，於物迎刃。豸斧昔持，江西摇震。凡厥糾彈，靡言不信。守在蜀吴，令先汾晉。迨其仕優，學罔不慎。凡此鄉紳，重若瑜瑾。文翁課功，天子新覲。循良寡儔，風憲且進。豈憶一殤，天不遺憖。凡此鄉紳，痛如疾疢。敬協薄奠，告此輀引。尚饗！

祭宣府十二公文代作

惟靈出雖異時，産或殊域，然皆秀鍾海山，志希旦奭。或驅豺狼，或教稼穡，或礪干戈，或脩羽佾，或戡艱危，或盡膂力，或老而迪廉，或隱而據德，或使剛方奮揚，或令姦慝屏息。既拯窮愁，尤詰反側，如北門之鎖鑰，如長城可馮翊，政在邊郵，心存社稷。若乃所遭或不展，厥志未盡得，或死犴狴，或隱岩崱，則亦不害爲鄉之瞽宗、邦之司直也。歷世雖遠，其美如即。某等咸事斯邊，載纘爾職，欽仰高風，實用心畫。敬建玆祠，思爲後則。或陰佑民，或默相國，華夷胥瞻，今古是式。不爽靈眷，享此血食！

祭五泉韓少參文

嗚呼！五泉逝矣，柟果不復覩矣！柟於元年入京，五泉追話於西嶽廟中，當其志，雖天下可澄清也。柟在館，五泉寄引疾紙於宣府書中，當其情，雖遯世而無悶也。今豈憶其遽至此哉？嗚呼！五泉之孝弟可通神明，而其賢能偏稱於縉紳，乃不能壽，而遺知己者之痛，天安在邪！天安在邪！

祭何封君文

惟公樸素性成，勤儉玄達。爰生吾友，爲時名哲。魯齋言還，疇纘其絶。十年之前，同事禁闈，親見云爲，奚孫夔、契？惟我顓愚，粹夫頗悦，倚玉自矜，識者亦孑。言考行稽，當弟子列，窮本遡源，實公是臬。往歲訃聞，中焉慘怛。兹拜丘林，涕泣奚遏。敬陳牲醪，聊告我潔。尚享！

祭有唐帝堯文代作

惟帝道承三皇，德兼五帝。學開執中，萬世無弊。位始禪賢，民莫能名，惟天可對。於遡厥源，舍己從人，成功文章，亦云其細。時雍風微，兹土未墜。某等嗣守斯邦，敬脩歲祀，其以后稷棄、司徒契、羲仲、羲叔、和仲、和叔配。尚享！

祭有虞帝舜文

惟帝無爲風動，鳳儀苗格，職在嶽牧，好於問察，孝弟化遠，精一學純。河濱、雷首，猶覩玄德。某等嗣守斯邦，敬脩歲事，其以士師皐陶、共工垂、秩宗伯夷、典樂后稷、納言龍暨殳牂、❶伯與、朱虎、熊羆配。尚享！

❶「牂」，《尚書·舜典》作「斨」。

祭夏后大禹文代作

惟王紹禪唐虞，纘都茲夏。平成之績，府事之敘，貢賦之定，歲時之明，典則之有，勤儉之克，咸其緒餘。危微之學，昌言之拜，祗德之先，惟堯舜同。大嶽惟汾，砥柱惟河，其神所托始乎！某等嗣守斯邦，敬脩歲事，其以伯益、奚仲配。尚享！

祭平陽名宦文代作

惟靈忠光列代，材昭庶政，致身不同，爲民則一；歷世雖遠，其澤猶存。某等嗣守茲土，仰止高儀，不啻如五人、九官也。惟茲仲春，式陳明薦。

祭平陽鄉賢文代作

惟靈力學雖異，抱志皆良；建功雖殊，履義咸篤；出則明忠，處則脩道。蓋皆河汾之秀，稷、契、皋陶之遺材也。某等忝職茲土，仰止清風，思穀士女。惟茲仲春，式陳明薦。

祭鹽池群神文代河東運司作

惟神液結天池，寶獻鹹鹺，博食諸省，❶遠壯邊鄙，群靈協相，于國多益，久皆血食於斯。邇乃風日愆度，瓊瑶未花，撫躬循省，職司其咎：將商人阻乎，鹽人逋乎，獄

❶「博」，萬曆本作「傳」。

訟鬱乎，❶抑車人之無已乎？有一於此，敢不思更？更若不效，亦神之耻！旻等忝事兹土，❷與神同任，牲醴既齊，伏惟尚享！

祭河東運學鄉賢祠文代作

惟神勳績一時，風聲百世，鄉山梓里，注澤尤深。惟兹河東，國課所出，附近州邑，義有攸屬。明祀未秩，巡歷者懼。爰命有司，立主運學，尸化髦士。其春秋三獻之儀，薦以特羊特豕，亦令有司於丁後庚日行之。兹具牲醴，聊罄瞻仰。尚饗！

❶「獄訟」，萬曆本作「訟人」。
❷「旻」，萬曆本作「某」。

涇野先生文集卷之三十六

題辭 跋 策問 行狀 誄 議 贊 解 箴 銘❶

題辭

題薛孝甫瓊林醉歸圖

於！休哉孝甫！吾知子於總角之時當有今日也。然此豈足以盡子之材哉？雖然不由此，子之材無以見於世也，若滿乎此，如世俗吏，又豈孝甫之志哉？

題渭南處士任君廷實錫賑貧圖

辭榮孫利，上士猶有難色；捐財賑貧，里翁閭叟或脱然舉，不意也。定於天者質也，成於人者習也，質龐者心惻，習懿者行良。晏平仲仕於齊，齊人待晏子而舉火者七十餘家，而晏子一狐裘三十年，至祀其先人，豚肩不掩豆。夫晏子，豈不欲利其身與先人哉？其所志者，固非夫人所能識也。山不吝材木，樵蘇咸適，材木未嘗窮；水不吝魚鱉，竿網咸適，而魚鱉未嘗窮，蓋有所預之者矣。故曰獨富不富，獨窮不窮。是故聖人賑四海，賢人賑一國，善人賑一鄉。賑四海者，四海咸賑之；賑一國者，一國咸

❶ 「題辭」至「銘」十三字標題，原無，據目録補。

賑之；賑一鄉者，一鄉咸賑之。處士已矣，而爾子孫嘉懋，大則躋道階，小則登膴仕，如卓、仰二子者，詎可量耶？ 是非處士之積哉！ 是非處士之積哉！

題李震卿瓊林醉歸圖

此兩峰子李震卿《瓊林醉歸》之像也。然洪丹徒之循良，豸臺之風霜，隱然可想。然洪而不通，雅而不常，似得好善之趣，而無逐俗之尪。此其人進之不已，不啻與其縣呂與叔頡頏也，彼宰揆卿相，何足爲子望乎？

望闕行禮圖題

此吾年友潘僉憲希古《望闕行禮》之圖也。正德戊寅秋，希古入慶萬壽，駕適西狩關表，詔諸入慶者望闕如儀而旋。希古曰：「鑑自釋褐至今，星霜十變，自邊抵京，水陸萬里，方欲傾中赤于少間，覩天顔于咫尺，奈何遭時之難，積誠未至，空懸仰聖之目，深折效忠之心。」遂歸而爲圖以自識。呂柟觀而題之曰：「睇斯圖也，此其人雖於斷遊車之軔，斬佞人之頭，以解蒼生之苦，亦所甘心焉耳，而況希古清介忠貞，好善不倦，存其素志者乎？ 爾乃入慶不獲一瞻聖容，則所以引領而延頸者，意何如也？ 睇斯圖也，則當時廷臣肥馬輕裘，顒顒昂昂，不以聖上蒙塵爲苦，而以遠遊爲幸者，爲何如耶？ 嗟乎！ 使當初狩時，皆希古若人以阻之，不止免如此圖而已，又豈有辛巳之三月者乎？ 抑其十年之前也，豈無識安危之機、見治亂之源，忘身不顧，遇主於巷之人乎？ 乃或曳其輿，或掣其牛，蔽主至死而不悔，潘子可獨以此圖爲識邪？嗚呼！余重有感於斯圖。」

題畫贈蒙化陳思中

煙蒙蒙，樹渺渺，山田田，意浩浩。我思見其人，乃莫由其道。將非真如此畫耶？

題空同柬

予嘗獲觀《絳帖》，見晉人墨蹟語格，玩之不厭，以爲後無復有是也。乃今見空同子諸簡翰，又何讓於此邪？雖然，近觀兩程子與諸友及群弟子書，則晉人簡又涼涼薄矣，憸憸巧矣。夫空同子將爲兩程子未艾者也。

題翰苑叢珠卷

西涯先生在翰苑時，所得諸僚友之詩牘書箋，積盈篋笥，其子尚寶君獨篤好近時人辭染，而於此頗不珍藏。光禄卿毅齋劉公及崔世興詣尚寶君，倒笥而觀，不下千百紙。見其然也，嘆曰：「崔，西涯之門壻也，乾，西涯之門生也，當分收諸簡，以爲先師永世光，猶爲在尚寶家耳。」若此卷者，蓋其十之一也。夫其詩之格、書之體，雖未容遽論，然而其意質直，其風淳樸，則猶有前輩之度乎！恐尚寶君之所好者，未必遽能勝之也。若夫不背師門而思從先進，則吾於毅齋公有重感焉。

日惺齋題

「日惺」者，宜興杭錫賢扁其書齋以自警者也。昔程子論「敬」，而謝上蔡以「常惺惺」法明之，然則錫賢其亦上蔡之徒乎？ 夫惺，猶醒也。人睡以寐則不醒，飲以醉則不醒，欲以迷則不醒，内不見身心，外不見天日，與物無異矣。就其中，以迷欲爲甚。而欲之迷也，在人各有所重，惟於重者常以理喚醒，則其輕者皆易矣。至於久積，雖曾氏之「三省」，皆可以究其旨而得其要也。錫賢年四十而向上無已，好學不倦，因其問也，遂書以興其志。❶

怡萱題

江陵周九仲廷卿業太學，既滿歷，來謂予曰：「廷卿幼失父矣，母劉氏鞠育誨撫，遣入縣庠，習識書禮，至有今日，而母已六十。當其遭吾父之喪也，殯殮哭號，悲動鄰里，茹荼食辛，以至於今。廷卿此歸，何以怡之？」曰：「子知范母乎？ 以齊名李杜爲怡。子知尹母乎？ 以知汝善養爲怡。子又知孟母乎？ 以感激『三遷』之教，爲世大賢，傳其學於千載爲怡。子擇其一以怡母夫人，可也！」

題可山册辭

涵濱黄仲通述可山王伯貴之行，推孝以及其叔，履義以導其兄，廣慈以友其弟，文武咸閑，忠信不詭，與泰州王汝止、蘭溪

❶「興」，原作「與」，據萬曆本、重刻本改。

方質夫、山陰范廷潤、胡惟一並稱焉，有古孝弟力田之風，充其材，孔門皆可入。予聞甚嘆羡之，謂仲通曰：「寄語諸君，甚無臨富貴榮利有所變乎，此中有至樂存也！夫伯貴而知山之爲可乎？以其不變也。昔者顔氏之子見大心泰，雖至一簞一瓢，不改其樂。使顔子少變而改樂，雖半瓢破簞，亦夫子之所不取也。黄廷堅稱茂叔光風霽月，而不知其塵視珠玉、銖視軒冕之見，非尋常人可及耳。伯貴甚無以嵯峨崎崟者爲山乎！」

題渼陂辭

後諸辭，乃吾友渼陂先生王公平日之作也。先生有經濟之材，而不獲見用於時，乃遨遊終南鄠、杜之間，吟風弄月，時一洩之。調雖用乎近世，義則比於古人，讀之真可以廉頑立懦、起頹振耻，於風教關不淺也。暇日乃書以與其友秋泉張廷儀，然則廷儀其亦非尋常人乎！其十襲以藏，貽爾孫子乎！

沖菴題

沖菴者，丹徒人鄔先生廷臣甫之别號也。年已七十有餘，隱處京口之陽，閑雅恬淡，不慕名利。友其二弟傑、杲，猶於其兄聽竹之恭也；字其兄子縉而教之，猶於其子主事紳也。蓋綽有寧晉先正之風焉。他日嘗讀軒轅氏矣，曰「飲食有節，氣日沖。起居有常，精日沖。喜怒有常，神日沖」，則嘆曰：「榮獨不如此乎！」又嘗讀老氏五千言矣，則嘆曰：「『道沖而用之或不盈，淵乎似萬物之宗』，語『無』源也。『萬物負陰而抱陽，沖氣以爲和』，語『道化』也。『大盈若沖，其用不窮』，語『洪德』也。」則又嘆曰：「煢獨不如此乎！」於是遂以「沖」名其菴，隱練行業，潛詣道德，而人莫之知也，及子佩之舉進士、仕户曹，而朝野始有聞。於是諸縉紳或爲之説，或爲之賦若詩，以宣其沖之秘。予聞而嘆之曰：「夫沖也者，中而和也，天下之大本、達道也。先生修諸己以藏其用，而佩之今且見諸政以達其本，是謂父雖得諸一身，子將行諸天下矣。沖乎，菴乎，吾知先生將拓爲人之廣居乎！」

素菴題辭

蘇州陸在鎔金以「素」名居，嘗持卷謁其師陽明王先生，陽明反復與説「良知」之義悉矣。他日復以見予，予曰：「在《易·履》之初九曰：『素履，往無咎。』夫子曰：『獨行願也。』程正叔曰：『欲貴之心與行道之心，交戰於中，則不能素履矣。』其説是也。蓋馳騖者多喪志，羨援者率渝節；喪志則意必不樂，渝節則心必不安，遂失其願矣。故君子以義定命，不引於物，以位爲素，不變其常，仁於家庭，睦於宗族，友於州里，有官守也，則達於寮寀上下，雖無入而不自得可也。將陽明所謂『良知』者，恐亦當求之此乎？《詩》曰：『雖則如雲，匪我思存。縞衣綦巾，聊樂我員。』陸子其繹夫！」

題易氏圖訓

學士解先生「易太守之曾祖孟昌公文

序」，諸公名言其得之難、守之謹，悉矣。夫孟昌公獲此者，固其爲人之美，亦以先世南林公曾爲文山之師，有道義存故耳。夫南林公教於他人且如此，則其垂教於子孫者可知矣；太守於其他人贈先生之言且如此，則其於先人之行可知矣。將孟氏所謂「求則得之，舍則失之，是求有益於得」者，殆亦在此耶？

題桃溪卷

潮陽周克道結廬桃溪以居，不會試者數科矣。去年來南京，受學甘泉先生，所得益深且厚，與永豐呂汝德並名，予嘗以爲湛門之謝、楊也。秋初，二君送先生北上，至彭城以別，先生與之《觀化詩》以勉，予讀而附贈之如是云。

東軒題

予患足疾，南來懼濕，今夏暑雨尤甚，客邸偪仄，如坐洲渚，遂病右股。訪屋於柳樹灣中，歷旬月而未獲，有高某某者某人也，習於林君孟可，知其有閒居也，問之，孟可即以其新院一所假予以居。他日又邀飲于園亭，殽杯既舉，花卉爛漫，薰風徐至，細雨初飛。時其姊夫鍾錦衣某及蔣進士偕在，皆曰：「此亭面東，而孟可且無別號，不可題乎？」然予已半酣，愛景靜物暢，辰美情愜，遂濡毫爲四絕，并大書「東軒」字。厥後孟可額諸扁，又以卷請予識之，予又不辭而筆之，上爲之引，亦可觀吾之爲客，而孟可之爲主也。

題竹

此山陰世子蓬菴所寫之竹，内濱子以貽弟啓東者也。此可以見内濱友弟之心，而知啓東向道之志矣。他年杖節於時，而弘此義於天下後世，不在初氏乎？予於是題其端曰「清勁絶倫」云。

文獻世家題辭

盱眙生吕松持其祖有宋氏四公像謁予，予薰沐捧觀，嘆曰：「嘗讀史，知其行矣，未獲其心也；嘗論世，知其心矣，未覩其貌也。乃今親見其貌乎！文穆公寛而慤，文靖公肅而遠，正獻公端而厚，東萊先生明而直，其行與心，皆可想也。吕氏子孫，其世濟其美哉！」松疑予近藍田，恐同宗也，然予心行未能及四公，安能爲其後哉？乃書「文獻世家」，歸之於松，使知勉云。

題馬鞍山路

高安劉士毅之弟弘忠，以其地之馬鞍山路險，不便人行也，乃捐貲募匠，平其怪石，削其怒厓，疏其隘壑，杠其皇澗，旬月之間，遂成坦途。自筠之洪者，雖冰雪霖雨，往來不違。士毅告予，而并以其册來。涇野子曰：「令弟之脩路，猶吾子之脩道也。夫人之於道也，爲物欲所阻、習俗所礙者，豈啻怪石怒厓哉？子嘗遊太學，師事甘泉先生矣，萬里周行，今已駕輕車而就熟路乎未邪？無獨羨令弟之脩馬鞍山。」

潁溪詩册題詞

葉亭楊美之常在京師問詩于諸名卿大夫，盈帙矣，秋試後持以展予。其言莊以麗，其書多遒勁清新，可玩也。則謂之曰：「何至是乎？」美之曰：「鏐常以爲夫學也，求之一鄉不足，則求之一國，求之一國不足，則求之天下。斯詩也，内自翰苑，外至部曹，諸君子之志存焉，鏐爲是蓄之耳。」曰：「古又不云『求之天下不足，又尚論古之人』，子奚不論其世者乎？」「論世則何若？」曰：「周公《七月》憂而勤，召伯《甘棠》仁而信，尹吉甫《烝民》、《崧高》清而穆，家父《節南山》讜而忠，召康公《卷阿》志廣而有本，衛武公《抑》及《賓之初筵》藎而則。」

養齋題辭

養齋者，休寧汪君之齋扁也。君名才，字德用，年十四五即抗志立門户。事其父母極孝敬，遇里悖逆子則語之曰：「不敬父母，天地罪人也。」于是常布衣惡食，推恭兄弟，至造舟以濟人，買石以砌泥塗，捐己資而不吝，凡以厚其德而充其才云。一日謂其友曰：「某不才寡德，故先君以『才』名我，宿大賓以『德』字我。予無能以貢先君，惟有養此才德，庶可以自獻耳。」于是遂以「養」名齋云。

養齋生三子：長威，應天學生；季敬，徽府學生；仲全，賈於姑蘇。乃遣威、敬學於鷲峰東所，且語之曰：「古人云：『中也養不中，才也養不才。』予懼中、才之未有也，思守先人之道，以養予之不中且才。今雖未能爲賢父兄，然而欲汝三子者求中、才，未嘗不拳拳也。威也，敬也，學宜時敏，勿謂有來日。吾不圖汝富貴，汝當以古聖賢自期，無貽予羞。全雖商，交遊四方人，當懋益信厚。即能如是，則予以『養』名齋者，不獨一身止矣。」威等受命惟謹。他日威以告，涇野子曰：「伯重，爾未讀《頤》乎？《象》不云『天地養萬物，聖人養賢以及萬民』，故君子養其才德，以及天下。伯重其思養齋君之志，以踐形惟肖乎！」于是養齋聞之，益勅其子之勇趨于道也。諸知養齋者，皆爲詩以贊其志，謂伯重兄弟必能履斯言也。

介立題辭

介立者，少室以南之支山也，去汝上亦不甚近。林子曰：「吾名時，字懋易，隨時變易以從道也。予深惡夫隨也，乃謂介立之山獨近于予，遂取以自號焉。」涇野子曰：「《易》不云乎：『介于石，不終日，貞吉。』夫子以爲『斷可識矣』，蓋言明生於定也。故心之不定者，得喪動於前，禍福變其操，知彰而不知微，知柔而不知剛，一身自以爲榮，萬夫不以爲望矣。故三公不能易柳下，齊卿不足以滯孟軻者，介也。昔者夫子，大聖人也，學至三十方能立，今人謂立爲細，開口輒言權，是故年未壯艾而習傾倚，歲已耄耋而學僵仆，皆生於輕立重權之弊也。是故泥途而有健步，必其攀緣者也，❶不然跬步不能前；中道而有跛足，必其篤疾者也，不然千里必可到。故君子寧

❶「必其」，萬曆本作「其必」。

求立而未至，不可未立而先權也。林子行已近立，乃其志又欲守乎介焉，則他日雖不惑、知命之精，皆可學而志也。❶ 林子幸無謂介立之未效也而有渝。」

丹葵向日題辭

「丹葵向日」，爲少司馬筠溪黄公題也。六月初，筠溪將北上進萬壽賀表，以卷問予所作，曰：「何以送我？」是日荒階葵花開熳爛，因題之云云。且曰：「當此之日，民情之休戚，軍士之苦樂，人材之忠邪，風俗之醇漓，紀綱之張弛，筠溪既已久覽而飽知之矣。斯行也，上以告之朝廷，下以告諸卿相，知無不言，言無不盡，真如此葵之畢傾其心以向日可也。」或曰：「江南之蝗蝻、河北之流離，亦爲可告乎？」曰：「《春秋》記異而不記瑞。如必專取白鵲瑞麥以告，則爲有隱懷，曾此葵之不若也。臣子敬祝萬壽之本，豈其然哉？」因賦《葵花》詩。

碧溪書屋題辭

碧溪書屋者，歐陽侍御之所建也。侍御在言責，以直道不行，隱居碧溪之上，年逾六十，猶口誦古人書，作賦題詩，落筆有神。其長子乾元，嘗從予遊，以其册請書焉。則謂之曰：「先生專心古道，不同流俗，仕忠于國，處義於鄉，於斯道殆有得焉，蓋將由此一泓之溪，以達於海也。其所以身教乾元者既已深遠，乾元可謂朝飲而暮啜者矣，豈但以爲傍觀側想而已哉？」

❶「志」，萬曆本作「至」。

觀花春宴題辭

西津趙君搆亭於都尉府之前，有牡丹數本，當春熳爛，不減長安、洛陽之盛。偶邀四峰、鍾石諸公共賞，而予亦與焉。於是臨花對酌，開卷賦詩，大抵皆惜時憐材、觀物懷古之意。知西津之志，非爲花之富貴者也。

廢菴題辭

廢菴者，應天生謝應態之父天然君之别號也。天然君中歲盲其目，自謂終不復有用於世矣，遂以「廢」名菴。聞君蚤通經史，孝於二親，倡作族譜，乃又臨財不苟，擇友而交，則固古篤行君子者矣。所謂盲其目而不盲其心，廢其身而不廢其行者，不殆若人乎？王貞立言瞽叟由舜而不廢，應熊如痛天然君之盲廢也，其所以爲明且興者，當必有道矣。

涂水墓題辭

題辭曰：嗟惟我友，素履孔醇，始于心身，喜怒好惡，罔有不審。儀刑妻子，亶如琴瑟。至于兄弟，秖知自尤。乃臨物利，惟義是取，躬自甘陋。父母斯順，族戚咸睦，亦有鄉黨，齊口褒嘉。越既奄逝，道路感泣，凡厥有晉，咸稱涂水先生云。

公自筮仕，據經明法。有罹刑辟，開釋惟平。仁在甬東，忠在金陵。郾楚之鎮，全陝之撫，活千萬人。既晉司馬，訏謀遠猷，感動聖主，足戢禍亂，陰解冤抑。凡厥有位，皆歸重於兵部侍郎云。

柟，公之三十年前謀道之友也，造公之里，信公之深，爰爲蒼生，於公痛哭抆淚之餘，題其墓曰「兵部侍郎涂水先生寇公之墓」。蓋雖據爵號以書，實本諸朝廷鄉黨之所鄭重者也。行路瞻言，百代作人。

觀大禹王書題辭

京兆郭公自微以所藏大禹王石書持示，柟拜手仰觀，恍若黔雷、喬皇御以伯僑、羨門，自天而降也。昔者伏羲觀鳥獸之文以畫卦，故《大過》有飛鳥之象；大禹因治水之瑞以作《範》，故《書》有九龜之數。往予家食，遊涇渭洲渚及灞滻之汭，打起鷗鷺，觀其羽印蹄痕皆成文字，因思聖賢之書非苟作也。夫字，心畫也，點畫形象列而治道具矣。故其文玄者，其思必深；其思深者，其言必簡；其言簡者，其行必醇；其行醇者，發於事業、措諸政教于四海，沛然也。則夫文字，豈徒以奇僻爲哉？沙門懷英以禹作龜書，乃爲龜鱉之狀，誤矣。有志治官察民者，宜日省覽於斯云。

日休亭題辭

日休亭者，盧生惟欽之齋扁也。惟欽嘗讀《周書》，愛「作德，心逸日休；作僞，心勞日拙」二語，遂以「日休」扁其齋，資顧諟。他日以告，涇野子曰：「屢接惟欽矣，似有心逸之態，内私重之，不知惟欽久從事於作德也。夫《周書》言德則與僞對，猶《大學》以誠意爲德也。《大學》之道雖廣，而誠意獨切，惟欽能先格致以盡力於此，則雖他日治平不難矣，斯固《周書》之旨也。」

九十壽康題辭

去秋予過定遠，今御史滇南唐子薦方令於兹，遣義官錢逵輩，送予至池荷驛。方爲大書答子薦，而逵跪乞一二字，并言其繼母陳氏在堂，九十强健，且篤敬貞慈，愛逵無異於身所出也。予嘆曰：「此雖汝母之賢，亦可以占逵之孝矣！」同遣遂益言逵平日孝行之實。予乃大書「九十壽康」四字以畀之。今春，逵以其親眷張正郎崇禮來，請予重書于册，予不能辭，因以告斯人于善詩者。

風木遐思題辭

定遠義官錢逵，喪其父景影君暨配蔣氏將三十餘年矣，常泣語人曰：「逵治經未就，不能側縉紳大夫列，以光吾父母於地下。而吾父母之敦孝持敬，拯婚救急，嘗因大雪彌月，餓莩盈途，乃爲粥分食鄉閭，全活甚衆。惟逵不肖，無能繼述，追慕雖切，顯揚無由，誰其以明逵之心哉？」於是其縣大夫唐子薦聞而悲之，大書「風木遐思」以褒嘉焉。他日逵以其婿前刑部郎中張崇禮書以問言，予覽之曰：「逵將以予爲其繼母書『九十壽康』不足也，而又有是請乎？夫君子傳天下及後世，豈必皆縉紳大夫哉？苟有誠孝之心者，韋布之賤，蓽圭之微，未嘗不與汗青並長也。逵無徒遐思而已乎！」

儉菴行樂題辭

《儉菴行樂》者，盛範卿思其父儉菴君

不能忘，遂寫此圖，而身執書侍側，如生存日，可謂死事盡力者矣。且曰：「父母没，將爲善，思貽父母令名，將爲不善，思貽父母羞辱。展卷覩像，而楷力學之心，不能已矣。」予曰：「嗟乎，範卿之能爲追遠也！夫子不云立身行道，揚名於後世，以顯父母者，不在兹乎？範卿若恒能手持斯卷，從事斯文，不舍晝夜，雖他日如曾子輿之能顯其父晳，不可到乎？」

孟訓堂題辭

孟訓堂者，太學生談文通之所築，以事其母鄒夫人者也。鄒夫人生文通，食食能言，已訓之矣。比其長也，欲思齊世之賢哲，聞冉溪之胄有二泉邵公，善爲學者也，即法「三遷」之義，遣文通移居以就正焉。他日文通學有所得，曰：「一貫不可亡吾母冉溪之遷也。」遂作是堂，以識母教。一時名公，皆有詩篇，以詠其事，而風諸無錫。文通既至南應貢，以展予而問言，涇野子曰：「仰學孟母以訓文通者，鄒母之慈！必學孟子以報鄒母者，文通之孝！」

静樂得言題辭

静樂黄日思，自太學以至既官户部，❶爲母致政，縉紳大夫多有贈言，凡以贊其美而勉其不已於學也。黄子輯編成帙矣，他日過問名，予謂當題之曰「静樂得言」。蓋君子以行爲本，而人之言，凡以助其行也。苟得人之言，誦之於口，惟之於心，驗之於

❶「自」下，萬曆本有「入」字。「既」，萬曆本無。

身，毋忘其所已能，滋充其所未至，則孟子所云「是求有益於得」者，將不在斯乎？若或受之而少忽，守之而不堅，擴之而不能充實光大，以徒爲交遊之榮，則於斯言也，「雖得之，必失之」矣。黄子於予，以道相勖者也，豈其然乎？

與郭希説南雍贈别題辭

韓成郭希説卒業南雍，適予講《論語》於太常南所，希説亦數與焉。既久，諸友見希説之語默動静，皆加敬愛，以爲篤信力行，不同流俗之士也。而希説思親欲以歸，諸友戀戀不能舍，閤師説輩數十人皆有詩也。予嘆曰：「此固江南士風之厚，亦以見吾希説致行之美。夫希説持此，不已其功，益求其所未至，豈惟今兹之悦親信友哉？雖他日以獲上下而成治功，亦有餘也。希悦勖哉！」

林世藏勑題

此閬中簿林克萬於洪武十年間所得高皇帝制敕之詞翰也。其裔孫春澤保而藏之，予瞻玩焉，亦可想閬中之賢矣。夫閬中有是賢焉，至今百餘載不没，使克大行其道，以光乃先人，雖千萬載傳可也。

王氏族譜題辭

此譜爲太學生王克孝之所纂也，考覈精詳而編次不詭，可以觀孝敬之心矣。克孝嘗從予遊，有志聖賢之學，致力明誠之地。其既殁也，予得見是譜焉，則其心雖以收族於天下，亦所願也。王氏子孫，可甚傑之。克孝即姪曰用臣、舜臣，請予書數語於藁前，遂有此題。

登瀛圖題辭

此《永樂二十八宿登瀛圖》，乃周文襄公之孫憲經允所藏者也。夫文皇初命大學士解縉所選進者二十八人，文襄奮然以「年少願學」自舉，文皇嘉其有志，增爲二十九人。夫二十九人，自曾殿撰而下，雖文學名重一時，然而如聖諭「爲學必造道德之微，必具體用之全」者，以文襄公爲首，其他如王公直、李公時勉、陳公敬宗，亦庶幾焉。若諸君子者，雖或生年不永，雖或秩位不崇，然固不必論，❶但可以比方文襄者，亦鮮矣。嗟乎！微文襄之自舉，❷則二十八人者，不幾于負聖心乎？乃然後知科第之不足貴，而道德文章之著，惟有志者事竟成也。

西渠墓碑題辭

題曰：此安陽張西渠先生之墓。其人明決如宋包拯，讜論如唐陸贄，識治如漢賈誼，惠民如鄭子産，好善如周樂克。故河東祀其鹽澤，廣平頌其刑書，漢中被其水利。使天假之年，時與之位，將天下之民安物阜，不難也。惜乎乃以陝西憲副而止，豈獨先生之命哉？則予所慨于斯民者多矣！道過謁墓，人亡松存，洒淚臨流，敬題斯石，

❶「不必」，原作「必不」，據萬曆本乙正。
❷「自」，萬曆本作「首」。

曰「有明陝西憲副前監察御史西渠張先生之墓」云。

閻孺人七十壽詩題辭

孺人閻母今年壽登七袠，其子進士傳問諸才士騷人，詩歌盈軸矣，又欲予有言。予聞古君子事繼母如母，以其尊同與父，孝子之心不敢殊也，而况于嫡母乎？ 宜乎師説總諸名詩以上壽也。 雖然，此在人者也，非在己者也；此猶求諸言者也，非求諸行者也。 然則求諸己與行，不在師説乎？ 師説能嘗求諸己與行，則其所以壽乎孺人者，豈啻數千歲而已乎！ 且師説不見朴庵翁暨孺人命名之初意哉？

賞豐樂亭題辭

前歲乙未，予過高郵，鄧太守子華方知州事，惡其地之衝要，送迎日夜不暇，以爲罷與奔走，無補民瘼，不如求改太學一官，以與諸士子談説經史爲少安也。 予謂之曰：「一命之士且能濟人，而况于五品大夫乎？ 且雖奔走迎送之間，無非益民勸士之所。」予既去，子華乃一心于民，諭之如師保，撫之如嬰兒，已而四民樂業，士亦向學。既期年，蝗飛蔽天，江淮一帶州邑卒罹其災，而高郵四境之内，蝗皆抱草赴水而斃，連歲大熟。 子華喜己政之有徵，而憶予往者之言果非虚恢也，乃作豐樂亭，以與士民同樂，有昔醉翁亭之遺焉。 今春予進賀表北上，再過高郵，滋聞其詳，且得觀子華自序并諸歌謡之作，喜慰無已，曰：「使子華往日獲改官太學，就如予爲祭酒，未必遽有益於士民如此也。經曰『其身正，不令而行』者，果然乎哉！今子華乃歸美于予《諭解州略》，而不知予作《布袍》詩者，實其本根也。斯往也，衣此布袍，敝至素絲五總而後已，阜此鄆民，化至比屋可封而後止，則子華他日晉參藩政，雖全省有蝗，亦可坐而除也。」

金陵贈意題辭

南秋官錢子貴行晉北刑部貴州司，其僚同年，率爲詩歌，以發其蒞刑明公，聲動銓曹有此行也。貴行持謂予曰：「諸君子革多褒辭，❶衡願吾涇野子一規戒之，以資顧提耳。❷」予嘆曰：「諸君子若言『貴行爲師，能得其民之情』也，乃貴行自不滿假而求規戒，豈非曾子所謂『勿喜』者乎？持是念而不渝，雖他日位至大司寇，又何加焉！夫士之於刑，得其情而喜之者固非也，乃有不得民情而喜者，則謂之何？不得其情而喜者固非也，乃有如得其情，而不知所以處之之道，徒勿喜焉，則又謂之何？然則貴行斯往，雖得其情，吾知不徒勿喜矣。」或又曰：「峻法以徼名，狥私以縱姦，殺人以媚人，兹三者如得其情，則謂之何？」曰：「有一於此，豈惟勿喜，雖怒至壯頄、奮不顧官，可也！」

鴿蟾雙悲題辭

胡孺道大器有孟兄大用者號鴿庵，鴿

❶「革」，萬曆本作「輩」。
❷「諟」，原作「視」，據萬曆本改。

庵既殁，孺道見鴿不忍看，如見大用也。有仲兄曰大周者號蟾庵，蟾庵既殁，孺道見蟾不忍聞，如見大周也。於是孺道之友數十人知孺道之心者，革作詩以識其悲，而褒其能弟也。夫孺道於其兄如此，則於其親可知。古人之遇石不踐者，當以若是乎？若孟子以「孝弟」歸堯舜，而「克明」推其極至，通於神明，光於四海。吾望孺道，不止使宗族鄉黨之稱而已可也。

蒲塘清隱題辭

蒲塘者，太學生戴冠之父别號也。蒲塘君行義好善，乎于鄉閭，爾乃不求聞達，隱處蒲塘以自取。其子冠初從鄒東郭遊，已而從予於太學，予願捄病者，則速摘藥資予。嘗有《宋四子抄釋》，不能適及多士，即倡其友十數人校讐板刻，以傳辟雍諸生。當其志，若有能博施濟衆者，冠雖力不能，亦欲從其後也。然則蒲塘清隱之意，將無于冠而發之乎！所望捄病者不但于顯明，雖寒微隱暗之人亦然，斯爲仁。徒板傳其書，以資俊傑而已，或不能悉其詞義，以允迪之，亦非智也。智仁於冠，毋忽也，斯蒲塘之志乎！

有明山西參政西澗先生秦公墓碑題辭

嗟呼！此吾友西澗秦公之墓也。方風俗之下流也，智者罔愚，强者轢懦，富者凔貧，貴者蔑賤。共疚于心，獨見于政，中宦不能劇其鋒，邊鎮不能折其翼。爾乃如矢斯發，如斧斯劈，鋤强挫暴，剷貪刈頑，畿輔頌其明，三晉安其公。然豺狼可問而不能遜奸僚之穽，貂璫可喻而不能解撫按之羅，此固在外者之有時數，亦在己者之有義命也，君又何所究乎！君又何所究乎！

霄山題辭

霄山者，太學生汪子枋之父韋庵處士之別號也。山在祁門縣北五里，巋然獨峙，上侵霄漢，故云霄山。處士以初號近于脂韋，非所以誨子孫也，乃改號「霄山」焉。山下有溪，遂名「霄溪」。其半翠微有澤，即旱不渴，曰「霖塘」。霖塘之左爲飯牛塢，其右也爲海龍洞。溪達面前，爲自家灣。缺析館在山麓，其後則習静齋、玩易窩也。乃又搆虚受樓于塘灣之間，結不息亭于霄溪之滸，使子枋日進脩其中焉。他日子枋來問其義，予曰：「子枋而知處士之志乎？蓋欲爾盡絶外誘，壹志向上，如此山之挺立，可以干霄也。辟如種木者，若舍其梧檟，養其樲棘，則葛藟蘿藤，纏繞不舍，幹亦屈偃矣，雖一直木且不能及，況此霄山乎？子枋勖哉！其肯負處士之志乎？」

題胡仲吉愛山辭

此《愛山》之什，予於五七年前爲胡孺道之兄仲吉所題者。當時因問，漫然書之，近見完册，皆孺道爲仲吉所求文詩，或于北雍，或于南都，遍訪名賢，積久而後成帙。則處心積慮，以致克恭之成者，固非一日耳。仲吉友于之厚，亦可見矣。吾知他日並懋弟友之善，必至不知舞蹈，如漢二難者也，斯已乎！

西溪逸翁題辭

二泉邵公作《西溪記》，言錫邑之西有溪焉，受惠泉之流，納百瀆之注，作德聚澤，爲流衍之地，而以導入海之勢，大其觀以待後人。夫翁初訓子孫，期樹世望，今汝成蚤成進士，且篤志斯道，當必身爲斯海也，北受挾右之入，南爲朝宗之趨，使觀者難爲水，以光大西溪之瀾也，不可乎？

覽西溪誌銘題辭

《覽西溪逸翁誌銘》，乃鳳山秦公所撰者也，言翁「尚論古人，必以司馬文正公爲的」，當翁之篤訓子孫，而其必于汝成者，蓋有在矣。汝成既舉進士矣，若他日行業政績，思齊君實，力不已也，而又能過之，則豈非西溪含笑九原者乎？

九思誌銘題辭

邊寧波志九思先生，云「有近仁之資」。疾之革也，摩三兒之頂曰：「他日成立，無忘吾師。」其師即寧波。寧波舉進士，就教職於寧波，不久視亡矣。夫九思先生永訣于其子者，凡家事一不及，而惟以報師爲言，當其人，❶豈非朝聞夕死者乎？然則汝成之所繼志述事者，雖如曾參一羊棗亦思其父，至聞「一貫」以報先師可也。

---

❶「當」，重刻本作「此」。

明南坡處士柯君之墓碑陰題辭

此南坡處士柯君者，長樂學生時偕之父也。處士名崧，字伯峻，幼而聰敏，讀書即成誦，至老不忘。年十六七，父母接逝，家貧不能成葬，奔走經營垂十餘年，始克襄事于洪山東麗之壠，於是其父彦華、母陳氏始宴窀穸矣。乃遂隱居行義於大嶼南坡之陽，朝出耕野田，夜歸讀古人書，或朗誦前賢詩篇，如陶潛諸什，自適其趣。其處比閭族黨，以正相信，而孝友脩身，庶幾有古人「不間於父母昆弟之言」之風。於是時偕于其弟時亨、時顯、時益，並知向學，惟道義趨。甲乙之年，予講《論語》于鷲峰東所，時偕自長樂來，聚講數日，以其説告諸處士。喜曰：「吾兒能有依歸，其成材爲世用可幾也。夫學以立身行道、揚名顯親爲孝，豈在日用三牲哉？」丙申之年十二月既望，處士年已八十有五矣，乃夜召時偕暨諸子曰：「吾已矣。夫吾素所願慕者，得涇野公數言，大書藏所。時偕可往求之，以表于墓，吾九原之下瞑目矣。」言已而逝。時偕哭踊痛絶，哀毁成瘠。時值年饑，親隣離散，匍匐靡救，勉力謁誠。遂携男僕四人，忍饑刻苦，水行數千里，時經三二月，冬抵南都，乞問墓表。予憐處士素志，憫時偕之積學，乃大出於碑面，又題辭于其陰云。

燕磯倡和詩題辭

予舊至鷰子磯，嘗有詩與記，今五七年矣，恒懷想也。偶辱春岡劉公見惠《鷰磯倡和詩集》，披閲再三，其景趣皆當時所稔覽，而筆力未能到者也，諸詩之工可知矣。因識之，如予再一遊云。

贈君月崖先生墓表題辭

贈君月崖趙先生者，曲靖太守丹山子元默之考也。其墓在廣東順德縣之東，❶所配李宜人者合葬焉。墓倚石巖之腹有洞，❷洞顛一石，其立如麕身，其後如牛尾，其蹄如馬，而首如狼，首上一角巋立，婉然麟狀，但少聲音中黄鍾耳，觀者奇之，遂名其洞曰「玉麟洞」。夫洞，石也，非麟也，麟殆其似之耳。若爲人子孫者，含仁懷義，行步中規，折旋中矩，遊必擇土，❸翔而後處，不履生虫，不折生草，不犯陷穽，不罹罘罔，文章彬彬，乃真麟也，故其詩曰：「振振公子，❹于嗟麟兮！」洞後有池曰「天湖」。夫湖，都也，大陂也。洞而曰天，❺豈惟可以運銅船而隱金牛、藏三山而收五渚哉？風可使分也，雨可使起也，其視芍陂、笠澤，皆如沼沚之細矣，君子於此，以求行健于天而自强不息者也。湖心搆亭，亭外雜植松竹數萬株者，植松竹何也？夫松，東出岱畝，西挺嵩高，壽數千歲，或爲青牛，❻或爲伏龜，不惟可以長人之生，尤可以比人之德，其棲鸞繫馬，偃蓋飛節，不足道也，故曰：「歲寒然後知松栢之後凋也。」夫竹也，翠實紫筍，繡皮緑葉，或鳴鳳而來鸞，或似柱而如松，蓋君

❶「東」下，萬曆本有「北」字。
❷「之」，萬曆本作「巖」。
❸「土」，原作「士」，據萬曆本改。
❹「公」，原作「君」，據萬曆本及《詩·麟之趾》改。
❺「洞」，萬曆本作「湖」。
❻「牛」，原作「年」，據萬曆本改。

子切磋琢磨之地也。遶亭栽蓮畜魚何也？❶ 蓮之爲君子也，周茂叔説之詳矣。《鶴鳴》之詩曰：「魚在於淵，或在於渚。」言事雖散于廣遠，而道則不下帶而存，不可以爲遠而忘之也。又曰：「魚在于渚，或在于淵。」言事雖在于目前，而理則深邃莫測，不可以其近而忽之也。然則丹山爲月崖先生之墓，其所取意者，高遠哉！或曰：「丹山以爲静養怡神之資，而子説之如此，不亦背乎？」曰：「風木之地也，孝子覽物思親，無往非道，其爲怡養孰大焉？」於是善鳴曰：❷「安吾父母之心於九泉，❸揚吾父母之名于百世者，固有在於斯乎！」

椿萱齊白頭題辭

此圖乃今太學生潘汝新請工所繪，以壽其父方塘司空公暨母呂氏淑人者也。夫方塘公外樹勳于國，呂淑人内施政于家，雖白頭，其常也，又何圖？雖然，夫子云人子知父母之年則喜懼恒存，而朱子遂謂其有愛日之誠也。汝新之圖，意在斯乎？信如是也，則汝新之立身行道，樂壽於白髮、顯名於後世者，亦在斯乎！

清慎箴題辭

此《清慎箴》者，前太學士文定公楊先生之所隸，出以自警者也。廬陵丘進士經不知得之何處，裝表成軸，請予題識。予披

❶「遶」，原作「達」，據萬曆本改。
❷「善鳴」，萬曆本作「元默」。
❸「安」上，重刻本有「善乎」二字。「泉」，萬曆本作「原」。

覽把玩，不能釋手，不獨愛其文辭之爾雅，而亦躭其字畫之奇古也。往予羈丱讀書黌校時，已聞公及文貞、文敏三楊先生之名矣，當其功勳，掀揭天地而照耀古今者也，思求其學而不可得，今見此箴，將非其一端乎！經也無徒懸掛墻壁，以資賓友嘆賞而已也。

秋雨重宴題辭

半窗子于八月十日宿韋庵諸同年，予以爲必開宴百物園中也，是日雨，止延於其第。比九月初，曲林至，半窗又宿宴焉，予以爲此宴在園中無疑矣，然又雨甚，又止於其第。先是後齋、四峰、前川及予家之宴多晴，且或值好月，獨半窗兩宴皆雨，遂自恨其諏日之未工也。已張燈，乃出卷委題，予曰：「天之晴陰，豈有意哉？古人以『作霖雨』爲『歲大旱』，何者非天之教乎？」遂題之曰「秋雨重宴」。又以見人之窮通顯晦，皆有定數，真可謂知天者道也。

懷中畏簡題辭

《懷中畏簡》，爲婺源潘汝霖滋題也。汝霖既中應天戊子鄉舉，比赴會試，其父補齋先生作詩諭勉，叔氏方塘司空亦和其韻，汝霖皆置之懷中，比伯魚過庭而聞詩禮、元晦遵教而思佩韋者也。於是往返禮部殆三四度，恒懷此簡而不忘。每一落第，輒憒惋於色，顧其簡曰：「此何以答吾父叔哉！《鄭》詩曰『豈敢愛之，❶畏我父母』、『畏我諸兄』，

❶「敢」，原作「不」，據《詩・將仲子》改。

實獲我心乎！」遂裝爲小卷，於從弟汝新以問言，且曰：「夫子云：『畏天命，畏大人，畏聖人之言。』懷中之簡，亦是畏爾。」涇野子曰：「汝霖誤矣。言與行，不相副乎夫子。進士之得失遲速，此天命爾，汝因屢科不第，恐然負罪不寧，思畏懷中之簡，此豈畏天命者乎？夫大人、聖言，皆天命所在，爾雖稱父叔之詩，不過發揮其蘊耳，既不知畏天命，又豈知畏大人、聖言以及懷中之懷簡耶？」

「子誠欲畏天命，必先自畏大人、聖言始。始於畏大人焉，則行必與大人合體。大人者，與天地合其德、日月合其明、四時合其序、鬼神合其吉凶者也。始於畏聖言焉，則言必與聖言合文。聖言者，建諸天地而不悖，質諸鬼神而無疑，考諸三王而不謬，百世以俟聖人而不惑者也。子誠爲是以畏也，真如伯魚之守詩書，庶其可以言、可以立矣，孔子有不悦者乎？真如元晦之崇正學以明道，繼往聖、開來學矣，韋齋有不悦者乎？將補齋之所謂『建忠效主』，方塘所謂『禮樂文章』，恐不止以一第望汝霖，而汝霖誤畏之也。不然，是趙無恤袖中之簡耳。」

跋

一舫齋跋

此一舫齋者，歙人巖溪王先生之齋扁也。賦若詩者，美一舫齋也。世有七居，惟君子爲能選焉，好高者巢居，好下者穴居，好山者巖居，好水者舟居，好功名者朝居，好利者市井居，好德者天下之廣居。居一舫齋者好水居，遨遊天壤，托興湖海之上，不知彼之浮沉，以終而世，其亦古之風邪！

志悦録跋

開化方子豪《志悦録》成，以示吕子。吕子曰：「父母兒子之情，人皆有之。婦女以能布帛絮纊衣親悦，農以能菽粟食親悦，商賈以能貨足親悦，貴者以能官榮華其親悦。方子志其言辭，能以文辭其親悦。」方子曰：「豪之敬親以悦也，視他悦過遠矣！」吕子曰：「古之人以能不没其親悦。」

雙節集跋

吕子曰：「吾觀於《雙節集》，❶而嘆祝氏、劉氏之難能也。年三十二而守節焉，豈惟可以教婦人哉？生爲丈夫，事親而有背子，定交而有怨友，事君而有渝節之臣，曾祝、劉氏之不若也。《雙節集》行，可以風四方矣，弋陽鄭人不得而私之也。」

使覽圖跋

古人覽山思登高，覽水思利涉，覽宮闕思敷文德，覽邊塞思奮武衛。吕九川，近臣也，有事三邊，圖其狀以供覽，其忠勇可知已。如僕者，左足艱履，終身何以，覩是圖，有慨嘆悵望而已。

汝帖跋

《汝帖》不若《絳帖》之爾真也。書入木

❶「雙」，原無，據萬曆本補。

石，即失厥初，詎惟《汝帖》哉？ 世遠筆湮，以跡模臨，得三遺七，取形去神者，皆《汝帖》也。 夫畫存，意尚可攷；跡在，世亦可辨。 故三代之書，聖世之書也，其文典；兩漢之書，治世之書也，其文樸；秦始渝古，變國之書也，其文奇；魏始通元，❶苟國之書也，❷其文淺；晉、宋、齊、梁、陳、隋之書，亂國之書也，其文冶而滑；魏、周諸胡之書，❸盜國之書也，其文麤而厲；唐衰矣，其文淫于晉；宋虛矣，其文蕪于魏。

跋郝中牟德政遺音册

正德辛未，涇野子臥病讀郝中牟君《德政遺音》，爲之出涕。門人曰：「讀詩而涕，何居？」涇野子曰：「中牟君距今纔十餘年，而往者如此也。今也，元惡雖剪，謟風未熄，海内諸司，猶多掊尅，令此細民，背仁干憲，盜賊四起，生靈塗炭。安得起中牟君九原之下，式是諸司邪？ 不可得！ 不可得！」門人亦爲之出涕。

跋渼陂子省親卷詩

觀王子《省親卷》詩，其諸公有予所及見者，有所未及見者。今其人半已凋謝，而詩中英豪之氣，博大之材，猶宛在耳目，然尚未聞有所試焉，則君子可以不及時有爲哉！

❶「元」，萬曆本作「晉」。
❷「苟」，萬曆本作「狗」。
❸「魏周」，萬曆本作「後魏北齊後周」。

跋周中丞子庚北行倡和卷

觀周中丞子庚爲大僕時出關之卷，有壯邊之謨，有保邦之志，不徒詩也。然中丞今且巡撫于延綏，延綏要害，甚於居庸，行當見其實踐斯詩矣。

跋顔魯公墨蹟

此大司徒石樓先生所藏顔魯公之墨蹟也，諸名公跋頌悉矣。然魯公其言似榮而實痛，其志欲蓋而彌彰。嗚呼！使魯公早用於時，豈止免此祭一伯父辭哉？觀者若於其作字直婉信筆中求之，亦可以得其抱經綸之志云。

雲樹馳情跋

燕人杜光嗣承緒初從予遊，即言大同人張子醇進士之節行非常也。及觀《雲樹馳情》詩，而子醇又極言光嗣敦好古道，十三爲祖母疾刲股以養。於戲！古之所謂直諒多聞益友者，則子醇其人也。仇玉松時茂近過解，玉松蓋晉之哲人也，乃光嗣扳戀不舍，則子醇言豈誣乎？於戲！光嗣必不孤子醇矣。此卷可十襲藏也。

跋空同子詩卷

觀空同子與玉溪子諸詩，有蘇武、李陵之志，有建安七子之質，有二陸、三謝之藻，今之作者，鮮見其比。雖使子美、太白若在，與之並馳齊驅，未知誰其後先也。然予獨惜夫民病而俗頽，憂世而樂學者寡，竊或聞一二焉，而質愚力薄，不克有往，則又未嘗不興心於斯人也。向接空同子，之貌如玉，其言如春，當其俊邁，雖顔、孟可往而肩也。乃其爲詩，至與七子、二陸、三謝並無異，何耶！

跋管仲姬墨竹趙子昂小簡

往嘗見管仲姬入宫爲元皇后寫竹，幾七八十種，清神幽思，❶隨處發見，曲盡變態，幻若化工。後有跋語，亦管自作，辭染俱妙，其遒勁處如寫竹然，蓋子昂所不能及也。今丘氏莊竹，將無亦類乎？若子昂之書，獲覽亦廣，然多斌媚態，蓋嘗評其劣於管之竹也。此數簡卻有自在意，當是老年後所作乎？夫子昂，宋宗室也，仕元，以書翰重於其君，而其内子之册者，❷亦爲元后所軫嘉如此，❸則古之所謂「刑于寡妻」者，亦似若人乎？

跋甘泉先生書白沙公語

右甘泉先生書白沙先生數語，蓋見道之言也。夫其曰：「道有可以言傳與否者，以人言也；有由積累而至與否者，以學論也。人品有上下，故於賜則欲無言，於回則言之終日；若認道不可以言傳，則異矣。人學有生困，故羲黄爲生知，堯舜已兢業；

❶「清」，萬曆本作「精」。
❷「其」，萬曆本作「載」。
❸「軫」，重刻本作「珍」。

若認學不由於積累，則誤矣。是故志學、耳順，積五級而後得；辭不可已，舉六經而始備。故曾子即禮而問乎諸疑，顔氏竭才以事於四勿。」觀是書與言者，當求之意表，不可泥之辭中。柟，甘泉先生之門生也，因掌科之問，遂注釋其後，以歸方氏。

跋南山之作卷

此大中丞愓菴張公爲御史時壽其父巽齋翁，索吾友康子德涵及柟之作也，距今幾二十年矣。柟改官南京，公使人索用圖識，展卷而觀，其書皆非柟及康子之親筆，蓋一時門下士録上者也，乃公爲親意重，不以真僞捽也，猶裝卷存之。柟惟人皆知公之勳績在天下，風紀在百僚，忠貞在朝廷，仁厚在鄉黨，抑豈知本於公之事親誠篤淵穆如此邪？遂倣康子書，謄序於前，自書柟之舊作於後，方用圖識，蓋欲以真對公耳。既而公又命題跋于首尾，又有以見公追慕之實，而不敢辭也。

跋顧東橋華玉携友玩月圖

此東橋子與諸名士玩月上方之作也。東橋子將有繼日之思，待旦之行，故玩此月不舍耳。乃隱而不居，托懷於季札、言游，將孔明之比管、樂者邪？不然，袁氏、文氏、王氏皆東橋之後進，姑蘇一時之彦也，携而偕之，容光必照之前亦無不可，顧獨以對酒浩歌爲意氣邪？雖然，空山静夜，光徹四極，而乃黄土吴越，煙虹林壑，斯其懷亦壯哉！使更有所往焉，晉、宋、齊、梁，風斯下矣。

勒大科書院訓規跋

《大科書院訓規》，甘泉先生爲編脩時，隱居西樵，訓門人之規也。嘉靖改元，先生被徵至京，以柟乃禮闈所取門下士也，出以示柟，柟受而讀之，甚愛焉，謂其可以醒昏定譟，仁殘柔暴，比於《西銘》、《定性書》無愧也。乃又從陳謨求得數十本，布散北方願學之士，北方願學之士各誦習而尊信焉。比柟改官南署，先生方以大司成進少宰，從遊者日益衆，暇嘗詢及一二友朋，乃尚有未知此訓規者。於是言於陸評事伯載、周紀善道通，二君讀之，亦深以爲可服行也。他日伯載及部寺數君子，道通及監庠諸士子，皆受學於先生，一時志士翕然景從，來去接續，幾數百人，而周乎先、李希孟至不赴會試以卒業。是時先生借第於史恭甫之家，恭甫見學者之滋衆也，而屋西適有一泉湧出，乃即爲闢新泉精舍以處。然而先生日所開發，率不出此訓規，而又主乎忠信，以示造至誠之方，而訓規於是乎大行矣。諸君以不便抄閱也，請柟書諸石，置精舍壁間。然柟願諸君誦而必察，無文字言語視之也。

跋遊天台卷

涵濱黄仲通有《遊天台卷》，爲台人周世瞻所畫，曲盡天台之勝。他日仲通持以示予，曰：「此中足跡目力所到，愛戀不能舍者也。子其教我以遊乎？」予曰：「仲通肯從予西遊終南、惇物乎？此地伊、吕、周、召之跡尚存不歿，涉涇、渭而畢見，登崖峨而可覩，松赤不足捫，芝紫不足采，委蛇窈窕之幽，皆可求而得也。仲通又肯從予東遊太山乎？《論》、《孟》、《庸》、《學》之舊尚著未湮，❶挾鳧嶧以連脉，傍洙泗以通靈，眇漢禪而不視，輕唐封以忘言，翠微寄嵚之處，皆可求而到也。」是時静菴周道通亦在座，笑曰：「仲通其無失相許之言乎！」既而曰：「其挾以同往，無遺我乎！」於是三人者，皆欲撰杖履，裝書劍，飄然以遊，不俟裹糧者矣。

跋愚逸素履卷

此卷乃東橋公在天台時，台中諸賢爲其父愚逸翁作也。精實不詭，於翁孝友任慈之風，溢然具矣，而東橋之道學文章偉焉一時者，不自此乎？知東橋者，此卷不可以莫之讀也。

跋大科書院訓規

右甘泉先生《大科訓規》數十條，南都諸君子欲勒置新泉精舍，柟已手書而跋之，告之以力行，無以文字視之矣。乃葛子東又摹印翻勒，置諸揚州之甘泉行窩，則柟又豈有二言哉？

寓思圖跋

安福之汶源王氏有兄弟四人焉：表也、衮也、褒也、裒也。葬其父欲逸軒，暨配劉氏于茆嶺。既久思不忘，乃圖其塋墓之

❶「湮」，重刻本作「泯」。

形，商于汴者携之汴，醫于吴者携之吴。他日衮授其册於其子邑學生仰，仰字孔喬，然而猶夫是思也，學於陽明，携之陽明；學於甘泉，携之甘泉；學於東郭，携之東郭鄒氏。予於東郭鄒氏見也，皆碩人名流之贊也，乃謂之曰：「夫此寓思，孝子順孫之志也。雖然，孔喬與其思塋墓，不若思形容；與其思形容，不若思心志；與其思心志，不若思其所以遺於我者而光大之也。苟思其遺於我者而光大之也，則凡寓形宇内者，皆可思之使不忘矣，固非學者之志哉？不如是，則雖日遊三先生之門，不成其爲寓思也。故曰：君子先惕思，而後寓思。」

野塘集跋

右諸文詩數十首，皆一時名卿、村大夫爲野塘先生劉公作也。先生棄官而不再謀，求志而無外願，日耕釣於野塘之處，曰：「吾道足矣。」而人皆莫之知也。比其子侍御濬伯既顯，而後野塘名於天下。昔者夫子之於禮樂，寧從野而不恤，蓋野之不從，則凡利而巧、文而不慚、賊而敝者，皆由是出也。然則先生以是自號者，其志遐乎！宜諸君子究其本，歸其美，咏歌而鋪揚之也。

跋鳳溪張尹卷

此鳳溪張尹者，乃少司空小泉林公之友、大鴻臚四峰張公之師也。二公素不阿其所好，乃小泉稱尹以「風流一代詩人豪」，四峰稱尹以「天地萬物爲襟期」。然予未識鳳溪面，據二公言，則鳳溪縱未至此，其亦一時之高士乎！第其人不可追，則謂其子：「伊其善繼述之哉！豈惟不忘爾鳳溪翁於九泉，二公之作，亦於是乎可不没也。」

南軒薛仁和傳跋

此蒲人薛南軒之傳也，僉憲丹陽殷君文濟所著也。殷君嘗爲蒲大夫，知南軒以廉而黜，其子性以孝而廢，乃作傳與論以惜之。夫既謂「廉能希伯夷」，雖黜不黜；既謂「孝能過漢緹縈」，雖廢不廢。然南軒已往矣，立身行道，斬絶游衍，❶不以一節之孝自足而盡顯揚之實，使南軒傳之千載而不殁者，則又在於性乎！爾斯其爲孝廉也，不又遠哉！

黄雪洲哀輓跋

此少司馬雪洲先生既殁之後，諸名卿、賢大夫思慕其爲人，作爲詩以挽之者也。嗟乎先生！自其爾廉之亡也，世鮮冰檗矣；自其爾公之亡也，世鮮衡鏡矣；自其爾直之亡也，世鮮繩矢矣。挽之者固欲起之于九原之下，而著之乎四方之遠也。雖然，挽之以言，不若挽之以行之爲切也；挽之以他人，不若挽之以子孫之爲近也。日思親受庭訓，至有今日，若又能敦益公直與廉，暢于四肢，發於事業，經所謂「立身行道，以顯父母，揚名于後世」者，斯其爲所挽之切近也。況日思奮志向上，壹心好善，又

---

❶「衍」，萬曆本作「行」。

非安于小成者乎？宜其不以他人之言爲自已也。

巡歷邊關詩跋

予素不職兵，亦未嘗經閱塞徼，第聞人有探兵本、曉兵機者，則知其爲善，喜愛不已也。即者大同之事，以國家全盛之兵，圍孤城，伐叛卒，反至戕官軍、耗公帑，殆千萬計，久而後就定，然猶爲一二兇首所脅，則豈其力之不足哉？無亦當事者有遺計乎？偶獲約菴中丞巡邊諸詩，則嘆曰：「世固當有此耳！」夫寡能敵衆，邪能勝正，死能敗生，下能干上，此實勢之反常者也。然而間有至是者，彼固有以蹶其本而瞰其機矣。誠使在此者有所先見焉，于以制彼，豈不如徙薪拉朽哉？古之君子所以尊俎折衝，談笑卻敵，固非以兵爲玩，臨事而不懼者也。昔約菴之在宣府也，偶一二黠卒欲犯總制，頃刻亂者百千聚，約菴方病臥起，以數言駡諭，彼皆披靡自潰。諸詩之旨，固多此意乎？然後知古之名將，伐謀爲上也。雖然，事發能識其機，猶不如先見以寢者之爲愈耳。若乃事且垂成，又于其機不察，而處之未當，此唐室藩鎮之流害，❶職其事者，❷又寧肯踵襲之邪？或曰：「聲罪則起變，窮惡則傷善。」對曰：「事有遺奸，法有隱禍。譬諸瘡瘇，根株不拔，毒及四體。古之征扈伐奄者，豈其道皆左乎？」斯予於約菴之詩深有感焉，亦欲因以贊諸障邊者也。

❶「害」，萬曆本無。
❷「職」，萬曆本作「當」。

韓忠定公遺墨二跋

此忠定公之墨跡，其子大參君於五十年後得之於湖南者也。夫公於微吟短咏之間，皆愛君憂國之意，則其他當大節、摧巨姦、平多難者可知矣。夫大參於片言隻字之細，有手袖目接之敬，則其他承家學、繼前志、述往行者可知矣。爲人臣者觀此，可以作忠；爲人子者觀此，可以作孝。韓氏子孫，雖於五十年後存此可也。

其　二

正德壬申冬，予赴京過謁忠定公，公誘掖獎進，如恐不及。因賦詩請教，公賜和數篇，後猶賡前韻以寄，大抵皆尊主庇民之至情也。今觀其子大參君所收遇真宮之作，則公之此情，雖於仙觀佛院之地，未嘗忘也。宜其公清修忠亮，勁風孤節，如太山北斗，爲世所共稱仰云。韓氏子孫，毋止以一詩視也。

終慕集跋

此《終慕集》詩若賦者，皆賢士大夫憐程君世大之志而爲之者也。世大之母亡也，以爲無所恃矣，思之如見，作《見萱卷》。及其父之没也，以爲無所怙矣，日涕不能已，作《泣椿卷》。是集也，其於世大悲號隱惻之狀，皆具之矣。於是休寧人稱世大之孝，當於古人中求之可也。他日世大寓集於其友陳時講，陳時講曰：「世大年七十，猶且慕親不忘，則『終身之慕』，其庶幾乎！」遂名其集曰「終慕」。世大之子爵從予遊，持以展于予，覽而嘆曰：「世人之于父母，生多不能養，歿多不能思焉。有七十慕親如此君者乎？當其慕，雖未若舜之大，然而其志亦可悲已，雖謂舜之徒也，不可乎！」

潁水別意跋

此吾友渼陂子王先生留別戈揮使之卷也。渼陂子自文選郎中謫貳壽州，淹屈屯蹇，舊與交遊者太半改視而易待矣，乃揮使素不相識之人也，周旋親炙如此，不賢而能之乎？及渼陂子掛冠西歸，流寇梗路者半年，而揮使月身問之，日僮候之，相與之厚，眷隆不衰，是其真情雅意，又尤爲難得。古人云：「一賤一貴，乃知交態。」則若揮使，豈惟今日之所少見者哉！此卷存，可以敦薄俗矣。凡揮使他日功名之盛，亦可據爲張本也。

洛原詩卷跋

此洛原白貞夫所得諸名公之詩，以誦洛原者也。夫貞夫本常州武進人，顧其先世出于洛陽，乃遂以「洛原」自號，其水木本源之心，未嘗一日忘洛陽也。去年以公使之便，遂渡黃河，陟邙山，歷覽瀍、澗、伊川入洛之處，以尋先世之蹟，悵然久之。遂西至于周、漢之地，訪于康得涵、王敬夫諸詩伯而後返。當是時，予偶遇於彭鹿，謬贈一二篇焉。比貞夫過江，猶走書以問。則謂之曰：「昔季札，亦今常州人也，嘗至魯觀樂，品題《豳》、《南》風雅之詩，咸當六義，不詭於舊，至今千百年以爲名言。若予輩之作，固無《豳》、《南》風雅之邃，而貞夫則固有季子之志矣，不知其品題又何如也。審若是，則貞夫之所謂『洛原』者，而豈徒哉？不然，若止以遊覽世業之詩，則又豈吾輩與貞夫相遇之誼乎？』」

林氏世藏圖跋

右文昭林公少穎於宋紹興間所得勑辭，其子孫寶藏相傳至今。刑部正郎德敷則十數世孫也，裝演成卷，以示於予。❶蓋自秘書省正字，以至爲福建參議，其詞翰皆在也。夫文昭嘗論安石三經之非，罪浮王、何，又因金人南侵，作書詆當路，言元和畏戰之弊，風節凜凜，至今猶有生氣，誠有宋之名儒也。然考其師友淵源，初受學於紫薇舍人吕本中，其後東萊吕祖謙又受學於少穎焉，雖晦菴朱子，亦聞少穎之風而興起者也。然則少穎入朝之節，豈偶然哉？嗚呼！使紫薇不至閩，少穎或無此學；使少穎早至洛陽以見二程，又或南至道州以見濂溪，西至關陝以見横渠，則其造詣所成，當又不止此也。然則德敷今日纘戎而光大之者，雖東至泰山以訪孔顔可也。不然，則所藏詞卷，亦與書肆集本等耳。

澤存堂跋

澤存堂者，宋信國公文文山之七世孫、武寧州同知蔚林欽所搆，以奉文山遺像，并身係朔廷與母舅書藁、墨蹟，及上巳詩篇者

❶「示」，萬曆本作「展」。

也。是時師尹吴公已題古風於後，而學士解先生、縉紳亦已跋之矣，蓋言文山雖没于宋，而其澤至明興猶存也。豈意武寧之後，子孫蕃衍碩大，如今舉人桂仲芳，時澤益存而盛乎？仲芳於嘉靖乙未嘗從予遊，而予方赴太學之任，仲芳同諸友渡江送予，❶經江浦、六合至揚州，暇敘先世文山事，未嘗不慘然長憶也。今年赴春試，自廣東、浙江道來至儀真，又復遡江，持文山遺像并《澤存卷》以謁予，且請跋焉。予嘆曰：「不有文山，仲芳奚始？不有仲芳，文山奚傳？且書藁之意，言念舅氏，如母存焉。夫當幽囚顛沛之際，抆淚未訣之時，而其言惟及於此，則其因心之孝可謂至矣。宜其刀鋸在前，含笑入地，犬彘胡元，爲宋一代忠臣，照耀古今者也。傳謂『孝者，所以事君也』，豈虚語哉？且文山當宋室危亂之秋，以秉節不朽；仲芳當大明隆盛之日，求仁不讓；則文山之澤，豈但存焉而已，雖千百世光有餘也！」

策問

試雲槐精舍諸士

問：史言：「周云成康，漢言文景，言相配也。」成康之時，頌聲大作，文帝於禮樂則未遑，景又何足言也，「相配」而言，不亦過乎？當文帝之時，其臣猶黄老重吏，雖有賈誼《治安》之策，亦未盡用，絳、灌之徒且疾焉，其視成康時畢、召、君陳之輩何如也？説者謂「有是君，則有是臣」，漢君臣

❶「江」，原作「工」，據上下文義改。

如此，而史氏之言果溢美乎？抑别有其説耶？

問：今日諸子相聚，其所願學者安存？而其所以學之也安之？昔人有見師之後三年不讀書者，有半年後方得《大學》、《西銘》看者，然則其所爲者安居？夫讀書，今謂之學，亦有讀其書而不知學者往往是也，其故安出？果爾，則將廢其書而爲其學乎？書亦不可廢也。將讀其書而廢其學乎？此尤不可也。必其不失讀之之法而有以得乎？爲學之道，其究安在？

問：「文武並用，長久之術」，古之是言也。昔者宋太祖欲解蕃鎮之權，使文臣知州，朝官知縣，轉運使、通判管財賦。兹四官者，今並有之，豈亦爲解蕃鎮之權邪？宋太祖又懲藩鎮之弊，精禁旅之選，制兵樣之募，立更戍之法。兹數事者，今並無之，將不懲藩鎮之弊邪？今天下以藩爲職者，曰王府、曰布政司，以鎮爲權者，曰總兵、曰太監府，是豈州縣判運者能解其權乎，而禁旅兵樣更戍之不嚴者又果無弊矣？審若是，民貧困而文莫能恤，虜跳梁而武莫能抗，則用文同宋亦無補，而用武異宋亦無益，無亦宋之法不可行于後世，而政體不一，又别有其説耶？

問：夫子常稱顔子好學，則孔門得聖人之道者獨顔子矣。故後之大儒不曰「顔子發聖人之藴」，則曰「學聖人自顔子始」。夫如顔子之可學也，聰明莫如程伯子，何以十四學聖人，老而未及顔、閔？如其不可學也，則年未不惑如「牛醫兒」者，時人已目爲顔子？之二説奚據乎？且「牛醫子」之如顔子奚在？而程子之不及顔、閔，又何指乎？必欲學顔子也，又將何自而入乎？

願盡言之，以爲共學之助。

問：三代而下，稱輔相之賢者，在漢曰蕭、曹、丙、魏，在唐曰房、杜、姚、宋，在宋曰韓、范、富、歐。當其世，豈無出其右者，奚十二子爲獨顯乎？如果絶代之雄也，其相業不及夏之益、靡，商之伊、傅，周之旦、奭萬一，則又何以獨稱邪？然後世有爲前六子之學者，人不曰「泥」則曰「腐」，有爲十二子之學者，人不曰「財」則曰「通」，此其稱又何據也？夫士之讀書，將以修身而論世，如或知爾，則何以哉？

問：養民莫如財，衛民莫如兵，故民窮則盜起，兵弱則寇侵。今天下之財，自田畝額税之外，水驛有舟，陸驛有馬，郡縣里甲遞運有牛驢，丁有徭，門有攤，食鹽有鈔，商賈各以其貨有税，胥史各以其科有金，然而無名之征，不時之誅蝟然，而箕斂者又無紀也，至一遇軍國之需，猶告乏而不能濟者，其故安出？彼古之貢助通行之時，曾有是乎？今天下之兵，自錦衣禁旅之外，師有團營，直隸有班軍，王府有護衛，郡縣有民壯弓手，阨隘有守禦，關寨有巡檢，鎮邊有衛所，閑之已周矣。然在內，三法司之編充，在外，察院、按察司之發遣紛然，而尺籍者又無限也，至一遇風塵之警，猶缺伍而不能捍者，其咎安在？彼古之兵農爲一之時，曾有是乎？是皆時務之急，諸生不可以莫之講也。

試東林書屋諸士

問：仁道雖大，學者不學此，則終身無成，故張橫渠以爲頑作銘以訂之。然自夫子之言觀之，仁又何難也！夫陳須無、鬬穀於菟清忠無比，而不得爲仁，已可疑矣；彼子路、冉有、公西赤皆高弟子也，亦不爲仁，何歟？ 此數子在政事之間，猶可諉也；德行如仲弓，乃亦「不知其仁」，則仁又在德行之外乎？ 而敬簡之學，山川之不舍，又安存邪？ 仲弓之上有顔子，夫子生則稱其好學，死則爲之慟哭，乃止許以三月之仁，下此三千之徒，不亦阻其進乎？ 彼管仲者，伯大夫也，夫子常鄙其器小、不儉、不知禮矣，雖曾西亦耻爲之，夫子乃曰「如其仁，如其仁」，則固以爲人莫之及也。 曾西且勿論，顔子者亦在管仲之下乎？ 至若樊遲之粗鄙，司馬牛之多口，弟子之下品耳，亦隨問而告之，斯又若甚易者，此其説何也？ 夫以夫子説仁，且不一如此，無怪乎後儒，或以「公」言仁，或以「愛」言仁，或以「覺」言仁，紛紛然訖無定説也。 夫學聖人，莫如讀《論語》，讀《論語》，莫先講仁。願詳其説，以觀進仁之方。

問：古人之行有不同，後人之見，不免於疑。「奉檄喜動顔色」視「印綬加身，輒推不受」者，何貪乎？ 「三顧始輔漢室」視「杖策追至鄴以求功名」者，何傲乎？ 一門争死，乃有孤身轉客以逃生者，其死何辜？ 詣獄求死，乃有因樹爲屋以避亂者，其生何幸？ 均在雲中，廉、范、李牧孰優？ 同出西城，班超、趙充國孰賢？ 曹褒之禮，果可以當后夔之樂邪？ 班固之書，果可以同馬遷之史邪？ 減竈增竈，皆成其功，何歟？ 「無書抵政府」，「三上宰相書」，皆成其名，何歟？ 「三年不讀書」與「三年不窺園」者，有別乎？ 「耻不與黨人」與「平原自無黨」者，有異乎？ 之數子，皆當代之英也，請詳言之，并究其優劣。

問：經傳賴儒者而明，道義以賢者而一。夫道器有上下，舊矣，而有謂「器即道，道即器」者，將「易傳」非歟？性氣有精粗，似矣，而有謂「性即氣，氣即性」者，將孟軻非歟？其徒習忘以養生，其師以爲大害于道，然又自言「不若内外之兩忘」者，何邪？昔人用誠以養心，後人以爲元不識誠，然又自言「纔立誠，便有可居之業」者，何邪？「博愛之謂仁」，與「德愛曰仁」，若相似也，何輒去取乎？「一日三省身」，與「一日三點檢」，若相同也，何即爲是非乎？心跡之判，有尊之者，有斥之者，豈朋友之道異邪？性惡之論，有詆之者，有和之者，豈弟兄之見殊邪？《太極》、《先天》二圖，或謂規模義理，互有不如，或謂若合符節，初無二致，今抑將誰從之？《訂頑》一銘，或謂「言體而不及用」，或謂「理一而分殊」，今抑將誰是之？説《春秋》者，以一字之褒貶，亦有言「無許多義例」者，然則必將爲朝報之斷爛者而後可乎？傳《周易》者，以四道爲根柢，亦有言「本爲卜筮作」者，然則必將如《童問》之致疑者而後然乎？《詩》《書》二序，誠有可議，必盡去之而任己意，安知數千載前之言，皆可疑也？《禮》《樂》二經，誠爲殘缺，必盡類之而爲通解，安知數千載下之事，乃可附也？是皆名世大儒之迹，以續孔聖之傳者。願諸士子詳陳之，以觀不惑于道也。

問：國之大事在兵，兵之司命在將，蓋今日之急務也。然古之論將者多矣，有告其君以五材、十過者，有告其主以五權、六術、三至者，亦可相符歟？「五德」以「智」爲先，而「五慎」以「理」爲首，其意奚存？「五智」以「身」爲用，而「五枝」以「器」爲重，其旨惡在？曲、直、方、圓、鋭之「五陣」，其來舊矣，祖而用之，固無不可，乃復約而爲「三陣」，何邪？洞當、中黄、龍騰、鳥翔、運術、握奇、虎翼、折衝之「八陣」，其算精矣，宗而行之，亦罔不宜，乃復變爲「六花」何邪？謂陣可用也，廢陣而惟將士相識者，何以屢獲睢陽之捷？謂陣不可用也，望旗而知其亂可擊者，何以遂奏長勺之功？七國畏之如神，而軍中夜驚，豈其布令之嚴乎？西賊畏之心寒，而好水之敗，豈其知人之智乎？夫出奇應變，雖存乎人，而圖事揆策，不越乎理，諸子固勿辭以軍旅之事未之學也。

試解梁諸士

問：爲學貴以明善誠身，臨下貴於聰明睿智，而孔門高弟，莫如顔、曾二子，乃皆以「愚」、「魯」稱，何邪？謂愚魯是也，則高柴之愚，夫子語之使自勵，王陵之戇，漢帝助之以陳平；謂愚魯非也，則甯俞之愚，夫子以爲不可及，尹焞之魯，程子以爲終身有守。之二説，奚據乎？唐柳宗元號能文，至以「愚」名其居；元許平仲號大儒，至以「魯」名其齋，則愚魯又在所取乎？請究其義，并評數子之優劣。

問：設科取士，以爲民也；求賢立科，以輔世也。然漢立策科，不免得布被之詐；唐立詩賦科以矯漢，不免得口蜜腹劍之姦；宋立經義科以矯唐，豈知主司者又欲自行其新經，而面垢不洗、衣垢不濯以欺人乎？則其所拔進以亂天下後世者，又何可堪耶？若是，則賢良、孝廉之科可復也，然「與父分居而行濁如泥」之謠，當時已有之；若是，則博學宏辭科亦可開矣，然讀五車者，不免被弑逆之惡，而遇敵誦經者，不免遺武人之誚，則亦必何如而後可耶？及後建炎初，詩賦、經義並立，其得失又何如耶？且國朝立科，似兼前代，不知其得人比前諸代又何如耶？請究論之，以觀置身之處。

問：持己莫如公，馭下莫如明。有爲廷尉，民自以不寃者，可謂公矣，然欲托邑子於右扶風，至於終日不敢言，將亦私乎？有爲京尹，號稱能察者，可謂明矣，然爲受賕吏所賣，至減脊杖於臀杖，將亦暗乎？若是，則謂只「不起」、「十起」，便是私者，亦廷尉之同乎？而發姦擿伏如神者，乃又不能自保，將又類於京尹乎？數子皆賢能吏，概以聖賢公明之道亦有過乎？

試河東書院諸士

問：《大學》一也，何以有古本、程本、重定本之說，將補之者果有所遺乎？《論語》一也，何以有齊論、魯論、古論之異？將《家語》者，又何所謂乎？《孟子》純矣，何以雖大儒論道，且或疑之，將或著《常語》、《折衷》者亦然乎？《中庸》精矣，何以雖名賢論學，且或後之，將謂「性非所先」者亦是乎？諸生久爲四書，請辯之以觀入德之學。

試解梁書院諸士

問：尹彦明「不見南子」，當時有以爲解疑者，然則孔子至衛非歟？許平仲爲相胡元，近儒有以爲從夷者，然則孔子赴楚非歟？作《春秋傳》者，真隆冬松栢之操也，何以受秦檜之薦而爲中書乎？稱「吾道南」者，蓋立雪門墻之士也，何以被蔡京之舉而爲祭酒乎？出處，君子之大節，之數子者，何如邪？

問：武舉可以得將乎？校閱可以得士乎？鹽商可以足邊乎？茶馬可以足兵乎？古人行之，利害安在乎？

試河東書院諸士

問：夫子自衛反魯之後，於一二年間而六經畢作，今之學者雖不盡如聖人，然其質亦非皆下愚也，乃或治一經至白首而未精，其故何歟？豈古今聖愚不同一致若是懸絶乎？先儒引《春秋》者可以斷獄，明《關雎》者可以相國，治《禹貢》者可以救時，讀半部《論語》者可以佐天下，今之學者所治固不止此，究其用功，乃不迨昔何也？諸生窮經以致用也，試一講之。

試山西士子

問：我太祖高皇帝嘗曰：「明禮以導民，定律以繩頑。」以禮刑一物也。然所制之禮，有《禮制》、《定式》、《定制》矣，乃復有《大明集禮》，不又使人生今而反古邪？彼説夏禮、殷禮與夫「降典」者，亦若是乎？所行之法，有令，有律，有榜文、禁例矣，乃復有《大誥》減等，不又使人取彼而與此邪？彼著法經、章程與夫棐彝者，亦若是乎？夫《集禮》遵用既久，而朱氏《家禮》亦已頒行，祖訓序又曰「俗儒多是古非今」，何耶？若是，則今宗廟、郊社宴享，法多變古，將自有制度邪，抑宋儒言「《周禮》，未成之書」意邪？況《大誥》爲法不同，而《問刑條例》亦已踵行，祖訓序又曰「姦吏常舞文弄法」，何邪？若是，則今雜犯、誤殺諸科，例多收贖，將仰師欽恤邪，抑漢臣言「《呂刑》，富者幸免」意邪？夫繁文縟節，盡行革削，而祀享、朝覲，確有定體不移。黥刺、刵、劓，後不許用，而內難既靖，刑又過之，是皆主司者之疑。

問：山右道學，自稷、契、皐陶之後，於隋莫盛於文中子，於我朝莫盛於文清公。夫文中子所著《元經》、《續詩》、《續書》，人病其僭擬聖經矣，然叔世德政既不及古，而其言語行事，文中子安能使如清廟典謨邪？則聊具數代之跡以著勸懲者，非其法乎？文清公所著《讀書録》、《續讀書録》，人或病其蹈襲陳言矣，然後世俗尚既不如昔，而其記誦詞章，文清公安能同其風雲月露邪？則聊著躬行之實以曉昏愚者，非其志乎？且文中子《太平》之策，志欲復古，故後之大儒讀《中説》者，不曰「隱君子」，則曰「儘有格言」，爲「僭經」之言者何邪？彼作文而學孟子、韓子者乃又不議，何邪？文清公車牖之事，志欲變今，故時之名人論其世者，或以爲「真鐵漢」，或以爲「本朝理學一人」，倡「蹈襲」之論者何邪？彼著書而非《繫辭》、《孟子》者乃又不議，何邪？諸士子試言之，以觀素所學於先正。

問：我太祖高皇帝以武功取中原，而所用謀臣，非前元時之縣丞，則或國史等官。成祖文皇帝以靖難平天下，而所用名士，非建文時之申理，則編脩等職。夫周之頑民，殷之忠臣。故魏徵之直，而名賢欲正其簒；曹文叔之妻，碩儒常比之叔姬歸酅也。苟不論其前之失節，而惟取其後之建功，則死于清水塘者，又何以褒？而自縊孔廡，及七日飲水，終于吏部後堂者，又何謂也？然而我太祖、太宗平夷靖難之功，又非異世他主可比，諸士子則何以辯人物也？

問：官職日添而不裁，軍功日升而不實，禄米日增而不已，國用日廣而不節，占役日衆而不釐，營纏日多而不休，法令日煩而不中，民日窮、財日屈、廉恥日寡、典禮日異而不問。諸士子窮經諳史，酌古準今素矣，則何以告有司？

問：邊設重臣，以禦外夷。乃者，甘州、大同相繼殺撫臣，而山海之殺主事，浙江之殺武將，薄乎云爾。禍不在夷而在内，果士卒之過乎？夫昔之守雲中、治蜀郡者，皆以一太守之職，而夷蠻遠遁，邊境安堵，今以撫鎮、藩臬臣往，而或不免於自斃。雖其躬行少乖，然而事至於此，彼豈知有朝廷哉？則固朱滔、田悦、李希烈之漸也。有志國是者，能不痛心乎？願究本言之，以杜後虞。

試解梁書院諸士

問：漢之文帝、武帝，固一代英主也，然後世亦有優劣之議，豈所任將相有賢不肖乎？彼當其時，有爲至言，有言兵事，有三人詣闕上書者，其言非不美且切也，乃皆不盡用，何也？若盡用之，不知與其時將相之治可得班乎？抑又有通達國體，學貫天人，稱爲社稷臣者，使其言果用，不知文、武二帝之世又何如也？請詳其故而論其世焉。

策試河東書院諸生

問：漢高祖及光武，當時優劣已有定論矣，然其中興創業之跡，亦有相似者乎？謂「令功臣上印綬、去甲兵」與「罷兵歸家」者似矣，何「柔道理天下」與「猛士守四方」者又弗似乎？謂「大饗將士，定封功臣」與「剖符封功臣」者似矣，何「菹醢誅戮」與「恩遇甚厚，保其福禄」者又弗似乎？南陽、豐沛，均一鄉曲故舊也，何并州牧獨言其失？述古成敗與證歲吉凶，均一剴切極諫也，何大司徒爲仁明之累？若是者，其於優劣定論何如也？

鷲峰東所策目

問：王政莫如養民，養民莫如力田。今天下有秋田、夏田、官田、民田、屯田、馬田、莊田、圩田、山田，其税亦相同耶？《孟子》謂治地莫善於井田，莫不善於貢田，今何以廢其善而用其不善邪？將《孟子》非邪？且成周遂人治野之徑畛，既有溝洫，而匠人治都鄙之成與同，亦又用溝洫何邪？然其爲田，又萊田、易田、廛田、宅土田、圭田、餘田、賈田、牛田、牧田，以及公邑家邑之田、小都大都之田，此又何紛紛也？其後如丘田、賦田，令民自實其田者固非矣；彼其限田、代田、占田、王田、三品田、苑田，以及口分世業田，請佃永業、請射荒田，地符均税者，亦皆無可取邪？夫禮樂之興，兵刑之寢，皆係於田，此固不可不講。

問：學以孔顔爲的。乃孔子稱顔子之好學，在「不遷怒、不貳過」，及其自言曰：「思而不學則殆。」又曰：「我學不厭。」又曰：「不如學也。」將其學與稱顔氏者不同乎？諸子今日相聚，其學亦是趍乎？否乎？漢唐之間，有怒其臣非譏，而使之叩頭流血；有自起撞郎，至於床下；有好大喜功，至三四十年而後悔；有忌其直諫，至入宫猶言「殺此田舍翁」。斯皆一時之英君誼辟，雖未不遷、不貳，亦能一乎天下，何也？甚至真學孔顔者，其《太極圖》等辨，或寓書至詬，或面頸發赤，而欲改獵心者，乃十餘年猶未能。顧後儒猶比之大成，擬諸顔氏，何也？夫「不遷怒」所以制情，「不貳過」所以復性，能乎此，則大本、達道皆具。乃子思之言非耶？果若是，則諸子弊弊于經史者又何爲也？請詳言之，以觀好學之功。

試問太學諸士子策

問：孔氏之徒三千，不爲不多，後言學之而速肖者止七十人，於其中若顔氏之子獨稱傳道，他人不與焉。則其論學孔氏之道者，不亦甚少乎？故當時雖知言如子貢，亦曰「得其門者或寡」，而後儒論顔子者，亦曰「未達一間處」、「猶是麤」。曾、閔、思、孟而下不論也。將孔氏之道，人終不可學乎？宋近代乃又有以二程子比顔、孟者，不又幾於過耶？二程若不能比，則爲之徒者，將又無一人之可取耶？然則孔氏之道，果何以其難至此，而絶天下後世無人，又非知道者之事？諸士子試言之，以觀希聖之志。

行狀❶

兵部尚書胡公行狀

公諱汝礪，字良弼，別號竹巖，陝西寧夏人也。生既周歲，奇異駭衆，見文字紙，輒誦「子曰」，字聲韻琅，❷不類孩提。七歲誦《孝經》，喻大義。常與群兒嬉戲，別土粗細爲糧，豎瓦礫爲倉貯之。又作行陳相鬥，約勝者商土以賚，❸長老過見，咸訝其不凡也。十三四歲，能詩賦文字，與行輩談説，多涉時務，若老成人言。十八歲，提學戴忠簡公試其文，曰：「此子當大成，蓋國士也。」鄉士夫亦遜曰：「胡生學力果、器量深、知見明，不易及也。」

二十二歲，中陝西鄉試。明年舉進士，授户部主事。監理清源芻粟，力祛宿病，狡吏莫之敢奸也。後汔進郎中，❹聞其父封君訃去矣。居封君之喪，顓用朱子《家禮》，西夏之人至今倣之。服闋，授户部郎中，督餉山西，不至期歲，邊儲告裕。北虜邋遢大同，無可與守者，冢宰馬公特擢公焉。於是總戎重臣不束其下，毒及兵民，公曰：「此『内韃靼』也！」身痛抑之，厚忤重臣，遂疏疾求去。冢宰用廷議，覆奏公可大用，真無疾，即疾亦可用，不可去。先皇帝俞之，乃卒不去。當是時也，守令無敢抗權官，亦無以疾辭者，辭疾矣，亦無獲留者。公之才望，自是滋震也。

❶「行狀」題名，原無，據目録補。
❷「琅」，萬曆本作「琅琅」。
❸「土」，原作「工」，據萬曆本改。
❹「後汔進郎中」，萬曆本作「事訖進員外郎」。

越二年，撫按、憲臣交薦公可巡撫大同。朝廷以京兆重地，進公順天府丞，期年而進府尹。順天須首善之地，❶然勢族豪右十七，其民動遭齟齬，公低昂其間，畿甸之内，亦有陰受其惠者矣。遂進户部右侍郎，勑董宣府邊務。尋改兵部左侍郎，仍蒞邊政。期年之間，拓屯田數萬畝，歲省内地輸可數百萬，國威用壯。朝廷從輿論，乃進公大司馬。命下，而公年未半百，而爵位已極，且鴻材大略，著于兵食。童子時嬉戲，不偶然也。

幼時，陳大夫人病目暴熾，公方讀書，歸見之曰：「母目若此，吾何忍用明也。」乃捐書不治，絶其滋味，夜焚香祝天，形容憔悴。居三月，母夢神人告曰：「爾無慮爾目爲也，爾子之孝，爾目爲當愈矣。」夢覺，腫翳漸殺，不旬日而愈。至爲主事，聞祖母酒太夫人之訃，哭踊幾絶，外寢素食，期年而後已。昆弟七人，公在長，與仲弟汝楫同學，教愛篤至。汝楫舉進士任丘，公以府丞提調順天鄉試，匆遽中猶爲作《爲政要略》一帙予之，其言今視之，皆可爲也。鄉同年任良者居太學，貧不能堪，然孤介不干人，蒙面賣卦以自給，故相識者皆莫知也，時在户部，獨禮之。良且死，無子，其妻不能具棺也，公買棺與歸其喪。同部主事壽儒死于官，妻子孤弱，遣弟汝明歸其喪。父友趙儒死于太學，遣弟汝楫歸其喪。語曰：「種苗看豐，交友看窮。比昵之合，惡乎有終？」人雖謂公不善與人交，吾不信也。

當其守大同也，歲久旱，鎮巡大臣雩禱弗應，公痛自省責，洗足祈求，忽大雷雨，四

❶「須」，萬曆本作「雖」。

郊沾足，民争頌曰：「此父母雨也！」先皇帝既陟方，公曰：「吾小官，大政雖不與聞，然嘗奔走中外，躬逢仁孝天子，天下方享太平，而遽倦勤于兹，盛治之後，事未可知。」憂形於色，入臨必慟絶，蔬食別寢，越二十七日而後止。同寀或嘲之曰：「古有忠臣，今有孝臣矣。」公弟與無錫邵寶遊，以文章詩賦相磨切，今所遺有《竹巖集》數卷，詩文皆雄健飄邁，自成一家言也。

公先世應天溧陽人，家族蕃富，溧陽稱巨姓者必曰胡氏。其諱通甫者，即公之高祖也。通甫生士真，洪武初，以醫累謫戍寧夏左屯衛，遂爲寧夏人。配劉氏，生二子。長諱雄，配酒氏，生璉，即公之父封君也。封君年十五，博學强記，十八而遊衛庠。慷慨有氣節，然卒屈于有司，以公故，封户部主事云。封君志纘先世，欲合溧陽之族而未能也。至公登進士，使求通于溧陽族，溧陽族亦遣人來會宗譜，於是南北之胡始合，而封君之志遂矣。公配王氏，相待如賓，終始如一，自側微至通顯，不一御婢妾也。子男五人：長佶，配徐教諭女；次侍，配杜知縣女；次伸，配姜百户女；次僑，始就學。女一，納指揮沈瑁長子暘聘。❶孫女三。

公生於成化乙酉十二月八日，卒於正德庚午三月一日。將擇某年月日，葬于寧夏賀蘭山之陽。❷而公之弟任丘君以柟在鄉里之末，且曾接公于京兆時也，乃托柟述其大概，以備當世立言之大君子采擇焉。若其他政事之詳、建立之大，藏大史册，固不能一一録也。謹狀。

❶「聘」，萬曆本作「䁤」。

❷「蘭」，原作「南」，據萬曆本改。

明都察院右副都御史南峰曹公行狀

公諱祥，字應麟，姓曹氏，别號南峰，學者稱南峰先生。其先居婺源小庸村，元末有端午公者，遷郡城南，其子英芝創業於今雄溪。英芝生彦中，彦中生永卿，永卿生宗仁，宗仁生以能，即公之父也，以公貴，封户部主事。

公甲午鄉試，登甲辰進士。戊申授南京户部主事，尋陞本部雲南司員外郎。公嘗曰：「户部，錢糧之司。今之任是部也，過高則懈于事，過貪則刻于法。懈則妨政，刻則病民。」迺惕勵更新，凡監收浙江等布政司秋糧，及放過南京錦衣等衛軍糧，❶不下千萬，收放馬草，則三倍之，勤能皆至，無詭於行。故其考績，不曰「持身無過，幹理惟勤」，則曰「操履廉謹，出納公平」；不曰「謹操守，勤職業」，則曰「持身約而不放，綜治密而不苛」云。❷弘治十年丁外艱，服闋，陞南京工部都水司郎中，黜淫巧，遵榘度，費用無經者必置之法，侵尅累繫者悉爲之處，一時工稱其平，而民不告擾。

十五年，陞寶慶知府，時稱「郡小民貧寡學」，故府久乏科目。公至，鋭意作興，不時臨學，講解辯詰，嚴課程以稽勤惰，厚廩餼以恤貧窶，士氣克振，科第接有聞人。郡民多務水田，山地荒蕪，縱放畜牧，因生盗竊，乃嚴爲禁止，教民於少峻山埸藝植有利群木，開平沃處種五穀，而有游惰，編之力差，一二年間，即獲利益，盗亦寢息。其於

❶「過」，萬曆本作「給」。
❷「密」，萬曆本作「詳」。

溪澗高埠之田，迺教民置車作堰，輪汲以灌，雖旱乾亦有全豐之入。民爲之歌曰：「除吾之害，足吾之食。伊誰之爲，曹侯之力。」當時雖鄰境，山地、溪澗，皆倣其法，至今永賴。其所開墾并新設縣治税糧，計千有七百一十二石九斗三升；其逋逃歸來如龔魁等者，計六百三十户，❶男婦七百五十有六名。自是賓慶生齒日繁，比于壯郡。其他：屢除苗蠻之劫擾，而鄰境武岡、城步亦借以安；再修橋樑之崩圮，而青龍、潭江咸賴以濟；節賑境内之飢荒，而富室、客商皆勸以義。凡夫祀曾如驥之忠，毀孟公等淫祠三十六，誅貧民妻通富商之姦，尤人所難者也。

正德四年，陞四川左參政，分守川東道。先是藍鄢倡亂，衆十餘萬，公親矢石二十餘陣，擒斬强賊七千九百有六名顆，凡在兵間者，殆接二年，❷官軍錢穀，亦皆調處。總督軍務洪公鍾、巡撫林公俊會舉，陞本司右布政使，及紀功王給事中萱、汪御史景芳奏勘，又於右布政使上加俸一級。厥後廖麻子等再亂，都御史彭公澤復委公贊翊，爾乃擒斬渠魁，餘黨悉平，欽賞表裏。

正德八年，陞陝西左布政使。時值王府軍衛應得錢穀，當於漢中諸府額辦，先因甘肅有警，乃借用其四萬餘石，年久不歸，以致宗室衛所缺糧數多，嗷嗷不安，後公皆陸續補還，於民有益，於宗室衛所皆遂其願。鎮守廖太監造氈帳以媚上，費用不貲，屢欲科民，公堅執不從，又助巡按劉御史天

❶「三」，重刻本作「二」。
❷「殆接」，重刻本作「始終」。

和以沮之。後劉爲廖所中傷，然竟莫能害公。

十年，陞右副都御史，巡撫貴州，督理軍務，兼制湖廣北道并四川酉陽等處。先是鎮筸、銅平等處苗民作亂，公至出榜，開諭懇切，行委參政等官，竭心力撫勦，陸續擒斬五十名顆，并招回逃民各三百餘名。夷患既除，地方寧靖，蒙勑獎勵，稱其「處置有方，委任得人」云。普安州苗賊阿則、阿馬等糾合群夷，詐稱官職爲寇，凱口地方阿向等亦皆煽亂，公皆會議征勦戡定，其業垂成。時有巡按御史奏公擅調官軍、縱容書吏受賄，且謂公愎而自用、不恤人言，然公行軍六年有餘，風勞痰作，恬不與較。迺具疏懇乞休致，温旨謂：「曹祥引疾乞休，情辭懇切，准致仕。」時公得旨即歸。其後欽差刑部張郎中元電，同三司勘審奏復，而聖旨謂：「巡按劾奏大臣不實，着罰俸半年。」隨查公征勦凱口地方苗賊阿向等績，則甚著也，乃命禮部差人齎表裏三對、白金二十兩，賜於其家。後都御史鄒公文盛接任，猶以公所遺兵糧因成大功云。若當公之在位，又可知也。

公弱冠時，即以志道爲事，以憂天下爲念，其聞時事之善惡，而憂喜有甚於當事者。後蒞官所至建功，未嘗一矜伐。故見素林公稱公「優於行軍，而又善藏其用」，獨加敬愛焉。平生心跡，青天白日，路人皆能知之。歸後，日惟課子孫，且曰：「吾自知事時，常與諸弟刻苦讀書，後弟禎、稿皆高舉，有名於時。若輩不自勵，如之何其可繼也？」其介然自守，雖自子婿以下有訟質，必不言之當道。其子姪有事不當意者，雖賓客在前，亦面斥之，必不爲隱。遇人有矯詐者，❶退則必與子孫言之，以爲箴戒。

公幼自孝弟，❷居喪循禮。待人恂恂，若未宦者然。其吏僕奴役有犯之者，惟以意遣，❸人有以怒相加者，公固皆忘其名，小大莫不得其歡心。人皆謂公有吕蒙正之量。歸後，嘗武城南英會以興後學，❹建竹山書屋以教子孫，立曹氏祠堂以合宗族。其所爲文，皆渾厚平實，自名曰《南峰拙稿》，藏于家。公之垂殁也，曰：「吾平生只守一『實』字。吾觀今之人，惟吕仲木乎焉。吾死，得其言以爲吾行狀，足矣。」嗚呼！柟生也晚，而公之子深，雖與予同年進士，然殁又蚤，予未獲遊公之門，乃荷公見知如此，狀可辭乎！乃因其孫棟事略，爲之次第作狀云。

公生於景泰庚午年八月二十八日巳時，殁於嘉靖十三年甲午秋九月二日巳時，享年八十有五。公初配汪氏，贈安人；繼周氏，封安人；繼羅氏。子六：漢、海、澄、深、津、洙。深，戊辰進士，時姦宦劉瑾擅權，嘗率百人抗疏於朝，罰跪五日而勞疾作，後雖授南京兵部主事，竟以前疾復作而亡，娶程氏。漢娶江氏，海娶汪氏，澄娶黄氏，繼汪氏，皆汪安人所出。津娶江氏，洙，府學生，娶程氏，皆周安人所出。洙尊公遺命，立爲應四公後矣。孫男六：栢、棟、梁、棣、木、楫。棟，府學廪膳生；棣，亦府學生；木、楫尚幼。曾孫三。津等擇某年月日，葬于某山之原，合二安人壙。是宜列其行實，俟立言者采焉。

❶「矯」，萬曆本作「狡」。
❷「自」，萬曆本無。
❸「意」，萬曆本作「理」。
❹「歸後嘗」，萬曆本作「晚居」。

誄

司馬石岡蔡公誄

嘉靖甲午十二月二十四日，兵部右侍郎石岡蔡公成之卒於正寢。越二年，予過睢陽，二子崇偉、崇俊持狀展予。維公，予素交與，陰重其人，嘗濟諸榆次寇公，以爲凡有紛棘及諸險艱，排擊盪夷，當二公所，國是倚衡，人望攸屬。乃榆次先殞，公亦繼亡。哲人靡隤，士林咸感。嗚呼，哀哉！乃作誄曰：

維公肇啓，碭山伊遐。爰既北徙，睢水南垞。後軍是祖，濟南乂家。公克岐嶷，聰敏疇過孩孺，占對開口人誇。既成進士，翰苑推嘉，封駁信直，冠冕內科。直忤權府，出憲閩衙，越有橫盜，寔缺我戈。尋晉山東，乃駕遼槎，圩田是闢，賑饑萬夥，淄川、龍山，亂是用和。既遷秦晉，法行無譁。大同內潰，黠卒如麻，肆厥兇焰，撫憲是撾。當其暴犯，京民亦訛。超遷巡撫，任此重車。公至開誠，赤心無他，有言惟信，有行如摩，異術咸犒，得其魁邪。桂勇討賊，反被執拏，微公身救，勇亦爲魔。乃戮元惡，脅從罔加，雲中克定，王師凱歌。功成被論，爲士林嗟。旋膺薦起，中道負痾，邊士感德，殞淚滂沱。上深震悼，命治丘阿，論祭惻然，光照山河。嗚呼哀哉，千載不磨！

大宗伯方齋林文修公誄

嘉靖十五年七月十二日，南京吏部右侍郎方齋林公卒于位。公先世光州固始人，五季時入閩，占籍莆田國清里。至宋承奉郎諱國鈞者，生二子充、褒，遣師宗人艾軒子，後俱登紹興進士。褒丞尤溪縣，人稱孝廉，七傳至荼卿，爲公高祖。荼卿生子，子生倜。倜生誥，字廷諭，號樸軒，是生公，以公貴，加贈國子監祭酒，母張氏加贈恭人。公生在成化丁未二月二十八日，至丙申年，纔五十歲矣。聖天子聞而悼之，贈禮部尚書，謚以文修，祭葬咸備，學者榮之。夫公發解八閩，擢英庶吉，❶博雅之學，經濟之才，蓄之于翰苑，練之于胄監，試之于吏、禮二曹。尋且躋于密勿，握手絲綸，以康阜天下者也，乃遽云亡，士林悼惜。況在知與，尤所盡心。重以子幹之請，情益惻然。乃作誄曰：

於文修公，玄授孔臧。幼聞書史，八閩知名。發解南建，太學首稱。既舉進士，翰苑滋彰。僦屋而處，假乘而行，衣履簡惡，意度汪洋。甘旨儲畜，二人迎養。再舁親柩，泣血歸鄉，感動行惻，❷展三年喪。實録告考，擢右春坊，進經筵講，色温氣祥。數考文武，多獲俊英，兩典成均，條教伊明。諸所干謁，莫能來往。以躬爲範，庶士表章。恤及困士，教化滋揚。校刊群史，寢食亦忘，裝進聖覽，喜悦褒將。嘗上

❶「吉」，萬曆本作「士」。
❷「惻」，萬曆本作「旅」。

休疏，慰留辭長。皇幸國學，坐講明良，天顔怡懌，出笥衣裳。既侍南禮，益慎紀綱。晉改吏部，百司攸平，厥嚴考覆，臧否不爽。方丞輔弼，遽爾淪亡，縉紳咸悼，鄉人禱禳。聖主惜材，于爾尤傷，葬祭駢錫，贈謚邁常。士林榮美，百代流芳。

議

明光禄大夫柱國太子太保户部尚書
贈特進太傅韓公謚忠定議

太傅、大司徒質庵先生洪洞韓公之薨也，既謚忠定矣，其孫户部主事廷偉請議其故，以彰聖恩、揚祖德。

呂柟曰：昔者周公不云乎：「爲人臣者，殺其身，有益於君，則爲之。」況於危其身以全其君乎？❶公始官給事，薦起冢宰曹南李公、司馬河州王公，事涉近倖，觸憲宗皇帝怒，幾不獲免，辭色自如。及在武廟，位晉司徒，宦瑾八黨，肆姦横行，縉紳側足，公倡率群工，抗章伏闕。罪人未得，瑾益自張，矯詔繫公，與死爲鄰，褫職閑住。及瑾既誅，得復舊銜，至有今恩。公以直始，亦以直終，斯豈非危身奉上之「忠」乎！

法曰：「大慮静民曰定，安民大慮曰定，安民法古曰定，純行不二曰定。」公之爲湖藩也，節費儲穀，禁貪賑窮，平税理冤，視民如子。其巡撫荆、豫，參贊南都，乃益蠲租救荒，發金分濟，或令官軍預支俸糧，以砥穀價，士民全活。及其在司徒也，孝廟孰

❶「危」，原作「于」，據萬曆本改。

知忠亮，鹽法積弊，漸次刊除，邊餉馴充，❶羽書一急，經餉叢集，義惠滋茂。此其壹志民瘼，致躬弗渝，於安民大慮、純行不二之道，❷其何詭諸？斯不亦爲「定」乎！

公家居時，柟應召過晉，齋沐謁公，黄髪朱顏，吟咏不休，後生小子，承籍獎進。言歸二物，天錫易名，❸孰不允稱？我思巴人蹇公，亦若兹謚，然尚有買田自汙之疑；有宋濮人張公，亦若兹謚，然猶有節義或虧之疵；豈若公終始無瑕、明德一致，展與謚稱哉？於戲！公兹未終譽矣。

贊

李司徒之三世祖丘縣公贊

此沁水李司徒之曾祖考之容也。治書四代，疏通而知遠；歷尹兩邑，循良而惠鮮；享年八十有一，耄耋稱道而不亂。語曰：「種木一尺，引枝千派；種德十人，裕昆百代。」宜丘縣先生源源有今賚也。

丘縣先生夫人吴贊

勤者德之集也，儉者德之制也，孝者德之本也，敬者德之聚也。是故主績者伯，鑊葛者王，乳姑者有後，度食者不亡。各淑自昔，行罔不鳴。若乃勤而不倦，儉而有方，孝而不改，敬而不揚，範兹閨門，女德攸章，其丘先生之夫人乎！

❶「餉」，萬曆本作「晝」。
❷「道」，重刻本作「頌」。
❸「易」，萬曆本作「芳」。

誥贈都憲耆賓公贊

天之將啓其孫也，必先厚鍾於厥躬。是故萬物本乎天，人本乎祖。耆賓先生，孝弟無詭，雍睦無盭，信義有徵，績學不顯，九十餘年，無疾考終，亦既然矣。若乃默而不言，陰行善道，賫及元孫，效兹褒贈，其本不亦彰乎？古之人飼雀放黿，而其後屢世公卿者，則非虚矣。

誥贈淑人王贊

婦人有三道焉：婦道也，妻道也，母道也。婦道言乎其敬也，妻道言乎其恭也，母道言乎其慈也。古之人有行之者，淑人是也。是故丘縣八十無怨色，贈公九十無反目，一菴子孫且百指也無違教。儀形建于一時，風聲傳于百代，淑人之贈，豈偶然邪？

一菴先生贊

簡簡一菴，克開李閎，廣覽群籍，《戴記》馳名，考德惟厚，素履匪常。鸞將鳳舞，宴此鹿鳴，鱣兆慈溪，帳開郢庠。春風薰造，南北諸生，誕其鴻訓，不倚辭章。之賢云老，解組歸養，跡絶公府，志存高尚。不樓新屋，沁曲遺經，一德是菴，六柳爲莊，既誨孫子，亦化於鄉。宜爾冢器，位司徒卿，中丞之贈，庭訓攸光。

誥贈淑人譚贊

噫嘻淑人，古之真慈。言笑不妄，動静

靡欺。在家能得父母之志，志于又爲舅姑所宜。教子爲公，相夫成師。軻母以賈衒爲遠，鮑桓以提甕爲思。夫淑人也，將四德之克備，而六行之咸熙乎！宜孺人既封于前，而淑人又贈于後歟！

戒軒先生像贊 陸伯載乃翁

醇乎其心，樸乎其貌。腹滿詩書，家篤忠孝。子既有聞，孫亦克效。蓋積德而見徵，脩身而得道者也。

質菴林先生像贊

孝于親而怡其志，恭厥兄而及其嗣。何勤匪業？何儉匪體？官或誣，愧以金；人或窮，給之米。口無改言，行出素履，既刑于家，尤化乎理。隱重不泄，高蹈如此，誼在縉紳，澤及孫子。宜九峰司徒，稱爲信人，石潭宗伯，目爲義士也。

希古黄先生像贊

匪信弗敦，匪理弗由。孝友是務，貧困是周。身隱而名益顯，才富而德亦優。既化鄉曲之暴，尤建巡撫之猷。文爲徐霖所贊，志爲伍分所脩。或曰可企黄憲，或曰可比大丘。大抵真希古，而於世無求者也。

稼軒李先生像贊

行在孝友，業在射冠，一宴鹿鳴，三仕芹泮。有俸給貧，無賄求轉，古昔是則，醜遺是辯。隱以時違，出以親斷，于道雖未大行，委子使之大顯。瞻拜高風，龍陽之縣，蓋有古胡安定之風、吕申公之見也。

懷德叟劉先生像贊

此懷德叟善元先生之像贊也。敦確凝重，幼少如愚；孝友睦婣，耄期不渝。貸人而不較其報，禮賢而不問其需。門盈長者之車，案有難老之壺。雖縲紲而非罪，輕朱紫而不樓。睇其貌者，逸志以削；聽其言者，善念如呼。宜孫子之繁碩，至科第之連俱。蓋嗇其前以豐其後，近其身謀而遠其世圖者乎！

邵南皋方伯像贊

朱衣金帶，鸞鳳攸賴。豸冠法履，虎兕斯已。正色直躬，夏雨春風。偉度玄耀，高山古調。西人之懷，東人之望。匪振一方之風憲，將肅當代之紀綱。真周太保之遺胤，豈劉諫議之久晦而明耶？

中丞盛程齋像贊

學以主静爲本，道以好善爲先。既宏博而奥衍，亦條暢以安全。褒貶存史氏之舊槼，貞肅凜憲臺之新遷。才可經世而未究，位始登庸而遽旋。不知者以爲違俗而乖合，知之者以爲將有見乎躍魚而飛鳶也。

東圃張君像贊

蚤涉書史，幼敦敬誼。施予及于鄉曲，詩禮訓于子弟。既承顏于先脩，猶垂芳于後嗣。斯其人，定惟南畿之華族，實東海公之善繼其志者也。

大宰介谿公像贊

貌臞而清，言温而肅，行如雲翔，立如鶴矗，下士忘飡，好善若粥。斯其人，蓋欲以天下爲度，而思使閭閻遐荒，皆厭粱肉者乎？

隨如居士陳君用卿像贊

侯介侯直，侯慎侯温。性躭經籍，志甘田園。言笑無苟，動静有存。斯其人，蓋不以軒冕爲榮，而思與龐公、林逋並騫者邪？宜爾子圖畫其像，行持至瞻仰，雖越江海千萬之外，常如視形而聽無者乎！

陳母曾孺人贊

猗嗟陳曾，致履如蹉。既寡苟笑，亦斥世譁。兀兀深閨，寂寂女課。内明若癡，外柔亶和。布素自取，菜茹孰過？困析不怨，强姤奚加？玄紞自織，提甕如何？姑疾覓藥，母盲舐嘉。教子隱學，不競浮誇。宜爾子德文，追琢其良。曾、孟其學，以爲孺人千載不磨者也。

樸菴先生像贊

侯孝侯恭，侯勤侯儉。隱似龐公而亡名，學同端毅而不顯。當其身雖未裕，其後則有驗，將亦古之有見者耶？

樸翁夫人袁氏像贊

孝舅姑而睦妯娌，富而不驕，老而不倦。斯雖世女之常也，然豈如樸菴翁夫人之迪知忱恂者乎？

履齋先生像贊

見義而嗜，愷樂飲酒。吾未獲覿其人，乃其後足知其所素矣。

履翁夫人段氏像贊

孝敬不衰，義方率真。宜爾子孫，觀光利賓。斯固履齋先生之夫人也。

渭厓霍公像贊

斯人也，探經史之奥，抱康濟之材，淵乎其無窮也，確乎其有執也。當其志，猶欲求有容於《大學》，兼不倚於《中庸》，而不欲自已者乎？

贈君劉翁像贊

惟翁侯醇侯熙，侯坦侯夷，樸而不華，淡而不漓。謙謹成性，言語無疵，厥孝既篤，友于不私。辭鄉飲如探湯，事畎畝若餌飴。遇暴客盜穀而解其傭稗，從友人赴飲而更其新衣。宜其生也，縣侯勒名其旌亭；其死也，宰相撰德于墓碑。

贈孺人王像贊

此吾友劉克艱母孺人王氏之像也。處女弟而克友，居妯娌而先和。貞慈不愆，温惠寔多。值樸有提甕之風，訓誨比三遷之勞。宜克艱治郡邑之有聲，厘卿相勒餚于不磨也。

醒菴王先生像贊

猗嗟先生，素迪慈諒。欲效名業，累屈科場。四十棄儒，玄寂山央。力脩祀事，全族睦宗。系譜宣派，圖出益彰。其交于人也，終始一誠。剖決里疑，罔不遵行。行謹于獨，信達於鄉。宜有二子，脩道孔惶。先生豈不可與漢荀淑、陳寔爲方邪？

王遜軒像贊

侯懿侯恭，侯惇侯良。既孝於親，尤友於兄，睦有親族，刑于克真，克謹乎義方。宜爾今嗣，爲家邦之光。

遜軒配贊

舅姑咸悦，婦姒克和。相夫成德，訓子登科。指日褒封，翬翟巍峨。

秦邦泰像贊有序

此吾年友清濱子秦君邦泰之容也。觀其貌，可以知其心；視其淺，可以知其深。遇勢而不諂，見弱寡則思扶持，而不使之沉溺，蓋德厚于己，而循良之名著于三晉也。和韵撰辭，以形容其萬一焉。泰而匪傲，侃而且誾，是誰君子？吾友清濱。見善必從，有過則耻，既篤於行，以敬厥止。仕則卓、魯，處則卞隨，和而不同，守道克施。在監求友，爲邑興謡，士于爾教，民也有標。進雖同年，義若同窗，愧我菲薄，焉發駿龐！

解母郭夫人像贊

此解母郭夫人之像也。温惠而淑静，恭儉而嚴正。貞相其夫於不没，慈訓其子於克靖。年餘耄耋，道益堅定。其亦古之淑慎其身以成性者乎！宜解梁鄉約人像其貌以尊敬也。

王母尹孺人像贊

既讀詩書，❶即飾閨行。順事醒菴，良友與並。言無苟然，諸動尤慎。❷上孝尊嫜，下無不敬。紡績訓兒，道不取徑。斯固漢鮑宣之桓氏、晉冀缺之内政也。

恩榮壽官三原趙翁像贊

翁生于永樂壬寅，卒于正德甲戌，蓋九十有四春秋也。其行己公而恕，接物愛而周，孝弟稱于宗族，忠信重于林丘。既耆而平訟争者，蓋千百指；既耄而主媒妁者，凡

❶「詩」，萬曆本作「古」。
❷「諸動尤慎」，萬曆本作「尤慎諸動」。

八九十籌。北隴里社，戴如父母；陂南衢巷，貴如公侯。宜其子既克孝，而孫又好脩。蓋古榮期公者之儔乎？

解

毅齋解

毅齋者，劉克柔乾之齋名也。齋言乎其毅者，「止於毅」也。人之止，莫如齋；人之求止，莫如毅。毅也者，義也，循義而義必至也；毅者，克也，舉義必勝也；毅者，振也，於義有挫，必自振而起也。故有目毅曰「視明」，有耳毅曰「聽聰」，有口毅曰「言乂」，❶有容毅曰「色信」，有手毅曰「持正」，有足毅曰「履端」。故獨處不愧，謂之燕居之毅。男女別，兄弟友，父子慈孝，謂之家庭之毅。五服和睦，謂之宗族之毅。賓祭昏冠，有贊有佐，有文有質，謂之鄉黨之毅。舉善告違，謂之朋友之毅。寬而簡，莊而不戾，謂之臨民之毅。事君有面諍、無背言，處臣有公舉、無私黨，謂之朝廷之毅。士卒挾纊，戰勝謀成，謂之軍旅之毅。祭必獲福，謂之交鬼神之毅。故久而不倦其學者，恒毅也；危而不改其度者，變毅也；雜而不亂其理者，正毅也。故是非不能罔者，毅之智；私欲不能累者，毅之仁；志有餘而氣不慊者，毅之勇。故皋陶之毅，用之於馴善；周武之毅，用之於去惡；曾參之毅，用之於任重而道遠。故毅也者，一而已；一者，自强不息而已；自强不息，❷則可以克柔，而

❶「乂」，萬曆本作「義」。

❷「强」下，原有「自」字，據萬曆本删。

求乎乾矣。正德癸酉十一月。

荷峰解

荷峰者何？御史中丞高安陳公之别號也。則何以謂之荷峰？高安之山，有是峰焉耳。夫荷，于池于瀦，于隰于沼，蓋澤中物也，峰何以謂之「荷」？曰：澤之有荷，其常也；峰之有荷，其異也。高安之諺曰：王子喬遇丁令威講道是峰，峰有荷池，一夕花開，故「荷峰」云。此異事也，公何以取之？曰：於異之中，又有異焉，則非異矣，故在王子則謂之異，在陳公則謂之非異。則何以謂之非異？曰：在地之物，其高者莫如山，其卑者莫如澤，澤在山峰之上而且荷焉，其《易》所謂「咸」乎！其濂溪子之所愛而又未及遇者乎！故君子於是乎「以虚受人」也。故君子於是乎「以通天下之志」也。是故觀其芴，❶而立之真矣；❷挹其蕸，而居之寬矣；究其蔤，而本無不務矣；覯其菡萏，動容貌，斯遠暴慢矣；睇其房，而民各得其所矣；食其藕，其味深長矣；拈其菂，可以斂厥止矣；析取其薏而口咀之，則中心所發無不實矣。

夫公自尹上虞以至今官，❸廉而不苛，慈而有斷，剛方發於政事，孝友著於鄉閭，於害惟去其太甚，於善不遺其寸長，其道固峰上之荷也，則雖持是以至宰衡、台相而不渝焉可也。於戲！王喬之事，其殆爲公以發兆于前者乎？

❶「芴」，萬曆本作「茄」。
❷「真」，萬曆本作「直」。
❸「上虞」，萬曆本作「華亭」。

弘齋解

弘齋者，吾友崑山陸子伯載之别號也。齋何以云「弘」？ 陸子曰：「鰲自忖有此病耳。」曾子嘗以「弘」、「毅」對言，子何以不言「毅」，豈其毅也子已能之邪？ 曰：「雖然，亦未能，是必先能『弘』而後可耳。」弘將如之何？ 曰：「《西銘》多言弘之道。 當必如是耳。」曰：「佛亦善論弘，但不毅，窮高極遠而不知止也。是故弘猶目見，毅猶足行；弘猶理一，毅猶萬殊；非弘則無以爲毅，非毅則弘亦何爲？ 斯道也，無大無小，無遠無近，惟人隨其所至而自盡耳。 昔者文王『純亦不已』，以合『於穆之天』，何其弘也！ 然其詩曰『小心翼翼』。 夫小心翼翼即毅也，非小心翼翼，則固無以純亦不已矣。今豈可以小心爲非弘也？」

箴

宗人府經歷箴爲李二守文敏作

贇府維喬，正亞維寮。天潢是尸，❶玉牒是條。盈肥不紊，丕演姒姚。堯睦九族，周誥康叔。宣仁作忠，持此鉅軸。藩材爾聞，不材以鞠。東平攸升，淮南攸劓。贇夫孔將，少食鹿鳴。淇竹猗猗，汴水洋洋。卓政留解，三十一章。既二余府，滋戳厥明。肅肅北祖，天子之取。慎爾周旋，夙夜在矩。德輶孔揚，天子爾膴。僕夫司戚，敢告贇府。

❶「尸」，重刻本作「交」。

銘

寶穡堂銘有序

北山子作寶穡堂以貽孫子。滸西子以語涇野子，于是爲之銘曰：

維此稼穡，天地之仁，可以生爾身，可以睦爾親，上富其君，下足其民。珠玉雖可貴，飢不可入唇。周公聖人，其風在豳，凡此孫子，穡是用珍。耕深則稼茂，播時則常稔。節用禮食，陳陳相因。古之治天下者，三年耕，餘一年之食，九年耕，餘三年之食，而況于一家之中，骨肉欲篤、僮僕欲均者乎？僕夫司穡，敢告書紳。

上黨仇氏鍾銘

雄山仇氏，同居四世矣。初，《家範》成，讀訓、會食，皆考鍾焉。有鍾八百觔，正德辛未爲流賊所燬，人方病其小也。乃又鑄二千觔，嘉靖乙酉爲暴撼所傷，人或疑其椰也。兹將鑄八九千觔，蓋欲益合其族，益昌其家乎？聞諸梟氏，厚無或石也，薄無或播也，侈無或柞也，弇無或鬱也，長無或震也，短無或疾也，則其聲清濁得宜，宫羽咸明矣，抑亦似仇君之家，廣而不私，久而不替者乎！於戲仇氏，慎之哉，其毋小以椰乎！

附録一

刻涇野先生文集序

李　楨

有明正、嘉間，理學倡關中者，蓋曰呂仲木先生云。先生居涇水之陽，學者稱涇野先生。先生學有本原，講解既繁，著作且庶，其枝葉流派發爲文章，内外南北，充笥滿籯，先生子畇收括，而門人魏守萱刊之，幾五十年矣。迺孫刑部郎師顔托予選行，予令漢陽胡守篤卿遴校，予讎刊之。

序曰：夫文者，儒之英華也。苞自蒼黃，衍斯洪纖，盪於曦潤，裒諸冉娟。棣華見韡，鸞韻成鏘，涣爲風水，賁之變化。舉幽眇炳蔚之情狀，透洩於啓齒運掌之子，而史皇獨以創名。朗自庖軒，通諸元會，洩於挂扐，闡之葩璧，《索》《邱》不能使之增，坑焚不能使之毁，石渠不能使之毖，金匱不能使之秘，瞿曇不能使之禪，關尹不能使之玄，胥折衷於九經七篇之章，而孔孟卓以道著。斡於氣軸，營於意匠，得之者隻語而重千金，失之者累牘而不敵莛草。牛首蛇神之怪，鉤心鬬角之奇，卞璧隋珠之珍，扯電燿星之麗，山羞海錯之富，戴縰垂纓之雄，董、賈哆漢，韓、柳修唐，竟歸裁於濂洛關閩之鴻製，而世作儒宗。蓋嘗析千載而論，動以天籟，出以神奇，凡信舌奮筆於翰墨之場者，皆是文章。嘗合千載而評，束以真詮，握以道脉，必啓放鑰通竅於簡衺之囿者，方是文章。作述與時高下，道德匪世推移，輪轅騁自跌宕，品格閑之輿衛，此修詞家之所難，抑檢詞者之匪易。夫文氣生也，氣沉則沉，氣浮則浮，故掀揭之管，殊在浩養；文意運也，意端則端，意欹則欹，故操縱之斤，定在誠發。故祖之羲黄，宗乎孔孟，伯仲程朱，而不屑潔於漢唐下之文人，鄙薄瞿老之哀談，衛兹天地來之正術，乃文説也。

二百餘年，我朝昌運，得與于斯道鳴者，獨推河東、餘干、高陵。而高陵應酬之文，其富如此，又可云此先生之唾餘，而不並《内篇》、諸經説傳也。嘗自先生之文而論，外足於象，内足於意，文不滅質，聲不浮律，格調不越韓、歐，氣意上探孔孟。原夫淑質自天，嗜學從性，見道羣聖之經，褆身五彝之極。當衡門辯志時，識者籍爲喬嶽巨溟，柱兩儀，育萬彙。大廷仁孝之對，豈射平津侯筴爾之云哉？獻納顧問，底見忠悃。豎瑾横恣，雅重欲援爲助，跡絶往來，禍幾不免。大禮一議，侃不依回時好，遭逮坎壈，賫志弗伸。造化之於先生，似有所愛，似有所吝，亦似有所成。浩然歸止之請，而先生明道之心頗慰。雅不欲文自見，朴靖端約，闇然内修，而樹駿流鴻，發於持滿，既溢天下。文章，莫大乎是！

哲人雖萎，曠世如新。今博士家羶悦榮名，騖争厚利，彼所爲也者既索然盡，爾乃決含珠以自詫，豈惟靡騖獨坐，即四筵且目攝手揄揶之矣，蘄以行遠，可乎哉？益以是見先生之文，以道鳴，以學著，匪直以其文也已矣！

萬曆壬辰庚戌北地李楨序。❶

❶ 此文録自萬曆本《涇野先生文集》卷首。

重刻呂涇野先生文集序

楊 浚

文，所以載道也。古者道德、文章無二致，上之爲「有德之言」，程子所謂「説自己事，如聖人言聖人事」也，次之爲「造道之言」，程子所謂「智足以知，如賢人説聖人事」也。周衰，異學争鳴，天下始有畔道之文。六朝而降，詞章日盛，天下始有離道之文，求其根道爲文，自廣川、諸葛、仲淹、敬輿，昌黎而外，指不多屈，此儒林、文學二傳不能不分也。繼洙泗之文者，其宋之關閩濂洛乎！程至大矣，朱至博矣，周濬其源，張助其瀾，道學一傳，郁郁乎稱盛矣。明初，承宋元之後，北士宗韓蘇，南士宗程朱，互相辯詰，猶未粹於名理。成、弘間，關、洛、浙、廣諸儒出，衍伊雒之微言，探性命之奥旨，乃駸駸乎貫道之文以爲文焉。

涇野先生，河東三傳弟子也，爲關學之冠，其學以窮理實踐爲主。當是時，士大夫講學相望，然各守其師説，存門户之見，先生獨合周、程、朱、張語録爲《四子抄釋》，令學者體驗躬行，曰：「必如是，乃爲實學，無他法門也。」故其爲文，根柢理學，高古質奥，不尚詞華。讀《端本》、《勤學》諸疏引君當道，何異程子「輔德定志」、朱子「純天理，盡人欲」諸奏也？下至應酬序、記、書、誌，連篇累牘，亦莫不因其人其事，委曲而引之大道，又深得周子「先覺覺後覺」、張子「立必俱立，成不獨成」之旨。洵乎造道之文，粹然一出於正者也。余維道雖夫婦所與知與能，然不析而求之於條理之分貫，而通之於吾心之合，則詞章無用之文，禪寂無文之學，二者交譏。惟本之六經、《語》、《孟》以端其趨向，博之諸史百家以資其考鏡，返之躬行實踐以求其心得，然後言以足志，文以足言，復何有飾輪轅而致誚虚車者哉？

先生著書十數種，皆所以羽經翼傳，文特其緒餘。然以是深造自得之言，又烏容以不傳？夫治道以正風俗、成人才爲先，使學者惟是人自人、文自文，天下何賴有此人才？無真人才，即無真吏治，風俗何由而正？此世道升降之原，匪僅文運盛衰之故也。余撫陝時，即購求先生遺書，思以振關中之學，閲年而未獲。去歲移節來川，富平楊生乃得先生《四書因問》，喜關學之有傳書也，序而刊之。繼復得是集，余閲之益深慰喜。顧原板漫漶不可讀，楊生詳爲校讎，先後付之剞劂，以廣其傳，使天下後世，讀先生之文，即學先生之學，以溯關閩濂洛洙泗之心傳，則文不絶於今古者，道即不墜於天下。庶幾是刻不徒表前哲，實所以垂世教云。

賜進士出身太子少保、四川總督兼巡撫事長白鄂山譔。❶

續刻吕涇野先生文集序

楊　浚

横渠倡道關中，越四百年而有涇野先生。先生學於渭南，渭南學於小泉，小泉學於河東，蓋分程朱一派者也。《邵氏聞見録》謂横渠以禮教人，其門人下稍溺於度數，無所見，遂生厭倦，學無傳者，故先生於横渠雖鄉人，而師承無自。然先生之窮理實踐，何殊横渠之深思力索，則得程朱之學，即得横渠之學。當時謂「横渠復出」，不誣也。

鄂宫保師撫陝，以正風俗、成人才爲急

❶ 此文録自重刻本《重刻吕涇野先生文集》卷首。

務，慕先生之學，囑浚訪求先生遺書，爲三輔士人宗，經年無獲。辛卯秋，槖筆從宫保師來蜀，乃得先生《四書因問》，序而刻之。復借得前明李北地選刻先生文集三十八卷，内闕卷三一册，其餘首尾頗爲完備，即呈宫保師序而刻之。嗣又託同鄉張補山别駕借得先生文集十五册，既無校刻姓氏，又無序文，總目衹有序、記、墓誌、墓表諸篇，其他闕略尚多，就其中錯簡殘佚，不一而足，亦非當年善本。謹按《四庫書總目》所載，先生集初刻於西安，既而佚闕，其門人徐伸等重爲删補編次，刻於真定，凡三十六卷。今所得之本，未識何時所刻，且原板漫漶不可讀，因思先生文集久經闕佚，若不急爲搜存，駒光過眼，久將併此而佚之，求如魯殿靈光，邈不可得，其追悔可勝言哉！遂查，爲李北地選本之所無而篇幅無缺者，裒而輯之，續以付梓，以冀先賢遺文免久缺佚。其錯簡殘佚者，存俟他日得真定元本再爲重訂。集内有《嚴氏家廟》一篇，似不免南園作記之嫌，然考嵩是時方爲禮部尚書，未操國柄，其惡未著，是猶司馬温公之于王安石，不足爲盛德累也。其時門人不諱是篇，今亦不敢妄爲删削。

至先生本道德，爲文章，舊序與宫保師序表彰已至，不復贅。惟願讀先生是集者，如聞先生謦欬，自一話一言，體驗而力行之，學行由是興，人才由是成，風俗由是正，即宫保師表前哲、垂世教之心于以大慰，豈非關學之幸，抑豈獨關學之幸！梓成，復序之。

道光十二年歲次壬辰冬十月，富平後學楊浚謹序。❶

❶ 此文録自續刻本《續刻吕涇野先生文集》卷首。

附録 二

南京禮部右侍郎涇野呂先生墓誌銘

馬理

呂涇野先生者，諱柟，字仲木，高陵人也。學行爲世儒所宗，稱爲「涇野先生」云。弘治辛酉，登鄉舉第十。正德戊辰，宗伯舉第六，廷試賜狀元及第。歷官翰林院修撰、解州判官、南京吏部考功司郎中、尚寶司卿、太常寺少卿、國子監祭酒，禮部右侍郎致仕。由考功至侍郎，率官於南，其在於朝者，惟修撰及祭酒而已。

按呂氏本太公望後，宋時有諱世昌者居高陵，其後幾世生彬卿，彬卿生八，八生興，興生貴，貴生鑑，鑑生溥，號渭陽。渭陽公配宋氏，實生公。初，彬卿祖葬時，壙有聲如雷，卜云「兆顯六世」。至是公生，竟以道鳴世，符卜兆云。公之貴也，祖考、考俱贈如己官，祖妣、妣俱贈淑人。繼母以其存，封之異其妻，爲太淑人。妻李氏，封淑人。

公垂髫入學，輒有志於聖賢之道，夙夜居一矮屋，危坐莊誦，祁寒盛暑，不越户限，足寒則藉以麥草而已。年十四，應試臨潼，貧不能僦館，宿新豐空舍，夜夢老人自驪山下，謂曰：「爾勉學，後當魁天下。」明日試，獲超補廩膳生。母宋卒，哀毁骨立。既祥，受《尚書》于高教諭儔、邑人孫行人昂。又請益于渭南薛氏。又屢爲督學邃庵楊公、虎谷王公所拔，入正學書院，授以所學。復友諸髦士，由是見聞益博。嘗夢見明道程子、東萊吕氏，就正所學，益大進。鄉舉後，入太學，擇諸嚴憚執友僦館同居，始輟舉業，日以進修爲事。時衆以爲迂，譁而弗恤。更歷五禩，踐履篤實，光輝外著，而譁者益親。雖自謂立且不惑，其可庶幾已矣。會孝廟賓天，與執友哭臨，聲出淚下，通國異而譁之，弗變。孫行人歿，衰絰哭拜弔者。

武宗正德三年戊辰，廷策以仁孝對稱旨。前期賜冠服帶履至，服習容觀，若固有然。明日，竊政中官來賀，卻之。禄入祀先，祝稱某之子某，何太史粹夫稱禮韙之。凡父母書至，拜使者而受之，退而跪讀。餘親友書，受讀有儀。期功緦親訃聞，必爲位而哭。凡饋遺，非禮不受。

在官二年，竊政人横甚。西夏亂，公疏請上入宫御經筵、親政事，則禍亂潛消，内外臣富貴可常保。竊政人惡其直，因嘗卻賀禮，又不往見，欲殺之。乃乞養病歸。其人使校尉尾之至真定，不得其過而返。抵家數月，其人淩遲死。公家居侍渭陽公，渭陽公間怒，責次子梓，逃，公跪受朴，怒輒解。

臺諫累交薦，起用入朝。上《勸學疏》，略曰：「昔周文王緝熙敬止，咸和萬民，斯享靈臺之樂。元順帝廢學縱欲，我太祖皇帝一舉而取之。」蒙嘉納。乾清宫災，應詔陳言，一曰逐日臨朝聽政；二曰還處宫寢，預圖儲貳；三曰郊社禘嘗，祇肅欽承；四曰日朝兩宫，承顔順志；五曰遣去義子、番僧、邊軍，令各寧業；六曰各處鎮守中官貪婪，取回别用。又累疏勸上舉直錯枉，不報。復引疾歸。

西安秋旱禾槁，公白當路，獲薄征。友人張御史仲修巡鹽，建河東書院，請定三晉應祀名賢，公論孔顔之學，指漢、宋貴言賤行之失，定之。渭陽公病，公侍湯藥，夜不解帶，履恒無聲。歷一年，鬚髮盡白。丙子五月，渭陽公卒，公哀毁嘔血。妣宋先殯城東隅，至是啓柩，失其一指，公籲天慟哭，復得，遂合葬。時大雨，公徒跣擗踊泥淖中，觀者感泣稱孝。既葬居廬，哭無時。陝西鎮守太監廖氏賻以金幣，卻之。有客託交遊遺三百金求書，公曰：「人心如青天白日，乃視如鳥獸耶！」交遊慚而退。

今上登極，起用。明年改元嘉靖，復館職，纂修武廟實録。經筵進講，值仁祖淳皇后忌辰，公口奏宜襂淡服易緋，罷酒飯。癸未會試，充《書經》試官，得名士二十餘人。故嘗上疏勸學，略曰：「學貴知要而力行。慎獨克己，上對天心，親賢遠讒，下通民志。伏望皇上尋温體驗。」

甲申四月，奉旨修省，以十有三事自劾。疏上，謫山西解州判官。至解，值解守殁，公視篆，爲理後事甚悉。乃首省窮民，以贖刑帛絮及米肉給之，又審丁繇重于他邑，力白當路均之。于時，解及四方髦士從遊者衆，乃即廢寺建解梁書院，祀往開來于中。又令諸父老講行太祖皇帝教文，及《藍田吕氏鄉約》、《文公家禮》，又以小學之道養蒙于中。有孝子、義士、節婦，咸遵奉詔旨，題表其門。復求子夏之後，訓諸學宫。建温公之祠，而校序其集。築隄以護鹽池，疏渠以興水利，桑麻以導蠶績，於是士民各安其業，有古新民之遺風焉。御史累薦，陞南京吏部考功司郎，中州人士感泣而送之河干。既去，則豎碑於州，識遺愛焉。

至留都，日親吏事不厭。陞尚寶司卿。南士從遊者益衆，乃講學於鷲峰寺中。壬辰，陞南京太常寺少卿，朔望命道士演樂，禁俗裝。時閹臣張再起，留都大臣多遣人迎候，有約公者，以他辭辭。時閹臣甥亦仕留都，衆與結好，公禮接之外無交言。閹臣累欲退公，未果。會復以病歸。乙未，陞祭酒。首發明《監規》，上疏申明五事，上皆允行。公教人以正心修身爲本，忠孝爲先，日以所嘗體驗經學授之，又禮以立之，樂以和之。監中諸生雖衆，公弔喪、視疾、哭死、勸善，恩義無所不至。於是六堂師生皆心悦矜式，諸公侯子弟亦樂于聽講，以至監外進士、舉人、中官沈東之流，亦胥來問學。

尋陞南京禮部右侍郎。百官謁孝陵著襂服，寅長霍曰：「盍著緋？」公曰：「望墓生哀，襂服爲是。」衆從。寅長爲蔡生請鹽商墓誌，拒之。前閹臣病歸者死，寅長約同祭，從；徵祭文，不可。寅長乃疏閹臣十善于公，公答以書曰：「公才如此，儻不阿私黨姦，則一變而爲正人，有何不可？」寅長銜之。己亥春，聖駕將躬視承天山陵，公累疏，留之。署南京吏部事，乃疏薦文武數人。公連年入覲，表賀聖節，再過河南，見餓殍盈塗，語所在瘞之。後值奉先殿災，自陳，乃獲致仕云。公初入禮部，見寅長霍懸榜都市，曝閹臣夏愆，公諷收其榜已，詰榜外事，弗答，以善言語之。至是屢語不合，又所浼不從，復有「一變爲正人」之語。公之兩入覲也，夏累詢霍愆，公弗應，以「大臣當容才」答之。故霍疑公黨夏，夏亦疑公黨霍，霍陰爲揭帖，短公于朝，夏亦陰外公。故霍死夏去，公之心卒莫明之也，故仕止此。

公事繼母侯，孝養備至，侯畏風寒，公爲艾褥進，乃安。辛丑秋後卒，公哀毁殯殮盡禮。

壬寅六月，公左臂患癰，至七月一日亥時卒。公生于成化己亥四月二十一日午時，至是享年六十有四。是日，日食至亥分，有大星殞華陰，遂卒。高陵人哭爲罷市三日。遠近弔者以千計。解梁及四方弟子聞訃，皆爲位哭。

公體貌豐厚，方面微髭，輪耳海口，目光有神，平居端嚴凝重，及接人則和易可親。性至孝友儉樸，室無婢媵，事叔博如父，姊劉貧，嘗分財濟之。歲饑，宗族有饑者，則分禄贍之。痛外祖乏嗣，每展墓流涕。從舅宋瑾流同州，特尋訪迎還。平生未嘗干人，亦不受人干謁。不置生産，既殁，家無長物。嘗以誠敬自持，言必由衷，行必由道。門人侍數十年，未嘗聞見偷語惰容。與執友處，唯以規過輔仁爲事，自少至老，相嚴憚如大賓，未嘗有一語相狎，一事私相囑也。

所著有《四書因問》、《周易説翼》、《尚書説要》、《毛詩説序》、《春秋説志》、《禮問》、《内篇》《外篇》、《涇野文集》《詩集》、《宋四子抄釋》、《小學釋》、《史館獻納》、《南省奏稿》、《上陵詩賦曲頌》、《寒暑經圖解》、《渭陽公集》、《史約》、《監規發明》、《署解文移》、《高陵縣志》、《解州志》、《漢壽亭侯集》、《魏氏宋氏族譜》、《詩樂圖譜》，共若干卷。

公配李氏，封見前，南京國子監典籍崇光女，有淑行，内助居多，存。生男子二，即田，乙酉科舉人；畇，蒙廕爲國子生。田娶桑氏，繼劉氏、張氏。畇娶張氏，繼王氏。

孫男二：師皋，田出；師韓，孫女二，俱昀出。

田、昀以甲辰七月二十四日，葬公於邑城艮隅渭陽公墳之左。公之卒也，理率諸門人哭而殯之已，乃使田如京師，託求名世君子言，刻諸壙中及墓隅，不圖未之獲也。時理在南都，田乃不遠萬里之理所，以嘗使求諸人者還相託焉，是故誌而銘。銘曰：

愚考先明，自孟子歿，漢有經史辭賦之學，晉唐人攻書及詩，宋多文士，唯然據其言行，考所聞見，見道者鮮。唯董仲舒爲西京醇儒，然災異之説，駁雜亦甚。東漢之末，唯孔明卓然特立，可以與權；管寧以潛龍爲德，確不可拔。兩晉人材，有不爲流俗所染、異端所惑，安貧近道者，唯陶潛一人而已。李唐杜甫之詩、韓愈之文爲不背道，然甫有啜人殘杯冷炙之悲，愈有相門上書之恥，況愈闢佛老而復友其徒，任道而牽情妓妾，杜、韓如此，自餘可知。趙宋文士，蘇、黄諸人皆宗尚佛教，吕、文諸賢率事僧參禪，唯濂溪周子學得其精，康節邵子學爲甚大，二程兄弟、横渠張子學爲至正，晦庵朱子能繼諸賢之緒。自元以來及今，見道而能守者，唯魯齋許氏及我明薛文清公數人而已。公則爲漢之辭賦，懷其史材，傳其經學，而無駁雜之失；工晉人之書、唐人之詩、宋人以上之文，而多明道之辭。醇如魯齋，而傳舊之功則多；貞如文清，而知新之業則廣。蓋其學，詣周之精，幾邵之大，得程、張之正，與晦庵朱子而媲美者也。於戲！涇渭之汭，神皋之墟，邑城艮隅，葬我鉅儒。

於戲，其無虞哉！❶

通議大夫南京禮部右侍郎涇野呂公柟行狀

馬汝驥

公呂姓，諱柟，字仲木，號涇野，高陵人，學行爲四方學者所宗，稱爲「涇野先生」云。中弘治辛酉鄉舉第十，正德戊辰會試第六，廷試第一。歷官翰林院修撰、解州判官、南京吏部考功司郎中、南京尚寶司卿、南京太常寺少卿、國子監祭酒，南京禮部右侍郎致仕。

按呂氏本太公望後，宋時有諱世昌者居高陵，故世爲高陵人。又幾世生彬卿，彬卿生八，八生興，興生貴，貴生鑑，鑑生溥，號渭陽。渭陽公配宋氏，生公。昔葬彬卿祖時，其壙有聲如雷，卜言「兆顯六世」。至是公生，敦厚穎敏特異。始就傅於周尚書，習小學之節。邑高郎中見曰：「此子他日必成大人君子，不但科第而已。」提學馬君奇之，命爲弟子員。時未總丱，輒有志聖賢之道。乃夏居矮屋，衣冠危坐，雖炎暑爍金，不越户限；至冬月祁寒，則履藉麥草，誦讀恒夜以繼日。年十四，應試臨潼，貧不能假館，宿新豐空舍，夜夢老人自驪山而下，謂曰：「爾力學，後當魁天下。」既試，補廩膳生。母宋卒，公哀毁骨立。既受學於高教諭儔、邑孫行人昂，請益於渭南思庵薛氏。乃試於提學楊邃庵、王虎谷二公，屢冠多士，爰拔入正學書院，授以所學，由是見聞益博。嘗夢見明道程子、東萊吕子，就正所疑，學益大進。於時熊、李二參政聞其

❶ 此文録自明萬曆三原張泮刻本《谿田文集》卷五。

賢，延爲塾師，公以「禮無往教」辭，乃遣子就學所居寺中。一日聞父疾，走還，二參政命驛馬追送，弗受。父疾尋愈，乃居雲槐精舍，熊、李二生及多士皆來就學。公食穀麵餅，有上客至，與共之。鄉舉後，與三原秦憲使世觀、馬光禄伯循，榆次寇司馬子惇，安陽張憲使仲修、崔文敏公仲鳧，林慮馬都御史敬陳，講學於成均。又與一二同志輟舉業，務博文約禮、規過輔仁，道相望。雖衆以爲迂，譁而弗恤。更歷五禩，而踐履篤實，睟盎外著，蓋不知夫富貴之可淫，貧賤之可移，威武之可屈矣。會孝廟賓天，公與同志哭臨，聲出淚下，通國異而譁之，弗變。孫行人没，公服衰哭拜弔者。

戊辰廷試，策對仁孝，武廟嘉之，賜狀元及第。傳臚之前，則欽賜冠服帶履至，友人謂「服習容觀」，公如言若固有之。明日，有中官横加賀禮，卻之。禄入祀先，祝稱某之子某，何太史粹夫韙之。凡父母賜書，再拜使者受之，退而跪讀。餘親友書，受讀有儀。期功緦喪，必爲位而哭。凡贄，非禮不受。

在官二年，安西夏亂，公疏請上入宫御經筵，親政事，可常保富貴。時中官惡其言，因嘗卻賀禮，又不往見，欲殺之。乃乞養病得歸。中官使校尉尾至真定，不得其過而返。抵家數月，中官凌遲，人服公明。公居家，杜門謝客，糲食草茹，若將終身。渭陽公間責次子梓，公跪勸之，梓逃，乃朴公，伏地受之，怒輒解。

臺諫交章薦曰：「當劉瑾擅政，縉紳側足，乃能不顧時忌求歸，且學問淵粹，安貧守分。以斯介行，使立朝，必能振起休風，勸懲頽俗。」遂起用入朝。乃上《勸學疏》，略曰：「昔周文王緝熙敬止，咸和萬民，斯享靈囿之樂。元順帝廢學縱欲，盛有臺沼，我太祖一舉而取之。」上嘉納。時乾清宮災，公應詔陳言，一曰逐日臨朝聽政；二曰還處宫寢，預圖儲貳；三曰郊社禘嘗，祇肅欽承；四曰日朝兩宫，承顔順志；五曰遣去義子、番僧、邊軍，令各寧業；六曰各處鎮守中官貪婪，取回别用。又累進講，勸上舉直錯枉。疏後，引疾乞歸。友人崔後渠氏言於京曰：「仲木去就，可謂必矣。」

時西安秋旱禾槁，有司概征租，公言於當道，獲薄征。張仲修爲御史，築河東書院成，請定三晉應祀名賢，公既論定其祀，又答以書，爲及「上之給命，正多貴言賤行。故馬融訓詁，雖附勢殺貴，猶祀孔廟；尹焞守死善道，如朱熹亦短其致知。以孔顔之學觀之，後儒失之遠矣。故今定祀，惟取大義，不論文辭，俾學者知所趨向」。王都御史薦公篤學好古，乞代己官。渭陽公病，公侍湯藥，晝夜衣不解帶，履恒無聲。如是一年，鬚鬢變白。丙子五月，渭陽公卒，公哀毁嘔血。先母宋權厝城東，至是啓壙，失一指，公號天痛哭，乃復得之，遂合葬。時大雨如注，公徒跣擗踊泥中，會葬者皆感泣稱孝。既葬，廬於中門之外，旦夕號慟。時陝西鎮守中官廖氏餽以金幣諸物，卻之。有客托交遊以三百金求書，公曰：「人心如青天白日，不意視如鳥獸。」交遊慚而退。盛都御史，朱、熊、曹三御史，交章薦曰：「學術閎深，操履純正，甘貧體道，人望攸屬。」

今上登極，起用。明年改元嘉靖，復館職，纂修武廟實録。進講《虞書》，適值仁祖淳皇后忌辰，公口奏存襂服之禮，罷酒飯之賜。癸未，充會試同考試官，所取士二十餘人，皆名士。嘗上疏請温尋聖學，曰：「學貴知要而力行，故慎獨克己，上對天心，親賢遠讒，下通民志。伏望聖上尋温體驗。」

甲申四月，奉旨修省，以十有三事自劾。疏上，出山西解州判官。至解，首恤無告及諸貧困，以贖刑木綿米肉給之。見解之丁差倍蓰他邑，乃懇告當路，會議分派概省，解民獲蘇。於時，解人及四方多士從遊者，乃即廢寺建解梁書院，祀往開來。復選民間俊秀子弟，俾習小學之節，歌《豳風》之詩。又令諸耆德俊民朔望講讀《會典》諸禮，及行《藍田吕氏鄉約》，凡冠、婚、喪、祭，俾皆尊聞行知。察諸孝子、義士、節婦，咸遵奉詔旨，題表其門。復求子夏之後，令其入學。建温公之祀，而考序其集。築隄以護鹽池，疏渠以興水利，桑麻以導蠶績。於是士民率由，風俗丕變，屬縣亦觀感而化。盧御史交章薦曰：「興學而人才丕變，勵俗而禮讓大行。」乃陞南京吏部考功司郎中，四方從學士及州人，皆冒雨送至河干。既去，解人思之不忘，竪碑以識遺愛。

至留都，日親吏牘，忘其煩勞。大司馬王浚川公薦曰：「性行淳篤，學問淵粹。」陞南京尚寶司卿。乃復授學鷲峰禪寺，東南之士及門者益衆。壬辰冬，陞南京太常寺少卿，乃迎繼母侯就養，又禁道士俗裝，每月令演樂者再。南京太廟災，例上疏自陳，乞罷黜，不許。時閣大臣再斥再起，九卿大小皆遣人候之塗，有約公者，公曰：「予與之無一面識，不敢輒通刺加禮也。」閣臣有甥官南京，納好者尤衆，公自常禮外不交一言。後屢欲退公官，未果也。會閣臣病歸，乙未陞國子監祭酒，首發明《監規》，教人以正心爲本、忠孝爲先，取《儀禮》及爲《詩樂圖譜》，俾諸生講肄。每試，刻文之優者，以式多士。復申明《監規》五事，上皆允行。公在監，諸生有疾，必問而醫；有死者，必哭而歸骨其鄉；有喪，必弔且賻；有孝廉著聞者，則識諸簿榜以旌之。又先撥歷示勸。仍奏減歷，以通淹滯。於是兩廳六堂諸屬皆觀法清慎，諸生皆以德行道義相先而禮樂并行、聲容俱美，諸公侯子弟皆率教樂學，諸觀政進士及歷事舉人數就而問業，中官沈東亦時至聽講。

乃後張御史薦云：「德行表儀諸生，文學風動天下。」陞南京禮部右侍郎。九卿謁孝陵，著襂淡衣，同寮曰：「盍著緋？」公曰：「上陵望墓生哀，服襂爲是。」衆從之。有蔡生請鹽商墓志不獲，請同寮爲之請，曰：「蔡生有相才，可勿拒。」公曰：「一書生而遨遊權貴之門，得志則下陵可知。縱爲相，吾弗取也。」終拒之。時皇太子生，以覃恩得贈祖及父如己官，祖妣、妣、繼母及妻，俱得贈封淑人，次子畇廕入太學。公有微疾，因使具疏乞歸，會公長子田在京，疏不得投，返其使，公意不遂。前閣臣病歸者死，同寮約九卿、翰林祭，公乃不拒，曰：「今不可違衆也。」初，閣臣暴横其鄉，侵田宅無算，既死，按浙御史或直之，同寮爲疏告之，冀力保其家。公與書，責其阿私黨姦，且望其一變爲正人。同寮復曲以書辨，稱閣臣十善，公歎息而止。署南京吏部印，乃疏薦時賢備任用，又薦將材數人。尋進表朝賀畢，見閣大臣，閣臣曰：「某匪人。」公曰：「愚與居，未知其非，祇見其才耳。公合天下之才，以事聖主可也。」閣臣不悦。公返留都。己亥春，累疏乞停止親視山陵，及慎重大禮，上悉納。五月復進《聖節表》，道過河南，見餓殍盈途，語所在郡縣墐之。抵京，值奉先殿災，例自陳，上允其致仕。公既與閹臣忤，及入京，乃閹臣先來見，餽之酒肉，語款而禮勤，已，乃得致仕，閹臣意也。

歸事繼母侯，孝養備至。侯病頭風，畏寒，親爲艾褥進，乃安。張御史按陝，薦公「雅志安貧，力學敦行，忠信篤敬，規矩準繩」。辛丑春，侯卒，公哀毁殯殮如禮。

壬寅六月，公左臂病癱，至七月一日卒。距生則成化己亥四月二十一日，享年六十四歲。卒之日食，時復有大星流光震隕之變。遠邇弔者以千計，大夫、士及門人，悲痛如私親，皆走巷哭，爲罷市三日。解梁及四方弟子聞訃，皆爲位哭。

所著述有《四書因問》、《周易説翼》、《尚書説要》、《毛詩説序》、《春秋説志》、《禮問》、《内篇》《外篇》、《涇野文集》《詩集》、《宋四子抄釋》、《小學釋詩》、《史館獻納》、《南省奏議》、《寒暑經圖解》、《渭陽公集》、《史約》、《上陵詩賦曲頌》、《監規發明》、《署解文移》、《高陵志》、《解志》、《漢壽亭侯集》、《魏氏宋氏族譜》、《詩樂圖譜》，共若干卷。❶

明史吕柟傳

吕柟，字仲木，高陵人，别號涇野，學者稱涇野先生。正德三年登進士第一，授修撰。劉瑾以柟同鄉欲致之，謝不往。又因西夏事，疏請帝入宫親政事，潛消禍本。瑾

❶ 此文録自上海書店影印明萬曆末年曼山館刻本《獻徵録》卷三十七。

惡其直，欲殺之，引疾去。瑾誅，以薦復官。乾清宮災，應詔陳六事，其言除義子，遣番僧，取回鎮守太監，尤人所不敢言。是年秋，以父病歸。都御史盛應期，御史朱節、熊相、曹珪累疏薦。適世宗嗣位，首召柟。上疏勸勤學，以爲新政之助，略曰：「克己慎獨，上對天心，親賢遠讒，下通民志，庶太平之業可致。」

大禮議興，與張、桂忤。以十三事自陳，中以「大禮未定，諂言日進」，引爲己罪。上怒，下詔獄，謫解州判官，攝行州事。恤煢獨，減丁役，勸農桑，興水利，築隄護鹽池，行《吕氏鄉約》及《文公家禮》，求子夏後，建司馬温公祠。四方學者日至，御史爲闢解梁書院以居之。三年，御史盧焕等累薦，陞南京宗人府經歷，歷官尚寶司卿。吴、楚、閩、越士從者百餘人。晉南京太僕寺少卿。太廟災，乞罷黜，不允。選國子監祭酒，晉南京禮部右侍郎，署吏部事。帝將躬祀顯陵，累疏勸止，不報。值天變，遂乞致仕歸。年六十四卒，高陵人爲罷市者三日。解梁及四方學者聞之，皆設位，持心喪。訃聞，上輟朝一日，賜祭葬。

柟受業渭南薛敬之，接河東薛瑄之傳，學以窮理實踐爲主。官南都，與湛若水、鄒守益共主講席。仕三十餘年，家無長物，終身未嘗有惰容。時天下言學者，不歸王守仁，則歸湛若水，獨守程朱不變者，惟柟與羅欽順云。

所著有《四書因問》、《易説翼》、《書説要》、《詩説序》、《春秋説志》、《禮問》、《内外篇》、《史約》、《小學釋》、《寒暑經圖解》、《史館獻納》、《宋四子抄釋》、《南省奏藁》、《涇野詩文集》。

萬曆、崇禎間，李禎、趙錦、周子義、王士性、蔣德璟先後請從祀孔廟，下部議，未及行。

柟弟子：涇陽呂潛，字時見，舉於鄉，官工部司務；張節，字介夫；咸寧李挺，字正立，皆有學行。❶

關學編涇野呂先生傳

先生名柟，字仲木，高陵人。世居涇水北，自號涇野，學者尊之曰「涇野先生」。父溥，號渭陽，有隱德。

先生少儁悟絶人。羈丱爲諸生，受《尚書》于高學諭儔、邑人孫大行昂，即有志聖賢之學。又問道于渭南薛思菴氏，充乎有得。不妄語，不苟交，夙夜居一矮屋，危坐誦讀，雖炎暑不廢衣冠。年十七八，夢明道程子、東萊呂氏，就正所學，由是學益進。督學邃菴楊公、虎谷王公拔入正學書院，與群俊茂遊。大參熊公、李公延教其子，先生辭不獲，乃館于開元寺。後聞父疾，即徒步歸，二公以夫馬追送不及，先生曰：「親在床褥，安忍俟乘爲也！」父尋愈。構雲槐精舍，聚徒講學其中，二公仍遣子熊慶浩、李繼祖卒業焉。弘治辛酉，舉于鄉。明年，計偕不第，遊成均，與三原馬伯循、秦世觀，榆次寇子惇，安陽張仲修、崔仲鳬，林縣馬敬臣諸同志講學寶邛寺，嘗約曰：「文必載道，行必顧言。毋徒舉業，以要利禄；毋徒任重，弗克有終。」日孜孜惟以古聖賢進德修業爲事。遣弟栖師事伯循，其入學儀式，京師傳以爲法。同邑高朝用時爲地官郎，

❶ 此文録自中華書局校點本《明史》卷二百八十二。

謂檢討王敬夫曰：「予邑有顔子，子知之乎？」敬夫曰：「豈吕仲木耶？」自是納爲厚交。乙丑，敬皇帝賓天。與諸生哭臨，先生聲出淚下，衆譁爲迂，弗恤也。孫行人殁于京，遺孤不在側，先生衰絰哭拜，弔者或曰：「禮與？」曰：「禮，喪無主，比鄰爲主，況師乎？」及返葬于鄉，猶是服也。宿館下三日，哭而相葬事。既歸，復講學于精舍，從游者日衆。

正德戊辰，舉南宫第六人，廷對擢第一，授翰林修撰。凡知先生者皆喜曰：「今得其狀元矣！」時閹瑾竊政，以枌榆故致賀，先生卻之，瑾銜甚。自是遜避，不與往來。在翰林二年，操介益勵。禄入，祇祀其先。父母書問至，必再拜使者受之，退而跪讀。期功喪，爲位而哭，門無饋遺。時何粹夫瑭爲編修，以道自守，不爲流俗所喜，先生日相切劘，歡如也。

會西夏搆亂，疏請上入宫御經筵、親政事，不報。瑾惡其言，益銜甚。乃與粹夫相繼引去。未幾，瑾敗，禍延朝紳，人咸服先生之明。家居，杜門謝客者三年，臺省交章薦其往拒逆瑾，卓識偉節，宜召擢大用。壬申，起供舊職。上疏勸學，謂：「文王緝熙敬止，咸和萬民，斯享靈囿之樂。元順帝廢學縱欲，盛有臺沼，我太祖代取之，人主可不深念？」或謂「元主之戒，傷于太直」，先生曰：「賈山借秦爲喻，漢文尚能用之，況主上過漢文遠甚，梢獨不能爲賈山乎？」疏入，上亦嘉納。未幾，乾清宫災，復應詔言六事：一曰逐日臨朝聽政；二曰還處宫寢，預圖儲貳；三曰郊社禘嘗，祇肅欽承；四曰日朝兩宫，承顔順志；五曰遣去義子、番僧、邊軍，令各寧業；六曰天下鎮守中官貪婁，取回別用。不報，先生復引疾去。崔仲鳧歎曰：「古有直躬進退不失其道者，吾于呂仲木見之矣！」

歸而卜築邑東門外，扁曰「東郭别墅」，四方學者日集。都御史虎谷王公薦其學行高古，乞代己任，不報。渭陽公病，先生侍湯藥，晝夜衣不解帶，履恒無聲。如是一年，鬚髮爲白。比卒，哀毁踰禮。既葬，廬墓側，旦夕焚香號泣，門人感之，皆隨先生居。乃與平定李應箕、同邑楊九儀輩講古今喪禮。當襄事時，郡守致賻，受之。既而馳幣匄文，辭。門人問故，先生曰：「方卒哭，而遽懷金爲文，吾不忍也。」既禫釋服，復講學于别墅。遠方從者彌衆，别墅不能容，又築東林書屋居焉。鎮守閹廖餽以豚米，郤之。廖素張甚，乃戒使者曰：「凡過高陵毋擾，有吕公在也。」有客以兼金乞居間，先生笑而謝曰：「人心如青天白日，乃以鳥獸視耶？」其人慚曰：「吾姑試子耳。」門庭蕭然，無異寒素。

世廟即位，詔起原官。時朝鮮國奏稱：「狀元吕柟、主事馬理爲中國人才第一，朝廷宜加厚遇。仍乞頒賜其文，使本國爲式。」其爲外夷敬慕如此。上御經筵，先生進講，適值仁祖淳皇后忌辰，口奏宜存黲服禮，罷賜酒饌，朝論韙之。癸未，分校禮闈，取李舜臣輩悉名士。時陽明先生講學東南，當路某深嫉之，主試者以「道學」發策，有焚書禁學之議，先生力辨而扶救之，得不行。場中一士子對策，欲將今宗陸辨朱者誅其人、火其書，極肆詆毁，甚合問目意，且經書、論、表俱可，同事者欲取之。先生曰：「觀此人今日迎合主司，他日必迎合權勢。」同事者深以爲然，遂置之。念新天子即位，上疏請講聖學，略曰：「學貴于力行而知要，故慎獨克己，上對天心，親賢遠讒，下通民志，天下中興太平之業，實在于此。」不報。

在史館，與鄒東廓友善。甲申，奉修省詔，復以十三事上，言頗過切直。時東廓亦上封事，同下詔獄，一時直聲震天下，人人有「真鐵漢」之稱。尋謫東廓判廣德，先生判解州。道出上黨，隱士仇欄兄弟遮道問學。有梓匠張提者役于仇氏，聞先生講，喜甚，跽而求教。先生誨以善言，提大悟，昔嘗取人一木作界方，至是遂還其主。仇氏兄弟益爲感動。先生喜形諸詩云：「豈有征夫能過化，雄山村裏似堯時。」既至解，仰堯舜故址，慨然以作士變俗爲己任。解士子視聖學與舉業爲二，先生曰：「苟知舉業、聖學爲一，則干禄念輕，救世意重。」于是講學崇寧宫，每誨諸士，雖舉業，拳拳不離聖賢之學，諸士皆欣然向道，以爲聖賢復出也。會守缺，先生攝事，不以遷客自解免，恤煢減役，勸農課桑，築堤以護鹽池，開渠以興水利，善政犂然。郡庠士及四方來學者益衆，乃建解梁書院居之，選少而俊秀者歌《詩》，習小學、諸儀。朔望令耆德者講《會典》，行《鄉約》。廉孝弟節義者，表其間。求子夏後，教之學。建温公祠，正夷齊墓，訂《雲長集》。久之，政舉化行，俗用丕變。

丁亥，轉南吏部考功郎中。解梁門人王光祖謂先生在解三年，未嘗言及朝廷事。爲考功，躬親吏牘。少司馬王浚川薦其「性行淳篤，學問淵粹」，遷南尚寶卿。久之，遷南太常少卿。往太常讌樂甚褻，先生悉革之。乙未，遷國子祭酒。先生在南都幾九載，海内學者大集。初講于柳灣精舍，既講于鷲峰東所，後又講于太常南所，風動江南，環向而聽者前後幾千餘人。閩中林穎、浙中王健以謁選行，中途聞先生風遂止，乃買舟泛江從之遊。上黨仇欄不遠數千里復來受學，先生猶日請益于甘泉湛先生，日切琢于鄒東廓、穆玄菴、顧東橋諸君子。時東廓亦由廣德移南，蓋相得甚驩云。其在國學，益以師道自任，自講期外，尤日進諸生，諄諄發明，使人人知聖人可學而至。嘗取《儀禮》諸篇，令按圖習之，登降俛仰、鍾鼓管籥，洋然改觀易聽。有以孝廉著者，揭榜示旌。喪者弔而賻，病者問而醫，死者哭而歸骸其鄉。又奏減歷俸以通淹滯，絶請托以杜倖門。凡《監規》之久弛者，罔不畢舉。六館僚屬觀法清慎，諸生皆循循雅飭，一時太學有古辟雍之風。京邸搢紳多執弟子禮從學，而内使大興沈東亦時時聽講焉，其感人如此。人人稱爲「真祭酒。」

臺臣張景薦其「德行文學，真海内碩儒，當代師表」。丙申，晉南禮部右侍郎。東南學者喜先生復至，益日納履其門。乃復講于禮部南所。時上將躬視承天山陵，累疏勸止，不報。署南吏曹篆，疏薦何瑭、穆孔暉、徐階、唐順之等二十人。入賀，會有論湛先生「僞學」者，先生白諸當路曰：「聖皇在上，賢相輔之，豈可使明時有學禁之舉乎？」事遂已。時霍文敏爲南宗伯，與夏貴溪故有隙，時時噂詬夏，先生乘間諷曰：「大臣誼當和衷。過，規之可也，背憎非體。」霍誤疑先生黨夏。已，先生來闕下，夏已柄國，數短霍于先生，先生毅然曰：「霍君性雖少褊，故天下才也。公爲相，當爲國惜才。」由是夏亦誤疑先生黨霍。會廟災，自陳，遂致仕。然先生終未嘗以此向人自白也。

歸而講學北泉精舍，越四年，壬寅七月初一日卒，距生成化己亥四月二十一日，年六十有四。卒之日，高陵人爲罷市。休寧門人胡大器先至高陵侍疾，遂視殮殯而執喪焉。四方門人聞者，皆爲位而哭。

先生性至孝友儉樸。事繼母侯，色養篤至。室無妾媵，與李淑人相敬如賓。事叔父博如父。歲饑，嘗分俸賙其族衆。姊劉家窶甚，時時濟之。憫外祖宋乏嗣，每展墓流涕。從舅瑾寓同州，特訪迓歸。平生未嘗干謁人，亦不受人干謁。不事生産，既歿，家無長物。

蓋先生之學，以立志爲先，慎獨爲要，忠信爲本，格致爲功，而一準之以禮，重躬行，不事口耳。平居端嚴恪毅，接人則和易可親，至義理所執，則鏗然兢烈，置死生利害弗顧也。嘗訪王心齋艮于泰州，趙玉泉初于黎城。每遇同志，雖深夜必往訪，苟非其人，即一刺不輕投。教人因材造就，總之以「安貧改過」爲言，不爲玄虚高遠之論。門人侍數十年，未嘗見有偷語惰容。論者謂關中之學自横渠張子後，惟先生爲集大成云。所著有《四書因問》、《周易説翼》、《尚書説要》、《毛詩説序》、《春秋説志》、《禮問》、《内篇》《外篇》、《宋四子抄釋》、《史館獻納》、《南省奏稿》、《詩樂圖譜》、《史約》、《高陵志》、《解州志》及《涇野文集》《别集》傳世。

隆慶初，贈禮部尚書，謚文簡。❶

❶ 此文録自中華書局校點本《關學編》卷四。

附録三

涇野集三十六卷浙江汪汝瑮家藏本

明呂柟撰。柟有《周易説翼》，已著録。其集初刻於西安，既而佚闕，其門人徐紳、吴遵、陶欽重爲删補編次，刻於真定。此本即真定刻也。柟之學出薛敬之，敬之之學出於薛瑄，授受有源，故大旨不失醇正。然頗刻意於字句，好以詰屈奥澀爲高古，往往離奇不常、掩抑不盡，貌似周秦閒子書，其亦漸漬於空同之説者歟！❶

涇野集三十六卷

浙江汪汝瑮家藏本（總目）〇《浙江省第四次汪汝瑮家呈送書目》：「《呂涇野集》三十六卷，明呂柟著，十六本。」〇《浙江省第四次汪啓淑家呈送書目》：「《涇野先生文集》十八卷，明呂柟著，八本。」〇《浙江採集遺書總録》：「《呂涇野集》三十六卷，刊本，明南京禮部右侍郎高陵呂柟撰。」〇《兩江第二次書目》：「《涇野全集》，明呂柟著，十四本。」〇《兩淮鹽政李呈送書目》：「《涇野集》三十六卷，明呂柟，十六本。」〇《都察院副都御史黄交出書目》：「《呂涇野集》六

❶ 此文録自《四庫全書總目》卷一七六《集部》别集類存目三。

本。」○《江蘇採輯遺書目録》：「《涇野文鈔》二十二卷，禮部侍郎高陵吕柟著。」○湖南省圖書館藏明嘉靖三十四年于德昌刻本，作《涇野先生文集》三十六卷。卷一題「南京禮部右侍郎致仕前國子祭酒翰林修撰兼經筵講官同修國史高陵吕柟撰，巡按直隸等處監察御史門人建德徐紳、海寧吴遵、彭澤陶欽臯編刻。」半葉十行，行二十三字，白口，四周雙邊。前有嘉靖三十四年乙卯徐階序云：「今年秋，先生高第弟子侍御徐君思行、吴君公路、吴君惟錫，相與集先生之文，校而梓焉。」又馬理序云：「西安高陵嘗梓之，然豕亥之訛尚多。於是門人侍御建德五台徐君紳、海寧初泉吴君遵，率武强學諭閩中王大經、藁城學諭莆田江從春校正編次，俾真定守成都于君德昌重梓行。」又嘉靖三十四年乙卯李舜臣序。《凡例》末列纂刻銜名：「都察院照磨高陵吕昀藏籍。巡按直隸等處監察御史建德徐紳、海寧吴遵、彭澤陶欽臯編次，直隸真定府知府成都于德昌梓行，武强縣儒學教諭閩中王大經、藁城縣儒學教諭莆田江從春校正。」白棉紙，印本頗清朗。鈐「渌小芸過眼」、「長沙渌氏小芸藏書」、「渌小芸珍藏」、「箴言書院藏書」、「青宫太保」等印記，《存目叢書》據以影印。北圖、北大、中國社科院文學所、重慶圖、山西大學亦有是刻。○明嘉靖刻本，作《涇野先生文集》，存卷一至卷十八。半葉十二行，行二十三字，白口，四周單邊。河南省圖藏。○明萬曆二十年李楨刻本，作《涇野先生文集》三十八卷。半葉九行，行二十字，白口，四周單邊。清華、華東師大、浙大藏。○清初刻本，作《涇野先生文集》三十六卷。復旦藏。○清道光十二年陝西關中書院刻本，作《涇野先生文集》三十八卷，《續刻呂涇野先生文集》八卷。四川省圖、日本京都大學人文所藏。〇《涇野先生别集》十二卷，明嘉靖二十三年張良知刻本。清李文藻跋。北圖藏。〇按：《提要》云「其門人徐紳、吴遵、陶欽重爲删補編次，刻於真定」，陶欽乃陶欽臯之脱誤。❶

❶ 此文録自上海古籍出版社出版杜澤遜撰《四庫存目標注》集部上。

鳴謝

《儒藏》精華編惠蒙善助，共襄斯文；謹列如左，用伸謝忱。

本焕法師　壹佰萬元

智海企業集團董事長　馮建新先生　壹佰萬元

NE·TIGER時裝有限公司董事長　張志峰先生　壹佰萬元

張貞書女士　壹佰萬元

北京大學《儒藏》編纂與研究中心

本册审稿人　高海波
本册责任编委　马月华

圖書在版編目(CIP)數據

儒藏.精華編.二五七：全二册/北京大學《儒藏》編纂與研究中心編.—北京：北京大學出版社，2017.10

ISBN 978-7-301-11975-4

Ⅰ.①儒… Ⅱ.①北… Ⅲ.①儒家 Ⅳ.①B222

中國版本圖書館CIP數據核字（2016）第314316號

書　　名	儒藏（精華編二五七）（上下册） RUZANG
著作責任者	北京大學《儒藏》編纂與研究中心　編
責任編輯	周　粟
標準書號	ISBN 978-7-301-11975-4
出版發行	北京大學出版社
地　　址	北京市海淀區成府路205號　100871
網　　址	http://www.pup.cn　　新浪微博：@北京大學出版社
電子信箱	dianjiwenhua@126.com
電　　話	郵購部62752015　發行部62750672　編輯部62756449
印 刷 者	北京中科印刷有限公司
經 銷 者	新華書店
	787毫米×1092毫米　16開本　95.5印張　980千字
	2017年10月第1版　2017年10月第1次印刷
定　　價	1200.00元（上下册）

ISBN 978-7-301-11975-4
9 787301 119754 >
定價：1200.00元
（上下册）